Mario Niemann · Die Sekretäre der SED-Bezirksleitungen

Sammlung Schöningh
zur Geschichte und Gegenwart
Begründet von Kurt Kluxen

Mario Niemann

Die Sekretäre der SED-Bezirksleitungen 1952-1989

Ferdinand Schöningh
Paderborn · München · Wien · Zürich

Gedruckt mit Unterstützung der Deutschen Forschungsgemeinschaft

Titelbild:
Bezirksdelegiertenkonferenz der SED Karl-Marx-Stadt, 16.5.1971 (v.l.n.r.): Kurt Fritz (1922-1977), 1963-1974 Sekretär für Landwirtschaft der BL Karl-Marx-Stadt; Paul Roscher (1913-1993), 1963-1976 1. Sekretär der BL Karl-Marx-Stadt; Erich Honecker (1912-1994), 1971-1989 Erster Sekretär (ab 1976 Generalsekretär) des ZK der SED. Kurt Fritz und Paul Roscher wurden in ihren Funktionen bestätigt. Erich Honecker war knapp zwei Wochen zuvor, auf der 16. Tagung des ZK am 3. Mai 1971, als Nachfolger Walter Ulbrichts zum Ersten Sekretär des ZK gewählt worden.
(Quelle: Fotosammlung SAPMO im Bundesarchiv, Sign. 183-K0516-0032-001.
Photograph: Peter Koard)

Der Autor:
Mario Niemann, PD Dr. phil. habil., geb. 1971 in Parchim, Studium der Geschichtswissenschaften, der Ur- und Frühgeschichte und der Politischen Wissenschaft an der Universität Rostock, 1999 Promotion mit einer Arbeit über den mecklenburgischen Großgrundbesitz im Nationalsozialismus, 1999-2005 Wissenschaftlicher Assistent am Lehrstuhl für Zeitgeschichte der Universität Rostock, 2006 Habilitation auf der Grundlage der vorliegenden Arbeit. Seit 2006 Privatdozent und Wissenschaftlicher Mitarbeiter mit dem Arbeitsbereich »Moderne deutsche Agrargeschichte« am Historischen Institut der Universität Rostock.

Bibliografische Information der Deutschen Nationalbibliothek

Die Deutsche Nationalbibliothek verzeichnet diese Publikation in der Deutschen Nationalbibliografie; detaillierte bibliografische Daten sind im Internet über http://dnb.d-nb.de abrufbar.

Einband: Evelyn Ziegler, München

Gedruckt auf umweltfreundlichem, chlorfrei gebleichtem und alterungsbeständigem Papier ⊗ ISO 9706

© 2007 Verlag Ferdinand Schöningh GmbH & Co. KG
(Verlag Ferdinand Schöningh GmbH & Co. KG, Jühenplatz 1, D-33098 Paderborn)

Internet: www.schoeningh.de

Alle Rechte vorbehalten. Dieses Werk sowie einzelne Teile desselben sind urheberrechtlich geschützt. Jede Verwertung in anderen als den gesetzlich zugelassenen Fällen ist ohne vorherige schriftliche Zustimmung des Verlages nicht zulässig.

Printed in Germany. Herstellung: Ferdinand Schöningh, Paderborn

ISBN 987-3-506-76401-0

INHALT

Vorwort 7

1. Einleitung 9
2. Zur Struktur der Sekretariate der SED-Bezirksleitungen 34
3. Die Sekretäre der SED-Bezirksleitungen – gruppenbiographische Untersuchungen 55
   3.1 Auftakt – Die »Gründergeneration« 1952 55
   3.2 Der 17. Juni 1953 und seine Auswirkungen auf die Bezirksleitungen 77
   3.3 Kaderpolitik und Fluktuation 94
   3.4 Parteipolitische und fachliche Ausbildung und Qualifizierung 125
   3.5 Frauen als Sekretäre der SED-Bezirksleitungen 150
   3.6 Zum politischen Stellenwert der Sekretäre der Bezirksleitungen – ihre Vertretung im Zentralkomitee und Politbüro und die Berufung in zentrale Apparate 168
4. Zu Einfluß und Handlungsspielraum der SED-Bezirkssekretäre 194
   4.1 Möglichkeiten und Grenzen politischen Handelns auf der Bezirksebene – ein Überblick 194
   4.2 Fallbeispiele 233
      4.2.1 Die Absetzung von Alois Pisnik 1979 233
      4.2.2 Die Absetzung von Manfred Scheler 1982 252
      4.2.3 Die »Ostsee-Zeitung« und die Bezirksleitung Rostock 1984 264
      4.2.4 Die Absetzung von Konrad Naumann 1985 286
      4.2.5 Hans Modrow und das Dresdner Staatsschauspiel 1987 ... 299
      4.2.6 Die Strafexpedition des ZK in den Bezirk Dresden 1989 .. 325
5. Abgesang – Die Sekretariate der SED-Bezirksleitungen im Herbst 1989 337
6. Zusammenfassung 369

Quellen- und Literaturverzeichnis................................. 400

Abkürzungsverzeichnis... 434

Verzeichnis der Tabellen 437

Karte: Die Bezirke der DDR 1952-1989 439

Ortsregister.. 440

Personenregister.. 442

VORWORT

Das vorliegende Werk wurde im Wintersemester 2005/2006 von der Philosophischen Fakultät der Universität Rostock als Habilitationsschrift angenommen und für den Druck geringfügig überarbeitet. Auf dem Weg dahin hat der Verfasser vielfältige Unterstützung erhalten. Dank gilt zunächst der Deutschen Forschungsgemeinschaft, die das Projekt mit einer Sachbeihilfe gefördert hat. Mehrere Archive haben durch die Bereitstellung von Akten, Hinweise und die Beantwortung schriftlicher Anfragen sehr geholfen, wofür ebenfalls Dank gesagt werden soll. Herr Andreas Herbst, Berlin, der wohl beste Kenner der biographischen Hintergründe führender Partei- und Staatsfunktionäre der DDR, hat freundlicherweise durch die Bereitstellung entsprechenden Materials dazu beigetragen, empfindliche Lücken im biographischen Datensatz zu füllen.

Auch im Historischen Institut der Universität Rostock gab es mannigfache Unterstützung. Die studentischen Hilfskräfte Anne Grabinsky, Michael Heinz, Antje Strahl und Franziska Toscher besorgten fleißig und kompetent die Transkription der aufgezeichneten Gespräche mit früheren SED-Funktionären, die Erstellung einer Datenbank und deren rechnergestützte Auswertung und die Korrektur des Manuskripts. Dafür sei ganz herzlicher Dank gesagt. Herrn Prof. Dr. Werner Müller ist für die Empfehlung und Überlassung des Themas sowie studentischer Hilfskräfte, für viele anregende Gespräche und Hinweise und nicht zuletzt für seine Geduld sehr zu danken.

Auch den Gutachtern dieser Arbeit, Prof. Dr. Werner Müller (Rostock), Prof. Dr. Kersten Krüger (Rostock), Prof. Dr. Dr. h. c. Hermann Weber (Mannheim) und Prof. Dr. Eckhard Jesse (Chemnitz), gebührt Dank. Den früheren Sekretären der SED-Bezirksleitungen und anderen Persönlichkeiten, die sich für ein Gespräch zur Verfügung stellten oder schriftliche Auskünfte gaben, ist für ihr Vertrauen und die vielen Informationen, die ein wesentliches Fundament dieser Arbeit bilden, ebenfalls sehr zu danken.

Mit dem Abschluß des Habilitationsverfahrens war die Unterstützung glücklicherweise noch nicht beendet. Der Verlag Ferdinand Schöningh nahm die Schrift in das Verlagsprogramm auf. Die Deutsche Forschungsgemeinschaft half erneut und förderte den Druck der Arbeit mit einer Publikationsbeihilfe. Herr Dr. Gunther Viereck, Rostock, war bei der technischen Aufbereitung des Manuskripts behilflich.

Noch einmal an alle: Herzlichen Dank!

Rostock, im Frühjahr 2007　　　　　　　　　　　　　　　　　　*Mario Niemann*

Indessen Erziehung und Schule, bei vielem, was sie gemeinsam haben, sind doch auch wieder zweierlei; die Schule liegt draußen, Erziehung ist Innensache, Sache des Hauses, und vieles, ja das Beste, kann man nur aus der Hand der Eltern empfangen. ›Aus der Hand der Eltern‹ ist nicht eigentlich das richtige Wort, wie die Eltern *sind*, wie sie durch ihr bloßes Dasein auf uns wirken – *das* entscheidet.
Theodor Fontane

Meinen Eltern
Herbert und Hildtraud Niemann

1. EINLEITUNG

Am 1. August 1952 wurden nach dem »Gesetz über die weitere Demokratisierung des Aufbaus und der Arbeitsweise der staatlichen Organe in den Ländern der Deutschen Demokratischen Republik«, das die Volkskammer am 23.7.1952 beschlossen hatte[1], aus den bisherigen fünf Ländern Brandenburg, Mecklenburg, Sachsen, Sachsen-Anhalt und Thüringen insgesamt 14 Bezirke gebildet.[2] Hinzu kam mit Berlin (Ost) die Hauptstadt der DDR als 15. Bezirk.

Mit der Bezirksbildung war ein enormer Kaderbedarf einhergegangen. Die SED mußte aus fünf Landesleitungen nun 15 Bezirksleitungen bilden und mit leitenden Funktionären besetzen. An der Spitze der Bezirksleitungen stand jeweils das Sekretariat, dem anfangs sieben Mitglieder angehörten: sechs hauptamtliche Sekretäre und der Vorsitzende des Rates des Bezirkes als Vertreter der staatlichen Ebene. Die hauptamtlichen Sekretäre waren der 1. Sekretär, der an der Spitze der Bezirksleitung stand, der 2. Sekretär als sein Stellvertreter sowie die Sekretäre für Agitation und Propaganda, für Wirtschaft, für Landwirtschaft und für Wissenschaft, Volksbildung und Kultur. Diese leitenden Parteifunktionäre nahmen die eigentliche Führung der Bezirksparteiorganisationen von 1952 bis 1989 und damit während der gesamten Zeit der Existenz der Bezirke bis zum Ende der SED wahr. Um sie soll es in der vorliegenden Arbeit gehen. Keine Beachtung hingegen finden die Gebietsparteiorganisation Wismut der SED und die Politische Hauptverwaltung der NVA, die ebenfalls den Status einer Bezirksparteiorganisation besaßen, als nicht-territoriale Leitungen jedoch Sonderfälle mit spezifischem Zuschnitt darstellten und sich daher nur unzureichend mit den territorialen 15 Bezirksparteiorganisationen vergleichen lassen.[3]

---

[1] Vgl. Gesetzblatt der Deutschen Demokratischen Republik, Nr. 99, 24.7.1952, S. 613 f.
[2] Es handelt sich um die Bezirke Chemnitz, Cottbus, Dresden, Erfurt, Frankfurt (Oder), Gera, Halle, Leipzig, Magdeburg, Neubrandenburg, Potsdam, Rostock, Schwerin und Suhl. Am 10.5.1953 erhielt Chemnitz, »die Stadt der Maschinenbauer, die Stadt mit den großen Traditionen der deutschen Arbeiterklasse und solchen revolutionären Kämpfern wie Fritz Heckert und Ernst Schneller«, den Namen Karl-Marx-Stadt, »weil sich die Chemnitzer Werktätigen unter Führung der Arbeiterklasse und ihrer Partei dieses großen Deutschen würdig erwiesen haben und weiterhin würdig erweisen werden.« Neues Deutschland, 10.5.1953, S. 3.
[3] Vgl. Schroeder, Klaus, Der SED-Staat. Partei, Staat und Gesellschaft 1949-1990, München 1998, S. 452. Zur Wismut vgl. Sartor, Lutz, Die Gebietsparteiorganisation Wismut der SED und die SAG/SDAG Wismut im Thüringer Raum, in: Best, Heinrich/Mestrup, Heinz, Die Ersten und Zweiten Sekretäre der SED. Machtstrukturen und Herrschaftspraxis in den thüringischen Bezirken der DDR, Weimar 2003, S. 174-204. Im Ministerium für Staatssicherheit hat es von August 1952 bis November 1953 eine Bezirksparteiorganisation gegeben, die hier ebenfalls unbeachtet bleibt. Vgl. Schumann, Silke, Parteierziehung in der Geheimpolizei. Zur Rolle der SED im MfS der fünfziger Jahre, Berlin 1997, S. 46-67.

In der DDR wurde »keine einigermaßen einflußreiche Position (...) ohne Zustimmung des Politbüros oder des Sekretariats des ZK der SED besetzt. Damit sicherte die SED-Führung ihre Macht und ihren Einfluß in allen gesellschaftlichen Bereichen des Landes.«[4] Dies geschah getreu dem von der SED-Führung tief verinnerlichten Motto Stalins: »Die Kader entscheiden alles.«[5] Zu diesen einflußreichen Positionen zählten zweifellos auch die der Sekretäre der Bezirksleitungen. Sie bildeten im System der politischen Macht die mittlere Ebene zwischen der eigentlichen Parteiführung, personifiziert in den Genossen des Politbüros und des Sekretariats des ZK, und den Funktionären in den lokalen Kreisleitungen und örtlichen Grundorganisationen. Dem entsprach auch das Selbstverständnis früherer Funktionäre, »als ›Mitteldeckoffizier‹ für die Durchführung der Politik da zu sein und nicht, um sie selbst zu erfinden.«[6]

Die hauptamtlichen Funktionäre der Bezirksleitungen wurden häufig von der Parteiführung ausgewählt, in jedem Fall aber bestätigt und dann von der Bezirksdelegiertenkonferenz gewählt. So war sichergestellt, daß kein Kandidat, der nicht das uneingeschränkte Vertrauen und Wohlwollen der übergeordneten Leitung besaß, in diese Funktion aufrücken konnte. Das an das sowjetische Vorbild[7] angelehnte Nomenklatursystem als »Herzstück« der Kaderpolitik der SED gewährleistete in erster Linie die »gezielte Besetzung aller ›Kommandohöhen‹ der Gesellschaft mit hundertprozentig der SED-Spitze ergebenen Führungspersönlichkeiten.«[8] Dies ist auch direkt den internen Parteiakten zu entnehmen. Hiernach ist es mittels der Nomenklatur »möglich, die gesamte Kaderarbeit auf der Grundlage des demokratischen Zentralismus – trotz ihrer großen Differenziertheit – von einem Zentrum aus, dem Zentralkomitee, zu leiten (...). Die Anwendung der Kadernomenklatur trägt dazu bei, in personeller Hinsicht die führende Rolle der Arbeiterklasse in der DDR entsprechend den Prinzipien des Marxismus-Leninismus zu sichern.«[9] Vor allem die »zweckmäßigste Auswahl und Verteilung der politisch zuverlässigsten partei- und prinzipienfesten Genossen nach ihren Fähigkeiten und Kenntnissen entsprechend den Gesamtinteressen der Partei« konnte so gewährleistet werden.[10] 1986 wurden mehr als 5000 Nomenklaturfunktionen des ZK der SED aufgelistet.[11] Die Kaderabteilung des ZK kontrollierte die

---

[4] Arnold, Otfrid/Modrow, Hans, Das Große Haus. Struktur und Funktionsweise des Zentralkomitees der SED, in: Modrow, Hans (Hrsg.), Das Große Haus. Insider berichten aus dem ZK der SED, Berlin 1994, S. 11-70, hier S. 63.

[5] So Stalin in seiner Rede im Kremlpalast vor den Absolventen der Akademien der Roten Armee am 4.5.1935, in: Stalin, Josef, Fragen des Leninismus, Berlin (Ost) 1951, S. 590-596, hier S. 594.

[6] Müller, Helmut, Wendejahre 1949-1989, Berlin 1999, S. 250.

[7] Vgl. hierzu Voslensky, Michael, Nomenklatura. Die herrschende Klasse der Sowjetunion in Geschichte und Gegenwart, München 1987.

[8] Wagner, Matthias, Ab morgen bist du Direktor. Das System der Nomenklaturkader in der DDR, Berlin 1998, S. 10 und S. 11.

[9] SAPMO, DY 30/J IV 2/3/704, Bl. 227 (»Vorläufige Richtlinien für die Arbeit mit der Kadernomenklatur des Zentralkomitees der SED«, behandelt auf der Sitzung des Politbüros vom 26.9.1960).

[10] Ebenda, Bl. 228.

[11] Vgl. Wagner, S. 78 und S. 141.

Besetzung der entsprechenden Positionen. Auf der nachgeordneten Ebene besaßen die SED-Bezirks- und Kreisleitungen jeweils eigene Nomenklaturen. Die 1. Sekretäre der Bezirksleitungen waren Nomenklaturkader des Politbüros und konnten nur nach Bestätigung durch dieses Gremium ihre Funktion übernehmen bzw. abberufen werden. Über die Einsetzung und Entbindung der 2. und Ressortsekretäre der BL entschied das Sekretariat des ZK. So blieb der dominierende Einfluß der Parteiführung auf die Besetzung der regionalen Führungspositionen in der SED gewährleistet. »Die in der ZK-Nomenklatur aufgeführten Kader dürfen von unteren Parteiorganen nicht ohne vorherige Zustimmung des nach der Nomenklatur verantwortlichen Parteiorgans verändert werden. Anderseits dürfen höhere Parteiorgane Kader aus der Nomenklatur unterer Parteiorgane nicht willkürlich, sondern nur auf Beschluß und mit Kenntnis dieser Parteileitungen verändern. Erfolgt keine Zustimmung, dann entscheidet nach nochmaliger Prüfung das übergeordnete Parteiorgan.«[12] In der Praxis hatten die Bezirksleitungen kaum Möglichkeiten, sich gegen vom Politbüro bzw. ZK-Sekretariat intendierte Kaderveränderungen in ihren Sekretariaten zu wehren. Die Sekretäre der SED-Bezirksleitungen gehörten jedenfalls auch durch ihre Stellung im Nomenklatursystem als Funktionäre der Hauptnomenklatur zur eigentlichen politischen Elite in der DDR. Innerhalb des Sekretariats kam den 1. Sekretären eine herausgehobene Rolle zu. Mit ihnen begannen, da kann Gaus' Einschätzung gefolgt werden, die »Spitzenränge« der Partei.[13] Hier war es oft der Erste Sekretär/Generalsekretär des ZK selbst, der die Personalie des wichtigsten Funktionärs im Bezirk entschied. Dem entspricht auch die Einschätzung des 1. Bezirkssekretärs als »Bezirksfürst«[14], »Teilfürst«[15] bzw. »Diadochenfürst( )«[16].

Die vorliegende Studie stellt sich die Aufgabe, die wichtige Gruppe der Sekretäre der SED-Bezirksleitungen im Hinblick auf Rekrutierung, Zusammensetzung und Spielraum zu untersuchen. Dazu ist zunächst die Struktur der Sekretariate zu beleuchten. Sie erwies sich in den Jahren zwischen 1952 und 1989 zwar als bemerkenswert konstant, hatte aber doch einige Modifizierungen und Brüche aufzuweisen. So hat sich die Zahl der Sekretariatsmitglieder im Laufe der Zeit erhöht. Einen gewissen Bruch gab es Mitte der sechziger Jahre durch die Einführung der

---

[12] SAPMO, DY 30/J IV 2/3/704, Bl. 230.
[13] Gaus, Günter, Wo Deutschland liegt. Eine Ortsbestimmung, Hamburg 1983, S. 91.
[14] Bauerkämper, Arnd/Danyel, Jürgen/Hübner, Peter, »Funktionäre des schaffenden Volkes«? Die Führungsgruppen der DDR als Forschungsproblem, in: Bauerkämper, Arnd/Danyel, Jürgen/Hübner, Peter/Roß, Sabine (Hrsg.), Gesellschaft ohne Eliten? Führungsgruppen in der DDR, Berlin 1997, S. 11-86, hier S. 36.
[15] So die Formulierung von Lotte Ulbricht, als Hans Modrow 1973 zum 1. Sekretär der BL Dresden ernannt wurde. Vgl. Modrow, Hans, Ich wollte ein neues Deutschland, Berlin 1998, S. 155.
[16] Hammer, Gero, Mann der Balance, in: Hoffmann, Gertraude/Höpcke, Klaus (Hrsg.), »Das Sicherste ist die Veränderung«. Hans-Joachim Hoffmann: Kulturminister der DDR und häufig verdächtigter Demokrat, Berlin 2003, S. 49-51, hier S. 50. Gero Hammer war seit 1971 Intendant des Hans-Otto-Theaters in Potsdam und Mitglied des Vorstandes des Verbandes der Theaterschaffenden der DDR. Vgl. Die Volkskammer der Deutschen Demokratischen Republik, 9. Wahlperiode, Berlin (Ost) 1987, S. 306.

Parteiarbeit nach dem Produktionsprinzip, die unter anderem die zeitweilige Abschaffung des Kulturressorts mit sich brachte. Dieser Entwicklung soll ebenso nachgegangen werden wie einer zweiten einschneidenden Strukturveränderung Mitte der achtziger Jahre, die zur Schaffung der neuen Planstelle eines Kultursekretärs führte. Neben den strukturellen Veränderungen sind in diesem Kapitel auch Kompetenzen und Aufgabenverteilungen der sechs hauptamtlichen Sekretäre zu thematisieren. So können die auch in der Literatur zu findenden Unklarheiten über die führenden Funktionäre der Bezirksleitungen beseitigt werden.[17] Dies soll dann den Ausgangspunkt für die nachfolgenden beiden Hauptteile der Arbeit bilden.

Der erste Hauptteil unternimmt es, die Sekretäre der SED-Bezirksleitungen in gruppenbiographischer Hinsicht zu analysieren. Den quantitativen Ausgangspunkt bildet ein Korpus von 514 Sekretären, die zwischen August 1952 und Oktober/November 1989 in den Bezirksleitungen gearbeitet haben. Sie rekrutierten sich aus 415 Funktionären.[18] Mittels quantitativer Methoden in Form statistischer Untersuchungen und rechnergestützter Auszählungen auf dieser Datenbasis sollen gruppenbiographische Aspekte analysiert werden.[19] Die Gruppen- oder kollektive Biographie meint die »empirische, besonders auch quantitativ gestützte Erforschung eines historischen Personenkollektivs in seinem jeweiligen gesellschaftlichen Kontext anhand einer vergleichenden Analyse der individuellen Lebensläufe der Kollektivmitglieder.« Durch die »Untersuchung des gesellschaftlichen Wandels, der sich im individuellen und kollektiven Lebenslauf konkretisiert«, und die Erforschung »des individuellen Wandels, der auf seinen kontextuellen bzw. gesellschaftlichen Lebenslauf rückgebunden wird«, läßt sie »einerseits Rückschlüsse auf das Typische, das Allgemeine zu, d. h. auf allgemeinere gesellschaftliche Aggregate oder auf die Gesamtgesellschaft«, andererseits »auch den Rekurs auf das Untypische, das Abweichende, das Individuelle zu, d. h. auf kleinere gesellschaftliche Aggregate oder auf den individuellen Lebenslauf selbst.«[20] Die kollektive Biographie »bewegt sich zwischen qualitativen und quantitativen For-

---

[17] So schreibt Heydemann, die »Rolle der Bezirksräte und ihr Sozialprofil ist von H. A. Welsh (...) überblicksweise analysiert worden«, und verwechselt dabei die »Bezirksräte«, womit wohl die Vorsitzenden der Räte der Bezirke gemeint sind, mit den Bezirkssekretären, die Welsh in der Tat untersucht hat. Vgl. Heydemann, Günther, Die Innenpolitik der DDR, München 2003, S. 73.

[18] Häufig hat ein Funktionär zwei- oder mehrfach als Sekretär einer Bezirksleitung fungiert. So war Paul Roscher 1952-1954 Sekretär für Landwirtschaft der BL Leipzig, 1955-1958 in dieser Funktion in der BL Erfurt, wechselte dann innerhalb des Sekretariats auf den Posten des 2. Sekretärs, ging 1959 als 1. Sekretär der BL nach Gera und war von 1963-1976 als 1. Sekretär der BL Karl-Marx-Stadt tätig. Unter den Sekretären der Bezirksleitungen taucht er also insgesamt fünfmal auf.

[19] Vgl. hierzu Jarausch, Konrad H./Arminger, Gerhard/Thaller, Manfred, Quantitative Methoden in der Geschichtswissenschaft. Eine Einführung in die Forschung, Datenverarbeitung und Statistik, Darmstadt 1985.

[20] Schröder, Wilhelm Heinz, Kollektive Biographien in der historischen Sozialforschung: Eine Einführung, in: Schröder, Wilhelm Heinz (Hrsg.), Lebenslauf und Gesellschaft. Zum Einsatz von kollektiven Biographien in der historischen Sozialforschung, Stuttgart 1985, S. 7-17, hier S. 8, S. 10, S. 9.

schungsansätzen« und »ermöglicht nicht nur die Typisierung des Individuellen, sondern auch die Individualisierung des Typischen.« Gruppenbiographische Untersuchungen anhand statistischer Auswertungen können die Gefahr bergen, daß »abweichende( ) Stimmen nicht genügend zur Geltung« kommen und »individuelle Ausprägungen in der Masse der Kollektivdaten unterbewertet oder gänzlich übersehen« werden. Durch ausschließliche Reduktion auf biographische Kennziffern ist es schlecht möglich, »Charaktere zu erfassen und zu verstehen.«[21] Dieser Gefahr kann jedoch durch eine Verbindung gruppenbiographischer und struktureller Fragestellungen und die Heranziehung typischer Fallbeispiele entgangen werden.

Vor diesem Hintergrund soll im ersten Punkt des gruppenbiographischen Teils der Arbeit, quasi als Ausgangspunkt und Auftakt, die »Gründergeneration« derjenigen Bezirkssekretäre, die im August 1952 die neu geschaffene Funktion angetreten haben, analysiert werden. Durch die Bezirksbildung waren allein sechs hauptamtliche Sekretärsstellen in jedem der 15 Bezirke und damit 90 Planstellen zu besetzen. Zu prüfen ist, inwieweit und mit welchem Personal die Parteiführung diese Aufgabe bewältigen konnte. Zu einem gewissen Teil sind verantwortliche Funktionäre aus den bisherigen Landesleitungen in die Bezirke mit übernommen worden, doch reichte ihre Anzahl nicht aus. Der SED-Führung stellte sich im August 1952 nicht nur ein Kaderproblem, sondern auch die Möglichkeit, nach den umfangreichen Kadersäuberungen der vergangenen Jahre ein neues Funktionärskorps aufzustellen. Auf welche Genossen dabei zurückgegriffen wurde, welche Unterschiede es etwa im Hinblick auf Generation, Sozialisation, parteipolitische Prägung etc. gegeben hat und ob das Jahr 1952 in kaderpolitischer Hinsicht eine Zäsur darstellte, steht im Mittelpunkt der Untersuchungen.

Der zweite Punkt greift mit dem 17. Juni 1953 ein gerade in den letzten Jahren mit am intensivsten analysiertes Kapitel der DDR-Geschichte auf. Es geht hierbei jedoch weniger um eine ereignisgeschichtlich konzipierte Darstellung der Geschehnisse in den Regionen, sondern um die Frage, ob und welche Strategien und Konzepte in den Bezirksleitungen zur Abwehr der »faschistische(n) Provokation«[22] angewandt worden sind und ob sich die Sekretariate der Bezirksleitungen als Stütze der Parteiführung in deren Augen bewährt haben. Die Kaderfluktuation in den Jahren 1953/54 auf allen Ebenen ist augenfällig und betraf auch viele Bezirkssekretäre. In der Literatur werden diese Auswechslungen überwiegend monokausal mit Kadersäuberungen nach dem 17. Juni 1953 in Zusammenhang gebracht.[23] Dies erstmals systematisch anhand der ermittelten Gründe für die jeweilige Abberufung aus der Funktion als Sekretär der Bezirksleitung zu überprü-

---

[21] Gallus, Alexander, Biographik und Zeitgeschichte, in: Aus Politik und Zeitgeschichte, H. 1-2/2005, Bonn 2005, S. 40-46, hier S. 46.
[22] So die umgehende parteioffizielle Lesart. Vgl. Kommuniqué der 14. Tagung des Zentralkomitees der SED, in: Neues Deutschland, 23.6.1953, S. 1.
[23] So etwa Jänicke, Martin, Der Dritte Weg. Die antistalinistische Opposition gegen Ulbricht seit 1953, Köln 1964, S. 230, Anmerkung 91.

fen, ist ebenfalls Anliegen des zweiten Punktes. So kann die Frage nach dem Stellenwert des 17. Juni 1953 als kaderpolitische Zäsur in seinen Auswirkungen auf die Bezirke beantwortet werden.

Der dritte Punkt des ersten Hauptteils fragt nach dem wichtigen Verhältnis von Kaderpolitik und Fluktuation. Für das politische Bestehen der Parteiführung war es essentiell, fähige Funktionäre an die richtigen Positionen politischer Verantwortlichkeit zu stellen. Dabei erwies sich die hastig vollzogene Bezirksbildung als erste große Herausforderung; weitere folgten. Um eine kontinuierliche Arbeit in den Bezirken zu gewährleisten, war es notwendig, die in den ersten Jahren nach Kriegsende grassierende Fluktuation unter den Parteifunktionären aller Ebenen einzudämmen. Zugleich mußte, um den wachsenden Anforderungen auf politischem und wirtschaftlichem Gebiet genügen zu können, ein regelmäßiger und planvoller Kaderaustausch anvisiert werden. Ob und wie die Kaderpolitik der Parteiführung diesen Spagat zwischen Wechsel und Kontinuität bewerkstelligte, welche unterscheidbaren Phasen es in der Entwicklung der DDR gegeben hat und welche Gründe für vollzogene Abberufungen von Bezirkssekretären ausschlaggebend waren, soll systematisch für die Bezirksebene untersucht werden. So ist auch die Frage nach Erfolg oder Mißerfolg der Kaderpolitik der SED, die immer im Mittelpunkt des politischen Strebens der Parteiführung gestanden hat, zu beantworten.

In engem Zusammenhang hiermit steht der vierte Punkt des gruppenbiographischen Teils, der die Frage nach der parteipolitischen und fachlichen Qualifizierung der Bezirkssekretäre aufwirft. Die »systematische Schulung der Parteimitglieder« galt schon kurz nach Gründung der SED als »die vordringlichste Aufgabe zur Behebung des Funktionärsmangels.«[24] Sie bildete auch eine Voraussetzung dafür, die häufigen Auswechslungen von Funktionären, die auf Mängel in der Arbeit zurückzuführen waren, einzudämmen. In welchem Umfang und auf welchen Wegen diese Qualifizierung vorgenommen wurde, welche Entwicklung es auf diesem Gebiet bis zum Ende der SED gegeben hat, soll für die Sekretäre der Bezirksleitungen ermittelt werden. Gerade für die Ressortsekretäre für Wirtschaft bzw. Landwirtschaft, aber auch für die 1. Bezirkssekretäre ist so anhand politischer und fachlicher Bildungsabschlüsse die in der Literatur vertretene These einer zunehmenden Relevanz fachlichen Könnens[25] zu überprüfen.

Es schließt sich ein fünfter Punkt an, der den Frauen unter den Bezirkssekretären Beachtung schenken und prüfen soll, ob sich ihre von der SED propagierte Gleichberechtigung in der DDR auch in einer entsprechenden politischen Partizipation in den Bezirkssekretariaten niedergeschlagen hat. Frühere Untersuchungen zur Partei- und Staatsführung konnten die sehr geringe Beteiligung von Frau-

---

[24] Ebenda, S. 47.
[25] Vgl. etwa Ihme-Tuchel, Beate, Die DDR, Darmstadt 2002, S. 54.

en in politischen Gremien nachweisen.[26] Für die Bezirksebene gibt es bislang keine detaillierten Angaben. Durch eine systematische Untersuchung der Sekretariate der Bezirksleitungen kann nun auch hier festgestellt werden, ob die schon 1947 von Erich W. Gniffke erhobene Forderung: »Mehr Frauen in Funktionen«[27] von der SED-Führung erfüllt worden ist.

Im letzten Punkt dieses Teils der Arbeit wird nach dem politischen Stellenwert der Sekretäre der Bezirksleitungen gefragt. Ihre formale Zugehörigkeit zur mittleren Ebene, zwischen der Berliner Parteiführung und den nachgeordneten Kreisleitungen, sagt noch nichts über eine Vertretung im Zentralkomitee und im Politbüro und über eine Berufung in zentrale Apparate aus. Ob die Bezirkssekretäre eine wichtige Rekrutierungsgruppe für das Politbüro gewesen sind, ob die 1. Sekretäre der SED-Bezirksleitungen tatsächlich sämtlich qua Amt im Zentralkomitee präsent waren, auf welche weiteren Bezirkssekretäre dies zutraf und ob die Funktion als Sekretär einer BL eher die Endstation einer politischen Laufbahn darstellte oder als Sprungbrett für die Ausübung von Funktionen in zentralen Apparaten, wie etwa dem umfangreichen Apparat des ZK oder dem des Ministerrats, diente, sind sämtlich Fragen, deren detaillierte Beantwortung bislang aussteht und hier unternommen werden soll.

Die Frage nach dem politischen Stellenwert der Bezirkssekretäre leitet thematisch zum zweiten Hauptteil der Arbeit über – der Analyse von Möglichkeiten und Grenzen politischen Handelns auf der Bezirksebene. Nach der Interpretation eines zeitgenössischen Beobachters der DDR-Verhältnisse dürfte sich diese Frage überhaupt nicht stellen, weil ein regionaler Wille »in statuierter, politisch aktionsfähiger Form überhaupt nicht entstehen kann.«[28] Diese allzu statische Sichtweise soll durch eine Untersuchung von Handlungsspielräumen auf der Bezirksebene überwunden werden. Sicherlich war bei der Förderung von Funktionären »oft deren bedingungslose Ergebenheit gegenüber der Parteiführung oder ihrer Mitglieder ausschlaggebend.«[29] Wer ein eher lockeres Verhältnis zur marxistisch-leninistischen Weltanschauung und zum Prinzip des demokratischen Zentralismus[30] besaß, konnte schwerlich in höhere Funktionen der SED gelangen. Politische Zuverlässigkeit und Loyalität können daher bei den Bezirkssekretären vorausgesetzt werden. Auf der anderen Seite befanden sich Funktionäre auf der Bezirksebene mitten unter den Menschen, waren nicht in Wandlitz kaserniert[31],

---

[26] Vgl. unter anderem Gast, Gabriele, Die politische Rolle der Frau in der DDR, Düsseldorf 1973; Hoffmann, Ursula, Die Veränderungen in der Sozialstruktur des Ministerrates der DDR 1949-1969, Düsseldorf 1971.
[27] Gniffke, Erich W., Der SED-Funktionär, Berlin 1947, S. 50.
[28] Richert, Ernst, Macht ohne Mandat. Der Staatsapparat in der Sowjetischen Besatzungszone Deutschlands, Köln und Opladen 1963, S. 45.
[29] Arnold/Modrow, S. 61.
[30] Vgl. Dohlus, Horst, Der demokratische Zentralismus – Grundprinzip der Führungstätigkeit der SED bei der Verwirklichung der Beschlüsse des Zentralkomitees, Berlin (Ost) 1965.
[31] Vgl. hierzu Kirschey, Peter, Wandlitz/Waldsiedlung – die geschlossene Gesellschaft. Versuch einer Reportage. Gespräche. Dokumente, Berlin 1990.

sondern direkt mit den Problemen und auch Forderungen der Bevölkerung konfrontiert. Viele Bürger suchten und fanden den direkten Kontakt zu Bezirkssekretären, vielfache Erwartungshaltungen wurden artikuliert, konkrete Eingaben verfaßt.[32] Wenn formuliert wird, »Absicherungsstrategien gegenüber dem ›Risikofaktor Volk‹ spielten auch in der privaten Lebensführung der Funktionäre eine große Rolle«[33], so gilt dies nur für einige Mitglieder der Partei- und Staatsführung, jedoch nicht für alle Bezirkssekretäre. Um als Politiker in den Bezirken bestehen zu können, reichte es nicht aus, zentrale Weisungen und Beschlüsse auszuführen, sondern es mußten für die Bevölkerung des Bezirkes sichtbare Verbesserungen und Erfolge auf diesem oder jenem gesellschaftlichen oder wirtschaftlichen Feld erzielt werden. Hier war oft Einfallsreichtum gefragt, ging es um die »schöpferische« Umsetzung der Parteibeschlüsse. Fragen, die Welsh bereits vor einigen Jahren gestellt hat, sollen am Beispiel der Bezirksebene beantwortet werden, nämlich »ob und inwieweit die SED-Spitze ihren Herrschaftsanspruch auch in der ostdeutschen Gesellschaft durchsetzen« und inwiefern »der Herrschaftsanspruch der Partei auf lokaler und regionaler Ebene modifiziert bzw. begrenzt« werden konnte.[34]

Dazu soll in einem ersten, umfänglichen Teil eine Analyse von Möglichkeiten und Grenzen eigenständigen politischen Handelns auf der Bezirksebene in der DDR unternommen werden. Gerade hier wird besonders deutlich, was Kocka so formuliert hat und Credo der vorliegenden Arbeit ist: »Die Pflicht der Historiker ist es zu differenzieren. Ihnen muß es um die Nuancen gehen, um die Grautöne zwischen Schwarz und Weiß, um die Mehrdeutigkeiten und Proportionen.«[35] Das dirigistische Politikverständnis der SED-Führung basierte auf der Erwartung, daß auf allen nachgeordneten Ebenen genau das zu geschehen habe, was zuvor auf höchster Ebene beschlossen worden war. Innerhalb des Systems des demokrati-

---

[32] Vgl. für viele das Protokoll des Gesprächs mit Werner Eberlein, Berlin, 4.9.2002, der unter anderem folgendes typisches Beispiel bringt (S. 13): »Da kommt einer und sagte: ›Herr Eberlein, mein Dach regnet durch und kein Dachdecker kommt. Können Sie nicht …?‹ Ich sagte: ›Ich weiß ja gar nicht, ob der Dachdecker Genosse ist.‹ Mehr scherzhaft habe ich das gesagt. ›Herr Eberlein, wenn Sie das sagen, dann kommt der Dachdecker!‹ Mit solchen Dingen kamen sie auch. Ich hatte da Kontakt zu den Leuten.«

[33] Bauerkämper/Danyel/Hübner, S. 71. Hierzu noch einmal Werner Eberlein: »Ich wohnte nun in Magdeburg am Rande der Stadt in einem kleinen Häuschen. Ich wollte das nicht. Ich wollte eine normale Wohnung haben. Aber dann hätte man das Telefon verlegen müssen, und das hätte eine Viertelmillion gekostet, weil das abhörsichere Telefon eine Extraleitung brauchte. Ich bin dann mehr unter Zwang in das Haus von Tiedke eingezogen, wo alles drin war. Da konnte jeder abends klingeln und rein. Auch für mich als Politbüromitglied stand keine Wache davor.« Gesprächsprotokoll Eberlein, S. 12. Werner Eberlein war 1983 als 1. Sekretär der BL Magdeburg Nachfolger von Kurt Tiedke geworden.

[34] Welsh, Helga A., Die kommunistischen Eliten als Gegenstand der Forschung. Ein Rück- und Ausblick, in: Bauerkämper/Danyel/Hübner/Roß, S. 131-150, hier S. 147.

[35] Kocka, Jürgen, Chance und Herausforderung. Aufgaben der Zeitgeschichte beim Umgang mit der DDR-Vergangenheit, in: Faulenbach, Bernd/Meckel, Markus/Weber, Hermann (Hrsg.), Die Partei hatte immer recht – Aufarbeitung von Geschichte und Folgen der SED-Diktatur, Essen 1994, S. 239-249, hier S. 249.

schen Zentralismus war kein Spielraum für eine Autonomie regionaler Leitungen vorgesehen. Wie dies konkret in die Praxis umgesetzt wurde und ob der demokratische Zentralismus durch polykratische Strukturen auf der bezirklichen Ebene nicht teilweise konterkariert werden konnte, ist eine zentrale Frage für die DDR-Forschung, der hier nachgegangen werden soll.

Nach diesem Überblick werden insgesamt sechs Fallbeispiele vorgestellt und analysiert. Sie beschränken sich aufgrund der Quellenlage auf die Honecker-Zeit. Der erste Fall betrifft den langjährigen Magdeburger 1. Bezirkssekretär Alois Pisnik, der in einem Monatsbericht an den Generalsekretär auf Versorgungsschwierigkeiten in seinem Bezirk aufmerksam gemacht hatte und wenig später, nach über 26 Jahren im Amt, von seiner Funktion entbunden wurde. Diese Konsequenz mußte 1982 auch Manfred Scheler, Vorsitzender des Rates des Bezirkes Dresden, tragen, der in einer Rede vor Parteihochschülern den Sinn einiger zentraler Entscheidungen in Frage gestellt hatte. Die Sekretäre der BL Rostock kamen 1984 um eine Ablösung herum, sahen sich aber im Politbüro scharfen Angriffen ausgesetzt, weil sie einen Zeitungsartikel eines Rostocker Wissenschaftlers, der sich kritisch mit der Sozialpolitik der SED befaßte, nicht unterbunden hatten. Das vierte Beispiel betrifft die Absetzung des 1. Sekretärs der BL Berlin, Konrad Naumann, im November 1985. Naumann hatte in einer Rede in der Akademie für Gesellschaftswissenschaften sowohl die Wissenschaftler als auch die Politik der SED in scharfem Ton angegriffen. Hans Modrow, 1. Bezirkssekretär in Dresden, bekam Probleme mit der Parteiführung, weil von der Parteigruppe des Staatsschauspiels ein kritischer Brief an den ZK-Sekretär Kurt Hager gesendet worden war. Der sechste und letzte Fall betrifft das letzte Jahr der SED und erneut Hans Modrow, der sich nach einem Monatsbericht, in dem es unter anderem um Probleme des Bauwesens in seinem Bezirk gegangen war, mit umfangreichen Untersuchungen einer Arbeitsgruppe des ZK, die den Charakter einer Strafexpedition trugen, konfrontiert sah.

Allen sechs Fallbeispielen ist gemein, daß Funktionäre der Bezirkssekretariate tatsächlich oder vermeintlich gegen die politische Linie der Parteiführung bzw. gegen Usancen des Politikstils verstoßen haben, was aus Sicht der Zentrale die Geschlossenheit der SED desavouieren und die Einheitlichkeit der Politik gefährden konnte. Die Mechanismen zur Regulierung der aufgetretenen Konflikte wie auch die durchgeführte Disziplinierung der Funktionäre zeigen jeweils beispielhaft einerseits die Möglichkeiten politischen Handelns auf der Bezirksebene, andererseits und wesentlich drastischer die Grenzen eigenständiger Politik im System des demokratischen Zentralismus in der DDR.

Die mangelnde Flexibilität der Parteiführung war dann auch eine der Ursachen für das Ende der SED, um das es im letzten Kapitel der Arbeit geht. Beleuchtet werden die Ereignisse im stürmischen Herbst 1989 in ausgewählten Bezirken der DDR und ihre Auswirkungen auf die Sekretariate der Bezirksleitungen. Es soll nach den hier entwickelten, unterschiedlichen Konzepten, mit denen auf die Herausforderungen durch die demonstrierende Bevölkerung zu reagieren versucht wurde, ebenso gefragt werden wie nach den kaderpolitischen Konsequenzen, die gezogen werden mußten. Schließlich ist zu untersuchen, inwieweit die neu gewählten Bezirkssekretäre, auch vor dem Hintergrund ihrer Biographien, die von Krenz propagierte »Wende«[36] in der SED verkörperten.

Die Erforschung der DDR hat seit 1990 einen enormen Aufschwung genommen und viele beachtliche Ergebnisse erzielt. Hermann Weber bilanzierte im Herbst 2002, daß im »vergangenen Jahrzehnt (...) rund 1000 Forschungsprojekte zur DDR-Geschichte registriert werden« konnten und sich gegenwärtig »500 Forscherinnen und Forscher mit den unterschiedlichsten Problemen« dieser Thematik beschäftigen.[37] Eine kaum zu überschauende Anzahl von Publikationen zu verschiedenen Aspekten der DDR ist das Ergebnis des wissenschaftlichen Interesses.[38] Zur Erforschung der DDR haben auch die vom Bundestag und vom Landtag Mecklenburg-Vorpommern eingesetzten Enquete-Kommissionen mit ihren voluminösen Materialien beigetragen.[39] Allerdings fanden nicht alle Ebenen der DDR gleichermaßen Interesse. Bereits 1993 wurde auf einer Sitzung der Enquete-Kommission formuliert: »(W)ir wissen heute über die zentrale Ebene schon eine ganze Menge, wenn auch vieles noch in verallgemeinernder Form. Gerade bei den Schritten, die wir nach unten tun, verringert sich unser Wissen.«[40] Im Gegensatz zu mehreren Arbeiten über die »Königsebene« der Partei, so auch Prieß 1997, »existieren kaum konkret-historische Untersuchungen über die mittlere und untere Ebene in der Hierarchie des Parteiapparates der SED.«[41] In den folgenden Jahren ist hier einiges geschehen; in den Materialien der Enquete-Kom-

---

[36] In seiner Rede auf der 9. Tagung des ZK am 18.10.1989 hatte Krenz u. a. ausgeführt: »Mit der heutigen Tagung werden wir eine Wende einleiten, werden wir vor allem die politische und ideologische Offensive wieder erlangen.« Rede des Genossen Egon Krenz, Generalsekretär des Zentralkomitees der SED, in: Neues Deutschland, 19.10.1989, S. 1.

[37] Weber, Hermann, Historische DDR-Forschung vor und nach der deutschen Einheit, in: Deutschland Archiv, H. 6, Opladen 2002, S. 937-943, hier S. 942.

[38] Vgl. etwa den Literaturüberblick in Eppelmann, Rainer/Faulenbach, Bernd/Mählert, Ulrich (Hrsg.), Bilanz und Perspektiven der DDR-Forschung, Paderborn u. a. 2003.

[39] Vgl. Deutscher Bundestag (Hrsg.), Materialien der Enquete-Kommission »Aufarbeitung von Geschichte und Folgen der SED-Diktatur in Deutschland« (12. Wahlperiode des Deutschen Bundestages), 9 Bände in 18 Teilbänden, Baden-Baden und Frankfurt/Main 1995; Deutscher Bundestag (Hrsg.), Materialien der Enquete-Kommission »Überwindung der Folgen der SED-Diktatur im Prozeß der deutschen Einheit« (13. Wahlperiode des Deutschen Bundestages), 8 Bände in 14 Teilbänden, Baden-Baden und Frankfurt/Main 2000; Landtag Mecklenburg-Vorpommern (Hrsg.), Zur Arbeit der Enquete-Kommission »Leben in der DDR, Leben nach 1989- Aufarbeitung und Versöhnung«, 10 Bde., Schwerin 1996-1998.

[40] So Dr. Johannes Kuppe auf der 26. Sitzung der Enquete-Kommission am 27.1.1993, in: Materialien der Enquete-Kommission »Aufarbeitung von Geschichte und Folgen der SED-Diktatur in Deutschland«, Bd. II, 1, S. 552.

[41] Prieß, Lutz, Die SED-Parteiorganisation, in: Herbst, Andreas/Stephan, Gerd-Rüdiger/Winkler, Jürgen (Hrsg.), Die SED. Geschichte, Organisation, Politik. Ein Handbuch, Berlin 1997, S. 117-148, hier S. 117.

mission selbst finden sich entsprechende Analysen.[42] Gleichwohl gibt es nach wie vor Desiderata in der Erforschung der DDR-Geschichte. So formulieren Ulrich Mählert und Manfred Wilke hierzu: »Die DDR-Forschung hat in den vergangenen 15 Jahren nicht nur quantitativ, sondern auch qualitativ beachtliche Ergebnisse vorgelegt. Die DDR ist alles andere als ein ›weißer Fleck‹ im Gesamtmosaik der jüngeren deutschen Geschichte. Das historische Bild der DDR hat wesentliche Konturen gewonnen. Dennoch sind weiterhin Leerstellen in diesem Mosaik zu verzeichnen, die angefüllt werden müssen.« Das betrifft unter anderem »das Bild der DDR in ihrem inneren Bestand. Wie die DDR im Verlauf ihrer vier Jahrzehnte währenden Existenz tatsächlich ›funktionierte‹, wie die nahezu erschöpfend erforschten politischen Konzepte der Ostberliner Zentrale vor Ort auf der Bezirks-, Kreis-, Orts- oder Betriebsebene umgesetzt wurden, kann bislang nur partiell erklärt werden. Besonders frappierend ist der Umstand, dass die Staatspartei, die SED, – sieht man von den späten vierziger und frühen fünfziger Jahren ab – alles andere als erforscht ist. Vergleicht man den heutigen Kenntnisstand zur Geschichte der NSDAP mit dem zur SED, dann wird dies besonders offenkundig.«[43]

Zu den »weißen Flecken« der DDR zählen bislang die Sekretäre der SED-Bezirksleitungen 1952 bis 1989. Hier setzt die vorliegende Arbeit ein und sich zum Ziel, diesen »weißen Fleck« zu beseitigen. Auf welchen wissenschaftlichen Vorleistungen die Arbeit in Teilen hauptsächlich zurückgreifen konnte, sollen die folgenden Ausführungen zeigen.

Zum engeren Thema der Bezirkssekretäre existieren bislang einzig zwei Arbeiten von Helga A. Welsh.[44] Das Thema Handlungsspielräume auf regionaler Ebene beleuchtet Heinz Mestrup in einem Aufsatz.[45] Die SED im Bezirk Erfurt in der Honecker-Ära und die 1. und 2. Kreissekretäre der thüringischen Bezirke sind Gegenstand weiterer Untersuchungen.[46] Detlef Kotsch thematisierte erstmals ausführlich in einem historischen Längsschnitt Bezirke der DDR und ging dabei auch

---

[42] Vgl. etwa Kaiser, Monika, Herrschaftsinstrumente und Funktionsmechanismen der SED in Bezirk, Kreis und Kommune, in: Materialien der Enquete-Kommission »Aufarbeitung von Geschichte und Folgen der SED-Diktatur in Deutschland«, Bd. II, 3, S. 1791-1834; Neugebauer, Gero, Politische und rechtliche Grundlagen der Tätigkeit von Funktionären der regionalen und lokalen Ebenen, in: ebenda, Bd. II, 1, S. 536-552; Prieß, Lutz, Die Kreisleitungen der SED im politischen Herrschaftssystem der DDR, in: ebenda, Bd. II, 4, S. 2464-2508.
[43] Mählert, Ulrich/Wilke, Manfred, Die DDR-Forschung – ein Auslaufmodell? Die Auseinandersetzung mit der SED-Diktatur seit 1989, in: Deutschland Archiv, H. 3, Bielefeld 2004, S. 465-474, hier S. 474.
[44] Welsh, Helga A., Zwischen Macht und Ohnmacht. Zur Rolle der 1. Bezirkssekretäre der SED, in: Hornbostel, Stefan (Hrsg.), Sozialistische Eliten. Horizontale und vertikale Differenzierungsmuster in der DDR, Opladen 1999, S. 105-123 und Welsh, Helga A., Kaderpolitik auf dem Prüfstand. Die Bezirke und ihre Sekretäre 1952-1989, in: Hübner, Peter (Hrsg.), Eliten im Sozialismus. Beiträge zur Sozialgeschichte der DDR, Köln-Weimar-Wien 1999, S. 107-129.
[45] Mestrup, Heinz, Die Ersten und Zweiten Sekretäre der SED. Ein Beitrag zu Handlungsspielräumen von Funktionären in der DDR, in: Deutschland Archiv, H. 6, Bielefeld 2003, S. 950-964.
[46] Mestrup, Heinz, Die SED – Ideologischer Anspruch, Herrschaftspraxis und Konflikte im Bezirk Erfurt (1971-1989), Rudolstadt 2000; Best/Mestrup.

auf die Bezirksparteiorganisationen der SED ein.⁴⁷ In der DDR selbst fanden die Bezirke spät, zumeist erst ab Mitte der 1980er Jahre, wissenschaftliches Interesse.⁴⁸ So hieß es in einem 1989 erschienenen Sammelband: »Für das Verständnis der Vergangenheit, der Gegenwart und auch der Zukunft der Deutschen Demokratischen Republik muß man also auch ihre Bezirke kennen. So erschließt sich das Verständnis dieses sozialistischen Landes auch als Ganzes besser.«⁴⁹ Dennoch widmeten sich Untersuchungen zu den Parteiorganisationen der Bezirke häufig nur einzelnen Aspekten, thematisch und zeitlich übergreifende Darstellungen sind selten. Sie hatten überdies die Geschichte häufig »so zu schildern, wie sie laut Parteilinie hätte sein sollen, aber nicht so, wie sie wirklich verlief«⁵⁰, und sind deshalb in der Regel recht unergiebig. So erwähnt die Geschichte der BPO Magdeburg zwar in dürren Worten die 1979 erfolgte Ablösung des langjährigen 1. Bezirkssekretärs Alois Pisnik und die Wahl seines Nachfolgers Kurt Tiedke, verschweigt aber die Hintergründe und die Tatsache, daß dies von Seiten Pisniks keineswegs freiwillig geschehen ist.⁵¹

Die vorliegende Untersuchung konnte auf Ergebnisse der Elitenforschung zur DDR zurückgreifen. Wenngleich die SED mit ihrer »gesellschaftspolitischen Programmatik und Praxis (...) egalitäre Ziele« verfolgte und den Elitebegriff als bürgerlich ablehnte⁵², kann doch an der Existenz von Eliten auch in der DDR kein Zweifel bestehen.⁵³ Die SED hatte solche durch den radikalen Elitenwechsel nach 1945 selbst geschaffen. »Indem sie die traditionalen Eliten zurückdrängte, sie teilweise auch proletarisierte und gleichzeitig die Rekrutierung der neuen Macht- und Funktionseliten vorantrieb, versuchte die SED-Führung ihren gesamtgesellschaftlichen Führungsanspruch durchzusetzen.«⁵⁴ Dabei ist der Elitebegriff umstritten. Mit einem pragmatischen Zugang, dem soziologischen Konzept der

---

47 Kotsch, Detlef, Das Land Brandenburg zwischen Auflösung und Wiederbegründung. Politik, Wirtschaft und soziale Verhältnisse in den Bezirken Potsdam, Frankfurt (Oder) und Cottbus in der DDR (1952-1990), Berlin 2001. Die bislang unterbliebene systematische Untersuchung der Sekretäre der SED-Bezirksleitungen kommt auch darin zum Ausdruck, daß Kotsch in seiner voluminösen und ansonsten sehr gründlichen Pionierstudie zwar eine Auflistung der »Amtszeiten der 1. und 2. Sekretäre der SED-Bezirksleitungen Potsdam, Frankfurt (Oder) und Cottbus« liefert, diese aber lücken- und fehlerhaft ausfällt: Einige Namen fehlen oder sind falsch wiedergegeben, andere Sekretäre sind den falschen Bezirken zugeordnet. Vgl. ebenda, S. 156.
48 Allein 1986 sind, was möglicherweise mit dem 40. Jahrestag der SED zusammenhängt, über ein Dutzend Untersuchungen zu einzelnen Bezirksparteiorganisationen erschienen.
49 Ostwald, Werner, Einleitung, in: Ostwald, Werner (Hrsg.), Die DDR im Spiegel ihrer Bezirke, Berlin (Ost) 1989, S. 5-21, hier S. 21.
50 Weber, S. 939.
51 Vgl. Hillger, Wolfgang u. a., Unter Führung der Partei für das Wohl des Volkes. Geschichte der Bezirksparteiorganisation Magdeburg der SED 1952 bis 1981, Magdeburg 1989, S. 683-690.
52 Hübner, Peter, Einleitung: Antielitäre Eliten?, in: Hübner, S. 9-35, hier S. 12.
53 Vgl. hierzu den ausführlichen, auch methodische und theoretische Fragen reflektierenden Aufsatz von Bauerkämper, Arnd/Danyel, Jürgen/Hübner, Peter, »Funktionäre des schaffenden Volkes«? Die Führungsgruppen der DDR als Forschungsproblem, in: Bauerkämper/Danyel/Hübner/Roß, S. 11-86.
54 Hübner, Einleitung, S. 25.

Funktionseliten (auch als Positionseliten bezeichnet), werden Inhaber bestimmter Funktionen als Elite klassifiziert.[55] Demnach gehörten die Sekretäre der SED-Bezirksleitungen zweifellos zu den Funktionseliten der DDR. Sie bildeten darüber hinaus einen Teil der politischen Elite der DDR, die nach Meyer etwa 520 Personen umfaßte, und sind damit als Angehörige der Machtelite zu kennzeichnen.[56] Herrschaft in der DDR war Herrschaft durch Parteieliten.[57] Die herausgehobene Stellung der Bezirkssekretäre als Eliten drückte sich auch in der Zugehörigkeit zur Hauptnomenklatur aus. Auch vor diesem Hintergrund verwundert es, daß die Bezirkssekretäre bislang häufig der Aufmerksamkeit der historischen Forschung entgangen sind. Der »Elite auf der regionalen Ebene der Bezirke in der DDR« ist »so gut wie keine Beachtung geschenkt worden; sie wurde in erster Linie als ausführendes und nicht als agierendes Organ angesehen.«[58]

Das breite Thema der Eliten im Sozialismus ist hingegen mehrfach Gegenstand wissenschaftlicher Auseinandersetzungen geworden.[59] In einem 1997 erschienenen Sammelband werden die verschiedenen Ansätze und Ergebnisse der bisherigen Forschung zu kommunistischen Eliten kritisch beleuchtet. Nicht nur Eliten in der DDR, sondern auch politische und wirtschaftliche Eliten in Ost-Mitteleuropa stehen im Fokus.[60] Die Autoren des von Peter Hübner herausgegebenen Sammelbandes[61] fühlen sich im wesentlichen dem Positionsansatz verpflichtet. Neben der Behandlung allgemeiner Aspekte des Elitenproblems im Sozialismus, wie Traditionen, Mentalitäten und Wertorientierungen, werden unterschiedliche Eliten im Partei- und Staatsapparat sowie in Wirtschaft, Wissenschaft und Forschung untersucht. Die Spannbreite der Beiträge umfaßt etwa neben Bezirkssekretären und hauptamtlichen Mitarbeitern des MfS auch das Leitungspersonal der VEG oder Software-Experten. Um horizontale und vertikale Differenzierungsmuster in der DDR am Beispiel der Eliten geht es in dem von Stefan Hornbostel herausgegebenen Sammelband.[62] Der Elitebegriff wird hier recht weit gefaßt und umschließt auch wirtschaftliches, politisches und administratives Führungspersonal auf lokaler und regionaler Ebene. In der Struktur und der Funktionsweise dieser Eliten suchen die Autoren, zumeist Sozialwissenschaftler und Historiker,

---

[55] Vgl. zum Problem des Elitebegriffs und zur Ermittlung von Elite Schneider, Eberhard, Die politische Funktionselite der DDR. Eine empirische Studie zur SED-Nomenklatura, Opladen 1994, S. 10-18.
[56] Vgl. Meyer, Gerd, Die DDR-Machtelite in der Ära Honecker, Tübingen 1991, S. 68-80.
[57] Vgl. Ettrich, Frank, Differenzierung und Eliten im Staatssozialismus, in: Best, Heinrich/Hornbostel, Stefan (Hrsg.), Funktionseliten der DDR. Theoretische Kontroversen und empirische Befunde, Köln 2003, S. 31-56, hier S. 39 f.
[58] Welsh, in: Bauerkämper/Danyel/Hübner/Roß, S. 149.
[59] Vgl. Welsh, Helga A., Die kommunistischen Eliten als Gegenstand der Forschung. Ein Rück- und Ausblick, S. 131-150, und Lorenz, Astrid/Schmöker, Inge, Neuere Literatur zu den DDR-Eliten. Eine Auswahlbibliographie, S. 265-301, jeweils in: Bauerkämper/Danyel/Hübner/Roß.
[60] Vgl. Bauerkämper/Danyel/Hübner/Roß.
[61] Hübner.
[62] Hornbostel, Stefan (Hrsg.), Sozialistische Eliten. Horizontale und vertikale Differenzierungsmuster in der DDR, Opladen 1999.

Erklärungen sowohl für die Stabilität als auch für das Scheitern der DDR. Das erst vor kurzem erschienene Sonderheft der Zeitschrift »Historische Sozialforschung« widmet sich ebenfalls den Funktionseliten der DDR.[63] Im Mittelpunkt steht die Vorstellung von Ergebnissen des Forschungsprojekts »Führungsgruppen und gesellschaftliche Differenzierungsprozesse in der DDR«. Der »Zentrale Kaderdatenspeicher« des Ministerrates als Hauptquelle wird ausführlich vorgestellt und diskutiert. In zehn Beiträgen zeigt sich der neuere Stand der historischen und sozialwissenschaftlichen Forschung zu den DDR-Eliten.

Im Hinblick auf Vertreter der zentralen staatlichen und Parteiebene liegen einige umfangreiche Darstellungen vor. Sie sind zumeist auf vornehmlich empirischer Grundlage verfaßt und häufig älteren Datums. Peter Christian Ludz untersuchte die Mitglieder und Kandidaten des Zentralkomitees von 1954-1967, Helmut Alt jene der Jahre 1971-1986.[64] Dabei standen soziale Variablen wie Herkunft, Bildung und Karriereverlauf im Vordergrund. Gerd Meyer analysierte Sozialprofil, Karrieremuster, Kooptationspolitik und politische Kultur der Machtelite in der DDR in der Honecker-Ära unter herrschaftssoziologischen Leitfragen.[65] Vor allem ihre herrschaftskonforme Reproduktion und ihre ablehnende Haltung gegenüber einer Reform des Sozialismus stehen im Mittelpunkt. Eberhard Schneider befaßte sich in einer empirischen Studie mit der politischen Funktionselite in der DDR.[66] Dazu zählt er die Mitglieder und Kandidaten des Zentralkomitees und der Zentralen Revisionskommission. Neben Karrieremustern und -differenzen geht es hier auch um die statistische Erfassung sozialer Kenndaten, wie etwa Bildungsvariablen. Die erzielten Ergebnisse vergleicht Schneider mit den Resultaten der Forschung zur Elite in der Sowjetunion.

Der Ministerrat und der Staatsrat stehen im Mittelpunkt der Arbeiten von Ursula Hoffmann und Peter-Joachim Lapp.[67] Wenn diese Arbeiten unter fehlendem Quellenzugang verfaßt werden mußten, so gilt dies für die neueren Untersuchungen nicht, was einen unbestreitbaren Vorteil darstellt.[68] Heike Amos befaßte sich mit der Struktur und Arbeitsweise des zentralen Parteiapparates.[69] Ein neuer Sammelband zur Funktionärsgeschichte in Deutschland behandelt in drei

---

[63] Vgl. Best, Heinrich/Hornbostel, Stefan (Hrsg.), Funktionseliten der DDR. Theoretische Kontroversen und empirische Befunde, Köln 2003.
[64] Vgl. Ludz, Peter Christian, Parteielite im Wandel. Funktionsaufbau, Sozialstruktur und Ideologie der SED-Führung. Eine empirisch-systematische Untersuchung, Köln, Opladen 1968; Alt, Helmut, Die Stellung des Zentralkomitees der SED im politischen System der DDR, Köln 1987.
[65] Meyer.
[66] Schneider.
[67] Hoffmann; Lapp, Peter-Joachim, Der Staatsrat im politischen System der DDR (1960-1971), Opladen 1972; Lapp, Peter-Joachim, Der Ministerrat der DDR: Aufgaben, Arbeitsweise und Struktur der anderen deutschen Regierung, Opladen 1982.
[68] Bauerkämper/Danyel/Hübner/Roß; Best, Heinrich/Gebauer, Ronald (Hrsg.), (Dys)funktionale Differenzierung? Rekrutierungsmuster und Karriereverläufe der DDR-Funktionseliten, Jena 2002; Best/Hornbostel; Hornbostel; Hübner.
[69] Amos, Heike, Politik und Organisation der SED-Zentrale 1949-1963. Struktur und Arbeitsweise von Politbüro, Sekretariat, Zentralkomitee und ZK-Apparat, Münster 2002.

Aufsätzen zwar auch die DDR, jedoch werden nur Wirtschafts- und Gewerkschafts-, nicht jedoch SED-Funktionäre vorgestellt.[70]

In ähnlicher Konzeption wie einige Untersuchungen zur DDR-Elite und methodisch anregend hat Thomas Weiser eine »prosopographische Analyse« der »Spitzenkader von drei Arbeiterparteien der Tschechoslowakei« unternommen.[71] Oleg W. Chlewnjuk befaßte sich in seiner Studie mit dem Politbüro der KPdSU während der dreißiger Jahre und untersuchte damit die »entscheidende Periode der Formierung eines politischen Systems Stalinschen Typs«.[72] Dabei konnte er sich auf erst in letzter Zeit zugängliche Archivmaterialien, wie die Protokolle der Politbürositzungen und Nachlässe von Mitgliedern dieses Gremiums sowie Akten des Rats der Volkskommissare und der Staatlichen Plankommission, stützen. Der Verfasser falsifiziert die bislang in der Literatur dominierende Auffassung von der Existenz zweier »Fraktionen« im Politbüro, den »Gemäßigten« und den »Radikalen«, die es so nicht gegeben hat. Stalin gelang es im Verlauf der dreißiger Jahre, das Politbüro als »eigenständig tätiges Organ der politischen Führung« auszuschalten und »bestenfalls in eine Stalin beratende Instanz« umzuwandeln.[73] Die Vorgehensweise Chlewnjuks, sowohl die organisatorische Seite der Funktionsweise des Politbüros als auch Mechanismen seiner Beschlußfassung zu analysieren, kann auch für die weitere Erforschung des politischen Systems der DDR inspirierend sein. Bislang nicht ins Deutsche übersetzt ist ein neueres, von Chlewnjuk und anderen herausgegebenes Werk, das sich dem Politbüro und dem Ministerrat in der Sowjetunion im Zeitraum 1945-1953 widmet. Hier sind über 300 Dokumente abgedruckt, die Strukturen, Funktionen und Personen in diesen Machtzentren ebenso sichtbar werden lassen wie die Mechanismen der Entscheidungsfindung und die Rolle Stalins und seiner Umgebung.[74]

Auf Karrierewege der Parteieliten des Zentralkomitees von den »Revolutionären an der Macht« über Stalins neue Eliten bis hin zu deren Konsolidierungsbemühungen

---

[70] Vgl. Boyer, Christoph, Wirtschaftsfunktionäre. Das Personal der wirtschaftslenkenden Apparate in der formativen Phase der SBZ/DDR (1945-1961), S. 109-125; Stadtland, Helke, »Avantgarde«, »Exekutive«, »Arbeitervertreter«? Gewerkschaftsfunktionäre im »Kaderstaat« der DDR, S. 127-156; Hürtgen, Renate, Vertrauensleute des FDGB in den siebziger und achtziger Jahren. Funktionslos im großen Funktionärsstaat DDR?, S. 157-177, sämtlich in: Kössler, Till/Stadtland, Helke (Hrsg.), Vom Funktionieren der Funktionäre. Politische Interessenvertretung und gesellschaftliche Integration in Deutschland nach 1933, Essen 2004.

[71] Weiser, Thomas, Arbeiterführer in der Tschechoslowakei. Eine Kollektivbiographie sozialdemokratischer und kommunistischer Parteifunktionäre 1918-1938, München 1998, S. 13. Weiser untersucht hier die »privaten Werdegänge und politischen Karrieren« der Mitglieder des Politbüros der Kommunistischen Partei der Tschechoslowakei und der Exekutivausschüsse der Tschechoslowakischen sozialdemokratischen Arbeiterpartei bzw. der Deutschen sozialdemokratischen Arbeiterpartei in der Tschechoslowakei.

[72] Chlewnjuk, Oleg W., Das Politbüro. Mechanismen der politischen Macht in der Sowjetunion der dreißiger Jahre, Hamburg 1998, S. 9.

[73] Ebenda, S. 372.

[74] Хлевнюк, О. В./Горлицкий, Й./Кошелева, Л. П./Минюк, А. И./ Прозуменщиков, М. Ю./Роговая, Л. А./Сомонова, С. В. (Составители), Политбюро ЦК ВКП (б) и Совет Министров СССР. 1945-1953, Москва 2002 (Chlewnjuk, Oleg W. u. a., Politbjuro ZK WKP (b) i Sowjet Ministrow SSSR. 1945-1953, Moskwa 2002).

konzentrieren sich Evan Mawdsley und Stephen White.[75] Brigitte Studer und Berthold Unfried widmen sich der Sowjetunion in den dreißiger Jahren. Sie richten ihren »kultur- und sozialgeschichtlichen Blick« auf die Geschichte des Stalinismus und fragen, wie insbesondere ausländische Kommunisten in der Sowjetunion »mit den Denk- und Verhaltensmustern, mit den kulturellen Formen der stalinistischen Gesellschaft der dreißiger Jahre in Berührung kamen und sich ihnen anpassten oder widersetzten.«[76] Anhand überlieferter Kaderakten, Verhörprotokolle, Fragebögen, Erinnerungen und Tagebücher werden das Milieu der europäischen Emigranten in der Sowjetunion und deren Lebensbedingungen, die Instanzen der Kaderüberwachung und die Überprüfungen und »Säuberungen« in den Reihen der Kommunisten untersucht sowie die Kader selbst, ihre biographischen Hintergründe, Denkweisen, Verhaltensformen und Institutionen ihrer Erziehung vorgestellt. Die von Studer/Unfried entwickelten Fragestellungen und erzielten Ergebnisse sind vor allem im Hinblick auf diejenigen Sekretäre der SED-Bezirksleitungen der älteren Generation, die in den dreißiger Jahren die Sowjetunion besuchten oder dorthin übersiedelten, relevant.[77]

Für die Erarbeitung dieser Studie waren weiter einige Standardwerke von großem Wert, die teilweise schon älteren Datums, gleichwohl mit Gewinn zu lesen sind. Hierzu zählen Arbeiten zur SED[78] und ihrer Kaderpolitik[79] ebenso wie kompakte Darstellungen zur Geschichte der DDR[80] und Handbücher[81].

---

[75] Mawdsley, Evan/White, Stephen, The Soviet elite from Lenin to Gorbachev. The Central Committee and its members, 1917-1991, Oxford u. a. 2000.

[76] Studer, Brigitte/Unfried, Berthold, Der stalinistische Parteikader. Identitätsstiftende Praktiken und Diskurse in der Sowjetunion der Dreißiger Jahre, Köln, Weimar 2002, S. 35 und S. 11.

[77] Dies trifft neben anderen auf Robert Holland (1916-1966), von August 1952 bis Februar 1954 Mitglied des Sekretariats der BL Suhl und Sekretär für Wirtschaft, zu. Er war im Oktober 1931 als Mitglied des KJVD mit seinen Eltern in die Sowjetunion übergesiedelt, hatte 1934 die sowjetische Staatsangehörigkeit angenommen und ist erst im Sommer 1946 in die SBZ zurückgekehrt. Vgl. Moczarski, Norbert, Die Protokolle des Sekretariats der SED-Bezirksleitung Suhl. Von der Gründung des Bezirkes Suhl bis zum 17. Juni 1953, Weimar 2002, S. 4 und SAPMO, DY 30/IV 2/11/v 616.

[78] Förtsch, Eckart/Mann, Rüdiger, Die SED, Stuttgart u. a. 1969; Hurwitz, Harold, Die Stalinisierung der SED. Zum Verlust von Freiräumen und sozialdemokratischer Identität in den Vorständen 1946-1949, Opladen 1997; Malycha, Andreas, Die SED. Geschichte ihrer Stalinisierung 1946-1953, Paderborn u. a. 2000; Schultz, Joachim, Der Funktionär in der Einheitspartei. Kaderpolitik und Bürokratisierung in der SED, Stuttgart-Düsseldorf 1956; Stern, Carola, Porträt einer bolschewistischen Partei. Entwicklung, Funktion und Situation der SED, Köln 1957.

[79] Glaeßner, Gert-Joachim, Herrschaft durch Kader. Leitung der Gesellschaft und Kaderpolitik in der DDR am Beispiel des Staatsapparates, Opladen 1977; Kluttig, Thekla, Parteischulung und Kaderauslese in der Sozialistischen Einheitspartei Deutschlands 1946-1961, Berlin 1997; Zimmermann, Hartmut, Überlegungen zur Geschichte der Kader und der Kaderpolitik in der SBZ/DDR, in: Kaelble, Hartmut/Kocka, Jürgen/Zwahr, Hartmut (Hrsg.), Sozialgeschichte der DDR, Stuttgart 1994, S. 322-356.

[80] Glaeßner, Gert-Joachim (Hrsg.), Die DDR in der Ära Honecker. Politik-Kultur-Gesellschaft, Opladen 1988; Heydemann; Ihme-Tuchel; Ludz, Peter Christian, Die DDR zwischen Ost und West. Politische Analysen 1961 bis 1976, München 1977; Mählert, Ulrich, Kleine Geschichte der DDR, München 1998; Richert; Richert, Ernst, Die DDR-Elite oder Unsere Partner von morgen?, Reinbek 1968; Schroeder; Staritz, Dietrich, Geschichte der DDR 1949-1985, Frankfurt/Main 1996; Weber, Hermann, Die DDR 1945-1990, München 2000.

[81] DDR-Handbuch, hrsg. vom Bundesministerium für innerdeutsche Beziehungen, 2 Bde., Köln 1985; Weidenfeld, Werner/Zimmermann, Hartmut (Hrsg.), Deutschland-Handbuch. Eine doppelte Bilanz 1949-1989, Bonn 1989.

Einen besonderen Stellenwert innerhalb der Literaturgrundlage nehmen die publizierten Erinnerungen früherer SED-Funktionäre ein, berichten sie doch aus erster Hand über politische Entscheidungen. Insgesamt nur wenige Sekretäre der Bezirksleitungen haben nach 1989 persönliche Rückblicke niedergeschrieben und veröffentlicht. Als bedeutende Sekretäre sind hier nur Werner Eberlein (1983-1989 Erster Sekretär der BL Magdeburg), Hans Modrow (1973-1989 Erster Sekretär der BL Dresden), Helmut Müller (1971-1989 Zweiter Sekretär der BL Berlin) und Günter Schabowski (1985-1989 Erster Sekretär der BL Berlin) zu nennen.[82] Andere Autoren waren nur für kürzere Zeit als Bezirkssekretäre tätig und stellen dies demzufolge auch nicht in den Mittelpunkt ihrer Erinnerungen. Dies trifft auf Hermann Axen (1953-1956 Zweiter Sekretär der BL Berlin), Hans Bentzien (1954-1955 bzw. 1958-1961 Sekretär für Kultur und Volksbildung der BL Gera bzw. Halle), Heinz Brandt (1952-1953 Sekretär für Agitation und Propaganda der BL Berlin) und Karl Schirdewan (1952 Erster Sekretär der BL Leipzig) zu.[83] Noch zu DDR-Zeiten veröffentlichte Erinnerungen oder Bände mit Reden und Aufsätzen hingegen erwiesen sich für die in dieser Studie entwickelten Fragestellungen als wenig hilfreich.[84]

Verschiedene frühere Funktionsträger der SED zeigten sich nach 1989 bereit, in Interviews auf Fragen zu ihrer Biographie und zur Entwicklung der DDR einzugehen. Diese veröffentlichten Gespräche erwiesen sich teilweise als Fundgrube auch für Probleme auf der bezirklichen Ebene und wurden daher ebenso herangezogen.[85] Gleiches gilt für die Erinnerungen von Spitzenfunktionären der SED, wenngleich hier der Fokus auf dem zentralen Apparat und weniger auf der

---

[82] Vgl. Eberlein, Werner, Ansichten, Einsichten, Aussichten, Berlin 1995; Eberlein, Werner, Geboren am 9. November. Erinnerungen, Berlin 2000; Modrow; Modrow, Hans, Von Schwerin bis Strasbourg. Erinnerungen an ein halbes Jahrhundert Parlamentsarbeit, Berlin 2001; Müller.

[83] Vgl. Axen, Hermann, Ich war ein Diener der Partei. Autobiographische Gespräche mit Harald Neubert, Berlin 1996; Bentzien, Hans, Meine Sekretäre und ich, Berlin 1995; Brandt, Heinz, Ein Traum, der nicht entführbar ist. Mein Weg zwischen Ost und West, Berlin (West) 1978; Schirdewan, Karl, Aufstand gegen Ulbricht. Im Kampf um politische Kurskorrektur, gegen stalinistische, dogmatische Politik, Berlin 1994; Schirdewan, Karl, Ein Jahrhundert Leben. Erinnerungen und Visionen, Berlin 1998.

[84] Vgl. etwa Mewis, Karl, Im Auftrag der Partei. Erlebnisse im Kampf gegen die faschistische Diktatur, Berlin (Ost) 1972. Der Autor war von 1952-1961 Erster Sekretär der BL Rostock. In der Publikation: Grüneberg, Gerhard, Agrarpolitik der Arbeiterklasse zum Wohle des Volkes. Ausgewählte Reden und Aufsätze 1957-1981, Berlin (Ost) 1981, findet sich beispielsweise nur ein Dokument aus seiner Zeit als Erster Sekretär der BL Frankfurt (Oder) 1952-1958.

[85] Pirker, Theo/Lepsius, M. Rainer/Weinert, Rainer/Hertle, Hans-Hermann, Der Plan als Befehl und Fiktion. Wirtschaftsführung in der DDR. Gespräche und Analysen, Opladen 1995; Schütt, Hans-Dieter/Zimmermann, Brigitte (Hrsg.), ohnMacht. DDR-Funktionäre sagen aus, Berlin 1992; Villain, Jean, Die Revolution verstößt ihre Väter. Aussagen und Gespräche zum Untergang der DDR, Bern 1990; Zimmermann, Brigitte/Schütt, Hans-Dieter, Noch Fragen, Genossen! Berlin 1994; Hertle, Hans-Hermann/Pirker, Theo/Weinert, Rainer, »Der Honecker muß weg!« Protokoll eines Gespräches mit Günter Schabowski am 24. April 1990 in Berlin/West, Berlin 1990; Prokop, Siegfried, Poltergeist im Politbüro. Siegfried Prokop im Gespräch mit Alfred Neumann, Frankfurt (Oder) 1996; Koehne, Ludwig/Sieren, Frank (Hrsg.), Günter Schabowski: Das Politbüro. Ende eines Mythos. Eine Befragung, Reinbek 1991.

Bezirksebene liegt. Gleichwohl geben etwa die Erinnerungen von Krenz und Mittag oder die von Modrow versammelten Berichte von Funktionären des ZK interessante Einblicke in die Beziehungen und Entscheidungsabläufe zwischen Parteiführung und nachgeordneten Leitungen.[86]

Bei den Aussagen und Erinnerungen früherer SED-Funktionäre ist, wie generell bei autobiographischen Zeugnissen, eine besonders quellenkritische Kenntnisnahme am Platz. Durch Prüfung und Ergänzung mit überlieferten Quellen kann hier der Gefahr einer zu subjektiv fixierten Sicht entgangen werden. Im folgenden sollen die wichtigsten Quellengruppen, aus denen diese Studie schöpfen konnte, erläutert werden.

Angesichts der Literaturlage, die sich im Hinblick auf die Geschichte der DDR zwar als sehr erfreulich zeigt, über die Sekretäre der SED-Bezirksleitungen aber nur wenig und punktuell Substantielles bietet, basiert die vorliegende Arbeit hauptsächlich auf gedruckten und archivalischen Quellen. Für die Erstellung des ersten, gruppenbiographischen Hauptteils der Arbeit war es unumgänglich und eine große Herausforderung, möglichst viele und vollständige Lebensläufe und biographische Daten der 415 Funktionäre, die zwischen 1952 und 1989 als Sekretär einer Bezirksleitung gearbeitet haben, zusammenzutragen. Die einschlägigen biographischen Handbücher erwiesen sich hier als nur bedingt hilfreich, verzeichneten sie in der Regel doch nur die Spitzenfunktionäre der SED und der Blockparteien und Größen aus Kultur, Wirtschaft und Gesellschaft, aber keine nachgeordneten Funktionsträger.[87] So finden sich hier meist nur die 1. Sekretäre der BL – und auch sie nicht vollzählig –, nicht jedoch die 2. und Fachsekretäre, sofern diese späterhin, wie etwa im Falle Werner Felfes, nicht höhere Parteiämter übernahmen.[88] Diese Lücke füllt das von Herbst/Stephan/Winkler herausgegebene SED-Handbuch, das auf 233 Seiten rund 1500 »Kurzbiographien der Führungs-

---

[86] Hager, Kurt, Erinnerungen, Leipzig 1996; Janson, Carl-Heinz, Totengräber der DDR. Wie Günter Mittag den SED-Staat ruinierte, Düsseldorf-Wien-New York 1991; Keßler, Heinz, Zur Sache und zur Person. Erinnerungen, Berlin 1997; Krenz, Egon, Wenn Mauern fallen. Die friedliche Revolution: Vorgeschichte, Ablauf, Auswirkungen, Wien 1990; Krenz, Egon, Herbst '89, Berlin 1999; Mittag, Günter, Um jeden Preis. Im Spannungsfeld zweier Systeme, Berlin-Weimar 1991; Modrow, Hans (Hrsg.), Das Große Haus. Insider berichten aus dem ZK der SED, Berlin 1995; Modrow (Hrsg.), Das Große Haus von außen; Schalck-Golodkowski, Alexander, Deutsch-deutsche Erinnerungen, Reinbek 2000; Schürer, Gerhard, Gewagt und verloren. Eine deutsche Biographie, Frankfurt (Oder) 1996; Uschner, Manfred, Die zweite Etage. Funktionsweise eines Machtapparates, Berlin 1993.

[87] Baumgartner, Gabriele/Helbig, Dieter (Hrsg.), Biographisches Handbuch der SBZ/DDR 1945-1990, 2 Bde., München 1996; Buch, Günther, Namen und Daten. Biographien wichtiger Personen in der DDR, Bonn-Bad Godesberg 1987; Cerný, Jochen (Hrsg.), Wer war wer – DDR. Ein biographisches Lexikon, Berlin 1992; Herbst, Andreas/Ranke, Winfried/Winkler, Jürgen, So funktionierte die DDR, 3 Bde., Reinbek 1994; Müller-Enbergs, Helmut/Wielgohs, Jan/Hoffmann, Dieter (Hrsg.), Wer war wer in der DDR? Ein biographisches Lexikon, Bonn 2000.

[88] Werner Felfe war von 1966-1971 Sekretär für Agitation und Propaganda bzw. Zweiter Sekretär, 1971-1981 Erster Sekretär der BL Halle und übernahm dann die Funktion des Sekretärs für Landwirtschaft des ZK. Vgl. SAPMO, DY 30/IV 2/11/v 5293.

kader« der SED bereithält.[89] Diese von Andreas Herbst zusammengestellten Kurzbiographien wie auch die Auflistung der »(p)ersonelle(n) Zusammensetzung der Büros bzw. der Sekretariate der SED-Bezirksleitungen 1952-1989«[90] stellen eine enorme und vorzügliche Forschungsleistung dar und bildeten eine Hauptquelle und den Grundstock des in dieser Studie verwendeten biographischen Materials. Allerdings zeigte eine genaue Durchsicht dieser Angaben einige Fehler und Fehlstellen, die bei einem Unternehmen dieser Größenordnung wohl unvermeidlich sind. So sind etwa Rudolf Rätzer, 1952-1953 Sekretär für Wirtschaft der BL Dresden, und Dr. Jürgen Tremper, 1989 Sekretär für Wissenschaft und Volksbildung der BL Neubrandenburg, überhaupt nicht aufgeführt. Ernst Gallerach, Helmut Hanke, Gerhard Heider und Willi Hugler werden fälschlich als Sekretäre der BL Magdeburg, Potsdam, Dresden bzw. Leipzig genannt, obwohl sie nie eine solche Funktion bekleidet haben.[91] Einige andere Sekretäre sind nicht mit Kurzbiographien versehen.[92]

Auch aus einem weiteren Grund machte sich das eigenständige Sammeln biographischer Angaben notwendig: Die von Herbst aufgeführten Kurzbiographien enthalten viele Angaben nicht oder nur sehr unvollständig, die für die entwickelten Fragestellungen relevant waren. Dazu zählen die Monate der Amtsübernahme bzw. Abberufung, die Gründe für die Beendigung der Tätigkeit als Bezirkssekretär und genaue Angaben zur parteipolitischen und fachlichen Qualifizierung. Es mußten daher die vorhandenen biographischen Angaben für die Bezirkssekretäre überprüft und fehlende Kurzbiographien ergänzt werden. Über eine umfangreiche Durchsicht archivalischer Quellen gelang dies auch weitestgehend. In erster Linie sind hier die in der Stiftung Archiv der Parteien und Massenorganisationen der DDR im Bundesarchiv (SAPMO) verwahrten Kaderakten zu nennen.[93] Sie sind jedoch nur für die 1. Sekretäre der Bezirksleitungen weitgehend vollständig erhalten. Nur rund 14 % und damit jede siebente Kaderakte der 2. und Ressort-

---

[89] Vgl. Herbst/Stephan/Winkler, S. 895-1127.
[90] Vgl. ebenda, S. 861-876.
[91] Vgl. ebenda, S. 863, S. 869, S. 871, S. 873.
[92] Dies trifft auf folgende Funktionäre zu: Werner Ahsmus (1952-1958 Sekretär für Agitation und Propaganda der BL Gera), Rudolf Bahmann (1952-1958 Sekretär für Landwirtschaft der BL Gera), Reinhold Blank (1952-1953 Sekretär für Agitation und Propaganda der BL Schwerin), Johannes Bohn (1957-1958 Zweiter Sekretär der BL Dresden), Marianne Libera (1952-1953 Sekretär für Volksbildung und Kultur der BL Schwerin), Else Lübeck (1952-1954 Sekretär für Agitation und Propaganda der BL Leipzig), Rudolf Mannsfeld (1957-1959 Sekretär für Agitation und Propaganda der BL Karl-Marx-Stadt), Hans Müller (1954-1957 Sekretär für Agitation und Propaganda der BL Karl-Marx-Stadt), Horst Nebel (1952-1953 Sekretär für Agitation und Propaganda der BL Karl-Marx-Stadt), Kurt Panteleit (1955-1960 Sekretär für Wirtschaft der BL Karl-Marx-Stadt) und Kurt Rehmer (1959-1961 Sekretär für Agitation und Propaganda der BL Frankfurt (Oder)).
[93] Wagner, Matthias, Aktenvernichtungen in der Zeit der »Wende«, in: Deutschland Archiv, H. 4, Opladen 2000, S. 608-619, macht auf S. 613, Fußnote 16, darauf aufmerksam, daß der »häufig gebrauchte Terminus ›Kaderakte‹« für die Kadernomenklatur des Ministerrates »nachweislich falsch« ist. Laut einer bis zum Februar 1990 gültigen »Ordnung zur Führung von Personalakten« (Beschluß des Ministerrates vom 22.8.1977) ist der »Begriff ›Personalakte‹ (...) einheitlich statt ›Kaderakte‹ zu verwenden.« Vgl. den Beschluß in: Wagner, Ab morgen bist du Direktor, S. 239-245.

sekretäre ist dagegen in Berlin überliefert. In den früheren Bezirksparteiarchiven fehlt ebenfalls die Mehrzahl der Kaderakten für diese Funktionäre. Im Landesarchiv Berlin sind sie zu gut einem Drittel, im Brandenburgischen Landeshauptarchiv Potsdam nur zu etwa 17 % überliefert. Ohnehin ist der Quellenwert der Kaderakten sehr disparat. Einige bestehen nur aus SED-Mitgliedsbüchern, andere sind vollständig erhalten. Kaderakten zu den Vorsitzenden der Räte der Bezirke, deren Biographien in einigen Punkten der Arbeit vergleichend herangezogen werden sollen, sind nur zu knapp einem Drittel vorhanden. Diese ungünstige Quellenlage ist auf Kassationen, Vernichtungen und Säuberungen der Kaderakten vor und nach 1989 sowie auf ihre Herausgabe an die früheren Funktionäre zurückzuführen.[94]

Die Lücken im Bestand der Kaderakten konnten häufig durch die Arbeitsprotokolle der Sitzungen des Politbüros bzw. des Sekretariats des ZK, auf denen auch der Einsatz von Sekretären der Bezirksleitungen beschlossen wurde, geschlossen werden, da sich in ihnen in der Regel eine Kurzbiographie und Einschätzungen des betreffenden Funktionärs erhalten haben. Diese Protokolle bildeten den wichtigsten Quellenbestand. Über eine aufwendige Durchsicht der Kaderakten und der Politbüro- und Sekretariatsprotokolle von 1952-1989 konnten die biographischen Daten zu fast allen Bezirkssekretären zusammengetragen werden, so daß nun eine statistische Auswertung möglich war. Nur zu wenigen Sekretären ließen sich keinerlei bzw. nur bruchstückhafte Angaben zum Lebenslauf finden, so daß diese Lücken statistisch nicht ins Gewicht fallen.[95]

Für die Erarbeitung der vorliegenden Studie waren neben den bereits genannten Quellen weitere Aktenbestände von ausschlaggebender Bedeutung, die kurz charakterisiert werden sollen. Die im SAPMO überlieferten Akten der Büros von Mitgliedern der Parteiführung, wie Erich Honecker und Walter Ulbricht, aber auch Kurt Hager, Egon Krenz und Günter Mittag, enthielten neben den Monatsberichten der 1. Bezirkssekretäre auch Protokolle von Leitungssitzungen und konkrete Beispiele für die Anleitung der Bezirke durch die Parteiführung. Die Tagungen des Zentralkomitees zeigen grundlegende Beschlüsse ebenso wie Redebeiträge von Bezirksfunktionären, die vereinzelt auch Kritik an der Zentrale äußerten. Die Akten der ZPKK, der Abteilung Parteiorgane und der Abteilung Kaderfragen waren in kaderpolitischer Hinsicht interessant und enthielten etwa Kriterien der Rekrutierung von SED-Funktionären und Statistiken über die Zu-

---

[94] Vgl. ebenda, S. 613 f. Wagner erwähnt, daß bereits 1982 gut 2,7 Mio. Personalunterlagen von Mitgliedern und Kandidaten der SED vernichtet wurden. Der »Beschluß zur Verordnung über die Arbeit mit Personalakten vom 22. Februar 1990« legte unter anderem fest: »Die Leiter der Organe und Betriebe veranlassen, daß schrittweise, spätestens beim Ausscheiden aus dem Betrieb, gemeinsam mit dem Werktätigen die vorhandenen Personalunterlagen aufgelöst und alle nicht mehr benötigten Schriftstücke dem Werktätigen zur persönlichen Verfügung ausgehändigt werden.«

[95] Das betrifft folgende Sekretäre der Gründergeneration, die jeweils 1952/53 diese Funktion ausübten: Reinhold Blank (Sekretär für Agitation und Propaganda der BL Schwerin), Ernst Kautz (Sekretär für Wirtschaft der BL Erfurt), Walbert Petermann (Sekretär für Volksbildung und Kultur der BL Cottbus) und Alfred Scholz (Sekretär für Wirtschaft der BL Cottbus).

sammensetzung von Parteileitungen. Neben den Kaderakten und wenigen Nachlässen war es der Bestand der Erinnerungsberichte, der die Persönlichkeiten der Bezirksfunktionäre stärker konturierte. Immerhin 40 Sekretäre und Ratsvorsitzende der Bezirke haben Erinnerungen zu Papier gebracht, die im SAPMO verwahrt sind. Sie behandeln jedoch überwiegend die Zeit bis 1945, die eigene Tätigkeit auf der Bezirksebene wird nur in wenigen Fällen thematisiert, was den Quellenwert für diese Arbeit erheblich einschränkt.

Wenngleich die Bestände des SAPMO qualitativ und quantitativ herausragen, erschöpfte sich die Quellenbasis doch hierin nicht. Ergänzend wurden die Akten aus einigen früheren Bezirksparteiarchiven herangezogen. In folgenden Archiven, die Akten zu insgesamt sieben von 15 Bezirksparteiorganisationen bereithalten, wurden hauptsächlich Kaderakten und Sitzungsprotokolle der Bezirkssekretariate und Bezirksleitungen eingesehen: Landesarchiv Berlin, Brandenburgisches Landeshauptarchiv Potsdam, Landeshauptarchiv Schwerin und Landesarchiv Greifswald. Durch schriftliche Anfragen an weitere Archive konnten mehrere Lücken geschlossen und Unklarheiten beseitigt werden.

An dieser Stelle sollen einige Probleme bei der Benutzung von SED-Akten dargestellt werden. Wenn auch die gesamte Überlieferung in quantitativer Hinsicht sehr erfreulich ist, so treten dem Historiker aus den Akten doch nicht ohne weiteres die historischen Gegebenheiten entgegen. »Quellen sind durch die Interessen, Perspektiven und Wahrnehmungsgrenzen ihrer Autoren geprägt. Das gilt auch und gerade für Berichte aus dem Herrschaftsapparat selbst.«[96] Die Überlieferungen der SED stellen den Historiker vielfach vor Probleme. Zum einen ist die formelhafte Funktionärssprache eher dazu angetan, bestimmte Sachverhalte zu verschleiern als sie konkret zu benennen, zum anderen geben die Akten oftmals über die eigentlichen Hintergründe bestimmter Entscheidungen keine Auskunft. Gerade für Akten des SED-Apparates gilt: »Wie bei jeder historischen Quelle muß man das Vokabular der Berichterstatter beherrschen und das Material in Hinblick auf seine beabsichtigten Ziele und Adressaten lesen. Jede Wiedergabe ist bis zu einem gewissen Grade Verzerrung.«[97] Die vorhandenen Akten sind nicht nur wegen des Vokabulars, sondern auch inhaltlich nicht immer aussagekräftig. »Historiker müssen aus den Akten etwas herausfinden, was nicht mit dem identisch ist, was in den Akten zu lesen ist. Zu vielen Problemen sagen die Akten fast nichts, z. B. über die wichtigeren politischen Entscheidungsprozesse. Es gibt keine Protokolle der informellen Gespräche zwischen Honecker und Mielke während der Jagd.«[98] Auch die Diskussionen während der Sitzungen der Sekretariate der Bezirksleitungen lassen sich in den einschlägigen Akten nur schwer nachvoll-

---

[96] Kocka, S. 245.
[97] Fulbrook, Mary, Methodologische Überlegungen zu einer Gesellschaftsgeschichte der DDR, in: Bessel, Richard/Jessen, Ralph (Hrsg.), Die Grenzen der Diktatur. Staat und Gesellschaft in der DDR, Göttingen 1996, S. 274-297, hier S. 279.
[98] Ebenda, S. 280.

ziehen. Protokolliert wurden die gefaßten Beschlüsse; der Weg der Entscheidungsfindung oder die Anleitung der Bezirke per Telefon oder Instrukteur durch das ZK liegen häufig im dunkeln. So ist auch Matthias Judt zuzustimmen, wenn er schreibt: »In zweifacher Hinsicht läßt sich von einem abnehmenden Aussagewert der Akten sprechen. Erstens kann beobachtet werden, daß je höher die Berichte empfangende staatliche oder SED-Ebene war, desto geringer wurde der Aussagewert des Aktenstückes. (...) Zweitens wurden Standardfloskeln und Propagandaformeln umso mehr zum Ersatz für reale Information, je älter die DDR wurde.«[99] Gerade die zweite Komponente wird von verschiedenen Forschern beklagt: »Je älter die DDR wurde, so hat es den Anschein, desto gehaltloser wurden ihre Akten. Die Berichte quollen auf, aber ihr Inhalt geriet immer dürftiger.«[100] Mary Fulbrook kleidet den »fortschreitenden Realitätsverlust der Berichterstattung« in folgende Worte: »In den frühen Jahren der DDR wollte das Regime unbedingt wissen, was wirklich los war: Wie die Leute dachten, was sie machten, wo ›der Klassenfeind‹ zu finden und zu schlagen war. Ende der sechziger, Anfang der siebziger Jahre scheint es, als wenn die Berichte nicht viel über die Realität – wie verstellt auch immer – zu sagen haben. Und in den siebziger und achtziger Jahren werden manche Berichte – wie etwa die der SED-Bezirksleiter an die Abteilung Parteiorganisation des ZK – immer nichtssagender.«[101]

Bekannt ist, daß offizielle Verlautbarungen der SED-Führung nicht immer der Wahrheit entsprachen. Dies wurde beispielhaft deutlich in den Erklärungen zum Rücktritt Ulbrichts 1971 und Honeckers 1989, die gesundheitliche und Altersgründe angaben und die eigentlichen Ursachen verschwiegen.[102] Doch selbst in den internen Akten ist nicht immer der tatsächliche Sachverhalt fixiert, selbst in Dokumenten, die nur der Parteiführung zugänglich waren, finden sich Beschönigungen. Ein Paradebeispiel dafür ist die Ablösung von Alois Bräutigam, dem 1. Sekretär der BL Erfurt, im Jahre 1980. Nachdem der Parteiführung Informationen von Mitarbeitern der Bezirksleitung über massiven Alkoholkonsum Bräutigams bekannt geworden waren, wurde dieser in einem Gespräch mit Günter Mittag veranlaßt, selbst um seine Entbindung nachzusuchen und gesundheitliche Gründe dafür anzugeben. Bräutigam schrieb einen Brief solchen Inhalts an den

---

[99] Judt, Matthias, »Nur für den Dienstgebrauch« – Arbeiten mit Texten einer deutschen Diktatur, in: Lüdtke, Alf/Becker, Peter (Hrsg.), Akten. Eingaben. Schaufenster. Die DDR und ihre Texte. Erkundungen zu Herrschaft und Alltag, Berlin 1997, S. 29-38, hier S. 35 f.
[100] Jessen, Ralph, Diktatorische Herrschaft als kommunikative Praxis. Überlegungen zum Zusammenhang von »Bürokratie« und Sprachnormierung in der DDR-Geschichte, in: ebenda, S. 57-75, hier S. 57.
[101] Fulbrook, S. 279.
[102] Vgl. Kommuniqué der 16. Tagung des Zentralkomitees der SED, in dem offiziell verlautbart wird, Ulbricht hätte das ZK gebeten, »ihn aus Altersgründen von der Funktion des Ersten Sekretärs des Zentralkomitees der SED zu entbinden, um diese Funktion in jüngere Hände zu geben.« Neues Deutschland, 4.5.1971, S. 1. Dem gleichen Muster folgte das Kommuniqué der 9. Tagung des ZK der SED, laut dem Honecker die Bitte geäußert hätte, ihn »aus gesundheitlichen Gründen von seinen Funktionen zu entbinden.« Neues Deutschland, 19.10.1989, S. 1.

Generalsekretär, der den Mitgliedern und Kandidaten des Politbüros zur Kenntnis gebracht wurde. Plangemäß wurde dem Antrag Bräutigams, aus seiner Funktion auszuscheiden, zugestimmt. Die Begründung mit Problemen in der Gesundheit findet sich sowohl in den Akten des Politbüros als auch in der Kaderakte, die zudem auch das Schreiben an Honecker enthält.[103] Anhand dieses Materials müßte der Historiker in der Tat von gesundheitlichen Gründen ausgehen, wenn nicht in einer Akte des Büros Mittag das Schreiben der Mitarbeiter der Bezirksleitung und die entsprechenden Veranlassungen der Parteiführung archiviert worden wären.[104] Ein zweites Beispiel lieferte die Abteilung Parteiorgane, die sich noch am 20.11.1989 nicht dazu durchringen konnte, in einer Aufstellung über vollzogene Ablösungen 1. und 2. Bezirkssekretäre die Gründe konsequent beim Namen zu nennen, sondern bei einigen Funktionären gesundheitliches Befinden und eigenen Wunsch als Auslöser für die Veränderungen vermerkte. Dies entsprach nicht bzw. nur formal den wahren Ursachen.[105] Diese Beispiele unterstreichen die Notwendigkeit umfassender Recherchen, wie sie auch in der Literatur gefordert wird. »Fast jede Quelle ist einseitig. Wann immer möglich, sind Aktennotizen, Berichte, Ergebnisprotokolle etc. gegen andere dazu taugliche Quellen zu halten, an ihnen zu prüfen, durch sie zu ergänzen und zu relativieren.«[106]

Die Recherchen erstreckten sich daher neben ungedruckten auch auf gedruckte Quellen, die zwar gegenüber den archivalischen Quellen von etwas geringerer Relevanz waren, gleichwohl auch eine Fülle nützlicher Informationen enthielten. Hierzu gehörten die 21 Bände umfassende Edition von Dokumenten der SED ebenso wie die Parteitagsprotokolle und diverses parteiinternes Material, wie Beschlüsse und Entschließungen von Bezirksdelegiertenkonferenzen und Protokolle von Beratungen des Sekretariats des Zentralkomitees. Für die Darstellung der Struktur der SED auch in den Bezirken waren zeitgenössische Untersuchungen von einigem Wert.[107] Zeitschriften und Organe des Zentralkomitees der SED lieferten zwar stets nur die parteiamtliche Sicht, konnten aber vielfach lückenhafte Überlieferungen in den Archivbeständen ergänzen.[108] Für den Bezirk Suhl

---

[103] Vgl. SAPMO, DY 30/J IV 2/2A/2311 und DY 30/IV 2/11/v 5273.
[104] Vgl. SAPMO, DY 30/2634.
[105] Vgl. SAPMO, DY 30/J IV 2/2.039/315, Bl. 27-30.
[106] Kocka, S. 244.
[107] Vgl. Göttlicher, Franz, Die Entwicklung des Parteiaufbaus und der Organisationsstruktur der Sozialistischen Einheitspartei Deutschlands vom VII. bis IX. Parteitag (1967 bis 1976), Berlin (Ost) 1979; Lautenschlag, Kurt, Die Entwicklung des Parteiaufbaus und der Organisationsstruktur der Sozialistischen Einheitspartei Deutschlands vom VI. bis VII. Parteitag (1963-1967), Diplomarbeit, Berlin (Ost) 1975; Uebel, Günter/Woitinas, Erich, Die Entwicklung des Parteiaufbaus und der Organisationsstruktur der Sozialistischen Einheitspartei Deutschlands in den Jahren von 1946 bis 1954, Berlin (Ost) 1966; Woitinas, Erich/Geder, Walter, Die Entwicklung des Parteiaufbaus und der Organisationsstruktur der Sozialistischen Einheitspartei Deutschlands vom IV. bis VI. Parteitag (1954 bis 1963), Berlin (Ost) 1970.
[108] Vor allem folgende Organe wurden ausgewertet: Einheit. Zeitschrift für Theorie und Praxis des wissenschaftlichen Sozialismus; Neues Deutschland. Organ des Zentralkomitees der Sozialistischen

schließlich wurden erstmals Protokolle eines Bezirkssekretariats der SED ediert, die dem Forscher für den präsentierten Zeitraum Archivarbeit abnehmen.[109]

Eine letzte große, ungemein wichtige Quellengruppe stellen die Gesprächsprotokolle mit früheren Sekretären der SED-Bezirksleitungen dar. Insgesamt 23 frühere Bezirkssekretäre, darunter Vertreter aller Ressorts, konnten befragt werden und gaben mündlich oder schriftlich bereitwillig über verschiedene Aspekte ihrer Entwicklung und ihres politischen Handelns Auskunft. Hinzu kommen noch Gespräche mit und schriftliche Mitteilungen von weiteren Funktionären und Familienangehörigen früherer Sekretäre. Durch Befragungen konnten so der gesamte Zeitraum von 1952-1989 und – bis auf Cottbus, Erfurt und Halle – alle Bezirke erreicht und erhellt werden. Der Bezirk Magdeburg ist durch die Aussagen von drei Bezirkssekretären für alle Jahre bis 1989 komplett erfaßt, Gera lückenlos seit 1958. Werden alle Bezirke in allen Jahren 1952-1989 zusammengenommen, so läßt sich durch Auskünfte früherer Funktionäre zu ihrer Zeit im Apparat der Bezirksleitung und als Mitglieder der Bezirkssekretariate etwas mehr als die Hälfte dieser Zeit abdecken. Dies ist als sehr beachtliches Resultat anzusehen. Drei Gesprächspartner stellten zudem Materialien aus ihrem Privatarchiv zur Verfügung.

Die Bedeutung von Interviews mit früheren Funktionsträgern der SED liegt auf der Hand. »Will man die jüngste Geschichte eines Teiles Deutschlands«, so Manfred Uschner, 14 Jahre lang persönlicher Mitarbeiter des Politbüromitgliedes Hermann Axen, »sachlich und differenziert untersuchen, nicht nur aus partieller Siegermentalität, von nun opportunen ideologischen Sichten aus oder des parteipolitischen Kalküls wegen, sollte man wohl das noch vorhandene ›Herrschaftswissen‹ in differenzierter Weise heranziehen. Insiderwissen wird helfen können, die Frage nach der Aussagekraft von Aktenbergen oder Aktenausschnitten zuverlässig zu beantworten.«[110] Das ist in dieser Arbeit, erstmals für die Bezirkssekretäre und in großem Umfang, unternommen worden. Dabei wurde deutlich, daß besonders solche Aussagen zu Hintergründen für Berufungen oder Ablösungen als Bezirkssekretär, zu internen Querelen und Entscheidungsabläufen sowie zu den Möglichkeiten, zentrale Vorgaben zu variieren und eigene Handlungsspielräume zu schaffen, sehr wichtig und erhellend und aus den Akten nur unzureichend zu gewinnen sind. Natürlich ist die Befragung von Zeitzeugen in methodischer Hinsicht mit Problemen verbunden. Erinnerungen sind immer subjektiv gefärbt, Gedächtnislücken und fehlerhafte Aussagen vor allem dort möglich, wo über Jahrzehnte zurückliegende Sachverhalte berichtet wird.[111] Dies ist bei der

---

Einheitspartei Deutschlands; Neuer Weg. Organ des Zentralkomitees der SED für Fragen des Parteilebens.

[109] Moczarski.
[110] Uschner, S. 13.
[111] Zu methodischen Problemen der Befragung von Zeitzeugen vgl. Mrotzek, Fred, Das zeitgeschichtliche Erinnerungsinterview, in: Müller, Werner/Pätzold, Horst (Hrsg.), Lebensläufe im Schatten der Macht. Zeitzeugeninterviews aus dem Norden der DDR, Schwerin o. J. (1998), S. 17-28 und Niet-

Auswertung stets in Rechnung zu stellen, aber gerade in der Verzahnung mit anderen gedruckten und ungedruckten Quellen liefern die Gesprächsprotokolle viele wertvolle Informationen.

Die vorliegende Arbeit basiert insgesamt auf der Auswertung biographischer Daten von über 400 Bezirkssekretären, gedruckter und archivalischer Quellen, Forschungsliteratur zur DDR- und SED-Geschichte und Gesprächen mit früheren Funktionären.

---

hammer, Lutz, Fragen – Antworten – Fragen. Methodische Erfahrungen und Erwägungen zur Oral History, in: Niethammer, Lutz/Plato, Alexander von (Hrsg.), »Wir kriegen jetzt andere Zeiten.« Auf der Suche nach der Erfahrung des Volkes in nachfaschistischen Ländern. Lebensgeschichte und Sozialkultur im Ruhrgebiet 1930-1960, Bd. 3, Bonn 1985, S. 392-445.

2. ZUR STRUKTUR DER SEKRETARIATE DER SED-BEZIRKSLEITUNGEN

Am 23.7.1952 stimmte die Volkskammer dem »Gesetz über die weitere Demokratisierung des Aufbaus und der Arbeitsweise der staatlichen Organe in den Ländern der Deutschen Demokratischen Republik« zu.[1] Damit war eine Entwicklung abgeschlossen, die in den Jahren zuvor begonnen hatte und nach und nach föderale Strukturen und Kompetenzen durch einen zentralistischen Einheitsstaat ersetzte. Am 11.4.1952 hatte das Politbüro beschlossen: »Zur Beseitigung der noch aus der feudalen Zeit überlieferten Gliederung der Länder und Kreise und im Interesse einer besseren Anleitung und Kontrolle der unteren staatlichen Organe werden anstelle der fünf Länder etwa fünfzehn demokratische Gebietsorgane geschaffen, die großen Kreise in zwei oder mehrere Kreise aufgeteilt und die Grenzen der Gebiete und Kreise entsprechend der politischen, wirtschaftlichen, verkehrstechnischen und militärischen Zweckmäßigkeit festgelegt.«[2] Bereits am 29.4. lag ein erster Entwurf zur Bildung der Bezirke vor. Zur »Ausarbeitung einer genauen Abgrenzung dieser vorgeschlagenen Bezirke und Kreise« wurde eine zentrale Kommission gebildet.[3] In den folgenden Wochen konkretisierten sich die Planungen. Ab 13. Juli nahmen die Organisationsbüros in den Bezirken und am 21. Juli in den Kreisen ihre Tätigkeit auf. Sie setzten sich »aus den zukünftigen Mitgliedern des Sekretariats und den wichtigsten Mitarbeitern für die einzelnen Arbeitsgebiete« zusammen und hatten die Aufgabe, die Bezirks- und Kreisdelegiertenkonferenzen vorzubereiten und durchzuführen.[4] Parallel dazu beschloß das Politbüro am 15.7. eine »Popularisierung dieser Maßnahmen«. Sie sah u. a. vor, einen entsprechenden Leitartikel im »Neuen Deutschland« zu veröffentlichen, in Fachzeitschriften Artikel zu publizieren, eine Massenbroschüre herauszugeben und die »Begründung der Gesetzesvorlagen durch

---

[1] Vgl. zur Bildung der Bezirke grundlegend Hajna, Karl-Heinz, Länder – Bezirke – Länder. Zur Territorialfrage im Osten Deutschlands 1945-1990, Frankfurt/Main 1995 und Mielke, Henning, Die Auflösung der Länder in der SBZ/DDR. Von der deutschen Selbstverwaltung zum sozialistisch-zentralistischen Einheitsstaat nach sowjetischem Modell 1945-1952, Stuttgart 1995 sowie ferner, aus der Sicht der DDR-Historiographie, Hajna, Karl-Heinz, Zur Bildung der Bezirke in der DDR ab Mitte 1952, in: Zeitschrift für Geschichtswissenschaft, H. 4, Berlin (Ost) 1989, S. 291-303 und Wietstruk, Siegfried, Von den Ländern zu den Bezirken. Die DDR 1949 bis 1952, in: Staat und Recht, H. 9, Berlin (Ost) 1989, S. 753-760. Vgl. zum Wortlaut des Gesetzes: Gesetzblatt der Deutschen Demokratischen Republik, Nr. 99, 24.7.1952.
[2] Zit. in: Mielke, S. 70.
[3] Vgl. SAPMO, DY 30/IV 2/2/209, Bl. 16-19 (Protokoll Nr. 109 der Sitzung des Politbüros des ZK am 29.4.1952).
[4] SAPMO, DY 30/IV 2/11/127, Bl. 54.

den Genossen Otto Grotewohl in der Volkskammer (...) über alle Sender des deutschen demokratischen Rundfunks zu übertragen.«[5]

Ab 1.8.1952 stellten dann die bisherigen Landesleitungen der SED laut Beschluß des Politbüros vom 29.7. ihre Tätigkeit ein, und die Organisationsbüros nahmen in den Bezirken die Funktionen einer künftigen Bezirksleitung wahr.[6] Somit stellt der 1. August 1952 den Geburtstag der Bezirke in der DDR dar. Aus den fünf Ländern Brandenburg, Mecklenburg, Sachsen, Sachsen-Anhalt und Thüringen wurden insgesamt 14 Bezirke gebildet: Cottbus, Dresden, Erfurt, Frankfurt (Oder), Gera, Halle, Chemnitz (ab 10.5.1953 Karl-Marx-Stadt), Leipzig, Magdeburg, Neubrandenburg, Potsdam, Rostock, Schwerin und Suhl. Später erhielt auch die Hauptstadt Berlin Bezirksstatus. Nach DDR-Lesart war das Ziel der Umstrukturierung, die »einheitliche zentrale Staatsmacht zu stärken, die politisch-administrative Gliederung der DDR während der Übergangsperiode vom Kapitalismus zum Sozialismus und bei der Gestaltung der entwickelten sozialistischen Gesellschaft besser den ökonomischen Erfordernissen anzupassen und die sozialistische Demokratie auf der Grundlage des demokratischen Zentralismus zu entwickeln.«[7] Tatsächlich ging es der SED darum, durch die territoriale Gliederung ihren Einfluß in den neuen Bezirken und Kreisen zu erhöhen und durch die Beseitigung der Reste föderaler Strukturen auch den auf der 2. Parteikonferenz im Juli 1952 beschlossenen Aufbau des Sozialismus zu untermauern. Hierzu der Zeitzeuge Hans Modrow: »Erst zu spät fiel uns auf, daß wir so Heimatlosigkeit und damit Gleichgültigkeit produzierten. Man sollte sich nicht mehr als Sachse, Brandenburger oder Mecklenburger fühlen, denn damit war angeblich althergebracht-reaktionäre Föderation verbunden, sondern sich mehr als Einwohner des jeweiligen Bezirkes empfinden. Jener Teil von Heimat, der sich aus Vergangenem bildet, geriet in Mißkredit. Ideologische Zugehörigkeit legte sich über natürliche Verwurzelungen.«[8]

Die Lage und die Ausdehnung der einzelnen Bezirke waren durchaus umstritten.[9] Die SED ließ sich hierbei vor allem von wirtschaftlichen, sicherheitspolitischen, verwaltungs- und verkehrstechnischen und geographischen Faktoren leiten.[10] Wirtschaftliche Erwägungen waren bei den meisten Bezirken Hauptgründe ihrer Bildung. »Dabei wurden entweder bestehende Industriekerne in einem Bezirk zusammengefaßt, oder der Bezirk sollte einen territorialen Rah-

---

[5] SAPMO, DY 30/IV 2/2/220, Bl. 28 f. und DY 30/IV 2/13/50, Bl. 253 f.
[6] Vgl. Hajna, Zur Bildung der Bezirke, S. 294 und SAPMO, DY 30/IV 2/2/223, Bl. 5 (Protokoll Nr. 119 der Sitzung des Politbüros des ZK am 8.7.1952).
[7] Ebenda, S. 291 f.
[8] Modrow, Hans, Ich wollte ein neues Deutschland, Berlin 1998, S. 158.
[9] Vgl. etwa die Schilderung Karl Mewis' über die unterschiedlichen Vorstellungen zur territorialen Neugliederung des Landes Mecklenburg-Vorpommern: Mewis, Karl, Frischer Wind in Mecklenburg, in: Die ersten Jahre. Erinnerungen an den Beginn der revolutionären Umgestaltungen, Berlin (Ost) 1979, S. 141-159, hier S. 155-157 und SAPMO, SgY 30/1244/3, Bl. 78-81.
[10] Vgl. dazu Hajna, Länder – Bezirke – Länder, S. 109-143, Mielke, S. 88-98 und DY 30/IV 2/13/50, Bl. 258-262.

men für gezielte Neuansiedlungen in industriell unterentwickelten Landstrichen bieten.«[11] Typisch hierfür ist der aus Gebieten dreier bisheriger Länder (Brandenburg, Sachsen, Sachsen-Anhalt) gebildete Bezirk Cottbus, der »etwa 60 Prozent der industriell verwertbaren Kohlevorräte der Republik«[12] aufwies und zum »Kohle- und Energiezentrum«[13] der DDR wurde. Hier wie auch andernorts traten verkehrstechnische und geographische Voraussetzungen in den Hintergrund. Damit »erstmalig das Niederlausitzer Braunkohlengebiet unter eine einheitliche territoriale Leitung« gestellt werden konnte, wurde in Kauf genommen, daß einige Kreise »keine direkten Eisenbahnverbindungen zur Bezirksstadt« besaßen und Cottbus selbst »zunächst wesentliche Voraussetzungen (Verwaltungsraum, Wohnraum, Nachrichtentechnik usw.) für ein Verwaltungszentrum dieser Größenordnung« fehlten.[14] Primär aus wirtschaftlichen Gründen sind auch der »Stahlbezirk« Frankfurt (Oder) mit dem Aufbau des Eisenhüttenkombinates Ost und der »Chemiebezirk« Halle entstanden.[15] Neben wirtschaftlichen führten sicherheitspolitische Erwägungen zur Bildung des Küstenbezirks Rostock, der einerseits die wichtigsten Hafen- und Seestädte, andererseits die »Organe der Seepolizei« in nur einer Verwaltungsstelle bündelte.[16] Der Bezirk Potsdam, der ganz West-Berlin umschloß, diente als »eine Art Puffer für den Rest der DDR«.[17] Der Bezirk Suhl verdankte seine Existenz sicherheitspolitischen und geographischen Erwägungen. »Zum einen wollte man mit der Betreuung der überlangen innerdeutschen Grenze zu Hessen und Bayern den Bezirk Erfurt nicht überlasten, und zum anderen sollten die waldreichen Gebiete der Rhön und des Thüringer Waldes möglichst von einem Bezirk aus verwaltet werden.«[18] Die Bildung der anderen Bezirke war von verschiedenen Gesichtspunkten motiviert, nicht zuletzt auch vom Bestreben der SED, im Sinne des demokratischen Zentralismus etwa gleich große Verwaltungseinheiten mit zwölf bis 15 Kreisen pro Bezirk zu schaffen. »Eine einheitliche Linie in der Gewichtung der Gliederungskriterien läßt sich bei der Bildung der Bezirke schwer ausmachen. Generell scheint die Einteilung nach wirtschaftlichen Gesichtspunkten den Vorrang gehabt zu haben, wurde jedoch oftmals von anderen Kriterien konterkariert.«[19]

---

[11] Mielke, S. 91.
[12] Rehtmeyer, Peter, Zur politisch-ideologischen Führungstätigkeit der Bezirksparteiorganisation Cottbus in den Jahren 1952-1955. Überblick, Zeittafel, ausgewählte Dokumente und Materialien, Cottbus 1981, S. 30.
[13] Rehtmeyer, Peter u. a., Zur politisch-ideologischen Führungstätigkeit der Bezirksparteiorganisation Cottbus in den Jahren 1956-1961. Überblick, Zeittafel, ausgewählte Dokumente und Materialien, Cottbus 1984, S. 8.
[14] Rehtmeyer, 1981, S. 8 f. und S. 9.
[15] Vgl. Mielke, S. 91-93.
[16] Vgl. DY 30/IV 2/13/50, Bl. 258.
[17] Mielke, S. 95.
[18] Moczarski, Norbert, Die Protokolle des Sekretariats der SED-Bezirksleitung Suhl. Von der Gründung des Bezirkes Suhl bis zum 17. Juni 1953, Weimar 2002, S. XVII.
[19] Mielke, S. 98.

Nachdem sich die SED so einen »neuen Staat nach ihrer Fasson: einen sozialistischen, zentralistischen Einheitsstaat«[20] geschaffen hatte, mußte sie umfangreiche strukturelle Veränderungen bewerkstelligen. An die Stelle der bisherigen fünf Landesregierungen traten 14 Räte der Bezirke und der Magistrat von Berlin. Die fünf Landtage mußten auf die entsprechenden Bezirkstage aufgeteilt werden. Nicht nur die staatliche Struktur, auch die Struktur der SED änderte sich. Die Landesleitungen der Partei wurden aufgelöst und Bezirksleitungen geschaffen. An der Spitze der Bezirksleitungen standen nun anstelle der Landessekretariate die Bezirkssekretariate.

Doch zunächst mußten in allen nun 217 Kreisen die neuen Kreisleitungen aufgebaut werden. Im August 1952 wurden auf den Kreisdelegiertenkonferenzen die Kreisleitungen und ihre Sekretariate gewählt, die sogleich ihre Arbeit aufnahmen. Unmittelbar darauf fanden in den Monaten September und Oktober 1952 die Bezirksdelegiertenkonferenzen statt, auf denen die neuen Bezirksleitungen gewählt wurden. Diese wählten dann ihrerseits in den konstituierenden Sitzungen die Sekretariate einschließlich der 1. Sekretäre. Erst zu diesem Zeitpunkt waren auch offiziell die gewählten Nachfolger der zum 1. August 1952 aufgelösten Landesleitungen bestimmt.[21]

An die Stelle der fünf 1. Sekretäre der SED-Landesleitungen waren 15 (einschließlich Berlins) 1. Sekretäre der SED-Bezirksleitungen getreten. Die Sekretariate der Bezirksleitungen bildeten fortan und bis zum Ende der DDR die Verbindung zwischen der Parteiführung in Berlin, wie sie formal das Zentralkomitee und de facto Politbüro und Sekretariat des ZK darstellten, und den Kreisleitungen und Grundorganisationen auf lokaler Ebene. Damit war den SED-Bezirksleitungen und vor allem ihren Sekretariaten eine wichtige Funktion im politischen System der DDR zugekommen. »Ihre wichtigsten Aufgaben bestanden neben der Anleitung der bezirklichen Staatsorgane sowie der Kreisparteiorganisationen in der Zusammenstellung von Informationen für die Parteiführung, die hierüber die Umsetzung ihrer zentralen Beschlüsse kontrollieren konnte. Die Bezirksleitungen stellten das Bindeglied zwischen ZK und Kreisleitungen wie auch das Anleitungs- und Kontrollorgan für staatliche Institutionen auf Bezirksebene dar.«[22]

Das eigentliche Führungsorgan der Bezirksleitungen bildete sein Sekretariat, dem entsprechend der vom Sekretariat des ZK vom 4.8.1952 bestätigten Strukturpläne sieben Mitglieder angehörten. Es waren dies neben dem Vorsitzenden des Rates des Bezirks sechs hauptamtliche Sekretäre: der 1. und der 2. Sekretär sowie die Sekretäre für Agitation und Propaganda, Wirtschaft, Landwirtschaft und Kultur.[23] Diese Struktur der Sekretariate blieb bis Anfang 1954 unverändert.

---

[20] Ebenda, S. 161.
[21] Vgl. Hajna 1989, S. 301-303.
[22] Schroeder, Klaus, Der SED-Staat. Partei, Staat und Gesellschaft 1949-1990, München 1998, S. 394.
[23] Vgl. Herbst, Andreas, Führungsstrukturen und Führungskader der SED, in: Herbst, Andreas/Stephan, Gerd-Rüdiger/Winkler, Jürgen (Hrsg.), Die SED. Geschichte, Organisation, Politik. Ein

Der IV. Parteitag der SED vom 30.3. bis zum 6.4.1954 beschloß hier wichtige Änderungen. Wie Karl Schirdewan in seinem Referat »Über die Abänderungen am Statut der Sozialistischen Einheitspartei Deutschlands« ausführte, schlug das Zentralkomitee den Delegierten vor, daß die Bezirksleitungen »ein Büro mit 9 bis 11 Mitgliedern und 3 bis 5 Kandidaten« und »aus den Büromitgliedern entsprechend den Instruktionen des Zentralkomitees die Sekretäre wählen.« Das sei, so Schirdewan weiter, »zur Festigung der Kollektivität der Leitungen, zur Überwindung der ressortmäßigen Aufgliederung der Arbeit, zur Überwindung des Bürokratismus und der Übernahme von Verwaltungsfunktionen durch die Sekretariate notwendig.«[24] Die neuen Büros der Bezirksleitung waren nicht zuletzt auch als Angleichung an die KPdSU und die Strukturen auf der zentralen Ebene gebildet worden.[25] An die Stelle der Sekretariate der Bezirksleitungen waren nun personell erweiterte Büros getreten. Doch sei es nach Schirdewan »ein großer Irrtum anzunehmen, daß die Bildung der Büros nichts anderes bedeutet als eine Erweiterung der bisherigen Sekretariate durch sogenannte ehrenamtliche Sekretariatsmitglieder.« Alle Mitglieder des Büros sollten gleichermaßen verantwortlich sein, Beschlüsse nur das Büro fassen. Die Funktionen der Sekretäre der Bezirksleitungen wurden beibehalten. Sie waren Mitglieder des Büros, »die von allen anderen Arbeiten freigestellt sind«, um sich besonders der »Organisierung der Durchführung der Beschlüsse des Büros«, der »Gewährleistung der Organisierung der Auswahl, Erziehung und Verteilung der Kader«, der »exakte(n) Vorbereitung der Sitzungen des Büros« und der »Vorbereitung der Beschlüsse und Materialien« widmen zu können. Die Bildung der Büros der Bezirksleitungen war, so Schirdewan abschließend, »eine wichtige Änderung, die dem Wachstum und den neuen Aufgaben der Partei entspricht«.[26] Wie von der Parteiführung empfohlen, wurde die Bildung der Büros der Bezirksleitungen im Punkt 53 des neuen Statuts der SED verankert.[27]

Wer waren nun die Mitglieder und Kandidaten der Büros der Bezirksleitungen? In der Regel ist von elf Büromitgliedern auszugehen. Dies waren die sechs hauptamtlichen Sekretäre, der Vorsitzende des Rates des Bezirkes, der Vorsitzende der Bezirksparteikontrollkommission, der Vorsitzende des Bezirksvorstandes des

---

Handbuch, Berlin 1997, S. 845-1127, hier S. 860.

[24] Protokoll der Verhandlungen des IV. Parteitages der Sozialistischen Einheitspartei Deutschlands, 30. März bis 6. April 1954 in der Werner-Seelenbinder-Halle zu Berlin, Band 2, Berlin (Ost) 1954, S. 954.

[25] Vgl. Kaiser, Monika, Herrschaftsinstrumente und Funktionsmechanismen der SED in Bezirk, Kreis und Kommune, in: Deutscher Bundestag (Hrsg.), Materialien der Enquete-Kommission »Aufarbeitung von Geschichte und Folgen der SED-Diktatur in Deutschland« (12. Wahlperiode des Deutschen Bundestages), Bd. II, 3, Baden-Baden 1995, S. 1791-1834, hier S. 1802 und Schultz, Joachim, Der Funktionär in der Einheitspartei. Kaderpolitik und Bürokratisierung in der SED, Stuttgart-Düsseldorf 1956, S. 19.

[26] Protokoll der Verhandlungen des IV. Parteitages, Band 2, S. 954. Vgl. auch Uebel, Günter/Woitinas, Erich, Die Entwicklung des Parteiaufbaus und der Organisationsstruktur der Sozialistischen Einheitspartei Deutschlands in den Jahren von 1946 bis 1954, Berlin (Ost) 1966, S. 129.

[27] Vgl. Statut der Sozialistischen Einheitspartei Deutschlands, in: ebenda, S. 1115-1141, hier S. 1132.

2. Zur Struktur der Sekretariate der SED-Bezirksleitungen

FDGB, der Leiter der Bezirksverwaltung des Staatssekretariats/Ministeriums für Staatssicherheit[28] und der 1. Sekretär der Stadtleitung der Bezirksstadt. Die Kandidaten der Büros der Bezirksleitungen rekrutierten sich aus bewährten Genossen der Produktion, aus Parteiorganisatoren des ZK und häufig auch aus den 1. Sekretären der FDJ-Bezirksleitungen. Dabei wurde durchaus das ökonomische Gefüge der Bezirke beachtet. So waren im Bezirk Magdeburg die Parteiorganisatoren des ZK im Kupfer- und Blechwalzwerk Ilsenburg und im Karl-Marx-Werk Magdeburg, aber auch ein Abteilungsleiter für VEG beim Rat des Bezirkes und ein LPG-Vorsitzender als Kandidaten im Büro der Bezirksleitung vertreten. Damit wurde dem Doppelcharakter Magdeburgs als Industrie- und Landwirtschaftsbezirk Rechnung getragen. Ähnlich sah es im Bezirk Potsdam aus, der als Kandidaten des Büros die Parteiorganisatoren des ZK im Stahl- und Walzwerk Brandenburg und im Lokomotiv-Elektrotechnische Werke »Hans Beimler« Henningsdorf sowie den Leiter der Politabteilung der MTS im Bezirk und einen Oberagronomen aufwies.[29] Auch in den übrigen Bezirken wurde entsprechend verfahren. Die Mitglieder und Kandidaten der Büros der Bezirksleitungen mußten dabei sämtlich vom Sekretariat des ZK bestätigt werden. Für den Bezirk Gera wurde in Berlin festgelegt, daß als »weiterer Kandidat des Büros (…) ein leitender Parteifunktionär aus der Textilindustrie vorzuschlagen« ist, um so der Bedeutung Geras in diesem Industriesektor gerecht zu werden.[30]

1958 erweiterte sich die Zusammensetzung der Büros der Bezirksleitungen. In einem Papier der Organisationsabteilung des ZK vom 20.5.1958 mußte festgestellt werden, daß die statutenmäßig festgelegte Zahl von neun bis elf Mitgliedern und drei bis fünf Kandidaten »nicht mehr den Bedürfnissen der Parteiarbeit« entspricht. Es sei erforderlich, »entsprechend den örtlichen Schwerpunkten noch 1 bis 2 Genossen ehrenamtliche Mitarbeiter aus Betrieben, wissenschaftlichen Institutionen, bewaffneten Kräften usw. ins Büro aufzunehmen.« Nunmehr würden neun bis zwölf Mitglieder und zwei bis vier Kandidaten in den Büros der Bezirksleitungen »für richtig gehalten«.[31] Auf den Bezirksdelegiertenkonferenzen wurde demzufolge mit dem Vorsitzenden des Bezirkswirtschaftsrates ein weiteres Mitglied in die Büros der Bezirksleitungen gewählt, so daß deren Anzahl auf zwölf gestiegen war. Allerdings gab es zwischen den einzelnen Bezirken kleinere Unterschiede. So war etwa in Halle der 1. Sekretär der Kreisleitung Leuna und Kandidat des ZK Mitglied des Büros der Bezirksleitung. In Leipzig war dies statt des

---

[28] Das 1950 gebildete Ministerium für Staatssicherheit wurde am 23.7.1953 als Reaktion auf den Aufstand vom 17. Juni 1953 in ein Staatssekretariat für Staatssicherheit im Ministerium des Innern zurückgestuft. Am 24.11.1955 erfolgte die Rückbenennung und erneute Konstituierung als selbständiges Ministerium. Vgl. Herbst, Andreas/Ranke, Winfried/Winkler, Jürgen, So funktionierte die DDR, Band 2, Reinbek 1994, S. 683 und Gieseke, Jens, Mielke-Konzern. Die Geschichte der Stasi 1945-1990, Stuttgart u. a. 2001, S. 61.
[29] Vgl. SAPMO, DY 30/J IV 2/3A/428.
[30] SAPMO, DY 30/J IV 2/3/438.
[31] SAPMO, DY 30/IV 2/5/118.

Vorsitzenden des Wirtschaftsrates, der nur Kandidatenstatus hatte, der Oberbürgermeister der Stadt.[32]

Die überlieferten Angaben zu den Büros der Bezirksleitungen Mitte 1960 zeigen, daß die empfohlene Gesamtzahl von neun bis zwölf Mitgliedern und zwei bis vier Kandidaten in vielen Bezirken überschritten wurde. Die Zahl der Büromitglieder schwankte zwischen elf in Schwerin und 14 in Berlin und Halle, die der Kandidaten zwischen drei in Cottbus und Schwerin und sechs in Halle, Karl-Marx-Stadt und Leipzig. Die Gesamtzahl der in den Büros vertretenen Genossen reichte von 14 in Schwerin bis 20 in Halle.[33] Nachdem im November 1961 die Bezirksplankommission als »jeweiliges Fachorgan eines Rates des Bezirkes« gegründet worden war[34], wurden auch ihre Vorsitzenden in den Bezirken in die Büros der Bezirksleitungen integriert. Innerhalb der Büros »bildeten die hauptamtlichen Sekretäre der Bezirksleitungen einen engeren Führungszirkel, die Kleinen Sekretariate, die bis Ende 1963 bestanden.«[35]

Das Jahr 1963 brachte die nächsten strukturellen Veränderungen in den Bezirkssekretariaten.[36] In Anlehnung an Entwicklungen in der Sowjetunion unter Chruschtschow beschloß das Politbüro am 26.2.1963 die »Leitung der Parteiarbeit nach dem Produktionsprinzip«.[37] Wie beim Politbüro, so sollten auch in den Bezirken ein Büro für Industrie und Bauwesen, ein Büro für Landwirtschaft und eine Ideologische Kommission gebildet werden. Die Büros für Industrie und Bauwesen bzw. Landwirtschaft waren in ihrer Tätigkeit weitgehend selbständig und trugen die volle Verantwortung gegenüber der Bezirksleitung und ihrem Sekretariat für die Durchführung der Beschlüsse auf ihren Gebieten. Sie hatten die Aufgabe, die entsprechenden Parteiorganisationen in den Staatsorganen sowie die Grundorganisationen in den Betrieben und Instituten anzuleiten und zu kontrollieren. Der Ideologischen Kommission oblag die Koordinierung, Anleitung und Kontrolle der Arbeit auf ideologischem Gebiet. Die zu bildenden Büros für Industrie und Bauwesen bzw. Landwirtschaft sollten laut »Empfehlungen« des Politbüros aus etwa neun bis elf Mitgliedern bestehen und sich »hauptsächlich aus erfahrenen Parteiarbeitern, die über große politische und fachliche Kenntnisse verfügen, zusammensetzen.« Diese Genossen »werden durch die gewählte Be-

---

[32] Vgl. SAPMO, DY 30/J IV 2/3 A/615 (Sitzung des Sekretariats des ZK am 18.6.1958).
[33] Vgl. SAPMO, DY 30/J IV 2/3 A/716 und 725.
[34] Herbst/Ranke/Winkler, S. 102.
[35] Kotsch, Detlef, Das Land Brandenburg zwischen Auflösung und Wiederbegründung. Politik, Wirtschaft und soziale Verhältnisse in den Bezirken Potsdam, Frankfurt (Oder) und Cottbus in der DDR (1952-1990), Berlin 2001, S. 155.
[36] Vgl. hierzu Kaiser, Monika, Machtwechsel von Ulbricht zu Honecker. Funktionsmechanismen der SED-Diktatur in Konfliktsituationen 1962 bis 1972, Berlin 1997, S. 41-55 und Göttlicher, Franz, Die Entwicklung des Parteiaufbaus und der Organisationsstruktur der SED vom VI. bis IX. Parteitag, in: Beiträge zur Geschichte der Arbeiterbewegung, H. 3, Berlin (Ost) 1989, S. 368-375.
[37] Das folgende nach: Beschluß des Politbüros des ZK vom 26. Februar 1963, in: Dokumente der Sozialistischen Einheitspartei Deutschlands. Beschlüsse und Erklärungen des Zentralkomitees sowie seines Politbüros und seines Sekretariats, hrsg. vom Zentralkomitee der SED, Band IX, Berlin (Ost) 1965, S. 331-335.

zirksleitung berufen, brauchen aber nicht Mitglied des gewählten Organs zu sein.«[38] Die Büros wurden vom Sekretär für Wirtschaft bzw. Landwirtschaft geleitet, denen ein oder zwei Stellvertreter zur Seite standen. Die Ideologische Kommission sollte von »dem auf diesem Gebiet geeignetsten Sekretär der Bezirksleitung geleitet« werden. »Die anderen auf diesem Gebiet jetzt tätigen Sekretäre werden Stellvertreter des Leiters der Ideologischen Kommission.«[39] Leiter der Ideologischen Kommission wurde somit entweder der bisherige Sekretär für Agitation und Propaganda oder der Kultursekretär. Im Bezirk Neubrandenburg etwa war der Sekretär für Agitation und Propaganda Leiter der Ideologischen Kommission, der bisherige Kultursekretär Abteilungsleiter.[40]

Die Umstellung der Parteiarbeit nach dem Produktionsprinzip erbrachte eine Verkleinerung der Zahl der hauptamtlichen Sekretäre von bislang sechs auf jetzt fünf. Das Sekretariat der Bezirksleitung wurde fortan gebildet aus dem 1. Sekretär, dem 2. Sekretär, dem Sekretär und Leiter des Büros für Industrie und Bauwesen, dem Sekretär und Leiter des Büros für Landwirtschaft und dem Sekretär und Leiter der Ideologischen Kommission.[41] Ulbricht hoffte durch die Einführung des Produktionsprinzips als vorherrschendes Organisationsprinzip, »auf diese Weise, d. h. durch Spezialisierung und Verfachlichung, die Leitung aller Bereiche durch die Partei entscheidend verbessern zu können. Maßstab für die Parteiarbeit sollten in erster Linie die Erfüllung der Volkswirtschaftspläne, die Steigerung der Arbeitsproduktivität und die höchstmögliche Qualität der Erzeugnisse sein. Der politisch-ideologischen Arbeit wurde in der SED jetzt weniger Gewicht als bisher beigemessen.«[42] Besonders die Büros für Industrie und Bauwesen entwickelten sich in der Folgezeit zu »wirklichen Machtfaktoren« und rangierten hinsichtlich ihrer Bedeutung »häufig weit vor den Sekretariaten«. Die »Umbildung der SED nach dem Produktionsprinzip führte also nicht nur zu einer gewissen Versachlichung, sondern auch zu einer Umverteilung sowie teilweisen Dezentralisierung der Macht«.[43]

Allerdings waren die neuen Strukturen in den Bezirksleitungen von keiner langen Dauer. Im Oktober 1964 wurde Chruschtschow gestürzt, und die neue Führung der KPdSU löste die Industrie- und Landwirtschaftsbüros auf. Auch in der SED regte sich Widerstand in Teilen der Parteiführung um Honecker, die davor warnten, die SED drohe sich zu einer »Wirtschaftspartei« zu entwickeln, »die der politisch-ideologischen Arbeit nicht den für marxistisch-leninistische

---

[38] SAPMO, DY 30/J IV 2/2/869, Bl. 33 und Bl. 35.
[39] Ebenda, Bl. 36.
[40] Vgl. Protokoll des Gesprächs mit Johannes Chemnitzer, Lichtenberg, 7./8.5.2003, S. 12 f.
[41] Vgl. SAPMO, DY 30/J IV 2/2/869, Bl. 32.
[42] Kaiser, Machtwechsel, S. 41.
[43] Ebenda, S. 43. Vgl. auch Ludz, Peter Christian, Parteielite im Wandel. Funktionsaufbau, Sozialstruktur und Ideologie der SED-Führung, Köln-Opladen 1970, S. 93, der ebenfalls hervorhebt, »daß die Stellung besonders der Büros für Industrie und Bauwesen bei den Bezirksleitungen in den Jahren 1963 und 1964 geradezu beherrschend gewesen ist.« Zur Zusammensetzung der Büros für Industrie und Bauwesen in den einzelnen Bezirken vgl. SAPMO, DY 30/IV A2/6.01/6.

Parteien erforderlichen Platz beimessen würde.«[44] In einem noch 1989 erschienenen Aufsatz liest sich das so: »Die politisch-ideologische Arbeit der Partei mit den Werktätigen trat häufig zugunsten der Erläuterung und Klärung ökonomischer Detailfragen in den Hintergrund.«[45] Durch organisatorisch-strukturelle Veränderungen, die das Politbüro Anfang 1965 beschloß, wurde das »Verhältnis von Ökonomie und Politik, das zu Beginn der Reformphase in der SED einseitig zugunsten der Ökonomie verschoben worden war«, wieder umgekehrt.[46] So wies das Sekretariat des ZK in einer Beratung mit den 1. Bezirkssekretären am 8.2.1965 darauf hin, daß die Büros der Bezirksleitungen »in ihrer Tätigkeit der Weisung und Kontrolle des Sekretariats« der BL unterliegen. Die Ideologische Kommission sei »kein selbständiges Leitungsorgan, sondern ein Hilfsinstrument der gewählten Leitung«. Daraus ergebe sich, »daß die Rolle und die Verantwortung der Abteilung Agitation/Propaganda der Bezirksleitung gehoben und dort, wo es keine mehr gibt, wieder gebildet wird. Sie ist dem Sekretariat der Bezirksleitung unterstellt und wird vom Sekretär für Agitation/Propaganda angeleitet, der zugleich Leiter der Ideologischen Kommission ist.« Die Büros wurden weiter verpflichtet, »wichtige Fragen dem Sekretariat zur Entscheidung vorzulegen.« Die »unmittelbare Leitung der Durchführung der Beschlüsse des Zentralkomitees und der Bezirksleitungen« würde durch den Sekretär erfolgen.[47]

Nachdem die Kompetenzen der Büros für Industrie und Bauwesen bzw. für Landwirtschaft sowie der Ideologischen Kommission derart beschnitten worden waren, verschwanden sie 1966 stillschweigend. Am 18.5.1966 stimmte das Sekretariat des ZK einer Vorlage der Abteilung Parteiorgane zu, die den Wiedereinsatz eines Kultursekretärs mit folgender Begründung vorsah: »Die höheren Anforderungen, die das 11. Plenum des ZK an die Leitungstätigkeit der Bezirksleitungen, so auch für das Gebiet der Volksbildung und Kultur stellt, läßt es für zweckmäßig erscheinen, in den Bezirksleitungen einen Sekretär für Volksbildung und Kultur einzusetzen. Die Bezirksleitungen Karl-Marx-Stadt und Frankfurt (Oder) haben bereits einen entsprechenden Antrag an das Sekretariat des ZK gestellt.«[48] Nach gut drei Jahren gab es nun wieder einen Kultursekretär. Er figurierte fortan als Sekretär für »Wissenschaft, Volksbildung und Kultur«.

Auf dem VII. Parteitag der SED im April 1967 wurden schließlich »die Punkte 25 und 43, die die Tätigkeit der leitenden Parteiorgane nach dem Produktionsprinzip festgelegt hatten, aus dem Parteistatut entfernt. Damit kehrte die SED (...)

---
[44] Kaiser, Machtwechsel, S. 49.
[45] Göttlicher, S. 370.
[46] Kaiser, Machtwechsel, S. 53.
[47] SAPMO, DY 30/IV 2/1/324, Bl. 23.
[48] SAPMO, DY 30/J IV 2/3A/1309, Bl. 37. Das 11. Plenum des ZK (15.-18.12.1965) hatte in rüder Form mit den vergleichsweise liberalen Tendenzen in Kunst und Kultur der Vorjahre Schluß gemacht und eine Wende in der Kulturpolitik hin zu dogmatischen Bevormundungen und zahlreichen Verboten eingeleitet. Vgl. Agde, Günter, Kahlschlag. Das 11. Plenum des ZK der SED 1965. Studien und Dokumente, Berlin 1991.

zu jenen Strukturen und Organisationsprinzipien zurück, die vor Beginn der Reformen existiert hatten. Auf allen Ebenen erhöhte sich wieder das politische Gewicht der Sekretariate und der Abteilungen des Parteiapparates.«[49]

Seit 1966 waren in den Bezirkssekretariaten mithin erneut die sechs hauptamtlichen Sekretäre, einschließlich des Sekretärs für Kultur, zu finden, die schon zwischen 1952 und 1963 vertreten gewesen sind. »Ferner gehören den erweiterten Sekretariaten folgende Funktionäre der verschiedenen Funktionsbereiche an: der Vorsitzende des Rates des Bezirkes, die Vorsitzenden des Bezirkswirtschafts- und/oder Bezirkslandwirtschaftsrates, der Leiter der Bezirksplankommission, der 1. Sekretär der SED-Stadtleitung der Bezirkshauptstadt, der 1. Sekretär der FDJ-Bezirksleitung und (...) der Vorsitzende des FDGB-Bezirksvorstandes.«[50]

Damit hatte sich die SED nicht nur vom Produktionsprinzip, sondern auch von den bis 1963 existierenden Büros der Bezirksleitungen verabschiedet, die nicht wieder restituiert wurden. Die erweiterten Sekretariate ähnelten in ihrer Zusammensetzung den früheren Büros der Bezirksleitungen. Auf die Einbeziehung von Fachleuten aus der Praxis, wie sie unter den Kandidaten der Büros zu finden waren, verzichtete die SED-Führung jedoch. Dies wurde durch die nächste personelle Änderung in den Bezirkssekretariaten noch bekräftigt. Laut der am 3.10.1975 beschlossenen »Wahlordnung des Zentralkomitees für die Wahlen der leitenden Parteiorgane, für die Wahlen der Delegierten zu den Delegiertenkonferenzen, Parteikonferenzen und den Parteitagen« fanden die Vorsitzenden der BPKK ebenfalls Aufnahme in das Sekretariat der BL, wohingegen die Vorsitzenden der Wirtschafts- und Landwirtschaftsräte der Bezirke nicht mehr in diesem Gremium vertreten waren.[51]

Danach blieb die Zusammensetzung der Bezirkssekretariate bis Mitte der 1980er Jahre stabil. In den Jahren 1984 bis 1988 gab es dann in allen Bezirken eine personelle Erweiterung dergestalt, daß der Sekretariatsbereich Wissenschaft, Volksbildung und Kultur in die Ressorts Wissenschaft und Volksbildung einerseits und Kulturpolitik andererseits aufgeteilt wurde. Diesen beiden Ressorts stand je ein hauptamtlicher Sekretär vor. Dazu war die neue Planstelle eines Sekretärs für Kultur geschaffen worden. Den Anfang machte Berlin, wo es »naturgemäß eine große Konzentration aller genannten Teilbereiche« Wissenschaft, Volksbildung und Kultur gegeben hat.[52] Auf der 2. Tagung der BL Berlin am 21.6.1984 wurde Ellen Brombacher, bislang 1. Sekretär der FDJ-Bezirksleitung Berlin, mit der Funktion des Sekretärs für Kultur der BL Berlin betraut. Es war

---

[49] Kaiser, Machtwechsel, S. 55.
[50] Ludz, S. 83. Vgl. auch SAPMO, DY 30/J IV 2/3/1740, Bl. 12 ff. (Protokoll Nr. 38 der Sitzung des Sekretariats des ZK vom 5.5.1971), wo die Zusammenstellung der Bezirkssekretariate die Aussage von Ludz bekräftigt.
[51] Vgl. Dokumente der Sozialistischen Einheitspartei Deutschlands. Beschlüsse und Erklärungen des Zentralkomitees sowie seines Politbüros und seines Sekretariats, hrsg. vom Zentralkomitee der SED, Band XV, Berlin (Ost) 1978, S. 334-343, hier S. 339 f.
[52] Schriftliche Mitteilung von Ellen Brombacher, Berlin, 7.5.2004, S. 1.

offenbar Konrad Naumann als 1. Sekretär der Bezirksleitung, der »mit Erich Honecker gesprochen« und »ihm die Aufteilung vorgeschlagen« hatte.[53] Über die Motive Naumanns schweigen die Akten, er selbst teilte den Delegierten lediglich mit, daß die Umstrukturierung von den Sekretariaten des ZK und der BL »für zweckmäßig« gehalten werde.[54] Sein Stellvertreter, der 2. Sekretär Helmut Müller, vermutet, daß Naumann »damit geistig die Teilung des Hager-Bereiches« vorbereitete. »Das wollte er. Er und Hager waren spinnefeind. Für sich persönlich sah er deshalb die Möglichkeit, wenn das da oben getrennt werden würde, dort reinzukommen. Das ist meine Interpretation, die ich durch nichts belegen kann, aber es war einer der Gründe.«[55]

Anfang 1986 zog der Bezirk Leipzig nach. Der Sekretär für Wissenschaft, Volksbildung und Kultur, Dr. Roland Wötzel, unterbreitete, nachdem er sich mit seinem 1. Sekretär Horst Schumann besprochen hatte, dem zuständigen ZK-Sekretär Kurt Hager den Vorschlag, »daß ein zweiter Sekretär den Kulturbereich übernehmen sollte, um den er sich dann intensiver kümmern konnte«. Dies war geplant, »weil Wissenschaft und Kultur sehr ideologieintensive Bereiche waren. Wenn man das richtig machen wollte, mußte es Parteiarbeit sein, nicht administrative Arbeit. (...) Für uns sind vor allen Dingen die geistigen Probleme größer geworden.«[56] Wötzel hatte »gemerkt, daß man viel mehr Zeit brauchte, wenn man die Kulturprobleme ebenso intensiv behandeln würde wie die schwierige Problematik der Wissenschaft. Die Arbeit mit den Künstlern erforderte individuelle Arbeit. Man mußte sich einzeln mit ihnen unterhalten, wenn man die Parteiarbeit im Sinne des Paulus aus der Bibel richtig verstand. Es ging um das Ringen um die Köpfe und um den Geist.«[57] Kurt Hager und die Parteiführung in Berlin waren daraufhin »der Meinung, daß ihr das mal ausprobieren solltet.«[58]

Die Erfahrungen in Berlin und Leipzig waren offenbar positiv, so daß peu à peu in den anderen Bezirken ebenfalls Planstellen für einen Sekretär für Kulturpolitik geschaffen wurden. Am 22.7.1987 bestätigte das Sekretariat des ZK diese Maßnahme für den Bezirk Karl-Marx-Stadt, am 16.10.1987 für den Bezirk Halle.[59] In der Sitzung am 6.1.1988 beschloß das Sekretariat des ZK verbindlich für alle Bezirke, den »Verantwortungsbereich des Sekretärs für Wissenschaft, Volksbildung und Kultur« aufzuheben und die »Funktionen für einen Sekretär der Bezirksleitung der SED für Wissenschaft und Volksbildung und einen Sekretär für Kulturpolitik« zu schaffen. Dazu erhielten die Bezirksleitungen ab 1.1.1988 eine zusätzliche Planstelle.[60] In den folgenden Monaten, in den Bezirken Erfurt und Gera

---

[53] Ebenda.
[54] Landesarchiv Berlin, C Rep. 902, Nr. 5024.
[55] Protokoll des Gesprächs mit Helmut Müller, Berlin, 21.2.2003, S. 10.
[56] Protokoll des Gesprächs mit Dr. Roland Wötzel, Leipzig, 31.7.2003, S. 2.
[57] Ebenda.
[58] Ebenda, S. 3.
[59] Vgl. SAPMO, DY 30/J IV 2/3 A/4574.
[60] SAPMO, DY 30/J IV 2/3 A/4637.

2. Zur Struktur der Sekretariate der SED-Bezirksleitungen

beispielsweise erst Mitte Juli 1988, installierten dann auch die übrigen Bezirksleitungen entsprechend dem ZK-Beschluß einen Sekretär für Kulturpolitik.[61] Begründet wurde der Beschluß nicht, doch geben die übereinstimmenden Angaben früherer Bezirkssekretäre ein recht genaues Bild der Motivation der Parteiführung. »Der Sekretär für Wissenschaft, Volksbildung und Kultur«, so Dr. Helmuth Winnig aus eigener Erfahrung in Magdeburg, »war eine Multifunktion. Hinzu kam dann noch, ohne daß das in der Funktionsbezeichnung sichtbar war, das Gesundheitswesen. Das hatte zur Folge, daß sich eigentlich kein Bereich richtig repräsentiert fühlte. So wurde durch einen zentralen Beschluß des Politbüros oder des Sekretariats des ZK herbeigeführt, in allen Bezirksleitungen einen Extra-Sekretär für Kultur einzurichten. Das hing natürlich auch damit zusammen, daß die Arbeit mit Kulturschaffenden und die Arbeit auf dem Gebiet der Kultur in dieser Zeit nicht gerade einfach war. Sie war ja sehr stark auch mit politischen Auseinandersetzungen verbunden.«[62] In Karl-Marx-Stadt hatte der 1. Sekretär Siegfried Lorenz »in Konsultation mit Kurt Hager und H. Dohlus« den Vorschlag zur Aufteilung des Sekretariats unterbreitet. Lorenz nennt dafür »zwei Gründe: Dieser breitgefächerte Arbeitsbereich gewann insgesamt mehr an Bedeutung, verlangte hohe Sachkenntnis und einfühlsames Verhalten zu den verschiedenen Partnern. Im Bezirk war diese Funktion nicht ideal besetzt und der zuständige Sekretär geriet zunehmend unter Kritik sowohl aus den Reihen der Volksbildung und Wissenschaft als auch von Künstlern des Bezirkes. Zum anderen ging es um die Verjüngung des Sekretariats.«[63] Auch Ellen Brombacher erinnert sich an eine »zunehmend komplizierter werdende ideologische Situation, nicht zuletzt im Kunst- und Kulturbereich«.[64] In Frankfurt (Oder) hatte es 1988 schließlich die Begründung gegeben, »daß zu viele Verwischungen entstanden waren und daß bestimmte Bereiche nicht so ernsthaft und gründlich beurteilt und gefördert wurden.«[65]

Somit bestanden die Sekretariate der SED-Bezirksleitungen ab 1988 in der Regel aus 13 Mitgliedern. Neben den nun sieben hauptamtlichen Sekretären waren dies die Vorsitzenden des Rates des Bezirkes, der Bezirksplankommission, der BPKK, des Bezirksvorstandes des FDGB und die 1. Sekretäre der FDJ-Bezirksleitung und der SED-Stadtleitung der Bezirksstadt. Der Chefredakteur der Bezirkszeitung war ständiger Gast bei den Sitzungen des Sekretariats.[66] Die Gruppe der hauptamtlichen Sekretäre hatte sich in den Jahren 1952-1989 als bemerkenswert konstant herausgestellt. Bis Mitte/Ende der 1980er Jahre hatte es sechs hauptamtliche Sekretäre gegeben, sieht man von der Zeit 1963-1966 ab, in denen kein Sekretär für Kultur amtierte; in den letzten Jahren vor dem Umbruch

---

61 Vgl. etwa SAPMO, DY 30/J IV 2/3 A/4652, 4653, 4675, 4677, 4695, 4715.
62 Protokoll des Gesprächs mit Dr. Helmuth Winnig, Magdeburg, 9.7.2003, S. 6.
63 Schriftliche Mitteilung von Siegfried Lorenz, Berlin, 17.4.2003, S. 9 f.
64 Schriftliche Mitteilung Brombacher, S. 1.
65 Protokoll des Gesprächs mit Dr. Siegfried Schmolinsky, Frankfurt (Oder), 20.2.2003, S. 9.
66 Protokoll des Gesprächs mit Dr. Hans Modrow, Berlin, 6.9.2002, S. 5.

1989 waren sieben hauptamtliche Sekretäre in den Sekretariaten der BL vertreten. Daneben sind zeitweilig in einigen Bezirken weitere Sekretäre tätig gewesen, die kurz vorgestellt werden sollen.

In der Bezirksleitung Berlin amtierte von 1951 bis 1962 ein Sekretär für West-Berlin. Diese Funktion übte von 1951 bis 1959 Bruno Baum, von 1959 bis 1962 Gerhard Danelius aus. Der Sekretär für West-Berlin war zugleich Mitglied des Sekretariats der Bezirksleitung.[67] Seit Juni 1958 gab es im Sekretariat der Bezirksleitung Cottbus zwei für die Wirtschaft verantwortliche Sekretäre. Gerhard Oecknick wurde als »Sekretär für Grundstoffindustrie« eingesetzt und war damit entsprechend der volkswirtschaftlichen Bedeutung des Bezirks Cottbus vor allem mit Fragen der Braunkohle und Energie befaßt. Ein weiterer Wirtschaftssekretär ist in Cottbus in den Jahren von 1958 bis 1967 für allgemeine ökonomische Fragen zuständig gewesen, bis das Ressort unter der Leitung von Oecknick wieder zusammengefaßt wurde.[68] Wie Cottbus in bezug auf Braunkohle und Energie, so war Halle im volkswirtschaftlichen Sektor Chemie dominierend. Im Jahre 1958 betrug der Anteil dieses Bezirks an der industriellen Bruttoproduktion der chemischen Industrie 46,5 % und machte damit knapp die Hälfte des gesamten Republikaufkommens aus.[69] Es nimmt daher nicht wunder, daß auch in Halle ein zusätzlicher Sekretär mit Wirtschaftsfragen betraut wurde: Erich Müller, frisch diplomierter Gesellschaftswissenschaftler und 1953-1955 Sekretär beim Zentralvorstand der IG Chemie, wurde im Juni 1958 auf der Bezirksdelegiertenkonferenz als Sekretär für Chemie gewählt.[70] Die Bildung eines Sekretärs für Chemie in Halle hing eng mit den ökonomischen Schwerpunktaufgaben, die der V. Parteitag im Juli 1958 beschlossen hatte[71], zusammen. Auf einer »Zentralen Chemiekonferenz« des ZK in den Leuna-Werken am 3./4.11.1958 wurde ein Chemieprogramm verabschiedet. Es »sah die Verdoppelung der Produktion der chemischen Industrie bis 1965 vor. Sie sollte hinsichtlich der industriellen Bruttoproduktion an die zweite Stelle nach dem Maschinenbau treten.«[72] In diesen Planungen spielte der Bezirk Halle eine Schlüsselrolle, was auch in der Schaffung der Funktion des Chemie-Sekretärs zum Ausdruck kam. Mit der Einführung des Produktions-

---

[67] Vgl. Herbst/Stephan/Winkler, S. 904 und S. 928 f.; SAPMO, DY 30/IV 2/11/v 1329; Landesarchiv Berlin, C Rep. 902, Nr. 208.
[68] Vgl. Herbst/Stephan/Winkler, S. 862 und S. 1042; SAPMO, DY 30/J IV 2/3 A/617 und 660.
[69] Vgl. Statistisches Jahrbuch der Deutschen Demokratischen Republik 1958, Berlin (Ost) 1959, S. 300.
[70] Vgl. SAPMO, DY 30/J IV 2/3 A/617 und DY 30/IV 2/11/v 5416.
[71] Vgl. die Ausführungen Ulbrichts, in: Protokoll der Verhandlungen des V. Parteitages der Sozialistischen Einheitspartei Deutschlands, 10. bis 16. Juli 1958 in der Werner-Seelenbinder-Halle zu Berlin, Band 1, Berlin (Ost) 1959, S. 74 f.
[72] Geschichte der Deutschen Demokratischen Republik, Berlin (Ost) 1981, S. 206. Vgl. das stenographische Protokoll der Chemiekonferenz, in: SAPMO, DY 30/IV 2/1.01/435 und 436. Vgl. zum Chemieprogramm auch Prokop, Siegfried, Übergang zum Sozialismus in der DDR: Entwicklungslinien und Probleme der Geschichte der DDR in der Endphase der Übergangsperiode und beim beginnenden Aufbau des Sozialismus (1957-1963), Berlin (Ost) 1986, S. 113-116.

prinzips 1963 verließ Müller allerdings nach nicht einmal fünf Jahren seinen Sekretärsposten und übernahm den Vorsitz des Bezirkswirtschaftsrates Halle.[73]

In den Jahren 1959 bis 1963 hat das Sekretariat der BL Berlin zwei Sekretäre im Verantwortungsbereich Wissenschaft, Volksbildung und Kultur besessen. Die Gründe dafür resümierte Kurt Schwarz, einer der beiden Sekretäre, rückblickend 1989: »Die Auswirkungen der offenen Grenze zeigten sich in einer außerordentlichen Verschärfung der Auseinandersetzungen auf ideologisch-künstlerischem Gebiet innerhalb der Theater, des Verbandes bildender Künstler und des Schriftstellerverbandes. Auf dem Gebiet der Volksbildung stand die bedeutsame Aufgabe, mit dem Übergang zur 10-Klassenschule, die polytechnische Bildung als Unterrichtsprinzip durchzusetzen. Der Umfang dieser Aufgabe veranlaßte das ZK auch, hierfür einen zusätzlichen Sekretär in der Hauptstadt einzusetzen.«[74] In einer Trennung der Aufgabengebiete bekam Schwarz »durch das Büro der Bezirksleitung Berlin die Anleitung der Parteiarbeit im Bereich Gesundheitswesen und das spezielle Aufgabengebiet ›Kirchenfragen‹ übertragen.«[75] Eva Erler verantwortete die übrigen Bereiche des Ressorts. Mit der Bildung der Ideologischen Kommissionen und der damit einhergehenden Umstrukturierung beendeten beide im Februar 1963 ihre Tätigkeit als Sekretäre der Bezirksleitung.[76]

Im Sekretariat der Bezirksleitung Karl-Marx-Stadt arbeiteten 1960/61 zwei Wirtschaftssekretäre. Kurt Panteleit war für die Bereiche Steinkohle und Textilindustrie, Wolfgang Gebauer für Maschinenbau und Wirtschaft allgemein einschließlich Handel zuständig.[77] Diese Aufteilung spiegelte die enorme Bedeutung und den Charakter des Industriebezirks wider. Karl-Marx-Stadt hatte 1960 von allen Bezirken mit 15,6 % den höchsten Anteil an der industriellen Bruttoproduktion und lieferte mit einem Wert von 54,6 % über die Hälfte aller Textilien in der Republik.[78]

Von September 1961 bis Februar 1963 hat es im Bezirk Dresden zwei Wirtschaftssekretäre gegeben. Dem seit 1960 amtierenden Hans Schubert wurde Heinz Matthes an die Seite gestellt, der sich künftig »vor allem auf die Probleme des Bauwesens und hier insbesondere de(n) sozialistischen Neuaufbau der Stadt Dresden orientieren« sollte. Die »Durchführung des Programms des sozialistischen Neuaufbaus von Dresden« galt als eine der »kompliziertesten Aufgaben« im Sekretariat. Matthes' Qualifikation als Bezirksbaudirektor in Dresden und seine »exakten Kenntnisse( ) auf dem Gebiet des Bauwesens«, seine »großen Erfahrungen« wurden als »eine wesentliche Verstärkung für das Büro der Bezirksleitung«

---

[73] Vgl. SAPMO, DY 30/IV 2/11/v 5416.
[74] Landesarchiv Berlin, C Rep. 907-03, Nr. 244: Kurt Schwarz, Lebenslauf, 1. Februar 1989.
[75] Ebenda.
[76] Vgl. Landesarchiv Berlin, C Rep. 902, Nr. 1437.
[77] Vgl. schriftliche Mitteilung von Gerda Martens-Meschter, Rostock, 7.5.2006, S. 4 und Protokoll des Gesprächs mit Gerda Martens-Meschter, Rostock, 7.11.2002, S. 19.
[78] Vgl. Statistisches Jahrbuch der Deutschen Demokratischen Republik 1960/61, Berlin (Ost) 1961, S. 9 und S. 312 f.

angesehen.⁷⁹ Mit der Bildung des Büros für Industrie und Bauwesen 1963 trat dann ein neuer Genosse an die Stelle der bisherigen zwei Wirtschaftssekretäre.

In Berlin war seit 1955 Ernst Stein als Sekretär für das Ressort Handel/Versorgungswirtschaft/Landwirtschaft zuständig. Ab Dezember 1968 wurde hier der Bereich Handel und Örtliche Versorgungswirtschaft ausgegliedert und dem bisherigen 1. Sekretär der Kreisleitung Berlin-Mitte, Horst Palm, als neuem Sekretär der Bezirksleitung überantwortet.⁸⁰ Palm war nicht nur »eine Instanz«⁸¹ in Berlin, sondern als Diplom-Ökonom für Binnenhandel auch einschlägig ausgebildet.⁸² Der Vorschlag stammte von der BL selbst, die ihn folgendermaßen begründete: »Bei diesem Vorschlag gehen wir davon aus, daß in Vorbereitung und Durchführung des 20. Jahrestages der DDR und den damit verbundenen umfangreichen Maßnahmen auf dem Gebiet des Handels und der Örtlichen Versorgungswirtschaft in der Hauptstadt wesentliche Verbesserungen, auch in politisch-ideologischer Hinsicht, notwendig sind. Deshalb möchten wir ein solches Experiment im Rahmen unseres Strukturplanes und der gegebenen Mittel durchführen.«⁸³ Das Sekretariat des ZK stimmte dem Ansinnen der BL Berlin mit der Maßgabe, vor der nächsten Bezirksdelegiertenkonferenz einen »Bericht über die Ergebnisse des Experiments« zu erhalten, zu.⁸⁴ Dem Experiment war keine lange Dauer beschieden. 1971 übernahm Ernst Stein wieder den Bereich Handel/Örtliche Versorgungswirtschaft. Palm ging, auch weil sich »seine Person (...) als nicht tragfähig« erwiesen hatte, als 1. Sekretär zurück in die Kreisleitung Berlin-Mitte.⁸⁵

Es dauerte jedoch nur fünf Jahre, bis das Sekretariat der BL Berlin erneut personell verstärkt wurde. Der Ausgangspunkt hierfür ist in dem Beschluß des Politbüros vom 3.2.1976 über »Aufgaben zur Entwicklung der Hauptstadt der DDR, Berlin, bis 1990« zu sehen.⁸⁶ Dieser Beschluß sah für Berlin den Neubau und die Modernisierung von 300.000 bis 330.000 und die Rekonstruktion von 200.000 bis 230.000 Wohnungen im Zeitraum 1976 bis 1990 vor. An Investitionen für den Wohnungsneubau waren bis 1980 insgesamt 3,5 Mrd. Mark vorgesehen, in diesem Zeitraum sollte eine Leistungssteigerung von 138-141 % erreicht werden. Dabei waren die »materielle Basis des gesellschaftlichen Lebens, die materiellen und kulturellen Lebensbedingungen der Bevölkerung und das städtebaulich-architektonische Bild der Hauptstadt« bis 1990 so zu entwickeln, »daß die weitere Gestaltung der entwickelten sozialistischen Gesellschaft in

---

[79] SAPMO, DY 30/J IV 2/3 A/814, Bl. 81. Zu Heinz Matthes vgl. auch DY 30/IV 2/11/v 4521.
[80] SAPMO, DY 30/J IV 2/3 A/1728, Bl. 7.
[81] Gesprächsprotokoll Müller, S. 8.
[82] Vgl. Herbst/Stephan/Winkler, S. 1045.
[83] SAPMO, DY 30/J IV 2/3 A/1644, Bl. 96.
[84] Ebenda, Bl. 4.
[85] Gesprächsprotokoll Müller, S. 8.
[86] Das folgende nach: SAPMO, DY 30/J IV 2/2/1602, Bl. 20-113. Vgl. auch Naumann, Konrad, Unsere Hauptstadt – unser aller Sache, in: Einheit. Zeitschrift für Theorie und Praxis des wissenschaftlichen Sozialismus, H. 8, Berlin (Ost) 1976, S. 894-900.

Berlin die wachsende politische und ökonomische Stärke des sozialistischen deutschen Staates der Arbeiter und Bauern deutlich zum Ausdruck bringt.«[87] Diese ehrgeizigen Ziele verlangten, wie es im Politbüro-Beschluß hieß, »ein höheres Niveau der Leitung und Planung des Bauwesens der Hauptstadt.«[88] Zu diesem Zweck wurde im Ministerium für Bauwesen »eine spezielle Hauptabteilung ›Berlineinsatz‹ geschaffen und die ›Berlin-Baudirektion‹ unter Leitung von Erhard Gießke für alle Großobjekte verantwortlich gemacht.«[89] Die Bezirksleitung Berlin leitete ihrerseits die Tätigkeit eines »Sekretärs der Bezirksleitung der SED für Bauwesen und Investitionen« aus dem Berlin-Programm ab. Hier war der 1. Sekretär Konrad Naumann die treibende Kraft.[90] Entsprechend dem Beschluß des Sekretariats des ZK vom 17.8.1976 hatte die Bezirksleitung eine zusätzliche Planstelle und die Möglichkeit bekommen, einen Sekretär für Bauwesen und Investitionen zu wählen. Die entsprechenden Kadervorschläge waren dann dem Sekretariat des ZK vorzulegen.[91] Naumann stimmte sich mit dem Minister für Bauwesen, Wolfgang Junker, und dem Leiter der Abteilung Bauwesen des ZK, Gerhard Trölitzsch, ab und schlug Gerhard Poser, seit 1965 Stellvertreter des Ministers für Bauwesen und zuletzt verantwortlich für den Bereich Wissenschaft und Technik, als neuen Sekretär vor.[92] Dieser Vorschlag fand am 11.10.1976 die Billigung des Sekretariats des ZK.[93] Auf der 4. Tagung der BL Berlin am 25.10.1976 erfolgten die Kooptierung Posers in die BL und seine Wahl als Sekretär für Bauwesen und Investitionen. Diese Funktion übte er bis in das Jahr 1990 hinein aus.[94]

Das »Bezirkssekretariat und selbstredend auch der dazugehörige Mitarbeiterstab waren«, wie der frühere 2. Sekretär der BL Schwerin resümiert, »Denkzentralen. Die Bezirksebene war der entscheidende Umschlagplatz von der Zentrale zu den Kreisleitungen und Grundorganisationen. Unsere Aufgabe war es nicht, Beschlüsse einfach weiterzuleiten. Wir hatten auszuarbeiten, wie die zentralen Orientierungen im Bezirk Schwerin zu handhaben und zu realisieren waren. Das erwarteten besonders die Kreisleitungen von uns.«[95] Innerhalb des Sekretariats der Bezirksleitung bildeten die hauptamtlichen Sekretäre den eigentlichen Führungskern. Dabei ist der Stellenwert der einzelnen Sekretäre durchaus unterschiedlich gewesen. An der Spitze nicht nur der Bezirksleitung, sondern auch des Sekretariats stand der 1. Sekretär, der »das letzte Wort zu sprechen« hatte[96] und

---

[87] SAPMO, DY 30/J IV 2/2/1602, Bl. 30.
[88] Ebenda, Bl. 113.
[89] Müller, Helmut, Wendejahre 1949-1989, Berlin 1999, S. 237.
[90] Vgl. Gesprächsprotokoll Müller, S. 5 f.
[91] Vgl. SAPMO, DY 30/ J IV 2/3 A/2867, Bl. 5.
[92] Vgl. schriftliche Mitteilung von Gerhard Poser, Berlin, 12.7.2004, S. 2.
[93] Vgl. SAPMO, DY 30/J IV 2/3 A/2891, Bl. 1 und Bl. 22.
[94] Vgl. schriftliche Mitteilung Poser, S. 2 f.
[95] Protokoll des Gesprächs mit Erich Postler, Berlin, 12.3.2003, S. 6.
[96] Gesprächsprotokoll Schmolinsky, S. 7.

in der Regel auch zu den Mitgliedern des Zentralkomitees gehörte.[97] Herausgehoben war weiter der 2. Sekretär. »Er galt als Stellvertreter des 1. Sekretärs (...) und gehörte von den Sekretariatsmitgliedern neben dem Ratsvorsitzenden auch der Bezirkseinsatzleitung an.«[98] Der 2. Sekretär war »der Vorsitzende im Amt, wenn der Erste, der Leiter und Chef, nicht da war.«[99] Für die direkte Parteiarbeit zuständig, »hatte er natürlich das Recht, in alle anderen Wirtschaftsbereiche hineinzuschauen, besaß demnach auch Sonderrechte.«[100] Der Stellenwert der übrigen Sekretäre war im Prinzip gleich. »Eine Einteilung in wichtige und weniger wichtige Sekretäre gab es nicht. Die Stellung jedes einzelnen im Kollektiv wurde nicht durch das Amt, sondern durch seine Leistung geprägt.«[101] Diese Aussagen der Zeitzeugen werden gestützt durch die Gehaltsregulative für die politischen Mitarbeiter des Parteiapparates. Hiernach erhielt der 1. Sekretär einer BL ein höheres Gehalt als der 2. Sekretär, der wiederum gehaltsmäßig etwas über den Ressortsekretären rangierte.[102] Doch inoffiziell hat es durchaus Unterschiede in der Stellung der einzelnen Funktionäre gegeben. »Sicherlich war das auch personenbedingt. Wenn unter den Sekretären jemand war, der besondere Fähigkeiten hatte oder besonders profiliert war, besonders erfahren war, spielte der natürlich auch im Zusammenhang mit der Struktur des Bezirkes möglicherweise eine etwas herausgehobenere Rolle.«[103] In Berlin beispielsweise »rangierte als Nummer Drei unausgesprochen der Wirtschaftssekretär, denn von der Gewichtung hatte die Wirtschaft Vorrang. Danach kamen alle anderen Sekretäre.«[104] In Frankfurt/Oder hatte nach dem 2. Sekretär »der Propagandasekretär auch noch eine etwas größere Bedeutung, weil man ihm zutraute, daß er aus politischer Sicht die Dinge mit am besten beurteilen konnte. Auch den letzten drei Sekretären hat man das Vertrauen geschenkt, daß sie alle politischen Gesichtspunkte voll akzeptierten und auch beherrschten, aber der Propagandasekretär war doch jemand, der sich eben nur mit diesem Thema befassen konnte, und er galt als besonders aussagefähig zu internationalen, nationalen und auch bezirklichen Fragen.«[105] Der langjährige

---

[97] Dies traf aber nicht auf alle 1. Sekretäre zu, wie Ammer, Thomas, Die Machthierarchie der SED, in: Materialien der Enquete-Kommission »Aufarbeitung von Geschichte und Folgen der SED-Diktatur in Deutschland« (12. Wahlperiode des Deutschen Bundestages), Bd. II, 2, Baden-Baden und Frankfurt/Main 1995, S. 803-867, hier S. 823, fälschlich annimmt. Zwölf 1. Bezirkssekretäre, die zumeist nur kurzzeitig in den fünfziger Jahren und Anfang der sechziger Jahre amtiert hatten, sind in ihrer Amtszeit nicht Mitglied des ZK geworden.

[98] Schriftliche Mitteilung Lorenz, S. 9.

[99] Gesprächsprotokoll Müller, S. 13.

[100] Gesprächsprotokoll Schmolinsky, S. 7.

[101] Gesprächsprotokoll Postler, S. 3. Vgl. auch schriftliche Mitteilung Lorenz, S. 9.

[102] Vgl. das vom Sekretariat des ZK am 18.2.1974 beschlossene Gehaltsregulativ, in: SAPMO, DY 30/J IV 2/3 A/2471, Bl. 133-143, und das Gehaltsregulativ vom 9.1.1985, in: SAPMO, DY 30/J IV 2/3 A/4191. Schroeder, S. 539, faßt fälschlich den 2. und die Ressortsekretäre als »andere Sekretäre« zusammen und suggeriert so für den 2. Sekretär ein zu niedriges Gehalt.

[103] Protokoll des Gesprächs mit Ulrich Schlaak, Belzig, 5.3.2003, S. 2 f.

[104] Gesprächsprotokoll Müller, S. 13.

[105] Gesprächsprotokoll Schmolinsky, S. 7.

Wirtschaftssekretär der BL Suhl schließlich sieht die Abstufung so: »1. Sekretär, 2. Sekretär, dann jeweils der Struktur der Bezirke angepaßt: der Wirtschaftssekretär oder, z. B. in Schwerin, der Landwirtschaftssekretär, als vierter kam der Sekretär für Agitation und Propaganda, dann kam der Kultursekretär.«[106]

Welche Aufgabenbereiche umfaßten nun die einzelnen Funktionen? Der 1. Sekretär hatte die Gesamtleitung der Parteiarbeit im Bezirk inne. Daneben unterstanden ihm die Abteilungen für Staat und Recht und für Sicherheit.[107] Außerdem oblag es ihm, in monatlichen Berichten den Generalsekretär über politische und wirtschaftliche Entwicklungen in seinem Bezirk zu informieren.[108] Der 2. Sekretär war der »Stabschef, der das innere Gefüge leitet«.[109] Über seinen Verantwortungsbereich äußert sich Erich Postler, seinerzeit 2. Sekretär der BL Schwerin, ausführlich. »Das war eine sehr breite Palette von Aufgaben. Die meisten bezogen sich auf das Innenleben der Partei. Dafür unterstand mir als wichtigste die Abteilung Parteiorgane, die sich mit den Fragen Parteiinformation, Kader und Mitgliederbewegung sowie mit der operativen Anleitung der Kreisleitungen befaßte. Sie war – im Zusammenwirken mit den anderen Fachabteilungen der Bezirksleitung – verantwortlich für die ständige Analyse der Wirksamkeit der Parteiorganisationen, des Meinungsbildes in der Partei und in der Bevölkerung sowie für die Erarbeitung entsprechender Vorschläge für die Ausrichtung und ständige Verbesserung der Führungstätigkeit der Partei auf den verschiedenen Ebenen im Bezirk. Ich war weiterhin zuständig für die Abteilung Finanzen (Parteifinanzen) und die Bereiche Jugend, Sport, Frauen und internationale Arbeit, für die es je einen Mitarbeiter gab. Die ehrenamtlichen Kommissionen Frauen sowie Jugend und Sport wurden von dem zuständigen Mitarbeiter geleitet, die Kommission für internationale Arbeit leitete ich selbst, ebenso die Traditionskommission, die nur auf ehrenamtlicher Basis wirkten. Außerdem war ich die Kontaktperson der Bezirksleitung für das Bezirkskomitee der antifaschistischen Widerstandskämpfer.«[110] Eine der wichtigsten Aufgaben der 2. Sekretäre der BL war sicherlich die »Zusammensetzung und Auswahl der Kreissekretariate, einschließlich des Ersten Sekretärs. Die ersten Kreissekretäre waren alle in der Nomenklatur des ZK, das war eine reine Formalität. Wenn wir gesagt haben, ›der wird Erster Kreissekretär‹, dann wurde er Erster. Das war unsere Aufgabe. Die Besetzung aller Kreissekretariate, aller hauptamtlichen Sekretäre lief über unseren Tisch, über die Parteiorgane und über mich persönlich.«[111]

---

[106] Protokoll des Gesprächs mit Dr. Eberhardt Denner, Berlin, 13.3.2003, S. 10.
[107] Vgl. Gesprächsprotokoll Modrow, S. 4.
[108] Vgl. Janson, Carl-Heinz, Totengräber der DDR. Wie Günter Mittag den SED-Staat ruinierte, Düsseldorf-Wien-New York 1991, S. 224. Zeitweise wurde das Intervall für die zu erstellenden Berichte auf 14 Tage verkürzt. Vgl. SAPMO, DY 30/J IV 2/3 A/604 (Protokoll Nr. 11/58 der Sitzung des Sekretariats des ZK vom 10.4.1958).
[109] Gesprächsprotokoll Schlaak, S. 2.
[110] Gesprächsprotokoll Postler, S. 3. Vgl., mit ganz ähnlichen Angaben, Gesprächsprotokoll Schlaak, S. 2 und Protokoll des Gesprächs mit Gerda Martens-Meschter, Rostock, 7.11.2002, S. 5.
[111] Gesprächsprotokoll Müller, S. 11.

Die Aufgabenbereiche der Sekretäre für Wirtschaft und Landwirtschaft ergaben sich schon aus der Funktionsbezeichnung. Der Wirtschaftssekretär hatte die »Aufgaben der wirtschaftlichen Entwicklung, sowohl der zentralgeleiteten Wirtschaft als auch der bezirksgeleiteten Wirtschaft, zu koordinieren«. Dabei mußten die Vorgaben des Zentralkomitees, »ob nun positiv oder negativ, an die Institutionen wie Direktoren und Generaldirektoren heran(ge)tragen und auch eine bestimmte Kontrolle der SED gegenüber wirtschaftlichen Funktionären« ausgeübt werden: »Das war die Grundaufgabenstellung.«[112] Der Sekretär für Landwirtschaft hatte ähnliche Aufgaben zu erfüllen, die sich in seinem Fall auf die Sektoren der agraren Produktion erstreckten.[113]

Der Sekretär für Agitation und Propaganda war neben den beiden namensgebenden Bereichen u. a. für das Parteilehrjahr und die Parteischulen, die Medien des Bezirkes (Bezirkszeitung der SED, Betriebszeitungen, Rundfunk, ggf. Fernsehstudio), die Nationale Front, die Gesellschaft für Deutsch-Sowjetische Freundschaft, die Urania, die Volkssolidarität, den Verband der Journalisten und die Beziehungen zur Deutschen Kommunistischen Partei verantwortlich.[114] Der Sekretär für Wissenschaft, Volksbildung und Kultur war schließlich, wie gesehen, neben den Gebieten, die in seiner Funktionsbezeichnung zum Ausdruck kamen, auch für Fragen des Gesundheitswesens zuständig.

Der Parteiapparat der SED-Bezirksleitungen gliederte sich ähnlich wie der des ZK in Abteilungen und Sektoren. Dabei fungierten die Abteilungsleiter, die den Sekretären direkt zugeordnet waren, als »ausführendes Organ« und hatten einen oder mehrere Sektorenleiter unter sich.[115] Die Struktur unterschied sich in den einzelnen Bezirksleitungen nicht erheblich voneinander. In den 1950er Jahren gab es einige Veränderungen. So wurden laut Beschluß des Sekretariats des ZK vom 10.8.1955 entsprechend der wirtschaftlichen Struktur des jeweiligen Bezirks neue Abteilungen bzw. Sektoren gebildet. Es erhielten beispielsweise die Bezirksleitungen Halle, Cottbus und Leipzig eine Abteilung Grundstoffindustrie oder der Bezirk Rostock einen Sektor Schiffbau, die dem Sekretär für Wirtschaft zugeordnet waren.[116] Ab Mitte der 1960er Jahre stand die Struktur der Abteilungen und Sektoren in den Bezirksleitungen fest, die sich dann bis 1989 nicht mehr wesentlich änderte.[117] Die Anzahl der politischen und technischen Mitarbeiter der Bezirksleitungen stieg im Laufe der Jahre an. Waren 1955 noch durchschnittlich 137 politische und 89 technische Mitarbeiter beschäftigt[118], so hatte sich ihre Zahl 1978

---

[112] Gesprächsprotokoll Denner, S. 6 f.
[113] Vgl. Gesprächsprotokoll Schmolinsky, S. 14 f.
[114] Vgl. Protokoll des Gesprächs mit Siegfried Unverricht, Hohenfelde, 26.6.2003, S. 3 f.
[115] Vgl. Gesprächsprotokoll Schmolinsky, S. 15.
[116] Vgl. Woitinas, Erich, Zur Entwicklung des Parteiaufbaus und der Organisationsstruktur der SED vom III. bis zum VI. Parteitag, in: Beiträge zur Geschichte der Arbeiterbewegung, H. 2, Berlin (Ost) 1988, S. 205-217, hier S. 211.
[117] Vgl. Gesprächsprotokolle Unverricht, S. 6 und Winnig, S. 7.
[118] Vgl. SAPMO, DY 30/J IV 2/3/483.

auf 150 bzw. 145 erhöht.[119] Über knapp 300 hauptamtliche Mitarbeiter konnten die Bezirksleitungen somit verfügen. Diese Zahl hat sich bis Ende der 1980er Jahre nicht wesentlich geändert hat.[120] Dabei schwankte die Anzahl der politischen Mitarbeiter entsprechend der Größe und Bedeutung der einzelnen Bezirke zum Teil beträchtlich. So besaßen 1978 die bevölkerungsreichen sowie politisch und wirtschaftlich wichtigen Bezirke Berlin, Karl-Marx-Stadt und Halle über 180 Genossen im Apparat der Bezirksleitung, während in Suhl, Neubrandenburg und Schwerin weniger als 130 Mitarbeiter tätig waren.[121]

Dies schlug sich natürlich auch in den Abteilungen der einzelnen Bezirksleitungen nieder. Doch generell waren diese sehr ähnlich strukturiert. Dem Sekretär für Agitation und Propaganda der BL Rostock etwa war ein Abteilungsleiter zugeordnet. Die Abteilung untergliederte sich in die vier Sektoren Agitation, Propaganda, Bildungsstätte und Westarbeit. Den Sektorenleitern unterstanden wiederum mehrere Mitarbeiter. Diese vier Sektoren »waren in allen Bezirksleitungen gleich, zwar nicht immer von der personellen Besetzung, aber vom Aufgabengebiet her. Die Zahl der Mitarbeiter war sehr unterschiedlich, wir im Norden waren gegenüber südlichen Bezirken und Berlin sowieso immer etwas benachteiligt. (…) Die Abteilung hatte mit Abteilungsleiter und Stellvertreter insgesamt rund 15 Mitarbeiter. Es gab auch Bezirksleitungen, die in dieser Abteilung 20-25 Mitarbeiter hatten.«[122]

Innerhalb der Sektoren gab es, wie der frühere Sekretär überliefert, »neun Bereiche:
1. Agitation, Parteilehrjahr, Parteischulen: Wir hatten im Bezirk eine eigene Parteischule, jeder Kreis besaß eine sowie die größten Betriebe.
2. Medien: Die Ostsee-Zeitung als Bezirksorgan der Partei, Rundfunk, Fernsehstudio, Betriebszeitungen.
3. Nationale Front: Dort war ich gewähltes Mitglied des Sekretariats und Mitglied des Bezirksausschusses.
4. Die Gesellschaft für Deutsch-Sowjetische Freundschaft: Dort waren in der Regel der Abteilungsleiter oder sein Stellvertreter Mitglied des Vorstandes.
5. Urania: Dort war auch wieder ein Mitarbeiter Mitglied des Bezirksvorstandes.
6. Volkssolidarität: Wenn ich richtig informiert bin, waren wir die einzige Bezirksleitung, in der die Volkssolidarität im Agit-Prop-Bereich angesiedelt war, ansonsten war sie Teil der Wirtschaft oder woanders. (…)
7. Verband der Journalisten.

---

[119] Vgl. SAPMO, DY 30/J IV 2/3/2720, Bl. 10 ff.
[120] Aus den Stellenplänen der Bezirksleitungen geht für 1987 hervor, daß hier durchschnittlich 153 politische Mitarbeiter tätig waren. Vgl. SAPMO, DY 30/J IV 2/50/30. Insofern scheint die Angabe im DDR-Handbuch, hrsg. vom Bundesministerium für innerdeutsche Beziehungen, Band 1, Köln 1985, S. 224 von »im Durchschnitt 180-250 hauptamtliche(n) Mitarbeiter(n)« zu niedrig gegriffen. Diese Zahlen wiederholt Ammer, S. 824. Kotsch, S. 165, hingegen geht von »nahezu 400 politische(n) und technische(n) Mitarbeiter(n)« aus, was überhöht ist.
[121] Vgl. SAPMO, DY 30/J IV 2/3/2720, Bl. 10 ff.
[122] Gesprächsprotokoll Unverricht, S. 3.

8. Verbindung zur Deutschen Kommunistischen Partei, speziell Hamburg. Das beschränkte sich allerdings – was meine Person betraf – hauptsächlich darauf, daß ich persönlich einmal im Jahr an der Bezirksdelegiertenkonferenz teilnahm, während von der DKP-Seite regelmäßig und planmäßig abgestimmt Funktionäre und Sympathisanten hierher kamen, um Exkursionen, Schulungen usw. durchzuführen.
9. Pressefest: Das war eine Spezifik des Bezirkes Rostock, die es meines Wissens nirgendwo anders gab. Hier war ich Vorsitzender der Pressefestkommission.«[123]

Der Sekretär für Wirtschaft hatte in Suhl »einen Abteilungsleiter für Wirtschaftspolitik. Die Abteilung war untergliedert in die Sektoren Planung, Finanzen, Handel und Versorgung, Bauwesen.« Die Sektorenleiter führten etwa drei bis vier Mitarbeiter.[124] Auch dem Sekretär für Landwirtschaft unterstand ein Abteilungsleiter. Die Abteilung war dabei untergliedert in die Sektoren Pflanzenproduktion, Tierproduktion und Sozialistische Betriebswirtschaft mit weiteren Mitarbeitern.[125] Der Sekretär für Wissenschaft, Volksbildung und Kultur verfügte bis zur Aufteilung des Sekretariatsbereiches über eine Abteilung mit den Sektoren Wissenschaft, Volksbildung und Kultur. Zu den Mitarbeitern gehörte auch ein Verantwortlicher für Gesundheitswesen.[126] Ab Mitte der 1980er Jahre war das Kultursekretariat der BL Berlin etwa verantwortlich für die Beziehungen zur Parteiorganisation des Schriftstellerverbandes, des Verbandes Bildender Künstler, des Komponistenverbandes, des Theaterverbandes und der einzelnen Theater, für das Komitee für Unterhaltungskunst und den Komplex der Massenkultur (u. a. Kreiskulturhäuser und Jugendclubs). Das Sekretariat für Wissenschaft und Volksbildung war zuständig für die Bereiche Universität/Hoch- und Fachschulen/Akademie der Wissenschaften, Volksbildung (einschließlich des Vorschulbereichs) und Gesundheitswesen. Die sechs in Berlin angesiedelten künstlerischen Hoch- und Fachschulen wurden durch beide Sekretariate betreut.[127]

Die Sekretäre der SED-Bezirksleitungen gehörten von 1952 bis 1989 zu den wichtigsten Funktionären im Apparat der Partei. Sie waren in der Hauptnomenklatur des ZK, ihre Einsetzung und Bestätigung in dieser Funktion konnte nur durch das Politbüro bzw. das Sekretariat des ZK erfolgen.[128] Damit sicherten sich die Mitglieder des Politbüros und die Sekretäre des ZK, sicherte sich der engste Machtzirkel der SED den entscheidenden Einfluß auf die Besetzung der höchsten Parteifunktionen in den Bezirken. Diese Kaderpolitik und die jeweils ausgewählten Funktionäre, die Sekretäre der SED-Bezirksleitungen, stehen im Mittelpunkt der nachfolgenden Kapitel.

---

[123] Ebenda, S. 3 f.
[124] Gesprächsprotokoll Denner, S. 14.
[125] Gesprächsprotokoll Schmolinsky, S. 15.
[126] Vgl. Gesprächsprotokoll Winnig, S. 7.
[127] Vgl. schriftliche Mitteilung Brombacher, S. 2.
[128] Vgl. dazu Wagner, Matthias, Ab morgen bist Du Direktor. Das System der Nomenklaturkader in der DDR, Berlin 1998.

3. DIE SEKRETÄRE DER SED-BEZIRKSLEITUNGEN – GRUPPENBIOGRAPHISCHE UNTERSUCHUNGEN

3.1 AUFTAKT – DIE »GRÜNDERGENERATION« 1952

Die Geschichte der SED in ihrer Frühzeit war auch eine Geschichte permanenter Kaderüberprüfungen und »Kadersäuberungen«. Diese liefen in mehreren Wellen ab, wobei die Zeit von Mitte 1948 bis 1951 einen Schwerpunkt bildete.[1] Umfangreiche »Säuberungen« hat es in dieser Zeit nicht nur in der SED, sondern in allen kommunistischen Parteien des sowjetischen Einflußbereiches gegeben.[2] Die »stalinistische Auffassung von Parteidisziplin wurde zum wichtigsten Instrument unkontrollierter Machtkonzentration«[3] und diente der mehrheitlich aus der Sowjetunion zurückgekehrten obersten Parteispitze der KPD/SED zur Festigung ihrer eigenen Machtposition.

Die »Säuberungen« in der KPD/SED richteten sich »bis 1948 in erster Linie gegen Sozialdemokraten«[4], die »mit ihrem Festhalten am sozialdemokratischen Parteiverständnis und an der traditionellen Organisationsstruktur der SED im Wege standen.«[5] Nicht nur SPD-Mitglieder, die sich 1945/46 gegen eine Vereinigung von SPD und KPD zur SED ausgesprochen hatten, sondern auch solche, die im Verdacht des »Sozialdemokratismus« standen, wurden verfolgt. Dies betraf auch tatsächliche oder vermeintliche »Schumacher-Leute«, also Anhänger des SPD-Vorsitzenden Kurt Schumacher. Den eigentlichen Auftakt für die systematischen »Parteisäuberungen« bildete der Beschluß des Parteivorstandes »Für die organisatorische Festigung der Partei und für die Säuberung von feindlichen und entarteten Elementen« vom 29.7.1948.[6] Im Punkt II »Ausmerzung von schädli-

---

[1] Das folgende nach: Malycha, Andreas, Die Geschichte der SED: Von der Gründung 1945/46 bis zum Mauerbau 1961, in: Herbst, Andreas/Stephan, Gerd-Rüdiger/Winkler, Jürgen (Hrsg.), Die SED. Geschichte, Organisation, Politik. Ein Handbuch, Berlin 1997, S. 1-55, hier S. 33-36.
[2] Vgl. dazu Weber, Hermann/Staritz, Dietrich (Hrsg.), Kommunisten verfolgen Kommunisten. Stalinistischer Terror und ›Säuberungen‹ in den kommunistischen Parteien Europas seit den dreißiger Jahren, Berlin 1993 und Weber, Hermann/Mählert, Ulrich (Hrsg.), Terror. Stalinistische Parteisäuberungen 1936-1953, Paderborn u. a. 1998.
[3] Malycha, S. 33.
[4] Weber, Hermann, Die Geschichte der frühen SED. Überlegungen gestern und heute, in: Helwig, Gisela (Hrsg.), Rückblicke auf die DDR. Festschrift für Ilse Spittmann-Rühle, Köln 1995, S. 17-25, hier S. 22.
[5] Malycha, S. 33.
[6] Der Beschluß ist abgedruckt in: Dokumente der Sozialistischen Einheitspartei Deutschlands. Beschlüsse und Erklärungen des Parteivorstandes, des Zentralsekretariats und des Politischen Büros, hrsg. vom Parteivorstand der SED, Band II, Berlin (Ost) 1952, S. 83-88.

chen und feindlichen Elementen« wurde festgelegt, ein »beschleunigtes Ausschlußverfahren« gegen Mitglieder, die eine »parteifeindliche« oder »sowjetfeindliche« Einstellung vertreten, die »an Korruptionsaffären, Schiebereien, kriminellen Verbrechen« beteiligt sind, die »über ihre politische Vergangenheit in der Nazizeit wahrheitswidrige Angaben gemacht haben« oder bei denen »begründeter Verdacht besteht, daß sie im Interesse parteifeindlicher Kräfte (Agenten des Ostsekretariats der SPD) oder als Spione und Saboteure fremder Dienste« wirken, durchzuführen.[7] Hauptinstrument der Parteiführung in den »Säuberungen« waren die Zentrale Parteikontrollkommission und die Parteikontrollkommissionen in den Ländern/Bezirken und Kreisen, deren Bildung der Parteivorstand der SED am 16.9.1948 beschlossen hatte. Aufgabe der ZPKK war es, die »Einheit und Reinheit der Partei« zu überwachen. »Um die Sauberkeit der Partei zu sichern«, sollten die Parteikontrollkommissionen »den Kampf gegen die Tätigkeit feindlicher Agenten, insbesondere gegen Beauftragte des Hannoverschen ›Ostbüros‹, (…) gegen Korruptionserscheinungen, gegen den Mißbrauch von Parteifunktionen und staatlichen Funktionen, gegen Karrierismus« und »gegen die Verbreitung feindlicher Gerüchte in der Partei« führen.[8] Die ZPKK und die Landespartei- und Kreisparteikontrollkommissionen nahmen ab Januar 1949 ihre Tätigkeit auf.[9]

Das Jahr 1949 brachte eine Ausweitung und Forcierung der innerparteilichen »Säuberungen« in der SED. Unter dem Eindruck des Schauprozesses mit Todesurteilen gegen László Rajk und andere führende Kommunisten in Budapest im September des Jahres[10] hatte das Politbüro in seiner Sitzung am 18.10.1949 die Ausweitung der parteiinternen Überprüfungen auf alle früheren Westemigranten und ehemals in westalliierte oder jugoslawische Kriegsgefangenschaft geratenen SED-Funktionäre beschlossen. Das Politbüro ordnete an, alle Mitarbeiter des Berliner Rundfunks, die in englischer Emigration waren, zu entlassen.[11] Am 28.10.1949 verabschiedete die Parteiführung den »Plan zur Überprüfung der Genossen aus der westlichen Emigration und Kriegsgefangenschaft«.[12] Hierzu waren auf zentraler und Landesebene Prüfungsausschüsse zu bilden, um die Über-

---

[7] Ebenda, S. 85. Malycha zitiert den Punkt II dieses Beschlusses falsch mit ebenda, S. 8 f.
[8] Vgl. Beschluß des Parteivorstandes vom 16.9.1948, in: Dokumente der SED, Band II, S. 97-99, hier S. 97. Zum Ostbüro der SPD, das Informationen über die innenpolitische Situation der SBZ/DDR und über innerparteiliche Entwicklungen in der SED sammelte, vgl. Bärwald, Helmut, Das Ostbüro der SPD 1946-1971. Kampf und Niedergang, Krefeld 1991 und Buschfort, Wolfgang, Das Ostbüro der SPD. Von der Gründung bis zur Berlin-Krise, München 1991.
[9] Vgl. Klein, Thomas, »Für die Einheit und Reinheit der Partei«. Die innerparteilichen Kontrollorgane der SED in der Ära Ulbricht, Köln/Weimar/Wien 2002, S. 101.
[10] Vgl. hierzu die systematische Darstellung von George Hermann Hodos, der im Zuge der ungarischen »Säuberungen« selbst zu zehn Jahren Zuchthaus verurteilt wurde: Hodos, George Hermann, Schauprozesse. Stalinistische Säuberungen in Osteuropa 1948-1954, Berlin 2001.
[11] Vgl. Weber, S. 23. Zu den Entlassungen im Berliner Rundfunk vgl. auch Holzweißig, Gunter, Zensur ohne Zensor. Die SED-Informationsdiktatur, Bonn 1997, S. 136 f.
[12] Das folgende nach: Mählert, Ulrich, »Die Partei hat immer recht!« Parteisäuberungen als Kaderpolitik in der SED (1948-1953), in: Weber/Mählert, S. 351-457, hier S. 384 ff.

3.1 Auftakt – Die »Gründergeneration« 1952

prüfung bis zum 1.3.1950 abschließen zu können. »Intoleranz und Schnüffelei innerhalb der SED waren Tür und Tor geöffnet.«[13] Hermann Matern, der Vorsitzende der ZPKK, ermahnte seine Kontrolleure Ende 1949 sicherzustellen, daß »am Schluß dieser Überprüfungen (...) die Sicherheit bestehen« müsse, »daß sich keine Agenten unter diesen Überprüften befinden. Wo die geringsten Zweifel bestehen, werden diese nicht in ihren Stellen verbleiben können. Manchem werden wir dabei Unrecht tun. Das läßt sich aber nicht vermeiden.« Man dürfe, so Matern weiter, dabei keineswegs »weich und zaghaft« vorgehen.[14] Dennoch dürfen die kaderpolitischen Konsequenzen nicht überschätzt werden. Bis Anfang März 1950 waren 4068 Personen überprüft worden. Davon kamen knapp 9 % aus westlichem Exil, die übergroße Mehrheit aus westalliierter oder jugoslawischer Kriegsgefangenschaft. »Bei 242 Funktionären meldeten die Kontrolleure ›Bedenken‹, bei 102 ›starke Bedenken‹ an. Zusammengenommen wiesen 8,5 Prozent aller Überprüften damit einen biographischen Makel auf.«[15] Viele dieser Genossen wurden daraufhin aus ihren Parteifunktionen entfernt.

Parallel zu diesen Überprüfungen sammelten die Parteikontrolleure gemäß einer Anweisung Hermann Materns auch Material gegen einstige Anhänger kommunistischer und sozialistischer Splittergruppen.[16] Am 24.8.1950 beschloß das Sekretariat des ZK die »Säuberung des Parteiapparates von früheren Angehörigen der KPO«. Dieser Beschluß beschränkte sich nicht nur auf die Mitglieder der Kommunistischen Parteiopposition der Weimarer Republik, sondern betraf u. a. auch die frühere KAPD, die SAPD und den Leninbund.[17] Für sie galt: »Ehemalige Angehörige parteifeindlicher Gruppierungen, die ihre damaligen Fehler nicht vorbehaltlos und ehrlich selbstkritisch anerkennen und nicht in ihrer praktischen Tätigkeit ihre Parteiverbundenheit beweisen, sind Parteifeinde auch dann, wenn sie nur einzelne Punkte der feindlichen Ideologie oder der Tätigkeit ehemaliger parteifeindlicher Gruppierungen offen oder versteckt verteidigen. Sie sind auszuschließen.«[18] Doch spielten die Mitglieder der früheren linken Splittergruppen schon quantitativ keine große Rolle in der SED; 1933 hatten jene allenfalls 22.000 Mitglieder umfaßt.[19] Die Überprüfungen dieser Genossen endeten häufig mit

---

[13] Weber, S. 23.
[14] Zit. in: Mählert, S. 387.
[15] Ebenda, S. 389.
[16] Vgl. Klein, S. 130 f.
[17] Vgl. hierzu Bergmann, Theodor, »Gegen den Strom«. Die Geschichte der Kommunistischen Partei-Opposition, Hamburg 1987; Drechsler, Hanno, Die Sozialistische Arbeiterpartei Deutschlands (SAPD). Ein Beitrag zur Geschichte der Arbeiterbewegung am Ende der Weimarer Republik, Meisenheim 1965; Tjaden, Karl Heinz, Struktur und Funktion der »KPD-Opposition« (KPO). Eine organisationssoziologische Untersuchung zur »Rechts«-Opposition im deutschen Kommunismus zur Zeit der Weimarer Republik, Meisenheim 1964; Weber, Hermann, Die Wandlung des deutschen Kommunismus. Die Stalinisierung der KPD in der Weimarer Republik, 2 Bde., Frankfurt/Main 1969; Zimmermann, Rüdiger, Der Leninbund. Linke Kommunisten in der Weimarer Republik, Düsseldorf 1978.
[18] Zit. in: Klein, S. 126.
[19] Vgl. Mählert, S. 393.

einem Parteiausschluß. In vielen Fällen genügte jedoch ein »öffentliche(r) Kotau der ›Abweichler‹ vor der Parteilinie«. Da die Kaderdecke der SED sehr dünn war und massenhafte Parteiausschlüsse ein schwer zu kontrollierendes Unruhepotential geschaffen hätten, unterblieb hier eine tabula rasa.[20]

Waren bislang nur einzelne Gruppen von SED-Mitgliedern ins Visier der »Parteisäuberungen« geraten, so brachte das Jahr 1951 die komplette Überprüfung der Mitgliederschaft. Sie wurde offiziell als Umtausch der Mitgliedsbücher legendiert und vom III. Parteitag der SED im Juli 1950 in die Wege geleitet, indem das neugewählte ZK den Auftrag erhielt, »zu gegebener Zeit einen Umtausch der Parteimitgliedsbücher als Mittel zur Erziehung der Partei und zur Verbesserung ihrer Zusammensetzung durchzuführen.«[21] Diese Überprüfung der Genossen sollte vom 15.1. bis 30.6.1951 mit dem Ziel, »die Parteimitglieder mit Hilfe der Kritik und Selbstkritik zu erziehen« und »(p)arteifremde und feindliche oder moralisch unsaubere Elemente und Karrieristen« aus der SED zu entfernen, durchgeführt werden.[22] Der Umtausch der Mitgliedsbücher zog sich bis in das Jahr 1952 hin. Im Zeitraum Dezember 1950 bis Dezember 1951 hatte sich die Zahl der in der Parteistatistik geführten Mitglieder und Kandidaten von 1.573.000 um rund 317.000 auf nur noch 1.256.000 verringert. Die SED hatte somit jeden fünften Anhänger verloren und damit einen enormen Aderlaß zu verkraften.[23]

Doch damit waren die Kaderüberprüfungen noch nicht abgeschlossen. Im Gefolge des Prozesses gegen den früheren Generalsekretär der KPČ, Rudolf Slánský, und andere in der Tschechoslowakei Ende 1952 kam es auch in der SED zu einem letzten Höhepunkt stalinistischer »Parteisäuberungen«, die sich bis weit in das Jahr 1953 hinein erstreckten.[24]

Die »Säuberungen« und Kaderüberprüfungen in der SED erbrachten nicht nur Parteiausschlüsse und Abwendungen von der SED, sondern auch die Chance für junge, unbelastete Genossen, in verantwortliche Funktionen aufzurücken. Seit Februar 1951 waren die »Überprüfungskommissionen dazu angehalten, entwicklungsfähige Parteimitglieder, Fehlbesetzungen etc. an die Kaderabteilungen zu melden.« Insgesamt 68.448 Genossen, »welche bisher brachlagen oder nicht ihren

---

[20] Ebenda, S. 399.
[21] Protokoll der Verhandlungen des III. Parteitages der Sozialistischen Einheitspartei Deutschlands, 20. bis 24. Juli 1950 in der Werner-Seelenbinder-Halle zu Berlin, Band 2, Berlin (Ost) 1951, S. 270.
[22] Beschluß des ZK vom 27.10.1950, in: Dokumente der Sozialistischen Einheitspartei Deutschlands. Beschlüsse und Erklärungen des Parteivorstandes, des Zentralkomitees sowie seines Politbüros und seines Sekretariats, hrsg. vom Zentralkomitee der SED, Band III, Berlin (Ost) 1952, S. 239-242, hier S. 239.
[23] Vgl. Mählert, S. 418.
[24] Vgl. ebenda, S. 429 ff.; Klein, S. 160-166; Kaplan, Karel/Svátek, František, Die politischen Säuberungen in der KPČ, in: Weber/Mählert, S. 487-599; »Lehren aus dem Prozeß gegen das Verschwörerzentrum Slansky«. Beschluß des ZK der SED vom 20.12.1952, in: Dokumente der Sozialistischen Einheitspartei Deutschlands. Beschlüsse und Erklärungen des Zentralkomitees sowie seines Politbüros und seines Sekretariats, hrsg. vom Zentralkomitee der SED, Band IV, Berlin (Ost) 1954, S. 199-219.

Fähigkeiten entsprechend« eingesetzt waren, fanden sich. Diese Personalempfehlungen wurden »jedoch nur schleppend« umgesetzt. Die Landesleitung Thüringen etwa vermeldete erst im Frühjahr 1952, daß rund ein Drittel der empfohlenen Kader in neue Funktionen eingesetzt und ein weiteres Drittel für den Besuch von Parteischulen vorgeschlagen worden waren.[25]

Es muß festgestellt werden, daß das der SED zur Verfügung stehende Reservoir an fähigen Kadern aus mehreren Gründen sehr begrenzt war. Erich W. Gniffke hatte schon 1947 beklagt, es mangele »an Menschen, um die notwendigen Funktionen zu besetzen«. Das führte er auf drei Ursachen zurück. Der erste Grund besteht für ihn darin, »daß Zehntausende der besten, erfahrensten Funktionäre der Arbeiterbewegung dem Hitlerfaschismus zum Opfer gefallen sind und Millionen Werktätiger infolge der zwölfjährigen Diktatur keine Erfahrungen in der Arbeiterbewegung haben«. Zweitens resultierte der Kadermangel »aus den gewaltigen Aufgaben, die uns mit der Überwindung des furchtbaren Erbes des Hitlerfaschismus gestellt sind und die mit der Neugestaltung Deutschlands auf demokratischer, friedlicher Grundlage heute vor der sozialistischen Bewegung stehen«, drittens »aus dem schnellen Wachstum unserer Partei, die allein Tausende neuer Funktionäre erforderlich macht.«[26] Karl Schirdewan, der ab 1953 die neue ZK-Abteilung »Leitende Organe und Kader« aufbaute, erinnert sich so: »Es war sehr schwierig, angesichts des gewaltigen Aderlasses in der Folge all der grausamen Nazi-Verfolgungen und des Krieges für die verschiedenen Ebenen kompetente, ehrliche und aufopferungsvoll arbeitende Funktionäre auszuwählen, einzusetzen und zu erfolgreicher Arbeit zu befähigen. Dies war aber eben eine der Hauptaufgaben der neu gebildeten Abteilung.«[27] Neben dem von Schirdewan nicht erwähnten Aderlaß infolge der »Parteisäuberungen« war es auch die Praxis der SED, »(m)angels Vertrauen in die politische Ergebenheit und fachliche Befähigung der Funktionäre im Staatsapparat und in den Massenorganisationen (…) bewährte Parteifunktionäre« dorthin zu delegieren, die weiteren Personalmangel erzeugte.[28] Dabei wurde den entsprechenden Kaderabteilungen immer wieder die enorme Bedeutung der Kaderarbeit vor Augen geführt. So legte Otto Schön, Leiter des Büros des Politbüros und Mitglied des Sekretariats des ZK, auf einer Arbeitstagung der Kaderabteilung beim ZK im Januar 1952 den anwesenden Genossen dar, es erweise sich »als eine dringende Notwendigkeit, die Aufmerksamkeit der ganzen Partei darauf zu lenken, daß die Frage der Auswahl der

---

[25] Mählert, S. 420.
[26] Gniffke, Erich W., Der SED-Funktionär, Berlin 1947, S. 44.
[27] Schirdewan, Karl, Ein Jahrhundert Leben. Erinnerungen und Visionen, Berlin 1998, S. 244.
[28] Schultz, Joachim, Der Funktionär in der Einheitspartei. Kaderpolitik und Bürokratisierung in der SED, Stuttgart-Düsseldorf 1956, S. 258. Ein bekanntes Beispiel für diese Praxis liefert der langjährige KPD/SED-Funktionär Ernst Goldenbaum, der 1948 auf Parteibeschluß die Demokratische Bauernpartei Deutschlands mitgründete und über 30 Jahre deren Vorsitzender war. Vgl. Weber, Hermann/Herbst, Andreas, Deutsche Kommunisten. Biographisches Handbuch 1918 bis 1945, Berlin 2004, S. 253 f.

Kader, ihrer richtigen Entwicklung, der Förderung ihres Wachstums und ihr zweckentsprechender Einsatz die grundlegendste und wichtigste Aufgabe aller Parteileitungen ist.«[29]

Dennoch war die SED häufig zum Improvisieren gezwungen, Parteitreue rangierte oft vor fachlicher Erfahrung. Dabei hatte der Kaderbedarf der Zentrale natürlich Vorrang vor dem der Länder/Bezirke und Kreise. Wie Funktionsübernahmen zustande kommen konnten, überliefert Karl Mewis, seinerzeit 1. Sekretär der SED-Landesleitung Mecklenburg-Vorpommern, in seinen Erinnerungen an den Beispielen Kundermann und Verner.[30] Änne Kundermann, Mitglied des Sekretariats der Landesleitung, war im Herbst 1950 ins ZK nach Berlin bestellt worden, wo man ihr kurz und bündig mitteilte, »sie sei als Botschafter der DDR in einem sozialistischen Land vorgesehen und müsse sich ab November in Berlin darauf vorbereiten.« Auf ihren fassungslosen Einwand, davon nichts zu verstehen, hieß es: »Dann wirst du es eben lernen.« Auch Mewis, den sie weinend um Hilfe bat, konnte nichts tun; Kundermann wurde Botschafter in Bulgarien. Waldemar Verner, ebenfalls Mitglied des Sekretariats der Landesleitung, war in Berlin von Ulbricht eine militärische Laufbahn offeriert worden. Obwohl Verner bestürzt entgegnete, von diesen Dingen keine Ahnung zu haben, erhielt er durch Beschluß den Auftrag, »die Verantwortung beim Aufbau der Seestreitkräfte zu übernehmen.« Auch Karl Schirdewans Bedenken, »noch keine Erfahrung« zu haben, »um eine solch große Parteiorganisation zu führen«, wurden von Ulbricht in den Wind geschlagen, als er ihm im März 1952 den Beschluß mitteilte, er solle fortan als 1. Sekretär die SED-Landesleitung Sachsen führen.[31]

Es war dann die Bezirksbildung ab August 1952, die zu einem enormen Kaderbedarf führte und die ohnehin schon problematische Situation in der SED verschärfte. Den Startschuß gab das Politbüro in seiner Sitzung am 29.4.1952, auf der die »Maßnahmen zur Änderung der staatlichen Struktur in der Deutschen Demokratischen Republik« beraten wurden. Es sollten ein »genauer Plan über die Verwendung der bisherigen leitenden Funktionäre der Landesregierungen ausgearbeitet sowie ein Plan über die Besetzung der leitenden Funktionen des Partei- und Staatsapparates in den Bezirken« vorgelegt werden.[32] Die Bildung der Bezirke wurde von der SED mit großer Eile und in wenigen Wochen bewerkstelligt. Dabei galt es, »auf schnellstem Wege eine Vielzahl ideologischer, kaderpolitischer und technisch-organisatorischer Probleme zu bewältigen. Wichtigste Voraussetzung für die Aufnahme der Tätigkeit der neuen Bezirksorgane war die Lösung

---

[29] SAPMO, DY 30/IV 2/1.01/182.
[30] Vgl. SAPMO, SgY 30/1244/3, Bl. 126-130.
[31] Schirdewan, Karl, Aufstand gegen Ulbricht. Im Kampf um politische Kurskorrektur, gegen stalinistische, dogmatische Politik, Berlin 1994, S. 33. In der Sitzung vom 4.3.1952 stimmte das Politbüro der Einsetzung Schirdewans als 1. Sekretär der SED-Landesleitung Sachsen zu. Vgl. SAPMO, DY 30/IV 2/2/198.
[32] SAPMO, DY 30/IV 2/2/209, Bl. 17.

der Kaderfragen.«³³ Bei der Bildung der Apparate der neuen Bezirks- und Kreisleitungen hat es, wie auch in der DDR-Literatur eingeräumt wird, »personelle Probleme« gegeben.³⁴

Mit Wirkung vom 1.8.1952 sollten die fünf Landesleitungen der SED aufgelöst und durch 15 Bezirksleitungen (inkl. Berlin) ersetzt werden. Das hatte zur Folge, daß statt fünf Landessekretariaten nun 15 Bezirkssekretariate personell zu besetzen waren. Die noch im Juni/Juli 1952 gewählten Landessekretariate hatten zwischen sieben Mitglieder in Sachsen und zehn Mitglieder in Mecklenburg umfaßt. Zusammengenommen arbeiteten 52 Genossen in den Sekretariaten der Landesleitungen der SED.³⁵ Den neugebildeten Sekretariaten der Bezirksleitungen sollten gemäß der vom Sekretariat des ZK am 4.8.1952 bestätigten Strukturpläne sechs hauptamtliche Sekretäre und der Vorsitzende des Rates des Bezirks, mithin sieben Genossen, angehören.³⁶ Somit ergab sich ein Bedarf von insgesamt 105 Funktionären in den 15 Bezirkssekretariaten. Die SED hatte damit eine Verdopplung der Anzahl der Sekretariatsmitglieder zu schultern und insgesamt – wird eine vollständige Weiterbeschäftigung der Mitglieder der Landessekretariate in den Sekretariaten der Bezirksleitungen unterstellt – gut fünfzig Genossen neu zu benennen, die die verantwortliche Funktion eines Mitglieds des Sekretariats einer SED-Bezirksleitung bekleiden sollten. Tatsächlich war der Kaderbedarf noch größer. Elf der 52 Mitglieder der Landessekretariate wurden nicht in die Bezirkssekretariate übernommen. Dabei war die kaderpolitische Kontinuität in Berlin und Mecklenburg noch am größten, wo alle neun Funktionäre bzw. neun von zehn Funktionären übernommen worden sind. In Brandenburg hingegen führte die Bezirksbildung dazu, daß vier von neun Kadern außerhalb der Bezirkssekretariate eingesetzt wurden.³⁷

Diese Zahlen zeigen eindrucksvoll, wie virulent der plötzliche Kaderbedarf auf der Bezirksebene – und darüber hinaus in den neuen Kreisleitungen – gewesen ist. Die Parteiführung in Berlin behielt sich entsprechend dem Nomenklatursystem die Entscheidung vor, welche Funktionäre als 1. und 2. Sekretäre die neuen SED-Bezirksleitungen führen sollten, so daß in den Ländern lange Zeit unklar blieb, wie sich die personelle Zusammensetzung der Bezirkssekretariate gestalten würde. Ab Mai/Juni 1952 befaßte sich das Politbüro mehrfach mit diesen Personalangelegenheiten. Immer wieder wurden neue Namen ins Spiel gebracht. Auch hieran kann ersehen werden, welche Schwierigkeiten die Ernennung der Sekretäre der Bezirksleitungen der Parteiführung bereitete und wie wenig vorbereitet sie

---

[33] Hajna, Karl-Heinz, Zur Bildung der Bezirke in der DDR ab Mitte 1952, in: Zeitschrift für Geschichtswissenschaft, H. 4, Berlin (Ost) 1989, S. 291-303, hier S. 297.
[34] Ebenda, S. 301.
[35] Vgl. Malycha, Andreas, Die SED. Geschichte ihrer Stalinisierung 1946-1953, Paderborn u. a. 2000, S. 453 f.
[36] Vgl. Herbst, Andreas, Führungsstrukturen und Führungskader der SED, in: Herbst/Stephan/Winkler, S. 845-1127, hier S. 860.
[37] Vgl. Malycha, Die SED, S. 453 f.

sich zeigte. Am 17.6.1952 behandelte das Politbüro im Tagesordnungspunkt 6 die »Bestätigung der Vorsitzenden der Bezirke und der Sekretäre der Bezirksleitungen der SED«.[38] Hiernach hatte man bis auf die Ratsvorsitzenden von Leipzig und Neubrandenburg, für die kein Personalvorschlag angeführt wurde, für alle betreffenden Positionen Genossen bestätigt. Doch waren dies häufig nicht jene, die dann tatsächlich ab August 1952 ihr Amt ausübten. Von den zwölf Ratsvorsitzenden, die das Papier ausweist (Berlin wird hier nicht aufgeführt), hatten nur jene in Erfurt, Gera, Halle, Magdeburg und Suhl Bestand. Sieben vorgeschlagene Ratsvorsitzende sind in den folgenden Wochen wieder zurückgezogen worden, darunter der Ministerpräsident des Landes Sachsen, Max Seydewitz, der nicht Ratsvorsitzender des Bezirkes Dresden, sondern »auf Grund seines Gesundheitszustandes pensioniert« wurde.[39] Die Vorschläge für die 1. und 2. Sekretäre der Bezirksleitungen fanden etwas besseren Anklang. Neun von 14 Bezirksleitungen (wieder ohne Berlin) wiesen ab August 1952 Genossen in diesen Funktionen auf, die das Politbüro schon am 17.6. bestätigt hatte. Die entsprechenden Vorschläge für die Bezirke Cottbus, Dresden, Chemnitz/Karl-Marx-Stadt und Potsdam wurden zwar bestätigt, aber in der Folgezeit nicht verwirklicht. In Cottbus waren Kurt Seibt und Ernst Kieling als 1. bzw. 2. Sekretär vorgesehen. Seibt wurde 1. Sekretär der BL Potsdam, während Kieling keine herausgehobene Parteifunktion besetzte. In Dresden sollten Gerda Meschter und Erich Böttger als 1. bzw. 2. Sekretär die Bezirksleitung führen. Meschter wurde 2. Sekretär der BL Chemnitz/Karl-Marx-Stadt, Böttger gelangte in kein Bezirkssekretariat. Max Broßelt wurde statt 1. Sekretär in der BL Chemnitz/Karl-Marx-Stadt 2. Sekretär in der BL Dresden, Horst Nebel nicht 2. Sekretär, sondern Sekretär für Agitation und Propaganda in Chemnitz/Karl-Marx-Stadt. Curt Wach und Georg Schlohaut blieben in Potsdam, jedoch übernahmen sie statt der Funktionen als 1. bzw. 2. Sekretär den Ratsvorsitz bzw. eine Tätigkeit als Sekretär des Bezirksausschusses der Nationalen Front. Im Bezirk Halle schließlich ist mit Bernard Koenen der bestätigte 1. Sekretär auch tätig, der vorgesehene 2. Sekretär Adolf Wicklein jedoch durch einen anderen Kader ersetzt worden.[40]

Nur zwei Tage darauf, am 19.6.1952, beriet das Sekretariat des ZK »Veränderungen bei der Besetzung der Bezirksräte und der Sekretäre der Bezirksleitungen

---

[38] Vgl. das folgende nach: SAPMO, DY 30/IV 2/2/216, Bl. 43 f. Vgl. auch SAPMO, DY 30/IV 2/13/52, Bl. 96 f.

[39] SAPMO, DY 30/IV 2/13/52, Bl. 131. Dies entsprach dem Anraten der Ärzte und dem eigenen Wunsch Seydewitz'. Vgl. Seydewitz, Max, Es hat sich gelohnt zu leben. Lebenserinnerungen eines alten Arbeiterfunktionärs (2): Mein sozialistisches Vaterland, Berlin 1978, S. 360-362. Hajna, S. 295, gibt fälschlich an, Seydewitz sei am 4.8.1952 zum Vorsitzenden des Rates des Bezirkes Dresden gewählt worden.

[40] Wicklein arbeitete zunächst als Abteilungsleiter der BL Halle, bevor er hier 1953 Sekretär für Agitation und Propaganda wurde. Nach einem Studium an der Parteihochschule ging er 1958 als Sekretär für Agitation und Propaganda in die BL Erfurt und war danach zwischen 1959 und 1981 über 20 Jahre als 2. Sekretär in diesem Bezirk tätig. Vgl. SAPMO, DY 30/J IV 2/3A/607 und DY 30J IV 2/3A/688.

der SED« und schlug dem Politbüro vor, in Abänderung des Beschlusses vom 17.6. vier neue Funktionäre als Bezirksratsvorsitzende von Rostock, Cottbus und – nun gab es auch hier einen Vorschlag – Neubrandenburg sowie als 1. Sekretär der BL Potsdam einzusetzen. Für die ganze Konfusion der Parteiführung in diesen Kaderfragen spricht, daß nur der vorgeschlagene Ratsvorsitzende für Neubrandenburg auch in diese Funktion gelangte; die anderen drei Vorschläge fielen durch.[41] Dabei war der in Aussicht genommene 1. Sekretär der BL Potsdam, Walter Münchenhagen, noch am 24.6.1952 vom Politbüro bestätigt worden.[42]

Am 29.7. befaßte sich das Politbüro erneut mit der »Besetzung der Bezirksräte und der Bezirksleitungen der Partei«.[43] Im Vergleich zu den Vorwochen waren nun einige Fortschritte erzielt. Jeweils elf von 14 Ersten und Zweiten Bezirkssekretären und zwölf von 14 Ratsvorsitzenden standen fest. Aber selbst drei Tage vor der offiziellen Aufnahme der Tätigkeit der SED-Bezirksleitungen waren noch nicht alle Schlüsselkader gefunden. Im Bezirk Cottbus fand keiner der drei vorgeschlagenen und bestätigten Genossen in die ihm zugedachte Funktion, in den Bezirken Halle und Potsdam traf dies auf die 1. und 2. Sekretäre zu. Für die Besetzung des Vorsitzenden des Rates des Bezirks Frankfurt (Oder) gab es nun, im Gegensatz noch zum Juni, keinen Vorschlag. Erst am 5.8.1952 und damit nach der Bezirksbildung wurden auch für Cottbus, Halle und Potsdam die 1. und 2. Sekretäre und für Frankfurt (Oder) und Cottbus die Ratsvorsitzenden bestätigt, die in den folgenden Monaten und Jahren auch tatsächlich diese Funktion bekleideten.[44] Im Falle etwa des 1. Sekretärs der SED-Bezirksleitung Potsdam war nach dem im Juni 1952 bestätigten Curt Wach und dem im Juli 1952 bestätigten Walter Münchenhagen mit Kurt Seibt erst der dritte Vorschlag auch wirklich ins Amt gelangt.[45]

Bei der Besetzung der Sekretäre der BL für Agitation und Propaganda, Wirtschaft, Landwirtschaft und Kultur sind in stärkerem Maße auch Vorschläge aus den Bezirken selbst berücksichtigt worden. Aber auch hier behielt sich die Berliner Parteiführung, genauer das Sekretariat des ZK, die endgültige Bestätigung der Kader vor. Diese erhielten nicht alle eingereichten Vorschläge. Am 18.9.1952 bestätigte das Sekretariat des ZK eine Reihe von Bezirkssekretären, stellte aber auch drei namentlich genannte Vorschläge zur nochmaligen Überprüfung zurück.[46] Die vorgesehenen Sekretäre für Wirtschaft und für Kultur der BL Dresden wurden daraufhin zurückgezogen. Der neue Vorschlag für den Kultursekretär der BL

---

[41] Vgl. SAPMO, DY 30/J IV 2/3 A/283, Bl. 4.
[42] Vgl. SAPMO, DY 30/IV 2/2/217, Bl. 5.
[43] Das folgende nach: SAPMO, DY 30/IV 2/2/223, Bl. 60-62. Vgl. auch SAPMO, DY 30/IV 2/13/52, Bl. 129-131.
[44] Vgl. SAPMO, DY 30/IV 2/2/224, Bl. 5.
[45] Walter Münchenhagen übernahm die Funktion des 2. Sekretärs der BL Cottbus. Mit Seibt war offenbar der richtige Mann gefunden, blieb er doch, mit einer studienbedingten Unterbrechung 1956/57, bis 1964 und damit länger als die meisten seiner Kollegen im Amt.
[46] Vgl. SAPMO, DY 30/J IV 2/3 A/308, Bl. 4 f.

Dresden fand dann am 9.10.1952 Billigung, nicht jedoch der neu vorgeschlagene Sekretär für Wirtschaft, dessen Einsatz das Sekretariat des ZK ablehnte.[47] Es mußte ein dritter Kandidat gefunden werden, der mit Rudolf Rätzer dann auch in diese Funktion gelangte. Zuvor hatte das Sekretariat des ZK am 2.10. die Sekretäre und Ratsvorsitzenden der Bezirke Leipzig, Rostock, Gera und Frankfurt (Oder) bestätigt.[48] Aber auch in den Ländern selbst wurden Überlegungen zur personellen Besetzung der Sekretäre der BL mitunter verworfen. So hatte das Sekretariat der Landesleitung Thüringen am 1.7.1952 die Zusammensetzung der zukünftigen Bezirkssekretariate beschlossen, den vorgeschlagenen Sekretär für Wirtschaft der BL Suhl jedoch Ende Juli durch einen anderen Genossen ersetzt.[49]

Die Bezirksdelegiertenkonferenzen wählten dann im September und Oktober 1952 die 14 Bezirksleitungen, die ihrerseits die Zusammensetzung der Sekretariate, die bereits zuvor zentral entschieden worden war, bestätigten. Ab diesem Zeitpunkt waren die Sekretariate der Bezirksleitungen weitgehend besetzt und konnten ihre Arbeit aufnehmen. Es soll nun untersucht werden, aus welchen Personen sich diese »Gründergeneration« der Bezirkssekretäre rekrutierte, welche kaderpolitischen Maßstäbe die SED an die Besetzung der Sekretärsposten legte und ob die Kaderpolitik hier einen erfolgreichen Grundstein für die weitere Entwicklung der Bezirke und der DDR legen konnte.[50]

Grundsätzlich ist davon auszugehen, daß diejenigen Funktionäre, die ab August 1952 die Sekretäre der SED-Bezirksleitungen stellten, durch die oben geschilderten vielfältigen »Parteisäuberungen« mehrfach überprüft und gesiebt worden sind, bevor sie in die Funktion gelangten. Auch kaderpolitische Vorgaben wie etwa ein dominierender Arbeiteranteil unter den Funktionären mußten beachtet werden. Die Vorlagen der Abteilung Leitende Organe der Partei und Massenorganisationen des ZK wiesen in der Regel neben der sozialen Herkunft, der Parteimitgliedschaft vor und nach 1945 und dem Besuch von Parteischulen auch Angaben über eine etwaige Zugehörigkeit zu früheren parteifeindlichen Gruppen, zu Emigration und Kriegsgefangenschaft und zum Dienstgrad in der Wehrmacht aus.[51] So sollten Konzentrationen etwa von Westemigranten oder Unteroffizie-

---

[47] Vgl. SAPMO, DY 30/J IV 2/3 A/313, Bl. 20.
[48] Vgl. SAPMO, DY 30/J IV 2/3 A/312, passim.
[49] Vgl. Moczarski, Norbert, Die Protokolle des Sekretariats der SED-Bezirksleitung Suhl. Von der Gründung des Bezirkes Suhl bis zum 17. Juni 1953, Weimar 2002, S. XXIV.
[50] An dieser Stelle ist auf Fehler in der Literatur hinzuweisen. Im Handbuch von Herbst/Stephan/Winkler fehlt auf S. 863 der Wirtschaftssekretär der BL Dresden, Rudolf Rätzer, der bis 1953 im Amt war. Vgl. Sächsisches Hauptstaatsarchiv Dresden, Bestand 11857: SED-Bezirksleitung Dresden, IV/2/4/61, Bd. 2, Bl. 273 und IV/D/2/11/832. Kotsch, Detlef, Das Land Brandenburg zwischen Auflösung und Wiederbegründung. Politik, Wirtschaft und soziale Verhältnisse in den Bezirken Potsdam, Frankfurt (Oder) und Cottbus in der DDR (1952-1990), Berlin 2001, nennt auf S. 151 Erwin Kühne und Horst Leder als Sekretäre für Wirtschaft bzw. Landwirtschaft der BL Potsdam. Beides stimmt nicht, Kühne und Leder waren 1952 Abteilungsleiter der BL. Vgl. Brandenburgisches Landeshauptarchiv, Rep. 333, Nr. 1211 und Herbst/Stephan/Winkler, S. 1008.
[51] Vgl. als ein Beispiel die Vorlage an das Sekretariat des ZK vom 24.9.1952 über die »Zusammensetzung des Sekretariats der Bezirksleitung Magdeburg«, in: SAPMO, DY 30/IV 2/11/v 1232, Bl. 34 f.

ren/Offizieren der Wehrmacht in einzelnen Leitungen von vornherein unterbunden werden. Allerdings wurden die neuen Bezirksleitungen im Sommer 1952 »mit großer Hast zusammengestellt«[52], und es ergaben sich »personelle Probleme bei der Bildung der Apparate der neuen Bezirks- und Kreisleitungen.«[53] Doch woher kamen nun die neuen Sekretäre der SED-Bezirksleitungen?

Um die ohnehin nicht rosige Kadersituation in den Kreisleitungen und Betriebsparteiorganisationen nicht noch zu verschärfen, sollten »grundsätzlich keine Sekretäre von Kreisleitungen oder hauptamtliche Parteisekretäre aus den Betrieben in die neuen Bezirksleitungen übernommen werden.«[54] Dies konnte nicht konsequent durchgehalten werden, da der Kaderbedarf einfach zu groß war und schnell befriedigt werden mußte. Fünf 1. Sekretäre einer SED-Kreis- oder Stadtleitung wurden direkt auf den Sessel eines Bezirkssekretärs berufen. Die weitaus meisten kamen jedoch direkt aus den Landesleitungen der SED. Das betraf insgesamt 54 Genossen und damit gut 60 % der neuen Sekretäre. Hiervon waren allein 37 Mitglieder der im Juni 1952 gewählten Landessekretariate.[55] Sieben Genossen wechselten als Betriebsleiter in die Bezirkssekretariate, sechs weitere kamen aus dem staatlichen Bereich der Ministerien, drei direkt vom Studium. Insgesamt 63 Genossen, mithin rund 70 % der Bezirkssekretäre, waren in den Jahren bis 1952 in einer SED-Landesleitung beschäftigt.

Bei der Bezirksbildung wurde weiter darauf geachtet, »daß ein großer Teil der Bezirksleitungsmitglieder Arbeiter unmittelbar aus der Produktion sein müssen.«[56] Gerade diese Umstrukturierung bot die »Möglichkeit, junge entwicklungsfähige Kader – insbesondere aus den Reihen der Arbeiterklasse – einzustellen.«[57] Nicht nur die Mitglieder der BL, sondern auch die übergroße Mehrheit der Sekretäre waren der sozialen Herkunft nach Arbeiter. Rund 80 % der Sekretäre, bei denen sich die soziale Herkunft nach dem Beruf des Vaters ermitteln ließ, stammten aus einer Arbeiter- oder Handwerkerfamilie, der Rest verteilte sich auf kaufmännische und andere Bereiche.[58] Dies korrespondiert gut mit der sozialen Herkunft aller Mitglieder und Kandidaten der SED-Bezirksleitungen. Nach einer Aufstellung für Oktober 1952 sind 73,4 % bei Eintritt in die Partei Arbeiter gewesen.[59]

---

[52] So Otto Funke, der 1. Sekretär der BL Gera, auf einer Sitzung am 12.10.1953, in: SAPMO, DY 30/3341, Bl. 28.
[53] Hajna, S. 301.
[54] Ebenda.
[55] Vgl. Malycha, Die SED, S. 453 f.
[56] SAPMO, DY 30/3341, Bl. 28.
[57] Hajna, S. 297.
[58] Der Beruf der Mutter war zu über einem Drittel nicht zu ermitteln, so daß eine Auswertung unterbleiben mußte.
[59] Gezählt wurden 995 Mitglieder und 233 Kandidaten der SED-Bezirksleitungen. Vgl. Kotsch, Detlef, Karrierewege in Brandenburg nach dem Zweiten Weltkrieg. Entstehung und Etablierung der neuen Eliten in den Jahren 1945-1960, in: Jahrbuch für brandenburgische Landesgeschichte, H. 47, Berlin 1996, S. 149-191, hier S. 159.

In der Literatur ist bereits das Ziel der Parteiführung, nach 1945 »einen von oben gesteuerten und kontrollierten politischen Generationenwechsel in der Partei zu forcieren«, hervorgehoben worden. »Systematisch förderten die Moskauemigranten in den Nachkriegsjahren den Einsatz und den Aufstieg umgeschulter Kriegsgefangener sowie junger Nachwuchskader (...). Ihnen eröffneten sich in dem von der SED-Führung schon früh kontrollierten Partei- und Staatsapparat damals beispiellose Aufstiegsmöglichkeiten.«[60] Dieser Befund erfährt durch eine Analyse der Bezirkssekretäre eine eindrucksvolle Bestätigung.

Tabelle: Sekretäre der »Gründergeneration« nach Geburtszeiträumen

Geburtszeitraum	Anzahl	in Prozent
vor 1900	4	4,7
1900–1909	16	18,8
1910–1919	34	40,0
1920–1929	30	35,3
ab 1930	1	1,2
gesamt	85	100,0

Drei von vier Sekretären der SED-Bezirksleitungen sind demnach zwischen 1910 und 1929 geboren worden.[61] Es fällt auf, daß mehr als ein Drittel der Funktionäre den Jahrgängen ab 1920 entstammten. Dies waren die jungen Genossen, die erst nach Kriegsende 1945 zur Partei gestoßen sind. Sie hatten mit der Generation derjenigen, die schon vor 1933 einer Arbeiterpartei angehört oder Widerstand gegen das nationalsozialistische Deutschland geleistet hatten, wenig gemein. Die SED-Führung setzte 1952 teilweise auf blutjunge Funktionäre. So war Peter Pries, 2. Sekretär des auch aus sicherheitspolitischen Gründen nicht unwichtigen Bezirks Rostock, bei seinem Amtsantritt erst 22 Jahre alt. Rudolf Bahmann als Landwirtschaftssekretär in Gera und Marianne Blankenhagen und Karl-Ernst Wildberger als 2. bzw. Kultursekretär in Frankfurt (Oder) waren mit 23 und 24 Jahren nur unwesentlich älter. Allein 21 Funktionäre waren zum Zeitpunkt der Bezirksbildung unter 30 Jahre alt, dazu kamen noch vier, die in diesem Jahr gerade 30 geworden waren. Ihnen standen mit den 1. Sekretären von Halle und Berlin, Bernard Koenen und Hans Jendretzky, sowie dem Wirtschaftssekretär der BL Dresden, Rudolf Rätzer, und dem Rostocker Landwirtschaftssekretär Hermann Schuldt vier Genossen gegenüber, die vor 1900 geboren wurden und damit über

---

[60] Mählert, S. 367 f.
[61] Die Gesamtzahl von 85 Sekretären (statt nominell 90 in allen 15 Bezirken) kommt so zustande: Bei drei Sekretären ließ sich kein Geburtsdatum ermitteln, zwei Sekretäre übten je zwei Funktionen aus, wurden jedoch nur einmal gezählt.

eine Generation älter waren. Koenen ist mit 63 Jahren der älteste aller Sekretäre gewesen, als er im August 1952 die BL Halle übernahm.

Die wichtigsten Parteifunktionäre in den Bezirksleitungen bildeten die 1. und 2. Sekretäre. Zwischen ihnen gab es hinsichtlich des Alters signifikante Unterschiede.

Tabelle: 1. und 2. Sekretäre der »Gründergeneration« nach Geburtszeiträumen

Geburtszeitraum	1. Sekretäre	In Prozent	2. Sekretäre	In Prozent
vor 1900	2	12,5	0	0
1900-1909	6	37,5	5	33,3
1910-1919	6	37,5	4	26,7
1920-1929	2	12,5	5	33,3
ab 1930	0	0	1	6,7

Die 1. Sekretäre der SED-Bezirksleitungen entstammten bis auf Gerhard Grüneberg in Frankfurt (Oder), der 1921 geboren wurde, und Franz Bruk in Cottbus, 1923 geboren, den Jahrgängen vor 1920. Ihr durchschnittliches Alter lag zum Zeitpunkt der Bezirksbildung bei 43 Jahren. Unter den 2. Sekretären hingegen stellten immerhin 40 % die Generation der ab 1920 Geborenen dar. Ihr Durchschnittsalter bei Funktionsbeginn lag bei nur 35 Jahren und damit um acht Jahre niedriger als bei den 1. Sekretären. Die Überlegung, die Parteiführung hätte eine angemessene Verbindung aus jüngeren und älteren Funktionären in die Sekretariate plaziert und junge 2. Sekretäre an die Seite von erfahrenen 1. Sekretären gestellt, um sie so in die Lehre gehen zu lassen, trifft nicht generell zu. Es gab sowohl altersmäßig gemischte Sekretariate wie etwa in Chemnitz/Karl-Marx-Stadt, wo der 48jährige 1. Sekretär Walter Buchheim mit dem 25jährigen 2. Sekretär Gerda Meschter zusammenarbeitete, als auch solche, in denen langjährige Parteifunktionäre als 1. und 2. Sekretäre tätig waren. Dies traf etwa auf Erfurt mit Erich Mückenberger und Ludwig Einicke zu, die beide schon vor 1933 verantwortliche Parteiaufgaben erfüllt hatten – Mückenberger als Sozialdemokrat und Einicke als Kommunist. In Frankfurt (Oder) schließlich war 1952 der älteste hauptamtliche Sekretär 37 Jahre alt, das Durchschnittsalter der Sekretäre betrug hier 29 Jahre. In Cottbus lag es bei 30 Jahren und damit nur unwesentlich höher.[62] Insgesamt läßt sich anhand aller 1952 eingesetzten Bezirkssekretäre ein Alter bei Funktionsübernahme von im Schnitt 36 Jahren errechnen.

---

[62] Rehtmeyer, Peter, Zur politisch-ideologischen Führungstätigkeit der Bezirksparteiorganisation Cottbus in den Jahren 1952-1955. Überblick, Zeittafel, ausgewählte Dokumente und Materialien, Cottbus 1981, S. 13.

Der hohe Anteil junger Kader zeigte sich noch stärker auf der Kreisebene. Im Frühjahr 1952 waren neun von insgesamt 23 Ersten Kreissekretären im Land Brandenburg jünger als 30 Jahre, weitere acht jünger als 40. Nach der Bezirksbildung gehörten 13 von 15 Ersten Kreissekretären der Gruppe der unter 40jährigen an. Sechs von ihnen waren jünger als 33, ein Erster Kreissekretär befand sich im 23. Lebensjahr.[63]

Im Gegensatz zu den hauptamtlichen Sekretären finden sich unter den Ratsvorsitzenden, die auch den Bezirkssekretariaten angehörten, fast ausnahmslos altgediente Genossen mit langer Parteierfahrung. Als jüngerer Funktionär ragt einzig Werner Manneberg in Cottbus hervor, der als 28jähriger den Rat des Bezirkes übernommen hat. Die anderen Ratsvorsitzenden sind sämtlich zwischen 1894 und 1911 geboren und gehören somit der ältesten Generation an. Im Durchschnitt waren die Vorsitzenden der Räte der Bezirke bei Amtsantritt 48 Jahre alt. Eine Erklärung hierfür ist schwer zu finden. Vielleicht wollte die Parteiführung die konkrete Sacharbeit vor Ort, wie sie in den Räten geleistet werden mußte, unter die Obhut erfahrener Funktionäre bringen. Auch hatten die Ratsvorsitzenden nicht wie die Sekretäre ein Kollektiv von Genossen um sich, sondern auch mit Parteilosen und Angehörigen der bürgerlichen Parteien als Stellvertreter zu tun, so daß eine größere Parteierfahrung vonnöten schien.

Die starke Förderung junger Kader geschah auf Veranlassung der Parteiführung und in dem Bestreben, treu ergebene und von politischen Grabenkämpfen der Vergangenheit nicht belastete Funktionäre heranzuziehen. In der Tat war die neue Generation der SED-Aktivisten zu jung, um etwa in linken politischen Splittergruppen gegen die jeweils gültige Linie der KPD aufgetreten, nach 1933 in den Westen emigriert zu sein oder in der Wehrmacht als Unteroffizier oder Offizier gekämpft zu haben. Selbst für einen Militärdienst waren viele zu jung, so daß sich die Frage nach einer westlichen Kriegsgefangenschaft überhaupt nicht stellte. Insofern war diese Generation sicher ein Gewinner der Parteiüberprüfungen in der SED in den Jahren bis 1952. Aber mit der Förderung junger Genossen entsprach die Parteiführung auch offiziell den Vorgaben des in dieser Zeit wichtigsten kommunistischen Klassikers, Stalins selbst. Dieser hatte in seinem Rechenschaftsbericht an den XVIII. Parteitag der KPdSU am 10.3.1939, der im Jahr vor der Bezirksbildung zusammen mit anderen Reden und Schriften Stalins in der DDR publiziert wurde, mehrfach betont, wie wichtig es sei, »rechtzeitig und kühn neue, junge Kader (zu) befördern«. Stalin zufolge hätte ein »Teil der alten Kader zuweilen die Neigung, beharrlich in die Vergangenheit zu blicken, im Vergangenen, im Alten steckenzubleiben und das Neue im Leben nicht zu bemerken. Das nennt man das Gefühl für das Neue einzubüßen. Das ist ein sehr ern-

---

[63] Vgl. Kotsch, Karrierewege, S. 158. Dem Autor unterlaufen auf dieser Seite zwei Fehler: a) Im Bezirkssekretariat Frankfurt (Oder) befand sich 1952 kein hauptamtlicher Sekretär, der über 40 Jahre alt war. Der genannte Wirtschaftssekretär Ernst Lungewitz übernahm diese Funktion erst im März 1954. Vgl. SAPMO, DY 30/J IV 2/2 A/617, Bl. 84 und 760, Bl. 78. b) Franz Bruk, 1. Sekretär der BL Cottbus, war 1952 nicht »gerade 22 Jahre alt«, sondern 29.

ster und gefährlicher Mangel.« Daher sei es »notwendig, die jungen Kader rechtzeitig und kühn auf leitende Posten zu befördern«.[64] Die SED-Führung hielt auch über das Jahr 1952 hinaus an ihrer Politik der verstärkten Heranziehung junger Funktionäre fest. Auf der 15. Tagung des ZK im Juli 1953 hieß es hierzu, ganz in Stalins Diktion: »Die jungen Kader sind kühner als bisher zu fördern«.[65]

In der Literatur werden die Karrierewege der Jungkader nach zwei Gruppen klassifiziert. Die erste umfaßte jene Funktionäre, die aufgrund ihres Alters nicht als Soldat im Krieg gedient und nach 1945 schnell den Weg in die SED gefunden hatten. Oft waren sie zuvor Mitglied in den nationalsozialistischen Jugendorganisationen gewesen. Bei der zweiten Gruppe handelte es sich um ehemalige Kriegsgefangene, die in Antifa-Lagern in der Sowjetunion geschult worden waren und auch bei der SMAD/SKK als besonders zuverlässig galten.[66] Vertreter beider Gruppen finden sich auch unter den ab 1952 amtierenden Bezirkssekretären.

Die zwei Generationen lassen sich nicht nur am Alter, sondern auch am Lebensweg feststellen. Ein wichtiges Unterscheidungskriterium ist das der Teilnahme am Widerstand gegen den Nationalsozialismus. Allgemein wurde festgestellt, daß jene Kommunisten, »die in den deutschen Konzentrationslagern und Zuchthäusern um ihr Überleben« gekämpft hatten, »im Kalkül der Moskauer Parteistrategen früh an Bedeutung verloren.«[67] Sie galten sowohl Pieck als auch Ulbricht als zum Teil unsichere Kantonisten, bei denen man, so Pieck, mit »sehr starken sektiererischen u. rechtsopportunistischen Auffassungen und Bestrebungen« rechnen müsse, die »uns sehr die Durchführung unserer revolutionären Massenpolitik erschweren können.« Als Ursache dafür sah Pieck den »Wegfall( ) der Kontrolle der Kader durch die Parteiorganisation und vor allem de(n) Ausfall( ) ihrer Schulung in dieser langen Zeit« seit 1933.[68] Von allen 1952 berufenen Bezirkssekretären hat genau ein Drittel am Widerstandskampf teilgenommen. Zwei Drittel haben solches nicht vorzuweisen. Dabei ist zu berücksichtigen, daß es knapp einem Drittel der Sekretäre schon aufgrund ihres Alters nicht oder kaum möglich war, im Widerstand aktiv zu werden.[69] Es ergibt sich somit der ein-

---

[64] Rechenschaftsbericht an den XVIII. Parteitag über die Arbeit des ZK der KPdSU (B) am 10. März 1939, in: Stalin, Josef, Fragen des Leninismus, Berlin (Ost) 1951, S. 680-733, hier S. 716 und S. 717. Was Stalin nicht sagte, war, daß viele alte Kader nicht nur »das Gefühl für das Neue«, sondern in den großen Säuberungen der Vorjahre auch ihr Leben eingebüßt hatten und die Heranziehung neuer Funktionäre für die KPdSU auch aus diesem Grund zwingend notwendig gewesen ist.
[65] SAPMO, DY 30/IV 2/1/121, Bl. 74.
[66] Vgl. Kotsch, Karrierewege, S. 157 f.
[67] Mählert, S. 366.
[68] „Der Aufbau der KPD und ihre organisationspolitischen Probleme – Handschriftliche Rededisposition Wilhelm Piecks für eine Lektion vor dem 1. Lehrgang der Parteischule der KPD, am 31. Oktober 1944 vorgetragen«, in: Erler, Peter/Laude, Horst/Wilke, Manfred (Hrsg.), »Nach Hitler kommen wir«. Dokumente zur Programmatik der Moskauer KPD-Führung 1944/45 für Nachkriegsdeutschland, Berlin 1994, S. 269-289, hier S. 282 und S. 281.
[69] Bei dieser Unterscheidung diente das Beispiel der Geschwister Hans (1918-1943) und Sophie Scholl (1921-1943) als Richtlinie. Bezirkssekretäre, die jünger als diese waren, vor allem jene, die bis 1945 noch nicht einmal volljährig geworden sind, wurden hier nicht gezählt.

drucksvolle Befund, daß jeder zweite Bezirkssekretär, dem Widerstand gegen das Dritte Reich altersmäßig möglich war, dies auch getan hat. Bei 29 Sekretären ist dies nachgewiesen. 23 von ihnen mußten ihren Kampf mit einer Inhaftierung büßen, davon 16 die Grauen eines nationalsozialistischen Konzentrationslagers erleiden. Elf Genossen und damit jeder zweite waren in der Zeit des Nationalsozialismus mindestens fünf Jahre lang eingesperrt. Darunter befinden sich als markante Beispiele Karl Schirdewan, der wegen »Vorbereitung zum Hochverrat« verurteilt wurde, von 1934 bis 1945 in Haft war und die KZ Sachsenhausen, Mauthausen und Flossenbürg überlebte[70], Bruno Baum, Leiter der illegalen KJVD-Organisation in Berlin, 1937 zu 13 Jahren Zuchthaus verurteilt und Überlebender der KZ Auschwitz und Mauthausen[71], oder Heinz Brandt, über zehn Jahre inhaftiert, zuletzt in Sachsenhausen, Auschwitz und Buchenwald.[72]

Ein Bedeutungsverlust von Teilnehmern am Widerstandskampf kann somit für die Bezirkssekretariate nicht festgestellt werden. Sie stellten immerhin jeden dritten Funktionär. Auch vor dem Hintergrund des enorm hohen Blutzolls, den kommunistische Funktionäre in Deutschland zwischen 1933 und 1945 entrichten mußten, und oft bleibenden gesundheitlichen Schäden ist dies als sehr hoher Wert anzusehen.

Den Widerstandskämpfern standen 46 Genossen und damit die Hälfte aller Bezirkssekretäre gegenüber, die in der Wehrmacht gedient haben. Es finden sich darunter 13 Unteroffiziere, ein Unterfeldwebel und vier Feldwebel. 18 Sekretäre sind mehr als drei Monate in westlicher Kriegsgefangenschaft gewesen und mußten sich daher nach 1945 Überprüfungen durch die LPKK unterziehen. Doch bedeutete dieser Umstand nicht automatisch das Ende der Parteikarriere. Wo glaubhaft eine kommunistische Überzeugung zutage trat, spielte die westliche Gefangenschaft bald keine Rolle mehr. So wurde etwa Paul Roscher, 1952 Landwirtschaftssekretär der BL Leipzig, am 19.12.1949 von der LPKK Sachsen überprüft. Er entstammte einer kommunistischen Arbeiterfamilie, sein Vater war Landtagsabgeordneter für die KPD in Sachsen gewesen, er selbst noch vor 1933 Mitglied der KPD geworden. Als Angehöriger des Strafbataillons 999 von 1943-1947 in französischer Gefangenschaft in Nordafrika, erhielt Roscher von der LPKK nicht nur eine positive Beurteilung, sondern konnte eine hauptamtliche Parteitätigkeit aufnehmen, die ihn später als 1. Sekretär der BL Karl-Marx-Stadt sah.[73] Die SED-Führung konnte auch wegen ihres hohen Kaderbedarfs nicht generell auf Genossen verzichten, die den Makel der westlichen Kriegsgefangenschaft aufwiesen. Allerdings hielt sie daran fest und verpflichtete die nachgeordneten Leitungen sicherzustellen, daß »keine Konzentration von Genossen mit

---

[70] Vgl. Schirdewan, Ein Jahrhundert Leben und SAPMO, DY 30/IV 2/11/v 5142.
[71] Vgl. Baum, Bruno, Widerstand in Auschwitz, Berlin (Ost) 1962; Baum, Bruno, Die letzten Tage von Mauthausen, Berlin (Ost) 1965; SAPMO, SgY 30/1191.
[72] Vgl. Brandt, Heinz, Ein Traum, der nicht entführbar ist. Mein Weg zwischen Ost und West, Berlin (West) 1978.
[73] Vgl. SAPMO, DY 30/IV 2/4/103, Bl. 41.

Westgefangenschaft oder Dienstgraden der faschistischen Wehrmacht zustande kommt.«[74] Den 18 Sekretären mit westlicher stehen zehn Sekretäre mit sowjetischer Kriegsgefangenschaft gegenüber, die häufig in Antifa-Lagern aktiv gewesen sind. Dies betraf beispielsweise Erhard Broz, der als Unteroffizier der Wehrmacht von 1945-1948 Kommandolagerältester in einem sowjetischen Antifa-Lager gewesen ist.[75]

Ein weiteres Kriterium ist das der Dauer der Parteimitgliedschaft. Hier zeigt sich das gleiche Bild wie beim Widerstand. 29 Bezirkssekretäre und damit ein Drittel waren vor 1945 in einer Arbeiterpartei organisiert, zwei Drittel sind erst nach dem Kriegsende 1945 oder kurz danach Mitglied von KPD/SPD bzw. SED geworden. Fast 90 % dieser Genossen gingen diesen Schritt in den Boomjahren 1945 und 1946. Damit spiegelt die Situation in den Bezirkssekretariaten genau das Bild in der gesamten SED wider. Nach den in den Monaten September bis Dezember 1949 durchgeführten Neuwahlen der Parteileitungen von den Grundeinheiten bis zu den Landesvorständen gehörten etwa 65 % aller Mitglieder der Parteileitungen in den Grundeinheiten vor 1933 keiner der Arbeiterparteien an.[76]

Es gibt weiter das Phänomen, daß einige der neuen Kader auf nur wenige Jahre SED-Mitgliedschaft zurückblicken konnten, bevor sie Sekretär einer Bezirksleitung wurden. So waren Erhard Broz und Horst Nebel erst 1949 Mitglied der SED geworden und nur drei Jahre Parteimitglied, als sie Sekretär für Agitation und Propaganda der BL Chemnitz/Karl-Marx-Stadt bzw. Sekretär für Landwirtschaft der BL Dresden wurden. Beide befanden sich bis 1948/49 in Antifa-Schulen in sowjetischer Kriegsgefangenschaft.[77] Allein acht Sekretäre waren erst zwischen 1947 und 1949 SED-Mitglied geworden. Auf der anderen Seite gab es Bezirkssekretäre, die zum Teil über jahrzehntelange Erfahrungen in der Parteiarbeit verfügten. Bernard Koenen zum Beispiel war schon 1907 Mitglied der SPD, 1917 der USPD und 1920 der KPD geworden, zu einem Zeitpunkt also, da viele seiner Sekretariatskollegen noch nicht einmal geboren waren.[78] Hans Jendretzky und Hermann Schuldt sind ebenfalls seit 1920 in der KPD organisiert gewesen.[79] Ohnehin waren die Kommunisten unter denjenigen, die bereits vor 1945 Mitglied in einer Partei gewesen sind, absolut dominierend. 24 KP-Mitgliedern standen nur fünf Sozialdemokraten gegenüber: Max Broßelt, 2. Sekretär in Dresden, Hans Eberling, Wirtschaftssekretär in Gera, Adolf Färber, 1. Sekretär in Suhl, Erich

---

74 So der Beschluß des Politbüros »Zur Vorbereitung des IV. Parteitages im Bezirk Karl-Marx-Stadt« vom 17.11.1953, in: Dokumente der SED, Band IV, S. 519-528, hier S. 524 f.
75 Vgl. SAPMO, DY 30/J IV 2/3 A/407 und 432, Bl. 246.
76 Vgl. Neues Deutschland, 12.1.1950, S. 4: »Über die Ergebnisse der Wahlen zu den Parteileitungen. Entschließung des Parteivorstandes der SED vom 10. und 11. Januar 1950«.
77 Vgl. SAPMO, DY 30/J IV 2/3 A/407 und DY 30/IV 2/11/70, Bl. 239.
78 Vgl. SAPMO, DY 30/IV 2/11/v 224; SgY 30/0491; Reinowski, Werner, Bernard Koenen. Ein Leben für die Partei, Halle 1962.
79 Vgl. SAPMO, DY 30/IV 2/11/v 5350; SgY 30/0430; SAPMO, DY 30/IV 2/11/v 2816.

Mückenberger, 1. Sekretär in Erfurt und Walter Strobel, Agitationssekretär in Erfurt. Dies ist sicherlich auch ein Ergebnis des Kampfes gegen den »Sozialdemokratismus«, den die SED in den letzten Jahren geführt hatte, und Ausdruck des tiefsitzenden Mißtrauens gegenüber früheren SPD-Funktionären.

Im Zusammenhang mit dem häufig geringen Parteialter der Bezirkssekretäre steht naturgemäß auch deren geringe Erfahrungen in der Parteiarbeit. Über ein Drittel von ihnen konnte 1952 auf höchstens drei Jahre, exakt jeder zweite Sekretär auf weniger als fünf Jahre hauptamtliche Parteitätigkeit zurückblicken. Insgesamt zwölf Funktionäre haben vor ihrer Berufung zum Sekretär einer Bezirksleitung nie hauptamtlich in der SED gearbeitet. Sie wurden buchstäblich ins kalte Wasser geworfen. Im Sekretariat der BL Magdeburg traf dies allein auf drei der sechs hauptamtlichen Sekretäre zu, allerdings hatten der Sekretär für Agitation und Propaganda und der Landwirtschaftssekretär bereits die Parteihochschule der SED absolviert, was vielleicht als Ausgleich für die fehlende Erfahrung in der Parteiarbeit angesehen wurde.

Auch mit dem theoretischen Rüstzeug der Bezirkssekretäre stand es 1952 noch nicht zum besten; viele von ihnen verfügten, wie es in einer früheren Publikation heißt, »nur über geringe theoretische Kenntnisse und hatten noch keine Parteischulen besucht.«[80] Dies läßt sich durch entsprechende Zahlen bestätigen und genauer quantifizieren. Über 70 % der Sekretäre der Bezirksleitungen hatten in ihrer Jugend nur die achtklassige Volksschule besuchen können. Lediglich drei Genossen wiesen ein Abitur auf. Um diese unzureichende schulische Ausbildung zu verbessern, delegierte die Parteiführung viele Genossen in den Jahren nach 1945 auf Fach- und Hochschulen bzw. Parteihochschulen. Bis 1952 konnte jedoch nur jeder zweite Bezirkssekretärein mehr oder weniger gründliches Studium absolvieren. Mit dem Besuch von Parteischulen sah es nicht besser aus. Zwar hatte gut die Hälfte der Funktionäre eine Parteischule besucht, dort jedoch nur maximal ein Jahr studiert. Rund 40 % der Genossen konnten eine Ausbildung an einer Parteihochschule durchlaufen, die aber 1952 noch zu keinem Diplom als Gesellschaftswissenschaftler, das in den späteren Jahren nahezu Pflicht für jeden Bezirkssekretär war, geführt hat.

Die überstürzt vollzogene Bezirksbildung war mit einem enormen Kaderbedarf einhergegangen, den die SED nur zu einem Teil mit fachlich und theoretisch ausgebildeten Genossen decken konnte. Viele waren hinsichtlich eines Studiums an der Parteihochschule oder an Universitäten noch nicht zum Zuge gekommen, die Aufnahmekapazitäten begrenzt. Ob die SED dennoch mit ihrer Kaderauslese eine glückliche Hand bewiesen hat, ob sich die Sekretäre der Bezirksleitungen in ihren Funktionen bewährt haben, soll abschließend geprüft werden.

Ein erstes Indiz für den Erfolg oder Mißerfolg der Kaderpolitik der Parteiführung ist die Verweildauer im Amt. Funktionäre, die ihre Aufgaben angemessen

---

[80] Hajna, S. 301.

3.1 Auftakt – Die »Gründergeneration« 1952

erfüllten, werden sicherlich keinen Anlaß zur baldigen Funktionsenthebung gegeben haben. Mit Karl Schirdewan, dem 1. Sekretär der BL Leipzig, und Ludwig Einicke, dem 2. Sekretär der BL Erfurt, verließen zwei Funktionäre bereits zum Jahresende 1952 ihre Funktion. Beide blieben fortan in zentralen Positionen tätig. Schirdewan war im ZK für den Aufbau der Abteilung Leitende Parteiorgane verantwortlich, Einicke wurde Direktor des Instituts für Marxismus-Leninismus beim ZK. Diese Beförderung schwächte sicherlich die beiden Bezirke, und eine planvolle, langfristig angelegte Kaderpolitik ist hierin nicht zu sehen. Das gilt auch für die Entwicklungen der nächsten Jahre. 1953 beendeten 26 Sekretäre und damit mehr als jeder vierte ihre Tätigkeit in den Bezirksleitungen. 1954 traf dies noch einmal auf 20 Sekretäre zu. Damit war gut zwei Jahre nach der Bezirksbildung über die Hälfte der Sekretäre ausgetauscht worden. 1955 und 1956 wurden weitere elf bzw. neun Genossen ihrer Funktion enthoben. Bis Ende 1956, nach nur wenig mehr als vier Jahren, waren somit 75 % aller Bezirkssekretäre ausgewechselt worden. Nur 22 von 90 Sekretären waren seit August 1952 im Amt verblieben. Auch die folgenden Jahre sind, wenngleich in geringerem Ausmaß, von Fluktuation gekennzeichnet. Nach den Umstrukturierungen in den Bezirksleitungen Anfang 1963 waren nur noch vier Funktionäre aus der »Gründergeneration« im Amt und blieben dies auch noch lange Jahre. Paul Fröhlich, der Ende 1952 Karl Schirdewan als 1. Sekretär der BL Leipzig beerbt hatte, starb im September 1970 im Amt. Im Jahr darauf beendete Gerhard Blum seine langjährige Tätigkeit als Sekretär für Agitation und Propaganda der BL Potsdam. Im Februar 1974 legte Bernhard Quandt seine Funktion als 1. Sekretär der BL Schwerin nieder.[81] Anfang 1979 schied mit Alois Pisnik, dem 1. Sekretär der BL Magdeburg, der letzte noch verbliebene Sekretär des Jahres 1952 aus. Er tat dies durchaus nicht freiwillig, worauf im Verlauf der Arbeit noch zurückzukommen sein wird. Es ergibt sich insgesamt eine durchschnittliche Amtsdauer von knapp vier Jahren. Werden die genannten vier Funktionäre als Sonderfälle aufgrund der langjährigen Dienstzeit herausgerechnet, liegt die durchschnittliche Verweildauer im Amt der Bezirkssekretäre bei nur drei Jahren.

Für die Ratsvorsitzenden ergibt sich ein ähnliches Bild. Auch hier waren die fünfziger Jahre von hoher Fluktuation geprägt. Bereits wenige Tage nach der Bezirksbildung wurde am 6.8.1952 der Ratsvorsitzende von Rostock, Erhard Holweger, von seiner Funktion abberufen. Er erhielt durch die BPKK wegen moralischer Schwächen, zu denen auch der häufige Genuß von Alkohol gezählt wurde, als Parteistrafe eine Rüge.[82] Hier hatte die Kaderplanung der Parteiführung eindeutig daneben gegriffen. Im Jahr darauf verließen gleich drei Ratsvorsitzende ihre Parteifunktion, mit Ablauf des Jahres 1958 war bereits über die Hälfte ausgetauscht worden. In den sechziger Jahren sind noch drei Ratsvorsitzende

---

[81] Zur Ablösung von Bernhard Quandt vgl. Podewin, Norbert, Bernhard Quandt (1903-1999). Ein Urgestein Mecklenburgs, Rostock 2006, S. 236-241.
[82] Vgl. Landesarchiv Greifswald, Rep. 296 a, Nr. 351.

ununterbrochen tätig gewesen, als letzter verließ mit Friedrich Ebert der Oberbürgermeister von Berlin 1967 die entsprechende Funktion. Die durchschnittliche Amtszeit lag mit fünfeinhalb Jahren zwar höher als bei den Sekretären, mußte die Parteiführung aber unter kaderpolitischem Aspekt nicht zufriedenstellen. Langfristig planvolle Politik erfordert eine gewisse Kontinuität in den Führungspositionen der SED und wird durch Fluktuationen solchen Ausmaßes konterkariert. Allerdings sagt die Anzahl der in einer Funktion verbrachten Jahre für sich genommen natürlich noch nichts über die Qualität des jeweiligen Genossen aus. So war Fritz Sattler als Vorsitzender des Rates des Bezirks Suhl zwar bis zum November 1958 im Amt, sollte jedoch schon Anfang 1954 auf Betreiben seines Sekretariats abgelöst werden, das ihn wegen seiner »mangelhaften Arbeitsweise und ungenügender Befähigung« nicht mehr für in der Lage hielt, »die Funktion als Mitglied des Bezirkssekretariats und des Vorsitzenden des Rates des Bezirkes auszuüben«. Da jedoch, wie es in einer Einschätzung der ZK-Abteilung Leitende Organe vom 23.2.1954 hieß, weder die ZK-Abteilung Staatliche Verwaltung noch die Bezirksleitung Suhl in der Lage waren, »einen geeigneten Vorschlag zu benennen«, blieb Sattler in seiner Funktion.[83] Diese Episode wirft ein deutliches Licht auf die Kaderprobleme der SED in den fünfziger Jahren.

Um zu aussagekräftigen Ergebnissen zu kommen, muß neben der Amtsdauer auch nach den Gründen für das Ausscheiden gefragt werden. Jeder vierte Bezirkssekretär nahm nach Beendigung seiner Tätigkeit ein Studium an einer Fach- oder Hochschule bzw. einer Parteihochschule auf. Hieran wird ganz deutlich, daß die SED-Führung bei der Bezirksbildung 1952 auf Funktionäre zurückgreifen mußte, die sie zwar für entwicklungsfähig ansah, aber die nicht über die erforderlichen fachlichen und politisch-ideologischen Voraussetzungen verfügten. Die fehlende Qualifizierung wurde in den folgenden Jahren nachgeholt, und etliche der zum Studium Delegierten fanden sich nach dem Studium erneut als Sekretär in einer Bezirksleitung. Aber längst nicht alle Genossen erfüllten die in sie gesetzten Erwartungen. Knapp jeder dritte Sekretär, bei dem der Grund für das Ausscheiden bekannt ist, mußte wegen Mängeln in der Arbeit, fachlicher Überforderung und politisch-ideologischer Unklarheiten oder wegen persönlicher Verfehlungen seinen Hut nehmen. Hierzu zählen Alkoholprobleme ebenso wie etwa eine verschwiegene Mitgliedschaft in nationalsozialistischen Organisationen. Weitere Gründe für das Ausscheiden aus dem Amt lagen in der Gesundheit des Funktionärs, in einer Berufung auf Positionen im zentralen Parteiapparat oder in einer Kaderrotation zur Stärkung anderer Bereiche.

Die Diskrepanzen in der SED-Kaderpolitik zeigen sich auch anhand der Funktionen, die die Sekretäre nach dem Ausscheiden aus den Bezirkssekretariaten übernommen haben. Die Hälfte der Bezirkssekretäre, deren beruflicher Verbleib

---

[83] SAPMO, DY 30/J IV 2/3 A/407. Zu seiner Person vgl. auch Moczarski, Norbert u. a., Fritz Sattler, 1896-1964. Biografische Skizze eines politischen Lebens zwischen Selbstverwirklichung und Parteidisziplin, Suhl 2006.

bekannt ist, wechselten auf eine Funktion, die qualitativ unterhalb der Ebene der SED-Bezirkssekretariate anzusiedeln ist. Hierzu zählen Positionen etwa in Grundorganisationen, Kreisleitungen und Massenorganisationen. Je ein Viertel der Sekretäre behielt eine Funktion auf der Bezirksebene oder wechselte in den zentralen Partei- und Staatsapparat.

Wie gesehen, war die Gruppe der Bezirkssekretäre 1952 sehr heterogen: einerseits gestandene, altgediente Kommunisten mit langjähriger Parteierfahrung, andererseits junge Genossen, die erst nach 1945 zur Partei gestoßen sind. Entsprechend der Kaderpolitik der SED-Führung wurden gerade die jungen Genossen zielgerichtet gefördert, wollte man sich doch so einen Bestand von parteitreuen, der Parteiführung, der sie ihren Aufstieg verdankten, persönlich ergebenen Funktionären heranbilden. So gibt es viele Bezirkssekretäre, die planmäßig ausgebildet wurden und in wenigen Jahren einen steilen Aufstieg in der SED nehmen konnten. Gerda Meschter, aus einer sozialdemokratischen Familie stammend und im April 1946 Mitglied der SED geworden, war bis April 1947 Angestellte in einer Stadtverwaltung gewesen. Im Mai 1947 wechselte sie als politische Mitarbeiterin in eine SED-Kreisleitung. Hier wurde sie nach weniger als einem halben Jahr Mitglied des Sekretariats dieser KL und blieb dies bis Juli 1949. Ab August 1949 als Instrukteur in die Landesleitung Sachsen geholt, arbeitete sie ab Anfang 1950 als Instrukteur des ZK und damit in der Parteiführung. Ihre zielgerichtete Förderung fand dann Ausdruck in der Delegierung zur Parteihochschule Moskau im Februar 1951. Nach einem Jahr kehrte sie zurück. Am 4.3.1952 beschloß das Politbüro, die am Vortag gerade 25 Jahre alt gewordene Gerda Meschter zum 2. Sekretär der Landesleitung Sachsen zu berufen. Mit der Bezirksbildung wurde sie 2. Sekretär der BL Karl-Marx-Stadt.[84] Marianne Blankenhagen hatte ihre Laufbahn in der FDJ begonnen. Ab 1946 Arbeitsgebietsleiter und Sekretär einer FDJ-Kreisleitung, wechselte sie 1948 in eine SED-Kreisleitung und ging 1951 als 2. Sekretär der KL zum Studium an die Parteihochschule in Moskau. Anschließend wurde sie mit 24 Jahren 2. Sekretär der LL Brandenburg bzw. der BL Frankfurt (Oder).[85]

Doch hatten Zeit und Kapazitäten nicht ausgereicht, um alle Bezirkssekretäre in den Genuß einer gründlichen Ausbildung kommen zu lassen, und so finden sich unter ihnen auch solche, die ohne größere Erfahrung in hauptamtlicher Parteitätigkeit in die Bezirkssekretariate gelangt sind. Herbert Zschunke hatte nach seiner viermonatigen englischen Kriegsgefangenschaft bis 1949 als Schlosser gearbeitet. Dann wechselte er zum VEB Holzbau Leipzig und diente sich zwischen 1949 und 1952 vom Einkäufer und Assistenten zum Werkleiter hoch. Seit März 1952 Hauptdirektor des VEB Holzbau, wurde er im August 1952 von diesem Posten entbunden und als Sekretär für Wirtschaft der BL Leipzig eingesetzt. Zu

---

[84] Vgl. Protokoll des Gesprächs mit Frau Gerda Martens-Meschter, Rostock, 7.11.2002, S. 1 f.; SAPMO, DY 30/J IV 2/3 A/406; DY 30/IV 2/2/198.
[85] Vgl. SAPMO, DY 30/J IV 2/3 A/704.

diesem Zeitpunkt hatte er keine Erfahrungen in der Parteiarbeit und an parteimäßiger Ausbildung nur den Besuch einer Kreisparteischule 1946 vorzuweisen.[86]

Der hohe Kaderbedarf führte auch zu deutlichen Fehlgriffen und recht dubiosen Besetzungen der Bezirkssekretariate. So wurde in Neubrandenburg mit Willi Wiebershausen ein Genosse 1. Sekretär der BL, der erst im Juli 1946 nach Vorpommern übergesiedelt war und anfangs als Musiker sein Auskommen finden mußte. Erst im Februar 1947 Parteimitglied geworden, besuchte er 1949 für ein halbes Jahr die Landesparteischule, um anschließend als 1. Kreissekretär in Anklam und Wismar zu arbeiten. Wiebershausen wurde nach nur einem Jahr als 1. Bezirkssekretär wegen »unmoralischen und unehrlichen Verhaltens gegenüber der Partei« und »Familienpolitik«[87] abgelöst.

Die Parteiführung setzte im Sommer 1952 bei der Bildung der Bezirkssekretariate der SED sowohl auf parteierfahrene als auch auf ganz junge Genossen. Viele verfügten über keine fachliche Ausbildung, nicht alle hatten Parteischulen besuchen können. Die erforderliche Qualifikation mußte häufig erst nach dem Amtsantritt erworben werden. Es zeigte sich auch, wie dünn die Kaderdecke der SED gewesen ist. Hierfür war die Parteiführung selbst verantwortlich, hatte sie durch häufige »Säuberungen« und die ungenügende Vorbereitung der Bezirksbildung doch selbst dazu beigetragen. »Man wollte schon bewußt junge Menschen heranziehen, aber ich meine auch, daß diese Bezirksbildung nicht mit genügend Kader-Kenntnissen vorgenommen wurde. Wir hätten im Bezirk Karl-Marx-Stadt in der Industrie sicher auch noch ältere, erfahrenere Kader gehabt. Ich meine, daß die Kader-Auswahl für die Bezirksbildung etwas überstürzt vor sich gegangen ist.«[88]

Die Problematik der fehlenden Funktionäre beschäftigte die Partei noch in den nächsten Jahren. Mit Stand vom 1.3.1953 waren in den Apparaten des Zentralkomitees und der Bezirks- und Kreisleitungen Lücken zu verzeichnen, die um so größer wurden, je verantwortungsvoller die zu besetzende Funktion gewesen ist. So wies der Apparat des ZK nur einen Bestand von 62,3 % der geplanten Mitarbeiter auf, während die Bezirksleitungen 90,8 % und die Kreisleitungen 93,7 % des Sollbestandes erreicht hatten.[89] Die Kaderprobleme wurden durch den 17. Juni 1953 und die Überprüfungen »aufgrund der Lehren aus dem Prozeß gegen das Verschwörerzentrum Slansky« noch verschärft. So mußten allein im Bezirk Neubrandenburg im Juli 1953 14 Sekretäre und 13 Abteilungsleiter von Kreisleitungen für eine Ablösung vorgeschlagen werden. Einen Monat später fanden sich im Bezirk nur die Hälfte der Kreisleitungen mit Sekretären für Agitation und Propaganda besetzt.[90] Wie sich die Kaderpolitik der SED in den Bezirken in den

---

[86] Vgl. SAPMO, DY 30/J IV 2/2 A/351 und DY 30/ J IV 2/3 A/853.
[87] Vgl. SAPMO, DY 30/IV 2/11/v503, Bl. 74.
[88] Gesprächsprotokoll Martens-Meschter, S. 2.
[89] SAPMO, DY 30/IV 2/5/92, Bl. 501.
[90] Vgl. Landeshauptarchiv Schwerin, BPA Neubrandenburg, IV/2/003/237 und 238.

Jahren bis 1989 darstellte und welche Funktionäre die »Gründergeneration« in ihrem Amt beerbten, soll Gegenstand der nächsten Kapitel sein.

3.2 Der 17. Juni 1953 und seine Auswirkungen auf die Bezirksleitungen

Die Ereignisse des 17. Juni 1953 sind in den letzten Jahren intensiv erforscht worden. Neben der peniblen Rekonstruktion der Geschehnisse wurden auch die Reaktionen der SED-Parteiführung analysiert. Erstaunlich ist es jedoch, daß sich diese Analyse bislang nur auf die oberste Parteiebene, auf das Zentralkomitee und das Politbüro, erstreckte. Die in den Bezirksleitungen gezogenen Konsequenzen sind nach wie vor völlig ungenügend untersucht. So erwähnt, um ein Beispiel der neueren Literatur herauszugreifen, Hubertus Knabe in seiner gründlichen Darstellung nur drei der 15 Ersten Bezirkssekretäre, die Politik der regionalen Machtträger bleibt weitgehend ausgeblendet.[91] Die von Torsten Diedrich und Hans-Hermann Hertle herausgegebenen Berichte der Bezirksbehörden der Deutschen Volkspolizei liefern interessante Einblicke in die verschiedenen Regionen, illustrieren jedoch hauptsächlich die von den Sicherheitsorganen eingeleiteten Maßnahmen und weniger die in den SED-Bezirksleitungen verfolgte Politik.[92] Ob der »17. Juni als kaderpolitische Zäsur«[93] auch für die Sekretariate der Bezirksleitungen gelten kann, ob auch in den Bezirken nach dem 17. Juni 1953 »die SED-Führung wieder zunehmend auf bewährte ›Altkader‹, die in den Jahren zuvor an den Rand gedrängt worden waren«[94], gesetzt hat, entzieht sich bislang der Kenntnis. Zweifellos hat in der obersten Parteiführung der Juniaufstand für größere personelle Revirements gesorgt. Ulbricht, der aus der Krise gestärkt hervorging, betrieb den Ausschluß von Anton Ackermann, Rudolf Herrnstadt, Hans Jendretzky, Elli Schmidt und Wilhelm Zaisser aus dem Politbüro. Das Sekretariat des ZK wurde von zehn auf sechs Mitglieder verkleinert, neben Ulbricht blieben nur Fred Oelßner und Karl Schirdewan vom alten Sekretariat übrig.[95]

Über personelle Veränderungen in SED-Gremien der regionalen und lokalen Ebene existieren ebenfalls Zahlen. So wurden bei den Wahlen zum IV. Parteitag

---

[91] Vgl. Knabe, Hubertus, 17. Juni 1953. Ein deutscher Aufstand, München 2003.
[92] Vgl. Diedrich, Torsten/Hertle, Hans-Hermann (Hrsg.), Alarmstufe »Hornisse«. Die geheimen Chef-Berichte der Volkspolizei über den 17. Juni 1953, Berlin 2003.
[93] Mählert, Ulrich, »Die Partei hat immer recht!« Parteisäuberungen als Kaderpolitik in der SED (1948-1953), in: Weber, Hermann/Mählert, Ulrich (Hrsg.), Terror. Stalinistische Parteisäuberungen 1936-1953, Paderborn u. a. 1998, S. 351-457, hier S. 446.
[94] Ebenda, S. 449.
[95] Vgl. Knabe, S. 380 ff.

im Winter 1953/54 insgesamt 74,2 % der Kreisleitungsmitglieder und 62,2 % der Mitglieder der Bezirksleitungen neu gewählt. Von den Ersten und Zweiten Kreissekretären, die im Juni 1953 im Amt gewesen waren, sind bis zum Juni des darauffolgenden Jahres 71,0 %, von den übrigen Mitgliedern der Kreissekretariate 53,6 % ausgewechselt worden.[96] Diese Zahlen haben sehr häufig in die einschlägige Literatur Eingang gefunden, sind allerdings nicht immer korrekt wiedergegeben bzw. nachgewiesen worden.[97] Weiter sollen bis 1954 »in den Betrieben über 35 Prozent der Parteisekretäre«[98] und in den Grundorganisationen »rund die Hälfte der Funktionäre ausgetauscht«[99] worden sein.

Falsch ist es jedoch, wenn Jänicke schreibt, mit »Ausnahme von Magdeburg und Dresden (wo der Erste Sekretär blieb) fielen in diesen Bezirken«, damit sind »Berlin, Halle, Magdeburg, Dresden, Erfurt, Karl-Marx-Stadt (Chemnitz), Neubrandenburg und Schwerin« gemeint, die vor allem von Kaderwechseln betroffen gewesen seien, »auch die ersten beiden Parteisekretäre der Säuberung zum Opfer.«[100] Wenn mit den »ersten beiden Parteisekretäre(n)« die 1. und 2. Sekretäre der SED-Bezirksleitungen gemeint waren, dann ist dies nur für die Bezirke Berlin, Halle und Neubrandenburg sowie für Cottbus, den Jänicke nicht nennt, zutreffend. Hier wurden zwischen 1952 und 1954 sowohl der Erste als auch der Zweite Sekretär der SED-Bezirksleitung ausgetauscht. Diese falsche Darstellung Jänikkes wird noch weiter verfälscht, wenn Staritz schreibt, nur »in Magdeburg und Dresden blieben die Ersten Bezirkssekretäre im Amt«.[101] Im Gegenteil blieben neben Hans Riesner (Dresden) und Alois Pisnik (Magdeburg) auch die 1. Sekre-

---

[96] Vgl. Schirdewan, Karl, Über die Abänderungen am Statut der Sozialistischen Einheitspartei Deutschlands, in: Neue Welt, 9. Jg., H. 8, April 1954, S. 1070-1107, hier S. 1090 und S. 1099, und Grützner, Rudi/Zentner, Luise/Pitsch, Traudel, Was lehren uns die Berichte über Kaderentwicklung?, in: Neuer Weg, H. 11, Berlin (Ost) 1954, S. 34-36. Auf diese Zahlen beruft sich auch Schultz, Joachim, Der Funktionär in der Einheitspartei. Kaderpolitik und Bürokratisierung in der SED, Stuttgart-Düsseldorf 1956, S. 259.

[97] So spricht Otto fälschlich davon, daß auf der Kreisebene »53 Prozent der Ersten Sekretäre ihren Platz räumen« mußten. Vgl. Otto, Wilfriede, Visionen zwischen Hoffnung und Täuschung, in: Klein, Thomas/Otto, Wilfriede/Grieder, Peter, Visionen. Repression und Opposition in der SED (1949-1989), Teil 1, Frankfurt (Oder) 1996, S. 137-561, hier S. 234. Diese Prozentzahl bezieht sich jedoch auf die Mitglieder der Kreissekretariate mit Ausnahme der 1. und 2. Kreissekretäre. Otto beruft sich auf Kleßmann, Christoph, Die doppelte Staatsgründung. Deutsche Geschichte 1945-1955, Bonn 1991, der auf S. 281 diese Zahl ebenfalls falsch interpretiert. Die Zahlen korrekt wiedergegeben haben Klein, Thomas, Parteisäuberungen und Widerstand in der SED. Die innerbürokratische Logik von Repression und Disziplinierung, in: Klein/Otto/Grieder, Visionen, Teil 1, 1996, S. 9-135, hier S. 43, und Jänicke, Martin, Der Dritte Weg. Die antistalinistische Opposition gegen Ulbricht seit 1953, Köln 1964, S. 39. Weber, Hermann, bringt in: DDR – Grundriß der Geschichte, Hannover 1991, auf S. 57 die richtigen Zahlen, als Quellenbeleg allerdings den Band IV der Dokumente der Sozialistischen Einheitspartei Deutschlands. Beschlüsse und Erklärungen des Zentralkomitees sowie seines Politbüros und seines Sekretariats, hrsg. vom Zentralkomitee der SED, Berlin (Ost) 1954, S. 482, in dem hiervon nicht die Rede ist.

[98] Knabe, S. 429.

[99] Otto, in: Klein/Otto/Grieder, Visionen, Teil 1, 1996, S. 234.

[100] Jänicke, S. 39.

[101] Staritz, Dietrich, Geschichte der DDR 1949-1985, Frankfurt/Main 1996, S. 130. Auch Kermarrec, Philippe, Der 17. Juni 1953 im Bezirk Erfurt, Erfurt 2003, S. 101, übernimmt diese Angabe.

täre der Bezirksleitungen Otto Funke (Gera), Gerhard Grüneberg (Frankfurt (Oder)), Walter Buchheim (Karl-Marx-Stadt), Paul Fröhlich (Leipzig), Kurt Seibt (Potsdam), Karl Mewis (Rostock), Bernhard Quandt (Schwerin) über das Jahr 1954 in ihrer Funktion. Ohnehin sagt der bloße Fakt der Auswechslung nichts über die Ursachen aus, in den Darstellungen des 17. Juni 1953 wird jedoch regelmäßig ein Zusammenhang suggeriert. So schränkt Jänicke zwar ein, bei den »angegebenen Zahlen ist die übliche Kaderfluktuation zu berücksichtigen«, meint aber, daß »die politischen Gründe ausschlaggebend sein dürften.«[102] Staritz ist sich nicht sicher, »ob wirklich alle Juni-Opfer waren«[103], doch für Klein drückte sich in den »Säuberungen ab Ende 1953 und während des Jahres 1954« der »Argwohn gegenüber Resten kritischen Denkens« aus.[104] Die Sicherheit dieser Beurteilung erstaunt, gibt es doch bislang keine systematische Untersuchung der Kaderfluktuation in den Bezirkssekretariaten. Diese soll im folgenden unternommen werden.

Der Blick auf die Fluktuation unter den Sekretären der Bezirksleitungen scheint die oben genannten Befunde zunächst zu bestätigen. Zwischen der Bildung der Bezirke im August 1952 und Ende 1954 sind 58 Sekretäre von ihren Funktionen entbunden worden. Das entspricht einer Fluktuationsrate von gut 60 %. Um aber den Anteil des 17. Juni hieran zu ermessen, müssen die Auswechslungen, die eindeutig vor dem 17. Juni 1953 stattgefunden haben, und jene, die erst in der zweiten Jahreshälfte 1954 vorgenommen wurden, subtrahiert werden.[105] Es ergibt sich somit eine Gesamtzahl von 42 zwischen Juni 1953 und März 1954 veränderten Bezirkssekretären. Etwas weniger als jeder zweite Sekretär einer Bezirksleitung wurde in diesem Zeitraum abgelöst. Ob dies aber mit dem 17. Juni 1953 in Zusammenhang stand, muß geprüft werden. Funktionswechsel, die in den Akten mit der Gesundheit des betreffenden Funktionärs begründet und nachgewiesen werden, entfallen ebenso wie die Fälle, in denen der abgelöste Sekretär im Wege der Kaderrotation eine gleichwertige oder sogar eine höherwertige Funktion erlangt hat. Es bleiben nur noch 15 Sekretäre und damit weniger als 20 % aller Sekretäre übrig, die wegen Mängeln in der Arbeit oder sogenannter »politisch-ideologischer Unklarheiten« ihren Posten verloren.[106] Inwieweit dies wirklich mit einem »Versagen« in den Tagen des 17. Juni begründet wurde, wird nachfolgend zu prüfen sein.

Wenn mit den 1. Sekretären der Bezirksleitungen begonnen wird, so fällt auf, daß im angegebenen Zeitraum zwei Funktionäre aus politischen Gründen ihren

---

[102] Jänicke, S. 230, Anmerkung 91.
[103] Staritz, S. 130.
[104] Klein, in: Klein/Otto/Grieder, Visionen, Teil 1, 1996, S. 43.
[105] Es liegt hier die Überlegung zugrunde, daß Funktionsenthebungen im Zusammenhang mit dem 17. Juni 1953 relativ zeitnah vorgenommen worden sind. Auswechslungen nach März 1954 wurden daher nicht mehr berücksichtigt.
[106] Einzuräumen ist die Zahl von drei Sekretären, bei denen in den Akten keinerlei Hinweise auf Gründe für ihre Auswechslung ermittelt werden konnten.

Schreibtisch räumen mußten: Hans Jendretzky in Berlin und Willi Wiebershausen in Neubrandenburg. Von diesen beiden kann nur der Fall Jendretzky in die Nähe des 17. Juni gerückt werden. Wiebershausen wurde im August 1953 abgelöst, weil er, wie es in einem Bericht der ZPKK heißt, »zum Alkohol neigt und bei seinen Einsätzen als Funktionär der Partei seine Stellung dazu ausnutzte, stets seine Verwandten nachzuziehen und in Funktionen zu bringen.«[107] Mit dem 17. Juni hatte das nichts zu tun, denn laut Analyse der BPKK Neubrandenburg vom 31.7.1953 »beherrschte« das Bezirkssekretariat »in diesen Tagen die Situation und hatte die politische Führung in der Hand.«[108]

Hans Jendretzky hingegen hatte sich in Berlin, dem Ausgangspunkt und Zentrum des Aufstandes, als führungsunfähig erwiesen. Der Augenzeuge Robert Havemann, der zusammen mit dem Sekretär Heinz Brandt in der Bürositzung einen Bericht über die Lage in Berlin gab, schildert die Situation in der Berliner Bezirksleitung am 16.6.1953 folgendermaßen: Jendretzky »saß an seinem riesigen Tisch, seiner Kommandozentrale, die Hälfte des Tisches bestand aus einer Telefonanlage mit vielen Schaltern, Knöpfchen und Lämpchen. Hin und wieder schnarrte es, Hans nahm den Hörer. Er lachte hysterisch. Von allen Seiten Hiobsbotschaften. ›Es wird immer schöner‹ oder: ›Is ja direkt großartig!‹ beantwortete er die Anrufe. Er hörte unseren Bericht nur mit halbem Ohr. Was wir jetzt tun sollten, fragten wir. Er zuckte nur mit den Schultern. Ich blieb unschlüssig noch eine Weile in dieser Kommandozentrale, die keine Kommandos gab. Schließlich langweilte und ärgerte mich das hilflose Versagen von Leuten, die sonst immer auftraten wie souveräne Kapitäne des Klassenkampfes und der Revolution.«[109]

Damit hatte Jendretzky aber auch nicht anders reagiert als etwa Ulbricht, der an diesem Tag ebenfalls nicht als Führungsperson in Erscheinung getreten ist. Gut einen Monat später sollte Jendretzky auf der 15. Tagung des ZK (24.-26.7.1953) erneut zum Kandidaten des Politbüros gewählt werden, fiel aber bei nur 13 Ja-Stimmen gegenüber elf Nein-Stimmen und elf Enthaltungen durch.[110] Auch seinen Posten als 1. Sekretär der BL Berlin verlor er im Monat darauf, um anschließend als Bezirksratsvorsitzender in die Neubrandenburger Provinz verbannt zu werden. Der Grund liegt nicht in erster Linie in seiner Haltung in den Tagen des 17. Juni, sondern in seiner »zeitweilige(n) Unterstützung der Fraktion Herrnstadt-Zaisser«.[111] Er hatte also im nach Stalins Tod ausbrechenden innerparteilichen Machtkampf mit der Anti-Ulbricht-Fronde sympathisiert und ist dafür abgestraft worden.[112] Gleichwohl warf ihm Ulbricht bei seinem Besuch im Sekretariat der

---

[107] SAPMO, DY 30/IV 2/11/v503, Bl. 101.
[108] SAPMO, DY 30/IV 2/4/418, Bl. 175.
[109] Havemann, Robert, Fragen – Antworten – Fragen. Aus der Biographie eines deutschen Marxisten, München 1970, S. 138 f.
[110] SAPMO, DY 30/IV 2/1/121, Bl. 116.
[111] SAPMO, DY 30/IV 2/11/v 5350, Bl. 115.
[112] Zum innerparteilichen Machtkampf in der SED 1953 vgl. Herrnstadt, Rudolf, Das Herrnstadt-Dokument. Das Politbüro der SED und die Geschichte des 17. Juni 1953, herausgegeben, eingelei-

Bezirksleitung neben einer »versöhnlerische(n) Einstellung gegenüber der parteifeindlichen Gruppe Zaisser-Herrnstadt« auch ungenügende Selbstkritik, »was die Haltung am 17. Juni anbelangt«, vor.[113] Zusammen mit Jendretzky sind auch die Berliner Bezirkssekretäre Heinz Brandt (Agitation und Propaganda) und Martin Helas (Kultur und Erziehung) ausgewechselt worden. Heinz Brandt wurde aus ähnlichen Gründen wie sein Erster Sekretär abgelöst. Wie er sich in einem Interview 1981 erinnerte, geschah dies »als Mißbilligung meines Verhaltens sowohl auf dem Leipziger Platz in meiner Rede von dem Fahrrad aus wie meines Verhaltens bei Bergmann-Borsig – und überhaupt, da wir ja zu dieser sogenannten Jendretzky-Herrnstadt-Gruppe gehörten«.[114] Martin Helas verließ das Kulturressort, weil er »diesen Aufgaben noch nicht gewachsen war«, und ging als Abteilungsleiter in die Westberliner Leitung der SED, hier verantwortlich für die SPD-Arbeit.[115] Dies kann schwerlich als politische Verbannung betrachtet werden.

Es erhebt sich nun die Frage, warum keiner der 1. Sekretäre der SED-Bezirksleitungen über den 17. Juni gestürzt ist, obwohl in diesen Tagen die DDR, und damit die SED, am Rande ihrer Existenz stand und sich in nahezu allen Teilen der Republik, in fast jedem Bezirk, größere und längere Demonstrationsbewegungen gezeigt hatten. Ein Grund liegt darin, daß dieser Personenkreis in den kritischsten Stunden nicht vor Ort in den Bezirken, sondern in Berlin gewesen ist und somit auch keine Fehler machen oder unzureichende Maßnahmen ergreifen konnte. Die 1. Sekretäre der SED-Bezirksleitungen waren in den frühen Morgenstunden des 17. Juni 1953 nach Berlin bestellt worden.[116] Dies soll Hermann Axen, »vielleicht auf Weisung Ulbrichts«, veranlaßt haben.[117] Wenn Schirdewan beklagt, daß sie alle »prompt gekommen« sind, doch eigentlich »an die Brennpunkte des Geschehens

---

tet und bearbeitet von Nadja Stulz-Herrnstadt, Reinbek 1990; Klein, Thomas, »Für die Einheit und Reinheit der Partei«. Die innerparteilichen Kontrollorgane der SED in der Ära Ulbricht, Köln/Weimar/Wien 2002, S. 197 ff.; Schroeder, Klaus, Der SED-Staat. Partei, Staat und Gesellschaft 1949-1990, München 1998, S. 126-131.

[113] Brandt, Heinz, Ein Traum, der nicht entführbar ist. Mein Weg zwischen Ost und West, Berlin (West) 1978, S. 263.

[114] Rexin, Manfred, Verfolgte Kommunisten unter Hitler und Ulbricht: Kurt Müller, Robert Bialek, Heinz Brandt, Karl Schirdewan, in: Boll, Friedhelm (Hrsg.), Verfolgung und Lebensgeschichte, Berlin 1997, S. 165-188, hier S. 179. Brandt hatte am 16.6.1953, zeitweise an der Spitze des Demonstrationszuges gehend, von einem Fahrrad aus zu den Demonstranten gesprochen. Tags darauf war er in den Großbetrieb Bergmann-Borsig in Berlin-Wilhelmsruh delegiert worden. Er schlug den Anwesenden jeweils vor, Arbeiter- bzw. Betriebsausschüsse zu wählen, was nicht der offiziellen Argumentationslinie entsprochen hat. Vgl. Brandt, S. 229 ff.

[115] SAPMO, DY 30/J IV 2/2A/351, Bl. 114. Vgl. auch LAB, C Rep. 902, Nr. 187 und Nr. 179/1.

[116] Vgl. Lübeck, Wilfried, Der 17. Juni 1953 in Magdeburg. Wenn die Freunde nicht dagewesen wären, wäre es zu einer Niederlage gekommen, in: Rupieper, Hermann-Josef (Hrsg.), »... und das wichtigste ist doch die Einheit.« Der 17. Juni 1953 in den Bezirken Halle und Magdeburg, Münster u. a. 2003, S. 106-139 und Roth, Heidi, Der 17. Juni 1953 in Sachsen, Köln 1999, S. 102, S. 183 und S. 613. Fricke, Karl-Wilhelm, Zur Geschichte und historischen Deutung des Aufstandes vom 17. Juni 1953, in: Roth, S. 13-100, hier S. 72, nennt den 16. Juni als den Tag, an dem die Bezirkssekretäre nach Berlin beordert wurden.

[117] Schirdewan, Karl, Aufstand gegen Ulbricht. Im Kampf um politische Kurskorrektur, gegen stalinistische, dogmatische Politik, Berlin 1995, S. 53.

in ihren Bezirken gehört«[118] hätten, so ist das sicher richtig, hätte jedoch völlig der herrschenden Parteidisziplin widersprochen. Auch die Wirtschaftssekretäre der Bezirksleitungen und die Vorsitzenden der Bezirksparteikontrollkommissionen wurden nach Berlin gebeten.[119] Ulbricht hatte am 17. Juni für 11.00 Uhr eine Beratung mit den 1. Sekretären der Bezirksleitungen über die »Realisierung des Politbürokommuniqués vom 9. Juni 1953 angesetzt«.[120] So waren die Bezirksleitungen ohne Führung und anfangs auf sich allein gestellt.

Die Berliner Zentrale entsandte Vertreter des Politbüros und der Regierung zur Unterstützung der Bezirksleitungen in die Provinz. In Rostock war es Karl Mewis, der sich, aus Berlin zurückgekehrt, zunächst geschickt im Hintergrund hielt und die Vertreter des ZK, Adalbert Hengst und Bernd Weinberger, die Kastanien aus dem Feuer holen ließ. Erst »mit Unterstützung der Freunde« gelang es ihm, »den Einsatz der staatlichen Organe und der gesellschaftlichen Organisationen zu koordinieren.«[121] Noch bei seiner Rückkehr aus Berlin gegen 17.00 Uhr des 17. Juni war sich Mewis sicher: »Bei uns wird nichts passieren, wir haben alles völlig in der Hand.«[122] Als am Abend des Tages die Ersten Kreissekretäre zusammengerufen wurden, mußte Hengst die notwendigen Weisungen erteilen, »da der Gen. Mevis (sic!) zu dieser für den Bezirk entscheidenden Sitzung sich verspätete und erst am Ende erschien.«[123] Es wurde hier der Plan gefaßt, daß Mewis, Hengst und Weinberger am nächsten Morgen die »gefährdetste Werft«, die Rostocker Warnowwerft, aufsuchen sollten. Dies taten Adalbert Hengst und Bernd Weinberger auch. Mewis »versprach nachzukommen, was aber nicht geschah.« Wie sich Mewis später äußerte, »war ihm nicht die Gewähr gegeben, daß diese Versammlung erfolgreich verlaufen würde«.[124] Karl Mewis ging aus den Ereignissen des 17. Juni ungeschoren hervor. Hengst und Weinberger aber, die unter dem Druck der Situation in der Warnowwerft mit einer Arbeiterdelegation verhandelt hatten, mußten erhebliche Konsequenzen tragen. Bernd Weinberger, Minister für Transportmittel und Maschinen, erhielt eine strenge Rüge und wurde aus seiner Funktion entlassen. Adalbert Hengst verlor sein Amt als Stellvertretender Abteilungsleiter in der Abteilung Planung und Finanzen, wurde als ZK-Sekretär abgelöst, aus der SED ausgeschlossen und als Leiter der Werbeabteilung in der Außenhandelskammer abgeschoben.[125]

---

[118] Ebenda.
[119] Roth, S. 183 und S. 613.
[120] Moczarski, Norbert, Der 17. Juni 1953 im Bezirk Suhl. Vorgeschichte, Verlauf und Nachwirkungen, Erfurt 1996, S. 29. Vgl. auch Bentzien, Hans, Was geschah am 17. Juni? Vorgeschichte – Verlauf – Hintergründe, Berlin 2003, S. 133.
[121] SAPMO, DY 30/IV 2/4/418, Bl. 52.
[122] So zitiert von Adalbert Hengst in einem Schreiben an den Vorsitzenden der ZPKK, Hermann Matern, vom 24.6.1953. SAPMO, DY 30/IV 2/11/v 4923, Bl. 156.
[123] SAPMO, DY 30/IV 2/11/v 4923, Bl. 91.
[124] Ebenda, Bl. 92 und Bl. 165.
[125] Vgl. Schmidt, Heike, Der 17. Juni 1953 in Rostock, Berlin 2003, S. 93 f.

Die Hauptlast der Abwehrmaßnahmen gegen die Demonstranten trugen am 17. Juni 1953 die verbliebenen Sekretäre der Bezirksleitungen und die Ratsvorsitzenden der Bezirke. Wie sie reagiert haben, und ob es hier Fälle von Ablösungen wegen mangelhaften Verhaltens gegeben hat, soll nachfolgend untersucht werden.

In Dresden war der 1. Sekretär, Hans Riesner, überhaupt nicht erreichbar, da er sich im Urlaub in Ungarn befand[126], und ein anderes Mitglied des Sekretariats »hatte gerade ihren Entbindungsurlaub«[127]. So mußten die zurückgebliebenen Sekretäre einstweilen in die Bresche springen. Es war der Agit-Prop-Sekretär Heinz Wolf, der, vom nach Berlin fahrenden 2. Sekretär Broßelt als sein Vertreter bestimmt, das weitgehend verwaiste Sekretariat führen mußte. Wie später kritisch eingeräumt wurde, gelang es »jedoch bis zu den späten Nachmittagsstunden nicht, einen festen Kampfstab zu bilden.«[128] Statt dessen wurde hinter verschlossenen Türen getagt, und weder die Parteisekretäre der Betriebe noch die gewählten Bezirksleitungsmitglieder erhielten Informationen zur Lage. Erst in der Nacht vom 17. zum 18. Juni entsandte das Zentralkomitee Kandidaten des Politbüros und Mitglieder der Regierung in die Bezirke. In Dresden bildeten Elli Schmidt, seit 1950 Kandidatin des Politbüros und 1. Vorsitzende des DFD-Bundesvorstandes, und Fritz Selbmann, Minister für Schwerindustrie, einen »Kampfstab zur Koordinierung der nächsten Aufgaben. Fritz Selbmann trat am 18. Juni persönlich in den Stahl- und Walzwerken Riesa und Gröditz auf, um eine Beendigung des Streiks zu erreichen.«[129] Schmidt und Selbmann bestimmten schnell die politische Linie im Bezirk, und nach dem Eingreifen der sowjetischen Besatzungsmacht war die akute Krise für die SED überstanden. Noch vor Jahresende mußten jedoch zwei Sekretäre der BL Dresden ihren Hut nehmen: Heinz Wolf, Sekretär für Agitation und Propaganda, und Rudolf Rätzer, Sekretär für Wirtschaft. Es liegt nahe, einen Zusammenhang mit dem 17. Juni 1953 anzunehmen, doch sind die beiden Fälle nicht so eindeutig. Ein wichtiges Moment liegt in den Personen der Berliner Emissäre, deren politische Linie das Bezirkssekretariat umgesetzt hatte. Zunächst dafür gelobt, änderte sich das, nachdem Elli Schmidt und Fritz Selbmann auf der 15. ZK-Tagung vom 24.-26.7.1953 »scharf kritisiert wurden«[130]. Elli Schmidt war in Ungnade gefallen, weil sie sich im Politbüro gegen Ulbricht ausgesprochen hatte, und wurde aus diesem Gremium ausgeschlossen.[131] Im Septem-

---

[126] Roth, S. 183.
[127] SAPMO, DY 30/IV 2/4/420, Bl. 225. Damit ist Dorothea Müller, Sekretär für Wissenschaft, Volksbildung und Kultur der Bezirksleitung, gemeint. Vgl. Sächsisches Hauptstaatsarchiv Dresden, Bestand: 11.857: SED-Bezirksleitung Dresden, Nr. IV/2/4/61, Bd. 2, Bl. 273.
[128] SAPMO, DY 30/IV 2/4/420, Bl. 225. Vgl. auch Roth, S. 183.
[129] Roth, S. 614.
[130] Ebenda, S. 619.
[131] Herrnstadt überliefert folgende Äußerungen Schmidts gegenüber Ulbricht auf der Sitzung des Politbüros vom 7.7.1953: »Der ganze Geist, der in unserer Partei eingerissen ist, das Schnellfertige, das Unehrliche, das Wegspringen über die Menschen und ihre Sorgen, das Drohen und Prahlen – das erst hat uns so weit gebracht, und daran, lieber Walter, hast Du die meiste Schuld, und das willst Du

ber 1953 begannen auch die Auseinandersetzungen in der Dresdner Bezirksleitung, wobei eine Brigade des ZK die Feder führte. Heinz Wolf wurden »politisch-ideologische Schwäche und ungenügende Initiative« vorgeworfen, denn er sei »widerspruchslos den falschen Orientierungen von Elli Schmidt gefolgt«. Es gab die konkrete Vorhaltung, er habe einen Seminarplan in die Kreise verschickt, in dem die Beschlüsse der 2. Parteikonferenz der SED »als falsch bezeichnet« wurden, eine Auffassung, die Wolf auch in einer Parteiversammlung vertreten hatte. Außerdem fand sich im Bücherschrank seines Arbeitszimmers noch nach der »Entlarvung Berijas als Agenten des Imperialismus« ein Buch »dieses Verräters«.[132] In der Sitzung vom 23.10.1953 beschloß das Sekretariat des ZK die Ablösung Wolfs als Sekretär für Agitation und Propaganda und schlug der BL Dresden vor, ihn von seiner Funktion als Mitglied der Bezirksleitung zu entbinden.[133] So geschah es auch. Die BPKK Dresden entdeckte Wolfs »kleinbürgerliche Herkunft« als Grund für sein »Versagen«, ahndete dies mit einer »strenge(n) Rüge« und »entfernte« ihn aus der Bezirksleitung und dem Parteiapparat.[134] Bereits seit September 1953 war der Wirtschaftssekretär Rudolf Rätzer nicht mehr im Apparat der Bezirksleitung Dresden tätig, sondern als Ratsvorsitzender in den Kreis Bischofswerda versetzt worden. Bis zu diesem Zeitpunkt war er, obwohl seit einem Jahr im Amt, »vom Zentralkomitee noch nicht bestätigt«. Der »Grund hierfür«, so eine Einschätzung der BPKK Dresden, »lag in seiner Vergangenheit.«[135] Rätzer war als Sohn eines Kaufmanns kleinbürgerlicher Herkunft, hatte 1931 kurzzeitig eine Zigarettenfabrik gegründet, wofür er sich von einer Genossin Geld geliehen hatte, das er erst 1950 zurückzahlte, und wettete regelmäßig bei Pferderennen, wobei er eine große Summe gewann. Außerdem hatte er Möbel bei einem Tischler, der NSDAP-Mitglied war, gekauft. Dazu Rätzer selbst in einem Lebenslauf vom 25.11.1954: »(I)ch war ein Kleinbürger geblieben, ungenügend verbunden mit der Lehre und der revolutionären Tatkraft der Partei.«[136] Die kaderpolitischen Veränderungen nach dem 17. Juni boten nun einen willkommenen Anlaß, den vom ZK immer noch nicht bestätigten Rätzer als Sekretär der BL

---

nicht eingestehen, daß es ohne alledem keinen 17. Juni gegeben hätte.« Und weiter: »Es geht nicht gerecht zu, Walter. Wer Dir zum Munde redet und immer hübsch artig ist, der kann sich viel erlauben. Honecker, zum Beispiel, das liebe Kind. Aber wer Dir nicht zum Munde redet, der bekommt keine Hilfe und kann sich totarbeiten, und es wird nicht anerkannt. Und wehe gar, es passiert ihm ein Fehler!« Zit. in: Herrnstadt, S. 128.

[132] Roth, S. 447. Lawrentij Pawlowitsch Berija, nach dem Tod Stalins zum Innenminister der Sowjetunion ernannt, war im entbrennenden Machtkampf der »stärkste( ) Rivale( ) und Prätendent( ) um die Stalinsche ›Erbschaft‹.« Er wurde am 26.6.1953 verhaftet und am 23.12.1953 erschossen und ist »der letzte im Prozeß des Machtkampfes physisch vernichtete Führer dieses Ranges« gewesen. Subkowa, Jelena, Kaderpolitik und Säuberungen in der KPdSU (1945-1953), in: Weber/Mählert, S. 187-236, hier S. 231 und S. 232.

[133] SAPMO, DY 30/J IV 2/3A/387, Bl. 9.

[134] Roth, S. 447.

[135] Sächsisches Hauptstaatsarchiv Dresden, IV/2/4/61, Bd. 2, Bl. 273 (»Einschätzung über das Verhalten der Genossen am 17.6.1953«).

[136] Ebenda, IV/D/2/11/832.

abzulösen. Hinzu kam, daß Rätzer laut einer Einschätzung vom 10.2.1955 ideologische Schwächen gezeigt hatte und sich etwa »auch heute noch nicht über den schädlichen Artikel von Fechner richtig klar« war.[137]

In Leipzig mußte der 2. Sekretär, Luise Bäuml, »an diesem dramatischen Tag die Führung übernehmen«, bis der 1. Sekretär Paul Fröhlich am frühen Nachmittag wieder aus Berlin zurückgekehrt war.[138] Im Bezirk Leipzig gab es in sämtlichen Kreisen Proteste. Allein in der Bezirksstadt demonstrierten fast so viele Menschen wie im Bezirk Dresden insgesamt. Die Führung der Bezirksleitung zeigte sich hier wenig orientiert. So erhielt die SED-Kreisleitung Leipzig »erst Informationen, als aus den Betrieben bereits Meldungen über Streiks eintrafen. Nicht einmal in dieser Situation hatte sie Zugang zur Bezirksleitung. Bis Mittag bemühten sich Leipziger SED-Funktionäre vergeblich darum, die ersten Demonstranten mit Diskussionen zur Aufgabe ihres Protestes zu bewegen.«[139] Die Berliner Zentrale entsandte Heinrich Rau, Stellvertretender Ministerpräsident und Minister für Maschinenbau, in die Leipziger Bezirksleitung. Es war jedoch der aus Berlin zurückgekehrte 1. Sekretär der Bezirksleitung, Paul Fröhlich, der die Führung übernahm und mit Waffengewalt, noch ehe das Kriegsrecht verhängt war, den Demonstranten entgegentrat. Dies verschaffte ihm nicht nur weiteres Ansehen bei Ulbricht, sondern entlastete auch den 2. Sekretär Bäuml, der trotz unzureichender selbst eingeleiteter Maßnahmen im Bezirkssekretariat verbleiben konnte. Im Februar 1954 wechselte Luise Bäuml in die Funktion des Sekretärs für Agitation und Propaganda der BL Leipzig. Ihre Vorgängerin, Else Lübeck, war wegen »ideologischer Schwächen« als Redakteur, später Abteilungsleiter »Parteileben« an die »Leipziger Volkszeitung« verändert worden.[140] Ob dieser Funktionswechsel jedoch im Zusammenhang mit dem 17. Juni steht, ist unklar, scheint wenig wahrscheinlich. In den einschlägigen Darstellungen taucht ihr Name nicht auf, noch ist solche Kritik an ihrer Person bekannt.

Der Bezirk Halle war eines der wichtigsten Zentren der Aufstandsbewegung. Die Virulenz der Ereignisse schlug sich hier in einer Vielzahl kaderpolitischer Maßnahmen im Sekretariat der Bezirksleitung nieder. Zunächst war, wie in allen anderen Bezirken, der 1. Sekretär der Bezirksleitung, Heinz Glaser, nach Berlin

---

[137] Ebenda. Zwei Wochen nach dem Juniaufstand hatte Max Fechner als Justizminister der DDR in einem im »Neuen Deutschland« veröffentlichten Interview geäußert: »Das Streikrecht ist verfassungsmäßig garantiert. Die Angehörigen der Streikleitung werden für ihre Tätigkeit als Mitglieder der Streikleitung nicht bestraft.« Dies entsprach nicht den nach dem 17. Juni angewandten Rechtspraktiken, und Fechner wurde am 14.7.1953 vom Politbüro seiner Funktion enthoben, in Untersuchungsarrest genommen und »wegen partei- und staatsfeindlichen Verhaltens aus der Partei ausgeschlossen.« 1955 erhielt Fechner wegen »Verbrechen gegen den Staat« eine achtjährige Zuchthausstrafe, wurde jedoch im April 1956 begnadigt und 1958 wieder in die SED aufgenommen. Vgl. Flemming, Thomas, Kein Tag der deutschen Einheit. 17. Juni 1953, Berlin 2003, S. 129 f.
[138] Roth, S. 102 und S. 180.
[139] Ebenda, S. 613.
[140] Vgl. dazu Landesarchiv Berlin, C Rep. 907-03, Nr. 272 (Lebensbild von Else Lübeck). Auf diese Quelle machte freundlicherweise Herr Andreas Herbst, Berlin, aufmerksam.

beordert worden. Vor seiner Abreise in den frühen Morgenstunden rief er seine Stellvertreter zu sich, »wies sie auf mögliche Unruhen in Großbetrieben des Bezirkes hin und erteilte ihnen den Auftrag, sofort mit Agitationsgruppen zu diesen potenziellen Streikzentren zu fahren.«[141] Als leitende SED-Funktionärin blieb die erst 25jährige Gerda Haak, Sekretär für Kultur und Erziehung[142], in der Bezirksleitung zurück. Bald überschlugen sich die Ereignisse. Als sie aus allen Kreisen Nachrichten über Streiks und Demonstrationen erreichten, rief sie mit der Bitte um Hilfe nacheinander beim ZK in Berlin, beim Ratsvorsitzenden Bruschke und bei der Bezirksverwaltung der Volkspolizei an. Der ZK-Sekretär für Agitation, Hermann Axen, »ließ sie gar nicht erst ausreden, sondern verwies sie nur an eine Informationsabteilung, die alles notieren würde«, Bruschke »hatte wenig Zeit, weil er gerade in einer Ratssitzung saß«, und VP-Inspekteur Zaspel sah sich außerstande, ohne Genehmigung der sowjetischen Kontrollbehörde Kräfte der Wacheinheit in Bewegung zu setzen.[143] Solcherart allein gelassen, begab sich Haak selbst zur sowjetischen Kommandantur, wo ihr zu ihrer Überraschung beschieden wurde, daß es im Augenblick klüger sei, nicht mit Polizeikräften gegen die Demonstranten vorzugehen. Die VP-Inspektion erhielt den Befehl, ihre Polizeitruppen in der Kaserne zu belassen. »Zum Abschluss des Gesprächs gaben die Sowjetgenerale der SED-Bezirksleitung noch den folgenden Rat: Wenn die Demonstranten wirklich bis zum Marktplatz marschierten, dann sollte SED-Kreischef Schumann dort zu ihnen sprechen und sie von den Vorteilen der Politik des neuen Kurses überzeugen. Ausgerüstet mit solchen Ratschlägen begab sich Gerda Haak zurück zur Bezirksleitung der SED.«[144]

Gegen Mittag des 17. Juni erreichte der Strom der Demonstranten das Gebäude der SED-Bezirksleitung. Die anwesenden SED-Funktionäre schlossen sich daraufhin in ihren Dienstzimmern ein. Nur der Ratsvorsitzende Werner Bruschke, kurz zuvor in der Bezirksleitung angekommen, stellte sich den Demonstranten entgegen, konnte aber nicht verhindern, daß 300 bis 400 Personen in das Gebäude eindrangen. Ein endlich eintreffender Trupp von Volkspolizisten, »nach mehreren flehentlichen Telefonanrufen von Gerda Haak« in Marsch gesetzt, wurde überwältigt und entwaffnet, Bruschke selbst gelang es, sich in einer Besenkammer zu verstecken. Erst als die Demonstranten weitermarschierten, konnte er »sein Versteck in der Besenkammer wieder verlassen. Er lief so schnell ihn seine Beine trugen durch Nebenstraßen zum Rat des Bezirkes, um seine Mitarbeiter zu

---

[141] Löhn, Hans-Peter, Spitzbart, Bauch und Brille – sind nicht des Volkes Wille! Der Volksaufstand am 17. Juni 1953 in Halle an der Saale, Bremen 2003, S. 36. Die folgenden Ausführungen stützen sich auf diese Monographie. Vgl. zu den Ereignissen im Bezirk Halle auch: Grashoff, Udo, Bezirk Halle: Aufruhr im »blutroten Herzen Deutschlands«, in: Mählert, Ulrich (Hrsg.), Der 17. Juni 1953. Ein Aufstand für Einheit, Recht und Freiheit, Bonn 2003, S. 133-155.

[142] Vgl. Herbst, Andreas/Stephan, Gerd-Rüdiger/Winkler, Jürgen (Hrsg.), Die SED. Geschichte, Organisation, Politik. Ein Handbuch, Berlin 1997, S. 867 und S. 963. Die Angabe von Löhn, S. 36, Haak sei Sekretär für Agitation und Propaganda gewesen, ist offensichtlich falsch.

[143] Löhn, S. 36 und S. 37.

[144] Ebenda, S. 37 f.

3.2 Der 17. Juni 1953 und seine Auswirkungen

warnen.«[145] Doch die wütenden Arbeiter drangen auch in dieses Gebäude ein und zerstörten Mobiliar, SED-Symbole, Fahnen und Wandzeitungen. Bis in die späten Nachmittagsstunden des 17. Juni konnte den Aufständischen kein ernsthafter Widerstand entgegengesetzt werden. Nachdem sowjetische Truppen das Gebäude der Bezirksleitung besetzt hatten, koordinierten Haak und Bruschke gemeinsam die weiteren Maßnahmen und bildeten einen Einsatzstab. Aus Berlin war mittlerweile das Politbüromitglied Fred Oelßner eingetroffen, welcher sofort die Führung an sich zog und aus verantwortlichen Funktionären der SED und bewaffneter Organe eine Bezirkseinsatzleitung bildete, der auch der ebenfalls zurückgekehrte 1. Sekretär Glaser angehörte. Der sowjetische Kommandant verhängte in Absprache mit der Bezirkseinsatzleitung den Ausnahmezustand über die Stadt. Mit Hilfe vom Manöver abgezogener und in Halle eingesetzter sowjetischer Truppen konnte die Ordnung im Sinne der SED bald wieder hergestellt werden. Für die SED-Funktionäre, die »in den ersten Stunden völlig hilflos reagierte(n)«[146], sollten die Ereignisse jedoch noch ein Nachspiel haben. Dies betraf in erster Linie Johannes Cherk, Werner Bruschke, Gerda Haak und Rudolf Schröder.

Den Anfang machte die Bezirksleitung Halle selbst, indem sie am 8.8.1953 kaderpolitische Konsequenzen zog. Johannes Cherk, 2. Sekretär der Bezirksleitung Halle, erhielt wegen »Nichtausübung seiner Funktion in einer für die Partei entscheidenden Situation« eine Rüge und wurde aus seiner Funktion abberufen. Diesem Beschluß stimmte die ZPKK am 29.10.1953 zu, und auch das Sekretariat des ZK nahm ihn am 19.11.1953 zustimmend zur Kenntnis.[147] Die Genossen der Bezirksleitung Halle beabsichtigten dann, Cherk als 1. Sekretär einer SED-Kreisleitung einzusetzen. Hierin willfuhr ihnen das Sekretariat des ZK jedoch nicht, sondern beauftragte die BL, Cherk »entsprechend seiner politischen und fachlichen Fähigkeit evtl. als Mitglied des Sekretariats in einer Kreisleitung oder eines Großbetriebes« einzusetzen.[148]

Im Fall Werner Bruschke empfahl die Bezirksleitung (sie konnte nicht beschließen, da er Mitglied des ZK war), »wegen mangelnder Entschlußkraft« eine Rüge zu erteilen. Dies akzeptierten sowohl die ZPKK als auch das Sekretariat des ZK.[149] Mit ihren Beschlüssen zu Haak und Schröder konnte die BL Halle allerdings bei der ZPKK nicht durchdringen. Die von der BL Halle an beide Funktionäre erteilte Verwarnung »wegen nicht richtigen parteimäßigen Verhaltens am 17.6.1953« hob die ZPKK am 29.10.1953 auf und beschloß, Gerda Haak »wegen Nichtorganisierens des Widerstandes gegen das Eindringen von Provokateuren in das Parteihaus« und Rudolf Schröder »wegen Zurückweichens vor dem Klassenfeind«

---

[145] Ebenda, S. 52.
[146] Ebenda, S. 36.
[147] SAPMO, DY 30/J IV 2/3A/390, Bl. 10 f.
[148] SAPMO, DY 30/J IV 2/3A/382, Bl. 4.
[149] SAPMO, DY 30/J IV 2/3A/390, Bl. 10.

eine Rüge zu erteilen. Diese Parteistrafen fanden zustimmende Kenntnisnahme im ZK-Sekretariat.[150] Auch auf der untergeordneten Kreisebene gab es Konsequenzen. So erhielt der Vorsitzende der KPKK Halle, Anton Haufe, eine Verwarnung, der Parteisekretär der SED-Kreisleitung Halle, Friedrich Barth, und der 1. Sekretär der SED-Kreisleitung Leuna, Karl Hertel, wurden mit einer Rüge bestraft und aus ihren Funktionen abberufen.[151]

Aus den Protokollen der ZPKK gehen die detaillierten Begründungen für die Parteistrafen hervor. Der 2. Sekretär Johannes Cherk war am Vormittag des 17. Juni im Mansfeld-Kombinat. Nachdem dies von sowjetischen Einheiten besetzt worden war, begab er sich nicht sofort in die Bezirksleitung Halle, obwohl er durch Telefonate von der dortigen Situation wußte, sondern »zog es indessen vor, sich 3 Stunden untätig im Hause der sowjetischen Freunde aufzuhalten. Mit seinem Verhalten beweist der Genosse Cherk, dass er kritischen Situationen ausweicht und nicht den notwendigen persönlichen Mut und die Entschlusskraft, die eine solche Situation erfordert, aufbringt. Genosse Cherk hat nicht die Eignung für die Funktion eines 2. Sekretärs im Bezirk.«[152]

Werner Bruschke hielt die ZPKK vor, »nicht sofort, als er im Parteihaus war, die politische Orientierung der Genossen und organisatorische Massnahmen zur Verteidigung des Hauses« veranlaßt zu haben. »Bei einem alten Genossen mit Erfahrung hätte man erwarten müssen, dass er sofort, wenn auch wenig Zeit vorhanden war, die Organisierung der Verteidigung des Parteihauses vornahm. Durch das Fehlen einer straffen politischen und organisatorischen Führung im Hause der Bezirksleitung entstand eine Lage, die das Eindringen der Provokateure in das Parteihaus ermöglichte.«[153] Bruschke blieb, obwohl er selbst beantragt hatte, »die Parteistrafe zu verschärfen, indem außer einer Rüge noch Funktionsentzug ausgesprochen wird«, bis November 1954 im Amt, um dann aus gesundheitlichen Gründen entlasset zu werden.[154]

Gerda Haak hatte, wie die ZPKK feststellte, »durch die Abwesenheit des 1. und 2. Sekretärs der Bezirksleitung Halle die volle politische Verantwortung für die zu treffenden Maßnahmen in der Bezirksleitung am 17.6. Durch die ihr zugehenden Informationen über die Ausschreitungen der faschistischen Provokateure war die Genossin Haak über den Ernst der Lage unterrichtet. Genossin Haak traf aber in dieser Situation nicht die erforderlichen politischen und organisatorischen Massnahmen zur Sicherung und Verteidigung des Parteihauses. Sie erhob keine Ein-

---

[150] SAPMO, DY 30/J IV 2/3A/390, Bl. 11.
[151] SAPMO, DY 30/J IV 2/3A/390, Bl. 11 f.
[152] SAPMO, DY 30/IV 2/4/448, Bl. 52 (Protokoll der 86. Sitzung der ZPKK mit den Kandidaten der ZPKK am 29.10.1953). Vgl. auch SAPMO, DY 30/IV 2/4/447, Bl. 144 f.
[153] SAPMO, DY 30/IV 2/4/448, Bl. 50. Werner Bruschke (1898-1995), Mitglied der SPD seit 1916, ist 1933 Mitglied des Bezirkssekretariats Magdeburg-Anhalt der SPD und 1949-1952 Ministerpräsident des Landes Sachsen-Anhalt gewesen, verfügte also in der Tat über große politische Erfahrung. Vgl. auch Bruschke, Werner, Episoden meiner politischen Lehrjahre, Halle 1979, und ders., Für das Recht der Klasse – für die Macht der Arbeiter und Bauern, Halle 1981.
[154] SAPMO, DY 30/IV 2/11/v 4823, Bl. 90 und Bl. 56.

wände, als verantwortliche Genossen sich im Zimmer einschlossen und damit kampflos die Ausschreitungen der Provokateure zuliessen.«[155] Damit machte es sich die ZPKK sehr einfach, ein Sündenbock war gefunden. Wie Haak mit höchstens 20 mehrheitlich weiblichen Mitarbeitern und vier Angestellten des Betriebsschutzes, darunter zwei Frauen, gegen 300 bis 400 eindringende Demonstranten hätte »kämpfen« sollen[156], erklärte die ZPKK nicht. Gerda Haak blieb bis März 1954 im Amt, um dann als politische Mitarbeiterin in der Abteilung Wissenschaften des ZK zu arbeiten.[157] Gemessen an ihrer Funktion als Sekretär einer BL war die neue Tätigkeit sicher weniger verantwortlich, kann aber auch kaum als Strafversetzung gedeutet werden, da sie nun im zentralen Apparat des ZK tätig sein konnte.

Rudolf Schröder sollte schon vor dem 17. Juni 1953 als Sekretär für Agitation und Propaganda abgelöst werden. Einem entsprechenden Vorschlag der BL Halle, »daß der Genosse Rudi Schröder aus dem Sekretariat der Bezirksleitung ausscheidet«, stimmte das Sekretariat des ZK am 11.6.1953 zu.[158] Eine Begründung hierfür liegt leider nicht vor. Aber offenbar war Schröder am 17. Juni noch im Amt, denn er »hatte zeitweise am 17.6. die politische Verantwortung für die Arbeit in der Bezirksleitung. Durch die an ihn gegebenen Informationen aus den Kreisen und Stadtbezirken über die Ausschreitungen der faschistischen Provokateure, musste der Genosse Sch. über den Charakter der Demonstration im klaren sein. Genosse Sch. unterliess es aber, entsprechend der kritischen Lage politische und organisatorische Massnahmen zum Schutze des Parteihauses einzuleiten. Den von der KVP Halle angebotenen Schutz lehnte er als nicht erforderlich ab. Beim Eintreten der Provokateure in das Parteihaus schloss er sich mit anderen Genossen in ein Zimmer ein und überliess damit den Provokateuren kampflos das Feld.«[159] Im August 1953 übernahm Adolf Wicklein Schröders Ressort.[160] Welche Funktion Schröder selbst anschließend bekleidete, ist nicht bekannt. In einem Sekretariat einer Bezirksleitung tauchte er nie wieder auf.

Parteistrafen wurden nach dem 17. Juni 1953 auch im Bezirk Magdeburg verhängt. Hier hatten sich »gegen 11.00 Uhr ca. 1000 Demonstranten vor der SED-Bezirksleitung versammelt, die aber verschlossen war. Durch das Fenster der ersten Etage und über ein Baugerüst drangen diese auch in die zweite Etage des Gebäudes ein. Die Eindringlinge waren mit Eisenstangen, Hämmern und Äxten bewaffnet. Schließlich verhandelte der 2. Sekretär ›mit einem Provokateur und wollte zum Empfang einer Delegation die Tür aufschließen lassen‹. Andere Sekretariatsmitglieder und Mitarbeiter hielten ihn davon ab, und versuchten von den Fenstern aus zu den Menschen zu sprechen. Dies mißlang, da die Demonstranten

---
[155] SAPMO, DY 30/IV 2/4/448, Bl. 51.
[156] Diese Zahlen stammen aus: Löhn, S. 45 und S. 46.
[157] Vgl. Herbst/Stephan/Winkler, S. 963.
[158] SAPMO, DY 30/J IV 2/3A/371, Bl. 10.
[159] SAPMO, DY 30/IV 2/4/448, Bl. 52 f.
[160] SAPMO, DY 30/J IV 2/3A/607.

mit einem Steinhagel antworteten. Die eingedrungenen Arbeiter zerstörten einige Bilder und warfen Akten auf die Straße. Nach ca. einer Stunde zerstreuten sich die Massen«.[161] Auch der Rat des Bezirkes, die BDVP und Haftanstalten wurden von Demonstranten zeitweilig besetzt. Den in Magdeburg anwesenden Sekretariatsmitgliedern gelang es nicht, dem wirksam entgegenzutreten. Der Ratsvorsitzende Josef Hegen setzte, was ihm später zum Vorwurf geriet, auf Agitation. Er hatte, als sich 20.000 Menschen vor der Strafvollzugsanstalt und der U-Haftanstalt des MfS versammelt hatten und das Bezirksgericht bereits gestürmt war, von einem Fenster der BDVP zu den Demonstranten gesprochen und sich bereit erklärt, eine Delegation zu empfangen. Hegen verhandelte mit ihr über die Modalitäten der Freilassung von Gefangenen. Er erteilte einem VP-Kommandeur den Befehl, mit der Abordnung der Demonstranten in das besetzte Bezirksgericht zu gehen und die Personalakten der Gefangenen einzusehen. Die Delegation ging mit dem Kommandeur auch in die Strafvollzugsanstalt, wo die Entlassung von 35 politischen Gefangenen vorbereitet wurde, zu der es wegen des Eintreffens sowjetischer Offiziere nicht mehr kam.[162] Nachdem sich auch in Magdeburg die Wogen geglättet hatten, setzten die üblichen Untersuchungen der BPKK ein. Die Tatsache, daß Hegen »mit faschistischen Provokateuren« verhandelt hatte, führte zu der Parteistrafe »Rüge« und zum Abzug aus der Funktion. Der Chefinspekteur der BDVP, Herbert Paulsen, erhielt eine »Strenge Rüge« und wurde ebenfalls seines Postens enthoben.[163] Josef Hegen fiel allerdings die Karriereleiter hinauf. Ab dem 1.7.1953 arbeitete er als Staatssekretär und Stellvertreter des Ministers des Innern in Berlin.[164] Dies war offenbar möglich, weil erst am 16.7.1953 das Sekretariat der Magdeburger Bezirksleitung einen Beschluß faßte, das Verhalten seiner Mitglieder zu überprüfen.[165] Da war Hegen bereits in Berlin; sein Nachfolger Paul Hentschel amtierte seit dem 26.6.1953 in Magdeburg.[166] Es gab weitere Kaderveränderungen. Kurt Wagner, der erst wenige Tage vor den Juniereignissen die Funktion des 2. Sekretärs der BL übernommen hatte, war wegen seines Versuchs, zu den Demonstranten zu sprechen, mit ins Zentrum der Kritik gerückt. Mit Blick auf ihn stand später die Frage, ob er »kapitulantenhaft gehandelt hat und ob er fähig ist, die Funktion als 2. Sekretär auszuüben«.[167] Zumindest letztere Frage wurde ver-

---

[161] Lübeck, S. 119. Zur Entwicklung in Magdeburg vgl. auch Puhle, Matthias (Hrsg.), Magdeburg. 17. Juni 1953, Magdeburg 1993.
[162] Vgl. Lübeck, S. 122 f.
[163] Vgl. SAPMO, DY 30/IV 2/4/4, Bl. 120 f. (Rechenschaftsbericht der BPKK Magdeburg zur Delegiertenkonferenz vom 11.-14.3.1954). Da Hegen zum Zeitpunkt des Beschlusses Staatssekretär war, bedurfte es noch einer Bestätigung des Zentralkomitees, um die Parteistrafe wirksam werden zu lassen.
[164] Vgl. SAPMO, DY 30/IV 2/11/v 782.
[165] Vgl. Dähn, Horst, »Im Ernst-Thälmann-Werk sind die Streikenden über die Mauern gestiegen« – Die Rolle des Sekretariats der SED-Bezirksleitung Magdeburg am 17. Juni 1953, in: Jahrbuch für Historische Kommunismusforschung 2003, Berlin 2003, S. 190-241, hier S. 192.
[166] Vgl. SAPMO, DY 30/IV 2/11/v 162 und DY 30/J IV 2/3A/580.
[167] Zit. in: Dähn, S. 240.

neint. Wagner trat seine Funktion nach der Delegiertenkonferenz im März 1954 an Rudolf Kornagel ab und übernahm als Politleiter der MTS im Bezirk Magdeburg eine subalterne Funktion.[168] Ein Zusammenhang mit seinem als unzureichend empfundenen Verhalten am 17. Juni ist hier anzunehmen. Aber auch insgesamt betrachtet war Wagner offensichtlich »seinen Funktionen nicht gewachsen.«[169] Die ebenfalls erfolgten Auswechslungen des Sekretärs für Agitation und Propaganda, Edith Brandt, und des Wirtschaftssekretärs Otto Stauch hingegen hatten nichts mit dem 17. Juni zu tun. Brandt wurde mit Wirkung vom 1.1.1954 Sekretär im Zentralrat der FDJ.[170] Stauch mußte als Abteilungsleiter beim Rat des Bezirkes ab Anfang 1954 zwar einen Karriereknick hinnehmen[171], ist aber am 17. Juni, da im Urlaub, nicht in Erscheinung getreten. Er hatte aus eigenem Antrieb die Bezirksleitung aufgesucht, war dort jedoch erst eingetroffen, als sowjetische Truppen die Regie übernommen hatten.[172]

Schwerin war im Juni 1953 einer der ruhigsten Bezirke, hier kam es nur zu kleineren Protesten.[173] Dennoch haben diese Ereignisse zu einem Teil dazu beigetragen, daß ein Sekretär der Bezirksleitung Schwerin seinen Hut nehmen mußte. In der Sitzung vom 16./17.12.1953 beschloß das Sekretariat des ZK die sofortige Funktionsenthebung des Sekretärs für Agitation und Propaganda, Reinhold Blank.[174] In den Akten der Bezirksleitung Schwerin findet sich die Begründung dafür: »Beim Genossen Blank zeigten sich in den Tagen des 17. Juni Sorglosigkeit und Unklarheiten gegenüber dem Charakter des faschistischen Putschversuches. Die Ursachen liegen in politischen Schwächen begründet und in der mangelnden Qualifikation für die Ausübung einer solchen wichtigen Funktion. Zur Sicherung der Führung der Arbeit durch das Sekretariat ist die Funktionsentbindung des Genossen Reinhold Blank notwendig.«[175] Blank wurde im weiteren als Parteisekretär im RAW Wittenberge eingesetzt. Auch der Kultursekretär Marianne Libera schied aus dem Bezirkssekretariat aus, jedoch nicht wegen des 17. Juni, sondern aufgrund »prinzipielle(r) Mängel und Schwächen, die in Oberflächlichkeit, Lücken im Klassenbewußtsein, Geltungsbedürfnis und mangelnder Prinzipienfestigkeit ihre Ursachen finden.« Ihr wurden die »politisch-moralischen Qualitäten« abgesprochen, die vonnöten seien, »um weiterhin Mitglied der Bezirksleitung« bleiben zu können.[176]

In den übrigen Bezirken gab es keine personellen Veränderungen unter den Sekretären der Bezirksleitungen, die auch nur teilweise mit einem unzureichenden

---

[168] Vgl. Herbst/Stephan/Winkler, S. 1104 und SAPMO, DY 30/J IV 2/3A/409.
[169] Protokoll des Gesprächs mit Alois und Martha Pisnik, Rostock, 17.10. und 24.10.2002, S. 5.
[170] Vgl. SAPMO, DY 30/IV 2/11/v 5575.
[171] Vgl. SAPMO, DY 30/IV 2/11/v 1232.
[172] Vgl. Dähn, S. 238.
[173] Vgl. Koop, Volker, 17. Juni 1953. Legende und Wirklichkeit, Berlin 2003, S. 87-89.
[174] SAPMO, DY 30/J IV 2/3A/394.
[175] Landeshauptarchiv Schwerin, Bestand 10.34-3 (BL Schwerin 1952-1967), Nr. 118.
[176] Ebenda.

Verhalten am 17. Juni 1953 begründet wurden. Hierfür sind im wesentlichen zwei Ursachenkomplexe zu benennen. Zum einen gab es Bezirke, die nur ganz am Rande in die Geschehnisse des 17. Juni 1953 involviert waren. Der Bezirk Suhl etwa gehörte zu den wenigen Territorien, über die nicht der Ausnahmezustand verhängt wurde. Hier gab es, auch aufgrund mangelhafter Kommunikationsmöglichkeiten, keine Massenproteste. Der Rennsteig erwies sich »als Damm und gleichzeitig Wellenbrecher gegen die vor allem spontan und emotional getragene Bewegung aus Berlin und anderen Zentren der DDR.«[177] Es kam in Suhl zu keiner geschlossenen Protesthaltung, die »Proteste und Solidaritätsbekundungen mit den Streiks in Berlin und anderen Städten blieben in Südthüringen im wesentlichen isoliert und deshalb für die SED und ihre Sicherheitsorgane kontrollierbar.«[178] Im insgesamt ruhigen Bezirk Neubrandenburg beherrschte das Bezirkssekretariat, wie die BPKK in einer Analyse vom 31.7.1953 attestierte, »in diesen Tagen die Situation und hatte die politische Führung in der Hand«, so daß »alle Genossen Entschlossenheit und Kampfbereitschaft zeigten.«[179] Auch die BPKK Potsdam und Frankfurt (Oder) bescheinigten ihren Sekretariaten eine Beherrschung der Lage ohne Schwankungen.[180] In Schwerin war, mit Ausnahme des erwähnten Reinhold Blank, die Haltung der Sekretariatsmitglieder »einwandfrei und trug dazu bei, dass im Apparat der Bezirksleitung keinerlei Panik oder Kapitulationserscheinungen auftraten.«[181] Allerdings sind die Berichte der BPKK mit der notwendigen quellenkritischen Distanz zur Kenntnis zu nehmen. Die Vorsitzenden der BPKK waren Mitglieder des Sekretariats der Bezirksleitungen und sicher nicht unbedingt bestrebt, größere Kritik an den Sekretären der Bezirksleitungen, vor allem an den 1. Sekretären, zu üben. So ist es auch zu erklären, daß die BPKK Rostock in einem Bericht vom 30.7.1953 auf die »ruhige und sachliche Haltung der Leitung und vor allem auf die Haltung des Genossen Mewis, der die Lage richtig einschätzte und die notwendigen Massnahmen veranlasste«, abhob und damit, wie gezeigt, eine realistische Wiedergabe der Rostocker Situation verfehlte.[182]

Zum anderen gelang es häufig, die Parteifunktionäre der untergeordneten Ebene als Hauptverantwortliche an den Pranger zu stellen und so von der eigenen Unzulänglichkeit abzulenken. Das war insofern recht einfach, als etwa Kreissekretäre oder Parteisekretäre in den Betrieben viel näher an der Basis und demzufolge auch direkter mit den Protesten konfrontiert waren. Als Weisungen aus den Bezirksleitungen – die selbst auf solche aus Berlin warteten! – ausblieben, mußten diese Funktionäre selbständig handeln und machten sich so angreifbar. Das wurde später entsprechend ausgenutzt. So führte im Bezirk Gera der Agit-Prop-Se-

---
[177] Moczarski, S. 19.
[178] Ebenda, S. 28.
[179] SAPMO, DY 30/IV 2/4/418, Bl. 175.
[180] Vgl. ebenda, Bl. 249 und Bl. 333.
[181] Ebenda, Bl. 124.
[182] Ebenda, Bl. 35.

kretär Werner Ahsmus das Kommando. Der 1. Sekretär Otto Funke »war noch in Berlin oder auf der Autobahn, der 2. Sekretär im Urlaub, hatte sich aber noch nicht gemeldet. Er tauchte in diesen Tagen überhaupt nicht auf.«[183] Die Geraer Bezirksleitung wurde am 17.6.1953 um 3.45 Uhr »telefonisch durch das ZK verständigt, daß es Störungsversuche geben könnte und Delegationen nach Berlin verhindert werden sollten.«[184] Sie versäumte es, die Kreisleitungen über die Vorgänge in Ostberlin und befürchtete Ausschreitungen zu informieren. Dies betraf auch die Kreisleitung Jena, wo es bereits ab 8.30 Uhr zu ersten Unruhen im Zeiss-Betrieb gekommen war.[185] Koordinierungsmaßnahmen der Bezirksleitung Gera »bezüglich Jena erfolgten erst wieder am 18. Juni. Die Bezirksleitung der SED Gera, das wird durch die Aktenlage deutlich, wartete auf Instruktionen aus Berlin und war unfähig auf die Lage in Jena zu reagieren. Dieses Defizit wurde bewußt von den ›Säuberungen‹ bei der Jenaer SED überdeckt.«[186] Die Bezirksleitung konnte hier mit Erfolg die Verantwortung auf die lokale Ebene abwälzen, nur dort wurden personelle Konsequenzen gezogen, indem der Erste Sekretär der Kreisleitung Jena, Merx, sein Amt verlor. Die Sekretäre der Bezirksleitung kamen ungeschoren davon, ja, eine Analyse der BPKK Gera vom 30.7.1953 stellte ihnen sogar ein sehr gutes Zeugnis aus. »Vom Sekretariat der Bezirksleitung Gera wurden sofort nach Bekanntwerden von Streiks und Demonstrationen alle Mitarbeiter über die gegenwärtige Situation orientiert und festgelegt, wer zum Agitationseinsatz in die Schwerpunkte geht und wer die Sicherung des Hauses übernimmt. (...) Die Mitarbeiter der Bezirksleitung haben sich ausnahmslos entschlossen in Agitationseinsätzen, zur Sicherung des Hauses und zur Unterstützung der Kreisleitungen unermüdlich eingesetzt.«[187]

Insgesamt sind 15 Sekretäre, wie oben gezeigt, wegen Mängeln in der Arbeit oder sogenannter »politisch-ideologischer Unklarheiten« abgesetzt worden. Dies ist bei nur einem Sekretär, Johannes Cherk in Halle, expressis verbis mit dem 17. Juni 1953 begründet worden. Bei weiteren sechs Sekretären (Reinhold Blank, Heinz Brandt, Hans Jendretzky, Rudolf Rätzer, Kurt Wagner, Heinz Wolf) bildete der 17. Juni 1953 eine Gelegenheit oder war einer von mehreren Gründen für eine Funktionsveränderung. Diese sieben Sekretäre entsprechen, unterstellt man eine volle Besetzung aller Bezirkssekretariate, nur knapp 8 % aller Sekretäre der Bezirksleitungen. Rudolf Schröders Funktionsenthebung war schon vor dem 17. Juni 1953 beschlossen worden. Daneben gab es einige Parteistrafen, aber keine Strafversetzungen (Gerda Haak und die Ratsvorsitzenden Werner Bruschke und Josef Hegen). Die eingangs gestellte Frage, ob der 17. Juni 1953 eine kaderpolitische Zäsur für die Bezirkssekretariate gewesen ist, muß mithin eindeutig verneint

---

[183] Bentzien, S. 115 f.
[184] Karmrodt, Andreas, Der 17. Juni 1953 in Jena. Volk – Polizei – Partei, Erfurt 1997, S. 20.
[185] Vgl. Koop, S. 259.
[186] Karmrodt, S. 20.
[187] SAPMO, DY 30/IV 2/4/419, Bl. 398 f. und Bl. 392.

werden. Wohl waren die Jahre 1952 bis 1954 von einer enormen Fluktuation in den Bezirkssekretariaten gekennzeichnet; mehr als jeder zweite Sekretär wurde ausgewechselt. Dies ist aber nur in sehr wenigen Fällen auf ein Fehlverhalten während des Juniaufstands zurückzuführen. Die Untersuchung zeigte weiter, daß trotz des Booms, den die Erforschung des 17. Juni 1953 in den letzten 15 Jahren, vor allem auch im Jahr der 50. Wiederkehr 2003, genommen hatte, gerade auf der regionalen Ebene noch Lücken klaffen. So werden die Namen von Johannes Cherk und Rudolf Schröder in der ansonsten gründlichen Untersuchung von Löhn überhaupt nicht erwähnt.

Wenn größere kadermäßige Revirements direkt nach dem 17. Juni 1953 in den Bezirken ausblieben, dann auch deshalb, weil die Berliner Parteiführung eigenes Versagen einräumen mußte und mit innerparteilichen Machtkämpfen beschäftigt war. Die »innerparteilichen Informationsstrukturen versagten, als es darum ging, die Kader in der Provinz über die Vorgänge in Ostberlin zu unterrichten.«[188] Nach den schwerwiegenden Erschütterungen des Machtgefüges konnte und wollte sich die Parteiführung nicht auf Kaderveränderungen größeren Ausmaßes in den Bezirken einlassen. So ist die Restauration der SED-Herrschaft auch hier deutlich geworden.

3.3 Kaderpolitik und Fluktuation

Die SED hatte seit ihrer Gründung 1946 einen umfassenden Elitenaustausch in Staat, Wirtschaft und Gesellschaft angestrebt und durchgeführt. Was mit der Entnazifizierung 1945/46 begonnen hatte, setzte sich in den folgenden Jahren fort. Nunmehr wurden nicht nur Personen mit nationalsozialistischer Verstrickung aus den Ämtern entfernt, sondern es erfolgte auch eine »klassenmäßige« Auswahl nach sozialen Gesichtspunkten bei der Besetzung verantwortlicher Funktionen in den verschiedenen gesellschaftlichen Bereichen. Da die SED nicht nur einen umfangreichen Parteiapparat aufbaute, sondern auch beanspruchte, die wichtigsten Posten in der staatlichen Verwaltung oder auf der wirtschaftlichen Ebene zu besetzen, sah sie sich in den ersten Jahren mit einem enorm hohen Kaderbedarf konfrontiert. Dies erkannte sie durchaus und widmete ihrer Kaderpolitik eine entsprechend große konzeptionelle und personelle Aufmerksamkeit. So hieß es 1981 in einer Publikation: »Für unsere Partei waren und sind Kaderfragen immer Machtfragen. Sie stehen deshalb stets im Mittelpunkt der Aufmerksamkeit der

---

[188] Fricke, S. 72.

Partei.«[189] Für die Aufrechterhaltung ihrer Machtposition, für die geplante Umgestaltung von Staat und Gesellschaft war ein umfangreicher Bestand an verläßlichen Kadern unumgänglich. »Ohne die verantwortungsbewußte Auswahl, die erfolgreiche Entwicklung, Befähigung und kommunistische Erziehung der Kader, ohne ihren effektiven und planmäßigen Einsatz kann die Partei ihre Politik nicht verwirklichen.«[190] Die Kaderarbeit bildete ein Kernstück der politischen Arbeit der SED. Sie bestand »in ihrem Wesen darin, die Kaderpolitik der Partei der Arbeiterklasse als der führenden Kraft beim Aufbau der sozialistischen Gesellschaftsordnung im jeweiligen Verantwortungsbereich konsequent zu verwirklichen« und war durch »eine planmäßige Auswahl und den richtigen Einsatz« der Kader gekennzeichnet.[191]

Der SED-Führung mußte daran gelegen sein, durch eine sorgfältige und planmäßige Auswahl die richtigen Funktionäre an die richtige Stelle zu setzen. Um eine kontinuierliche, aber auch effektive Arbeit gewährleisten zu können, waren eine zu hohe Fluktuation, ein zu hoher Kaderverschleiß einerseits und eine langjährige personelle Stagnation infolge ausbleibender Neubesetzungen wichtiger Funktionen andererseits unbedingt zu vermeiden.

Die SED hatte in den ersten Jahren erhebliche Probleme, verantwortliche Parteifunktionen mit geeigneten Genossen kontinuierlich für eine längere Zeit zu besetzen. Die 1950er Jahre waren durch eine große personelle Fluktuation auf vielen Ebenen geprägt. Die Parteiführung wußte darum und machte die regionalen Instanzen auf dieses Problem aufmerksam. So heißt es in der auf der 7. Tagung des ZK 1951 verabschiedeten Entschließung über die Landesleitung Brandenburg, es könne »keine Parteileitung richtig arbeiten, wenn die Landesleitung nicht energisch Schluß macht mit der Fluktuation in verantwortlichen Positionen. Der größte Teil der 1. und 2. Kreissekretäre wurde in Brandenburg seit den Parteiwahlen gewechselt. In der Kreisleitung Ostprignitz wurde innerhalb von zwei Jahren der Leiter der Propagandaabteilung achtmal, der Leiter der Organisations-Instrukteurabteilung sechsmal, der Leiter der Abteilung staatliche und wirtschaftliche Verwaltung dreimal, der Leiter der Kaderabteilung viermal gewechselt.« In anderen Kreisen, so heißt es weiter, sehe es ähnlich aus. Ein »solch häufiger Wechsel in einer Position« sei »für die Arbeit einer Parteileitung schädlich.« Die LL Brandenburg müsse »dafür Sorge tragen, daß die verantwortlichen Funktionäre in den Kreisleitungen, vor allen Dingen der 1. und 2. Kreissekretär, für längere Zeit auf ihren Positionen bleiben, damit sie aus der genauen Kenntnis der Lage und der Bedingungen des Kreises imstande sind, die Partei im Kreis richtig anzuleiten, damit sie aber auch zugleich, gestützt auf die Autorität der werktätigen

---

[189] Bräuer, Anneliese/Conrad, Horst, Kaderpolitik der SED – fester Bestandteil der Leitungstätigkeit, Berlin (Ost) 1981, S. 9.
[190] Ebenda, S. 8.
[191] Rost, Rudi, Die Kaderarbeit als Führungsaufgabe, in: Staat und Recht, 16. Jg., H. 1, Berlin (Ost) 1967, S. 4-18, hier S. 5.

Massen, zu wirklichen Volksführern werden, die in enger Verbundenheit mit den Massen imstande sind, die Aufgaben der Partei zu lösen.«[192]

Die starke Fluktuation kennzeichnete nicht nur Brandenburg, sondern die ganze DDR. Zwischen 1945 und Ende 1953 hat es z. B. zehn Wechsel an der Spitze der KL Dessau gegeben. Zwischen 1949 und Oktober 1951 wurden in 29 Kreisen Sachsens 58,6 % der 1. und 76,0 % der 2. Kreissekretäre ausgetauscht. In Mecklenburg betraf dies sogar 90 % der 1. Kreissekretäre.[193] Allerdings hatte die Parteiführung durch ihre bis Anfang der fünfziger Jahre umfangreichen Parteisäuberungen und rigide Auswahlkriterien, die etwa Kriegsgefangenschaft oder Verwandtschaft im Westen als Manko stigmatisierten, selbst ein erhebliches Maß zu dieser Fluktuation beigetragen. Um hier schnelle Verbesserungen zu erreichen, befaßte sich das Politbüro am 28.4.1953 mit »Aufgaben zur grundlegenden Verbesserung der Auswahl, Entwicklung, Verteilung und Förderung der Kader«. Es orientierte die nachgeordneten Parteileitungen in einem Beschluß auf die »Überwindung der Fluktuation, die ihre Ursache in der Hauptsache in falschem, unüberlegtem Kadereinsatz und der Vernachlässigung der beharrlichen Erziehung der Kader hat«, und auf eine »Stabilisierung der Kader, indem diese längere Zeit in einer Funktion bleiben, es lernen, diese Funktion zu beherrschen, und sich wertvolle Erfahrungen und Erkenntnisse aneignen können«.[194] Dennoch konnte ein rasches Absenken der Fluktuationsrate nicht erreicht werden. Anfang 1954 sind im Bezirk Rostock neun von 14 Ersten Kreissekretären und damit zwei Drittel derer, die im August 1952 an der Spitze der Kreisleitungen gestanden hatten, nicht mehr im Amt gewesen. Im Frühjahr 1958 war mit dem 1. Sekretär der KL Rostock-Stadt, Karl Deuscher, nur noch ein 1. Kreissekretär des Jahres 1952 übriggeblieben.[195] Allein von Mitte 1953 bis Mitte 1954 wurden 42,0 % der Mitarbeiter aller SED-Kreisapparate ausgewechselt.[196]

Doch wie gestaltete sich die Entwicklung in den Bezirksleitungen? Es kann vermutet werden, daß der aufgrund des Mangels an geeigneten Funktionären häufig gewählte Weg, »die Posten mit Funktionären der zweiten und dritten Garnitur zu besetzen«[197], noch für die Kreisleitung, aufgrund der übergeordneten Stellung im Machtgefüge jedoch weniger für die Bezirksleitung angängig gewesen

---

[192] »Zur Arbeit der Landesleitung des Landes Brandenburg«, Entschließung des Zentralkomitees vom 20. Oktober 1951, in: Dokumente der Sozialistischen Einheitspartei Deutschlands. Beschlüsse und Erklärungen des Zentralkomitees sowie seines Politbüros und seines Sekretariats, hrsg. vom Zentralkomitee der SED, Band III, Berlin (Ost) 1952, S. 602-617, hier S. 609 und S. 610.

[193] Vgl. Schultz, Joachim, Der Funktionär in der Einheitspartei. Kaderpolitik und Bürokratisierung in der SED, Stuttgart-Düsseldorf 1956, S. 260.

[194] »Die Bedeutung der Organisationsfragen in der jetzigen Etappe der Schaffung der Grundlagen des Sozialismus«, Beschluß des Politbüros vom 28. April 1953, in: Dokumente der SED, Band IV, Berlin (Ost) 1954, S. 364-389, hier S. 367.

[195] Vgl. Zeittafel zur Geschichte der Bezirksparteiorganisation Rostock der SED 1952-1961, Rostock 1983, passim.

[196] Vgl. Schultz, S. 260.

[197] Ebenda, S. 262.

ist. Da fähige Parteifunktionäre Mangelware darstellten, traten auch in den Bezirksleitungen große Kaderprobleme zutage. So zeigte sich laut einem Bericht über einen Instrukteureinsatz, der vom 30.6.-11.7.1953 im Bezirk Halle stattgefunden hatte, das Sekretariat der BL »für diesen außerordentlich wichtigen Bezirk völlig ungenügend besetzt. Zur Zeit gibt es nur 3 Sekretäre, den Gen. Glaser, den 2. Sekretär Gen. Scherk und die Genn. Haak, Sekretärin für Kultur. Der Gen. Schröder, Sekretär für Propaganda ist seiner Funktion enthoben worden und der Sekretär für Wirtschaft ist für längere Zeit krank und wird evtl. auch später seine Funktion nicht mehr durchführen können. Einen Sekretär für Landwirtschaft gibt es auch nicht. Außerdem muß noch hinzugefügt werden, daß der 2. Sekretär seinen Aufgaben nicht gewachsen ist. Daraus ergibt sich, daß die ganze Arbeit auf dem Gen. Glaser lastet, der sich gesundheitlich völlig ruiniert (...). Es ist unbedingt notwendig, den Gen. Glaser bei der Besetzung des Sekretariats zu unterstützen.«[198]

In dieser Zeit konnten regelrechte Rangeleien einzelner ZK-Abteilungen um fähige Funktionäre entstehen. So schlug die Abteilung Leitende Organe in einer Vorlage vom 3.2.1954 den Sektorenleiter für Betriebs- und Stadtagitation, Otto Heckert, dringend als neuen 2. Sekretär der BL Dresden vor, wo diese Funktion seit Jahresanfang unbesetzt geblieben war. Die über Heckert verfügende ZK-Abteilung Agitation sei, so wurde versichert, »mit dem Abzug des Genossen Heckert einverstanden.« Das war sie jedoch nicht und protestierte zwei Tage später bei Ulbricht »gegen die Art und Weise, in der die Abteilung Leitende Organe der Parteien und Massenorganisationen des ZK versucht, Kaderfragen zu lösen.« Das angebliche Einverständnis »entspricht nicht im geringsten den Tatsachen«, man hätte im Gegenteil »erklärt, daß die Abteilung Agitation dem Abzug des Genossen Heckert unter den gegenwärtigen schwierigen Bedingungen in der Abteilung nicht zustimmt, wenn nicht ein vollauf gleichwertiger Ersatz gestellt werden kann.« Daraufhin wurde die Angelegenheit am 10.2.1954 im Sekretariat des ZK behandelt – mit dem Ergebnis, daß der AL Leitende Organe, Fritz Kleinert, »wegen falscher Unterrichtung des Sekretariats« eine Mißbilligung erhielt.[199] Lange konnte sich die Abteilung Agitation aber nicht ihres Erfolges freuen. Der von ihr so verteidigte Otto Heckert ging Ende Februar 1954 als 2. Sekretär der BL nach Leipzig.[200]

Der Kadermangel blieb der SED auch in den folgenden Jahren erhalten. Walter Ulbricht mußte 1955 kritisieren, daß es Bezirksleitungen gebe, in denen kein »einziger Sekretär den Betrieb genau kennt«, weil sich alle im Prozeß der Einar-

---

[198] SAPMO, DY 30/IV 2/5/561, Bl. 137. Der 2. Sekretär Johannes Cherk, so sein richtiger Name, wurde im August 1953 aus seiner Funktion abberufen.
[199] SAPMO, DY 30/J IV 2/3A/404, Bl. 132, Bl. 133 und Bl. 13.
[200] Vgl. SAPMO, DY 30/IV 2/11/v 154. Die BL Dresden bekam ebenfalls noch im Februar 1954 in Gestalt von Fritz Reuter einen neuen 2. Sekretär. Vgl. SAPMO, DY 30/J IV 2/3A/407.

beitung befänden.[201] Im gleichen Jahr stellte eine Instrukteurbrigade des ZK für den Bezirk Dresden fest, »daß 40 Prozent der Mitarbeiter weniger als ein Jahr in ihrer Position tätig waren. In weniger als zwei Jahren, zwischen Ende 1953 und Mai 1955, seien von 118 Mitarbeitern 88 ausgewechselt worden.«[202] Die im Bezirk Dresden 1955 »vorhandene äußerst hohe, der kontinuierlichen Entwicklung der Arbeit entgegenstehende Fluktuation der Kader« wurde auch in der parteieigenen Zeitschrift »Neuer Weg« thematisiert: »Nicht selten gibt es im Bezirk willkürliches Verschieben von Funktionären, was seine Ursachen in der ungenügenden Kenntnis der Menschen und der bisher oftmals sorglosen Auswahl der Kader hat. So wurde zum Beispiel durch die Bezirksleitung mit der Begründung, ›das Kollektiv zu stärken‹, der 2. Sekretär der Kreisleitung Bautzen als 2. Sekretär in den Kreis Meißen versetzt, während der 2. Sekretär von Meißen die Funktion des 2. Sekretärs von Bautzen übernahm.«[203]

Eine Analyse der Fluktuation unter den Sekretären der SED-Bezirksleitungen zwischen 1952 und 1989 kann die Frage klären helfen, inwieweit die Kaderpolitik der Parteiführung ihrem Anspruch, fähige Kader heranzuziehen und eine kontinuierliche Politikgestaltung und Durchführung zentral gefaßter Beschlüsse auch in den Regionen zu gewährleisten, gerecht geworden ist. Zudem ist es möglich, Rückschlüsse auf die innere Verfaßtheit der Partei, aber auch des Staates und der Gesellschaft zu ziehen. Häufige Kaderwechsel können auf innerparteiliche und innenpolitische Krisenentwicklungen hindeuten. Hierzu sind jedoch nicht nur die Häufigkeit der Funktionsenthebungen, sondern auch die jeweils dafür ausschlaggebenden Gründe zu ermitteln. Beides soll im folgenden unternommen werden.

Wie gesehen, waren die fünfziger Jahre eine Zeit des hektischen Kaderwechsels. Dies schlug sich direkt auch in den Sekretariaten der SED-Bezirksleitungen nieder.

Bereits im Jahr nach der Bezirksbildung wurde knapp ein Drittel aller Bezirkssekretäre ausgewechselt. Das setzte sich im darauffolgenden Jahr 1954, sogar leicht verstärkt, fort. 1955 verließen immer noch rund ein Viertel der Sekretäre die Bezirksleitungen. Zu diesem Zeitpunkt war nur noch jeder dritte Bezirkssekretär der »Gründergeneration« vom August 1952 im Amt. Die beiden folgenden Jahre 1956/57 zeigen einen Rückgang der Fluktuation auf etwa die Hälfte des Wertes der Jahre 1953/54, bevor 1958 ein neuer Spitzenwert von 32 Auswechslungen erreicht wird. In diesem Jahr mußten rund ein Dutzend Sekretärsposten bereits zum vierten Mal neu besetzt werden. Allein in der Bezirksleitung Halle gelangten 1958 der seit 1952 vierte 1., 2. und Sekretär für Agitation und Propaganda in das Amt. Im Landwirtschaftsressort dieser BL war im April 1958 gar der mittlerwei-

---

[201] Zit. in: Welsh, Helga A., Kaderpolitik auf dem Prüfstand. Die Bezirke und ihre Sekretäre 1952-1989, in: Hübner, Peter (Hrsg.), Eliten im Sozialismus. Beiträge zur Sozialgeschichte der DDR, Köln-Weimar-Wien 1999, S. 107-129, hier S. 112.
[202] Ebenda.
[203] Reuter, Karl-Ernst, Ernste Mängel in der Kaderarbeit der leitenden Parteiorgane des Bezirks Dresden, in: Neuer Weg, H. 21/22, Berlin (Ost) 1955, S. 1302-1307, hier S. 1305.

Tabelle: Fluktuation in den Sekretariaten der BL nach Ressorts in den 1950er Jahren

Funktion	1952	1953	1954	1955	1956	1957	1958	1959
1. Sekretär	1	5	2	1	2	4	3	3
2. Sekretär	0	6	5	4	2	2	4	3
Sekretär für Agitation und Propaganda	1	7	5	3	4	1	8	3
Sekretär für Wirtschaft	0	4	7	4	1	2	7	4
Sekretär für Landwirtschaft	0	1	4	4	4	3	5	1
Sekretär für Wissenschaft, Volksbildung und Kultur	0	4	6	6	2	1	5	0
gesamt	2	27	29	22	15	13	32	14

le fünfte Sekretär zu verzeichnen. Seine vier Vorgänger hatten es auf eine durchschnittliche Funktionsdauer von weniger als eineinhalb Jahren gebracht.

Im Jahr 1958 waren nur noch rund 14 % aller Sekretäre ununterbrochen seit 1952 auf ihrer Position geblieben. Nach diesem großen Aderlaß wurden 1959 nur noch 14 Bezirkssekretäre verändert. Die enormen Kaderprobleme waren zu einem großen Teil hausgemacht und resultierten auch aus der überstürzten Bezirksbildung, wie der seinerzeitige 2. Sekretär der BL Karl-Marx-Stadt, Gerda Meschter, einschätzt: »Das hing schon damit zusammen, daß noch nicht genügend Erfahrungen vorhanden waren, was der einzelne wirklich konnte und wie er charakterlich war. Das war alles zu jung, das war gerade erst neu entstanden. Auf einmal waren da die vielen Bezirke, die vielen Kader, die gebraucht wurden.«[204] Dies bekräftigt mit Erich Postler ein weiterer befragter Zeitzeuge: »Die wichtigste Ursache für die hohe Fluktuation in Funktionen aller Bereiche (...) ist wohl, dass es in den ersten Jahren nach dem Kriege an fachlich wie politisch gebildeten, von der faschistischen Vergangenheit unbelasteten Kadern mangelte. Die etwas älteren kamen mit der Erfahrung aus dem politischen Kämpfen vor der Naziherrschaft und aus dem Widerstand gegen den Faschismus. Die jüngeren hatten nicht einmal das. Sie mussten Aufgaben übernehmen, von denen sie vorher keine Ahnung hatten. Nicht selten waren sie überfordert und man versuchte es mit dem nächsten. Die Erfolgreichen wurden oft rasch in höhere Funktionen berufen. Die damalige hohe Fluktuation war also einfach der Situation geschuldet.«[205] Überzogene Kaderprinzipien verschärften das ohnehin schon virulente Problem. So wurde im März 1954 der Karl-Marx-Städter Sekretär für Kultur und Volksbildung, Herta Bergmann, »aus Gründen der Sicherheit« nicht wieder in diese Funktion gewählt,

---

[204] Protokoll des Gespräches mit Gerda Martens-Meschter, Rostock, 7.11.2002, S. 17 f.
[205] Protokoll des Gespräches mit Erich Postler, Berlin, 12.3.2003, S. 16.

weil sie der Partei eine frühere Bekanntschaft mit einem NS-Funktionär verschwiegen hatte.[206]

Die hohe Fluktuationsrate war auch der Parteiführung ein Dorn im Auge. In einer Analyse vom April 1956 über die Zusammensetzung der Mitglieder und Kandidaten aller Bezirksleitungen zwischen 1954 und 1956 wird kritisiert, daß der »gegenwärtige Stand der Auswechslungen noch entschieden zu hoch ist.«[207] In einer Untersuchung über die »kaderpolitische Zusammensetzung der politischen Mitarbeiter im Apparat des ZK, in den Apparaten der Bezirks- und Kreisleitungen für den Berichtszeitraum 1.2.1958 bis 31.8.1958« heißt es: »Die Beständigkeit der Parteiapparate, die langjährige(n) praktische(n) Erfahrungen der Mitarbeiter in der hauptamtlichen Parteiarbeit sind für die Verbesserung der politischen Arbeit von großer Bedeutung. Es ist daher mit der hohen Fluktuation, die im Durchschnitt 24 % beträgt, Schluß zu machen, da durch die ständigen Auswechselungen der Mitarbeiter wertvolle Erfahrungen in der Parteiarbeit verloren gehen. Die hohe Fluktuation zeigt aber auch die noch vorhandenen Schwächen in der Auswahl und Erziehung der Kader durch die gewählten Organe.«[208] Die Abteilung Kaderfragen des ZK befaßte sich am 4.1.1958 mit »Fragen der Fluktuation in den gewählten Leitungen und im Apparat der Partei« und schlußfolgerte, es gelte, »die Zahl der Auswechslungen von Mitgliedern der gewählten Leitungen und von Mitarbeitern des Parteiapparates auf ein natürliches Mass herabzudrücken. Die Fluktuation wird zur ungesunden Erscheinung, wenn sie übermässig stark auftritt, weil sie in der Regel eine mangelhafte Auswahl der Funktionäre und Mitarbeiter und die ungenügende Arbeit mit diesen widerspiegelt.« Da die Fluktuation so »unnatürlich gross« sei, müßten »die Anstrengungen zu ihrer Eindämmung weiter verstärkt werden«.[209]

Trotz dieser Bedenken stieg die Zahl der Auswechslungen in den Bezirkssekretariaten im Jahr 1958, an dessen Beginn sich die Abteilung Kader mit dieser Problematik befaßt hatte, auf den bis dahin höchsten Wert. Doch welche Ursachen hatte nun die enorme Kaderfluktuation? In der einschlägigen Literatur heißt es dazu: »Von März bis Juni 1958 waren widerstrebende Funktionäre durch Neuwahlen abgelöst und fast ein Drittel der hauptamtlichen Parteiarbeiter in den SED-Bezirksleitungen ausgewechselt worden. Der Parteitag sollte nun die Weichen stellen für die geplante ›Vollendung‹ des ›Aufbaus des Sozialismus‹, doch die neue Politik sollte behutsamer als 1952 eingeleitet werden. Im Mittelpunkt des Parteitages standen erneut die wirt-

---

[206] SAPMO, DY 30/J IV 2/3A/409. In einer Befragung Bergmanns durch die ZPKK ist von einem »Oberreichsleiter der NSDAP Ruge« die Rede. Vgl. ebenda. Den Titel »Oberreichsleiter« gab es jedoch in der NSDAP nicht. Auch in den einschlägigen biographischen Lexika zum Nationalsozialismus konnte kein höherer Parteifunktionär dieses Namens gefunden werden, so daß offen bleiben muß, um wen es sich gehandelt hat und ob wirklich von einem herausgehobenen NS-Funktionär gesprochen werden kann.
[207] SAPMO, DY 30/IV 2/5/1667, Bl. 299.
[208] SAPMO, DY 30/J IV 2/3/628, Bl. 11.
[209] SAPMO, DY 30/IV 2/5/204, Bl. 42.

schaftlichen Probleme der DDR. Ulbricht verkündete die irreale Zielsetzung, bis 1961 ›den Pro-Kopf-Verbrauch Westdeutschlands‹ bei Nahrungsmitteln und Konsumgütern zu übertreffen.«[210] Diese Sichtweise übernimmt auch Klein: »Dem V. Parteitag im Juli 1958 gingen wieder umfangreiche kaderpolitische Umordnungen voraus. In Neuwahlen wurden kritische Funktionäre abgelöst und nahezu ein Drittel der hauptamtlichen Parteiarbeiter in den SED-Bezirksleitungen ausgewechselt.«[211] Hiernach waren es also der Parteilinie »widerstrebende« und »kritisch« hervorgetretene Sekretäre, die ihrer Funktion enthoben wurden.

Einen etwas anderen Akzent setzten Diskussionsredner auf der 35. Tagung des ZK im Juni 1958. Hanna Wolf, Rektorin der Parteihochschule, war der »Meinung, daß man die Frage der Verantwortung des Genossen Schirdewan für Fehler in der Kaderpolitik schärfer formulieren sollte«, und äußerte, »daß Schirdewan eine dogmatische Linie in der Kaderpolitik hatte. Man sollte stärker formulieren, daß er den Geist des Nurspezialistentums in der Kaderpolitik nicht nur auf dem Gebiet des Staates, sondern auch im Parteiapparat eingeführt hat.«[212] Damit spielte sie auf den Sekretär des ZK und Leiter der Abteilung Leitende Parteiorgane, Karl Schirdewan, an, der im Februar 1958 wegen »Fraktionstätigkeit« aus dem ZK und dem Politbüro ausgeschlossen worden war. Ihm hatte bis dahin u. a. »die Auswahl von leitenden Kadern für zentrale Funktionen aufgrund der Vorschläge aus den Kreis- oder Bezirksorganisationen« unterstanden.[213] Waren die vielen Auswechslungen in den Bezirkssekretariaten also auf den Sturz Schirdewans zurückzuführen? Der Leiter des Büros des Politbüros, Otto Schön, forderte auf der gleichen ZK-Tagung, man müsse »mit dem versöhnlerischen Verhalten gegenüber Fehlern und Schwächen einzelner Genossen und auch ganzer Leitungen und Parteiorganisationen Schluß machen.« Das bedeute, »die Kaderfrage zu stellen; stellen wir sie nicht ernstlich, werden wir auch die Aufgaben nicht lösen. Man muß in der Partei eine größere Unduldsamkeit gegenüber dem Verhalten einzelner verantwortlicher Genossen einführen.«[214] Wenn Schöns Anregungen aufgegriffen wurden, basierten die Kaderwechsel also auf »Fehlern und Schwächen« der Funktionäre.

Eine systematische Untersuchung der ermittelten Gründe für die jeweils vorgenommenen Auswechslungen[215] zeigt für die Jahre 1952-1959, daß rund 31 %

---

[210] Weber, Hermann, DDR – Grundriß der Geschichte, Hannover 1991, S. 79. Weber zitiert das Protokoll der Verhandlungen des V. Parteitages der Sozialistischen Einheitspartei Deutschlands, 10. bis 16. Juli 1958 in der Werner-Seelenbinder-Halle zu Berlin, Bd. 1, Berlin (Ost) 1959, S. 70, das aber nur Ulbrichts Zitat, nicht jedoch die Zahl der Auswechslungen in den Bezirksleitungen belegt.
[211] Klein, Thomas, Parteisäuberungen und Widerstand in der SED. Die innerbürokratische Logik von Repression und Disziplinierung, in: Klein, Thomas/Otto, Wilfriede/Grieder, Peter, Visionen. Repression und Opposition in der SED (1949-1989), Band 1, Frankfurt (Oder) 1996, S. 9-135, hier S. 63.
[212] SAPMO, DY 30/IV 2/1/201, Bl. 178 (Rückseite).
[213] Schirdewan, Karl, Aufstand gegen Ulbricht. Im Kampf um politische Kurskorrektur, gegen stalinistische, dogmatische Politik, Berlin 1994, S. 38.
[214] SAPMO, DY 30/IV 2/1/201, Bl. 181 (Rückseite).
[215] Rund jeder achte Funktionswechsel (11,6 %) konnte aufgrund der unzureichenden Quellenlage nicht auf einen bestimmten Grund zurückgeführt werden. Diese Zahlen fließen in die folgenden Berechnungen nicht mit ein.

der Funktionäre wegen Überforderung und Mängeln in der Arbeit, persönlicher Verfehlungen oder divergierender politischer Auffassungen, sogenannten »politisch-ideologischen Unklarheiten«, abberufen worden sind. Die Hälfte entfällt dabei auf Genossen, die größere Mängel in ihrer Tätigkeit als Sekretär einer BL sichtbar werden ließen. 27,9 % der Bezirkssekretäre, die ihre Funktion verließen, taten das wegen Aufnahme eines Studiums bzw. anderweitiger Qualifizierung. Immerhin 18,4 % erhielten eine Beförderung in verantwortlichere Funktionen zentraler Apparate. 12,5 % wechselten innerhalb der Sekretariate oder wurden zur Stärkung anderer Bereiche delegiert. Der Rest entfällt vor allem auf gesundheitliche Gründe und Abberufungen auf eigenem Wunsch. Es war also nur ein knappes Drittel aller Bezirkssekretäre, die aus ihren Funktionen ausschieden, weil sie sich nicht bewährt hatten. Fast die Hälfte der Genossen dagegen wurde befördert bzw. als entwicklungsfähige Genossen zum Studium entsandt. In der Tat war die Aufnahme eines Studiums keineswegs eine mehr oder weniger höfliche Wegdelegierung auf Nimmerwiedersehen, sondern führte häufig dazu, daß der betreffende Sekretär nach Ende des Studiums erneut in Bezirkssekretariaten bzw. in zentralen Apparaten tätig wurde. So war Gerhard Oecknick, um ein typisches Beispiel herauszugreifen, von 1953 bis 1956 Sekretär für Wirtschaft der BL Cottbus, studierte dann zwei Jahre an der Parteihochschule beim ZK der KPdSU und nahm seine Sekretärstätigkeit in Cottbus anschließend wieder auf. Auf diesem Posten blieb er bis 1989! Ernst Wolf studierte nach seinem kurzen Gastspiel als Sekretär für Wirtschaft der BL Berlin (1953/54) ein Jahr an der PHS Moskau und wurde dann als Staatssekretär und Leiter des Amtes für Technik in das neu geschaffene Ministerium für Nationale Verteidigung berufen.

Für das besonders stark von Kaderveränderungen geprägte Jahr 1958 gestaltete sich die Situation folgendermaßen. Von insgesamt 32 Funktionswechseln sind in 24 Fällen die Gründe bekannt. Davon entfallen zehn Abberufungen (42 %) auf Mängel in der Arbeit, Verfehlungen und politische Unklarheiten, je sieben (29 %) auf Studium/Beförderung und Gesundheit/eigenen Wunsch. In diesem Jahr sah sich die SED vor ernste Kaderprobleme in einigen Bezirksleitungen gestellt. In den BL Dresden und Frankfurt (Oder) sind 1958 vier, in Gera und Erfurt fünf und in Halle alle sechs hauptamtlichen Sekretäre, dazu auch noch der Ratsvorsitzende, ausgewechselt worden. Allein acht Sekretäre für Agitation und Propaganda und sieben Sekretäre für Wirtschaft mußten ihren Sessel räumen. Im darauffolgenden Jahr 1959 waren von 13 Auswechslungen, bei denen der Grund dafür bekannt ist, allein elf vollzogen worden, weil die Funktionäre den politischen und persönlichen Anforderungen nicht gerecht geworden sind. Darunter befanden sich drei 1. Sekretäre. Nur zwei Sekretäre wurden auf höhere Posten befördert.

Diese gravierenden Kaderveränderungen sind vor dem Hintergrund der seit 1957/58 von der SED-Führung propagierten »ideologischen Offensive«, die auf die »Überwindung bürgerlicher Kultur und die Ausbildung sozialistischen Bewußtseins« zielte, und der »extrem hochgestellt(en)« Zielsetzungen des V. Par-

3.3 Kaderpolitik und Fluktuation

teitages im Juli 1958 und des Siebenjahrplanes für den Zeitraum 1959-1965 zu sehen.[216] Ulbricht selbst sprach in seinem Referat auf dem V. Parteitag davon, »die Überlegenheit der sozialistischen Gesellschaftsordnung der Deutschen Demokratischen Republik gegenüber Westdeutschland zu beweisen«.[217] Nachdem die »Grundlagen des Sozialismus in der DDR im wesentlichen geschaffen« waren, gab Ulbricht das Ziel aus, »den Sozialismus in der DDR in der nächsten Periode zum Siege zu führen«.[218] Auf der 6. Tagung des ZK im September 1959 bekräftigte Ulbricht erneut und präzisierte, »in der Zeit des Siebenjahrplanes bis 1965 den Sozialismus zum Siege zu führen.«[219] Zu diesem Zeitpunkt hatte er sich seiner letzten innerparteilichen Widersacher um Karl Schirdewan entledigt und so seine Position in der Partei vollends für ein Jahrzehnt gefestigt. Ulbricht konnte nun den Aufbau des Sozialismus wieder forcieren, benötigte dazu aber auch verläßliche Funktionäre in den Bezirksleitungen. Die Zügel wurden in politischer und wirtschaftlicher Hinsicht erneut angezogen.

Parallel dazu waren, wie der Berichterstatter vor dem 36. Plenum des ZK, Alfred Neumann, im Juni 1958 ausführte, »in fast allen Bezirken der DDR, für mehrere Wochen, gemischte Brigaden von qualifizierten Parteiarbeitern entsandt, die den Bezirksleitungen geholfen haben, die Zusammenhänge der Grundfragen mit bestimmten Erscheinungen des Bezirkes besser zu erkennen.«[220] Die Bezirksleitungen wurden also mit dem neuen Wind, der jetzt aus Berlin wehte, bekannt gemacht. Die Brigadeeinsätze boten der Parteiführung aber auch die Möglichkeit, »bessere Kenntnisse über die Qualitäten der Parteifunktionäre« zu erlangen und »personelle Veränderungen« größeren Ausmaßes zu initiieren. Neumann berichtete dem Plenum über vorgefundene Mißstände in den Bezirken Halle, Erfurt, Cottbus und Gera.

In Halle hatte nach der 35. Tagung des ZK im Februar 1958 die Aufgabe bestanden, »solche Verhältnisse im Bezirk zu schaffen, die eindeutig die sozialistische Entwicklung sichern.« Es sei jedoch »nicht in notwendiger Weise auf die konkreten ideologisch-politischen, ökonomisch-kulturellen Ereignisse« reagiert worden. »Die ideologische Erziehung war zurückgeblieben und komplizierte Fragen der wirtschaftlichen Entwicklung blieben zu sehr dem Selbstlauf überlassen.« Im Staatsapparat entdeckte die ZK-Brigade Genossen »auf Schlüsselpositionen«, die »nicht die volle Bereitschaft zeigen, den Aufbau des Sozialismus voranzubringen.« Das Büro der BL Halle »war zu schwach, es konnte seine Auf-

---

[216] Malycha, Andreas, Die Geschichte der SED. Von der Gründung 1945/46 bis zum Mauerbau 1961, in: Herbst, Andreas/Stephan, Gerd-Rüdiger/Winkler, Jürgen (Hrsg.), Die SED. Geschichte, Organisation, Politik. Ein Handbuch, Berlin 1997, S. 1-55, hier S. 54 und S. 55.
[217] Protokoll der Verhandlungen des V. Parteitages, Bd. 1, S. 70.
[218] Ebenda, S. 67.
[219] Neues Deutschland, 22.9.1959, S. 3.
[220] Das folgende nach: Die Vorbereitung des V. Parteitages. Bericht des Genossen Alfred Neumann, Mitglied des Politbüros des ZK, auf der 36. Tagung des Zentralkomitees, in: Neues Deutschland, 14.6.1958, S. 3 f., hier S. 4. Vgl. auch SAPMO, DY 30/IV 2/1/201, Bl. 159 f.

gaben nicht lösen und mußte deshalb verstärkt werden.« Diese Verstärkung sah so aus, daß der 1. Sekretär Franz Bruk, der laut Tätigkeitsbericht der ZK-Brigade »das Kollektiv nicht zum harten, prinzipiellen Meinungsstreit erzogen« hatte und »in Beratungen zu einer versöhnlerischen, oberflächlichen Entscheidung«[221] neigte, zum Sekretär für Agitation und Propaganda degradiert wurde. Der 2. und die Ressortsekretäre verloren sämtlich ihre Posten. Mit solchen Genossen, die teilweise »in ihrer ideologischen Qualifizierung derart zurückgeblieben« waren, die eine »liberale( ) Haltung gegenüber den feindlichen Kräften, den revisionistischen Bestrebungen und Strömungen« vertreten oder toleriert und »keinen konsequenten Kurs auf die Durchsetzung der sozialistischen Ideologie genommen«[222] hatten, ließ sich nach Meinung der Parteiführung der forcierte Aufbau des Sozialismus nicht verwirklichen. Obwohl der BL Halle auch vorgeworfen wurde, die »konkrete Anwendung der Lehren aus der Entlarvung der Fraktion« Schirdewans nicht gesichert zu haben[223], stehen die vorgenommenen Abberufungen in keinem direkten Zusammenhang mit den Auseinandersetzungen mit Schirdewan.[224]

In Erfurt hatte die ZK-Brigade »ernste Schwächen in der ideologischen sowie organisatorischen und wirtschaftlichen Führung durch die Bezirksleitung« sowie das »Vorhandensein opportunistischer; revisionistischer Auffassungen« entdeckt.[225] In der »Tätigkeit des Staats- und Wirtschaftsapparates« waren zudem »ernste Mängel festzustellen, die in der Praxis bedeuteten, daß auf verschiedenen Gebieten der Übergang vom Kapitalismus zum Sozialismus stagnierte«. So wurde »entgegen den Festlegungen unseres Volkswirtschaftsplanes zugelassen, daß nicht die sozialistischen, sondern die kapitalistischen Kräfte schneller wuchsen.« Selbst im Büro der BL Erfurt gab es, wie Neumann weiter ausführte, »Genossen, die hemmen und nicht verändern«. Dem Vorsitzenden der BPKK wurde vorgeworfen, »unter politischer Kurzsichtigkeit« zu leiden. Das Büro mußte »in seiner Zusammensetzung geändert werden, weil es die Partei nicht zum Kampf erzog.« Neben dem 1. Sekretär Hermann Fischer, bei dem auch gesundheitliche Gründe

---

[221] SAPMO, DY 30/IV 2/5/1332, Bl. 153.
[222] So die Abteilung Organisation des ZK über »einige Probleme der politischen Führung durch die Bezirksleitung Halle« am 10.4.1958. SAPMO, DY 30/J IV 2/2J/474.
[223] Ebenda.
[224] Dies unterstreicht auch eine zeitgenössische Untersuchung, in der es heißt: »Dieser Funktionswechsel ist nicht im Zusammenhang mit der Auseinandersetzung mit der ›Schirdewan-Gruppe‹ zu sehen. Die Genossen des Büros der Bezirksleitung Halle, besonders der Genosse Franz Bruk als erster Sekretär waren bemüht gewesen, die strategische Linie der Partei durchzusetzen und es wurden politische und ökonomische Erfolge erreicht. Um der Bedeutung des Bezirkes Halle in allen Bereichen des gesellschaftlichen Lebens der DDR gerecht zu werden, fehlten den Genossen z. T. ausreichende Erfahrungen. So gelang es ihnen nicht immer, die Vielzahl der Aufgaben richtig zu koordinieren und die jeweiligen Schwerpunkte schnell zu erkennen und dort verstärkt die notwendigen Kräfte einzusetzen.« Klein, Angelika, Die führende Rolle der Arbeiterklasse und ihrer marxistisch-leninistischen Partei in der Übergangsperiode vom Kapitalismus zum Sozialismus am Beispiel der Bezirksparteiorganisation Halle der SED (1955-1961), Diss. B, Halle 1985, S. 243, Anmerkung 224.
[225] Das folgende nach: Neues Deutschland, 14.6.1958, S. 4.

eine Rolle spielten[226], wurden mit Ausnahme des Sekretärs für Wissenschaft, Volksbildung und Kultur alle anderen hauptamtlichen Sekretäre sowie der Vorsitzende der BPKK abberufen. Von diesen blieb nur der bislang für die Landwirtschaft verantwortliche Paul Roscher im Sekretariat der BL vertreten; er übernahm den Posten des 2. Sekretärs. Die Kritik an der BL Erfurt beschränkte sich nicht nur auf das Plenum des ZK, sondern wurde in einem Artikel in ihrem eigenen Organ, dem »Volk«, vom 29.4.1958 öffentlich gemacht. Hierin erfuhren die Leser, worum es in der weiteren Entwicklung ging – nämlich »darum, der Partei und der Arbeiterklasse verständlich zu machen, daß der Aufbau des Sozialismus, die Periode des Uebergangs vom Kapitalismus zum Sozialismus eine Periode des Klassenkampfes ist.« Die Aufgabe der BL selbst bestehe »darin, den Aufbau des Sozialismus auf allen Gebieten entsprechend den Beschlüssen des Zentralkomitees zu organisieren und die Massen dafür zu begeistern.« Es gebe jedoch Genossen, die »das Kämpfen verlernt haben«, wozu auch »einige Genossen des Büros der Bezirksleitung« zählten, die »sich ernsthaft überprüfen sollten.«[227]

In die gleiche Richtung zielte die auf der 36. ZK-Tagung an der BL Cottbus geübte Kritik. Auch hier prangerte die Parteiführung die »Bestrebungen, die sozial-ökonomische Struktur im Sinne des sozialistischen Aufbaus nicht zu verändern, damit Konflikte vermieden werden«, an. Es hätte in Cottbus »Vertreter opportunistischer Auffassungen« gegeben. »Die Ursachen für die Schwächen der Parteiarbeit im Bezirk Cottbus liegen in erster Linie in der Arbeit der Bezirksleitung und ihres Büros.«[228] Neumann bezog sich in seinen Ausführungen auf einen im Mai 1958 im Politbüro behandelten Bericht einer ZK-Brigade, die in Cottbus tätig gewesen war.[229] In diesem Bericht wurde ganz prononciert hervorgehoben, die Genossen der BL hätten »zugelassen, daß sich in einigen Zweigen der Volkswirtschaft, wie z. B. im Bauwesen und der Textilindustrie, der kapitalistische Sektor bedeutend schneller entwickelt als der sozialistische Sektor. Die Ursache besteht darin, daß die Bezirksleitung und ihr Büro entgegen den Beschlüssen des ZK nicht den Aufbau des Sozialismus in der DDR als die wichtigste Aufgabe im Kampf um die demokratische Wiedervereinigung und die Sicherung des Friedens in Europa in den Mittelpunkt der Arbeit« stellte. Auch war von der »Plattform der fraktionellen Gruppe Schirdewan-Wollweber« die Rede.[230] Die Cottbuser Genossen hätten nicht ausreichend berücksichtigt, »daß der sozialistische Aufbau in der DDR im Prinzip Klassenkampf ist«, sondern ihre »Duldsamkeit gegenüber

---

[226] Hermann Fischer war laut einem Bericht über den Einsatz einer ZK-Brigade in Erfurt vom 3.5.1958 »inzwischen schwer erkrankt( )«. SAPMO, DY 30/IV 2/5/1313, Bl. 85.
[227] „Hat die Bezirksleitung Erfurt zu kämpfen verlernt?«, in: Das Volk. Organ der Bezirksleitung Erfurt der SED, 29.4.1958, S. 4. Vgl. auch SAPMO, DY 30/IV 2/5/1320.
[228] Neues Deutschland, 14.6.1958, S. 4.
[229] Das folgende nach: SAPMO, DY 30/J IV 2/2A/629.
[230] Ernst Wollweber war Minister für Staatssicherheit und wie Schirdewan im Februar 1958 wegen »Fraktionstätigkeit« aus dem ZK ausgeschlossen worden. Vgl. Flocken, Jan von/Scholz, Michael F., Ernst Wollweber. Saboteur – Minister – Unperson, Berlin 1994.

de(n) ideologischen Diversionen des Feindes und der kapitalistischen Restauration durch die Entwicklung des privat-kapitalistischen Sektors zum Ausdruck« gebracht. Für diese Entwicklungen trage »das Büro der BL unter Leitung des Genossen Stief die Hauptverantwortung«, dessen Arbeitsweise »nicht auf der Höhe der zu lösenden Aufgaben beim sozialistischen Aufbau« stehe. Der so gescholtene Stief mußte auf dem V. Parteitag Selbstkritik üben. Auch er sprach von »revisionistische(n) Auffassungen« und dem »Wirken der Konzeption der fraktionellen Gruppe Schirdewan, Wollweber und anderer auf einigen Gebieten unserer ideologischen Arbeit.« In der »sozialistischen Umgestaltung der Landwirtschaft« hatten »Erscheinungen der Stagnation und des Selbstlaufs« zu einem Zurückbleiben geführt. »Es gab auch solche Auffassungen, daß man in der Übergangsperiode vom Kapitalismus zum Sozialismus einen konfliktlosen Weg gehen könnte.« Das Büro der BL sei schließlich »nicht von der allseitigen Überlegenheit und Perspektive des Sozialismus und des sozialistischen Aufbaus der DDR« ausgegangen.[231] Dennoch wurde der 1. Sekretär der BL Cottbus im Amt belassen; ihren Hut nehmen mußten der 2. Sekretär und die Sekretäre für Agitation und Propaganda bzw. Wirtschaft.

Schließlich stellte Alfred Neumann auch die Arbeit der BL Gera an den Pranger des ZK-Plenums. Hier seien »bei der Lösung der konkreten Aufgaben des sozialistischen Aufbaus ernste Schwierigkeiten« aufgetaucht, »deren Überwindung nur zögernd in Angriff genommen wurde.« Die Genossen hätten in Gera »keinen entschiedenen ideologischen und organisatorischen Kampf gegen alle Tendenzen der Stagnation« geführt, die »offenen und verschämten Opportunisten« nicht entlarvt und übersehen, »daß sie nicht nur für eine richtige politische Orientierung, sondern auch für die Verwirklichung der Beschlüsse und Direktiven des Zentralkomitees verantwortlich« sind.[232] Auch im »Neuen Deutschland« erschien in diesen Tagen ein Artikel, der sich mit dem »Tempoverlust beim sozialistischen Aufbau im Bezirk Gera« auseinandersetzte und eine »(m)angelhafte politische Führungstätigkeit der Bezirksleitung« konstatierte.[233] Der 1. Sekretär der BL Gera, Heinz Glaser, bekräftigte auf dem V. Parteitag die an seinem Bezirk geübte Kritik. »Bisher wurden nicht immer hinter den verschiedenen fehlerhaften Erscheinungen in der Stagnation und dem Zurückbleiben des sozialistischen Sektors auf verschiedenen Gebieten die Tätigkeit des Feindes und die Auswirkungen der feindlichen revisionistischen Ideologien erkannt.« Glaser sprach weiter von der »Konzeption der opportunistischen Gruppe Schirdewan« und nannte Beispiele für die Stagnation: »Das Tempo der sozialistischen Umgestaltung der Landwirtschaft vollzog sich nur langsam. Politische und ökonomische Kampfaufgaben, wie zum Beispiel der Anbau von Mais, die Erhöhung der Viehbestände, der Bau von Rinderoffenställen, die Produktion von Gütern des Mas-

---

[231] Protokoll der Verhandlungen des V. Parteitages, Bd. 1, S. 618 und S. 619.
[232] Neues Deutschland, 14.6.1958, S. 4.
[233] Vgl. Neues Deutschland, 11.6.1958, S. 3.

senbedarfs und der Bau von Wohnungen wurden nur schleppend und unzureichend gelöst. Auf manchen Gebieten des Kampfes gab es sogar Rückgang.«[234] Auch in Gera blieb der 1. Sekretär vorerst ungeschoren (er verlor ein Jahr später sein Amt), wogegen alle anderen hauptamtlichen Sekretäre von ihren Funktionen entbunden wurden. Von diesen blieb mit Hans Eberling der ehemalige Wirtschaftssekretär als neuer Sekretär für Wissenschaft, Volksbildung und Kultur im Sekretariat.[235]

Alfred Neumann machte in seinen Schlußfolgerungen noch einmal deutlich, worum es der Parteiführung ging. Es gebe »in der Anwendung des demokratischen Zentralismus, besonders in der Durchführung der Beschlüsse liberalistische Entartungen« und Genossen, die »ihre Tätigkeit wie Beamte ausüben und nicht imstande sind, die Träger der bürgerlichen Ideologie zu entlarven, auch nicht erkennen, welche Ideengemeinschaften vorhanden sind mit der vom 35. Plenum verurteilten opportunistischen Plattform.«[236]

Es gab noch weitere Bezirksleitungen, die im Jahr 1958 von umfangreichen Kaderveränderungen betroffen waren. Wie der 1. Sekretär der BL Dresden, Fritz Reuter, auf dem V. Parteitag mitteilte, hatte es hier »Einflüsse des Ostbüros der SPD« und der »verderbliche(n) und schädliche(n) Politik von Schirdewan und Oelßner« gegeben, so daß »Rückstände in der Planerfüllung auftraten und die Umgestaltung der Landwirtschaft zur sozialistischen Großproduktion stagnierte.«[237] In diesem Jahr mußten im Bezirk Dresden vier hauptamtliche Sekretäre, der Vorsitzende der BPKK und der Ratsvorsitzende ihre Sessel räumen. Nur der Erste und der Landwirtschaftssekretär blieben vorerst noch im Amt.

Auch das Jahr 1959 war, wenngleich in weniger großem Umfang, durch mehrere Kaderveränderungen gekennzeichnet. Gleich im Februar dieses Jahres wurden auf der 6. Tagung der BL Berlin, wie vom Politbüro am 20.1.1959 beschlossen[238], der 1. und 2. Sekretär sowie die Sekretäre für Agitation und Propaganda bzw. für Westberlin abgelöst. Den Kultursekretär Wengels hatte dies bereits im Sommer 1958 betroffen.[239] Der bisherige 1. Sekretär Hans Kiefert, dem »einige Elemente für die Führung der Partei« fehlten, übernahm dabei den Posten des 2. Sekretärs der BL.[240] Grund für dieses Revirement waren das »Zurückbleiben der Berliner Parteiorganisation auf ideologisch-politischem, kulturellem und ökonomischem Gebiet«, das »in Berlin als Hauptstadt der DDR nicht geduldet werden kann«, und »Unklarheiten über den Kampf gegen den Imperialismus und

---

[234] Protokoll der Verhandlungen des V. Parteitages, Bd. 2, S. 897 und S. 900.
[235] Vgl. auch: Zur Geschichte der Bezirksparteiorganisation Gera der SED, Bd. 1: Von den Anfängen der Arbeiterbewegung bis zum August 1961, Gera 1986, S. 427 f.
[236] Neues Deutschland, 14.6.1958, S. 4.
[237] Protokoll der Verhandlungen des V. Parteitages, Bd. 2, S. 1215, S. 1217 und S. 1216.
[238] Vgl. SAPMO, DY 30/J IV 2/2A/679, Bl. 1 f.
[239] Vgl. LAB, C Rep. 907-01, Nr. 172.
[240] LAB, C Rep. 902, Nr. 71, Bl. 45.

über unsere nationale Politik«. Die Berliner Parteiorganisation war »nicht auf der Höhe ihrer Aufgaben.«[241]

Zum Jahresende 1959 bekleideten nur noch elf Sekretäre (12,2 %) aus der »Gründergeneration« nach wie vor die Position eines Sekretärs der Bezirksleitung. In den Räten der Bezirke war es ähnlich. Nur die Ratsvorsitzenden aus Erfurt und Karl-Marx-Stadt sowie der Oberbürgermeister von Berlin waren durchgängig im Amt geblieben. Zwischen 1952 und 1959 hatte es hier insgesamt 19 Auswechslungen gegeben. In Halle ist 1958 bereits der dritte, in Neubrandenburg 1959 der vierte Ratsvorsitzende berufen worden. Allein in den Jahren 1958 und 1959 wurden elf Vorsitzende der Räte der Bezirke ihrer Funktionen enthoben. Der Zeitraum 1952 bis 1959 war durch umfangreiche Kaderveränderungen gekennzeichnet. Insofern kann die Feststellung Schultz' aus dem Jahre 1956, »daß die Kaderpolitik in der Praxis aus dem Stadium des Improvisierens noch nicht herausgekommen ist« und von »einem planmäßigen Kadereinsatz (…) keine Rede sein« kann[242], für das gesamte Jahrzehnt in Anspruch genommen werden. Der Parteiführung war es nicht gelungen, eine kontinuierliche und langfristige Kaderpolitik zu entwickeln.

Tabelle: Fluktuation in den Sekretariaten der BL nach Ressorts in den 1960er Jahren

Funktion	1960	1961	1962	1963	1964	1965	1966	1967	1968	1969
1. Sekretär	3	1	0	4	1	0	0	0	1	1
2. Sekretär	7	3	1	4	5	1	3	0	2	3
Sekretär für Agitation und Propaganda	2	4	6	2	1	0	7	3	1	1
Sekretär für Wirtschaft	6	1	2	8	1	2	0	3	0	0
Sekretär für Landwirtschaft	4	5	3	8	1	2	0	1	0	1
Sekretär für Wissenschaft, Volksbildung und Kultur	3	4	1	14	0	0	1	0	1	3
gesamt	25	18	13	40	9	5	11	7	5	9

Auch zu Beginn der 1960er Jahre zeigte sich ein häufiger personeller Austausch in den Bezirkssekretariaten, wie die Tabelle zeigt. Das Jahr 1960 brachte nahezu eine Verdopplung der Fluktuation unter den Bezirkssekretären im Vergleich zum Vorjahr mit sich. 25 Genossen und damit mehr als jeder vierte Sekretär einer BL

---

[241] Entschließung der 2. Tagung der Bezirksdelegiertenkonferenz der SED Groß-Berlin. Zur Lage in Berlin und zu den Aufgaben der Berliner Parteiorganisation für eine grundlegende Wende in ihrer Tätigkeit, Berlin, den 1. März 1959.
[242] Schultz, S. 262.

wurden aus ihren Funktionen abgelöst. Ein Grund dafür waren sicherlich auch die »im Sommer 1960 fälligen Neuwahlen der Bezirksparteileitungen«[243], die vorgenommene Kaderveränderungen als mehr oder weniger demokratisch und planmäßig erscheinen lassen konnten.

Den größten Anteil daran hatte die Bezirksleitung Dresden; hier kam es zu einem kompletten Austausch der Sekretäre. In Dresden hatte eine Brigade des Sekretariats des ZK Untersuchungen zur Arbeit der Bezirksleitung geführt; der entsprechende Bericht fiel sehr kritisch aus und wurde am 26.4.1960 vom Politbüro behandelt.[244] Im Bezirk wurden auf dem Gebiet von Industrie und Landwirtschaft große Planrückstände verzeichnet. Die BL hatte es nicht vermocht, »die Werktätigen von der Sieghaftigkeit des Sozialismus zu überzeugen und zu noch größeren Produktionsleistungen zu mobilisieren.« Es gab eine »Reihe ideologischer Unklarheiten«, die bis in das Büro der Bezirksleitung reichten. An anderer Stelle war von »opportunistischen und liberalen Auffassungen« die Rede. Die »massiert vorhandenen falschen und feindlichen Argumente«, etwa zur »Überlegenheit des einzelbäuerlichen Betriebes über die LPG«, wurden »nicht zerschlagen«. Die Brigade mußte eine »ungenügende politisch-ideologische Klärung der Grundfragen unserer Politik und die unzureichende Darlegung der Perspektive unserer Entwicklung« konstatieren – und das in einer Zeit, in der sich »der Klassenkampf im Bezirk verschärft« und es »ernste Erscheinungen der Feindarbeit und Konzentration feindlicher Elemente in verschiedenen Organen und Institutionen gibt«. Dies kam unter anderem in »Schwankungen innerhalb der Arbeiterklasse, die bis zu Arbeitsniederlegungen gehen«, zum Ausdruck.

Die in dem Brigadebericht formulierte herbe Kritik führte dazu, daß sich das ZK am 31.5.1960 in einem Brief an die Bezirksdelegiertenkonferenz Dresden wandte und die Erwartung aussprach, »daß sie eine grundlegende Wende in der Arbeit der Parteiorganisation des Bezirkes einleitet. Diese Wende ist notwendig, damit der Bezirk Dresden bei der Durchführung der Beschlüsse der Partei nicht weiterhin hinter anderen Bezirken der Republik zurückbleibt, sondern die politischen, ökonomischen und kulturellen Aufgaben zur Verwirklichung des Sozialismus und zur Sicherung des Friedens in Ehren erfüllt.« Es gebe »große Versäumnisse in der politischen Massenarbeit«, die zu einem »faulen Liberalismus« einerseits und zu »Sektierertum« andererseits führen und unter anderem in Auffassungen, »daß das Tempo der sozialistischen Entwicklung zu rasch sei«, zum Ausdruck kommen. Das ZK erwarte von der Delegiertenkonferenz den Beschluß von Maßnahmen, »um rasch eine Wende in der Parteiarbeit herbeizuführen, die

---

[243] Jänicke, Martin, Der Dritte Weg. Die antistalinistische Opposition gegen Ulbricht seit 1953, Köln 1964, S. 186.
[244] Das folgende nach: SAPMO, DY 30/J IV 2/2A/705, Bl. 16 ff.

davon ausgeht, daß eine konsequente Durchführung der Beschlüsse von Partei und Regierung gewährleistet werden muß.«[245]

Die Maßnahmen umfaßten in erster Linie die Abberufung der Bezirkssekretäre. Damit war das Sekretariat der BL Dresden wie schon 1958 erneut von umfassendem Kaderwechsel betroffen. In dem Beschluß der 14. Tagung der SED-Bezirksleitung Dresden wurden der 1. Sekretär Fritz Reuter und die Sekretäre für Agitation und Propaganda bzw. Volksbildung und Kultur, Rudi Schimmer und Helmut Schlemm, genannt, die »zur Stärkung des Kollektivs« ihren Dienst quittieren mußten.[246] Am Dresdner Beispiel wird besonders deutlich, daß der ab Ende der 1950er Jahre forcierte Aufbau des Sozialismus in der DDR vor allem dort zu größeren Kaderveränderungen führte, wo sich die Parteileitungen nicht schnell genug darauf einstellten und die Bevölkerung orientierten. So sprach der Ministerpräsident Otto Grotewohl auf der Bezirksdelegiertenkonferenz in Dresden davon, daß es der BL nicht gelungen war, »alte Vorbehalte gegenüber unserer Politik« zu korrigieren. Dazu zählte er auch die weitverbreitete Auffassung: »Das von der SED geplante Tempo des Aufbaus des Sozialismus ist uns zu schnell.«[247] Auf dem 9. Plenum des ZK Mitte Juli 1960 geißelte Kurt Hager nochmals die »Dresdner Krankheit«, das »Zurückweichen vor Auseinandersetzungen mit der gegnerischen Ideologie und feindlichen Kräften«.[248]

1960 wurden nicht nur in Dresden, sondern auch in anderen Bezirken personelle Auswechslungen in den Sekretariaten vorgenommen. In Neubrandenburg zum Beispiel verloren der 1. Sekretär Max Steffen, der 2. Sekretär Bruno Erdmann und der Sekretär für Wirtschaft Fritz Schenk ihre Funktionen. Hier hatte die Parteiführung ein »Zurückbleiben des Bezirks auf politisch-ideologischem, wirtschaftlichem und kulturellem Gebiet« feststellen müssen.[249] Vor allem in der Landwirtschaftspolitik wurden eine »opportunistische Linie« und eine »Praxis der ›weichen Pläne‹« geduldet, was sich »in den Versuchen, den erhöhten Plan 1960 des Bezirkes (…) korrigieren zu wollen«, zeigte.[250] »Durch ernste politische Fehler wurde«, so die Feststellung auf der 2. Tagung des ZK im Dezember 1960, »die rasche Lösung der landwirtschaftlichen Aufgaben dort sehr erschwert.«[251] Der dafür vor allem verantwortlich gemachte Sekretär für Landwirtschaft, Irmgard Vielhauer, sollte nach dem Willen der BL abgelöst werden, doch fand der in diesem

---

[245] Brief des Zentralkomitees an die Delegiertenkonferenz der Sozialistischen Einheitspartei Deutschlands des Bezirks Dresden, 31.5.1960, in: Dokumente der SED, Bd. VIII, Berlin (Ost) 1962, S. 166-172, hier S. 166, S. 169, S. 170.
[246] SAPMO, DY 30/J IV 2/2A/756, Bl. 19.
[247] Im ganzen Bezirk muß die Partei in die politische Offensive. Entschließungsentwurf zur 5. Bezirksdelegiertenkonferenz Dresden der Sozialistischen Einheitspartei Deutschlands, S. 19. Vgl. auch SAPMO, DY 30/J IV 2/2A/756, Bl. 153-157.
[248] SAPMO, DY 30/IV 2/1/240, Bl. 182 (Rückseite).
[249] SAPMO, DY 30/IV 2/1.01/327, Bl. 38.
[250] SAPMO, DY 30/J IV 2/3A/741, Bl. 16 und Bl. 21.
[251] SAPMO, DY 30/IV 2/1/249.

Sinne gefaßte Beschluß in der Parteiführung keine Zustimmung, da es sich um einen Kandidaten des ZK handelte.[252]

Auch im Bezirk Magdeburg war es durch die überstürzte Kollektivierung der Landwirtschaft »in Hinblick auf die Erfüllung der Marktproduktion und die Entwicklung der Viehwirtschaft einschließlich der Viehzucht« zu großen Problemen gekommen. Als Ursache wurden »ideologische Unklarheiten in den Grundfragen unserer Politik, die bis in das Büro der Bezirksleitung reichen«, ausgemacht. Hierzu zählen »solche schädlichen Auffassungen« wie die, »daß der Plan in der Landwirtschaft zu hoch sei«, weshalb es zu einer »Unterschätzung der Bedeutung der Parteibeschlüsse« und zu einem »liberalen Verhalten gegenüber ihrer Durchführung« kam.[253] Der Magdeburger Sekretär für Landwirtschaft, Bruno Langner, wurde 1960 abgelöst.

Nach dem starken Aderlaß in den vergangenen Jahren verminderte sich die Fluktuation in den beiden folgenden Jahren. 1962 wurde die – zusammen mit 1957 – bislang geringste Anzahl von Auswechslungen in den Bezirkssekretariaten erreicht. Noch immer mußte jedoch von der Parteiführung moniert werden, daß bei der »Auswahl und Erprobung sowie Erziehung der Kader« die leitenden Parteiorgane »nicht immer die notwendige Sorgfalt« anwendeten. »Sie überprüfen oftmals nicht gründlich genug, ob der Genosse für die spezielle Funktion auch geeignet ist und seine Fähigkeiten dafür ausreichen. Durch eine oft oberflächliche Einschätzung der Kader und ungenügende Erprobung vor dem Einsatz werden Genossen mit Funktionen betraut, denen sie nicht gewachsen sind und von denen sie nach kurzer Zeit wieder abgelöst werden.«[254]

Die Entwicklung zu mehr personeller Kontinuität wurde 1963 jäh unterbrochen. In diesem Jahr ist mit 40 Ablösungen der bislang bei weitem größte Wert zu verzeichnen. Der Umfang von 40 Kaderveränderungen wiederholte sich bis zum Sommer 1989 auch nicht annähernd. Die Fluktuation hatte 1963 also ihren Höhepunkt erreicht. Allerdings ist die hohe Zahl auch auf Strukturveränderungen zurückzuführen. Mit der Einführung der »Leitung der Parteiarbeit nach dem Produktionsprinzip« wurde, wie gesehen, für drei Jahre die Funktion des Sekretärs für Wissenschaft, Volksbildung und Kultur abgeschafft. Werden diese strukturbedingten Kaderwechsel abgezogen, so ergibt sich mit rund 30 abgelösten Bezirkssekretären immer noch ein sehr hoher Wert. Von 24 Sekretären ist der Grund für die Funktionsentbindung bekannt. Ein Drittel von ihnen mußte wegen Mängeln in der Arbeit und fachlicher Überforderung ihren Hut nehmen. Daneben nehmen auch Beförderungen in verantwortlichere Funktionen und eine Kader-

---

[252] Vgl. SAPMO, DY 30/J IV 2/2A/780, Bl. 5 f. und Bl. 126 f.
[253] Beschluß der V. Bezirksdelegiertenkonferenz der SED Magdeburg vom 12. Juni 1960, o. O. u. J. (1960), S. 3 und S. 4.
[254] „Bericht über den Stand der Arbeit mit den Kadern der Hauptnomenklatur" vom 17.11.1961, in: SAPMO, DY 30/J IV 2/3A/828.

rotation etwa innerhalb der Bezirksleitungen einen großen Raum ein. Monokausale Erklärungen zur Fluktuation verbieten sich also auch hier.

Bereits zu Jahresbeginn, am 30.1.1963, hatte sich das Sekretariat des ZK mit »Vorschläge(n) für die Verbesserung der Parteiarbeit« in einigen Bezirken befaßt und mehrere Kaderveränderungen beschlossen.[255] Erneut war Dresden überproportional stark betroffen, wurden doch verschiedener Gründe wegen gleich vier Bezirkssekretäre in andere Funktionen berufen.[256] Der Bezirk Schwerin, der auch im Fokus des ZK-Sekretariats gestanden hatte, verlor drei Sekretäre, darunter zwei wegen Mängeln in ihrer bisherigen Arbeit.

Zwischen 1958 und 1963 wurden insgesamt 143 Sekretäre der SED-Bezirksleitungen von ihren Funktionen entbunden.[257] Damit entfielen rund ein Drittel aller bis zum Sommer 1989 vorgenommenen Kaderveränderungen auf diesen kurzen Zeitraum von nur sechs Jahren. Bei den Ratsvorsitzenden ist dies sogar noch deutlicher: 26 Funktionsentbindungen entsprechen insgesamt 44 %. Von den 1952/53 ins Amt gelangten Zweiten und Ressortsekretären war mit Ausnahme des Potsdamer Sekretärs für Agitation und Propaganda, Gerhard Blum, keiner bis über das Jahr 1963 hinaus im Amt. Unter den 1. Sekretären ist die Kontinuität etwas größer gewesen, immerhin fünf von ihnen blieben von den Kaderwechseln der Jahre bis 1963 unberührt. Das zeigt auch, daß die Parteiführung sich eher davor scheute, den Spitzenfunktionär einer Bezirksleitung zu degradieren, da dies mehr als bei den anderen Sekretären immer mit einer entsprechenden Außenwirkung verbunden war.

Zu den Gründen für die starke Fluktuation gegen Ende der fünfziger und zu Beginn der sechziger Jahre äußerte sich Jänicke bereits 1964 so: »Wie die wenigen Hinweise der SED-Presse auf innerparteiliche Auseinandersetzungen um die plötzliche Totalkollektivierung der Landwirtschaft (1960) und die allgemeine politische Verschärfung des Jahres 1961 vermuten lassen, hatte Ulbricht nach der großen Säuberung von 1958 zwar den zentralen Parteiapparat ziemlich fest in der Hand, stieß jedoch in den Bezirken weiterhin auf Widerspruch, der sich vor allem in einer ›ungenügenden Durchführung der Beschlüsse‹ äußerte.«[258] Weber übernimmt diesen Tenor und schreibt 1987: »Doch die Berlin-Drohungen Chruschtschows, die Kollektivierung der Landwirtschaft und Schwierigkeiten der Wirtschaft verursachten neue Mißstimmungen. Die SED reagierte darauf mit einem härteren Kurs, und so kam es zu einer neuen Krise. Davon blieb auch die Partei-

---

[255] Vgl. SAPMO, DY 30/J IV 2/3A/924.
[256] Das Beispiel des Bezirkes Dresden widerlegt Richerts Behauptung, daß es nicht zur »Kaderpolitik der SED-Führung gehöre, häufig ›Garnituren-Wechsel‹ vorzunehmen«. Richert, Ernst, Macht ohne Mandat. Der Staatsapparat in der Sowjetischen Besatzungszone Deutschlands, Köln und Opladen 1963, S. 276.
[257] Die Sekretäre für Westberlin der BL Berlin und für Chemische Industrie der BL Halle wurden hierbei als Sonderfälle nicht berücksichtigt.
[258] Jänicke, S. 185. Vgl. weiter ebenda, S. 186-188, wo Beispiele für Funktionsenthebungen in den Bezirksleitungen genannt werden.

organisation nicht unberührt.«[259] In der Tat waren es in starkem Maße der ab 1958 forcierte Aufbau des Sozialismus und die damit verbundenen innenpolitischen Schwierigkeiten, die den Austausch etlicher Bezirkssekretäre aus Sicht der Parteiführung notwendig machte. Mit neuen, entsprechend geschulten Funktionären ließ sich die neue Politik auch in den Bezirken effektiver durchsetzen. Zudem konnte so ein sichtbares Zeichen gesetzt werden, daß die Parteiführung gewillt war, kompromißlos den nun eingeschlagenen Weg weiterzugehen. So ist es auch kein Zufall, daß allein 28 Wirtschafts- und 26 Landwirtschaftssekretäre in einer Zeit, die durch gesteigerte ökonomische Zielvorgaben, aber auch Krisenerscheinungen in verschiedenen Bereichen der Wirtschaft und Gesellschaft geprägt war[260], ihrer Funktionen enthoben wurden. Gerade für die Landwirtschaft ist ab etwa 1958 bis Anfang der sechziger Jahre eine akute Produktions- und Versorgungskrise zu konstatieren.[261] Es war sicherlich weniger der von Jänicke vermutete »Widerspruch« aus den Bezirken als vielmehr die Schuldzuweisungen der Parteiführung an die regionalen Instanzen, die zu den Ablösungen geführt haben. Da die Generallinie der Zentrale immer richtig war, konnten und mußten die Krisenerscheinungen auf die ungenügende Durchführung der Beschlüsse in den Bezirken zurückgeführt werden. Es ist immer ein für die Parteiführung probates Mittel gewesen, krisenhafte Entwicklungen »auf die subjektive schlechte Führungstätigkeit der Sekretäre« zurückzuführen[262] und diese dann abzulösen, um so tätiges Eingreifen zu demonstrieren.

Am Beispiel von Margarete Langner, seit 1952 Zweiter Sekretär der BL Potsdam, kann dies besonders anschaulich demonstriert werden. Im Frühjahr und Sommer 1961 mußten in den Bezirken »für Butter und Fleisch wieder Beschränkungen im Verkauf eingeführt werden.«[263] Daraufhin wurden im LEW Henningsdorf Unterschriften für einen Brief an Walter Ulbricht gesammelt, der sich gegen die neuen Kundenlisten für Butter richtete und über die Mißstimmung in der Bevölkerung informieren sollte. Langner, die gerade im Betrieb anwesend war, führte eine Aussprache, »erreichte aber nicht, daß die Unterzeichner von dem Brief abrückten und ihr der Brief ausgehändigt wurde.« Dies kam auf der 13. Tagung des ZK am 4.7.1961 zur Sprache, und deshalb erhielt sie am 12.7.1961 »wegen mangelnder Wachsamkeit und wegen Zurückweichens vor dem Klassen-

---

[259] Weber, Hermann, Geschichte der SED, in: Spittmann, Ilse (Hrsg.), Die SED in Geschichte und Gegenwart, Köln 1987, S. 6-42, hier S. 28.
[260] Vgl. dazu Weber, Hermann, Die DDR 1945-1990, München 2000, S. 50 ff.
[261] Vgl. dazu jüngst Schöne, Jens, Frühling auf dem Lande? Die Kollektivierung der DDR-Landwirtschaft, Berlin 2005, vor allem S. 154 ff.
[262] Protokoll des Gespräches mit Dr. Eberhardt Denner, Berlin, 13.3.2003, S. 15.
[263] Prokop, Siegfried, Übergang zum Sozialismus in der DDR: Entwicklungslinien und Probleme der Geschichte der DDR in der Endphase der Übergangsperiode und beim beginnenden Aufbau des Sozialismus (1957-1963), Berlin (Ost) 1986, S. 216. Der Stellvertretende Ministerpräsident der DDR, Willi Stoph, mußte öffentlich einräumen, »daß es zur Zeit bei der Versorgung mit Fleisch, Milch und Butter eine Reihe Schwierigkeiten gibt.« Neues Deutschland, 15.6.1961, S. 3. Weber, Die DDR 1945-1990, S. 57, datiert diesen ND-Artikel fälschlich auf den 14.6.1961.

gegner« eine »strenge Rüge« sowie die Abberufung aus ihrer Funktion.[264] Margarete Langner wurde später Sekretär des Bezirksfriedensrates bzw. des Bezirksausschusses der Nationalen Front Potsdam.

Infolge des bis Anfang der sechziger Jahre besonders virulenten Kadermangels auf allen Ebenen des Partei- und Staatsapparates sind auch der Delegierung zum Studium, einer fachlichen Qualifizierung sowie einer Versetzung von Funktionären zur Stärkung anderer Bereiche (Kaderrotation) ein entsprechender Stellenwert bei der Frage nach den Gründen für die hohe Fluktuation einzuräumen. Was Welsh für die 1. Sekretäre bemerkte, kann auf alle hauptamtlichen Sekretäre der SED-Bezirksleitungen ausgedehnt werden: »Ende der fünfziger und Anfang der sechziger Jahre« gab es den »größten Elitenaustausch auf der Führungsebene der SED-Bezirkssekretariate«.[265]

Mit Ablauf des Jahres 1963 hielt dann eine kaderpolitische Kontinuität in den Bezirksleitungen Einzug, die bis zum Herbst 1989 andauerte. Zwischen 1964 und 1969 wurden, bis auf das Jahr 1966, in keinem Jahr mehr als zehn Prozent aller Sekretäre der BL ausgewechselt. Das Ende des »Produktionsprinzips« 1966 erbrachte nicht nur die Wiedereinrichtung der Kultursekretariate, sondern auch elf Kaderveränderungen. Diese Zahl war die höchste zwischen 1964 und 1970, lag dabei aber so niedrig wie in keinem Jahr zwischen 1953 und 1963. Die 1960er Jahre, die in kaderpolitischer Hinsicht so turbulent begonnen hatten, klangen ruhig aus. Das hing auch damit zusammen, daß nun »mehr Kader zur Verfügung« standen, die »an Hoch- und Fachschulen der DDR, der Sowjetunion oder anderer sozialistischer Staaten studiert hatten, politische Bildung besaßen und Erfahrungen in Partei- und FDJ-Funktionen oder auch im Staatsapparat und anderen gesellschaftlichen Organisationen gesammelt hatten.«[266] Während in den fünfziger Jahren aufgrund einer Delegierung zum Studium oder anderweitiger Qualifizierung noch knapp vierzig Sekretäre von ihren Funktionen entbunden wurden, betraf das im folgenden Jahrzehnt nur noch fünf, in den siebziger Jahren zwei und später keinen Sekretär mehr. Seit den 1960er Jahren hatte sich der politisch und fachlich ausgebildete Parteifunktionär durchgesetzt.

Auf der 16. Tagung des ZK der SED am 3.5.1971 wurde der Wechsel von Ulbricht zu Honecker vollzogen.[267] Interessant ist es nun zu prüfen, ob damit auch eine neue Kaderpolitik, ein Revirement in den zentralen und regionalen Parteileitungen einherging. Dabei wird die Frage nach dem Charakter des Übergangs von

---

[264] DY 30/J IV 2/3A/797, Bl. 78. Die Angabe von Kotsch, Langners »Führungsstil war überholt, ihre mangelnde Sachkompetenz galt zunehmend als hinderlich für eine effektive Tätigkeit der Parteibehörde«, findet in den Akten keine Fundierung und erklärt nicht ihre Ablösung 1961. Kotsch, Detlef, Karrierewege in Brandenburg nach dem Zweiten Weltkrieg. Entstehung und Etablierung der neuen Eliten in den Jahren 1945-1960, in: Jahrbuch für brandenburgische Landesgeschichte, H. 47, Berlin 1996, S. 149-191, hier S. 190.
[265] Welsh, S. 123.
[266] Gesprächsprotokoll Postler, S. 16.
[267] Vgl. hierzu Kaiser, Monika, Machtwechsel von Ulbricht zu Honecker. Funktionsmechanismen der SED-Diktatur in Konfliktsituationen 1962 bis 1972, Berlin 1997.

Ulbricht zu Honecker in der wissenschaftlichen Literatur unterschiedlich beantwortet.[268] Für Ludz waren die Kontinuitäten zwischen der Ulbricht- und der Honecker-Ära erheblich stärker als die Unterschiede; weder in der Entwicklung »der SED noch der DDR ist ein Bruch entstanden.«[269] Weber hingegen sieht die Ablösung Ulbrichts als einen »tiefe(n) Einschnitt in der Geschichte der DDR.«[270] Prokop spricht für das Jahr 1971 von einer »Pseudowende«[271], Engler von einer vollzogenen »Thronfolge«.[272] Weinert jedoch schreibt dem Übergang zu Honecker im Ludzschen Duktus größere personelle Konsequenzen zu. »Heute wissen wir, dass der Sturz Walter Ulbrichts durch Erich Honecker zu einer weitgehenden politischen Entmachtung der institutionalisierten Gegenelite führte. Der Sturz Ulbrichts bedeutete elitensoziologisch die Behauptung der alleinigen Entscheidungskompetenz der strategischen Clique; zusätzlich abgesichert wurde diese konservative Gegenbewegung durch Sicherheitsbedenken der Sowjetunion.«[273] Eine Analyse der kaderpolitischen Konsequenzen, die das Jahr 1971 auf der Ebene der Bezirkssekretariate mit sich brachte, kann den Blick für den Charakter des Machtwechsels schärfen und die Frage nach dem Zäsurcharakter beantworten helfen. Sie soll nachfolgend unternommen werden.

In der Tabelle fällt sofort das Jahr 1971 ins Auge. Bis auf 1971 wurden in allen Jahren nie mehr als 10 % der Bezirkssekretäre ausgewechselt. Der Durchschnitt liegt für dieses Jahrzehnt bei rund sechs Kaderveränderungen jährlich, die 7 % aller hauptamtlichen Sekretäre ausmachen. Allein auf 1971 entfallen 17 Funktionärswechsel und damit mehr als ein Viertel des im gesamten Jahrzehnt vollzogenen Austauschs. Im Vergleich zum Vorjahr hatte sich die Fluktuation beinahe verdreifacht. Sie liegt auch mehr als dreimal so hoch wie der Durchschnitt der anderen Jahre. War es der neue Besen Honecker, der in den Bezirkssekretariaten kräftig ausgekehrt hat?

Zunächst ist festzustellen, daß gleich drei 1. Bezirkssekretäre in zentrale Apparate befördert worden sind. Erich Mückenberger, 1. Sekretär der BL Frankfurt (Oder), übernahm dabei von dem einflußreichen Ulbricht-Vertrauten Hermann Matern das Amt des Vorsitzenden der ZPKK. Dies ist aber nicht als Entmachtung der Ulbricht-Stützen mißzuverstehen, sondern hatte natürliche Gründe. Matern war am 24.1.1971, drei Tage, nachdem Honecker mit dem Brief an Breshnew die Absetzung Ulbrichts eingeleitet hatte, verstorben. Mückenberger hatte schon in

---

[268] Vgl. den Überblick in: Ihme-Tuchel, Beate, Die DDR, Darmstadt 2002, S. 71-73.
[269] Vgl. Ludz, Peter Christian, Die DDR zwischen Ost und West. Politische Analysen 1961 bis 1976, München 1977, S. 19.
[270] Weber, Die DDR 1945-1990, S. 80.
[271] Prokop, Siegfried, Unternehmen »Chinese Wall«. Die DDR im Zwielicht der Mauer, Frankfurt/Main 1992, S. 192.
[272] Engler, Wolfgang, Die Ostdeutschen. Kunde von einem verlorenen Land, Berlin 2000, S. 140.
[273] Weinert, Rainer, Die Wirtschaftsführer der SED: Die Abteilungsleiter im ZK im Spannungsfeld von politischer Loyalität und ökonomischer Rationalität, in: Hornbostel, Stefan (Hrsg.), Sozialistische Eliten. Horizontale und vertikale Differenzierungsmuster in der DDR, Opladen 1999, S. 59-84, hier S. 67 f.

Tabelle: Fluktuation in den Sekretariaten der BL nach Ressorts in den 1970er Jahren

Funktion	1970	1971	1972	1973	1974	1975	1976	1977	1978	1979
1. Sekretär	1	3	0	1	1	1	2	0	0	1
2. Sekretär	3	5	0	0	4	1	1	1	0	0
Sekretär für Agitation und Propaganda	0	2	1	0	1	0	2	2	0	0
Sekretär für Wirtschaft	0	5	2	1	0	1	1	0	0	1
Sekretär für Landwirtschaft	0	1	1	2	2	1	2	0	0	0
Sekretär für Wissenschaft, Volksbildung und Kultur	2	1	0	2	1	0	0	1	1	3
gesamt	6	17	4	6	9	4	7	4	1	5

den fünfziger Jahren als Sekretär des ZK gearbeitet und zudem auch den besagten Brief mit unterzeichnet[274], und beides qualifizierte ihn sicherlich für die neue Funktion. Paul Verner, der zu Honeckers »engsten Vertrauten« zählte[275] und bei der Ablösung Ulbrichts »ganz eindeutig auf Seiten Honeckers« agiert hatte[276], wechselte von der Berliner Bezirksleitung als Sekretär in den Apparat des Zentralkomitees. Der 1. Sekretär der BL Halle, Horst Sindermann, wurde 1. Stellvertreter des Vorsitzenden des Ministerrates.

Insgesamt fünf 2. Sekretäre sind 1971 verändert worden. Hans-Joachim Hoffmann, 2. Sekretär der BL Leipzig, ging als Abteilungsleiter Kultur zum ZK, Walter Ladebeck, 2. Sekretär der BL Magdeburg, verließ diese Funktion aus gesundheitlichen Gründen infolge eines schweren Unfalls.[277] In drei Fällen geschahen die Veränderungen als Reaktion auf den Weggang der 1. Sekretäre, denen nun ihre bisherigen Stellvertreter in der Funktion nachfolgten. Diese drei, Werner Felfe in Halle, Hans-Joachim Hertwig in Frankfurt (Oder) und Konrad Naumann in Berlin, waren in den fünfziger bzw. sechziger Jahren Sekretäre im FDJ-Zentralrat gewesen und Honecker als dessen ehemaligem 1. Sekretär sicherlich in gewisser Weise vertraut. Allerdings sollte die ab den siebziger Jahren verstärkte Besetzung der Sekretärsstühle durch frühere FDJ-Funktionäre nicht überbetont werden, wie

---

[274] Vgl. Przybylski, Peter, Tatort Politbüro. Die Akte Honecker, Berlin 1991, S. 297-303.
[275] Kaiser, S. 438, Anmerkung 208.
[276] Protokoll des Gespräches mit Helmut Müller, Berlin, 21.2.2003, S. 3.
[277] Vgl. Protokoll des Gespräches mit Alois und Martha Pisnik, Rostock, 24.10.2002, S. 15 und Protokoll des Gespräches mit Dr. Helmuth Winnig, Magdeburg, 9.7.2003, S. 5.

Staritz das tut, wenn er schreibt, »beim Wechsel von Bezirkssekretären erhielten Apparatleute den Vorzug. Sie waren zumeist aus der FDJ-Arbeit hervorgegangen und hatten in diesen Funktionen noch unter Honecker gearbeitet.«[278] Zwar waren alle acht zwischen 1971 und 1976 neu berufenen 1. Bezirkssekretäre in früheren Jahren, doch teilweise erst nach dem Ausscheiden Honeckers als Vorsitzender des FDJ-Zentralrats 1955, als Sekretäre im FDJ-Zentralrat bzw. 1. Sekretär einer FDJ-BL tätig gewesen. Aber die sechs 1. Bezirkssekretäre, die zwischen 1979 und 1988 neu ins Amt gelangt sind, konnten überhaupt keine Stationen im Apparat der Jugendorganisation vorweisen.

Auch fünf Wirtschaftssekretäre blieben nicht über das Jahr 1971 hinaus im Amt. Bruno Baum (Potsdam) starb im Dezember, Martin Berger (Neubrandenburg) ging aus eigenem Wunsch als Generaldirektor zur VVB Energieversorgung[279], der Grund für die Abberufung von Heinz Schwarz in Halle konnte nicht ermittelt werden. Im Falle von Hans Wagner in Berlin und Dr. Gerhard Buchführer in Rostock scheint in der Tat der Wechsel zu Honecker ein wichtiges Moment für ihre Ablösung gewesen zu sein. Wagner ist »ursprünglich Beauftragter des Politbüros für Berlin und ein ausgemachter Ulbricht-Mann« gewesen. Er wurde, nachdem Hans Kiefert 1963 aus Altersgründen als 2. Sekretär der BL Berlin ausgeschieden war, als dessen Nachfolger und »Kontrolleur« des 1. Sekretärs Paul Verner in die BL geschickt, »weil das Verhältnis zwischen Ulbricht und Verner zu dieser Zeit schon getrübt war.« Wagner war »demnach im Grunde genommen ein Kontrolleur.« 1964 begann die »Kaderpolitik Honeckers in Berlin mit der Installierung von Naumann und Bauer, der auch im Clinch mit Ulbricht gelegen hatte, wegen seiner Doktorarbeit über den sozialistischen Charakter der Novemberrevolution. Diese beiden Leute wurden über Honecker von außen in das Sekretariat gebracht.« Hans Wagner mußte Konrad Naumann als neuem 2. Sekretär weichen, wurde Wirtschaftssekretär »und blieb der zweite Mann.« Naumann selbst »wußte damit umzugehen und verschaffte sich den erforderlichen Respekt, aber das Verhältnis zu Wagner war außerordentlich gespannt.« Als Konrad Naumann 1. Sekretär der BL Berlin wurde, »war klar: Wagner muß weg. Und so wurde er in die Zentrale der Arbeiter-und-Bauern-Inspektion delegiert.«[280]

Dr. Gerhard Buchführer war »ein sehr, sehr guter Ökonom« und »der bedeutendste unter den Industriesekretären« der BL Rostock.[281] Seine Ablösung hing, wie sich ein früherer Rostocker Bezirkssekretär erinnert, »mit dem Wechsel von Ulbricht zu Honecker und auch mit deren Ansichten zu bestimmten gesellschaftlichen und theoretischen Fragen zusammen. Walter Ulbricht (…) und Gerhard Buchführer hatten einen guten Draht zueinander. Die ganze Sache mit der wis-

---

[278] Staritz, Dietrich, Geschichte der DDR 1949-1985, Frankfurt/Main 1996, S. 294.
[279] Vgl. Protokoll des Gespräches mit Johannes Chemnitzer, Lichtenberg, 7./8.5.2003, S. 14.
[280] Gesprächsprotokoll Müller, S. 3 und S. 4. Der von Müller erwähnte Roland Bauer war von 1964 bis 1967 Sekretär für Agitation und Propaganda und von 1967 bis 1978 Sekretär für Wissenschaft, Volksbildung und Kultur der BL Berlin.
[281] Protokoll des Gespräches mit Ernst Timm, Rostock, 5.12.2002, S. 29.

senschaftlich-technischen Revolution war zum Teil so überdreht, daß es nicht mehr in die Honecker-Linie hineinpaßte. Und das war der eigentliche Grund für die Ablösung von Buchführer.«[282] Diese Aussage findet in den Akten Bestätigung. Hiernach wurde Dr. Buchführer vom Sekretariat der BL Rostock vorgeworfen, »Materialien zur Sozialistischen Betriebswirtschaft ausgearbeitet« zu haben, »die in ihrem Inhalt und in ihrer Sprache unverständlich sind und auch nicht der Linie des Zentralkomitees entsprechen. Im Zusammenhang mit einer Ausstellung Sozialistische Betriebswirtschaft wurde eine sogenannte ›Anwendung der Matrix-Analyse zur Verbesserung der wissenschaftlichen Führungstätigkeit der Partei‹ ausgearbeitet und an Parteileitungen und andere Genossen herausgegeben. Diese Matrix-Analyse, die auch zur Grundlage der Einschätzung von Kadern genommen wurde, ist eine theoretische Spinnerei und hat mit sachlicher Parteiarbeit zur Durchsetzung der Beschlüsse des Zentralkomitees nichts zu tun.«[283] Vor allem der 1. Sekretär der BL Rostock, Harry Tisch, hat die Ablösung des Wirtschaftssekretärs betrieben.[284] Sie wurde am 11.3.1971 vom Sekretariat der BL Rostock beschlossen und am 24.3.1971, also noch vor der Absetzung Ulbrichts, vom Sekretariat des ZK bestätigt.[285] Das Beispiel zeigt daher auch, daß Ulbricht bereits in den Monaten vor seiner endgültigen Entmachtung die kaderpolitischen Zügel nicht mehr fest in der Hand gehabt hat.

Es lassen sich jedoch unter den weiteren 1971 in den Bezirkssekretariaten vorgenommenen Kaderveränderungen keine Belege für einen direkten Bezug zum Wechsel an der Parteispitze finden. Hans Modrow verließ 1971 seinen Posten als Sekretär für Agitation und Propaganda der Bezirksleitung Berlin und wurde Leiter der Abteilung Agitation im ZK. Daß mit Modrow ein Funktionär, der »mit Ulbricht (...) einen großen Protegé und einigen Einfluß auf ihn« besaß[286], in den zentralen Parteiapparat aufrücken konnte, belegt die letztlich geringen kaderpolitischen Konsequenzen, die mit dem Übergang von Ulbricht zu Honecker einhergingen. Selbst ein Mann wie Alois Bräutigam, 1. Sekretär der BL Erfurt, der im Juni 1971, also kurz nach der Entmachtung Ulbrichts, gesagt hatte, die »Verbrecher, die jetzt da oben an der Macht sind, lassen unsere Köpfe rollen«, behielt den seinen, obwohl Honecker diese Äußerung zu Ohren gekommen war. Bräutigam blieb in Erfurt und verlor nur seinen Sitz im Nationalen Verteidigungsrat.[287] Helga Welsh ist völlig zuzustimmen, wenn sie schreibt, der »wichtigste Generationenwechsel« habe »Ende der fünfziger und Anfang der sechziger Jahre« statt-

---

[282] Protokoll des Gespräches mit Siegfried Unverricht, Hohenfelde, 26.6.2003, S. 10.
[283] SAPMO, DY 30/J IV 2/3A/1997, Bl. 50.
[284] Vgl. Gesprächsprotokoll Timm, S. 29, und Gesprächsprotokoll Unverricht, S. 10. Timm übermittelt, daß die anderen Sekretäre der BL gegen eine Ablösung Buchführers waren, Tisch sich aber durchsetzen konnte. Vgl. Gesprächsprotokoll Timm, S. 29.
[285] Vgl. SAPMO, DY 30/J IV 2/3A/1997, Bl. 49.
[286] Gesprächsprotokoll Müller, S. 2.
[287] Wagner, Armin, Walter Ulbricht und die geheime Sicherheitspolitik der SED. Der Nationale Verteidigungsrat der DDR und seine Vorgeschichte (1953-1971), Berlin 2002, S. 228.

gefunden. »Der Übergang von Ulbricht zu Honecker war dagegen weitaus weniger entscheidend, da unter Ulbricht wesentliche Aufgaben des Parteiapparates in die Hände Honeckers übergegangen waren. Dies betraf sowohl die Arbeit im Sekretariat des Zentralkomitees wie im Politbüro, da Honecker bereits in den sechziger Jahren seine Hausmacht im Parteiapparat ausgebaut hatte. Er war unmittelbar an Kaderveränderungen beteiligt gewesen und sah deshalb wenig Grund nach seiner Amtsübernahme als Erster Sekretär des ZK der SED im Jahre 1971, verdiente Genossen, die ihm durchaus loyal gegenüberstanden, auszuwechseln; dies galt auch für die Bezirksebene.«[288] Zudem war Honecker »auch aus Gründen der Festigung seiner Rolle als Parteichef mehr darauf bedacht, die von Ulbricht geprägte Partei erst einmal hinter sich zu bringen, auch einstige Anhänger Ulbrichts. Gegenüber Moskau sollte der Eindruck einer stabilen Führung entstehen. Jede Auswechselung von Personen in der Führung hätte auf Instabilität oder Führungsschwäche des Generalsekretärs hindeuten können.«[289]

Die Jahre 1972-1979 waren dann von insgesamt geringen, doch stetigen Personalveränderungen gekennzeichnet. Zwischen 1973 und 1979 wurden sechs 1. Sekretäre und sieben 2. Sekretäre abberufen. Teilweise spielten, wie bei Bernhard Quandt in Schwerin und Paul Roscher in Karl-Marx-Stadt, auch Altersfragen eine Rolle. Werner Wittig, 1. Sekretär in Potsdam, starb im Amt. Es gab aber auch weiterhin, wie im Falle Krolikowskis und Tischs, Beförderungen von 1. Sekretären in zentrale Verantwortung, die ihren politischen Aufstieg schon unter Ulbricht begonnen hatten. Ausgangs der siebziger Jahre gab es nur noch fünf 1. Bezirkssekretäre, die bereits vor 1970 in diese Position gelangt sind. Die seit Mitte der 1960er Jahre erreichte kaderpolitische Kontinuität fand in den achtziger Jahren unter Honecker die deutlichste Ausprägung.

Im Zeitraum 1980 bis 1988 wurden pro Jahr durchschnittlich nur fünf Bezirkssekretäre ausgewechselt. Frischen Wind in die Bezirkssekretariate brachten Mitte der achtziger Jahre nur die neuen Sekretäre für Kultur, die infolge der Aufteilung des Ressorts Wissenschaft, Volksbildung und Kultur in die BL kooptiert wurden. Grundsätzliche Änderungen in der Kaderpolitik gab es nicht mehr. »Langjähriges Verharren in Positionen«, so Helga Welsh, »bedeutete Kontinuität, aber auch Karriereimmobilität.«[290] Dies läßt sich in aller Deutlichkeit an den Bezirkssekretären ablesen. Von insgesamt 36 Sekretären, die eine Verweildauer in ihrer Funktion von mindestens 20 Jahren aufzuweisen haben, erlebten 24 und damit zwei Drittel ihr Karriereende erst im Herbst 1989. Zu diesem Zeitpunkt war also etwas mehr als jeder vierte Sekretär einer Bezirksleitung (ohne die erst Mitte der 1980er Jahre installierten Kultursekretäre) seit über 20 Jahren im Amt. Dem Sekretariat der BL Leipzig etwa gehörten 1989 zwei Sekretäre seit mehr als 28 Jahren und je

---

[288] Welsh, S. 124 f. Monika Kaiser spricht sogar von der »Herausbildung einer faktischen Doppelherrschaft zwischen Ulbricht und Honecker seit Mitte der sechziger Jahre.« Kaiser, S. 24.
[289] Protokoll des Gespräches mit Günter Schabowski, Berlin, 24.7.2003, S. 10.
[290] Welsh, S. 125.

Tabelle: Fluktuation in den Sekretariaten der BL nach Ressorts in den 1980er Jahren

Funktion	1980	1981	1982	1983	1984	1985	1986	1987	1988	1989
1. Sekretär	1	1	0	1	0	1	0	0	1	1
2. Sekretär	3	2	0	1	0	0	2	0	1	1
Sekretär für Agitation und Propaganda	1	0	0	2	0	0	0	1	3	3
Sekretär für Wirtschaft	3	0	1	1	1	0	2	0	0	0
Sekretär für Landwirtschaft	2	0	1	1	1	0	0	0	2	1
Sekretär für Wissenschaft, Volksbildung und Kultur	1	0	0	3	2	0	1	1	1	3
gesamt	11	3	2	9	4	1	5	2	6	9

einer seit 18, 19 bzw. 20 Jahren an. Nur die Sekretäre für Wissenschaft und Volksbildung bzw. für Kultur waren erst in den achtziger Jahren berufen worden. Ein ähnlich hohes Durchschnittsalter wiesen die Sekretariate der BL Gera und Magdeburg auf. Deutlicher läßt sich die unter Honecker in Kaderfragen erreichte »Erstarrung, die gegen Ende der DDR zu einer wenig zuträglichen Überalterung führte«, wie Postler vorsichtig formuliert[291], nicht illustrieren.

Von den fünf 1. Sekretären der BL, die in den 1980er Jahren ihren Posten verließen, wurden mit Werner Felfe in Halle und Kurt Tiedke in Magdeburg zwei in den zentralen Parteiapparat geholt. Alois Bräutigam in Erfurt mußte im April 1980 gehen, weil er, wie einem Schreiben von Mitarbeitern der Bezirksleitung, darunter zwei Abteilungsleiter, zu entnehmen ist, alkoholbedingt »in seiner Haltung so tief gesunken ist daß es tiefer gar nicht mehr geht«.[292] Bräutigam war der letzte 1. Bezirkssekretär, der noch in den 1950er Jahren in das Amt gelangt war. Auch Konrad Naumann hatte durch sein Verhalten seine Ablösung unumgänglich gemacht; sein Fall wird noch gesondert thematisiert. Hans-Joachim Hertwig schließlich war im Amt verstorben. Das Jahr 1989 brachte bis in den Sommer hinein nur eine gesundheitlich bedingte Auswechslung. Erst die Ereignisse im Oktober/November führten zu einem – dann allerdings auch nahezu kompletten – Kaderaustausch. Auch dies wird im weiteren Verlauf der Arbeit noch näher beleuchtet.

---

[291] Gesprächsprotokoll Postler, S. 16.
[292] SAPMO, DY 30/2634. Hans Modrow bestätigte im Gespräch die Tatsache, daß Bräutigam »dem Alkohol zusprach« und seine »Autorität nach meinem Empfinden im eigenen Bezirk leider nicht mehr die Bedeutung hatte.« Protokoll des Gespräches mit Dr. Hans Modrow, Berlin, 6.9.2002, S. 17.

Die Gründe für die Stagnation im Kaderbereich sind zu einem großen Teil beim Generalsekretär zu sehen, der die Kaderpolitik direkt beeinflußte. »Auf einen Teil des Apparates«, so der Zeitzeuge Schabowski, »der ihm für den Machterhalt besonders wichtig schien, nahm er ständig und unmittelbar Einfluß. Die für die Personalpolitik zuständige Kaderabteilung zählte dazu. Durch ihre Hände und Karteikästen liefen die Personalvorgänge, die für die Partei, für die Regierung, für die Massenorganisationen von Bedeutung waren. Erst wenn sie mit dem Generalsekretär vorgeklärt waren, kamen die entsprechenden Vorlagen ins Politbüro.«[293] Von besonderer Bedeutung war die Neigung Honeckers, sich im wesentlichen nur auf ihm seit langem bekannte Funktionäre zu stützen. »Überschaubar und durchschaubar wie sein begrenztes Weltbild«, so noch einmal Schabowski, »mußte auch seine unmittelbare Umgebung sein. Neue Gesichter, das war nicht sein Fall. Wer einmal etabliert war, der blieb. Das galt auch für das Politbüro. Jeder Wechsel in der Crew würde ja Spekulationen über Rivalitäten/Machtkämpfe und folglich über eine instabile Lage nahelegen. Ausschluß aus dem Politbüro kam daher deshalb nur als allerletztes Mittel der Bewältigung eines Problems in Betracht.«[294]

Was Schabowski für das Politbüro überliefert, kann auch auf die Bezirksebene übertragen werden. Selbst in Fällen, wo einzelne Funktionäre aus eigenem Antrieb um eine Entlastung eingekommen waren, zeigte sich Honecker nicht geneigt, dies zu akzeptieren. Wie der FDGB-Vorsitzende Harry Tisch überliefert, war der Generalsekretär »ständig dagegen, wenn einer ausschied, der jünger war als er, dann hat er schon Krach gemacht. Ob das ein Minister war oder ein anderer Funktionär, der aus Altersgründen ausschied, dann hat er gefragt, warum scheidet der aus.«[295] Ende Oktober 1989 baten binnen einer Woche allein sieben Abteilungsleiter des ZK den neuen Generalsekretär Krenz um Entbindung von ihrer Funktion. »Einige hatten ihre Entlastungswünsche schon vor Jahren vorgebracht. Doch niemand, der jünger als Honecker war, wagte, seine Entlastung zu beantragen. So war in Schlüsselstellungen auch die zweite Reihe im Zentralkomitee schon überaltert.«[296] In der Tat sind unter den Abteilungsleitern des ZK insgesamt 22 Genossen zu finden, die ein Dienstalter von mindestens 20 Jahren erreicht haben. 14 von ihnen blieben bis zum Herbst 1989 im ZK-Apparat, allein vier waren dies seit mindestens 30 Jahren.[297] Der fehlende Kaderaustausch zeigte sich mithin nicht nur auf bezirklicher, sondern auch auf zentraler Parteiebene.

---

[293] Schabowski, Günter, Der Absturz, Berlin 1991, S. 114 f.
[294] Ebenda, S. 116 f.
[295] „Wir waren überzeugt, daß unser System richtig ist." Gespräch mit Harry Tisch, Berlin, 9.12.1993, in: Pirker, Theo/Lepsius, M. Rainer/Weinert, Rainer/Hertle, Hans-Hermann, Der Plan als Befehl und Fiktion. Wirtschaftsführung in der DDR. Gespräche und Analysen, Opladen 1995, S. 121-142, hier S. 132.
[296] Krenz, Egon, Herbst '89, Berlin 1999, S. 170.
[297] Die Spitzenreiter unter den ZK-Abteilungsleitern waren Klaus Sorgenicht, 1954-1989 AL Staat und Recht, und Johannes Hörnig, 1955-1989 AL Wissenschaft. Vgl. die Aufstellung der »Leiter der

Unter den Bezirkssekretären war Honeckers fehlender Wille zu personellen Veränderungen schon »sprichwörtlich« geworden: »Wenn wir aus der Funktion ausscheiden wollen, müssen wir einen großen Fehler machen. Honecker wollte keine Veränderung haben!«[298] Eine »tragische Figur« war in diesem Zusammenhang Horst Schumann, der 1. Sekretär der BL Leipzig. Schumann »war sehr krank«, hat »um seine Demission selbst gebeten« und »wurde nicht abgelöst. Er hatte Leipzig schon etliche Jahre nicht mehr geleitet, aber er durfte nicht gehen. De facto war immer Hackenberg der Chef.«[299] Honecker sträubte sich auch aus dem Grund gegen den Rücktritt etwas jüngerer Genossen, weil er »das Politbüro und sich selbst im Auge hatte. Er war ja auch einer der Ältesten. Er wollte keine Beispielwirkung haben. Die Parteiführung hat Altersgründe praktisch nicht anerkannt«.[300] In der Tat hätte mit Veränderungen jüngerer Genossen auch die Frage nach Honeckers eigenem Verbleiben verbunden werden können, und er selbst hatte sich längst von seinem früheren Versprechen als junger Generalsekretär, er wolle »nicht wieder so lange wie meine Vorgänger im Amt fungieren, sondern werde dann abtreten«, verabschiedet.[301]

Wie sehr Honecker den alten Bahnen seiner Kaderpolitik verhaftet war, kann an zwei Beispielen demonstriert werden. Als 1983 der 1. Sekretär der BL Magdeburg als Direktor zur PHS ging, wurde nicht etwa ein jüngerer Kader nach Magdeburg geschickt, sondern mit Werner Eberlein ein Genosse, der bereits 63 Jahre alt war. Eberlein war nicht nur viereinhalb Jahre älter als sein Vorgänger, sondern das mit Abstand älteste Sekretariatsmitglied und nach eigenem Bekunden »zu alt« für die neue Aufgabe.[302] Das zweite Beispiel betrifft die Ersetzung des verstorbenen Frankfurter 1. Bezirkssekretärs Hertwig. Honecker entschied sich mit Christa Zellmer zwar erstmals für eine Frau, aber doch für eine Genossin, die mit fast 58 Jahren nur zwei Jahre vor dem Eintritt in das gesetzliche Rentenalter stand und dem Sekretariat der Bezirksleitung seit 22 Jahren angehörte. Auch hier griff Honecker auf altbewährte Kader statt auf unverbrauchte Genossen zurück.

Neben dem persönlichen, im SED-Deutsch »subjektivistischen«, Herangehen des Generalsekretärs an Kaderfragen sind strukturelle Ursachen für die in den 1980er Jahren erreichte Stagnation von ausschlaggebender Bedeutung gewesen. So sieht denn auch der frühere 2. Sekretär der BL Schwerin, Erich Postler, das

---

Abteilungen/Arbeitsgruppen des Parteivorstandes bzw. des Zentralkomitees der SED 1946-1989«, in: Herbst/Stephan/Winkler, S. 878-884.
[298] Gesprächsprotokoll Chemnitzer, S. 46.
[299] Gesprächsprotokoll Müller, S. 29. Vgl. auch Protokoll des Gespräches mit Dr. Roland Wötzel, Leipzig, 31.7.2003, S. 4 f. Helmut Hackenberg war von 1971-1989 Zweiter Sekretär der BL Leipzig.
[300] Gesprächsprotokoll Chemnitzer, S. 47.
[301] Protokoll des Gespräches mit Dr. Siegfried Schmolinsky, Frankfurt (Oder), 20.2.2003, S. 21. Schmolinsky hat dieses Versprechen Honeckers bei einer Beratung in Frankfurt (Oder) persönlich erlebt. Vgl. ebenda.
[302] Eberlein, Werner, Geboren am 9. November. Erinnerungen, Berlin 2000, S. 410.

3.3 Kaderpolitik und Fluktuation

Problem »darin, dass es im Statut der SED keine Festlegungen für die Begrenzung der Amtszeit gab, weder in Wahl- noch in Berufungsfunktionen. Hemmend wirkte auch das Nomenklatursystem. Der Einfluss der Basis und der entsprechenden gewählten Gremien auf die Wahl oder Abwahl von Funktionären der Kreis- und Bezirksebene, vor allem deren Auswahl, war gering. Die Erstarrung in der gesellschaftlichen Entwicklung und die Zuspitzung der inneren Probleme der DDR wirkten sich auf die Kaderpolitik negativ aus.« Dem kann uneingeschränkt zugestimmt werden. Postler macht auch auf ein wichtiges, den persönlichen Umgang mit abzulösenden Genossen betreffendes Problem aufmerksam. »Hinzu kam, dass es kaum Konzepte gab, den immer zahlreicher ausscheidenden rüstigen Veteranen angemessene Aufgaben zu übertragen, mit denen deren Erfahrungen zur Wirkung gebracht werden konnten und die den Betreffenden hinreichend Erfüllung bescherten.«[303]

Falsch ist es jedoch, von einem Kadernotstand in der SED in den achtziger Jahren auszugehen. Die Parteihochschulen in Berlin und Moskau bildeten bis 1989 tausende junge Genossen aus, an den Universitäten und Hochschulen wurde fachliches Wissen vermittelt. Daß an ausgebildeten, jüngeren Kadern kein Mangel herrschte, war auch daran zu sehen, daß die Besetzung der neuen Planstellen des Sekretärs für Kulturpolitik der SED-Bezirksleitungen zügig vonstatten ging und keinerlei Schwierigkeiten bereitete. Es handelte sich hierbei mehrheitlich um Genossen, die eine parteiliche und fachliche Schulung absolviert und häufig promoviert hatten, im Apparat der Bezirksleitung, oft als Abteilungsleiter, arbeiteten und unter 50 Jahre alt waren. Allein sechs der neuen Kultursekretäre waren jünger als 40 Jahre. Solche Genossen gab es in den bezirklichen Apparaten zuhauf, doch fanden sie nur selten Eingang in die Sekretariate. Das wird auch von früheren Funktionären wie Helmut Müller, lange Jahre 2. Sekretär der BL Berlin, beklagt. »Die Folgen des Festhaltens an den Stammformationen betrafen die Kaderarbeit in der ganzen Partei und in der Gesellschaft. In den achtziger Jahren waren fähige junge Kader herangewachsen, aber die Stühle, die sie besetzen konnten, blieben besetzt. Um Erfahrungen und Kontinuität zu erhalten, drückte auch ich den Sessel, auf den ich 1971 gesetzt wurde, 18 Jahre. Die Funktion war von einer Berufung zum Beruf geworden. Wie schwach es um die demokratische Legitimation der Funktionäre in der Partei tatsächlich bestellt war, zeigte sich, als sie in den Stürmen des Herbstes von heute auf morgen weggeweht wurden.«[304]

Ein Fazit der Kaderpolitik der SED fällt zwiespältig aus. Erhebliche Ressourcen wurden hierauf verwendet. Bereits im April 1953 führte die Parteiführung eine »regelmäßige( ) Kaderberichterstattung auf der Grundlage der Kaderstatistik« ein und forderte von den Leitungen, eine »Kaderreserve« anhand von Kaderentwick-

---

[303] Gesprächsprotokoll Postler, S. 16.
[304] Müller, Helmut, Wendejahre 1949-1989, Berlin 1999, S. 305.

lungsplänen zu schaffen.³⁰⁵ Nachdem in den fünfziger und zu Beginn der sechziger Jahre eine hohe Fluktuationsrate unter den Bezirkssekretären zu verzeichnen war, erreichte die »Kaderpolitik seit den siebziger Jahren, gemessen an rein formalen Kriterien, von der Rekrutierung, Ausbildung bis zum Einsatz eine gewisse Perfektion.«³⁰⁶ Doch nun trat das Gegenteil ein: Die Genossen blieben häufig jahrzehntelang in ihren Funktionen, ein Zuviel an Kontinuität schuf Probleme. So ist auch die durchschnittliche Amtsdauer der Sekretäre der Bezirksleitungen, die bei sieben Jahren liegt, ein trügerisches Kriterium. Sie trifft genau den von Best/Mestrup ermittelten Wert für die 1. und 2. Kreissekretäre der drei thüringischen Bezirke und erweckt in der Tat den »Eindruck einer moderaten Zirkulation, bei der sich Kriterien personeller Erneuerung und erfahrungskumulierender Amtsverhaftung die Waage zu halten scheinen.«³⁰⁷ Doch resultiert dieses optisch günstige Ergebnis von sieben Jahren aus den großen Kaderproblemen der fünfziger und der Kaderstagnation der siebziger und achtziger Jahre. »Mangels institutionalisierter Ablösungsmechanismen und eines Führungsgebarens, das personelle Kontinuität und politisch-ideologische Einigkeit zu obersten Maximen beförderte, gingen Beharrungs- und autokratische Tendenzen sowie Perfektionierung und Routinisierung eine Symbiose ein, die sich letztlich als krisenhaft herausstellte.«³⁰⁸ Sicher war das »Verlangen nach Stabilität in der Besetzung von Funktionen« auch eine »Reaktion auf die hohe Fluktuationsrate von Funktionären« bis Anfang der sechziger Jahre³⁰⁹, erwies sich aber als verhängnisvoll. Impulse für dringende Reformen in der DDR, aber auch in der SED selbst waren in den 1980er Jahren aus den Reihen der Bezirkssekretäre so gut wie nicht zu vernehmen. So kann denn auch folgende Äußerung eines früheren ZK-Abteilungsleiters als Fazit dienen: »Schließlich hielt ich es für eine große Schwäche des Sozialismus, daß gewählte Leute viel zu lange im Amt blieben. Es gab ja welche, die waren 30 Jahre als Kreissekretäre der SED tätig. Oder einer tatsächlich 35 Jahre lang als Abteilungsleiter im ZK. Das ist ein Wahnsinn! Das können die anständigsten Leute sein und aus Gold, nach einer gewissen Zeit schlägst du aus ihnen keinen Funken mehr.«³¹⁰

---

³⁰⁵ Dokumente der SED, Band IV, S. 367 und S. 368.
³⁰⁶ Welsh, S. 109.
³⁰⁷ Best, Heinrich/Mestrup, Heinz, Die Ersten und Zweiten Sekretäre der SED. Machtstrukturen und Herrschaftspraxis in den thüringischen Bezirken der DDR, Weimar 2003, S. 491.
³⁰⁸ Welsh, S. 110.
³⁰⁹ Ebenda, S. 119.
³¹⁰ Interview von Brigitte Zimmermann und Hans-Dieter Schütt am 1.11.1991 mit Günter Sieber, in: Zimmermann, Brigitte/Schütt, Hans-Dieter (Hrsg.), ohnMacht. DDR-Funktionäre sagen aus, Berlin 1992, S. 217-234, hier S. 233. Günter Sieber war von 1980-1989 AL Internationale Verbindungen im ZK.

3.4 Parteipolitische und fachliche Ausbildung und Qualifizierung

Die SED-Führung stellte umfassende Ansprüche an ihre Funktionäre, Kaderfragen waren für sie »als eine Klassenfrage stets und überall eine erstrangige politische Aufgabe«. Sie verlangte nicht nur »unbedingte Treue zur Arbeiterklasse, ihrer Partei und zum Marxismus-Leninismus«, sondern auch »hohe politische und fachliche Kenntnisse«.[311] Dies galt bis zum Ende der SED.[312] Daher wurde von einem Kader »Doppeltes verlangt: Seine allgemeine Funktion ist es, die jeweilige aktuelle politische Linie der Partei in seinem Arbeitsbereich zur Geltung zu bringen. Seine spezifische Funktion besteht darin, in einem durch fachliche Kriterien bestimmten Bereich tätig zu sein und dafür die erforderlichen Qualifikationen und das notwendige Fachwissen zu besitzen.«[313]

Der Kaderbedarf der SED war zunächst wesentlich größer als die Zahl der politisch und fachlich ausgebildeten Funktionäre und die Möglichkeiten zur Qualifikation. Schon früh setzte sich die Parteiführung daher mit diesem Problem auseinander. So mußte Hermann Axen auf der 2. Organisationsberatung des ZK im April 1953 feststellen, daß es an akademisch ausgebildeten Parteifunktionären in den Bezirks- und Kreisleitungen mangelte. Von 162 Abteilungs- und Sektorenleitern sowie Instrukteuren der Abteilungen Wirtschaftspolitik in den Bezirksleitungen hatten nur drei ein wirtschaftswissenschaftliches Hochschulstudium absolviert. In den Abteilungen Landwirtschaft der BL konnten von 106 Genossen nur zwei eine Hochschulausbildung aufweisen, in den Abteilungen Agitation und Propaganda von 320 Mitarbeitern nur drei. Dies sei, so Axen, »vom Standpunkt unserer heutigen und morgigen Aufgaben (…) völlig ungenügend. In der gesamten Partei muss die Erziehung politisch und fachlich geschulter Kader als die vordringlichste Aufgabe, als das nächste Kettenglied beim Aufbau der Grundlagen des Sozialismus betrachtet werden.« Als Mittel zu diesem Zweck seien Kaderentwicklungspläne zu erstellen. In diesem »langfristigen, auf Jahre hinaus berechneten Kaderplan« war festzulegen, »wieviel Mitarbeiter mit welcher Qualifikation für die Lösung der konkreten Aufgaben benötigt werden.« Der Funktionär selbst wurde ebenfalls in die Pflicht genommen, er sollte »einen bestimmten Parteiauftrag hinsichtlich seiner politischen und fachlichen Qualifikation erhalten.« Als Ziel für die politischen Mitarbeiter im ZK und in den Be-

---

[311] »Beschluß des Sekretariats des ZK der SED über die Arbeit mit den Kadern«, 7.6.1977, in: Dokumente der Sozialistischen Einheitspartei Deutschlands. Beschlüsse und Erklärungen des Zentralkomitees sowie seines Politbüros und seines Sekretariats, hrsg. vom Zentralkomitee der SED, Band XVI, Berlin (Ost) 1980, S. 481-488, hier S. 482 und S. 483.
[312] Vgl. Kleines Politisches Wörterbuch, Berlin (Ost) 1989, S. 467.
[313] Neugebauer, Gero, Die führende Rolle der SED. Prinzipien, Strukturen und Mechanismen der Machtausübung in Staat und Gesellschaft, in: Spittmann, Ilse (Hrsg.), Die SED in Geschichte und Gegenwart, Köln 1987, S. 65-77, hier S. 70.

zirksleitungen gab Axen aus, »das Studium auf dem Gebiet der Gesellschaftswissenschaften bezw. Fachwissenschaften mit einem für sie in den nächsten drei bis fünf Jahren erreichbaren mittleren bezw. Staatsexamen abzuschliessen.«[314]

Wie von Axen angekündigt, beschloß das Politbüro wenige Tage später die regelmäßige Kaderberichterstattung auf der Grundlage einer Kaderstatistik, die Schaffung einer Kaderreserve und die Aufstellung langfristiger Entwicklungspläne, in denen festgelegt werden sollte, »in welcher Richtung sich die Genossen entwickeln und welche weiteren politischen und fachlichen Schulen sie besuchen, beziehungsweise wer sich durch Fernstudium oder organisiertes Selbststudium eine abgeschlossene politische oder fachliche Ausbildung erwirbt.«[315] Dabei stand die SED vor einem Dilemma: Um eine Arbeitsfähigkeit der Sekretariate der Bezirksleitungen zu gewährleisten, konnte einerseits immer nur eine gewisse Zahl der Sekretäre zum Studium delegiert werden. Dennoch verursachten die vorgenommenen Qualifikationen wie gesehen einen großen Teil der in den fünfziger Jahren hohen Fluktuationsrate. So hatte das Sekretariat der BL Berlin 1954 die Delegierung ihres Abteilungsleiters Leitende Organe, Johann Raskop, zum Einjahrlehrgang an die PHS der KPdSU Moskau wegen »seiner Unabkömmlichkeit« abgelehnt, die Parteiführung dessen Studium dennoch durchgesetzt.[316] Dem Selbststudium der Genossen stand andererseits die bereits enorme Beanspruchung der Arbeitskraft durch die ausgefüllte Funktion entgegen. Wie Axen auf der Organisationsberatung ausführte, hatte zum Beispiel der Wirtschaftssekretär der BL Halle, Max Dankner, wissen lassen, er »könne nicht studieren vor lauter praktischen Aufgaben.«[317] Axen wies noch einmal auf die »doppelte Aufgabe der Höhung der ideologisch-politischen Schulung und der wissenschaftlich-technischen Ausbildung unserer Kader« hin und ließ keinen Zweifel an den hier zu setzenden Prioritäten: »Dabei gebührt der marxistisch-leninistischen Erziehung selbstverständlich der Vorrang.«[318] In diesem Zitat findet die in der Literatur vorhandene These, der Parteiführung sei die »politische Vertrauenswürdigkeit« wichtiger als die »fachliche Qualifikation« gewesen, die erst »in zweiter Linie« rangiere[319], eine Bestätigung.

Eine zügige Verbesserung der politischen und fachlichen Qualifikation der Parteikader ließ sich nicht in wenigen Jahren erreichen. Der für die Kaderpolitik der SED verantwortliche Karl Schirdewan mußte auf dem 23. Plenum des ZK im

---

[314] SAPMO, DY 30/IV 2/1.01/218, Bl. 14-17.
[315] »Die Bedeutung der Organisationsfragen in der jetzigen Etappe der Schaffung der Grundlagen des Sozialismus«, Beschluß des Politbüros vom 28. April 1953, in: Dokumente der SED, Band IV, Berlin (Ost) 1954, S. 364-389, hier S. 368.
[316] Vgl. SAPMO, DY 30/J IV 2/2A/351, Bl. 5.
[317] SAPMO, DY 30/IV 2/1.01/218, Bl. 17. Dankner studierte dann erst 1958/59 ein Jahr an der PHS Moskau und wurde zu diesem Zweck als Sekretär der BL Halle entbunden. Vgl. SAPMO, DY 30/J IV 2/3A/703.
[318] SAPMO, DY 30/IV 2/1.01/218, Bl. 17.
[319] Wagner, Matthias, Ab morgen bist du Direktor. Das System der Nomenklaturkader in der DDR, Berlin 1998, S. 15.

3.4 Parteipolitische und fachliche Ausbildung

April 1955 kritisieren, daß nur 3,2 % der BL-Mitglieder ausgebildete Techniker und Ingenieure und nur 0,5 % Agronomen und andere landwirtschaftliche Spezialisten seien. Lediglich 8,5 % von ihnen hätten für ein Jahr eine Parteihochschule besucht, 2,1 % für zwei und nur vier Genossen (0,4 %) für drei Jahre. Schirdewan bezeichnete dies mit Recht als »ungenügend« und forderte: »Durch die Qualifizierung der vorhandenen und die Entwicklung neuer Kräfte muß zum Ziel genommen werden, daß bis 1960 im Apparat des ZK 70 Prozent, in den BL 50 Prozent und in den KL 30 Prozent der Mitarbeiter abgeschlossene politische oder fachliche Hoch- oder Fachschulbildung besitzen. Bis zum gleichen Termin sollen in der Regel alle Sekretäre der BL und KL abgeschlossene Hoch- oder Fachschulbildung besitzen bzw. sich durch Fern- oder Selbststudium ein Wissen erworben haben, das einer dreijährigen Ausbildung in einer Parteischule mit Staatsexamen entspricht.«[320]

Im folgenden soll am Beispiel der Sekretäre der SED-Bezirksleitungen untersucht werden, ob und in welchem Umfang es der Parteiführung gelungen ist, eine politische und fachliche Ausbildung und Qualifizierung ihres Funktionärskorps zu organisieren und zu gewährleisten. Da dem marxistisch-leninistischen Studium, wie Axen betont hatte, der Vorrang gebührte, soll es auch zunächst im Mittelpunkt stehen, bevor dann der Fokus auf die fachliche Qualifizierung gelegt wird und die Frage nach einer möglichen »Verfachlichung« zu prüfen ist.

Die Kommunisten hatten sofort nach Kriegsende 1945 die Kaderschulung in der SBZ begonnen.[321] Am 13.3.1946 wurde in Liebenwalde bei Berlin eine Parteischule der KPD gegründet, die im Mai des Jahres den offiziellen Status einer Parteihochschule und den Namen »Karl Marx« erhielt. Anfang 1948 wurde die PHS nach Kleinmachnow und 1955 nach Berlin verlegt.[322] Schon 1947 existierten über 100 Kreisparteischulen und sechs Landesparteischulen mit dreimonatigen Lehrgängen. In dieser Zeit wurden nach einem einheitlichen Lehrplan 180.000 Funktionäre geschult. Mit Bildung der Bezirke 1952 verfügte die SED über 15 Bezirks- und 185 Kreisparteischulen. Allein bis 1954 erhielten 600.000 Parteikader ihr parteipolitisches Rüstzeug.[323]

---

[320] SAPMO, DY 30/IV 2/1/142 und Das 23. Plenum des Zentralkomitees vom 13.-15. April 1955, o. O. u. J. (1955), S. 17.
[321] Vgl. dazu Kluttig, Thekla, Parteischulung und Kaderauslese in der Sozialistischen Einheitspartei Deutschlands 1946-1961, Berlin 1997.
[322] Vgl. Herbst, Andreas/Ranke, Winfried/Winkler, Jürgen, So funktionierte die DDR, Band 2, Reinbek 1994, S. 783-787.
[323] Vgl. Weber, Hermann, Entscheidungsstrukturen in der SED-Führung – Verknüpfung zwischen Partei und Staat in der DDR – Mittel und Wege der sowjetischen Einflußnahme Ende der vierziger Jahre, in: Deutscher Bundestag (Hrsg.), Materialien der Enquete-Kommission »Aufarbeitung von Geschichte und Folgen der SED-Diktatur in Deutschland« (12. Wahlperiode des Deutschen Bundestages), Band II/1, Baden-Baden und Frankfurt/Main 1995, S. 421-431, hier S. 426 und S. 430.

Die PHS »Karl Marx« war in den ersten Jahren der DDR die »oberste Einrichtung des Schulungssystems« und »höchste Kaderschmiede der SED«.[324] Ihre Aufgabe bestand darin, »nicht Spezialisten in einem bestimmten Fach auszubilden, sondern Parteifunktionäre, die mit Hilfe ihrer umfassenden Kenntnisse des Marxismus-Leninismus in der Lage sind, sich in den Grundfragen des ökonomischen, politischen und kulturellen Lebens auszukennen und, gestützt auf das Kollektiv, schwierige, komplizierte Probleme und Situationen zu meistern; mit Mut richtige Entscheidungen zu treffen und den von ihnen geleiteten Parteiorganisationen eine den Beschlüssen der Partei entsprechende Orientierung zu geben und sie zur bedingungslosen Treue zur Partei und zur Arbeiterklasse zu erziehen.«[325] Zu unterscheiden sind Einjahr- und Dreijahrlehrgänge. Der Einjahrlehrgang sollte, ausgehend »von den vorhandenen Kenntnissen und Erfahrungen« der Genossen, »einige Grundfragen der Politik der Partei im Lichte der Theorie des Marxismus-Leninismus« darlegen und die Möglichkeit geben, »einige Grundwerke der Klassiker im engsten Zusammenhang mit den Beschlüssen der Partei zu studieren.« Dieser Kursus war vor allem für solche Funktionäre vorgesehen, die »Erfahrung auf dem Gebiet der Parteiarbeit sowie des Staats- und Wirtschaftsapparates besitzen«, sich in »leitenden Funktionen bewährt haben« und über eine »Hoch- und Fachschulbildung« verfügen. Im Dreijahrlehrgang, dem Hauptlehrgang der PHS, wurde ein »umfassendes Wissen auf allen Gebieten des Marxismus-Leninismus« durch das »Studium der wichtigsten Werke der Klassiker, der Beschlüsse der SED, der KPdSU und der wichtigsten Dokumente der internationalen Arbeiterbewegung« vermittelt. Der Unterricht verteilte sich ab 1953 auf insgesamt sechs Lehrstühle.[326] Es sollten hier nur solche Genossen delegiert werden, die sich »im Kampf bei der Durchsetzung der Beschlüsse der Partei bewährt« und in ihrer bisherigen Funktion »nachgewiesen haben, daß sie ein bestimmtes Maß theoretischer Kenntnisse auf dem Gebiet des Marxismus-Leninismus besitzen. Sie sollen über ein allgemeineres Bildungsniveau verfügen, das ihnen ein selbständiges Studium der Klassiker ermöglicht, und daß sie in der politischen, wirtschaftlichen oder kulturellen Tätigkeit ein Maß von politischer Reife und organisatorischer Fähigkeiten besitzen, die in der Parteihochschule entwickelt werden können.«[327]

Seit 1950 wurden die Parteihochschüler auch in fünf-, später in vierjährigem Fernstudium zu »Diplomgesellschaftswissenschaftlern« ausgebildet. Ab 1953 be-

---

[324] Weber, S. 426. Vgl. auch Leonhard, Wolfgang, Die Revolution entläßt ihre Kinder, Köln 1955, der auf S. 472 ff. seine Zeit als Dozent an der PHS »Karl Marx« zwischen 1947 und 1949 schildert.

[325] So der »Beschluß des ZK vom 4.4.1962 über die Verbesserung der Auswahl, Ausbildung und Einsatz der Kader der Parteihochschule ›Karl Marx‹ beim ZK der SED«, in: SAPMO, DY 30/J IV 2/3/800, Bl. 29.

[326] Es handelt sich um den »Lehrstuhl zum Studium der Geschichte der Kommunistischen Partei der Sowjetunion«, den »Lehrstuhl Parteiaufbau«, den »Lehrstuhl für dialektischen und historischen Materialismus«, den »Lehrstuhl Politische Ökonomie«, den »Lehrstuhl Geschichte« und den »Lehrstuhl Sprache und Literatur«. Vgl. Kluttig, S. 216 und »Themenplan des 1. Dreijahreslehrgangs an der Parteihochschule ›Karl Marx‹ 1953-1955«, in: ebenda, S. 589 f.

[327] SAPMO, DY 30/J IV 2/3/800, Bl. 31, Bl. 32, Bl. 36. Vgl. auch SAPMO, DY 30/J IV 2/3A/828.

saß die PHS Promotions- und Habilitationsrecht. An der Parteihochschule »Karl Marx« studierten hauptsächlich Mitglieder und Kandidaten des ZK, Mitglieder und Sekretäre der BL und KL der SED, Mitarbeiter des zentralen und regionalen Parteiapparates, Parteisekretäre von Grundorganisationen aus Großbetrieben, Parteiorganisatoren des ZK, Lehrer der Parteischulen und »leitende Funktionäre aus dem Staatsapparat, der Wirtschaft, des geistig-kulturellen Lebens und der Massenorganisationen bzw. Genossen, die für derartige Funktionen vorgesehen sind.«[328] Die Delegierung zum Studium erfolgte auf Beschluß der Sekretariate der Bezirksleitungen und in Abstimmung mit der Abteilung Parteiorgane des ZK. Dazu war es notwendig, »vor allem eine kaderpolitisch ›reine Weste‹ vorweisen« zu können[329]; entsprechende Kaderüberprüfungen fanden jeweils im Vorfeld statt. Zur Aufnahmeprüfung wurden in der Regel Genossen im Alter von 25 bis 45 Jahren zugelassen, die »sich bereits in leitenden Funktionen der Partei bewährt haben und die mindestens das Programm eines fünfmonatigen Lehrgangs der Landesparteischule beherrschen.«[330]

Die Parteihochschule stellte zwar eine sehr bedeutende, aber nicht die höchste Bildungseinrichtung der SED dar. Dies war seit Dezember 1951 die Akademie für Gesellschaftswissenschaften beim ZK der SED[331] als Forschungs- und Ausbildungsinstitution, deren »Aufgabe erstens darin besteht, gesellschaftswissenschaftliche Parteikader für leitende Funktionen im Bereich der ideologischen und theoretischen Arbeit auszubilden und zweitens – in untrennbarem Zusammenhang damit – Forschungsaufgaben in wichtigen Bereichen der marxistisch-leninistischen Theorie zu lösen. Die Ausbildung dauert vier Jahre und schließt mit der Promotion ab.« Die Auswahl der »künftigen Aspiranten erfolgt zwei Jahre vor Beginn des Studiums durch die Bezirksleitungen der Partei und die Abteilungen des ZK. Voraussetzung sind das Staatsexamen in einer gesellschaftswissenschaftlichen Disziplin, mathematisch-naturwissenschaftliche Grundkenntnisse, die Fähigkeit zur wissenschaftlichen Arbeit, fünf Jahre Parteimitgliedschaft und mehrjährige praktische Erfahrungen in leitenden Partei- oder Staatsfunktionen.«[332]

---

[328] Herber, Richard/Jung, Herbert, Kaderarbeit im System sozialistischer Führungstätigkeit, Berlin (Ost) 1968, S. 205.
[329] Herbst/Ranke/Winkler, Bd. 2, S. 785.
[330] Wolf, Hanna, Zur Auswahl der Genossen für die Lehrgänge der Parteihochschule, in: Neuer Weg, H. 17, Berlin (Ost) 1952, S. 42-43, hier S. 43.
[331] Am 21.12.1951 war das »Institut für Gesellschaftswissenschaften beim ZK der SED« gegründet worden, das zum 25. Jahrestag des Bestehens, »(e)ntsprechend den großen Leistungen in der Forschung, der Ausbildung und bei der Propaganda des Marxismus-Leninismus«, in »Akademie für Gesellschaftswissenschaften beim ZK der SED« umbenannt wurde. »Grußadresse zum 25jährigen Bestehen des Instituts für Gesellschaftswissenschaften beim Zentralkomitee der SED«, in: Neues Deutschland, 21.12.1976, S. 1. Vgl. auch Akademie für Gesellschaftswissenschaften beim ZK der SED 1951-1981, Berlin (Ost) 1981, Kurze Chronik der Akademie für Gesellschaftswissenschaften beim Zentralkomitee der Sozialistischen Einheitspartei Deutschlands, Berlin (Ost) 1986 und zuletzt, allerdings nur für die Jahre 1971-1989, Mertens, Lothar, Rote Denkfabrik? Die Akademie für Gesellschaftswissenschaften beim ZK der SED, Münster 2004.
[332] Herber/Jung, S. 205.

1963 wurde das Diplom als Abschlußexamen eingeführt, ab 1976 erhielten die Absolventen den akademischen Grad eines Diplom-Gesellschaftswissenschaftlers. Über die Verwendung der Absolventen entschied das Sekretariat des ZK.[333] Sie wurden vor allem als Mitarbeiter des ZK, in leitende Funktionen der BL, in Forschungs- und Ausbildungseinrichtungen der Partei, an der Akademie der Wissenschaften, Universitäten und Hochschulen sowie in wissenschaftlichen Verlagen und Redaktionen eingesetzt.[334]

Die wohl höchste Wertigkeit für die SED-Parteiführung besaß die Parteihochschule der KPdSU in Moskau. Sie »prädestinierte für höchste Leitungsfunktionen«[335] und diente den Bezirksleitungen zur Ausbildung von »Reservekader(n) für Kreissekretäre oder Abteilungsleiter in der Bezirksleitung.« Dies waren vornehmlich die Funktionen, aus denen nach einer gewissen Zeit der Bewährung häufig Bezirkssekretäre rekrutiert wurden. Dem Bestreben der Bezirksleitungen, »Nachwuchs zu schaffen, Nachwuchs systematisch heranzubilden«, diente »vor allen Dingen die Ausbildung in Moskau an der Parteihochschule. Jeder, der nach Moskau fuhr, wurde von uns gesucht, geprüft, für gut befunden.«[336] Die Überprüfung der Parteihochschüler ist, wie für den Einjahrlehrgang 1954/55 der PHS Moskau nachvollzogen werden kann, sowohl in »kaderpolitischer, ideologisch-politischer Hinsicht« als auch »in Bezug auf ihre Parteiarbeit und ihren Lebenswandel« sowie »durch das Staatssekretariat für Staatssicherheit« durchgeführt worden.[337]

Der mehrjährige Besuch einer PHS oder Akademie »diente nicht nur der vertieften Vermittlung des Marxismus-Leninismus in all seinen Facetten, sondern auch einer eingehenden charakterlichen Prüfung der Kader auf Belastbarkeit, Parteitreue, Leitungsqualitäten u. ä.«[338] Für die Absolventen der Parteihochschule wurden vor und während des Studiums spätere Einsatzvorschläge und eine berufliche Perspektive entwickelt. Häufig erwiesen sich diese Planungen späterhin als Makulatur. So erhielt Werner Felfe, der 1953 den 4. Einjahrlehrgang der PHS in Kleinmachnow besucht hatte, in einer Beurteilung des Rektors Prof. Hanna Wolf vom 3.12.1953 den Einsatzvorschlag als 1. Kreissekretär der SED mit der Perspektive eines Bezirkssekretärs.[339] Felfe wurde im Anschluß an das Studium jedoch 2. Sekretär des FDJ-Zentralrates und erst im Januar 1966, zwölf Jahre später, Sekretär einer Bezirksleitung. Als 1. Kreissekretär hat er nie gearbeitet. Von sieben Genossen, die zum Einjahrlehrgang 1954/55 nach Moskau delegiert wur-

---

[333] Vgl. Herbst/Ranke/Winkler, Bd. 1, S. 42.
[334] Vgl. Herber/Jung, S. 206.
[335] Zimmermann, Hartmut, Überlegungen zur Geschichte der Kader und der Kaderpolitik in der SBZ/DDR, in: Kaelble, Hartmut/Kocka, Jürgen/Zwahr, Hartmut (Hrsg.), Sozialgeschichte der DDR, Stuttgart 1994, S. 322-356, hier S. 336.
[336] Protokoll des Gesprächs mit Helmut Müller, Berlin, 21.2.2003, S. 11.
[337] SAPMO, DY 30/J IV 2/2A/351, Bl. 12.
[338] Zimmermann, S. 337.
[339] Vgl. SAPMO, DY 30/IV 2/11/v5293, Bl. 186.

den und eine Perspektive als 1. bzw. 2. Sekretär einer BL aufwiesen, ist nur Bruno Erdmann, 1955-1960 Zweiter Sekretär der BL Neubrandenburg, in die vorgesehene Funktion aufgerückt. Lothar Weber wurde nicht, wie perspektivisch vorgesehen, Sekretär für Landwirtschaft, sondern 2. Sekretär der BL Karl-Marx-Stadt – allerdings erst im Oktober 1977, 22 Jahre nach Beendigung des Moskauer Studiums.[340]

Der Besuch der Parteihochschule war eine wichtige Station auf dem Weg in höhere und höchste Parteifunktionen. Schon früh wurden spätere Bezirkssekretäre dort ausgebildet. Eine der ersten war Liesel Jende, 1952-1963 Sekretär für Volksbildung und Kultur der BL Suhl und von März bis Juni 1946 Kursantin des 1. Lehrgangs der Zentralen Schule der KPD/SED in Liebenwalde.[341] Am ersten Zweijahrlehrgang der PHS von 1947-1949 nahmen mit Bruno Langner, Hans Lauter und Marianne Lorenz drei spätere Bezirkssekretäre teil.[342] Zwischen 1947 und 1949 wurden mindestens 19 Genossen für ein oder zwei Jahre an der PHS in Liebenwalde bzw. Kleinmachnow ausgebildet, die zumeist gleich mit Bildung der Bezirke, sonst bis spätestens 1958 die Funktion eines Bezirkssekretärs übernahmen. Bis einschließlich 1952 hatten bereits 65 Genossen, die später als Bezirkssekretäre arbeiteten, das Studium an einer Parteihochschule aufgenommen oder absolviert. Für insgesamt rund 24 Prozent und damit knapp jeden vierten Funktionär mit einer solchen Ausbildung war das Studium an einer Parteihochschule demnach in die Zeit vor bzw. kurz nach der Bezirksbildung gefallen. Der sehr frühe Beginn einer systematischen Kaderschulung durch die KPD/SED zahlte sich auch insofern aus, als von den 90 Bezirkssekretären, die 1952 die »Gründergeneration« gebildet haben, bereits 36 und damit 40 Prozent auf den mehrmonatigen Besuch einer Parteihochschule zurückblicken konnten.

Doch waren die Kapazitäten des Direktstudiums an der PHS begrenzt. Ungeachtet der damit verbundenen Probleme beschloß das Sekretariat des ZK am 12.1.1953 die »Organisierung des Fernunterrichts« der PHS mit der »Aufgabe, auf der Grundlage eines Einjahr-Sonderlehrganges in drei Jahren Mitarbeiter des Apparates des Zentralkomitees, Sekretäre und Abteilungsleiter der Bezirksleitungen der Partei und Massenorganisationen zu qualifizieren.« Dazu wurden in allen Bezirken »Stützpunkte des Fernunterrichts« geschaffen. Die Teilnahme galt als »Parteiauftrag«, und kein Genosse hatte das Recht, wie vorsorglich hinzugefügt wurde, »ohne Beschluß des Sekretariats des Zentralkomitees der SED aus dem

---

[340] Vgl. SAPMO, DY 30/J IV 2/2A/351, Bl. 5-11.
[341] Vgl. SAPMO, DY 30/IV 2/11/v4020. Vgl. zu ihrer Person auch Meier, Horst, Liesel Jende. Lebensbild, Suhl 1988.
[342] Vgl. Weber, Hermann, Damals, als ich Wunderlich hieß. Vom Parteihochschüler zum kritischen Sozialisten, Berlin 2002, passim. Weber schildert aus eigener Anschauung Lehrkörper, Studenten, Ausbildung und Atmosphäre der Parteihochschule zu jener Zeit. Marianne Lorenz war durch Eheschließung unter dem Namen Plesse bzw. ab September 1952 unter dem Namen Libera 1952-1953 Sekretär für Kultur der BL Schwerin. Vgl. Protokoll des Gesprächs mit Barbara Wolff geb. Lorenz, Rostock, 29.4.2004 und schriftliche Mitteilung von Herrn Dr. Kurt Libera, Potsdam, 10.5.2004.

Fernunterricht auszuscheiden.«[343] Dennoch führte ein Fernstudium nicht immer zu einem qualifizierten Abschluß.

1954 hatten erst 32 % der hauptamtlich tätigen Büromitglieder der BL einen Einjahrlehrgang und 0,9 % einen Lehrgang über zwei Jahre an der PHS absolviert. Das Sekretariat des ZK beschloß daher am 11.5.1955, kurz nach dem 23. Plenum, »daß die verantwortlichen Funktionäre im Partei- und Staatsapparat schneller als bisher eine abgeschlossene Hochschulbildung auf dem Gebiet des Marxismus-Leninismus oder in fachlicher Hinsicht erhalten müssen.« Dazu sollte die Kapazität des Dreijahrlehrgangs auf 300 erhöht und durchgesetzt werden, »daß er der Hauptlehrgang der Parteihochschule ist.«[344]

Unter den Absolventen des 1. Dreijahrlehrganges 1952-1955 finden sich vier Genossen, die anschließend als Sekretär in einer Bezirksleitung eingesetzt wurden.[345] Auch die Ausbildung in Moskau gewann zunehmend an Bedeutung. Unter den Absolventen des Einjahrlehrganges 1954/55 an der PHS der KPdSU waren zehn Genossen, die direkt im Anschluß oder später als Sekretäre der Bezirksleitungen fungierten.[346]

Es ist festzustellen, daß die Mitte der fünfziger Jahre den absoluten zeitlichen Schwerpunkt in der marxistisch-leninistischen Schulung dieser Funktionäre markierte, wie auch die folgende Tabelle zeigt:

Tabelle: Beginn des Studiums an einer Parteihochschule[347]

Beginn des Studiums an einer PHS	Anzahl	in Prozent
1946-1949	21	5,3
1950-1959	165	41,7
1960-1969	42	10,6
1970-1979	38	9,6
1980-1989	8	2,0
Kein Studium an einer PHS	122	30,8
gesamt	396	100,0

---

[343] SAPMO, DY 30/IV 2/11/125, Bl. 113.
[344] Ebenda, Bl. 143. Vgl. auch SAPMO, DY 30/J IV 2/3/469, Bl. 12-16.
[345] Vgl. SAPMO, DY 30/J IV 2/3/485. Es handelt sich um Werner Hoyk (1955-1958 Sekretär für Agitation und Propaganda der BL Cottbus), Gerhard Müller (1955-1963 Sekretär für Kultur der BL Neubrandenburg), Harry Tisch (1955-1959 Sekretär für Wirtschaft der BL Rostock) und Günter Witt (1955-1960 Sekretär für Kultur der BL Potsdam).
[346] Ebenda.
[347] Funktionäre, die mehr als einmal Sekretär einer BL waren, werden nur einmal gezählt. Bei 18 Funktionären ließ sich ein Beginn des Studiums an einer PHS nicht ermitteln. Sie entfallen ebenso wie Kurt Schneidewind, der bereits 1933/34 Kursant an der Internationalen Leninschule in Moskau gewesen ist.

Allein zwischen 1953 und 1956 nahmen 109 spätere Bezirkssekretäre ein Studium an einer Parteihochschule auf. Ihr Anteil lag bei rund 40 Prozent aller Funktionäre mit Parteihochschulbesuch. Knapp jeder dritte Bezirkssekretär hatte kein Studium an einer Parteihochschule aufzuweisen. Diese Genossen hatten zumeist in den fünfziger Jahren ihr Amt angetreten. Knapp zwei Drittel der Sekretäre ohne Parteihochschulbesuch waren in den Jahren 1952-1954 in ihr Amt gelangt. Nur ausnahmsweise sind Sekretäre, die erst in den 1980er Jahren an einer PHS studiert haben, Sekretär einer Bezirksleitung geworden. Die Stühle, auf die sie hätten wechseln können, waren besetzt. Diesen Umstand kleidete Helmut Müller in folgende Worte: »Die kamen zurück, und wir hatten für die keine Plätze frei. Unsere Ersten Kreissekretäre waren so stabil, und wenn die Fachkader wiederkamen, haben wir gesagt: ›Dann mache Instrukteur bei uns in der Bezirksleitung.‹ Als sie dann als Instrukteure bei uns im Apparat eingesetzt wurden, haben wir zwar alles begründet und gerechtfertigt, daß sie dadurch die Parteiarbeit kennenlernen, aber in Wirklichkeit war das eine Notlösung, weil alles durch alte Kader blockiert war.«[348] So haben fünf der acht Sekretäre, die erst in den achtziger Jahren auf einer PHS waren, ihren Aufstieg in die Bezirkssekretariate dem Umstand zu verdanken, daß mit der Aufteilung des Ressorts Wissenschaft, Volksbildung und Kultur neue Planstellen eingerichtet worden sind.

Mit Stand vom 1.1.1957 hatten, wie aus einer Analyse über die politischen Mitarbeiter des Parteiapparates hervorgeht, 58 Sekretäre der Bezirksleitungen, immerhin etwa zwei Drittel, eine Parteihochschule für mindestens ein Jahr besucht. Allerdings war der qualifizierte Abschluß mit einem Staatsexamen noch die Ausnahme; nur sieben Sekretäre konnten einen solchen vorweisen. Zwei Bezirkssekretäre sind bislang auf keiner Parteischule gewesen.[349] Die Parteiführung ließ in ihrem Bemühen um eine bessere Ausbildung der Funktionäre nicht nach, galt ihr doch, wie die Abteilung Kaderfragen im Januar 1958 formulierte, neben der »richtige(n) Auswahl und Verteilung« der Kader gerade auch die »politische und fachliche Höherqualifizierung und Erziehung« als »Voraussetzung für die Einschränkung der Fluktuation«, die bis Anfang der sechziger Jahre ein gravierendes Problem darstellte.[350]

Nach einer Analyse vom November 1961 hatten von 1718 politischen Mitarbeitern im Apparat der Bezirksleitungen 70,8 % eine Parteischule für mindestens ein Jahr besucht. Im Jahr zuvor befand sich der Anteil noch bei 68,7 %. Insgesamt 12,9 % der politischen Mitarbeiter konnten den Abschluß eines Staatsexamens vorweisen.[351] Auch die politische Qualifikation der Bezirkssekretäre ist weiter gesteigert worden. Ab 1956 und bis 1989 hatten in jedem Jahr (bis auf 1960, 1961, 1963 und 1986) mindestens drei Viertel aller neu in die Funktion gelangten Be-

---

[348] Gesprächsprotokoll Müller, S. 12 f.
[349] Vgl. SAPMO, DY 30/J IV 2/3A/572.
[350] SAPMO, DY 30/IV 2/5/204, Bl. 42.
[351] Vgl. SAPMO, DY 30/J IV 2/3A/828.

zirkssekretäre zuvor eine Parteihochschule besucht. Einen Überblick über die einzelnen Jahrzehnte gibt die nachstehende Tabelle:

Tabelle: Besuch einer Parteihochschule nach Jahrzehnten der Funktionsübernahme

Funktions-übernahme	PHS nicht besucht		PHS besucht		gesamt	
	Anzahl	in Prozent	Anzahl	in Prozent	Anzahl	in Prozent
1950er Jahre	98	39,8	148	60,2	246	100,0
1960er Jahre	29	20,1	115	79,9	144	100,0
1970er Jahre	8	12,7	55	87,3	63	100,0
1980er Jahre	10	16,4	51	83,6	61	100,0
gesamt	145	28,2	369	71,8	514	100,0

Über zwei Drittel aller Bezirkssekretäre haben demnach an einer Parteihochschule studiert. Der Anteil der Parteihochschüler unter den neu gewählten Sekretären konnte gegenüber den fünfziger und sechziger Jahren gesteigert werden und erreichte in den siebziger Jahren mit 87,3 % seinen Höhepunkt. Gegenüber den achtziger Jahren ist dann ein leichter Rückgang, der auch als Stagnation auf hohem Niveau gedeutet werden kann, zu verzeichnen. Von den 369 Parteihochschülern hatten gut 40 % einen Einjahr- und 34 % einen Dreijahrlehrgang absolviert. Der Rest verteilt sich auf Zweijahrlehrgänge, mehrjähriges Fernstudium und Studium unbekannter Dauer. Daß das dreijährige Studium den, wie oben zitiert, »Hauptlehrgang der Parteihochschule« darstellte, gilt mithin für die Bezirkssekretäre nicht. Sie hatten überwiegend nur ein Jahr studiert. Allerdings gab es auch Fälle, in denen Genossen verschiedener Gründe wegen nach weniger als einem Jahr die PHS verließen.[352]

Die Bedeutung der PHS »Karl Marx« unterstreicht, daß hier gut die Hälfte aller Bezirkssekretäre mit Parteihochschulstudium direkt oder per Fernstudium ausgebildet worden sind. Immerhin rund 30 Prozent waren auf der PHS der KPdSU in Moskau. Weiterhin wurden spätere Bezirkssekretäre an der Komsomol-Hochschule sowie der Akademie für Gesellschaftswissenschaften in Berlin und in Moskau ausgebildet. Einige Sekretäre haben sogar sowohl an der PHS bzw.

---

[352] Bernhard Quandt etwa, von 1952-1974 Erster Sekretär der BL Schwerin, war 1949 nur für acht Wochen auf der PHS. Er wurde in die Auswertung der Parteihochschüler nicht einbezogen. Vgl. SAPMO, DY 30/J IV 2/3A/408.

der Akademie in Berlin als auch in Moskau studiert.[353] Es fällt auf, daß insgesamt nur 15 Bezirkssekretäre am Institut bzw. an der Akademie für Gesellschaftswissenschaften eingeschriebene Studenten gewesen sind. Diese »höchste Bildungseinrichtung der SED«[354] kann demnach nicht als Kaderschmiede der Bezirksleitungen gelten, ihr Ausbildungsziel erstreckte sich häufig auf wissenschaftliche und wissenschaftsnahe Funktionen und Berufe, weniger auf die Parteiarbeit in Leitungen. Von den 1. Sekretären der Bezirksleitungen hatte nur der Potsdamer Dr. Günther Jahn hier studiert.[355]

Der dokumentierte Besuch einer Parteihochschule sagt natürlich noch nichts über den Erfolg des Studiums aus. Es war jedoch erwünscht, daß die Genossen hier den qualifizierten Abschluß als Diplom-Gesellschaftswissenschaftler erwerben. In den entsprechenden Kaderstatistiken ließ sich die Parteiführung genau berichten, wieviel Prozent der Funktionäre dieses Diplom führten. Von den 369 Bezirkssekretären, die zum Besuch einer Parteihochschule delegiert wurden, schlossen 163 die Ausbildung mit dem Diplom als Gesellschaftswissenschaftler ab. Die Quote von rund 44 % resultiert auch daraus, daß viele Funktionäre nur ein Jahr oder weniger auf einer PHS gewesen sind. Hinzu kommen 15 Sekretäre, die an der Akademie für Gesellschaftswissenschaften in Berlin oder Moskau studiert und promoviert haben. Gut ein Drittel aller Bezirkssekretäre, die zwischen 1952 und 1989 diese Funktion bekleideten, hatten demnach ein Diplom oder eine Promotion auf einer Parteihochschule bzw. Akademie erworben.

Die Parteiführung verwandte erhebliche Mühe auf die parteipolitische Qualifizierung ihrer Funktionäre und konnte hier auch Erfolge erzielen. Der Ausbau der Bildungseinrichtungen zahlte sich aus. 1970 hatten von 199 Mitgliedern der Sekretariate der Bezirksleitungen bereits 81 und damit 41 % das Diplom als Gesellschaftswissenschaftler in der Tasche. Zwei Jahre zuvor lag die Quote noch bei 38 %.[356] In den folgenden Jahren wurde der Ausbildungsstand weiter systematisch erhöht, und Ende 1983 konnte die Abteilung Parteiorgane den Sekretären und weiteren Sekretariatsmitgliedern der Bezirksleitung bescheinigen, »politisch reife und in der Führungstätigkeit bewährte Genossen« zu sein. Von den Sekretären hatten 92,7 % »langfristige Lehrgänge an der Parteihochschule bzw. Akademie für Gesellschaftswissenschaften« absolviert. Mehr als die Hälfte aller Genossen

---

[353] So war Roland Bauer, um ein Beispiel herauszugreifen, von Februar 1949 bis Dezember 1950 Teilnehmer am 2. Zweijahrlehrgang der PHS »Karl Marx«, wurde anschließend dort mit 22 Jahren Assistent, dann Dozent und stellvertretender Lehrstuhlleiter und absolvierte von 1954 bis 1958 eine Aspirantur an der Akademie für Gesellschaftswissenschaften beim ZK der KPdSU, die er mit der Promotion zum Dr. phil. abschloß. 1964-1967 fungierte Bauer als Sekretär für Agitation und Propaganda, 1967-1978 als Sekretär für Wissenschaft, Volksbildung und Kultur der BL Berlin.
[354] Herber/Jung, S. 205.
[355] Vgl. seine Einschätzung zum 5. Lehrgang von 1956-1961, in: Akademie für Gesellschaftswissenschaften 1951-1981, S. 66.
[356] Vgl. »Bericht über die klassenmäßige, politische und fachliche Zusammensetzung der Nomenklaturkader des ZK der SED (Berichtszeitraum 1968-31.12.1970)«, in: SAPMO, DY 30/ IV A 2/11/4, Bl. 421.

war Diplom-Gesellschaftswissenschaftler.[357] Mit Stand vom Februar 1986 verfügten 98,4 % aller Sekretariatsmitglieder der Bezirksleitungen über eine gesellschaftswissenschaftliche Ausbildung ab einem Jahr. 90,9 % der Sekretäre erhielten diese Ausbildung an der PHS bzw. AfG.[358] Gegen Ende der achtziger Jahre hatte also fast jeder Bezirkssekretär die von der Parteiführung angestrebte gesellschaftswissenschaftliche Ausbildung durchlaufen. Bei nur wenigen neu berufenen Sekretären war dies nicht der Fall.[359] In der Regel sind die Sekretäre auf einer Parteihochschule gewesen; viele erwarben dort ein Diplom. Im Hinblick auf die parteipolitische Qualifikation ihrer Bezirksfunktionäre konnte die SED-Führung sicherlich zufrieden sein. Jedoch wurde, wie oben angeführt, schon früh auf eine doppelte Ausbildung in parteilicher und fachlicher Hinsicht orientiert. Ob die fachliche Qualifizierung auf der Bezirksebene ebenso konsequent durchgeführt wurde, soll im nachfolgenden zweiten Teil dieses Kapitels untersucht werden.

Die fachliche Vor- und Ausbildung der Bezirkssekretäre gestaltete sich von der Bildung der Bezirke 1952 bis zum Ende des Jahrzehnts wesentlich problematischer als die parteipolitische Qualifizierung. Von 15 Ersten Sekretären der SED-Bezirksleitungen, die überhaupt kein Fachschul- oder Hochschulstudium vorweisen konnten, traten 13 ihre Funktion in den fünfziger Jahren an. Allein elf standen seit August 1952 an der Spitze ihrer Bezirke. Somit hatte die große Mehrheit aller 1. Bezirkssekretäre der »Gründergeneration« weder ein fachliches noch ein marxistisch-leninistisches Studium absolviert. Es handelte sich hier zumeist um Vertreter der älteren, bis 1915 geborenen Generation. Über eine fachliche Ausbildung verfügte in den 1950er Jahren aus dem Kreis der 1. Sekretäre einzig Alois Pisnik in Magdeburg, nur darf bezweifelt werden, ob ihm das von 1930-1933 absolvierte Fernstudium und sein Abschluß als Elektroingenieur bei der Bewältigung seiner Aufgaben sonderlich von Nutzen waren. Offenbar wurde eine fachliche Ausbildung der 1. Bezirkssekretäre höheren Ortes als nicht unbedingt erforderlich angesehen. Bis 1989 hatten insgesamt neun weitere 1. Sekretäre einen Hoch- oder Fachschulabschluß erworben. So konnte ihre Zahl in den Bezirksleitungen kontinuierlich von zwei zu Beginn der 1960er Jahre über vier zu Ende des Jahrzehnts auf zuletzt acht in den Jahren 1985-1989 gesteigert werden. Zwischen 1974 und 1989 hatten immer entweder sieben oder acht 1. Bezirkssekretäre und damit die Hälfte dieser Gruppe einen fachlichen Abschluß aufzuweisen.

Der Verantwortungsbereich des 1. Sekretärs einer SED-Bezirksleitung umfaßte in erster Linie die Gesamtleitung der politischen Arbeit im Bezirk. Umfangrei-

---

[357] Vgl. »Information über die Zusammensetzung der Sekretariate der Bezirksleitungen, die auf den Bezirksdelegiertenkonferenzen 1984 zur Wahl vorgeschlagen werden«, 28.11.1983, in: SAPMO, DY 30/J IV 2/50/20. In diesen Zahlen ist auch die Gebietsparteiorganisation Wismut einbezogen.
[358] Vgl. »Information über die kadermäßige Zusammensetzung der im Februar 1986 neugewählten Bezirksleitungen und ihrer Sekretariate«, einschließlich der Gebietsparteiorganisation Wismut, 19.2.1986, in: SAPMO, DY 30/J IV 2/50/28.
[359] Von 16 Sekretären für Kultur bzw. Wissenschaft und Volksbildung, die Mitte der 1980er Jahre diese Funktion übernommen hatten, waren nur drei nicht auf einer PHS gewesen.

3.4 Parteipolitische und fachliche Ausbildung

che und spezielle ökonomische Kenntnisse galten nicht als notwendige Voraussetzungen, um die Funktion erfolgreich ausfüllen zu können. Die Sekretäre für Wirtschaft und für Landwirtschaft waren wesentlich intensiver mit fachlich-ökonomischen Fragen und Problemen betraut, so daß sich an ihrem Qualifikationsniveau am besten die Frage nach einer »Verfachlichung« des Funktionärskorps prüfen läßt.

Zunächst fällt auf, daß eine fachliche Ausbildung mit qualifiziertem Abschluß zu Beginn der fünfziger Jahre noch sehr selten war. Mit Bildung der Bezirke 1952 gab es keinen Wirtschafts- und nur zwei Landwirtschaftssekretäre mit fachlicher Qualifikation. 1953 kam ein Wirtschaftssekretär mit einer solchen dazu.[360] Da der enorme Kaderbedarf anders nicht zu decken war, behalf sich die Parteiführung auch mit »Seiteneinsteigern«. Allein sechs zwischen 1952 und 1954 eingesetzte Wirtschaftssekretäre hatten nicht die üblichen Parteistationen durchlaufen, sondern kamen direkt aus verantwortlichen Funktionen der Wirtschaft oder entsprechender Ressorts im Ministerrat in die Bezirksleitungen.[361] In den Jahren 1952 bis 1959 arbeiteten in den Bezirksleitungen durchschnittlich nur vier Sekretäre für Wirtschaft bzw. für Landwirtschaft, die eine einschlägige fachliche Ausbildung durchlaufen hatten. 1959 traf dies für sechs Landwirtschafts- und nur drei Wirtschaftssekretäre zu.[362]

1959 verlangte die Abteilung Kaderfragen des ZK »von jedem Mitarbeiter eine bessere Qualifizierung« und die Besetzung des Apparates mit solchen Genossen, die »eine gute politische und fachliche Qualifizierung besitzen« und vor allem »auf dem Gebiet der Wirtschafts- und Landwirtschaftspolitik tätig sind.«[363] Solche Forderungen fielen zeitlich mit einem enormen Aufschwung der Fachschul- und Hochschulausbildung vor allem in technischen Fächern zusammen. In den sechs wichtigsten Ingenieurfächern verdoppelte sich zwischen 1957 und 1961 die Zahl der Fachschulabsolventen, während die Zulassungen um 78,3 % anwuchsen. Die Neuimmatrikulationen in den ingenieurwissenschaftlichen Fächern an den Technischen Hochschulen und Universitäten stiegen zwischen 1956 und 1961 um ein Viertel an. Ende der 1950er Jahre wies die DDR neun Studierende der technischen Fächer auf 10.000 Einwohner auf, während es in der BRD nur vier waren. In den sechziger Jahren »beschleunigte sich diese Bildungsexpansion. In den technischen

---

[360] Es handelt sich um die Landwirtschaftssekretäre Johannes Babies (1952-1958 in Frankfurt (Oder)) und Ingo Seipt (1952-1956 in Suhl) und den Wirtschaftssekretär Alfred Schmarje (1953-1958 in Erfurt).

[361] Herbert Zschunke etwa hatte von 1945-1950 als Schlosser und Einkäufer im VEB Holzbauwerke Hainichen gearbeitet, wurde anschließend Assistent des Werkleiters und schließlich Hauptdirektor des VEB Holzbau Leipzig. Aus dieser Funktion erfolgte 1952 die Berufung als Sekretär für Wirtschaft der BL Leipzig. 1954 bis 1957 studierte Zschunke an der PHS in Moskau, wurde dann erneut Wirtschaftssekretär in Leipzig und später Vorsitzender des Bezirkswirtschaftsrates.

[362] Gezählt werden neben Studien der Wirtschaft/Volkswirtschaft/Finanzwirtschaft etc. und der Landwirtschaft bzw. Agrarökonomie auch verwandte Studiengänge wie Bauwesen, Maschinenbau, Elektrotechnik u. ä.

[363] SAPMO, DY 30/J IV 2/3/628, Bl. 10.

Fachrichtungen stieg die Zahl der Studierenden in den Jahren 1961-1965 um 51,8 % von 18.670 auf 28.344 und in den Jahren 1965-1970 um 62,2 % von 28.344 auf 45.967. Dagegen wuchsen die Studentenzahlen in allen anderen Fachrichtungen zwischen 1965 und 1970 nur um 16,8 %.«[364]

Vor diesem Hintergrund wurde in der Literatur ein Wandel des Kaderbildes der SED-Führung konstatiert. Neugebauer sieht den Wechsel in der Zeit 1960/61. Bis dahin »ging die SED davon aus, daß die politische Funktion wichtiger und daher die politische Qualifikation bedeutsamer sei als die fachliche.« Als sich »jedoch bereits in der zweiten Hälfte der 50er Jahre abzeichnete, daß die anstehenden Aufgaben immer komplizierter wurden und damit auch die Anforderungen an die Führungs- und Leitungstätigkeit stiegen, mußte die Partei ihre Kaderpolitik darauf einstellen. Politische Kompetenz reichte nun nicht mehr aus. Der Kader mußte nun auch fachliches Wissen und Urteilsvermögen besitzen (…). Erleichtert wurde dieser Wandel durch den Generationswechsel im Funktionärsbereich.«[365] Vor allem nach dem Bau der Mauer gelangten im Zuge einer »Verjüngungs- und Akademisierungswelle« auch »Seiteneinsteiger« in verantwortliche Parteifunktionen.[366] »In der Reformphase der sechziger Jahre«, so Monika Kaiser, gewannen »fachliche Qualifikation und Eignung für die Kaderrekrutierung zunehmend an Gewicht.« Die Nomenklatur der SED »rekrutierte sich nicht mehr aus sich selbst heraus, sondern auch aus ›Seiteneinsteigern‹, auf die man in irgendeiner Weise aufmerksam geworden war.«[367] Allerdings ist hier auch festzustellen, daß die SED nach wie vor auf parteierfahrene Genossen nicht verzichten wollte und einen kompletten Kaderaustausch nicht für sinnvoll hielt. So wurde in den »Thesen zur Aufstellung eines Kaderentwicklungsplanes« im Mai 1960 festgelegt, »daß hervorragende Partei- und Lebenserfahrung und hervorragende Erfolge in der Leitungs- und Führungstätigkeit bei älteren Kadern einer Hoch- und Fachschulausbildung gegenüber als gleichwertig anerkannt werden.«[368]

Dennoch sind in der Tat zu Beginn der 1960er Jahre gravierende Veränderungen innerhalb des Funktionärskorps der SED zu erkennen. In einem »Bericht über den Stand der Arbeit mit den Kadern der Hauptnomenklatur« vom 15.11.1961 konnte der »politisch-theoretische( ) Bildungsstand« der Sekretäre der Bezirks-

---

[364] Augustine, Dolores L., Frustrierte Technokraten. Zur Sozialgeschichte des Ingenieurberufs in der Ulbricht-Ära, in: Bessel, Richard/Jessen, Ralph (Hrsg.), Die Grenzen der Diktatur. Staat und Gesellschaft in der DDR, Göttingen 1996, S. 49-75, hier S. 55.
[365] Neugebauer, S. 70.
[366] Ihme-Tuchel, Beate, Die DDR, Darmstadt 2002, S. 54.
[367] Kaiser, Monika, Machtwechsel von Ulbricht zu Honecker. Funktionsmechanismen der SED-Diktatur in Konfliktsituationen 1962 bis 1972, Berlin 1997, S. 144. Die Verfasserin nennt hier Erich Apel »im wirtschaftspolitischen Bereich« und Kurt Turba »für das Gebiet der Jugendpolitik« als Beispiele für »solche ungewöhnlichen Kadersprünge.« Apel, bislang Minister für Maschinenbau, wurde 1958 Leiter der neugebildeten Wirtschaftskommission beim Politbüro, später Sekretär des ZK, Kandidat des Politbüros und Vorsitzender der SPK. Turba avancierte 1963 vom Chefredakteur der Zeitschrift »Forum« zum Leiter der Jugendkommission beim Politbüro bzw. Leiter der Abteilung Jugend des ZK.
[368] SAPMO, DY 30/IV 2/11/135, Bl. 106.

3.4 Parteipolitische und fachliche Ausbildung

leitungen als »gut« bezeichnet werden.[369] Gleichwohl wurde beklagt, daß durch eine »oberflächliche Einschätzung der Kader und ungenügende Erprobung vor dem Einsatz« Genossen mit Funktionen betraut werden, »denen sie nicht gewachsen sind und von denen sie nach kurzer Zeit wieder abgelöst werden.« In den Kreisen des Bezirks Halle, so wurde weiter angeführt, »wo die chemische Industrie vorherrschend ist«, gibt es »keinen 1. oder 2. Kreissekretär, der eine entsprechende fachliche Ausbildung auf diesem Gebiet besitzt.« Der Bericht machte noch einmal auf die doppelte Aufgabe der Kader aufmerksam, indem er hervorhob, es sei zu gewährleisten, »daß fachlich ausgebildete Genossen mit hohem Organisationstalent eine politische Ausbildung und umgekehrt Genossen mit politischer Ausbildung einen fachlichen Abschluß erhalten. Wobei das Schwergewicht auf einen Abschluß auf naturwissenschaftlich-technischem Gebiet zu legen ist.«

Zu dieser Zeit forderte die Parteiführung die Bezirks- und Kreisleitungen auf, ihre Apparate »durch Genossen mit guten politischen und organisatorischen Kenntnissen sowie einer abgeschlossenen wissenschaftlich-technischen Hoch- oder Fachschulausbildung qualitativ zu verstärken.« Das war auch nötig, denn von 257 in den Bezirksleitungen auf dem Gebiet der Wirtschaftspolitik tätigen Genossen konnten (ohne Parteihochschüler) nur 44 auf einen Hochschul- und 86 auf eine Fachschulausbildung verweisen. Die Hälfte dieser Genossen war also nicht einschlägig qualifiziert. Nur zwei Wirtschaftssekretäre hatten ein Studium an einer Hochschule absolviert. Besser gestaltete sich der fachliche Ausbildungsstand bei den 138 auf dem Gebiet der Landwirtschaft in den BL tätigen Genossen. Hier besaßen 34, darunter zwei Sekretäre für Landwirtschaft, einen Hoch- und 62 einen Fachschulabschluß; sie repräsentierten einen Anteil von 70 %.[370]

In der Folgezeit tat sich einiges. Laut einer Information über die politische und fachliche Qualifizierung des Parteiapparates vom 10.12.1962 hatte sich der Anteil der Kader mit abgeschlossener Hoch- oder Fachschulausbildung in den Apparaten des ZK und der BL bzw. KL von 25,5 % im Vorjahr auf 32 % erhöht. In den Bezirksleitungen lag er bei knapp 50 %. »Immer mehr«, so konnte bilanziert werden, »geht die Entwicklung dahin, daß die Genossen mit einem Diplom auf dem gesellschaftswissenschaftlichen Gebiet gleichzeitig einen fachlichen Hochschulabschluß anstreben.« Bislang waren es aber erst 104 Genossen des gesamten Parteiapparates, darunter fünf Bezirkssekretäre, die zwei Diplome erworben hatten. Über die Hälfte der Sekretäre der BL konnte bereits auf eine Hochschulausbildung zurückblicken.[371] Auch auf der staatlichen Ebene gab es in dieser Zeit eine starke Tendenz der Heranziehung fachlich versierter Funktionäre.[372] So hatte sich allein zwischen Februar 1961 und Juli 1962 der Anteil der Experten im gesamten

---

[369] Das folgende nach: Ebenda, Bl. 72-82.
[370] SAPMO, DY 30/J IV 2/3A/828.
[371] SAPMO, DY 30/J IV 2/2J/911.
[372] Zur Kaderpolitik und der Qualifizierung der Funktionäre im Staatsapparat vgl. Glaeßner, Gert-Joachim, Herrschaft durch Kader. Leitung der Gesellschaft und Kaderpolitik in der DDR am Beispiel des Staatsapparates, Opladen 1977.

Ministerrat von 30 % auf 52 % erhöht. Im gleichen Zeitraum verdoppelte sich gar ihr Anteil unter den Leitern der Fachressorts von 30 % auf 64 %. Hatten 1961 noch acht von 26 Mitgliedern des Ministerrates (30,8 %) eine Fachausbildung aufweisen können, so waren es 1962 bereits 17 von 33 und damit rund die Hälfte der Mitglieder. Diese Entwicklung setzte sich in den nächsten Jahren fort. Am Ende des Jahrzehnts konnten 79 % der Leiter der Fachressorts im Ministerrat als Experten eingestuft werden.[373]

Am 12.12.1962 faßte das Sekretariat des ZK einen Beschluß über die »politische und fachliche Qualifizierung erfahrener Parteiarbeiter und die Veränderung des Unterrichts an den Parteischulen und Instituten der Partei«.[374] Hiernach galt die »Aneignung einer höheren politischen und fachlichen Bildung durch die leitenden Parteiarbeiter« als entscheidende Voraussetzung, den »Kampf um den umfassenden Aufbau des Sozialismus« erfolgreich zu führen. Generalstabsmäßig plante die Parteiführung den Umfang der fachlichen Qualifizierungsmöglichkeiten. So sollten Parteifunktionäre die Möglichkeit erhalten, an der Bergakademie Freiberg, der Technischen Hochschule Leuna, der Technischen Universität Dresden, der Hochschule Ilmenau, der Universität Rostock, der Verkehrshochschule Dresden oder der Hochschule für Binnenhandel Leipzig zu studieren und den Abschluß als »Diplom-Ingenieur-Ökonom« zu erreichen. Parallel dazu gab es an Fach- und Ingenieurschulen in Sonderklassen eine Ausbildung als Meister, Techniker, Ingenieur oder Handelswirtschaftler sowie Kurzlehrgänge zur Weiterbildung. Die Hochschulen hatten zusätzlich kurz- und langfristige Lehrgänge »in Form eines Direktstudiums zur Weiterbildung von Parteifunktionären« anzubieten. Ziel war es, »die Genossen mit den wichtigsten Problemen der neuen Technik in Industrie und Landwirtschaft, im Verkehrswesen und im Handel sowie der Leitung, Organisation und Planung vertraut zu machen.« Für 1. und 2. Kreissekretäre der Partei, die ein wichtiges Kaderreservoir zur Besetzung von Nomenklaturfunktionen in den Bezirken darstellten, wurden an der Hochschule für Ökonomie in Berlin Sonderklassen mit einer »Dauer von einem Jahr eingerichtet, um sie mit umfassenderen Kenntnissen der ökonomischen Gesetze des Sozialismus und der Planung und Leitung der Industrie auszurüsten sowie über den wissenschaftlich-technischen Höchststand in den führenden Zweigen der Industrie.« Auf dem Gebiet der Landwirtschaft wurden u. a. in den Instituten des ZK in Schwerin und Pillnitz Genossen in Zweijahreskursen zum »Staatlich geprüften Landwirt« aus- und im ZK-Institut Liebenwalde in kürzeren Lehrgängen weitergebildet.[375] An

---

[373] Vgl. Hoffmann, Ursula, Die Veränderungen in der Sozialstruktur des Ministerrates der DDR 1949-1969, Düsseldorf 1971, S. 65, S. 65, Fußnote 108, S. 66, Fußnote 109 und S. 107 f., Tabelle IV. Indikator für den Status des Experten ist für Hoffmann eine »technisch-wirtschaftlich-naturwissenschaftliche Fachausbildung«; unter den Fachressorts werden »diejenigen Ministerien und Organe des Ministerrates verstanden, die mit wirtschaftlich-technischen Aufgaben betraut sind«. Ebenda, S. 28 und S. 29.

[374] Das folgende nach: SAPMO, DY 30/J IV 2/3/856, Bl. 108-111.

[375] Vgl. hierzu auch Herber/Jung, S. 206 f.

der Hochschule für Landwirtschaft in Bernburg und der Hochschule für LPG Meißen konnte in neu eingerichteten Sonderklassen das Diplom als Agrarökonom erworben werden. Auch hier wurden Lehrgänge zur Weiterbildung geschaffen. Fachschulen für Landwirtschaft hatten ebenfalls Sonderklassen für Parteifunktionäre zu eröffnen. Die Delegierungen zu allen Formen der Qualifizierung erfolgte durch das ZK bzw. nach Absprache mit dem ZK und dem Staatssekretariat für das Hoch- und Fachschulwesen durch die Bezirks- und Kreisleitungen.

Ab September 1963 griffen die vom Sekretariat des ZK beschlossenen Maßnahmen, als die genannten zweijährigen Lehrgänge für die leitenden Parteiarbeiter auf dem Gebiet von Wirtschaft und Landwirtschaft begannen.[376] Im Februar 1964 wurde der von einem Jahr auf zwei Jahre verlängerte Sonderlehrgang an der Hochschule für Ökonomie mit einer Jahreskapazität von 30 Genossen gestartet.[377] Bereits am ersten Lehrgang nahmen ein Bezirkssekretär und 22 Sekretäre von Kreisleitungen, darunter elf 1. Kreissekretäre, teil. Unter den Schülern des darauffolgenden Lehrgangs befanden sich erneut ein Bezirkssekretär und zwölf Kreissekretäre. So studierte Gerhard Schinkel, bislang 1. Sekretär der KL Erfurt-Stadt, 1965-1967 an der HfÖ und wurde anschließend Sekretär für Wissenschaft, Volksbildung und Kultur der BL Erfurt. Das Studium, das »eine zielgerichtete ökonomische Ausbildung vermittelt, die durch eine naturwissenschaftlich-technische, technologische und mathematische Qualifizierung ergänzt wird«, sollte mit dem Grad eines Diplom-Wirtschaftlers abgeschlossen werden. Kernstück war die »Komplexausbildung über das neue ökonomische System der Planung und Leitung der Volkswirtschaft«.[378]

Die Erfolge dieser generalstabsmäßigen Planung stellten sich umgehend ein. Zwischen 1962 und 1965 konnte der Anteil der Genossen mit Hoch- und Fachschulstudium in den Apparaten der Bezirksleitungen von 30,7 % auf 47,9 % erhöht werden. 1965 verfügten 45,7 % der Mitarbeiter in den Apparaten der Bezirks- und Kreisleitungen über einen Hoch- bzw. Fachschulabschluß. 1962 hatte die Quote bei nur 24,7 % gelegen und somit verdoppelt werden können.[379] Mit der wachsenden Bedeutung einer fachlichen Qualifikation wurde auch Ulrich Schlaak, seinerzeit 1. Sekretär der FDJ-BL Potsdam, konfrontiert, der Mitte der 1960er Jahre ein Ingenieurstudium aufnahm, weil »damals vom Zentralkomitee aus die Linie« propagiert wurde, »daß jeder Parteifunktionär möglichst eine abgeschlossene fachliche Hochschulbildung haben soll, nicht nur Parteihochschule,

---

[376] Vgl. SAPMO, DY 30/IV A 2/5/60.
[377] Vgl. SAPMO, DY 30/J IV 2/3A/932, Bl. 27.
[378] „Lehrprogramm für die ökonomische Weiterqualifizierung leitender Parteikader der SED (2-jähriges Direktstudium)«, 13.5.1964, in: SAPMO, DY 30/IV A 2/5/61. Laut Beschluß des Sekretariats des ZK vom 15.2.1967 wurde die Dauer der Lehrgänge an der Hochschule für Ökonomie wieder auf ein Jahr reduziert. Ab September 1967 begann der neugestaltete Einjahrlehrgang, der im Juli 1968 endete. Ein Diplom-Abschluß konnte so nicht mehr erworben werden. Vgl. SAPMO, DY 30/J IV 2/3A/1421, Bl. 143-145.
[379] Vgl. SAPMO, DY 30/IV A 2/5/60.

sondern fachliche Hochschulbildung. Es ging damals darum, daß ich zur Parteihochschule gehen sollte, und da wurde vom ZK gesagt: Besser ist erstmal ein fachlicher Abschluß, und dann können wir über die Parteihochschule immer noch reden. Dann habe ich einen fachlichen Abschluß gemacht in Rostock, und etwa zehn Jahre später wurde gesagt: ›Da du noch nie in deinem Leben eine Parteihochschule gesehen hast, gehst du mal ein Jahr nach Moskau.‹ Es war das ausgesprochene Ziel der SED, daß die Parteifunktionäre eine abgeschlossene fachliche Ausbildung haben sollen, damit sie wissen, worüber sie reden.«[380]

Eine besondere Bedeutung im Bestreben der Parteiführung, die Qualifikation ihrer Funktionäre zu erhöhen, kam dem VI. Parteitag im Januar 1963 zu. Bereits ein halbes Jahr vorher, auf dem 16. Plenum des ZK vom Juni 1962, war mit Dr. Günter Mittag ein Diplomwirtschaftler und Fachmann für Verkehrswesen zum Sekretär des ZK gewählt worden.[381] Das auf dem VI. Parteitag beschlossene Programm der SED bekräftigte den Willen zu einer »neue(n) Qualität der Parteiarbeit«, die u. a. darin bestehen sollte, »daß alle ihre Mitglieder ständig danach streben, ihre politischen und fachlichen Kenntnisse zu vertiefen und sich an die Spitze des Kampfes um das Neue, Fortschrittliche« stellen. Die »Aneignung wissenschaftlicher Kenntnisse muß verbunden sein mit einem höheren Niveau der Leitung, Planung und Durchführung der Aufgaben, die beim umfassenden Aufbau des Sozialismus zu lösen sind.«[382] Die Parteiführung selbst ging mit gutem Beispiel voran und veranlaßte, »daß diejenigen, die als erfahrene Parteigenossen zugleich auf wirtschaftlichem Gebiet eine bestimmte Arbeit geleistet haben, in etwas größerer Zahl ins Politbüro gewählt werden sollten.«[383] Mit dem promovierten Wirtschaftsfachmann Erich Apel, dem Professor der Agrarwissenschaft Karl-Heinz Bartsch, dem promovierten Wirtschaftswissenschaftler Werner Jarowinsky oder dem schon erwähnten Günter Mittag waren nun ausgewiesene Fachleute auf ökonomischen Gebiet als Kandidaten in das Politbüro aufgestiegen.[384]

Die personellen Umstrukturierungen innerhalb der Parteiführung sind in der historischen Forschung breit rezipiert worden. Hermann Weber erkannte auf dem VI. Parteitag 1963 eine »veränderte Kaderpolitik Ulbrichts, den Trend, die Par-

---

[380] Protokoll des Gesprächs mit Ulrich Schlaak, Belzig, 5.3.2003, S. 18 f. Schlaak war nach Beendigung seines Studiums für einige Jahre als Erster Kreissekretär tätig und wurde 1976 Zweiter Sekretär der BL Potsdam.

[381] Vgl. Kommuniqué der 16. Tagung des Zentralkomitees der Sozialistischen Einheitspartei Deutschlands, in: Neues Deutschland, 30.6.1962, S. 1.

[382] Programm der Sozialistischen Einheitspartei Deutschlands, in: Protokoll der Verhandlungen des VI. Parteitages der Sozialistischen Einheitspartei Deutschlands, 15. bis 21. Januar 1963 in der Werner-Seelenbinder-Halle zu Berlin, Band 4, Berlin (Ost) 1963, S. 297-405, hier S. 396.

[383] SAPMO, DY 30/IV 2/1/287, Bl. 5.

[384] Vgl. ebenda und Amos, Heike, Politik und Organisation der SED-Zentrale 1949-1963. Struktur und Arbeitsweise von Politbüro, Sekretariat, Zentralkomitee und ZK-Apparat, Münster 2002, S. 655. Bartsch verlor bereits am 9.2.1963 seinen Sitz im Politbüro, weil er seine frühere Mitgliedschaft in der Waffen-SS, die nun bekannt wurde, verschwiegen hatte. Jarowinsky wurde auf der 4. Tagung des ZK auch zum Sekretär des ZK gewählt. Vgl. Kommuniqué der 4. Tagung des Zentralkomitees der Sozialistischen Einheitspartei Deutschlands, in: Neues Deutschland, 2.11.1963, S. 1.

teipolitik zu versachlichen und Spezialisten heranzuziehen«[385] und nennt »eine Verjüngung und eine ›Verfachlichung‹, das heißt eine Zunahme von Wirtschaftlern, Technikern und Wissenschaftlern«, die sich in den sechziger Jahren auf allen Ebenen gezeigt hat.[386] Ulbricht nutzte, so Hoffmann, »offensichtlich den Parteitag dazu, die SED-Führung etwas zu verjüngen und parteikonforme Wirtschaftsfachleute um sich zu scharen.«[387] Dabei betrafen die Neuerungen »personelle Umstrukturierungen im Politbüro, im Sekretariat und im Zentralkomitee insgesamt. Jüngere Funktionäre – Akademiker, Wissenschaftler, Ingenieure und Ökonomen – rückten vermehrt neben altgedienten Apparatfunktionären in die SED-Führungsgremien auf. Ihre Zu-Wahl signalisierte auch öffentlich, daß die SED-Spitze der Bewältigung der ökonomischen Probleme größte Bedeutung beimaß. Dies kam auch in der Einführung des »Neuen ökonomischen Systems der Planung und Leitung der Volkswirtschaft« Mitte 1963 zum Ausdruck.[388] Mit der neuen Kaderpolitik deutete sich der Trend an, die Parteipolitik insgesamt mehr zu versachlichen, indem vermehrt Fach-Spezialisten in SED-Beratungs- und Entscheidungsgremien einbezogen wurden.«[389] Gerade auch im Zentralkomitee, das sich »verjüngte und ›verfachlichte‹«[390], waren nun hauptamtlich in der Wirtschaft tätige Kader stärker repräsentiert.[391] Vor diesem Hintergrund wurde in der Wissenschaft von einem Wandel des ZK hin zu einem »Kooperations-, Transformations- und vor allem Konsultationsgremium« gesprochen.[392]

Zu den neuen Beratungs- und Entscheidungsgremien gehörten die Büros für Industrie und für Landwirtschaft der Bezirksleitungen, die mit der Organisierung

---

[385] Weber, Hermann, Geschichte der SED, in: Spittmann, S. 6-42, hier S. 31.
[386] Weber, Hermann, 25 Jahre SED, in: Weber, Hermann/Oldenburg, Fred, 25 Jahre SED. Chronik einer Partei, Köln 1971, S. 9-51, hier S. 32.
[387] Hoffmann, Dierk, Die DDR unter Ulbricht. Gewaltsame Neuordnung und gescheiterte Modernisierung, Zürich 2003, S. 100.
[388] Vgl. hierzu Krömke, Claus, Das »Neue ökonomische System der Planung und Leitung der Volkswirtschaft« und die Wandlungen des Günter Mittag, Berlin 1996; Roesler, Joerg, Zwischen Plan und Markt. Die Wirtschaftsreform in der DDR zwischen 1963 und 1970, Berlin 1991; Roesler, Jörg, Das Neue Ökonomische System – Dekorations- oder Paradigmenwechsel?, Berlin 1994; Steiner, André, Die DDR-Wirtschaftsreform der sechziger Jahre. Konflikt zwischen Effizienz- und Machtkalkül, Berlin 1999.
[389] Amos, S. 602.
[390] Steiner, S. 75.
[391] Ludz, Peter Christian, Die DDR zwischen Ost und West. Politische Analysen 1961 bis 1976, München 1977, nennt auf S. 85 folgende Beispiele für »führende Wirtschaftsfunktionäre«, die auf dem VI. Parteitag 1963 zu Mitgliedern bzw. Kandidaten des ZK gewählt wurden: Renate Credo (Diplomchemiker, Werkleiter des VEB Kali-Chemie Berlin), Dr. Werner Hager (Diplomchemiker, Leiter der Gruppe Forschung und Entwicklung der VVB Mineralöle und Organische Grundstoffe), Dr. Siegbert Löschau (Diplomchemiker, Werkleiter VEB Leuna-Werke), Günter Prey (Diplomingenieurökonom, Direktor des Chemiefaserkombinates Guben), Kurt Rödiger (Diplomwirtschaftler, Hauptdirektor der VVB Kali), Günther Wyschofsky (Diplomchemiker, Stellvertreter des Vorsitzenden der SPK).
[392] Ludz, Peter Christian, Parteielite im Wandel. Funktionsaufbau, Sozialstruktur und Ideologie der SED-Führung, Köln-Opladen 1970, S. 55. Diese Sichtweise übernimmt Kaiser, S. 39. Die weitere Entwicklung der DDR zeigte jedoch, daß das ZK weiterhin und bis zum Ende der DDR als Akklamationseinrichtung fungierte.

der Parteiarbeit nach dem Produktionsprinzip geschaffen wurden. Hier bot sich die Möglichkeit, verstärkt Fachwissen heranzuziehen, worauf Ulbricht in einer Beratung mit den 1. Sekretären der Bezirksleitungen am 7.2.1963 persönlich aufmerksam machte. »Als Mitglieder in den Büros für Industrie und Landwirtschaft«, so Ulbricht, »brauchen wir qualifizierte Fachleute mit Parteierfahrung. (…) Wir achten den Besuch von Parteischulen, aber das genügt allein nicht. Diese leitenden Kader müssen Erfahrungen in der Leitung der Industrie haben.« Der Erste Sekretär des ZK spitzte seine Ausführungen noch weiter zu. »Wenn diese Genossen die Parteischule besucht haben, dann ist das ausgezeichnet. Aber wenn sie Ingenieur sind, dann ist das richtig.« Da sich diese Anforderungen »nicht sofort überall erfüllen« lassen, müsse man »einen Teil der Genossen auf Fachschulen schicken (…). Es gibt in der Besetzung dieser Funktionen keine Konzessionen.«[393] Die Forderung Ulbrichts wurde auch umgesetzt. Von 158 Mitgliedern der Büros für Industrie und Bauwesen in den Bezirken hatten 1963 genau 100 eine abgeschlossene Hoch- bzw. Fachschulausbildung auf naturwissenschaftlich-technischem bzw. ökonomischem Gebiet absolviert, 64 Genossen waren in technischen Disziplinen ausgebildet und besaßen langjährige Betriebserfahrungen.[394] Im Geraer Büro für Industrie und Bauwesen besaßen 1963 von elf Genossen acht einen Hoch- oder Fachschulabschluß in den Fachrichtungen Chemie, Bauwesen, Maschinenbau oder Textilindustrie; neun Genossen hatten »langfristige Lehrgänge an Parteischulen« absolviert.[395] »Der beschleunigten wissenschaftlichen und technischen Entwicklung versuchte die SED«, wie Hübner zu Recht feststellt, »durch eine entsprechende Mindestqualifikation ihres politischen Kaders Rechnung (zu) tragen.«[396] Außerdem wurde »versucht, sachkompetente Mitarbeiter aus verschiedenen Apparaten und der Praxis zusammenzuführen (…), um so einen Modernisierungsschub in der Industrie, im Bauwesen und in der Landwirtschaft zu erreichen.«[397]

Die teilweise modifizierte Kaderpolitik und das Bemühen um fachliche Qualifizierung der leitenden Parteifunktionäre waren »primär eine Reaktion auf den Modernisierungs- und Legitimierungsdruck, unter dem die SED-Herrschaft angesichts der wissenschaftlich-technischen Revolution und der wirtschaftlichen

---

[393] SAPMO, DY 30/IV A 2/2.021/143, Bl. 13 f.
[394] SAPMO, DY 30/IV A 2/6.01/6. Im Potsdamer Büro für Industrie und Bauwesen waren, um ein Beispiel für die Heranziehung von Fachleuten zu nennen, u. a. die Vorsitzenden des Bezirkswirtschaftsrates und der Bezirksplankommission, ein Brigadier, ein Werkdirektor und ein Dozent einer Ingenieurschule vertreten. Vgl. ebenda. Die Vermutung von Ludz, von den Mitgliedern der Büros für Industrie und Bauwesen besäßen »grosso modo knapp 50 % einen Hochschul- oder Fachschulabschluß«, erweist sich mithin als zu vorsichtig. Vgl. Ludz, Parteielite, S. 88.
[395] Dohlus, Horst, Produktionsprinzip erfordert höheres Niveau der Organisationsarbeit, in: Neuer Weg, H. 21, Berlin (Ost) 1963, S. 961-966, hier S. 965.
[396] Hübner, Peter, Menschen – Macht – Maschinen. Technokratie in der DDR, in: Hübner, Peter (Hrsg.), Eliten im Sozialismus. Beiträge zur Sozialgeschichte der DDR, Köln-Weimar-Wien 1999, S. 325-360, hier S. 337.
[397] Kaiser, S. 43.

Überlegenheit der Bundesrepublik stand und dem man durch die Mobilisierung möglichst vieler Bürger und vor allem durch die Mobilisierung des geistigen Potentials der Gesellschaft zu entsprechen versuchte.« Ob ein »beachtliche(r) Elitenwechsel«, eine »Phase großer Aufstiegsmobilität«, die Monika Kaiser für die SED-Führung, den Staatsapparat, Betriebe und wirtschaftsleitende Organe ausmacht, in denen »Leitungsfunktionen nun zunehmend mit Personen besetzt« wurden, die »über eine spezifische wissenschaftliche und fachliche Ausbildung verfügten«[398], auch für die hauptamtlichen Sekretäre der Bezirksleitungen festzustellen ist, steht im Mittelpunkt der folgenden Betrachtungen.

Peter Christian Ludz hat in seiner vielbeachteten Studie über die »Parteielite im Wandel« auch die »Reform des Parteiapparates auf der Bezirksebene« untersucht.[399] Er unterscheidet die Bezirkssekretäre in Vertreter der »Gruppe der strategischen Clique«, also der altgedienten Apparatfunktionäre, der Parteifunktionäre aus der jüngeren Generation und der »institutionalisierten Gegenelite«, also den »jungen Parteifachleuten«.[400] In einigen Bezirken, so im Rostocker Sekretariat, sei ein »Einbruch der institutionalisierten Gegenelite« zu erkennen, während sich andere Bezirke, wie Halle, durch eine starke »politische Besetzung« mit Altfunktionären der »zentrale(n) strategische(n) Clique« auszeichneten. Ludz belegt seine These für Rostock damit, daß 1963 »ein hoher Anteil fachlich vorgebildeter oder aus der Wirtschaftspraxis kommender jüngerer Funktionäre aufgenommen worden« ist. So könnten die Leiter der Büros für Industrie und Bauwesen bzw. für Landwirtschaft als »Vertreter der institutionalisierten Gegenelite angesehen werden«, da beide ein wirtschafts- bzw. agrarwissenschaftliches Studium absolviert haben.[401] Da in den »Büros für Industrie und Bauwesen und vor allem im Zentralkomitee und in den Sekretariaten der SED-Bezirksleitungen« in »steigendem Umfang Sachverständige konsultiert werden«, könne von »Zügen eines ›konsultativen‹ Autoritarismus in der DDR« gesprochen werden.[402] Als Konsequenz des von Ulbricht eingeführten Neuen Ökonomischen Systems sei auch eine »immer sichtbarer werdende Aufstiegsmobilität neuer Eliten anzusehen«.[403]

Die Unterteilung der Funktionäre in Angehörige einer »strategischen Clique« und einer »Gegenelite« erwies sich vor dem Hintergrund der weiteren innen- und kaderpolitischen Entwicklung in der DDR als unglücklich und nicht tragfähig. Der Prozeß der »Verfachlichung« von Parteigremien geschah nicht auf Druck einer »Gegenelite«, sondern auf Betreiben von Ulbricht selbst.[404] Ohnehin sagt die bloße Tatsache einer fachlichen Qualifikation nichts über das Selbstverständ-

---

[398] Ebenda, S. 39 und S. 40.
[399] Vgl. Ludz, Parteielite, S. 82-93.
[400] Ebenda, S. 86.
[401] Ebenda, S. 87.
[402] Ebenda, S. 37.
[403] Ebenda, S. 70.
[404] Vgl. Kaiser, S. 458 f. und S. 40.

nis, die Art der Politikführung und die mögliche, auch subjektiv empfundene, Zugehörigkeit zu Gruppierungen innerhalb der SED (»Clique« im Duktus von Ludz, »Fraktion« im Duktus der Parteiführung) eines Parteifunktionärs aus. Es soll daher im folgenden nicht um die Terminologie von Ludz, wohl aber um seine These, in den Bezirken seien nach 1963 die Positionen weniger der 1., vielmehr der Leiter der Büros »in stärkerem Maße durch jüngere, fachlich vorgebildete Kräfte besetzt worden«, gehen.[405]

In dem Jahrfünft 1958-1963 konnte, wie die nachstehende Tabelle zeigt, die Zahl der Fachsekretäre mit fachlicher Ausbildung signifikant erhöht werden. Bei den Sekretären für Wirtschaft verdoppelte sie sich von fünf auf zehn. Diese Zahl wurde 1963 auch bei den Landwirtschaftssekretären erreicht. Im Jahr des VI. Parteitages waren somit zwei Drittel aller Fachsekretäre einschlägig qualifiziert. Bis zum Ende des Jahrzehnts erhöhte sich die Zahl dieser Landwirtschaftssekretäre auf 13, während die Zahl der Sekretäre für Wirtschaft auf acht zurückging.

Tabelle: Fachsekretäre der BL mit fachlicher Ausbildung

Jahr	Sekretäre für Wirtschaft mit fachlicher Ausbildung	Sekretäre für Landwirtschaft mit fachlicher Ausbildung
1958	5	7
1959	3	6
1960	5	7
1961	6	9
1962	7	10
1963	10	10

Die 1960er Jahre waren nicht nur für die leitenden Parteikader eine Zeit der stark zunehmenden fachlichen Qualifizierung, sondern für die gesamte Partei. Der Anteil der SED-Mitglieder mit Hochschulabschluß hatte sich in diesem Jahrzehnt auf 20 Prozent verdoppelt.[406] Nach wie vor bildeten jedoch die 1. Sekretäre der Bezirksleitungen, ganz wie schon Ludz festgestellt hatte, eine Bastion fehlender fachlicher Qualifizierung. 1969 hatten nur vier von ihnen eine abgeschlossene Fach- oder Hochschulausbildung durchlaufen.[407]

Die frühen sechziger Jahre waren auch eine Zeit der verstärkten Heranziehung von Experten – nicht nur zu konsultativen Zwecken, wie Ludz formuliert hat,

---

[405] Ludz, Parteielite, S. 93.
[406] Vgl. Weber, in: Spittmann, S. 32.
[407] Das Diplom einer PHS wird hier nicht mitgezählt. Vgl. auch Förtsch, Eckart/Mann, Rüdiger, Die SED, Stuttgart u. a. 1969, S. 110, wo allerdings der Diplom-Ingenieur-Ökonom Hans Albrecht, 1. Sekretär der BL Suhl, in der Aufzählung fehlt.

sondern tatsächlich als leitende Parteikader. Zwischen 1960 und 1963 wurden allein acht »Seiteneinsteiger« mit entsprechendem Fachwissen als Sekretäre für Wirtschaft oder Landwirtschaft in die Bezirksleitungen gewählt. Als typische Beispiele können Hans Barthel und Dr. Egon Seidel genannt werden. Hans Barthel hatte von 1953 bis 1959 an der Hochschule für Ökonomie studiert und war als Diplom-Wirtschaftler Werkdirektor des VEB Flugzeugwerft Dresden geworden. 1963 wurde er Sekretär für Wirtschaft der BL Dresden und blieb dies bis 1980. Dr. Egon Seidel, Dozent, Institutsdirektor und Prorektor der Landwirtschaftlichen Hochschule in Bernburg, war von 1962 bis 1965 Sekretär für Landwirtschaft in Frankfurt (Oder), um dann als Professor an die Humboldt-Universität Berlin zu wechseln. Beide hatten zuvor keine hauptamtliche Parteitätigkeit geleistet. Wie ein früherer Sekretär einschätzt, vollzog sich in dieser Zeit eine »Wende zum Sachbezogenen. Es ging nicht mehr um Agitation und Propaganda. Die bisherigen Sekretäre waren oft treu Ergebene, die ihre Sache schlecht und recht gemacht haben, aber einfach überfordert waren.«[408]

Aufschlußreich ist in diesem Zusammenhang auch folgende Tabelle, die einen fachlichen oder marxistisch-leninistischen Studienabschluß der Bezirkssekretäre darstellt. Der Anteil der Bezirkssekretäre, die eine Qualifikation auf einer Fach- oder Hochschule, PHS oder Akademie erworben hatten, konnte hiernach von rund einem Drittel 1958 auf über die Hälfte 1965 gesteigert werden.[409]

Tabelle: Studienabschluß der Bezirkssekretäre 1958-1965

Jahr	Studienabschluß		Kein Studienabschluß	
	Anzahl	in Prozent	Anzahl	in Prozent
1958	40	34,2	77	65,8
1959	37	36,6	64	63,4
1960	40	35,7	72	64,3
1961	49	45,4	59	54,6
1962	50	48,1	54	51,9
1963	59	53,2	52	46,8
1964	44	53,7	38	46,3
1965	44	56,4	34	43,6

---

[408] Protokoll des Gesprächs mit Rudi Gröbel, Berlin, 23.7.2003, S. 16.
[409] Es werden hier alle Sekretäre, die in dem betreffenden Jahr im Amt waren, also einschließlich der jeweils abberufenen und neu kooptierten, gezählt. Ab 1964 nahm die Gesamtzahl der Sekretäre wegen der Abschaffung des Kulturressorts deutlich ab.

Besonders sprunghaft hat sich dieser Anteil zwischen 1960 und 1961 erhöht. Die These einer »Verfachlichung« in den sechziger Jahren kann also, auch eingedenk der Heranziehung von Experten, für die Sekretäre der Bezirksleitungen bestätigt werden. Was nun eine Verjüngung angeht, so stellt sich die Situation weniger eindeutig dar. Zwischen 1955 und 1963 hat das Durchschnittsalter der jeweils neu in die Funktion berufenen Bezirkssekretäre immer zwischen 37 und 40 Jahren gelegen – mit Ausnahme des Jahres 1957, als ein Wert von 46 Jahren, bei allerdings nur neun neuen Funktionären, zu verzeichnen war. Schon in den fünfziger Jahren setzte die Parteiführung, auch vor dem Hintergrund des Kadermangels, verstärkt auf junge Genossen in Leitungsfunktionen, so daß eine weitere Verjüngung bis Anfang der sechziger Jahre nicht eingetreten ist.

Mit dem erreichten Stand der Qualifizierung gab sich die Parteiführung jedoch nicht zufrieden. Der Hoch- und Fachschulbesuch der Parteikader blieb ein wichtiges Kriterium. Zwischen 1968 und 1970 erhöhte sich der Anteil aller Mitglieder der Bezirkssekretariate, die studiert hatten, von 83,0 % auf 97,5 %.[410] Im Jahre 1971 erfolgte der Übergang von Ulbricht zu Honecker. Der Wechsel an der Spitze der SED führte nach Hermann Weber und Peter Christian Ludz zu einer modifizierten Kaderpolitik. Nach dem VIII. Parteitag setzte sich »wieder die Vorstellung vom Primat der Politik gegenüber technokratischen Tendenzen durch. Wenn in den sechziger Jahren unter den neu aufgenommenen Kandidaten des Politbüros und den neuen ZK-Mitgliedern zunehmend Fachleute (vor allem Wirtschaftler) waren, so rückten in den siebziger Jahren wieder Funktionäre mit einer typischen Apparatkarriere nach.«[411] Während Ulbricht »gegen Ende seiner politischen Karriere unter den jüngeren Parteifunktionären deutlich die wirtschaftlich orientierten Technokraten avancieren ließ«, konnten nun »durch Honeckers Personalpolitik die ideologisch geschulten Aktivisten mit organisatorischen Fähigkeiten aufrücken.«[412]

Für diese These spricht, daß unter Honeckers Ägide keine Experten ohne Parteilaufbahn als »Quereinsteiger« mehr in die Bezirkssekretariate gelangt sind.[413] Andererseits wurde bei der Besetzung der Fachressorts in den Bezirksleitungen weiterhin auf eine fachliche Ausbildung der Sekretäre geachtet. Hatte die Anzahl der entsprechend qualifizierten Wirtschaftssekretäre in den letzten Ulbricht-Jahren noch bei acht gelegen, so wurde sie ab 1974 auf neun, zu Beginn der achtziger Jahre auf zehn und zuletzt auf elf Sekretäre gesteigert. Die bereits recht hohe Zahl von zwölf Landwirtschaftssekretären mit fachlicher Ausbildung im Jahre 1970

---

[410] Vgl. SAPMO, DY 30/IV A 2/11/4, Bl. 421.
[411] Weber, in: Spittmann, S. 36. Vgl. auch Weber, in: Weber/Oldenburg, S. 11.
[412] Ludz, Die DDR zwischen Ost und West, S. 152.
[413] Der einzige Bezirkssekretär, der in der Honecker-Zeit in gewisser Weise als »Quereinsteiger« gelten kann, ist Gerhard Poser. Er war als Diplom-Ingenieur Stellvertreter des Ministers für Bauwesen und übernahm 1976 das in Berlin neu geschaffene Ressort des Sekretärs für Bauwesen/Investitionen. Poser hatte 1972/73 an der Parteihochschule Moskau studiert. Vgl. die schriftliche Mitteilung von Gerhard Poser, Berlin, 12.7.2004, S. 3.

konnte in der gesamten Honecker-Zeit in etwa gehalten werden; sie lag zuletzt bei elf Sekretären. Somit waren 1989 jeweils elf von 15 Sekretären für Landwirtschaft bzw. Wirtschaft und damit rund drei Viertel einschlägig qualifiziert. Insgesamt haben von allen 86 Wirtschaftssekretären 36 und damit 42 % eine fachliche Qualifikation erworben. Besonders stark vertreten ist hier der Bezirk Berlin, wo dies für alle ab 1954 amtierenden sieben Sekretäre zutrifft. 48 % der Landwirtschaftssekretäre weisen ebenfalls eine fachliche Ausbildung auf; hier sind 37 von 77 Funktionären entsprechend hervorgetreten, darunter 30 mit einem direkt landwirtschaftswissenschaftlichen Studium.

An den Sekretären mit einem Doktortitel läßt sich eine ähnliche Tendenz ablesen. Gerhard Buchführer, 1959-1971 Sekretär für Wirtschaft der BL Rostock, war der erste Bezirkssekretär, der promoviert hatte. 1969, gegen Ende der Ulbricht-Ära, arbeiteten in den Bezirksleitungen bereits zehn Sekretäre mit Doktorhut. Diese Anzahl stieg kontinuierlich von 13 im Jahre 1979 bis auf 31 im Jahre 1989 an. Zuletzt war damit jeder dritte Bezirkssekretär promoviert. Allein 1988 wurden wegen der Aufteilung des Ressorts Wissenschaft, Volksbildung und Kultur zehn neue Funktionäre berufen, die diesen akademischen Grad besaßen. Von 61 in den 1980er Jahren berufenen Sekretären traf dies auf 24 und damit rund 40 % zu.[414]

Honecker konnte die kaderpolitischen Früchte ernten, die Ulbricht gesät und beide gepflegt hatten: Am 8.3.1978 beschäftigte sich das Sekretariat des ZK mit einer Analyse über die Zusammensetzung und Qualifizierung der Mitarbeiter des Apparats der Bezirks- und Kreisleitungen und konnte zur Kenntnis nehmen, daß mittlerweile alle Bezirks- und Kreissekretäre über einen Hoch- bzw. Fachschulabschluß verfügten.[415] Dies blieb auch in den achtziger Jahren so.[416] Zum Ende der DDR hatte die Parteiführung das über Jahrzehnte erstrebte Ziel, die leitenden Parteikader fachlich und politisch auszubilden, in den Bezirkssekretariaten weitgehend erreicht. Jeder Sekretär einer Bezirksleitung besaß einen Hoch- oder Fachschulabschluß. Sehr häufig hatten die Funktionäre sowohl eine fachliche als auch eine marxistisch-leninistische Ausbildung durchlaufen.

Die in der Literatur anzutreffende These von einer zunehmenden »Verfachlichung« leitender Parteifunktionäre konnte auch für die Sekretäre der SED-Bezirksleitungen verifiziert werden. Der Anfang dieser Entwicklung lag nicht am Beginn der sechziger, sondern am Ende der fünfziger Jahre. »Ein unerschütterlicher und geradezu absoluter Glaube an die Wirkung von politischer und fachlicher Weiterbildung bildete«, wie schon Helga A. Welsh festgestellt hat, »ab Ende der fünfziger Jahre die kaderpolitische Grundlage.«[417] Selbst an der Parteihoch-

---

[414] Die meisten promovierten Sekretäre entfielen auf die Bezirke Rostock (sechs), Dresden und Leipzig (je fünf), die wenigsten auf die Bezirke Gera (keiner), Karl-Marx-Stadt und Schwerin (ab 1987 bzw. 1988 je ein neuer Sekretär für Wissenschaft und Volksbildung).
[415] Vgl. SAPMO, DY 30/J IV 2/3/2720, Bl. 42 ff.
[416] Vgl. SAPMO, DY 30/J IV 2/50/20 und SAPMO, DY 30/J IV 2/50/28.
[417] Welsh, Helga A., Kaderpolitik auf dem Prüfstand. Die Bezirke und ihre Sekretäre 1952-1989, in: Hübner, S. 107-129, hier S. 115.

schule »Karl Marx« hatte sich zwischen 1955 und 1959 die Zahl der Unterrichtsstunden im Fach »Politische Ökonomie« und damit die Behandlung wirtschaftlicher Themen fast verdoppelt.[418] Unter Honecker gab es hier keinen Bruch, sondern eine kontinuierliche Weiterentwicklung. Gefragt waren Funktionäre, die eine marxistisch-leninistische und eine fachliche, häufig ökonomische Schulung und Ausbildung aufzuweisen hatten. Dabei wurde die politische Einbeziehung externer Experten und Fachleute als Sekretäre nur ausnahmsweise vorgenommen und beschränkte sich zumeist auf die frühen fünfziger und frühen sechziger Jahre. Nicht einmal fünf Prozent aller Bezirkssekretäre waren ohne vorherige Apparatlaufbahn als »Seiteneinsteiger« in diese Funktion gelangt. Dabei nahm der in der Literatur zuweilen behauptete »konflikthafte Charakter der Beziehungen zwischen Ideologie und Fachwissen«, wie etwa von Monika Kaiser postuliert[419], jedoch »nicht die Bedeutung ein, die ihm (...) zugeschrieben wurde.« Es galt relativ schnell »das Prinzip der Doppelgleisigkeit: Fach- und politische Ausbildung bildeten ein Tandem. Die Frage der fachlichen und ideologischen Qualifizierung bedeutete kein Entweder-Oder sondern ein Sowohl-als-Auch.«[420] Das Idealbild des Bezirkssekretärs sah dann für die Parteiführung auch so aus, daß dieser längere Zeit im Parteiapparat gearbeitet und eine Parteihochschule besucht sowie außerdem an einer Hochschule einen fachlichen Abschluß erworben hatte. Diesem Ziel näherte sich die Gruppe der Bezirkssekretäre seit Ende der fünfziger Jahre immer weiter an, und am Ende der DDR entsprachen viele Bezirkssekretäre diesem Bild. Die Geschehnisse im Herbst 1989 zeigten aber auch, daß selbst eine so perfektionierte Kaderpolitik, wie sie die SED bis zu ihrem Ende betrieben hatte, die schnelle Erosion ihrer Herrschaft nicht verhindern konnte. Das Ende der DDR brachte den Bankrott der bisherigen Kaderpolitik.

3.5 Frauen als Sekretäre der SED-Bezirksleitungen

Bereits mit ihrer Gründung hatte sich die DDR die Gleichberechtigung der Frau auf ihre Fahnen geschrieben. In Artikel 7 der Verfassung von 1949 heißt es: »Mann und Frau sind gleichberechtigt. Alle Gesetze und Bestimmungen, die der Gleich-

---

[418] Vgl. Kluttig, S. 445 f.
[419] Hierzu Kaiser, S. 40: »Die personalpolitischen Veränderungen und neuen Anforderungen führten zwangsläufig zu Spannungen (...) zwischen den langgedienten Parteikadern einerseits (...) und andererseits jenen fachlich gebildeten ›Seiteneinsteigern‹, die durch ihre Sachkompetenz, Kreativität oder bestimmte kritische Veränderungsimpulse auf sich aufmerksam gemacht hatten und wegen dieser Vorzüge einen raschen Aufstieg nehmen konnten.«
[420] Ebenda, S. 116.

3.5 Frauen als Sekretäre der SED-Bezirksleitungen

berechtigung der Frau entgegenstehen, sind aufgehoben.«[421] Auch die DDR-Verfassung von 1968 deklarierte in Artikel 20, Absatz 2 die für Mann und Frau »gleiche Rechtsstellung in allen Bereichen des gesellschaftlichen, staatlichen und persönlichen Lebens«. Dabei war die »Förderung der Frau, besonders in der beruflichen Qualifizierung«, eine »gesellschaftliche und staatliche Aufgabe«.[422]

Die SED selbst hatte bereits in der Entschließung des II. Parteitages zur politischen Lage am 24.9.1947 ausgeführt: »Zur Sicherung der Demokratie ist die aktive Mitarbeit der Frauen von entscheidender Bedeutung. Darum ist es eine vordringliche Aufgabe der Partei, in wachsendem Maße Frauen mit politischen Funktionen zu betrauen und dafür einzutreten, daß die Frauen im gesamten öffentlichen Leben zu verantwortlicher Arbeit herangezogen werden. Die Sozialistische Einheitspartei Deutschlands wird alles tun, um diese Entwicklung zu fördern und die Frauen für ihre Aufgaben zu schulen.«[423] In der Resolution des II. Parteitages zur Frauenfrage vom gleichen Tag versprach die SED, »vorbehaltlos für die wirtschaftliche und politische Gleichberechtigung der Frau auf allen Gebieten des Lebens« zu kämpfen.[424] Im gleichen Jahr stellte Erich W. Gniffke, Mitglied des Parteivorstandes der SED, fest, daß die Anzahl der weiblichen Funktionäre »in keinem Verhältnis zur Stärke unserer Partei und ihrer Aufgaben« stehe. »Mehr Frauen zu Funktionärinnen heranzubilden, sie zu schulen, sie mit der Praxis vertraut zu machen, ist darum auch eine der nötigsten Aufgaben unserer Partei.«[425]

Tatsächlich hatte sich die SED in ihrem ersten Statut 1946 zu einer Mindestvertretung von Frauen in Parteivorständen und Sekretariaten verpflichtet. Dieser Passus wurde bereits 1950 wieder gestrichen. Seitdem enthielten die SED-Statuten keine Quotierungsbestimmungen mehr. »Diese galten als ein Hindernis für die stalinisierte demokratisch-zentralistische Kaderpolitik und als sozialdemokratisches Relikt, denn die Bestimmungen zur Mindestvertretung von Frauen entstammten der sozialdemokratischen Tradition.«[426]

Interessant ist es nun zu prüfen, ob trotz der fehlenden Quotierung den Frauen ein Zugang zu höheren und höchsten Parteifunktionen eingeräumt wurde. Dies soll am Beispiel der Vertretung von Frauen in den Sekretariaten der Bezirksleitung, vor allem anhand der Funktion eines Sekretärs der Bezirksleitung, unternommen werden.

---

[421] Die Verfassung der Deutschen demokratischen Republik, Berlin (Ost) 1949, S. 18.
[422] Verfassung der Deutschen Demokratischen Republik, Berlin (Ost) 1970, S. 22.
[423] Entschließung des II. Parteitages zur politischen Lage, in: Dokumente der Sozialistischen Einheitspartei Deutschlands. Beschlüsse und Erklärungen des Zentralsekretariats und des Parteivorstandes, hrsg. vom Parteivorstand der SED, Band I, Berlin (Ost) 1952, S. 210-230, hier S. 227.
[424] Resolution des II. Parteitages zur Frauenfrage, in: ebenda, S. 231 f., hier S. 231.
[425] Gniffke, Erich W., Der SED-Funktionär, Berlin 1947, S. 51.
[426] Hampele, Anne, »Arbeite mit, plane mit, regiere mit« – Zur politischen Partizipation von Frauen in der DDR, in: Helwig, Gisela/Nickel, Hildegard Maria (Hrsg.), Frauen in Deutschland 1945-1992, Bonn 1993, S. 281-320, hier S. 286.

Zwischen August 1952 und Oktober 1989 haben insgesamt 414 Parteifunktionäre das Amt eines Sekretärs einer SED-Bezirksleitung ausgefüllt. Von ihnen waren 33 und damit 8,0 % weiblichen Geschlechts.

Tabelle: Anzahl und Anteil der weiblichen Sekretäre der SED-Bezirksleitungen 1952-1989

	Anzahl	in Prozent
männlich	382	92,0
weiblich	33	8,0
gesamt	415	100,0

Dabei gab es mit Cottbus sogar einen Bezirk, der in allen Jahren nicht eine einzige Frau als Sekretär der Bezirksleitung aufweisen konnte. In den Bezirken Gera und Magdeburg war mit Gerda Holzmacher bzw. Edith Brandt jeweils nur eine Frau als Sekretär tätig, und auch dies nur für einen kurzen Zeitraum (drei Jahre bzw. ein Jahr). Noch am besten steht der Bezirk Rostock da, in dem insgesamt fünf Frauen in die Bezirksleitung kooptiert und als deren Sekretäre gewählt wurden. Allein schon dieser Befund bestätigt die frühere pointierte Aussage »Wo Macht ist, sind keine Frauen«[427], mit der kleinen Einschränkung, daß das Wort »keine« durch »kaum« zu ersetzen ist. Der pauschale Befund ist, um weitere Aussagen treffen zu können, zu differenzieren. Es stellt sich die Frage, ob es hinsichtlich des Frauenanteils unter den Bezirkssekretären Veränderungen in den 37 untersuchten Jahren gegeben hat und welche konkreten Funktionen von den Frauen ausgeübt worden sind.

1952, im Jahr der Bezirksbildung, gab es zwölf weibliche Sekretäre der SED-Bezirksleitungen; dies machte, gemessen an der Gesamtzahl aller Sekretäre, einen Anteil von 13,2 % aus. Diese Quote ist bis Mitte der 1960er Jahre mehr oder weniger kontinuierlich gefallen, um 1964 und 1965, nach der Strukturänderung in den Bezirkssekretariaten infolge der Einführung des Produktionsprinzips, den Nullpunkt zu erreichen. Danach ging es langsam wieder aufwärts, und in den letzten beiden Jahren der »alten« DDR wurde mit jeweils 12,3 % der seit 1952 höchste Wert erreicht.

Die (frühen) 1950er und die (späten) 1980er Jahre ragen hier also, was den Anteil der weiblichen Bezirkssekretäre betrifft, heraus. Sie entsprechen aber bei weitem nicht dem Anteil der Frauen in der SED. Hatte der Frauenanteil in der SED zum Zeitpunkt der Gründung der Partei im April 1946 noch 21,5 % betragen, so stieg er bis zum Ende der DDR kontinuierlich. Mit Stand vom Dezember 1961 waren 24,0 % der SED-Mitglieder Frauen, zehn Jahre später, im Juni 1971,

---

[427] Gast, Gabriele, Die politische Rolle der Frau in der DDR, Düsseldorf 1973, S. 15.

3.5 Frauen als Sekretäre der SED-Bezirksleitungen

Tabelle: Anteil der weiblichen Sekretäre der SED-Bezirksleitungen nach Jahrzehnten

Jahrzehnt	in Prozent	
	Frauen	Männer
1950er Jahre	7,7	92,3
1960er Jahre	4,7	95,3
1970er Jahre	4,6	95,4
1980er Jahre	11,2	88,8

bereits 28,7 %, und Ende 1988 erreichte ihr Anteil mit 36,5 % den höchsten Wert.[428]

Tabelle: Anzahl und Anteil der männlichen (m) und weiblichen (w) Sekretäre der SED-Bezirksleitungen nach Ressorts

Ressort	Anzahl			in Prozent	
	m	w	gesamt	m	w
1. Sekretär	61	1	62	98,4	1,6
2. Sekretär	90	4	94	95,7	4,3
Sekretär für Agitation und Propaganda	79	10	89	88,8	11,2
Sekretär für Industrie, Bauwesen, Wirtschaft	86	0	86	100,0	0,0
Sekretär für Wissenschaft, Volksbildung und Kultur	81	21	102	79,4	20,6
Sekretär für Handel, Öffentliche Versorgung und Landwirtschaft	75	2	77	97,4	2,6
gesamt	472	38	510	---	---

In den ganzen Jahren von 1952 bis zum Herbst 1989 ist nur eine Frau an die Spitze einer Bezirksparteiorganisation gelangt. Es war Christa Zellmer[429], die am 3.11.1988 zum 1. Sekretär der SED-Bezirksleitung Frankfurt (Oder) gewählt wurde. Dies hat jedoch weniger mit »zielbewußter Kaderpolitik« zu tun, wie Fricke meint[430], sondern war vielmehr dem Umstand geschuldet, daß ihr Vorgänger im

---

[428] Ebenda, S. 43, Tabelle 1 und Schulze, Gerhard, Entwicklung der Verwaltungsstruktur der DDR, in: König, Klaus (Hrsg.), Verwaltungsstrukturen der DDR, Baden-Baden 1991, S. 45-70, hier S. 57.
[429] Zur Person vgl. SAPMO, DY 30/IV 2/11/v 5538.
[430] Fricke, Karl Wilhelm, Kaderpolitik in Ost-Berlin. Kontinuität oder Stagnation?, in: Deutschland Archiv, H. 1, Köln 1989, S. 7-10, hier S. 10.

Amt, Hans-Joachim Hertwig, am 28.9.1988 mit gerade 60 Jahren verstorben war. Ob an der Wahl Zellmers die Entschlossenheit der SED abzulesen ist, »stärker als bisher Frauen in leitende Funktionen zu berufen«[431], wird noch zu prüfen sein. Ihre Wahl ist vor allem dadurch zu erklären, daß sie dem Sekretariat der Frankfurter Bezirksleitung bereits seit 1966 als Sekretär für Agitation und Propaganda angehörte, damit das dienstälteste Sekretariatsmitglied war und den Bezirk gut kannte, was letztlich Honeckers Neigung, sich auf altbekannte Funktionäre zu stützen, entgegenkam. Christa Zellmer wurde zwei Tage nach ihrer Wahl ebenfalls 60 Jahre alt. Die Wahl ist somit Ausdruck von Kontinuität statt Erneuerung.

Die Tatsache, daß mit Christa Zellmer nur eine Frau – und das erst 1988 – 1. Sekretär einer SED-Bezirksleitung wurde, ist sicherlich ein Armutszeugnis für die SED. Allerdings gab es, was bislang unbekannt geblieben ist, zumindest drei weibliche Kandidaten, die ernsthaft als 1. Sekretär in Erwägung gezogen wurden: Gerda Meschter, Hildegard Biermann und Inge Lange.

Gerda Meschter war einer der jungen Kader, die schon früh gefördert wurden und einen beachtlichen politischen Aufstieg verzeichnen konnten. Am 4.3.1952, einen Tag nach ihrem 25. Geburtstag, hatte das Politbüro beschlossen, sie als 2. Sekretär des Landessekretariats Sachsen einzusetzen.[432] Mit der Bezirksbildung war diese Funktion hinfällig geworden, und es stand nun die Frage ihres weiteren Verbleibs. Für kurze Zeit war Gerda Meschter, wie aus dem Protokoll der Sitzung des Politbüros vom 17.6.1952 hervorgeht, als 1. Sekretär der SED-Bezirksleitung Dresden vorgesehen.[433] Doch die Parteiführung mochte sich nicht entschließen, die Führung eines so wichtigen Bezirks in die Hände einer so jungen Frau zu geben. Die »sehr ernsthafte(n) Bedenken« der Abteilung Leitende Organe, die »Genossin Meschter noch nicht für erfahren und qualifiziert genug« hielt[434], wurden geteilt. Kurz vor Bildung der Bezirke, am 29.7.1952, bestätigte das Politbüro mit Hans Riesner (1902-1976) einen langjährigen Kommunisten und bisherigen Minister für Kultur und Volksbildung in Sachsen als 1. Bezirkssekretär von Dresden. Gerda Meschter übernahm die Funktion des 2. Sekretärs der SED-Bezirksleitung Chemnitz[435], eine Funktion, die sie bis 1961 ausübte. Sie hat bis zum Ende der DDR nicht erfahren, seinerzeit als 1. Sekretär einer Bezirksleitung im Gespräch gewesen zu sein.[436]

Hildegard Biermann war ebenfalls noch keine 30 Jahre alt, als sie 1952 die Funktion des 1. Sekretärs der SED-Kreisleitung Oschersleben übernommen hatte. Hier leistete sie eine im Sinne der SED sehr gute Arbeit. In einer Einschätzung

---

[431] Ebenda, S. 10. Neben der Wahl Zellmers basiert Frickes Vermutung auf der Tatsache, daß auf den ZK-Tagungen vom 9./10.6. und 1./2.12.1988 für sieben verstorbene männliche ZK-Mitglieder sieben neue aus dem Reservoir der Kandidaten des ZK gewählt wurden, von denen fünf weiblich waren.
[432] SAPMO, DY 30/IV 2/2/198.
[433] SAPMO, DY 30/IV 2/2/216 und DY 30/IV 2/13/52.
[434] SAPMO, DY 30/IV 2/13/52, Bl. 8.
[435] SAPMO, DY 30/IV 2/2/223.
[436] Vgl. schriftliche Mitteilung von Gerda Martens-Meschter, Rostock, 30.4.2003.

der Bezirksleitung Magdeburg vom 9.3.1954 werden besonders ihre »organisatorische(n) Fähigkeiten«, ihre »Parteiverbundenheit und Treue zur Partei« und ihre »kämpferische( ) Haltung« hervorgehoben.[437] Diese positive Beurteilung führte dazu, daß sie dem Politbüro als Teilnehmer des Dreijahreslehrgangs 1954/57 an der Parteihochschule der KPdSU in Moskau vorgeschlagen wurde. Interessant ist nun die Kaderperspektive der Genossin Biermann, wie sie das Sekretariat der Bezirksleitung Magdeburg vorschlug: »1. Sekretär einer Bezirksleitung, nach Lehrgangsende erst vorübergehender Einsatz als 1. Sekretär einer Stadtleitung der Partei.«[438] Doch ist es hierzu nicht gekommen. Hildegard Biermann erreichte nie die Ebene eines Sekretärs der Bezirksleitung, geschweige denn die Funktion des 1. Sekretärs.[439] Im Jahre 1963 taucht ihr Name noch einmal in den Akten auf; sie ist nun 1. Sekretär der SED-Kreisleitung Zerbst.[440]

Inge Lange schließlich hatte als Abteilungsleiter Frauen des ZK und Vorsitzende der Frauenkommission beim Politbüro schon hohe Parteiämter inne, ohne je auf der Bezirksebene gearbeitet zu haben. Im Jahr 1973 erreichte sie auf der 10. Tagung des ZK am 2. Oktober mit der Wahl zum Sekretär des ZK, verantwortlich für Frauenfragen, und zum Kandidaten des Politbüros den Gipfelpunkt ihrer politischen Laufbahn. Im gleichen Jahr wurde sie, wie Modrow überliefert, gefragt, ob sie als 1. Sekretär in den Bezirk Dresden gehen möchte, da der bisherige 1. Sekretär, Werner Krolikowski, als Sekretär für Wirtschaft des ZK nach Berlin wechseln sollte. Lange konnte es sich offenbar erlauben abzulehnen, ebenso wie Günther Kleiber, ab 1973 Minister für Allgemeinen Maschinen-, Landmaschinen- und Fahrzeugbau, der Mitte der 1960er Jahre Abteilungsleiter in der Dresdener Bezirksleitung gewesen war. Somit mußte Hans Modrow als 1. Sekretär nach Dresden gehen, und es gab wieder keinen weiblichen 1. Sekretär einer Bezirksleitung.[441] Für Lange hat sich die Ablehnung sicherlich gelohnt, wurde sie doch, statt in die Provinz nach Dresden zu gehen, Sekretär des ZK und blieb damit bis 1989 im zentralen Apparat der Partei.

Es bleibt also festzuhalten, daß trotz ausgearbeiteter Perspektivpläne nur eine Frau als 1. Sekretär einer SED-Bezirksleitung tätig war. Interessant ist nun der Umstand, daß insgesamt vier Frauen die Funktion eines 2. Sekretärs einer SED-Bezirksleitung ausübten. Diese waren:

---

[437] SAPMO, DY 30/J IV 2/2A/351.
[438] Ebenda.
[439] Es muß in diesem Zusammenhang erwähnt werden, daß dies auch bei zwei anderen Teilnehmern des Dreijahreslehrgangs der Fall war. Walter Münchenhagen, 2. Sekretär der Bezirksleitung Cottbus, und Rudolf Leppin, Parteiorganisator des ZK Maxhütte, waren perspektivisch als 1. Sekretär einer SED-Bezirksleitung vorgeschlagen, erreichten diese Funktion später aber nicht. Vgl. ebenda.
[440] SAPMO, DY 30/J IV 2/3A/954, Bl. 77.
[441] Vgl. Protokoll des Gesprächs mit Dr. Hans Modrow, Berlin, 6.9.2002, S. 1, und Arnold, Karl-Heinz, Die ersten hundert Tage des Hans Modrow, Berlin 1990, S. 26. Arnold vermutet folgendes Motiv für die Ablehnung durch Lange und Kleiber: »Harte Arbeit in der Provinz war sicherlich nicht jedermanns Sache.« Ebenda.

- Luise Bäuml, 1952-1954 2. Sekretär der SED-Bezirksleitung Leipzig
- Margarete Langner, 1952-1961 2. Sekretär der SED-Bezirksleitung Potsdam
- Gerda Meschter, 1952-1961 2. Sekretär der SED-Bezirksleitung Chemnitz/ Karl-Marx-Stadt
- Marianne Blankenhagen (Samblebe), 1952-1956 2. Sekretär der SED-Bezirksleitung Frankfurt (Oder).

Mit einem Anteil von nur 4,3 % an der Gesamtzahl aller 2. Sekretäre sind die Frauen auch hier weit unterrepräsentiert. Es fällt auf, daß alle weiblichen 2. Sekretäre im Jahr der Bezirksbildung 1952 ihre Funktion aufnahmen. In dieser Zeit gab es den größten Kadernotstand, und so war die Bereitschaft, Frauen mit verantwortlichen Funktionen zu betrauen, stärker ausgeprägt als in den späteren Jahren. Mit einem allmählich größer werdenden Angebot an ausgebildeten Kadern wurden wieder weitgehend – und was die Position des 2. Sekretärs angeht: ausschließlich – Männer bevorzugt. Der 2. Sekretär einer Bezirksleitung als Stellvertreter des 1. Sekretärs, der diesen bei dessen Abwesenheit vertrat und dann auch die Sitzungen des Sekretariats leitete[442], bildete auch ein Kaderreservoir und potentiellen Nachfolger für diesen. Jedoch ist es keinem der weiblichen 2. Sekretäre gelungen, in die Funktion des 1. Sekretärs aufzusteigen, obwohl gerade diese Funktion oft als Sprungbrett an die Spitze des Bezirkes gedient hat.[443] Dafür gab es verschiedene Gründe. Einzig Luise Bäuml gelang der Sprung in den Apparat des ZK und damit, nach formalen Gesichtspunkten, ein Aufstieg aus ihrer Funktion. 1954 wechselte sie für kurze Zeit auf den Posten des Sekretärs für Agitation und Propaganda, um dann als stellvertretender Abteilungsleiter des ZK nach Berlin zu gehen. Später war sie Redakteur der Partei-Zeitschrift »Neuer Weg«.[444] Marianne Blankenhagen[445] wechselte 1956 ebenfalls als Sekretär in das Ressort für Agitation und Propaganda. Sie wurde im November 1958 »aus gesundheitlichen Gründen ihrer Kinder« von ihren Aufgaben als 2. Sekretär entbunden und Leiter der Bezirksparteischule Ballenstedt. Die Anfälligkeit ihrer Kinder und der Gesundheitszustand ihres Mannes gestatteten es ihr auch später nicht, »in der operativen Parteiarbeit wieder tätig zu sein«.[446] Margarete Langner und Gerda Meschter schließlich sind abgelöst worden, weil die SED-Führung mit ihrer Arbeit nicht mehr zufrieden war. Langner wurde dabei, wie in Kapitel 3.3 näher ausgeführt, ein Opfer der nach der überstürzten Kollektivierung 1960 unzureichenden Versorgungspolitik. Ihr war es nicht gelungen, Proteste an der Basis über Kontingentierungen im Verkauf bestimmter Lebensmittel einzudämmen, was mit einer Parteistrafe und dem Abzug aus der Funktion quittiert wurde. Gerda Meschter

---
[442] Vgl. Protokoll des Gesprächs mit Erich Postler, Berlin, 12.3.2003, S. 3.
[443] Insgesamt 13 Zweite Sekretäre von Bezirksleitungen, allesamt Männer, sind von dieser Position direkt an die Spitze einer SED-Bezirksleitung berufen worden.
[444] Vgl. Herbst, Andreas/Stephan, Gerd-Rüdiger/Winkler, Jürgen (Hrsg.), Die SED. Geschichte, Organisation, Politik. Ein Handbuch, Berlin 1997, S. 905 und DY 30/J IV 2/3A/407.
[445] Ihr Name fehlt in: Gast, S. 88, Tabelle 9.
[446] Vgl. DY 30/J IV 2/3A/704.

hatte sich mit Kritik in ihrem Sekretariat, besonders an ihrem 1. Sekretär Rolf Weihs, und an der übergeordneten Leitung, hier auch an Walter Ulbricht, mißliebig gemacht. Ihre Kritik stand in Zusammenhang mit dem XX. und XXI. Parteitag der KPdSU und bezog sich auf die »Entwicklung der innerparteilichen Demokratie, die Massenverbundenheit«.[447] Daraufhin wurde sie abgelöst und ging, da sie nicht im Bezirk Karl-Marx-Stadt bleiben durfte, als Sekretär des Bezirksausschusses der Nationalen Front nach Rostock.

Eine noch geringere Präsenz von Frauen zeigt sich in den Ressorts Industrie/Bauwesen/Wirtschaft und Handel/Öffentliche Versorgung/Landwirtschaft. Das Industriesekretariat wies in allen Jahren überhaupt keine Frau auf, das Landwirtschaftsressort nur zwei: Edith Baumann 1954-1955 in Berlin und Irmgard Vielhauer 1955-1963 in Neubrandenburg. Der Frauenanteil in diesen beiden Sekretariatsbereichen ist daher kaum zu beziffern, er beträgt 1,2 %. Es steht die Frage, warum Frauen gerade hier nicht herangezogen wurden. Eine Erklärung könnte die tradierte männliche Sichtweise sein, die Frauen gerade auf technischen und ökonomischen Gebieten wenig Interesse, Sachverstand und Kompetenzen zutraut. Stärken werden den Frauen allenfalls auf künstlerisch-kulturellem sowie rednerisch-agitatorischem Terrain zugestanden. Dies zeigt auch die Präsenz der Frauen in den entsprechenden Ressorts. Fast 80 % aller weiblichen Sekretäre von Bezirksleitungen vereinen sich auf Agitation/Propaganda und auf Wissenschaft/Volksbildung/Kultur. Hier ist auch der vergleichsweise höchste Anteil von Frauen zu verzeichnen. Die 21 weiblichen Kultursekretäre machen rund ein Viertel aus und repräsentieren damit zumindest annähernd den Anteil der Frauen in der SED. In diesem Zusammenhang ist weiter von Interesse, daß mit Ursula Ragwitz seit 1976 eine Frau die Abteilung Kultur des ZK leitete, die bei der Einsetzung von Kultursekretären der Bezirksleitungen zu Rate zu ziehen war. Auch dies kann den hohen Frauenanteil mit erklären. Die zehn weiblichen Sekretäre für Agitation und Propaganda entsprechen einem Anteil von 11,1 %. Gerade das besonders sensible, aber politisch nicht so zentrale Ressort von Wissenschaft/Volksbildung/Kultur schien möglicherweise auch deshalb für Frauen geeignet, weil man ihnen etwa im Umgang mit den häufig als schwierig geltenden Künstlern offenbar eine entsprechende Sensibilität und Konzilianz sowie Einfühlungsvermögen zutraute. Der Schlußfolgerung von Gast kann also zugestimmt werden: »Somit sind stets solche Funktionen in den Händen der Männer geblieben, denen in einer zentralistisch ausgerichteten Parteiorganisation und einer von Plandirektiven bestimmten Wirtschaftsführung vorrangige Bedeutung zukommt.« Frauen wirken dagegen eher »in pädagogisch determinierten Ressorts, die traditionell den Frauen am ehesten zugestanden werden und für die sie bislang noch in größerem Umfang die fachliche Qualifikation mitbringen.«[448]

---

[447] Protokoll des Gesprächs mit Gerda Martens-Meschter, Rostock, 7.11.2002, S. 2.
[448] Gast, S. 87.

Mit den besonderen Funktionen eines Sekretärs für Chemische Industrie (BL Halle), für Bauwesen und Investitionen und für West-Berlin (BL Berlin) ist keine Frau betraut worden. Auch unter den übrigen Mitgliedern des Sekretariates finden sich nur selten Frauen. So gab es zwischen 1952 und 1989 nur zwei weibliche Ratsvorsitzende. Lydia Poser übte diese Funktion von 1952 bis 1959 im Bezirk Gera aus und wurde dann aus gesundheitlichen Gründen abgelöst.[449] Irma Uschkamp war von 1971 bis 1989 Ratsvorsitzende im Bezirk Cottbus. Diese beiden Frauen repräsentieren den mageren Anteil von 2,8 % aller Ratsvorsitzenden. Mit den Vorsitzenden der Bezirksparteikontrollkommissionen sah es etwas besser aus; immerhin 13 von 71 Vorsitzenden und damit 18,3 % waren Frauen.[450] Es bleibt aber eindeutig der Befund, daß Frauen in den Sekretariaten der Bezirksleitungen, gerade auch in der Funktion als Sekretär, deutlich unterrepräsentiert waren.

In früheren Publikationen ist die These aufgestellt worden: »Mit zunehmendem Kompetenzbereich und sich ausweitenden Machtbefugnissen sinkt der Frauenanteil hingegen rapide ab.«[451] Oder, anders formuliert: »Je höher, desto weniger Einfluß.«[452] Es soll deshalb vergleichend untersucht werden, wie es um die politische Repräsentation der Frauen in der zentralen, den Bezirken übergeordneten, und der kreislichen, den Bezirken nachgeordneten, Ebene bestellt war.

Das höchste Machtorgan der SED war unbestritten das Politbüro. Hier zeigt sich ein Frauenanteil, der mit 7,4 % fast exakt den entsprechenden Anteil in den Bezirkssekretariaten trifft. Von allen 68 Mitgliedern und Kandidaten zwischen 1949 und 1989 waren nur fünf weiblich.[453] Jedoch sind Edith Baumann, Luise Ermisch, Inge Lange, Margarete Müller und Elli Schmidt nie über den Kandidatenstatus hinausgekommen – für Müller gilt das für einen Zeitraum von 26 Jahren! – und hatten daher in diesem Gremium zwar beratende, aber nie beschließende Kompetenz. Die Männer blieben unter sich. Im Sekretariat des ZK war mit Inge Lange nur eine Frau vertreten. Auch im Zentralkomitee blieben Frauen stets in der Minderheit. Ihr Anteil blieb in allen Jahren bemerkenswert konstant. Er pendelte zwischen 13,6 % im Jahr 1950 – dies blieb bis zum Ende der DDR der höchste Wert – und 12,1 % im Jahr 1989, wobei der Tiefpunkt mit 11,0 % im Jahr 1963 erreicht worden war.[454]

---

[449] Vgl. Protokoll des Gesprächs mit Volkmar Grau, Wermelskirchen, 4.6.2004, S. 3.
[450] Ermittelt aus den Angaben in: Herbst/Stephan/Winkler (Hrsg.), S. 861-876.
[451] Gast, S. 243.
[452] Hampele, S. 289.
[453] Vgl. Herbst, Andreas/Ranke, Winfried/Winkler, Jürgen, So funktionierte die DDR, Band 2, Reinbek 1994, S. 815. Die in Herbst/Stephan/Winkler (Hrsg.) auf S. 848 f. gezeigte Auflistung der Mitglieder und Kandidaten des Politbüros ist nicht ganz vollständig; es fehlt der Name Alfred Kurella. Die Behauptung von Schroeder, Klaus, Der SED-Staat. Partei, Staat und Gesellschaft 1949-1990, München 1998, im Politbüro hätten »lediglich zwei Frauen als Kandidaten« gesessen (S. 528), stimmt so nur für die Honecker-Zeit.
[454] Vgl. Gast, S. 100, Tabelle 12, und Meyer, Gerd, Die DDR-Machtelite in der Ära Honecker, Tübingen 1991, S. 222, Tabelle 24.

3.5 Frauen als Sekretäre der SED-Bezirksleitungen

Auf der höchsten staatlichen Ebene, im Ministerrat, sah es noch schlechter aus. Unter 139 Personen, die zwischen 1949 und 1969 Mitglied des Ministerrates waren, befanden sich nur sechs Frauen.[455] Das entspricht einem Anteil von 4,3 %. Bis zum Herbst 1989 kam keine weitere Frau im Ministerrang mehr hinzu.[456]

Die nach den Sekretariaten nächstniedrigere Ebene ist die der Apparate der Bezirks- und Kreisleitungen. Wie sah nun hier die Partizipation der Frauen aus? Die erste verfügbare Zahl stammt bereits aus der Zeit kurz nach der Bezirksbildung. Mit Stand vom 1.3.1953 waren 23,6 % der Mitarbeiter im Apparat der Bezirksleitung Frauen. Ihr Anteil verringerte sich in den folgenden Jahren laufend auf 22,4 % (1.2.1954), 19,7 % (1.11.1955) und weiter auf 18,1 % (1.1.1957).[457] Bis 1962 war dieser Anteil laut einer Information der Abteilung für Kaderfragen vom 10.12.1962 auf nur noch 12,8 % gesunken.[458] In den folgenden Jahren wurden wieder mehr Frauen als Sekretäre, Abteilungsleiter und politische Mitarbeiter in die Apparate der Bezirksleitungen aufgenommen, so daß 1986 ein Anteil von 17,2 % erreicht wurde, der in etwa jenem Ende der fünfziger Jahre entsprach.[459]

Für die Apparate der Kreisleitungen ergibt sich folgendes Bild: 1953 waren hier nur 18,4 % Frauen und damit noch weniger als auf der Bezirksebene beschäftigt. Der Anteil veränderte sich auf 20,0 % (27.3.1954), 19,3 % (1.11.1955) und 16,9 % (1.1.1957), um bis 1962 auf 15,1 % zu fallen.[460] Es liegen also keine signifikanten Unterschiede zur Bezirksebene vor. Sie sind erst einer »Information über die Entwicklung der kadermäßigen Zusammensetzung der politischen Mitarbeiter der Bezirks- und Kreisleitungen der SED« aus dem Jahre 1986 zu entnehmen. Hiernach lag der Frauenanteil im Parteiapparat der Kreisleitungen bei 29,2 % und damit rund doppelt so hoch wie noch zu Beginn der sechziger Jahre und über zehn Prozentpunkte höher als 1971 (18,4 %).[461]

Den bestimmenden Einfluß in den Parteiapparaten der Kreisleitungen hatten natürlich die Kreissekretäre. Der Anteil der Frauen unter den Sekretären der Kreisleitungen stieg von 6,8 % zur Zeit des VIII. Parteitages 1971 auf 11,3 % im

---

[455] Vgl. Hoffmann, Ursula, Die Veränderungen in der Sozialstruktur des Ministerrates der DDR 1949-1969, Düsseldorf 1971, S. 73-80, Tabelle 1. Diese sechs Frauen waren: Hilde Benjamin, 1953-1967 Minister der Justiz, Margot Honecker, 1963-1989 Minister für Volksbildung, Greta Kuckhoff, 1954-1958 Präsident der Deutschen Notenbank, Elli Schmidt, 1952-1953 Leiter der Staatlichen Kommission für Handel und Versorgung (im Range eines Ministers), Margarete Wittkowski, 1961-1967 Stellvertreter des Vorsitzenden des Ministerrates und Else Zaisser, 1952-1953 Minister für Volksbildung.
[456] Vgl. Helwig, Gisela, Frauen im SED-Staat, in: Deutscher Bundestag (Hrsg.), Materialien der Enquete-Kommission »Aufarbeitung von Geschichte und Folgen der SED-Diktatur in Deutschland« (12. Wahlperiode des Deutschen Bundestages), Band III/2, Baden-Baden und Frankfurt/Main 1995, S. 1223-1274, hier S. 1258.
[457] Die Zahlen für 1953 und 1954 entstammen: SAPMO, DY 30/IV 2/5/92. Die Zahlen für 1955 und 1957 vgl. SAPMO, DY 30/J IV 2/3A/572.
[458] SAPMO, DY 30/J IV 2/2J/911.
[459] SAPMO, DY 30/J IV 2/50/30.
[460] Vgl. SAPMO, DY 30/IV 2/5/92, DY 30/J IV 2/3A/572, DY 30/J IV 2/2J/911.
[461] SAPMO, DY 30/J IV 2/50/30.

Jahr 1986.[462] Vor allem in den 1980er Jahren sind verstärkt Frauen an die Sekretariatsarbeit herangeführt worden. Die Anzahl der in den Bezirks- und Kreisleitungen als Sekretär tätigen Frauen wurde von 102 im Jahr 1979 auf 146 im Jahr 1986 und damit um fast die Hälfte erhöht.[463] 1986 waren zudem 26,0 % und damit jeder vierte 1. Sekretär einer FDJ-Kreisleitung eine Frau.[464] Auch dies belegt eine nun stärkere Förderung der Frauen, bildeten doch hauptamtliche FDJ-Funktionen sehr häufig die Voraussetzung für eine Funktionärstätigkeit in der SED. Allerdings zeigt die Verteilung der Frauen in den Kreissekretariaten ein ähnlich schiefes Bild wie in den Bezirken. Die wichtigen Positionen des 1. und 2. Kreissekretärs wurden nur sehr selten mit Frauen besetzt. 1979 waren nur 3,4 % der 1. und 7,6 % der 2. Sekretäre der Kreisleitungen Frauen. Auch hier gab es in den späten achtziger Jahren eine Verbesserung des Frauenanteils. Er betrug 1986 4,9 % bei den Ersten und 9,1 % bei den Zweiten Kreissekretären[465] und konnte innerhalb von nur zwei Jahren auf 8,8 % (23 Erste Kreissekretäre) bzw. 11,5 % (30 Zweite Kreissekretäre) erhöht werden.[466] Das bedeutete aber auch, daß bis zum Ende der DDR nicht einmal jede zehnte der 261 Kreisleitungen von einer Frau geführt wurde. Zu ganz ähnlichen Ergebnissen kommen Best/Mestrup in ihrer Studie über die thüringischen Bezirke. Sie erfassen für den Zeitraum 1952-1989 insgesamt 441 1. und 2. Sekretäre der Kreisleitungen. Darunter befinden sich nur 26 weibliche Funktionäre, also knapp 6 %. In der Rekrutierungskohorte 1982-1988 allerdings wird dieser Durchschnittswert mit 15,2 % signifikant überschritten.[467]

Die hier präsentierten Zahlen sind ein eindeutiger und eindrucksvoller Beleg, daß sich die Parteiführung sehr schwer damit tat, Frauen angemessen an politischen Funktionen partizipieren zu lassen. Es konnte auch verifiziert werden, daß der Anteil der Frauen von der Kreis- über die Bezirks- bis hin zur zentralen Ebene stetig abnahm. In der Tat: Je höher der politische Einfluß des jeweiligen Gremiums war, desto geringer fiel die Beteiligung weiblicher Funktionäre aus. Auf keiner Ebene erreichte der Frauenanteil auch nur annähernd den unter den Mitgliedern in der SED. Hier bildeten auch die Sekretariate der SED-Bezirksleitungen keine Ausnahme. Nicht einmal jeder zehnte Sekretär war eine Frau, und die Übernahme der politisch und wirtschaftlich besonders wichtigen Ressorts tendierte gegen Null.

Es stellt sich nun die Frage, inwieweit die Parteiführung über diese Zustände informiert war und ob Versuche unternommen wurden, eine stärkere politische Partizipation der Frauen in der DDR zu erreichen. Im Apparat des Zentralkomi-

---

[462] Ebenda.
[463] SAPMO, DY 30/ J IV 2/50/11.
[464] SAPMO, DY 30/J IV 2/50/30.
[465] SAPMO, DY 30/J IV 2/59/11, 20. Mit Stand vom November 1985 wurden 13 weibliche Erste und 24 weibliche Zweite Kreissekretäre gezählt. SAPMO, DY 30/J IV 2/3A/4323, 4326, 4328.
[466] SAPMO, DY 30/J IV 2/3A/4749, 4752, 4753 (Stand: Oktober 1988).
[467] Best, Heinrich/Mestrup, Heinz, Die Ersten und Zweiten Sekretäre der SED. Machtstrukturen und Herrschaftspraxis in den thüringischen Bezirken der DDR, Weimar 2003, S. 505.

tees war in erster Linie die Abteilung Parteiorgane mit Kaderfragen befaßt. Sie erstellte in mehr oder weniger regelmäßigen Abständen Statistiken und Analysen über die kaderpolitische Zusammensetzung, aber auch über politische und fachliche Qualifikationen des Parteiapparates. In diesem Zusammenhang wurde auch die Stellung der weiblichen Funktionäre beleuchtet. Diese Analysen gingen an die Mitglieder des Politbüros und Sekretäre des ZK. In den entsprechenden Gremiensitzungen sind solche Fragen dann auch behandelt worden.

In einer Analyse vom 25.9.1957 wurde die ungenügende Beteiligung von Frauen kritisiert. Es heißt hierin: »Mehr als 23 Prozent der gesamten Mitgliedschaft der Partei sind Genossinnen. Ihr Anteil bei der Besetzung der hauptamtlichen Funktionen im Parteiapparat geht jedoch laufend zurück. Die Bedeutung der Frau und ihre Rolle beim Aufbau des Sozialismus wird nicht genügend beachtet und keine beständige, zielstrebige Tätigkeit zur Entwicklung von Arbeiterinnen, besonders aus den Frauenausschüssen entfaltet.«[468] Diese Analyse wurde im Sekretariat des ZK behandelt und, »um den ständigen Rückgang des Anteils der hauptamtlich tätigen Frauen im Parteiapparat zu überwinden«, mit folgenden Schlußfolgerungen versehen. Erstens erhielten die Arbeitsgruppe Frauen und die Abteilung für Kaderfragen den Auftrag, »dem Sekretariat des ZK im 4. Quartal 1957 Vorschläge zu unterbreiten, die eine stärkere Einbeziehung der Frauen in die hauptamtliche Tätigkeit ermöglichen«. Zweitens sollten Parteischulen aller Stufen verstärkt mit Frauen »beschickt« werden. Ihr Anteil durfte fortan nicht unter 20 Prozent der Kapazität des Lehrganges liegen, und es sollten »vordringlich solche Genossinnen Arbeiterinnen delegiert werden, die als Leiterinnen oder Mitglieder der Frauenausschüsse tätig sind, oder sich sonst im politischen und gesellschaftlichen Leben hervorragend bewährt haben.«[469]

Die weitere Entwicklung schien der SED-Parteiführung unzureichend, und so befaßte sich das mächtigste Parteigremium, das Politbüro, mit der Stellung der Frau in der DDR. Stark propagiert wurde in diesem Zusammenhang das Kommuniqué des Politbüros »Die Frau – der Frieden und der Sozialismus« vom 23.12.1961. Hierin wird wiederholt betont: »Die Gleichberechtigung der Frau ist ein unabdingbares Prinzip des Marxismus-Leninismus und eine Angelegenheit der ganzen Gesellschaft.«[470] Dieses Prinzip finde, so das Kommuniqué weiter, nur geringen Niederschlag in Politik und Gesellschaft. Das Politbüro sei »jedoch der Meinung, daß diese großen Fähigkeiten und Leistungen der Frauen und Mädchen ungenügend für ihre eigene Entwicklung und für den gesellschaftlichen Fort-

---

[468] SAPMO, DY 30/J IV 2/3/578.
[469] Ebenda.
[470] Die Frau – der Frieden und der Sozialismus. Kommuniqué des Politbüros des Zentralkomitees der SED vom 23. Dezember 1961, in: Die Frau – der Frieden und der Sozialismus. Konferenz des Zentralkomitees der Sozialistischen Einheitspartei Deutschlands mit Mitarbeiterinnen der Frauenausschüsse, Funktionären der Partei, der Gewerkschaften, der staatlichen Organe und der Wirtschaft anläßlich des zehnjährigen Bestehens der Frauenausschüsse in der Deutschen Demokratischen Republik in Berlin am 5. und 6. Januar 1962, Berlin (Ost) 1962, S. 3-9, hier S. 5.

schritt genutzt werden. Die Hauptursache dafür ist die bei vielen – besonders bei Männern, darunter auch leitenden Partei-, Staats-, Wirtschafts- und Gewerkschaftsfunktionären – noch immer vorhandene Unterschätzung der Rolle der Frau in der sozialistischen Gesellschaft. Es ist Tatsache, daß ein völlig ungenügender Prozentsatz der Frauen und Mädchen mittlere und leitende Funktionen ausübt, obwohl 68,4 Prozent aller arbeitsfähigen Frauen im Alter von 16 bis 60 Jahren berufstätig sind.«[471] Dies dürfe keineswegs so bleiben, denn: »Die Gleichberechtigung der Frau, ihre Förderung im beruflichen und gesellschaftlichen Leben, heißt die Republik stärken, dem Frieden und dem Sozialismus neue große Kräfte zuzuführen und eine glückliche, helle Zukunft der Frauen und Mütter sichern.«[472]

Um dieses Kommuniqué zu popularisieren, beraumte die SED eine Konferenz an, die am 5. und 6.1.1962 in Berlin stattfand. Hier wurde von verschiedenen Rednern viel über die Förderung der Frau in der Gesellschaft, in der Familie, in Industriebetrieben und LPG gesprochen, aber bezeichnenderweise eine stärkere Heranziehung der Frauen in die politische Leitungsebene etwa der SED überhaupt nicht thematisiert. Das blieb ausgespart.[473]

Da die Kritik an der unzureichenden Beteiligung von Frauen an politischer Leitungstätigkeit auch in den folgenden Jahren nicht abnahm, wozu, wie gezeigt wurde, auch kein Grund bestanden hätte, und diese Kritik selbst auf den SED-Parteitagen anklang, faßte das Sekretariat des ZK am 26.6.1968 einen Beschluß über »Auswahl, Ausbildung und Einsatz von Genossinnen in leitende Parteifunktionen«.[474] Hierin wurde beklagt, die »Fähigkeiten und die Bereitschaft der Genossinnen, leitende Parteifunktionen auszuüben«, stünden »ungenügend im Verhältnis zum tatsächlichen Einsatz.« Die »innerparteilichen Möglichkeiten zur Ausbildung von Genossinnen«, etwa auf Parteihochschulen, würden noch ungenügend genutzt, und wenn Frauen eine solche Ausbildung erfolgreich durchlaufen hätten, erhielten sie im Vergleich zu Männern »in der Regel weniger verantwortliche Funktionen«. Der Bericht kommt zu der Einschätzung, »daß die Bestrebungen zur Vorbereitung von Genossinnen auf eine leitende Parteifunktion nicht dem Ernst der vom VII. Parteitag erhobenen Forderung entsprechen. Sie bieten keine ausreichende Gewähr, daß sich in den nächsten Jahren eine sichtbare Veränderung vollzieht.« Damit diese doch noch zuwege gebracht werden könne, werden die Sekretariate der Bezirks- und Kreisleitungen beauftragt, »den derzeitigen Stand der Auswahl, Ausbildung und des Einsatzes von Genossinnen für leitende Parteifunktionen einzuschätzen und entsprechende Maßnahmen festzulegen.« Diese Maßnahmen sollen eine planmäßige Auswahl von Genossinnen für höhere Parteifunktionen, ihre systematische Qualifizierung und eine »Ausbil-

---

[471] Ebenda.
[472] Ebenda, S. 9.
[473] Vgl. Die Frau – der Frieden und der Sozialismus, passim.
[474] Das folgende nach: SAPMO, DY 30/J IV 2/3/1423, Bl. 50-52.

dung in kurz- und langfristigen Lehrgängen der Partei, an Fach- und Hochschulen« beinhalten. Unterstützung fanden die Bezirks- und Kreisleitungen dabei durch den Apparat des ZK. Die Abteilungen Parteiorgane, Propaganda, Frauen und Kaderfragen erhielten den Auftrag, für 1969 einen Qualifizierungslehrgang von drei bis vier Monaten Dauer einzurichten. Flankierend dazu sollte beim ZK eine Kaderreserve von etwa 50 Genossinnen geschaffen werden, »die bereits als Funktionäre in der Partei, in Massenorganisationen, im Staats- und Wirtschaftsapparat tätig sind« und für höhere Aufgaben in Frage kamen.

Auch für die staatliche Ebene wurde eine stärkere Beteiligung weiblicher Funktionäre angestrebt. In einer zeitgenössischen Untersuchung aus dem Jahr 1973 wird hierzu ausgeführt: »Besonderes Augenmerk muß auf die Gewinnung und Entwicklung von Frauen für die staatliche Leitungstätigkeit gerichtet werden. Wenn Lenin lehrt, daß man die Massen nicht in die Politik einbeziehen kann, ohne die Frauen in die Politik einzubeziehen, dann erfordert das heute, auf dem Gebiet der staatlichen Leitung den Rückstand bei der Verwirklichung der vollen Gleichberechtigung der Frau aufzuholen. Es muß zumindest erreicht werden, daß sich der Prozentsatz der Frauen in Leitungsfunktionen der örtlichen Staatsorgane dem Beschäftigungsgrad der Frauen in der Volkswirtschaft nähert.«[475]

Bis Mitte der 1980er Jahre änderte sich das Bild der politischen Partizipation von Frauen in den Parteileitungen nicht wesentlich. Dies nahm Erich Honecker auf seiner turnusmäßigen Beratung mit den 1. Kreissekretären am 6.2.1987 in Berlin zum Anlaß, um mit deutlichen Worten Verbesserungen anzumahnen. Honecker führte u. a. aus: »Bei der letzten Beratung mit euch haben wir darauf orientiert, Sorge zu tragen, daß sich der hohe Anteil der Genossinnen an den Mitgliedern unserer Partei auch deutlicher in der Ausübung leitender Wahlfunktionen widerspiegelt.« Dennoch seien die »bisherigen Ergebnisse (...) mehr als bescheiden.« Honecker forderte von den Kreisleitungen, die Genossinnen, die durch ihre bisherige Arbeit die Fähigkeit unter Beweis gestellt hätten, Verantwortung zu übernehmen, besser zu kennen und bewußter zu fördern. »Dazu ist auch notwendig, energischer den unterschiedlichsten Vorbehalten entgegenzutreten, die den Einsatz von Frauen in verantwortlichen Funktionen des Staates, der Wirtschaft, der Gesellschaft, nicht zuletzt unserer Partei selbst, erschweren oder gar unmöglich machen. Kurzum, in allen gesellschaftlichen Bereichen, besonders in der Industrie und Landwirtschaft, gilt es, Frauen bis in Spitzenfunktionen einzusetzen.«[476]

---

[475] Liebe, Günther, Entwicklung von Nachwuchskadern für die örtlichen Staatsorgane, Berlin (Ost) 1973, S. 54. Der Autor liefert folgende Zahlen: 1971 betrug der Anteil von Frauen in den Räten der Bezirke 7,3 %, in den Räten der Kreise 15,7 %, unter den Bürgermeistern 18,5 %. Vgl. ebenda, S. 85, Abb. 5. 1970 betrug der Anteil der weiblichen Berufstätigen 48,3 %. Vgl. Helwig, S. 1271, Tabelle 8.

[476] Honecker, Erich, Die Aufgaben der Parteiorganisationen bei der weiteren Verwirklichung der Beschlüsse des XI. Parteitages der SED. Aus dem Referat des Generalsekretärs des ZK der SED und Vorsitzenden des Staatsrates der DDR, Genossen Erich Honecker, auf der Beratung des Sekre-

Wahrscheinlich war es auch diesen Sätzen Honeckers zuzuschreiben, daß bis 1988 der Frauenanteil unter den 1. und 2. Sekretären der Kreisleitungen anstieg. Wie verhält es sich nun aber mit den Sekretären der Bezirksleitungen? Ist auch hier das Bestreben, Frauen verstärkt heranzuziehen, abzulesen?

In den 1980er Jahren pendelte der Anteil der weiblichen Bezirkssekretäre recht konstant zwischen 5,4 % und 7,1 %. Jeweils zwischen fünf und sieben Frauen waren in diesen Jahren als Sekretäre der Bezirksleitungen tätig. Ihre Zahl stieg im Jahr 1988 um sieben Funktionäre an und verdoppelte sich damit. In den Jahren 1988 und 1989 ergibt sich somit ein Frauenanteil von 12,3 %. Dies ist monokausal mit einer Strukturänderung in den Sekretariaten der Bezirksleitungen zu erklären. Wie in Kapitel 2 beschrieben, hatte die Parteiführung zu Jahresbeginn 1988 beschlossen, in allen Bezirken die neue Planstelle eines Sekretärs für Kulturpolitik zu schaffen. Sieben Frauen und acht Männer arbeiteten fortan in dieser Funktion. Dieses ausgewogene Verhältnis resultiert aber sicher nur zu einem Teil aus verstärkter Frauenförderung. Zum einen war den sieben Frauen ein Ressort zugefallen, das seit langem als frauentypisch gelten konnte, zum anderen verdanken sie ihre Funktion einer Neuschaffung von Planstellen und nicht dem Ersatz von Männern.

Wie ernst es der Führung der SED mit der verstärkten Besetzung leitender Parteifunktionen mit Frauen tatsächlich gewesen ist, kann auch für die Zeit des Herbstes 1989 beobachtet werden, als sich mit dem Umbruch in der Partei plötzlich ein großer Bedarf an neuen Kadern notwendig machte. Als zwischen Anfang und Mitte November 1989 alle 1. und 2. Sekretäre der SED-Bezirksleitungen ihre Ämter verloren und durch neue Funktionäre ersetzt wurden, war nur eine einzige Frau dabei. In Leipzig ersetzte die 37jährige Hannelore Wolf als »Sekretär für Org. und Kader« den zurückgetretenen Zweiten Sekretär Helmut Hackenberg.[477] Beinahe jedoch wäre eine Frau zu einem 1. Sekretär einer SED-Bezirksleitung avanciert. In Suhl hatte sich der 1. Bezirkssekretär, Hans Albrecht, auf Druck seines Sekretariates zum Rücktritt bequemen müssen. Bevor er diesen Schritt vollzog, wollte er noch persönlich auf seine Nachfolge Einfluß nehmen und schlug Elke Krieg, seit 1988 1. Sekretär der Kreisparteiorganisation Suhl, vor. »Dies sei sein, Albrechts, schon länger gehegter Wunsch und außerdem mit der Kaderabteilung des Zentralkomitees abgestimmt.«[478] Tatsächlich stimmte das Politbüro auf seiner Sitzung vom 31.10.1989 dieser Nachfolgeregelung zu.[479] Damit hatte Albrecht, »der bestgehaßte Mann im Bezirk«[480], seiner potentiellen Nachfolgerin allerdings einen Bärendienst erwiesen, galt sein Wunsch doch nicht gerade als Empfehlung, im Gegenteil. Als Albrecht auf einer Sitzung mit den Kreisfunktio-

---

tariats des Zentralkomitees der SED mit den 1. Sekretären der Kreisleitungen am 6. Februar 1987 in Berlin, Berlin (Ost) 1987, S. 94 und S. 95.

[477] Vgl. SAPMO, DY 30/J IV 2/2.039/315, Bl. 29.
[478] Best/Mestrup, S. 467.
[479] SAPMO, DY 30/J IV 2/2/2356.
[480] Best/Mestrup, S. 452.

nären Elke Krieg als Nachfolgerin vorstellte, erhob der 2. Sekretär der Bezirksleitung, Koszycki, Bedenken. »Wenn Krieg ins Rennen geschickt werde, gebe es eine Demonstration vor der SED-Bezirksleitung. Er verfüge über eine entsprechende Information, die auf diese ›Gefahr‹ hinweise.«[481] Krieg war damit nicht mehr wählbar. Neuer 1. Bezirkssekretär wurde mit Peter Pechauf, dem bisherigen 1. Sekretär der Kreisleitung Meiningen, wieder ein Mann. Das Politbüro bestätigte diese Wahl am 3.11.1989.[482]

Auch das auf der 10. Tagung des ZK im November 1989 neu gewählte Politbüro zeigte eine nahezu geschlossene Männerriege.[483] Es ist nun zu fragen, warum, obwohl das Problem höheren Orts bekannt war, die SED es nicht vermochte, einen auch nur einigermaßen repräsentativen Frauenanteil in leitenden Parteifunktionen durchzusetzen. Der erwähnte ZK-Beschluß vom 26.6.1968 nennt vier Ursachen, »die den Einsatz von Frauen hemmen«.[484] Erstens würden viele leitende Parteifunktionäre »die Verwirklichung dieser Aufgabe«, nämlich mehr Frauen in Parteifunktionen einzusetzen, »im wesentlichen dem Selbstlauf« überlassen. Zweitens hätten eine Reihe Parteifunktionäre Zweifel bzw. wären nicht überzeugt, »daß Genossinnen die höheren Aufgaben meistern«. Die Unterschätzung der »Entwicklung jener Genossinnen, die leitende Funktionen im Jugendverband ausüben« und die »dadurch für leitende Parteifunktionen verloren« gehen, wird drittens genannt. Viertens schließlich sind es mitunter »auch Genossinnen selbst, die sich gegen ihren Einsatz aussprechen«, und dies häufig wegen »leichtfertige(r) Übertreibungen mancher Funktionäre über die angebliche Härte und Schwere der Parteiarbeit.«

Damit sind wichtige Gründe genannt. In der Tat waren Frauen häufig nicht bereit, höhere Parteifunktionen zu übernehmen, wie auch in Befragungen früherer Bezirkssekretäre deutlich wurde.[485] Als Grund wird oft die enorme Belastung, die von diesen Funktionen ausging und die oft zusätzlich zu Haushalt und Familie zu schultern war, angegeben. »Sekretär zu sein, war eine Knochenarbeit.«[486] Eine Frau, die sich eine solche Funktion zumutete, »hätte dann auf Familie und Kinder verzichten müssen.«[487] Frauen waren »nach wie vor (…) zuhause weniger entbehrlich als Männer«[488], und gerade für eine Frau »in der Wirtschaft oder Landwirtschaft, die viel draußen sein mußte und auch noch Familie hatte, war es

---

[481] Ebenda, S. 468.
[482] SAPMO, DY 30/J IV 2/2/2357.
[483] Vgl. »Kommuniqué der 10. Tagung des Zentralkomitees der SED«, in: Neues Deutschland, 11./12.11.1989, S. 1. Mit Margarete Müller als Kandidatin war nur eine Frau im Politbüro vertreten.
[484] Das folgende nach: SAPMO, DY 30/J IV 2/3/1423, Bl. 51.
[485] Vgl. Protokoll des Gesprächs mit Günter Schabowski, Berlin, 24.7.2003, S. 4 und Protokoll des Gesprächs mit Siegfried Unverricht, Hohenfelde, 26.6.2003, S. 13.
[486] Protokoll des Gesprächs mit Johannes Chemnitzer, Lichtenberg, 7./8.5.2003, S. 46.
[487] Protokoll des Gesprächs mit Rudi Gröbel, Berlin, 23.7.2003, S. 17.
[488] Gesprächsprotokoll Postler, S. 8.

kompliziert.«[489] Damit könnten auch die fast völlig fehlenden weiblichen Land-/ Wirtschaftssekretäre erklärt werden. Das Argument der unzumutbar hohen Belastungen wird nicht nur von Funktionären aus der SED vertreten. Die Sozialwissenschaftlerin Susanne Weigandt führt auch im wesentlichen physische und psychische Leistungsgrenzen und die »zeitliche Überbelastung durch mehrfache Verantwortung in Beruf, Haushalt und Kindererziehung« für die »geringe Repräsentanz von Frauen an den Schalthebeln der Macht auch in der DDR« an.[490]

Günter Schabowski hingegen hält diese Argumentation für »nicht stichhaltig«, für »eine Ausrede, ein typisches Männerargument. (...) Eine Frau, die einen Betrieb leitet, ist nicht weniger belastet.«[491] Außerdem sind die Funktionen mit Apparaten verbunden, und diese »tragen alles, nahezu unabhängig von dem Funktionär.«[492] Wenn auch nicht die traditionell hohe Belastung der Frauen durch Haushalt und Familie und die Anforderungen einer leitenden Parteifunktion in Abrede gestellt werden sollen, so kann die geringe Repräsentanz der Frauen nur zu einem Teil hiermit begründet werden. Ein anderer Grund liegt in der unzureichenden vorbereitenden Förderung der Frauen. Wenn es auch in vielen Bezirkssekretariaten Bemühungen, verstärkt Frauen heranzuziehen, gegeben hat[493], so wurde doch häufig »unterschätzt, Frauen rechtzeitig und gründlich für eine solche Aufgabe vorzubereiten und auch einzusetzen.«[494] Zwischen 1947 und 1957 sind nie mehr als 20 % der Teilnehmer an den Lehrgängen der Parteihochschule »Karl Marx« weiblich gewesen.[495] Der oben zitierte ZK-Beschluß beklagt beispielsweise, daß die BL Cottbus zwischen 1962 und 1968 keine Frau, die BL Schwerin und die BL Gera nur zwei Genossinnen zu einem Dreijahreslehrgang an die Parteihochschule entsendet haben.[496]

Ein letzter und sehr gewichtiger Grund sind »ideologische Hemmnisse«[497], »alte, verhaftete Männervorstellungen«, die »alle kommunistischen Parteien geprägt haben. Auch die KPdSU, die oberste Glaubenswächterin, hat in dieser Hinsicht keine anderen Zeichen gesetzt.«[498] Die maßgebenden Mitglieder des Politbüros hatten ihre politische Sozialisation in der Zeit der Weimarer Republik und des Nationalsozialismus in der KPD erhalten. Hiervon sind sie nie abgerückt, eine Weiterentwicklung der politischen Vorstellungen hat es kaum gegeben. Und

---

[489] Gesprächsprotokoll Unverricht, S. 12.
[490] Weigandt, Susanne, Frauen in der DDR. Präsenz ohne Macht, in: Timmermann, Heiner (Hrsg.), Sozialstruktur und sozialer Wandel in der DDR, Saarbrücken 1988, S. 117-133, hier S. 124 und S. 125.
[491] Gesprächsprotokoll Schabowski, S. 4.
[492] Ebenda.
[493] Vgl. etwa Protokoll des Gesprächs mit Helmut Müller, Berlin, 21.2.2003, S. 11.
[494] Gesprächsprotokoll Grau, S. 4. Vgl. auch Protokoll des Gesprächs mit Dr. Helmuth Winnig, Magdeburg, 9.7.2003, S. 14 f.
[495] Vgl. Kluttig, Thekla, Parteischulung und Kaderauslese in der Sozialistischen Einheitspartei Deutschlands 1946-1961, Berlin 1997, S. 562-573.
[496] SAPMO, DY 30/J IV 2/3/1423, Bl. 51.
[497] Gesprächsprotokoll Martens-Meschter, S. 5.
[498] Gesprächsprotokoll Schabowski, S. 4.

die KPD war ebenfalls eine von Männern dominierte Partei. Von 1402 Parteiführern der KPD zwischen 1918 und 1945, die Weber und Herbst auflisten, waren nur 129 und damit 9,2 % Frauen.[499] Unter 59 Spitzenfunktionären (Mitglieder des Polbüros 1920-1939, Mitglieder der Gründungszentrale 1919 bzw. des V. Parteitages der KPD [Spartakusbund] sowie acht Sekretäre des Vereinigungsparteitages mit der USPD Ende 1920) gab es nur sieben Frauen, also einen Anteil von 11,9 %.[500]

So kann es auch wenig verwundern, daß die Führung der SED politische Auffassungen mitbrachte, die für Frauen in Führungspositionen der Partei wenig Platz ließen.[501] Eine Frau als 1. Sekretär einer Bezirksleitung wurde auch deshalb als problematisch angesehen, weil diesem Funktionär die Führung der Bezirkseinsatzleitung oblag und die Führung bewaffneter Kräfte von jeher als Männersache galt.[502]

Auch die auf Parteitagen und Konferenzen geäußerten Klagen von Politbüromitgliedern und Sekretären des ZK über eine mangelhafte Frauenförderung sind für die Bezirksebene insofern wenig plausibel, als die Sekretäre der Bezirksleitungen zu der Nomenklatur gehörten, über deren Berufung das Sekretariat des ZK entschied. Es hätte also auch formal in der Kompetenz der Führungsriege gelegen, Frauen auf diese Positionen zu bringen. Es blieb bis zum Ende der DDR richtig, was Gast schon 1973 formulierte: »Während in der DDR die Gleichberechtigung im gesellschaftlichen Bereich dank verbindlicher Gesetze juristisch abgesichert ist und weitgehend verwirklicht werden konnte, fehlen im politischen Bereich derartige langfristige Verbindlichkeiten, die die Durchsetzung der Gleichberechtigung erzwingen.«[503] Ohne diesen Zwang ging es, wie gesehen, nicht. Es gibt mitunter die Auffassung, gerade vor dem Hintergrund der Entwicklung Ende der 1980er Jahre, daß, wenn die DDR fortbestanden hätte, der prozentuale Anteil von Frauen in höheren Positionen weiter zugenommen hätte.[504] Legt man die Ent-

---

[499] Weber, Hermann/Herbst, Andreas, Deutsche Kommunisten. Biographisches Handbuch 1918 bis 1945, Berlin 2004, S. 41. Die Kriterien, nach denen die Parteiführer ausgewählt wurden, vgl. S. 45 f.
[500] Ebenda, S. 33. Diese Frauen waren: Bertha Braunthal, Käte Duncker, Ruth Fischer, Rosa Luxemburg, Helene Overlach, Rosi Wolfstein, Clara Zetkin. Vgl. ebenda, S. 35-38.
[501] Hinzuweisen ist darauf, daß eine mangelhafte politische Repräsentation von Frauen nicht allein Merkzeichen der sozialistischen Länder gewesen ist. In der BRD zum Beispiel hat der Anteil der weiblichen Abgeordneten des Bundestages zwischen 1949 und 1987 stets unter 10 % gelegen, um in der Wahlperiode 1987-1990 auf 15,4 % zu steigen. Das war immer noch weit vom Anteil der Frauen in der Bevölkerung entfernt. Zwar lassen sich die Abgeordneten des Bundestages auch vom Aufgabenbereich und den Kompetenzen her nicht mit den Sekretären der SED-Bezirksleitungen vergleichen, doch bilden sie natürlich einen wichtigen Gradmesser für die politische Partizipation von Frauen in der Politik. Vgl. Schindler, Peter (Hrsg.), Datenhandbuch zur Geschichte des Deutschen Bundestages 1949-1999, Bd. 2, Berlin 1999, S. 846.
[502] Vgl. Gesprächsprotokoll Martens-Meschter, S. 5. Zu den Bezirkseinsatzleitungen vgl. Wagner, Armin, Walter Ulbricht und die geheime Sicherheitspolitik der SED. Der Nationale Verteidigungsrat der DDR und seine Vorgeschichte (1953-1971), Berlin 2002, S. 130-142.
[503] Gast, S. 84.
[504] Vgl. Gesprächsprotokoll Postler, S. 8.

wicklung des prozentualen Anteils von Frauen als Bezirkssekretäre in den 1980er Jahren zugrunde, so hätte es hypothetisch noch rund 30 bis 40 Jahre gedauert, bis er zumindest dem Anteil der Frauen in der SED von 36,5 % (Ende 1988) entspräche. Soviel Zeit blieb der SED nicht mehr.

3.6 Zum politischen Stellenwert der Sekretäre der Bezirksleitungen – ihre Vertretung im Zentralkomitee und Politbüro und die Berufung in zentrale Apparate

In den ersten Jahren nach der Gründung der SED 1946 hatte an ihrer Spitze ein Parteivorstand gestanden. »Als jedoch 1948 die Umbildung in eine ›Partei neuen Typus‹ einsetzte, wurde deren Führungsstruktur an die der KPdSU angeglichen. In Konsequenz wählte der III. Parteitag der SED im Juli 1950 erstmals« ein Zentralkomitee.[505] Dieses war laut dem vom III. Parteitag im Juli 1950 beschlossenen Statut der SED zwischen den Parteitagen »das höchste Organ der Partei«. Als Mitglieder und Kandidaten des ZK konnten nur Genossen gewählt werden, »die mindestens vier Jahre Parteimitglied sind.«[506] Es besaß umfangreiche Kompetenzen. So wählte das ZK »für die politische Arbeit das politische Büro und für die allgemeine Leitung der Organisationsarbeit und für die tägliche operative Führung der Tätigkeit der Partei das Sekretariat.« Verantwortlich für die Durchführung der Beschlüsse des Parteitages, leitete das ZK »zwischen den Parteitagen die gesamte Tätigkeit der Partei, vertritt die Partei im Verkehr mit den anderen Parteien, Organisationen, staatlichen, wirtschaftlichen und kulturellen Verwaltungen und Institutionen.« Der Einfluß des ZK reichte bis in die einzelnen Betriebe. »Zur Verstärkung der politischen Massenarbeit und zur Erfüllung volkswirtschaftlich wichtiger Aufgaben hat das Zentralkomitee das Recht, in den Parteiorganisationen der entsprechenden Betriebe oder ganzer Arbeitszweige Parteiorganisatoren des Zentralkomitees bzw. Parteisekretariate zu organisieren.« Schließlich wählte das ZK auch die Zentrale Parteikontrollkommission.[507]

---

[505] Herbst, Andreas/Ranke, Winfried/Winkler, Jürgen, So funktionierte die DDR, Band 2, Reinbek 1994, S. 1216. Zur Umbildung der SED vgl. Hurwitz, Harold, Die Stalinisierung der SED. Zum Verlust von Freiräumen und sozialdemokratischer Identität in den Vorständen 1946-1949, Opladen 1997 und Malycha, Andreas, Die SED. Geschichte ihrer Stalinisierung 1946-1953, Paderborn u. a. 2000.

[506] Statut der Sozialistischen Einheitspartei Deutschlands, in: Protokoll der Verhandlungen des III. Parteitages der Sozialistischen Einheitspartei Deutschlands, 20. bis 24. Juli 1950 in der Werner-Seelenbinder-Halle zu Berlin, Band 2, Berlin (Ost) 1951, S. 307-321, hier S. 315.

[507] Ebenda, S. 316. Zur Bedeutung des ZK vgl. auch Alt, Helmut, Die Stellung des Zentralkomitees der SED im politischen System der DDR, Köln 1987. Vgl. zur Struktur der SED-Parteiführung Amos,

3.6 Zum politischen Stellenwert der Sekretäre der Bezirksleitungen   169

An dieser formal herausgehobenen Stellung des ZK änderte sich bis 1989 nichts. Im letzten Parteistatut von 1976 heißt es hierzu: »Das Zentralkomitee führt die Beschlüsse des Parteitages aus, ist zwischen den Parteitagen das höchste Organ der Partei und leitet ihre gesamte Tätigkeit. Es vertritt die Partei im Verkehr mit den anderen Parteien und Organisationen. Das Zentralkomitee entsendet die Vertreter der Partei in die höchsten leitenden Organe des Staatsapparates und der Wirtschaft, bestätigt ihre Kandidaten für die Volkskammer. Das Zentralkomitee lenkt die Arbeit der gewählten zentralen staatlichen und gesellschaftlichen Organe und Organisationen durch die in ihnen bestehenden Parteigruppen.« Im Gegensatz zum Statut von 1950 war eine Mindestdauer der Mitgliedschaft in der SED von sechs Jahren vorgeschrieben, um als Kandidat oder Mitglied des ZK gewählt werden zu können.[508]

Das Zentralkomitee setzte sich aus stimmberechtigten Mitgliedern und Kandidaten mit nur beratender Stimme zusammen. Es erfuhr im Laufe der Jahre eine beträchtliche Ausweitung. Während das 1950 gewählte erste ZK noch 51 Mitglieder und 30 Kandidaten aufwies, betrug deren Anzahl 1986 mittlerweile 165 bzw. 57.[509] Die Gesamtzahl der in diesem Gremium vertretenen Genossen hatte sich mithin fast verdreifacht. Im ZK waren die »einflußreichsten und wichtigsten Partei- und Staatsfunktionäre der DDR versammelt.«[510] Dazu gehörten die Mitglieder und Kandidaten des Politbüros, Abteilungsleiter des ZK-Apparates, die 1. Sekretäre der SED-Bezirksleitungen, Minister, stellvertretende Minister und Staatssekretäre, Mitglieder des Staatsrates etc. Allerdings war von der Parteiführung auch beabsichtigt, »alle wichtigen gesellschaftlichen Bereiche, Organisationen und Institutionen«[511] zu repräsentieren. Da bestimmte Proportionen wie etwa der Anteil von Arbeitern, Frauen und jüngeren Genossen gewahrt werden sollten, war es schon aus Gründen der Arbeitsfähigkeit des Gremiums nicht möglich, alle maßgeblichen Parteifunktionäre im ZK zu versammeln. So ist es zu erklären, daß, um zwei Beispiele herauszugreifen, Klaus Sorgenicht, von 1954 bis 1989 Leiter der wichtigen ZK-Abteilung Staats- und Rechtsfragen, und Carl-Heinz Janson, 1967-1989 Leiter der ZK-Abteilung Sozialistische Wirtschaftsführung[512], nicht in diesem Gremium vertreten waren, wohl aber Helmut Sakowski, seit 1963 Kandidat und von 1973 bis 1989 Mitglied des Zentralkomitees.[513] Sakowski, freischaffender Schriftsteller und ab 1977 Vizepräsident des Kulturbundes, konnte sich an

---

Heike, Politik und Organisation der SED-Zentrale 1949-1963. Struktur und Arbeitsweise von Politbüro, Sekretariat, Zentralkomitee und ZK-Apparat, Münster 2002.
[508] Statut der Sozialistischen Einheitspartei Deutschlands, in: Protokoll der Verhandlungen des IX. Parteitages der Sozialistischen Einheitspartei Deutschlands im Palast der Republik in Berlin, 18. bis 22. Mai 1976, Band 2, Berlin (Ost) 1976, S. 267-298, hier S. 283.
[509] Vgl. Herbst/Ranke/Winkler, Bd. 2, S. 1216.
[510] Ebenda, S. 1217.
[511] Ebenda, S. 1216.
[512] Vgl. Janson, Carl-Heinz, Totengräber der DDR. Wie Günter Mittag den SED-Staat ruinierte, Düsseldorf-Wien-New York 1991.
[513] Vgl. Sakowski, Helmut, Mutig waren wir nicht. Ein Bericht, Berlin 1990.

politischer Bedeutung, Kompetenzen und Herrschaftswissen sicher nicht mit Abteilungsleitern des ZK messen, und so sagt die Mitgliedschaft im Zentralkomitee auch nicht immer etwas über die tatsächliche politische Bedeutung des jeweiligen Funktionärs aus. Die Formulierung, die Mitglieder und Kandidaten des ZK verkörperten die »politische Elite des SED-Staates«[514], ist daher nur in formaler Hinsicht zutreffend. Faktisch waren es die ZK-Abteilungen, die im Auftrag des Politbüros bzw. des Sekretariats des ZK die vom Zentralkomitee zu verabschiedenden Beschlüsse und die dazugehörende Diskussion vorbereiteten und das Gremium so zu einer »Akklamationseinrichtung« entmündigten.[515] Wenn im folgenden der Anteil der SED-Bezirkssekretäre im Zentralkomitee untersucht werden soll, so ist dies in Rechnung zu stellen.

Ein beträchtlicher Teil des Plenums des Zentralkomitees rekrutierte sich aus ex-officio-Mitgliedern, also jenen, die »allgemeine politische Leitungsfunktionen an der Spitze von Partei und Staat wahrnehmen«.[516] Dazu zählten neben Politbüro- und Sekretariatsmitgliedern auch die 1. Sekretäre der Bezirksleitungen als die führenden Funktionäre der SED in den einzelnen Bezirken und damit auf der Ebene unterhalb der Parteizentrale. In der Literatur ist daher auch angenommen worden, »(a)lle ersten Sekretäre der Bezirksleitungen waren Mitglieder des ZK«.[517] Dies erweist sich bei detaillierterer Betrachtung als falsch. Es trifft lediglich für die Honecker-Zeit zu, wie Meyer zutreffend feststellt.[518] Von allen 61 Ersten Sekretären, die zwischen August 1952 und November 1989 im Amt waren, sind 14 in ihrer Zeit als 1. Bezirkssekretär nicht ins Zentralkomitee gewählt worden, also immerhin 23 Prozent und fast jeder vierte. Um welche Funktionäre es sich im einzelnen handelt, zeigt die nachstehende Tabelle.

Sieben der 14 Funktionäre und damit genau die Hälfte entstammen der »Gründergeneration«, die ab August 1952 die neugebildeten Bezirksleitungen führte. Es fällt weiter auf, daß alle 1. Bezirkssekretäre, mit Ausnahme von Georg Ewald in Neubrandenburg und Paul Roscher in Gera, in den fünfziger Jahren ihre Funktion bekleideten. Heißt dies nun, daß in dieser Zeit noch kein größerer Wert auf eine Vertretung der 1. Bezirkssekretäre im Zentralkomitee gelegt wurde? Dies ist nicht anzunehmen. Der Schlüssel zur Interpretation liegt vielmehr in der kurzen Amtsdauer der 14 Sekretäre. Sie reicht von gerade einmal fünf Monaten bei Karl

---

[514] Herbst/Ranke/Winkler, Bd. 2, S. 1218 und Herbst, Andreas/Stephan, Gerd-Rüdiger/Winkler, Jürgen (Hrsg.), Die SED. Geschichte, Organisation, Politik. Ein Handbuch, Berlin 1997, S. 527.
[515] Herbst/Stephan/Winkler, S. 527. Diese Einschätzung wird auch von hochrangigen Funktionären der SED bestätigt. Vgl. Arnold, Otfrid/Modrow, Hans, Das Große Haus. Struktur und Funktionsweise des Zentralkomitees der SED, in: Modrow, Hans (Hrsg.), Das Große Haus. Insider berichten aus dem ZK der SED, Berlin 1995, S. 11-70, hier vor allem S. 26 f.
[516] Meyer, Gerd, Die DDR-Machtelite in der Ära Honecker, Tübingen 1991, S. 64.
[517] Ammer, Thomas, Die Machthierarchie der SED, in: Deutscher Bundestag (Hrsg.), Materialien der Enquete-Kommission »Aufarbeitung von Geschichte und Folgen der SED-Diktatur in Deutschland« (12. Wahlperiode des Deutschen Bundestages), Bd. II, 2, Baden-Baden und Frankfurt/Main 1995, S. 803-867, hier S. 823.
[518] Vgl. Meyer, S. 64.

3.6 Zum politischen Stellenwert der Sekretäre der Bezirksleitungen

Tabelle: Nicht im Zentralkomitee vertretene 1. Bezirkssekretäre

1. Sekretär der Bezirksleitung	Bezirk	Amtszeit
Franz Bruk	Cottbus	1952-1953
Franz Bruk	Halle	1954-1958
Georg Ewald	Neubrandenburg	1960-1963
Adolf Färber	Suhl	1952-1954
Hermann Fischer	Erfurt	1957-1958
Otto Funke	Gera	1952-1955
Heinz Glaser	Halle	1953-1954
Heinz Glaser	Gera	1955-1959
Gerhard Grüneberg	Frankfurt (Oder)	1952-1958
Hans Riesner	Dresden	1952-1957
Paul Roscher	Gera	1959-1963
Karl Schirdewan	Leipzig	1952
Kurt Schneidewind	Suhl	1954-1956
Willi Wiebershausen	Neubrandenburg	1952-1953

Schirdewan in Leipzig bis zu fünfeinhalb Jahren bei Gerhard Grüneberg in Frankfurt (Oder), der im März 1958 als Sekretär des ZK in den zentralen Parteiapparat wechselte. Die durchschnittliche Dauer der Tätigkeit als 1. Bezirkssekretär betrug hier lediglich 2,4 Jahre. Weil die Wahl von Kandidaten und Mitgliedern des Zentralkomitees in der Regel nur auf den Parteitagen erfolgen konnte, waren viele Bezirkssekretäre nicht mehr im Amt, als sie »an der Reihe« gewesen wären. So wurde Bernhard Quandt, 1952-1974 Erster Sekretär der BL Schwerin, erst im Jahre 1958 zum Mitglied des Zentralkomitees gewählt. Zu diesem Zeitpunkt aber waren seine Kollegen Franz Bruk, Adolf Färber, Otto Funke, Gerhard Grüneberg, Hans Riesner, Karl Schirdewan und Willi Wiebershausen, die mit ihm zum Zeitpunkt der Bezirksbildung ins Amt gelangt sind, verschiedener Gründe wegen bereits abgelöst worden. Einige, wie Funke, Grüneberg und Schirdewan, wurden später zum Teil langjährige ZK-Mitglieder. Andere Bezirkssekretäre, die erst in den Jahren nach 1952 an die Spitze der BL traten, wie Hermann Fischer oder Kurt Schneidewind, waren zu kurz im Amt, um auf einem Parteitag in das ZK gewählt zu werden. Der letzte 1. Bezirkssekretär, der in dieser Funktion nicht Mitglied des Zentralkomitees wurde, war Georg Ewald. Er avancierte 1963 zum Landwirtschaftsminister und ZK-Mitglied. Mit anderen Worten: Ab 1963 gab es keinen

1. Sekretär einer SED-Bezirksleitung, der in seiner Amtszeit nicht in das formell höchste Parteigremium aufrückte. Das konnte allerdings durchaus ein paar Jahre dauern, im Falle von Johannes Chemnitzer in Neubrandenburg sogar gut vier Jahre, wurde er doch unmittelbar nach dem VI. Parteitag im Februar 1963 in die Funktion als 1. Bezirkssekretär kooptiert, aber erst auf dem im April 1967 stattfindenden VII. Parteitag ZK-Mitglied.[519]

Die 1. Sekretäre der BL waren wie gesehen in der Regel und ab 1963 ausschließlich qua Amt im Plenum des Zentralkomitees versammelt. Damit sind die Bezirksleitungen der SED durch ihre prominentesten Vertreter in diesem Gremium vertreten gewesen. Es stellt sich nun die Frage, ob auch weitere Sekretäre von SED-Bezirksleitungen, also 2. Sekretäre und Ressortsekretäre, als Kandidaten oder Mitglieder in das ZK gelangt sind.[520]

Die Auszählung ergibt insgesamt 33 Bezirkssekretäre, die Kandidat oder Mitglied des Zentralkomitees geworden sind. Diese 33 Sekretäre übten zusammen 38 verschiedene Funktionen unterhalb des 1. Sekretärs in den Bezirkssekretariaten aus. So war Werner Felfe etwa von 1963 bis 1988 Mitglied des ZK und damit sowohl in seiner Funktion als Sekretär für Agitation und Propaganda (1966-1968) und 2. Sekretär (1968-1971) als auch als 1. Sekretär der BL Halle (1971-1981). Heinz Ziegner wurde noch während seiner Tätigkeit als Landwirtschaftssekretär der BL Magdeburg (1960-1969) auf dem VII. Parteitag 1967 als Kandidat ins ZK gewählt, während seine Mitgliedschaft ab 1971 in seine Zeit als 2. bzw. 1. Sekretär der BL Schwerin (1969-1974 bzw. 1974-1989) fiel.

Es ist daher von 38 ins ZK gewählten Funktionären auszugehen. Sie umfassen 8,4 % aller Bezirkssekretäre unterhalb des 1. Sekretärs. Die 2. und Ressortsekretäre sind mithin nur in seltenen Ausnahmefällen in das Zentralkomitee gelangt. Die Verteilung auf die einzelnen Ressorts zeigt die folgende Tabelle[521]:

Noch am stärksten sind die 2. Sekretäre der Bezirksleitungen im Zentralkomitee vertreten. Auf immerhin 16 % aller 2. Sekretäre traf das zu. Mit Ausnahme von Horst Dohlus, der in seiner Zeit als 2. Sekretär der BL Cottbus von 1958 bis 1960 nicht über den Kandidatenstatus hinauskam, waren sie Mitglieder des ZK. Das unterstreicht ihre im Sekretariat der BL nach dem 1. Sekretär und als dessen Stellvertreter herausgehobene Position. Zudem konnte die Parteiführung durch die Wahl von Funktionären in das ZK eine gezielte Machtpolitik betreiben. So ließ sich der politische Stellenwert der ausgewählten Genossen sichtbar erhöhen, was deren Stellung im Sekretariat der BL zugute kam. Durch solcherart Aufwer-

---

[519] Vgl. Protokoll des Gesprächs mit Johannes Chemnitzer, Lichtenberg, 7./8.5.2003, S. 45.
[520] Berücksichtigt werden im folgenden nur Sekretäre, die zum Zeitpunkt ihrer Tätigkeit in der Bezirksleitung im Zentralkomitee vertreten waren. Hans Lauter etwa, 1950-1953 Mitglied des ZK und ab 1959 Sekretär der BL Leipzig, muß daher ebenso entfallen wie Karl Namokel, 1952-1955 Sekretär der BL Rostock und erst 1958 als 1. Sekretär des FDJ-Zentralrates ins Zentralkomitee aufgerückt.
[521] Bezirkssekretäre, die in derselben Funktion zunächst Kandidat und dann Mitglied des ZK geworden sind, wurden hier nur als Mitglieder gezählt.

3.6 Zum politischen Stellenwert der Sekretäre der Bezirksleitungen

Tabelle: Zweite und Ressortsekretäre als Kandidaten und Mitglieder des Zentralkomitees

Funktion	Kandidaten	Mitglieder	gesamt	in Prozent
2. Sekretär	1	14	15	16,0
Sekretär für Agitation und Propaganda	0	6	6	6,7
Sekretär für Wirtschaft	1	2	3	3,5
Sekretär für Landwirtschaft	7	1	8	10,4
Sekretär für Wissenschaft, Volksbildung und Kultur	1	4	5	4,9

tung des 2. Sekretärs konnte dem 1. Sekretär ein potentieller Nachfolger präsentiert werden, und das stellte auch ein Mittel zur Disziplinierung dar. Dem 1. Sekretär wurde seine rasche Ersetzbarkeit demonstriert. Hans Modrow mochte so den Umstand, daß 1981, »ohne mit mir zu sprechen«, der langjährige 2. Sekretär Lothar Stammnitz Mitglied des Zentralkomitees der SED wurde, interpretieren. »Da war mir klar, daß ein gewisses Interesse da war, eine Art Gleichstellung beider zu erreichen, daß der 1. und der 2. Sekretär gleichberechtigt als Mitglieder des Zentralkomitees sind. Das hatte dann schon wieder ein eigenes Zeichen.«[522]

Entsprechend der herausgehobenen Position des Bezirkes Berlin verwundert es nicht, daß seit 1953, abgesehen von dem kurzen Zwischenspiel des 2. Sekretärs Hans Wagner 1963/64, alle 2. Sekretäre Mitglied im Zentralkomitee gewesen sind. Ohnehin entfallen auf den Bezirk Berlin zehn der 38 im ZK vertretenen 2. und Ressortsekretäre.

Erstaunlich ist die sehr geringe Anzahl der Wirtschaftssekretäre im ZK. Offenbar ist sie aufgrund der zu wahrenden Proportionen und der Tatsache, daß aus dem Wirtschaftsbereich bereits ZK-Abteilungsleiter, Minister und Werkdirektoren bzw. Betriebsleiter im ZK vertreten waren, zu erklären. Dagegen sind die Landwirtschaftssekretäre nach den 2. Sekretären am stärksten vertreten. Es muß gleichwohl festgestellt werden, daß die Ressortsekretäre der SED-Bezirksleitungen nur in wenigen Fällen Eingang in das Zentralkomitee gefunden haben. Hinzu kommt, daß mit 24 von 38 Funktionären die übergroße Mehrheit von 63 Prozent und damit fast zwei Drittel Kandidat oder Mitglied des Zentralkomitees geworden sind, bevor sie die Position eines Sekretärs der Bezirksleitung einnahmen. Sie sind also nicht qua Amt, weil sie Sekretäre von Bezirksleitungen waren, in das ZK kooptiert worden, sondern im Gegenteil häufig Bezirkssekretär geworden, weil sie bereits im ZK vertreten waren. So ist Willi Skibinski im Jahre 1963 als Vorsitzender einer LPG im Kreis Oschersleben ZK-Kandidat geworden, und als 1969

---

[522] Protokoll des Gesprächs mit Dr. Hans Modrow, Berlin, 6.9.2002, S. 2 und S. 2 f.

die Neubesetzung der Funktion des Sekretärs für Landwirtschaft der BL Magdeburg notwendig wurde, hiermit betraut worden. Neben der »ungenügende(n) Bereitschaft«[523] des zweiten in Aussicht genommenen Kandidaten wird angenommen, daß Skibinskis Status als ZK-Kandidat den Ausschlag gab.[524] Andere Funktionäre hatten, bevor sie auf die Bezirksebene wechselten, in zentralen Apparaten gearbeitet, waren in dieser Eigenschaft ZK-Mitglieder geworden und behielten diesen Status auch als spätere Sekretäre von Bezirksleitungen. So rückten beispielsweise Horst Schumann und später Günther Jahn aufgrund ihrer Funktion als 1. Sekretär des FDJ-Zentralrates als Mitglied in das ZK auf und blieben dort auch späterhin als Bezirkssekretäre. Horst Brasch wurde als Vizepräsident des Nationalrats der Nationalen Front 1963 ZK-Mitglied und blieb es bis 1989 als Staatssekretär und 1. Stellvertreter des Ministers für Kultur, 2. Sekretär der Bezirksleitung Karl-Marx-Stadt und zuletzt Generalsekretär der Liga für Völkerfreundschaft.

Zwischen 1946 und 1989 waren im Parteivorstand bzw. ZK der SED 567 Genossen als Mitglieder und Kandidaten vertreten, davon 71 lediglich in der Zeit von 1946 bis 1952 und damit vor der Bezirksbildung.[525] Wird ihre Zahl subtrahiert, ergibt sich eine Summe von 496 Personen im ZK zwischen 1952 und 1989. Hiervon fungierten 66 Genossen und damit 13 Prozent als Erste, Zweite und Ressortsekretäre der Bezirksleitungen. Die Bezirksebene der SED war damit im zwischen den Parteitagen formal höchsten Organ so schlecht nicht vertreten. Dies ist überwiegend auf die ab Anfang der sechziger Jahre generelle ZK-Mitgliedschaft der 1. Sekretäre der SED-Bezirksleitungen zurückzuführen; die 2. Sekretäre sind weit weniger, die anderen Sekretäre nur in Ausnahmefällen in dieses Gremium aufgerückt.

Die Vorsitzenden der Räte der Bezirke waren ebenfalls in nur wenigen Fällen im Zentralkomitee vertreten. Von 72 Funktionären, die diese Position zwischen 1952 und 1989 bekleideten, betraf es nur neun und damit 12,5 %. Wiederum hatte Berlin eine Sonderrolle inne, waren doch mit Friedrich Ebert, Herbert Fechner, Kurt Thieme und Erhard Krack alle Oberbürgermeister der Hauptstadt im ZK und der Bezirk Berlin damit in allen Jahren in diesem Gremium vertreten.[526] Allerdings sind sechs der neun Ratsvorsitzenden vor Übernahme dieser Funktion in das ZK gewählt worden, darunter als prominente Beispiele Werner Bruschke in seiner Zeit als Ministerpräsident von Sachsen-Anhalt und Hans Warnke als

---

[523] SAPMO, DY 30/IV 2/11/v 5486, Bl. 50.
[524] Vgl. Protokoll des Gesprächs mit Dr. Helmuth Winnig, Magdeburg, 9.7.2003, S. 7.
[525] Vgl. die Auflistung der »Mitglieder und Kandidaten des Parteivorstandes der SED bzw. des Zentralkomitees der SED 1946-1989«, in: Herbst/Stephan/Winkler, S. 849-854.
[526] In Berlin gab es keinen Vorsitzenden des Rates des Bezirkes, sondern den Oberbürgermeister als Mitglied des Sekretariats der Bezirksleitung. Kurt Thieme war von 1963 bis 1967 ständiger Vertreter des Oberbürgermeisters und wird hier mitgezählt. Erhard Krack übte von 1974 bis 1989 das Amt des OB aus, wurde aber erst 1976 in das ZK gewählt. Berlin war also genaugenommen zwischen 1974 und 1976 nicht durch den OB im ZK vertreten.

Staatssekretär im Ministerium des Innern. Diese Funktionäre behielten ihre ZK-Mitgliedschaft, als sie später den Ratsvorsitz übernahmen. Nur drei Vorsitzende von Räten der Bezirke wurden erst als solche in das ZK gewählt, darunter Herbert Fechner und Erhard Krack qua Amt als Oberbürgermeister von Berlin. Es bleibt mit Arnold Zimmermann in Suhl nur ein Ratsvorsitzender übrig, der zwischen 1952 und 1989 außerhalb Berlins in dieser Funktion in das Plenum aufrückte. Zimmermann kam allerdings von 1971 bis 1989 nicht über den Kandidatenstatus hinaus. Es kann daher konstatiert werden, daß eine Vertretung der staatlichen Ebene der Bezirke in Gestalt der Ratsvorsitzenden im Zentralkomitee mit Ausnahme von Berlin nicht für notwendig befunden wurde und unterblieb.

Das ZK wählte laut Statut der SED »zur politischen Leitung der Arbeit des Zentralkomitees zwischen den Plenartagungen das Politbüro« und »zur Leitung der laufenden Arbeit, hauptsächlich zur Durchführung und Kontrolle der Parteibeschlüsse und zur Auswahl der Kader, das Sekretariat«.[527] Nach diesem Statut stellte das Politbüro also »lediglich einen Arbeitsausschuß des Zentralkomitees dar. Tatsächlich aber war das Politbüro das höchste Entscheidungsgremium der SED und die höchste, vollkommen unabhängige Machtzentrale der DDR. Dessen Beschlüsse waren sakrosankt, und sie konnten in der Praxis auch nur durch dieses selbst revidiert werden.«[528] Im Politbüro wurden alle »grundsätzlichen politischen und wichtigen personellen Entscheidungen«[529] getroffen, es war das eigentliche Machtzentrum in der DDR, dessen »Befugnisse sich in der ›Kompetenzkompetenz‹ (Entscheidungsbefugnis über Zuständigkeiten) und in der ›Personalkompetenz‹ (Befugnis über die Besetzung von Spitzenämtern in Partei, Staat und Gesellschaft) konzentrierten.«[530]

Das Politbüro des ZK der SED setzte sich aus Mitgliedern und nicht stimmberechtigten Kandidaten zusammen. »Der anfangs sicher erhebliche Unterschied spielte allerdings in der ›Ära Honecker‹ kaum noch eine Rolle. Kandidaten brachten ebenso wie die Mitglieder Beschlußvorlagen ein und konnten in der Diskussion das Wort ergreifen.«[531] Dies bestätigt der frühere Vorsitzende der Staatlichen Plankommission, Gerhard Schürer, von 1973 bis 1989 selbst Kandidat des Politbüros, nach dessen Aussage »zwischen Mitgliedern und Kandidaten de facto kein Unterschied gemacht« wurde.[532] »Der Kandidat war nach dem Statut in den Sitzungen nicht stimmberechtigt, was aber in der Praxis bedeutungslos war, denn in den 16 Jahren meiner Mitgliedschaft habe ich kaum eine Abstimmung erlebt. Die

---

[527] Statut der SED, in: Protokoll der Verhandlungen des IX. Parteitages, S. 283 und S. 284. Vgl. auch Statut der SED, in: Protokoll der Verhandlungen des III. Parteitages, S. 316.
[528] Herbst/Stephan/Winkler, S. 515.
[529] Ebenda, S. 516.
[530] Ammer, S. 831.
[531] Herbst/Stephan/Winkler, S. 516.
[532] Interview von Brigitte Zimmermann mit Gerhard Schürer am 9.10.1991, in: Zimmermann, Brigitte/Schütt, Hans-Dieter (Hrsg.), ohnMacht. DDR-Funktionäre sagen aus, Berlin 1992, S. 178-189, hier S. 180.

einzige Abstimmung, an die ich mich erinnere, war die bei der Abberufung Erich Honeckers als Generalsekretär, bei der wir Kandidaten aber ausdrücklich aufgefordert wurden, mit abzustimmen. (...) Ansonsten bestanden zwischen den Mitgliedern und Kandidaten nur protokollarische Unterschiede, so wurden Mitglieder alphabetisch vor den Kandidaten genannt.«[533]

Am 24.1.1949 hatte der SED-Parteivorstand erstmalig ein politisches Büro gewählt. Ihm gehörten sieben Mitglieder und zwei Kandidaten an. In den folgenden Jahrzehnten bis 1989 erfuhr dieses Gremium eine recht kontinuierliche Ausweitung, wie folgende Tabelle zeigt[534]:

Tabelle: Mitglieder und Kandidaten des Politbüros 1949-1989

Jahr	Mitglieder	Kandidaten	gesamt
1949	7	2	9
1950	9	6	15
1954	9	5	14
1958	13	8	21
1963	14	9	23
1967	15	6	21
1971	16	7	23
1976	19	9	28
1981	17	8	25
1986	22	5	27
1989	21	5	26
November 1989	10	3	13

Das Maximum der im Politbüro vertretenen Funktionäre wurde in der Honecker-Ära erreicht, nachdem schon unter Ulbricht eine massive Ausweitung stattgefunden hatte. Erst das letzte, auf der 10. Tagung des ZK im November 1989 gewählte und nur wenige Wochen amtierende Politbüro zeigt eine erheblich um 50 % verringerte Anzahl von Mitgliedern und Kandidaten. Die Stärke dieses Politbüros entsprach mit 13 Funktionären etwa wieder dem zu Anfang der 1950er Jahre.

---

[533] Schürer, Gerhard, Gewagt und verloren. Eine deutsche Biographie, Frankfurt (Oder) 1996, S. 195. Schürer wurde erst auf der 10. Tagung des ZK vom 8.-10.11.1989 zum Mitglied des Politbüros gewählt. Vgl. Kommuniqué der 10. Tagung des Zentralkomitees der SED, in: Neues Deutschland, 11./12.11.1989, S. 1.
[534] Vgl. Alt, S. 81, Tabelle 8; Meyer, S. 47, Tabelle 1; Neues Deutschland, 11./12.11.1989, S. 1.

3.6 Zum politischen Stellenwert der Sekretäre der Bezirksleitungen   177

Insgesamt saßen im Politbüro in dessen 40jähriger Geschichte 68 Kandidaten und Mitglieder. Dabei war es der häufiger beschrittene Weg, über den Kandidatenstatus als Mitglied in das Politbüro zu gelangen. Dies war bei 27 Funktionären der Fall. 21 Genossen erhielten ohne eine vorherige Kandidatur die Mitgliedschaft in diesem Gremium, 20 kamen über den Status des Kandidaten nicht hinaus.[535] Wichtigste Person im Politbüro war zweifellos der Generalsekretär/1. Sekretär des ZK. Er leitete die Sitzungen und traf »letztendlich (...) selbst die Personalentscheidungen für die Besetzung von Zentralkomitee und Politbüro.«[536] Im Politbüro waren die bedeutendsten Partei- und Staatsfunktionäre vertreten. Dazu zählten neben dem Generalsekretär und den Sekretären des ZK der SED der Präsident (bis 1960) und der Ministerpräsident der DDR, die Vorsitzenden der Staatlichen Plankommission, der Zentralen Parteikontrollkommission und des FDGB-Bundesvorstandes, einige Abteilungsleiter des ZK und Minister. Weiter sind hier ebenfalls die Chefredakteure des »Neuen Deutschland« und zeitweise die Vorsitzenden des Zentralrats der FDJ zu nennen.

Es kann davon ausgegangen werden, daß die im Politbüro versammelten Genossen ein unterschiedliches politisches Gewicht besaßen. Insbesondere waren diejenigen, die »gleichzeitig die Funktion eines ZK-Sekretärs bekleideten, mit mehr realer Machtbefugnis ausgestattet als die anderen«[537], war doch das Sekretariat des ZK »mit Umsetzung und Kontrolle« der Beschlüsse des Politbüros beauftragt, und dessen Sekretäre »standen jeweils bestimmten ZK-Abteilungen vor, die die gesamte politische Arbeit organisierten und mit Analysen und Beschlußvorlagen die Entscheidungen« des Politbüros vorbereiteten.[538] Unter den Ministern kam dem Verteidigungs- und dem Minister für Staatssicherheit eine besondere Bedeutung zu.[539] Mit dem politischen Einfluß solcher Funktionäre konnten die 1. Sekretäre der SED-Bezirksleitungen sicher nicht konkurrieren, doch gab es auch einige unter ihnen, die den Weg in das Politbüro fanden. Wie es konkret um die Vertretung der regionalen Parteiinstanzen in diesem Gremium bestellt war, soll in den nachfolgenden Ausführungen untersucht werden.

---

535 Die in Herbst/Stephan/Winkler, S. 848 f. gegebene Aufstellung der Mitglieder und Kandidaten des Politbüros weist folgende Fehler auf: Die Funktionäre Alfred Kurella, 1958-1963 als Leiter der Kulturkommission des Politbüros auch dessen Kandidat, und Günter Sieber, als Abteilungsleiter Internationale Verbindungen des ZK im November 1989 zum Kandidaten gewählt, fehlen. Dagegen ist fälschlich Gunter Rettner, Leiter der Abteilung Internationale Politik und Wirtschaft im ZK, mit dem Jahr 1989 aufgeführt, der keinen Eingang in das Politbüro gefunden hat. In Herbst/Ranke/Winkler, Bd. 2, S. 815, sind Kurella richtig, Rettner erneut falsch und Sieber wieder nicht aufgeführt. Die 1958 und 1989 tatsächlich gewählten Mitglieder und Kandidaten des Politbüros sind zu finden in: Neues Deutschland, 17.7.1958, S. 1 und Neues Deutschland 11./12.11.1989, S. 1.
536 Herbst/Stephan/Winkler, S. 515.
537 Ebenda, S. 517.
538 Herbst/Ranke/Winkler, Bd. 2, S. 814.
539 Ammer, S. 831, schreibt, »jedoch nicht der Außenminister und der Innenminister« seien im Politbüro vertreten gewesen. Dies ist nicht ganz zutreffend. Karl Steinhoff und Willi Stoph, die 1949-1952 bzw. 1952-1955 dem Ministerium des Innern vorstanden, wurden in dieser Eigenschaft 1949 zum Kandidaten bzw. 1953 zum Mitglied des Politbüros gewählt.

In der wissenschaftlichen Literatur findet sich die Behauptung, es »gehörten dem Politbüro stets mehrere Sekretäre von Bezirksleitungen wichtiger Bezirke, darunter immer der Erste Sekretär der Bezirksleitung von Berlin (Ost), an«.[540] Dies ist, so formuliert, unzutreffend. In den 1950er Jahren gehörten nicht in jedem Fall »stets mehrere Sekretäre« der BL dem Politbüro an. In den Jahren 1954 bis 1957 beispielsweise traf dies nur auf Alfred Neumann, den 1. Sekretär der BL Berlin, zu. Zwischen Februar 1957, als Neumann diese Funktion abgab, und Juli 1958, als mit Paul Fröhlich, Karl Mewis und Alois Pisnik die 1. Sekretäre der BL Leipzig, Rostock und Magdeburg als Kandidaten in das Politbüro aufrückten, waren die SED-Bezirksleitungen, abgesehen von dem Berliner Oberbürgermeister Friedrich Ebert, überhaupt nicht in diesem Gremium vertreten.[541] Kein 2. oder Ressortsekretär und kein Ratsvorsitzender (mit Ausnahme Eberts) ist je in das Politbüro gewählt worden, die Bezirksebene war nur durch die 1. Sekretäre präsent. Die folgende Tabelle zeigt, um wen es sich im einzelnen gehandelt hat.

Insgesamt 21 Erste Bezirkssekretäre, das sind 27,3 % aller Funktionäre, die dieses Amt bekleideten, waren zwischen 1952 und 1989 im Politbüro vertreten. Von allen 65 in diesem Zeitraum gewählten Mitgliedern und Kandidaten stellten sie 32 % und damit ein Drittel.[542] Mit Hans Jendretzky, zweimal Erich Mückenberger, Günter Schabowski und Paul Verner sind fünf 1. Bezirkssekretäre bereits in das Politbüro gewählt worden, bevor sie ihre Funktion im Bezirk angetreten hatten. 16 Genossen wurden also direkt in Ausübung ihrer Funktion als 1. Bezirkssekretäre ins Politbüro gewählt; sie stellten jeden Vierten aller Genossen im Politbüro. Es ist daher in der Literatur auch vermutet worden, die 1. Sekretäre der SED-Bezirksleitungen bildeten die »bevorzugte Rekrutierungsgruppe für Führungsfunktionen im Politbüro«.[543] Dies stimmt so absolut nicht, die Bezirksebene stellte neben der zentralen politischen und der zentralen staatlichen Ebene eines der drei wichtigsten Rekrutierungsfelder für den Aufstieg in das Politbüro dar. 19 Funktionäre der Bezirksebene (16 Erste Bezirkssekretäre, zwei 1. Sekretäre von Landesleitungen und der Oberbürgermeister von Berlin) stehen 16 staatlichen Funktionären (darunter elf Minister) und 20 Genossen aus dem zentralen Parteiapparat (darunter elf Sekretäre und vier Abteilungsleiter des ZK) gegenüber. Der Sprung in das Politbüro gelang also ganz überwiegend sowohl 1. Bezirkssekretä-

---

[540] Ebenda. Vgl. auch ebenda, S. 823.
[541] Alfred Neumann wurde auf der 30. Tagung des ZK (30.1.-1.2.1957) zu einem der Sekretäre des ZK gewählt. Vgl. Kommuniqué der 30. Tagung des Zentralkomitees der SED, in: Neues Deutschland, 2.2.1957, S. 1. Auf der 1. Tagung des ZK am 16.7.1958 erfolgte die Wahl von Fröhlich, Mewis und Pisnik zu Kandidaten des Politbüros. Vgl. Kommuniqué der 1. Tagung des Zentralkomitees der Sozialistischen Einheitspartei Deutschlands, in: Neues Deutschland, 17.7.1958, S. 1.
[542] Von insgesamt 68 Politbüromitgliedern und Kandidaten sind hier Helmut Lehmann, Paul Merker und Karl Steinhoff nicht berücksichtigt, die jeweils 1949/50 und damit noch vor der Bezirksbildung in diesem Gremium vertreten waren.
[543] Zimmermann, Hartmut, Machtverteilung und Partizipationschancen. Zu einigen Aspekten des politisch-sozialen Systems in der DDR, in: Glaeßner, Gert-Joachim (Hrsg.), Die DDR in der Ära Honecker. Politik-Kultur-Gesellschaft, Opladen 1988, S. 214-283, hier S. 236.

3.6 Zum politischen Stellenwert der Sekretäre der Bezirksleitungen

Tabelle: Im Politbüro vertretene 1. Sekretäre der SED-Bezirksleitungen

Name	Bezirk	Amtszeit	Kandidatur	Mitgliedschaft
Hans-Joachim Böhme	Halle	1981-1989	---	1986-1989
Johannes Chemnitzer	Neubrandenburg	1963-1989	1989	---
Werner Eberlein	Magdeburg	1983-1989	1985-1986	1986-1989
Werner Felfe	Halle	1971-1981	1973-1976	1976-1988
Paul Fröhlich	Leipzig	1952-1970	1958-1963	1963-1970
Hans Jendretzky	Berlin	1952-1953	1950-1953	---
Werner Krolikowski	Dresden	1960-1973	---	1971-1989
Siegfried Lorenz	Karl-Marx-Stadt	1976-1989	1985-1986	1986-1989
Karl Mewis	Rostock	1952-1961	1958-1963	---
Hans Modrow	Dresden	1973-1989	---	1989
Erich Mückenberger	Erfurt	1952-1953	1950-1954	1954-1989
Erich Mückenberger	Frankfurt (Oder)	1961-1971	1950-1954	1954-1989
Gerhard Müller	Erfurt	1980-1989	1985-1989	---
Konrad Naumann	Berlin	1971-1985	1973-1976	1976-1985
Alfred Neumann	Berlin	1953-1957	1954-1958	1958-1989
Alois Pisnik	Magdeburg	1952-1979	1958-1963	---
Günter Schabowski	Berlin	1985-1989	1981-1984	1984-1989
Horst Sindermann	Halle	1963-1971	1963-1967	1967-1989
Harry Tisch	Rostock	1961-1975	1971-1975	1975-1989
Paul Verner	Berlin	1959-1971	1958-1963	1963-1984
Werner Walde	Cottbus	1969-1989	1976-1989	---

ren als auch den Sekretären des ZK und Ministern, die besonders wichtigen Ressorts vorstanden. Es kann festgehalten werden, daß ein großer Teil der Politbüromitglieder und -kandidaten als 1. Sekretäre der SED-Bezirksleitungen in dieses höchste Machtzentrum gelangt sind.[544]

---

[544] Insofern hatte der damalige Sekretär des ZK Werner Lamberz völlig recht, als er im Sommer 1973 seinem Abteilungsleiter für Agitation Hans Modrow, der als 1. Bezirkssekretär nach Dresden berufen werden sollte, als Trost versicherte: »Als Bezirks-Chef habe man größere Chancen denn als Abteilungsleiter, ins Politbüro aufzusteigen.« Modrow, Hans, Von Schwerin bis Strasbourg. Erinnerungen an ein halbes Jahrhundert Parlamentsarbeit, Berlin 2001, S. 70 f. Vgl. auch Modrow, Hans,

Häufig war mit der Berufung in das Politbüro der politische Zenit der 1. Bezirkssekretäre noch nicht erreicht, sondern es folgte ein weiterer Aufstieg in zentrale Parteifunktionen. Dies traf auf etwa die Hälfte aller im Politbüro versammelten Bezirksvertreter zu. Mit Werner Felfe, Werner Krolikowski, Erich Mückenberger, Alfred Neumann und Paul Verner etwa wurden fünf Bezirkssekretäre nach ihrer Wahl in das Politbüro Sekretäre des Zentralkomitees. Im Fall von Krolikowski dauerte dies nur zwei, bei Alfred Neumann nur drei Jahre. Krolikowski repräsentierte in seinen 18 Jahren als Mitglied des Politbüros nur in den ersten beiden Jahren den Bezirk Dresden. Bis zum Herbst 1989 war dieser volkswirtschaftlich bedeutende Bezirk nur für diese zwei Jahre durch einen Genossen im Politbüro vertreten.

Ohnehin ist der Stellenwert der Bezirkssekretäre im Politbüro nicht allzu hoch zu veranschlagen. Von bedeutenderem politischen Gewicht waren da die Sekretäre des ZK. Sie waren überwiegend qua Amt auch Politbüromitglieder.[545] In der Regel wurden die 1. Bezirkssekretäre als Kandidaten in das Politbüro kooptiert, eine spätere Mitgliedschaft war häufig, aber längst nicht immer der Fall. Funktionäre wie Werner Walde in Cottbus oder Gerhard Müller in Erfurt sind nie über den Kandidatenstatus hinausgekommen. Nur ausnahmsweise wurde ein Bezirkssekretär gleich als Mitglied in das Politbüro aufgenommen. Dies traf lediglich auf Hans-Joachim Böhme in Halle und Werner Krolikowski in Dresden zu. Erich Mückenberger war als ZK-Sekretär bereits Mitglied geworden und blieb dies, als er den Bezirk Frankfurt (Oder) übernahm. Das gleiche gilt für Günter Schabowski, der als Chefredakteur des ND ein Jahr, bevor er 1. Sekretär der BL Berlin wurde, als Mitglied in das Politbüro aufgerückt ist.

Die 1. Sekretäre, die in das Politbüro gewählt wurden, blieben dort auch, solange sie ihre Funktion ausübten. Es gibt nur ein Beispiel dafür, daß jemand wieder aus dem Politbüro entfernt wurde, seinen Posten im Bezirk aber behielt. Alois Pisnik war 1958 zum Kandidaten des Politbüros gewählt worden und blieb dies fünf Jahre. Auf der 1. Tagung des ZK der SED am 21.1.1963 stand die Wahl eines neuen Politbüros auf der Tagesordnung. Ulbricht setzte den Anwesenden auseinander, bei den Vorschlägen sei davon auszugehen, »daß die Zahl der Genossen vergrößert werden muß, die Spezialisten sind und große Fachkenntnisse auf dem Gebiet der Wirtschaft haben.« Daher würden »einige Genossen, die bisher dem Politbüro angehört haben, nicht auf dieser Liste stehen«. Dies bedeute »keine Charakteristik ihrer Arbeit, sondern es ist notwendig, einige Auswechslungen

---

Ich wollte ein neues Deutschland, Berlin 1998, S. 154. Allerdings blieb Modrow unter Honecker der Aufstieg in das Politbüro versagt.

[545] Nur den Sekretären des ZK Alexander Abusch (1950), Adalbert Hengst (1952/53), Willi Stoph (1950-1953), Kurt Vieweg (1950-1953), Paul Wandel (1953-1957) und Gerhart Ziller (1953-1957) blieb ein Sitz im Politbüro verwehrt. Die ZK-Sekretäre Horst Dohlus (1973-1989), Kurt Hager (1955-1989), Werner Lamberz (1967-1978), Günter Mittag (1962-1973/1976-1989) und Albert Norden (1955-1981) gelangten erst drei Jahre bzw. ein Jahr (Mittag) nach Übernahme dieser Funktion in das Politbüro. Vgl. Herbst/Stephan/Winkler, S. 848 f.

3.6 Zum politischen Stellenwert der Sekretäre der Bezirksleitungen

vorzunehmen, da wir das Politbüro nicht ständig zahlenmäßig erweitern können.«[546] Diesem Revirement mußte Alois Pisnik weichen. Die Funktion als 1. Sekretär der BL Magdeburg behielt er noch für weitere 16 Jahre.[547]

Es gibt zwischen der Ulbricht- und der Honecker-Zeit keine signifikanten Unterschiede im Hinblick auf die Repräsentanz der Bezirksebene im Politbüro. Zwischen 1958 und 1981 waren hier stets – bis auf ein Jahr[548] – zwischen drei und fünf 1. Sekretäre von Bezirksleitungen versammelt. Von 1982 bis 1984 hatten mit Konrad Naumann (Berlin) und Werner Walde (Cottbus) nur zwei 1. Bezirkssekretäre zum Politbüro gehört, bevor auf dessen außerordentlicher Sitzung vom 22.11.1985 gleich drei neue Bezirksvertreter als Kandidaten gewählt wurden: Werner Eberlein (Magdeburg), Siegfried Lorenz (Karl-Marx-Stadt) und Gerhard Müller (Erfurt).[549] Diesen nun fünf 1. Bezirkssekretären[550] gesellte sich 1986 mit Hans-Joachim Böhme aus Halle ein weiterer hinzu, so daß in den letzten drei Jahren der Honecker-Ära sechs 1. Bezirkssekretäre, so viel wie nie zuvor, dem Politbüro angehörten, davon vier als Mitglieder und zwei als Kandidaten. Rund jeder vierte im Politbüro vertretene Funktionär repräsentierte die Bezirksebene. Das kann als durchaus angemessen betrachtet werden. 1976, als das Politbüro mit 28 Genossen seinen höchsten personellen Bestand aufgewiesen hatte, waren nur drei und damit rund jeder Zehnte als Bezirkssekretär vertreten. Honecker hatte also in seinen letzten Jahren als Generalsekretär der Bezirksebene mehr Mitwirkung im engsten Machtzirkel verschafft.

Nach welchen Kriterien wurden nun die 1. Sekretäre der BL, die als Kandidaten bzw. Mitglieder in das Politbüro aufrückten, ausgewählt? Zunächst fällt erneut die starke Dominanz der Hauptstadt auf. Die Berliner Bezirksleitung war mit fünf 1. Sekretären fast durchgängig präsent. Allerdings stimmt die Behauptung, »Politbüromitglied war stets der erste Sekretär der Bezirksleitung von Berlin«, nicht.[551] Hans Kiefert, der die Berliner Bezirksparteiorganisation von Februar 1957 bis Februar 1959 führte, blieb dieser Aufstieg versagt, der Bezirk in diesen zwei Jahren also ohne Repräsentanz im Politbüro.

---

[546] SAPMO, DY 30/IV 2/1/287, Bl. 5.
[547] Alois Pisnik und seine Frau Martha vertraten in einem Interview den Standpunkt, die Entfernung aus dem Politbüro sei erfolgt, weil er dort zu oft »den Mund aufgemacht« hat. Das ist möglich, aber mangels Quellen nicht weiter zu belegen. Vgl. Protokoll des Gesprächs mit Alois und Martha Pisnik, Rostock, 17./24.10.2002, S. 14.
[548] 1972 waren nur Werner Krolikowski aus Dresden und Harry Tisch aus Rostock im Politbüro. Erich Mückenberger, Horst Sindermann und Paul Verner, die im Jahr zuvor ebenfalls als 1. Bezirkssekretäre dem Politbüro angehört hatten, blieben zwar in diesem Gremium, hatten aber 1971 die Bezirke verlassen und eine Funktion im zentralen Parteiapparat bzw. im Ministerrat übernommen. 1973 kamen mit Konrad Naumann aus Berlin und Werner Felfe aus Halle zwei neue Bezirkssekretäre in das Politbüro.
[549] Vgl. Protokoll der außerordentlichen Sitzung des Politbüros vom 22.11.1985, in: SAPMO, DY 30/J IV 2/2/2141.
[550] Ebenfalls im November 1985 hatte das Politbüromitglied Günter Schabowski den Berliner 1. Bezirkssekretär Konrad Naumann abgelöst.
[551] Ammer, S. 823.

Ein weiteres Kriterium war das der volkswirtschaftlichen Bedeutung des Bezirkes. Hier stand in fast allen Jahren der DDR ausweislich des Anteils an der industriellen Bruttoproduktion der Industrie der Bezirk Halle an der Spitze.[552] Ulbricht selbst unterstrich dies auf der 1. ZK-Tagung am 21.1.1963 mit folgenden Worten: »da wir Wert darauf legen, daß der Sekretär des wichtigsten Industriebezirks dem Politbüro angehört, deshalb schlagen wir den Genossen Horst Sindermann gleichzeitig als Kandidaten des Politbüros vor.«[553] In der Tat war der Bezirk Halle durch seinen 1. Sekretär 1963-1971, 1973-1981 und 1986-1989 fast 20 Jahre, über die Hälfte der Zeit seiner Existenz und so lange wie außer Berlin kein anderer Bezirk, im Politbüro vertreten. Die nächsten beiden Bezirke, die hier über einen längeren Zeitraum präsent waren, sind Cottbus mit 13 und Leipzig mit zwölf Jahren. Cottbus hatte ein spezifisches wirtschaftliches Gewicht als Braunkohle- und Energiebezirk der DDR, Leipzig in allen Jahren durch den viertgrößten Anteil an der industriellen Bruttoproduktion der Bezirke seine wirtschaftliche Bedeutung unter Beweis gestellt. Aber natürlich waren es nicht nur solche Erwägungen, die den Generalsekretär/1. Sekretär bewogen, einen Bezirksfunktionär in das Politbüro zu kooptieren. Im Falle Paul Fröhlichs etwa wird nicht nur das Gewicht des Bezirkes Leipzig, sondern auch der Umstand, daß er »in den fünfziger und sechziger Jahren Walter Ulbricht besonders verbunden war«, eine Rolle gespielt haben.[554] Werner Eberlein wurde 1985 mit 66 Jahren nicht wegen der Bedeutung Magdeburgs als Maschinenbau- und Agrarbezirk, sondern weil er »eine große innere Bindung zu Honecker hatte«[555], der ihm vertraute, Politbürokandidat.[556] Mit Siegfried Lorenz machte Honecker den 1. Sekretär des nach Halle bedeutendsten Industriebezirks zum Kandidaten und später Mitglied des Politbüros. Ab 1985 war auch Erfurt vertreten, bis auf die kurze Zeit 1971-1973 jedoch nie der Bezirk Dresden, der hinsichtlich seines volkswirtschaftlichen Gewichts deutlich vor Erfurt rangierte. Gerhard Müller »wollte der erste und der beste 1. Sekretär unter den 1. Sekretären sein«[557] und wurde auch mit einem Sitz im Politbüro belohnt, was Hans Modrow in Dresden verwehrt blieb. An seiner »Person machte Honecker deutlich, nach welchen Kriterien er Leute in seine Umgebung zog: nämlich jene, die ihm nach dem Munde redeten und loyal bis zum

---

[552] Zur volkswirtschaftlichen Bedeutung der jeweiligen Bezirke vgl. Statistisches Jahrbuch der Deutschen Demokratischen Republik, 1. Jg. 1955-35. Jg. 1990, Berlin (Ost) 1955-1990.
[553] SAPMO, DY 30/IV 2/1/287, Bl. 6.
[554] Roth, Heidi, Der 17. Juni 1953 in Sachsen, Köln 1999, S. 573. Das Beispiel Fröhlichs widerlegt auch die Behauptung Meyers, aus der BL Leipzig wäre »niemals jemand von der Position des 1. oder 2. Sekretärs ins Politbüro« gelangt. Vgl. Meyer, S. 190.
[555] Koehne, Ludwig/Sieren, Frank (Hrsg.), Günter Schabowski: Das Politbüro. Ende eines Mythos. Eine Befragung, Reinbek 1991, S. 104.
[556] Dazu äußerte sich Eberlein so: Im Politbüro wollte Honecker »nur Leute haben, die er kannte, denen er vertrauen wollte. Und ich hatte nun Jahrzehnte mit ihm zusammengearbeitet als Dolmetscher. Er kannte mich und ging davon aus: Er steht zu mir, auch weiterhin.« Protokoll des Gesprächs mit Werner Eberlein, Berlin, 4.9.2002, S. 1.
[557] Modrow, Neues Deutschland, S. 174.

Opportunismus waren. (...) Mein Vorgänger hatte seinen Platz im Politbüro gefunden, und das ›Gewicht‹ manches 1. Sekretärs, der dort ebenfalls saß, entsprach nicht unbedingt der Bedeutung des von ihm geführten Bezirkes.«[558]

Die fünf Bezirke Gera, Neubrandenburg, Potsdam, Schwerin und Suhl, die industriell zu den weniger bedeutsamen Bezirken gehörten und 1989 zusammen nur 17,6 % der industriellen Bruttoproduktion vereinten, waren bis zum Herbst 1989 nicht durch ihre 1. Sekretäre im Politbüro präsent.[559] Aber letztlich hat niemand außer dem Generalsekretär selbst, so Schabowski, sagen können, welche »Genossen gewählt wurden. Das hat er nie begründet. (...) Entweder gehörte man ohnehin zu denen, die in Frage kamen, oder man gehörte nicht dazu«, und nur noch Honecker war imstande, »die mikroskopischen Unterschiede wahrzunehmen, die diesen für eine höhere Funktion eher als jenen qualifizierten.«[560]

Zwar war das Politbüro formal ein kollektives Organ, doch besaß der Generalsekretär/1. Sekretär einen dominierenden Einfluß. Daneben hatten in den letzten Jahren »vor allem Günter Mittag und Erich Mielke starke Positionen innerhalb der SED-Führungsspitze.«[561] Die 1. Bezirkssekretäre spielten hingegen in diesem Kreis in der Regel nur die Rolle von Statisten. Dies belegt eine Notiz von Werner Krolikowski, selbst Politbüromitglied und damit im engsten Zirkel der Macht, vom 30.3.1983, in der es über den Generalsekretär (als »EH« codiert) und das Politbüro (»PB«) heißt: »EH schaltet und waltet wie er will. Es gibt keine echte Kollektivität. Er führt keine Problemdiskussionen durch. Ehrliche Analysen über die innere Lage in der DDR (...) werden schon jahrelang im PB nicht mehr behandelt und nicht zum Gegenstand einer kollektiven Aussprache und Beschlußfassung gemacht. Wenn sich im PB der Keim einer anderen Meinung zeigt, wird er bereits übergangen oder zurückgewiesen. Praktisch arbeitet das PB unter dem Druck von EH, dessen Alleinmeinung in allen Fragen und Belangen durchgesetzt wird. Die Mehrheit der Mitglieder und Kandidaten des PB redet ihm zu Munde (...). Die preußische Disziplin und Liebedienerei feiert im PB jeden Tag neue Triumphe (sic!).«[562] Dies blieb bis zum Ende der Honecker-Ära so. Krolikowski bekräftigte dies durch eine Aufzeichnung vom 16.1.1990: »In der Tat gab es keine kollektive politische Führung durch das Politbüro. In der Tat gab es ein Regime

---

[558] Modrow, Von Schwerin bis Strasbourg, S. 78 f.
[559] Auf der 10. Tagung des ZK vom 8.-10.11.1989 wurde Johannes Chemnitzer am 1. Beratungstag zum Kandidaten des Politbüros gewählt, aufgrund des mangelnden Rückhalts in seiner Bezirksleitung am 10.11. aber bereits wieder von dieser Funktion entbunden. Vgl. Hertle, Hans Hermann/Stephan, Gerd-Rüdiger (Hrsg.), Das Ende der SED. Die letzten Tage des Zentralkomitees, Berlin 1997, S. 163 und S. 434.
[560] Schabowski, Günter, »So wurde alles in den Friede-Freude-Eierkuchenteig gerührt...«, in: Villain, Jean, Die Revolution verstößt ihre Väter. Aussagen und Gespräche zum Untergang der DDR, Bern 1990, S. 34-68, hier S. 54.
[561] Herbst/Ranke/Winkler, Bd. 2, S. 814.
[562] Zit. in: Przybylski, Peter, Tatort Politbüro. Die Akte Honecker, Berlin 1991, S. 355 f.

der persönlichen Macht durch Honecker, dessen engster Kumpan Mittag war«.[563]

Die 1. Bezirkssekretäre konnten im Politbüro kein übermäßig starkes politisches Gewicht beanspruchen. Die entscheidenden politischen Kompetenzen für die Ausgestaltung und Durchführung der Politik in der DDR lagen neben dem Politbüro im wöchentlich unter Leitung des Generalsekretärs zusammentretenden Sekretariat des ZK. Dieses »befaßte sich mit Parteiangelegenheiten sowie mit Analysen der aktuellen politischen, geistigen und wirtschaftlichen Entwicklungen und mit daraus sich ergebender bzw. daraufhin erforderlicher Entscheidungsfindung. Hier wurden auch die Anleitung und Kontrolle des Staatsapparates sowie anderer Organisationen und Institutionen veranlaßt und von den ZK-Abteilungen vollzogen.«[564] Gerade den Abteilungen des Zentralkomitees kam bei der Vorbereitung der Beschlüsse eine zentrale Rolle zu. Den Sekretären des ZK waren eine oder mehrere Abteilungen direkt unterstellt, und dadurch wuchs ihnen »eine beachtliche Machtfülle zu, da sie aus ›ihren‹ Abteilungen jeweils mit spezifischem Herrschaftswissen versorgt wurden, durch gezielte Analysen und damit begründete Beschlußvorlagen Entscheidungen des Politbüros beeinflussen und schließlich in ihrem Bereich die Umsetzung einschlägiger Politbürobeschlüsse steuern konnten.«[565]

Der zentrale Parteiapparat der SED war unterhalb der Abteilungen in Sektoren gegliedert. Neben den Sekretären, Abteilungs- und Sektorenleitern des ZK kam dem zentralen Staatsapparat, hier vor allem in Gestalt der Minister und ihrer Stellvertreter, eine große Bedeutung bei der Umsetzung der Beschlüsse zu. Es soll daher nachfolgend untersucht werden, in welchem Ausmaß es Sekretären der SED-Bezirksleitungen gelungen ist, verantwortliche Funktionen in zentralen Apparaten zu übernehmen. So kann die Frage geklärt werden, ob die Funktion als Bezirkssekretär in der Regel den Höhepunkt einer Laufbahn in der SED, die über die regionale Ebene führte, darstellte, oder ob eine solche Funktion auch als Sprungbrett an die Spitze von Partei und Staat dienen konnte.

Das Sekretariat des ZK versammelte mit den Genossen, die zugleich auch im Politbüro saßen, die eigentlichen Entscheidungsträger. Insgesamt sieben Sekretäre des ZK waren zuvor 1. Sekretär einer Bezirksleitung. Es handelt sich um Johannes Chemnitzer[566] (Neubrandenburg), Werner Felfe (Halle), Gerhard Grüne-

---

[563] Zit. in: ebenda, S. 328. So bemerkenswert diese Einschätzung durch ein früheres Politbüromitglied auch ist, so muß auch festgehalten werden, daß Krolikowski selbst bis 1989 durch keinerlei offene Kritik am Generalsekretär und dessen Führungsstil hervorgetreten ist.
[564] Herbst/Stephan/Winkler, S. 522.
[565] Ebenda.
[566] Johannes Chemnitzer war auf der 10. Tagung des ZK am 8.11.1989 zum Sekretär für Landwirtschaft des ZK gewählt, doch bereits zwei Tage später durch Helmut Semmelmann, bisherigen Abteilungsleiter Landwirtschaft des ZK, ersetzt worden. Vgl. Hertle/Stephan, S. 164 und S. 398.

3.6 Zum politischen Stellenwert der Sekretäre der Bezirksleitungen

Tabelle: Wechsel von Sekretären der Bezirksleitungen als Sektoren- und Abteilungsleiter (SL bzw. AL) in den Apparat des ZK

Name	BL	Funktion	Zeitraum	Neue Funktion
Edith Baumann	Berlin	Landwirtschaft	1954-1955	AL Frauen
Luise Bäuml	Leipzig	Agit.-Prop.	1952-1954	Stellvertretender AL
Horst Dohlus	Cottbus	2. Sekretär	1958-1960	AL Parteiorgane
Günter Fischer	Gera	Agit.-Prop.	1962-1966	SL Presse und Stellv. AL Agitation
Bertold Handwerker	Potsdam	Wirtschaft	1952-1954	SL und AL Grundstoffindustrie bzw. Kohle, Bergbau, Energie und Chemie
Fritz Hecht	Halle	Landwirtschaft	1952-1953	AL Landwirtschaft
Peter Heldt	Leipzig	Kultur	1970-1973	AL Kultur
Hans-Joachim Hoffmann	Leipzig	2. Sekretär	1970-1971	AL Kultur
Benno Kiebs	Gera	Kultur	1952-1954	AL Allgemeinbildende Schulen
Paul Kraszon	Karl-Marx-Stadt	Wirtschaft	1952-1953	AL Grundstoffindustrie
Ernst Lungewitz	Frankfurt (Oder)	Wirtschaft	1956-1957	AL Industrie
Franz Mellentin	Halle	Landwirtschaft	1953-1954	AL Landwirtschaft
Hans Modrow	Berlin	Agit.-Prop.	1967-1971	AL Agitation
Werner Neugebauer	Karl-Marx-Stadt	Kultur	1954-1955	Stellv. AL bzw. AL Allgemeinbildende Schulen, AL Volksbildung
Peter Pries	Rostock	2. Sekretär	1952-1953	AL Agitation
Hans Riesner	Dresden	1. Sekretär	1952-1957	Stellv. AL bzw. AL
Karl Schirdewan	Leipzig	1. Sekretär	1952	AL Leitende Parteiorgane
Kurt Schneidewind	Suhl	1. Sekretär	1954-1956	AL Organisation
Siegfried Wagner	Leipzig	Kultur	1952-1957	AL Kultur

berg (Frankfurt (Oder)), Werner Krolikowski (Dresden), Erich Mückenberger (Erfurt), Alfred Neumann (Berlin) und Paul Verner (Berlin).[567]

Die nächste Hierarchieebene betrifft die Sektoren- und Abteilungsleiter im ZK.[568] Über die Sekretäre der Bezirksleitungen, die direkt in diese Funktionen wechselten, gibt die vorstehende Tabelle Auskunft.

Insgesamt 19 Sekretäre von SED-Bezirksleitungen wechselten in den Apparat des Zentralkomitees. Der überwiegenden Mehrheit von 14 Funktionären gelang dies noch in den fünfziger Jahren. Allein in den Jahren 1952 bis 1955 betraf es zehn Genossen. Sie waren nur kurze Zeit in den Bezirken tätig gewesen, hatten dort Engagement gezeigt und sich so für höhere Aufgaben empfohlen. So ist Fritz Hecht, Sekretär für Landwirtschaft der BL Halle, bereits zum 1.6.1953, nach nur zehn Monaten im Bezirk, Leiter der Abteilung Landwirtschaft des ZK geworden.[569] Benno Kiebs brachte nicht nur »die fachlichen und politischen Voraussetzungen« mit, sondern hatte sich die »ihm bisher fehlende Parteierfahrung (…) in seiner 1 ½ jährigen Tätigkeit als Sekretär der BL erworben, so dass die Voraussetzungen dafür gegeben« waren, ihn ab 1.3.1954 zum Leiter der Abteilung Allgemeinbildende Schulen in den Apparat des ZK zu holen.[570]

In den sechziger und siebziger Jahren wechselten nur noch fünf Bezirkssekretäre in den zentralen Parteiapparat. Nach Peter Heldt, der 1973 die Abteilung Kultur übernommen hatte, gelang bis 1989 keinem Sekretär einer BL mehr der Sprung in die Parteiführung. Die Karrierewege waren in den fünfziger Jahren noch verhältnismäßig offen, Aufstiegsmöglichkeiten für regionale Parteifunktionäre durchaus gegeben. In den späteren Jahren der DDR nahm dies kontinuierlich ab. Die Dienstzeiten sowohl der Bezirkssekretäre als auch der Funktionäre der zentralen Parteiführung weiteten sich immer mehr aus, Funktionswechsel wurden immer seltener.

Wenn die Suprematie der Parteiebene auch nicht zu bezweifeln ist und etwa ein ZK-Abteilungsleiter »in der Parteihierarchie über einem Minister rangierte«[571], so müssen auch Funktionen im Apparat des Ministerrates zu den politisch bedeutsamen in der DDR gezählt werden. Ein Wechsel von der Bezirksleitung auf den

---

[567] Hermann Axen wurde hier nicht gezählt, da er nicht direkt im Anschluß an seine Tätigkeit als 2. Sekretär der BL Berlin (1953-1955) Sekretär des ZK geworden ist. Dies geschah über den Umweg des Chefredakteurs des »Neuen Deutschland« erst im Jahre 1966. Auch Edith Baumann findet aus gleichem Grund keine Berücksichtigung. Sie war 1954-55 Sekretär der BL Berlin, anschließend Abteilungsleiter im ZK und erst ab November 1961 Sekretär des ZK.
[568] Befragte frühere Funktionäre bestätigen die hier vertretene Auffassung, daß die Übernahme eines ZK-Sektors durch einen Sekretär der Bezirksleitung »wohl als eine höhere verantwortungsvolle Tätigkeit zu werten« ist. Vgl. Protokoll des Gesprächs mit Volkmar Grau, Wermelskirchen, 4.6.2004, S. 3. Dies gilt natürlich erst recht für die Funktion eines ZK-Abteilungsleiters. Vgl. Protokoll des Gesprächs mit Gerda Martens-Meschter, Rostock, 7.11.2002, S. 18 f.
[569] Vgl. SAPMO, DY 30/J IV 2/2A/351, Bl. 154.
[570] SAPMO, DY 30/J IV 2/3A/405.
[571] Herbst/Ranke/Winkler, Bd. 2, S. 647.

3.6 Zum politischen Stellenwert der Sekretäre der Bezirksleitungen

Tabelle: Wechsel von Sekretären der Bezirksleitungen in den zentralen Staatsapparat

Name	BL	Funktion	Amtszeit	Neue Funktion
Hans Bentzien	Halle	Kultur	1958-1961	Minister für Kultur
Johannes Chemnitzer	Gera	Landwirtschaft	1958-1962	Stellv. Minister für Land-, Forst- und Nahrungsgüterwirtschaft
Georg Ewald	Neubrandenburg	1. Sekretär	1960-1963	Minister für Land-, Forst- und Nahrungsgüterwirtschaft
Karl-Friedrich Gebhardt	Rostock	Landwirtschaft	1972-1982	Stellv. Minister für Land-, Forst- und Nahrungsgüterwirtschaft
Dietmar Keller	Leipzig	Kultur	1977-1984	Stellv. Minister für Kultur
Bruno Lietz	Rostock	Landwirtschaft	1961-1972	Stellv. Vorsitzender der SPK
Werner Lorenz	Karl-Marx-Stadt	Kultur	1955-1958	Stellv. Minister für Volksbildung
Wilfried Maaß	Frankfurt (Oder)	Kultur	1962-1966	Stellv. Minister für Kultur
Ernst Machacek	Halle	Kultur	1961-1963	Stellv. Minister für Volksbildung
Heinz Matthes	Dresden	Wirtschaft	1961-1963	Vorsitzender der ABI im Ministerrang
Felix Meier	Berlin	Wirtschaft	1979-1982	Minister für Elektrotechnik und Elektronik
Karl Mewis	Rostock	1. Sekretär	1952-1961	Vorsitzender der SPK
Hans Modrow	Dresden	1. Sekretär	1973-1989	Ministerpräsident
Kurt Seibt	Potsdam	1. Sekretär	1952-1964	Minister für Anleitung und Kontrolle der Bezirks- und Kreisräte
Horst Sindermann	Halle	1. Sekretär	1963-1971	1. Stellv. des Vorsitzenden des Ministerrats
Albert Stief	Cottbus	1. Sekretär	1953-1969	Stellv. des Ministers für Anleitung und Kontrolle der Bezirks- und Kreisräte
Günter Witt	Potsdam	Kultur	1955-1960	Stellv. Minister für Kultur

Posten eines Ministers oder seines Stellvertreters ist deshalb auch als eine Art »Beförderung« anzusehen.

Insgesamt 17 Sekretäre übernahmen direkt nach ihrer Tätigkeit in den Bezirken ein Amt im zentralen Staatsapparat.[572] Im Gegensatz zur Parteiebene geschah dies überwiegend in den 1960er Jahren. Zehn Genossen sind hier zu nennen. In den siebziger und achtziger Jahren verließen sechs Funktionäre die Bezirksebene. Werner Lorenz war der einzige Bezirkssekretär, der noch vor 1960 in ein Ministerium gewechselt ist. Auf ihn ist die Abteilung Volksbildung des ZK aufmerksam geworden, leistete er doch laut ihrer Einschätzung »auf schulpolitischem Gebiet besonders bei der Durchsetzung der sozialistischen Erziehung und der polytechnischen Bildung an den Schulen im Bezirk Karl-Marx-Stadt eine ausgezeichnete Arbeit.«[573] Der Grund für den hauptsächlich in den sechziger Jahren vollzogenen Wechsel in den zentralen Staatsapparat liegt darin, daß die Anzahl der Ministerien von 17 Ressorts im Jahre 1950 auf 31 Ressorts im Jahre 1989 kontinuierlich erweitert worden ist. Im gleichen Zeitraum hatte sich die Anzahl der Regierungsmitglieder von 21 auf 44 mehr als verdoppelt. 40 von ihnen gehörten der SED an.[574] Damit war ein erhöhter Kaderbedarf einhergegangen, der auch aus den Reihen der Bezirksfunktionäre gedeckt wurde.

Es sind noch fünf weitere Bezirkssekretäre zu nennen, denen ein Aufstieg in zentrale Funktionen gelang. Ludwig Einicke ging nach einer kurzen Tätigkeit als 2. Sekretär der BL Erfurt Anfang 1953 als Direktor an das Marx-Engels-Lenin-Institut, das spätere Institut für Marxismus-Leninismus. Erich Mückenberger, 1. Sekretär der SED-Bezirksleitung Frankfurt (Oder), wurde 1971 als Nachfolger des verstorbenen Hermann Matern Vorsitzender der ZPKK. Ihm folgte im November 1989 der Magdeburger 1. Sekretär Werner Eberlein ins Amt. Harry Tisch übernahm, nachdem er 14 Jahre an der Spitze der BL Rostock gestanden hatte, 1975 den Vorsitz des FDGB-Bundesvorstandes. Kurt Tiedke, 1. Sekretär der BL Magdeburg, avancierte schließlich 1983 zum Direktor der Parteihochschule »Karl Marx«.

Zwischen 1952 und 1989 wurden also insgesamt 48 Sekretäre von SED-Bezirksleitungen direkt aus dieser Funktion bzw. nach einem anschließenden Studium in

---

[572] Die Tatsache, daß Johannes Chemnitzer »ungefähr vom Frühherbst/Herbst 1962 bis Februar 1963, maximal ein halbes Jahr« lang »stellvertretender Minister für Landwirtschaft und verantwortlich für Außenwirtschaft« gewesen ist, findet sich in der einschlägigen Literatur bislang nicht wieder. Hierzu äußerte sich Chemnitzer folgendermaßen: »Das war die Zeit, als es in der DDR nach den Chruschtschowschen Prinzipien eine Trennung von Industrie und Landwirtschaft auch im Parteiapparat gab, Landwirtschaftsräte gebildet wurden, in den Ministerien die Arbeit des Rates für gegenseitige Wirtschaftshilfe intensiviert wurde und nach Forderung Chruschtschows in allen Ministerien stellvertretende Minister für RGW installiert wurden. Das war in der Landwirtschaft genauso wie im Verkehrswesen, in der Industrie usw. Es war dann also erforderlich, daß ein stellvertretender Minister in Berlin eingesetzt wurde, und auf Hinweis von Grüneberg, dem ZK-Sekretär für Landwirtschaft, wurde ich dafür vorgesehen und auch prompt im ZK bestätigt.« Vgl. Gesprächsprotokoll Chemnitzer, S. 8 f.
[573] SAPMO, DY 30/J IV 2/3A/606.
[574] Vgl. Herbst/Ranke/Winkler, Bd. 2, S. 637-644.

3.6 Zum politischen Stellenwert der Sekretäre der Bezirksleitungen 189

den zentralen Partei- und Staatsapparat berufen.[575] Das sind gut neun Prozent aller Bezirkssekretäre. Die höchste Aufstiegsmobilität ist mit 19 Fällen (39,6 %) in den 1950er Jahren zu verzeichnen. Sie nimmt dann kontinuierlich ab und erreicht lediglich im ersten Honecker-Jahr 1971 mit fünf Fällen ein signifikantes Ausmaß.[576] Nach 1971 ist nur noch ein Viertel aller Wechsel in zentrale Funktionen zu verzeichnen.

Funktionäre aus mit Ausnahme Schwerins allen Bezirken sind in den zentralen Partei- und Staatsapparat berufen worden. Mit jeweils sechs Genossen kamen die meisten aus den Bezirken Halle und Leipzig, dahinter folgen mit je fünf Genossen Berlin und Rostock. Diese vier Bezirke stellten knapp die Hälfte aller abberufenen Funktionäre. Berlin, Halle und Leipzig standen auch in der politischen und volkswirtschaftlichen Bedeutung an der Spitze der Republik. Offenbar wurden in diese Bezirke besonders kompetente und entwicklungsfähige Kader delegiert, die sich später für höhere Aufgaben empfahlen. 20 der 48 Funktionäre stellten die 1. Sekretäre der BL, was einmal mehr ihre herausgehobene Stellung im Sekretariat unterstreicht. Allein Dresden mußte bis November 1989 mit Hans Riesner, Werner Krolikowski und Hans Modrow drei seiner vier 1. Sekretäre abgeben. Demgegenüber sind nur vier 2. Sekretäre in die Zentrale aufgerückt. Ihre Funktion prädestinierte sie offenbar weit mehr, an die Spitze einer Bezirksleitung anstatt in zentrale Funktionen zu wechseln. Zehn Kultursekretäre stellen die zweitgrößte Gruppe. Hier kann auf einen entsprechend hohen Kaderbedarf der Partei- und Staatsführung geschlossen werden. Die übrigen Funktionäre verteilen sich auf drei Sekretäre für Agitation und Propaganda, fünf Wirtschafts- und sechs Landwirtschaftssekretäre.

Ein bezüglich der Aufstiegsmobilität ähnliches Bild ergibt sich für die Vorsitzenden der Räte der Bezirke: Neun Ratsvorsitzende und damit zwölf Prozent sind aus dieser Position in den Apparat des Zentralkomitees oder des Ministerrats gewechselt.

Von diesen neun Ratsvorsitzenden arbeiteten sechs weiterhin in staatlichen, doch nun höheren Funktionen, drei wechselten zu Abteilungen des Zentralkomitees in den Parteiapparat. Auch hier sind die Funktionsveränderungen überwiegend in den 1950er Jahren erfolgt, nach 1963 gab es solche nicht mehr.

Wie ist nun der Befund, daß insgesamt gut neun Prozent aller Sekretäre von SED-Bezirksleitungen ein Aufstieg in den zentralen Partei- und Staatsapparat

---

[575] Nicht mitgezählt wird Hans Jendretzky, der nicht direkt aus seiner Funktion als 1. Sekretär der BL Berlin (1952-1953) in den zentralen Parteiapparat gelangt ist. Jendretzky übte anschließend bis 1957 die Funktion des Ratsvorsitzenden im Bezirk Neubrandenburg aus und wurde dann Stellvertreter des Ministers des Innern und Staatssekretär für die Angelegenheiten der örtlichen Räte.
[576] Erich Mückenberger und Horst Sindermann, zwei der fünf Funktionäre, denen 1971 ein Karrieresprung gelang, gehörten zu den 13 der 20 Kandidaten und Mitglieder des Politbüros, die ihren Namen unter ein Schreiben an die KPdSU-Führung gesetzt hatten, um diese zur Ablösung Ulbrichts zu bewegen. Neben anderen Motiven wird das ein Grund für ihren Aufstieg von der regionalen in die zentrale Ebene gewesen sein. Vgl. den »Brief des SED-Politbüros an Breschnew vom 21. Januar 1971«, in: Przybylski, S. 297-303.

Tabelle: Wechsel von Vorsitzenden der Räte der Bezirke in den Apparat des Zentralkomitees oder des Ministerrats

Name	Bezirk	Amtszeit	Neue Funktion
Werner Felfe	Karl-Marx-Stadt	1960-1963	Stellv. AL im ZK
Josef Hegen	Magdeburg	1952-1953	Stellv. Min. des Innern
Hans Jendretzky	Neubrandenburg	1953-1957	Stellv. Min. des Innern
Bruno Kiesler	Magdeburg	1957-1958 (amtierend)	AL Landwirtschaft im ZK
Rudolf Müller	Cottbus	1962 (amtierend)	1. Stellv. des Vorsitzenden der SPK
Franz Peplinski	Frankfurt (Oder)	1952-1956	Staatssekretär für die Angelegenheiten der örtlichen Räte
Josef Stadler	Potsdam	1953-1957	AL Kader im ZK
Curt Wach	Potsdam	1952-1953	Minister für Handel und Versorgung
Günther Witteck	Dresden	1961-1963	Stellv. Minister für die Anleitung und Kontrolle der Kreisräte

gelungen ist, zu interpretieren? Auf den ersten Blick erscheint die Zahl von neun Prozent recht gering. Nicht einmal jeder zehnte Bezirkssekretär konnte seine Position als Sprungbrett für höhere Funktionen nutzen. Sekretär einer Bezirksleitung zu sein, war somit oftmals der Gipfelpunkt der Laufbahn in der SED, wurde vielleicht auch mitunter als Sackgasse wahrgenommen. Doch sind hier Differenzierungen angebracht. Die fünfziger und frühen sechziger Jahre waren nicht nur von einer starken Fluktuation innerhalb der Funktionäre der SED gekennzeichnet, sondern auch durch die Möglichkeit, relativ schnell – und in nicht wenigen Fällen zu schnell – aus den Bezirksleitungen heraus in verantwortliche Funktionen des ZK und des Ministerrats gelangen zu können. Ab Mitte der 1960er Jahren gab es nur noch wenige Kaderwechsel. Die in dieser Zeit in die Funktionen berufenen, noch relativ jungen Kader blieben häufig deutlich mehr als ein Jahrzehnt in ihrem Amt. Das gilt sowohl für die bezirkliche als auch für die zentrale Ebene.[577]

Der Apparat des Zentralkomitees umfaßte zuletzt mehr als 40 Abteilungen und Arbeitsgruppen.[578] Die Abteilungen waren in der Regel in mehrere Sektoren untergliedert. Auch der Ministerrat verfügte über eine große Anzahl verantwor-

---
[577] Vgl. die Dienstzeiten der Abteilungsleiter des ZK, in: ebenda, S. 878-884, und der Minister, in: Herbst/Ranke/Winkler, Bd. 2, S. 650-703.
[578] Vgl. Herbst/Stephan/Winkler, S. 491 f.

tungsvoller Positionen. Neben 31 Ressortministern sind u. a. auch deren Stellvertreter und Staatssekretäre zu nennen. Es bot sich den Bezirkssekretären theoretisch also eine Vielzahl von Möglichkeiten, Funktionen mit zentraler Verantwortlichkeit zu übernehmen. Wenn dies nur in seltenen Fällen geschah, dann nicht nur wegen der immer länger werdenden Amtsdauer vieler Funktionäre, sondern auch wegen der zu geringen Kaderdecke der SED. Der Abzug von Genossen aus der Bezirksleitung zog immer die Notwendigkeit einer Neubesetzung dieser Funktion und damit oft ein Kaderproblem für die Bezirke nach sich. So verloren etwa Halle und Karl-Marx-Stadt innerhalb weniger Jahre und nacheinander jeweils zwei Sekretäre für Wissenschaft, Volksbildung und Kultur, der Bezirk Rostock zwei Landwirtschaftssekretäre. Aus Halle wurde Mitte 1953, nach nur wenigen Monaten als Sekretär für Landwirtschaft der BL, Fritz Hecht als Abteilungsleiter in das Zentralkomitee abgezogen. Dem Bezirk gelang es, mit Franz Mellentin, 1951/52 Sekretär für Landwirtschaft der SED-Landesleitung Mecklenburg und danach ein Jahr Student an der PHS des ZK der KPdSU in Moskau, einen kompetenten Nachfolger zu verpflichten und so die entstandene Lücke zu füllen. Mellentin blieb jedoch nur rund ein Jahr in Halle und ging dann seinerseits als Abteilungsleiter des ZK nach Berlin. Die für ihn gefundenen beiden Nachfolger bewährten sich offenbar nicht und blieben nur ein bzw. zwei Jahre im Amt. Erst als Mellentin nach vier Jahren im Zentralkomitee wieder nach Halle zurückkehrte und das Landwirtschaftsressort in der BL erneut übernahm, kehrte hier kaderpolitische Kontinuität ein; er blieb über neun Jahre in dieser Funktion.

So verwundert es auch nicht, daß sich die Bezirke oftmals gegen den Kaderabzug sträubten. In Neubrandenburg war es so, daß »der ganze Bezirk« seinem 1. Sekretär »nachgeweint hat. Georg Ewald war ein Parteifunktionär, wie er im Buche stand. Er war ein Könner und der bis dahin beste Parteifunktionär, den ich überhaupt kennengelernt habe.«[579] Ewald ging als Minister für Land-, Forst- und Nahrungsgüterwirtschaft 1963 nach Berlin. In Rostock versuchte das Sekretariat der Bezirksleitung, sich gegen die Abberufung ihrer Sekretäre für Landwirtschaft nach Berlin zu wehren, »aber das wurde eben im Politbüro beschlossen und dann konnte man nichts mehr machen.« Auch Argumente, der Bezirk brauche die fähigen Funktionäre selbst, sind »gekommen, aber das Entscheidende war, daß, wenn sie jemanden haben wollten, ihn sich auch geholt haben.« Bei den Sekretären Lietz und Gebhardt gab es »keine Mitsprache, das war eine Beförderung nach oben. Und wenn es keine besonderen Gründe gab, dann ging die Person auch nach oben.« Geeignete Nachfolger für beide mußte der Bezirk Rostock allein finden.[580] Der allgegenwärtige Günter Mittag war in Berlin auf den dortigen Wirtschaftssekretär Felix Meier, einen »sehr gute(n) Fachmann«, aufmerksam geworden. »Mittag sagte dann zu Naumann: ›Du hast hier einen erprobten Wirtschaftsmann. Her damit!‹ Da konnte man sich nicht gegen wehren, und es hätte auch

---

[579] Gesprächsprotokoll Chemnitzer, S. 11.
[580] Protokoll des Gesprächs mit Ernst Timm, Rostock, 5.12.2002, S. 31 und S. 32.

keinen Grund gegeben, dem Felix eine solche Entwicklung zu verbauen. Außerdem war Nachwuchs da.«[581]

Das war jedoch nicht immer der Fall. Die Bezirksleitung Karl-Marx-Stadt wandte sich am 11.4.1958, nachdem sie davon informiert worden war, daß »Genosse Werner Lorenz, Sekretär der Bezirksleitung für Kultur und Erziehung, als Staatssekretär im Ministerium für Volksbildung eingesetzt werden soll«, mit einem Schreiben direkt an Walter Ulbricht und informierte ihn von ihrem Beschluß, »der Abberufung nicht zuzustimmen und das Politbüro zu bitten, den Genossen Werner Lorenz in seiner Funktion (…) zu belassen.« Als Begründung gaben die Genossen folgendes an: »Würde Genosse Lorenz jetzt bei uns weggehen, hätten wir seit der Neugründung des Bezirkes im Jahre 1952 den vierten Sekretär für Kultur und Erziehung. Vor dem Genossen Werner Lorenz war Genosse Werner Neugebauer hier bei uns tätig. Wir sind nicht der Meinung, daß immer wieder aus den gleichen Bezirken Genossen aus bestimmten Funktionen abgezogen werden.« Der Weggang Lorenz', der »die kulturelle Arbeit gut leitet und unter den Kulturschaffenden und Kulturfunktionären eine hohe Autorität besitzt«, würde den Bezirk »weit zurückwerfen«. Die Bezirksleitung wisse »auch gegenwärtig nicht, wie wir diese Funktion anders besetzen sollten«. Schließlich griffen die Genossen sogar zu dem Mittel, der Zentrale in dramatischen Worten zu suggerieren, den falschen Kader ausgewählt zu haben. »Genosse Lorenz ist noch ein verhältnismäßig junger Genosse, der für sein Alter bereits große Erfahrungen besitzt. Um aber eine solch verantwortliche Funktion in der Regierung zu übernehmen, halten wir seine Erfahrungen noch nicht für ausreichend. (…) Wir sind der Meinung, daß man für eine solche Funktion einen älteren und erfahreneren Genossen einsetzen müßte. (…) Es besteht die große Gefahr, daß ein solch junger Genosse durch eine derartig schnelle Förderung nicht qualifiziert sondern in seiner Entwicklung gehemmt wird. Wir sehen beim Genossen Lorenz diese Gefahr und bitten Euch, das genau zu überlegen und auch deshalb von einem Einsatz in dieser Funktion abzusehen.«[582] Hierzu erinnert sich der damalige 2. Sekretär, Gerda Meschter, so: »Man konnte aus einem Bezirk wie Karl-Marx-Stadt nicht innerhalb von zwei Jahren zwei hochqualifizierte Volksbildungsfunktionäre abberufen. Erst holte man Neugebauer, dann Werner Lorenz zum ZK. Als das zu Werner Lorenz beschlossen wurde, war ich ins Politbüro eingeladen. Ich sagte: ›Das könnt Ihr doch nicht machen. (…) So viele Kader wachsen doch auch nicht nach.‹ Ich habe Widerspruch eingelegt. Und sie haben geantwortet: ›Ihr werdet Euch schon kümmern. Macht das mal!‹ Einer hat dann sogar gesagt: ›Na, wie ich Dich kenne, hast

---

[581] Protokoll des Gesprächs mit Helmut Müller, Berlin, 21.2.2003, S. 6 und S. 6 f.
[582] SAPMO, DY 30/IV 2/11/v 5392, Bl. 120 und Bl. 121. Werner Neugebauer, der Vorgänger von Lorenz, war 1955 in den Apparat des ZK berufen worden. Werner Lorenz war 33 Jahre alt.

Du längst schon einen Nachfolger im Kopf.‹«[583] Ulbricht und das Politbüro zeigten sich von allem ungerührt und holten Lorenz wie vorgesehen nach Berlin.[584]

Bei strittigen Kaderentscheidungen saß die Parteiführung natürlich immer am längeren Hebel. Doch konnte hier, um eine gründliche Durchsetzung der Beschlüsse in den Bezirken zu gewährleisten, der Bogen nicht überspannt werden. Auch in den Sekretariaten der Bezirksleitungen war ein qualifizierter Kaderbestand notwendig. Aus diesen Gründen und wegen der zunehmend geringer werdenden Neigung seitens der SED-Führung, Funktionswechsel vorzunehmen, ist der recht geringe Anteil von neun Prozent Bezirkssekretären, die ihre Parteilaufbahn auf der zentralen Ebene fortsetzen konnten, zu erklären. Für die Geschichte der SED besonders bedeutsame Funktionäre wie Kurt Hager, Joachim Herrmann, Erich Honecker, Werner Jarowinsky, Werner Lamberz, Erich Mielke, Günter Mittag, Albert Norden, Gerhard Schürer und Willi Stoph haben nie auf einer Bezirksebene, sondern immer in zentralen Apparaten gearbeitet. Dennoch bildeten auch die Sekretäre der Bezirksleitungen ein Kaderreservoir für die Partei- und Staatsführung. Ihre Vertretung im Zentralkomitee und Politbüro unterstreicht ihre bedeutende, aber letztlich nachgeordnete Stellung innerhalb der Hierarchie der SED.

---

[583] Gesprächsprotokoll Martens-Meschter, S. 22 f.
[584] Zumindest die Befürchtung, Lorenz durch einen zu schnellen Aufstieg zu verschleißen, bewahrheitete sich nicht; er fungierte von 1958 bis 1989 als Staatssekretär und 1. Stellvertretender Minister für Volksbildung.

4. ZU EINFLUSS UND HANDLUNGSSPIELRAUM DER SED-BEZIRKSSEKRETÄRE

4.1 Möglichkeiten und Grenzen politischen Handelns auf der Bezirksebene – ein Überblick

Der »demokratische Zentralismus« als Organisations- und Leitungsprinzip der SED galt bis zum Ende der DDR als »unerläßliche Bedingung für die richtige Leitung der sozialistischen Gesellschaft, für die volle Entfaltung ihrer Vorzüge und Triebkräfte.«[1] Er umfaßte nach dem Vorbild der KPdSU folgende Aspekte: »Leitung der Partei von einem gewählten Zentrum aus; periodische Wahl aller leitenden Parteiorgane von unten nach oben; Kollektivität der Leitung; periodische Rechenschaftspflicht der Parteiorgane vor den Organisationen, durch die sie gewählt wurden; straffe Parteidisziplin und Unterordnung der Minderheit unter die Mehrheit; unbedingte Verbindlichkeit der Beschlüsse der höheren Organe für die unteren Organe und die Mitglieder, deren vielfältige Erfahrungen in die Beschlüsse der höheren Organe einfließen; aktive Mitarbeit der Parteimitglieder in ihren Organisationen zur Durchsetzung der Beschlüsse.«[2]

Der »demokratische Zentralismus« als leninistisches Prinzip begleitete und bestimmte die Arbeit der Sekretäre der Bezirksleitungen von Anfang an. Bereits im vom III. Parteitag der SED im Juli 1950 beschlossenen Parteistatut war im Punkt 23 ausgeführt worden, »daß alle Beschlüsse der höheren Parteiorgane für jede untere Organisation verbindlich sind und straffe Parteidisziplin zu üben ist und sich die Minderheit der Mehrheit unterordnet.«[3] Dieser Passus findet sich auch nahezu unverändert im 1976 beschlossenen Statut der SED wieder, das bis 1989 gültig war.[4] Bereits 1968 hatte der »demokratische Zentralismus« Verfassungsrang erhalten, als er in Artikel 47 als »das tragende Prinzip des Staatsauf-

---

[1] Kleines Politisches Wörterbuch. Neuausgabe 1988, Berlin (Ost) 1989, S. 179. Vgl. auch Dohlus, Horst, Der demokratische Zentralismus – Grundprinzip der Führungstätigkeit der SED bei der Verwirklichung der Beschlüsse des Zentralkomitees, Berlin (Ost) 1965 und Schüßler, Gerhard u. a., Der demokratische Zentralismus. Theorie und Praxis, Berlin (Ost) 1981.
[2] Kleines Politisches Wörterbuch, S. 179 f.
[3] Statut der Sozialistischen Einheitspartei Deutschlands, in: Protokoll der Verhandlungen des III. Parteitages der Sozialistischen Einheitspartei Deutschlands, 20. bis 24. Juli 1950 in der Werner-Seelenbinder-Halle zu Berlin, Band 2, Berlin (Ost) 1951, S. 307-321, hier S. 313.
[4] Vgl. Statut der Sozialistischen Einheitspartei Deutschlands, in: Protokoll der Verhandlungen des IX. Parteitages der Sozialistischen Einheitspartei Deutschlands im Palast der Republik in Berlin, 18. bis 22. Mai 1976, Band 2, Berlin (Ost) 1976, S. 267-298, hier S. 279.

baus« definiert wurde.[5] Damit waren Partei und Staat strikt hierarchisch geordnet.

In allen Jahren von 1952 bis 1989 hatten sich also die Bezirkssekretäre in ihrer Arbeit nach den Beschlüssen der Berliner Parteiführung zu richten, sich ihnen unterzuordnen, sie durchzuführen. Sie lebten »alle in einer Partei, wo der demokratische Zentralismus festgeschrieben war.« Dabei fand dieser »mehr und mehr eine Anwendung dahingehend, daß sich vor allem der Zentralismus und weniger die demokratische Seite entwickelte.«[6] Das Attribut »demokratisch« stellte »angesichts des praktizierten administrativen Zentralismus nur eine leere Floskel dar. Die Rechenschaftsberichte auf den verschiedenen Parteiebenen reduzierten sich fast ausschließlich auf propagandistische Übungen«.[7] Öffentliche Diskussionen über zentral gefaßte Beschlüsse gab es anfangs nur punktuell im Zentralkomitee, später so gut wie gar nicht mehr.[8] Das Element des Zentralismus dominierte bei weitem, auch bei der Wahl der Leitungen, die rein formal vorgenommen wurden, »weil die für Funktionen in Frage kommenden Kandidaten in Abstimmung mit der übergeordneten Leitung vorgeschlagen wurden und nach der Wahl von der übergeordneten Leitung zusätzlich bestätigt werden mußten.«[9] Dabei bedurften die Bezirkssekretäre der Bestätigung durch die Parteiführung »entsprechend der Nomenklatur«.[10] Der Zentralismus war daher »durch Unterordnung der unteren Organe unter die höheren, die Forderung der Parteidisziplin und das Fraktionsverbot, die nach den Weisungen der Parteiführung gehandhabte Kaderpolitik, die Parteikontrolle und die Berichtspflicht von unten nach oben (Parteiinformation)« geprägt.[11]

Das Sekretariat der BL war das wichtigste und einflußreichste politische Gremium in jedem Bezirk. Die Frage, über welchen Spielraum es in seinem Zuständigkeitsbereich verfügen konnte, »spielt für die Klärung der Verantwortlichkeit einzelner SED-Funktionäre für bestimmte Maßnahmen eine erhebliche Rolle«, ist jedoch »nur schwer konkret zu erfassen«.[12] Immerhin enthält das Parteistatut auch einen Passus, der den Parteiorganisationen einräumt, »in eigener Verantwor-

---

[5] Verfassung der Deutschen Demokratischen Republik vom 6. April 1968, Berlin (Ost) 1968, S. 46.
[6] Protokoll des Gesprächs mit Dr. Hans Modrow, Berlin, 6.9.2002, S. 7.
[7] Schroeder, Klaus, Der SED-Staat. Partei, Staat und Gesellschaft 1949-1990, München 1998, S. 390.
[8] Vgl. die Aussagen der Zeitzeugen Gerhard Schürer und Hans Modrow, in: Deutscher Bundestag (Hrsg.), Materialien der Enquete-Kommission »Aufarbeitung von Geschichte und Folgen der SED-Diktatur in Deutschland« (12. Wahlperiode des Deutschen Bundestages), Bd. II, 1, Baden-Baden und Frankfurt/Main 1995, S. 482 und S. 492 f.
[9] Ammer, Thomas, Die Machthierarchie der SED, in: Materialien der Enquete-Kommission »Aufarbeitung von Geschichte und Folgen der SED-Diktatur in Deutschland« (12. Wahlperiode des Deutschen Bundestages), Bd. II, 2, Baden-Baden und Frankfurt/Main 1995, S. 803-867, hier S. 810.
[10] Statut der SED, in: Protokoll der Verhandlungen des IX. Parteitages, S. 267-298, hier S. 288.
[11] Ammer, S. 811.
[12] Ebenda, S. 812 und S. 811.

tung die örtlichen Fragen im Rahmen der Parteibeschlüsse« zu entscheiden.[13] Auch die »zentrale Leitung und Planung der gesellschaftlichen Prozesse« sollten laut dem 1976 beschlossenen Parteiprogramm auf die »sachkundige Entscheidung in den Grundfragen konzentriert«, die »Eigenverantwortung und Initiative der örtlichen Staatsorgane, der Kombinate und Betriebe, der Genossenschaften und Institutionen bei der Verwirklichung der staatlichen Aufgaben« gefördert werden.[14]

Natürlich sind Vorstellungen von der »Allmacht der Zentrale, die alle anderen nur zu gedankenlosen Befehlsempfängern machte«[15], fehl am Platze. Selbst in einem zentralistischen Staat wie der DDR war die Parteiführung weder personell noch konzeptionell in der Lage, für jeden Bezirk und Kreis alle Probleme der politischen, ökonomischen und gesellschaftlichen Entwicklung zu erkennen, zu behandeln und zu lösen. Sie mußte, um die Funktionalität der DDR zu erhöhen, »einen gewissen Raum für Eigeninitiative zulassen«, konnte sie selbst doch »Geschehnisse bzw. Probleme vor Ort in der Regel nicht in dem Maße einschätzen, wie die dort zuständigen Organe.«[16] Anderenfalls wäre in der Tat »die Bezirksebene überflüssig gewesen.«[17] Hübner bringt für diese Problematik den zu martialischen Begriff der »schiefe(n) Schlachtordnung«, schreibt aber zutreffend, daß die SED, »um ihren Gestaltungsanspruch einlösen zu können, (…) Handlungsspielräume der Funktionsträger im Parteiapparat selbst, aber auch in den Staatsorganen und in der Wirtschaft gewährleisten und diesen im konkreten Fall ein beträchtliches Maß an Improvisation zubilligen« mußte.[18] Im folgenden soll aufgrund der hierfür wenig aussagekräftigen archivalischen Quellen vor allem anhand von Befragungen früherer Bezirkssekretäre untersucht werden, inwieweit es Handlungsspielräume und Entscheidungsfreiheiten auf der Bezirksebene gegeben hat.

Generell ist davon auszugehen, daß es zum Selbstverständnis der Bezirkssekretäre als Kommunisten gehörte, die von der Parteiführung gefaßten Beschlüsse und damit die Generallinie getreulich umzusetzen und durchzuführen. Für sie stellte sich häufig weniger die Frage des Auslotens von Spielräumen, die Frage einer eigenständigen Politik mit eigener Handschrift, sondern es ging darum, die von der Führung gehegten Erwartungen in jeder Hinsicht, auch in punkto Parteidisziplin, zu erfüllen. Dies formulierte Günter Schabowski, 1. Sekretär der BL Berlin und Mitglied des Politbüros, so: »In einer so zentralistischen Partei mit einer

---

[13] Statut der SED 1976, S. 280. Vgl., mit gleicher Aussage, Statut der SED 1954, S. 1127.
[14] Programm der Sozialistischen Einheitspartei Deutschlands, in: Protokoll der Verhandlungen des IX. Parteitages, Band 2, S. 209-266, hier S. 238 und S. 239.
[15] Protokoll des Gesprächs mit Erich Postler, Berlin, 12.3.2003, S. 8.
[16] Mestrup, Heinz, Die Ersten und Zweiten Sekretäre der SED. Ein Beitrag zu Handlungsspielräumen von Funktionären in der DDR, in: Deutschland Archiv, Jg. 36, H. 6, Bielefeld 2003, S. 950-964, hier S. 956.
[17] Gesprächsprotokoll Postler, S. 8.
[18] Hübner, Peter, Einleitung: Antielitäre Eliten?, in: Hübner, Peter (Hrsg.), Eliten im Sozialismus. Beiträge zur Sozialgeschichte der DDR, Köln-Weimar-Wien 1999, S. 9-35, hier S. 27.

unabänderlichen Generallinie, die durch den Parteitag beschlossen wurde, gehörte zur Grundsubstanz kommunistischen Daseins, daß ich diese Generallinie akzeptierte – sonst konnte ich aus der Partei austreten. Das war eine der Generalfragen. Es ging überhaupt nicht darum, daß ich besondere Spielräume hatte, sondern mein Spielraum bestand in meiner Verantwortung, die Generallinie durchzusetzen.«[19] Johannes Chemnitzer, 1963-1989 Erster Sekretär der BL Neubrandenburg, sieht das ähnlich. »Generell muß ich sagen, daß ich von Anfang an in all meinen Funktionen immer davon ausgegangen bin, daß die Aufträge, die die Partei mir gab, in meinem Verantwortungsbereich exakt durchgeführt werden mußten. Ich hatte eine ganze Zeitlang, bis in die achtziger Jahre hinein, überhaupt keine Zweifel. Im Gegenteil, ich hatte immer nur das Problem: ›Hoffentlich hast du das, was die Partei und die Parteiführung von dir verlangen, erfüllt.‹ Ich habe mich natürlich auch nach Programm, nach Statut und nach allgemeinen Parteitagen gerichtet. Für mich bestand der Auftrag darin, in dem Programm den Sozialismus zu entwickeln. In den ersten Jahren hatte ich fast überhaupt keine Zweifel an der Richtigkeit dieser Beschlüsse und Aufträge.«[20] Durch das System des »demokratischen Zentralismus«, das von den Bezirkssekretären tief verinnerlicht wurde, war ihnen »völlig klar, daß die Einhaltung von Beschlüssen und die straffe Disziplin die Grundlage der Arbeit« gewesen sind.[21]

Wenn es also Handlungsspielräume und Entscheidungsfreiheiten gegeben hat, dann können diese nur im Rahmen der konkreten Auslegung und Durchführung der zentralen Parteibeschlüsse gefunden und untersucht werden. Durch das perfektionierte System der Kaderpolitik und -auswahl, durch das Nomenklatursystem sind in das Sekretariat der Bezirksleitungen nur solche Funktionäre aufgerückt, die absolut parteitreu waren und voll hinter der Politik der SED-Führung standen. Diese hatten die in Berlin entwickelte Politik in den Bezirken umzusetzen. »Es galten«, so der 2. Sekretär der BL Berlin, Helmut Müller, »immer die zentralen Beschlüsse. Die Spielräume bezogen sich auf die Durchführung zentraler Beschlüsse.«[22]

Die befragten Bezirkssekretäre berichten übereinstimmend über – mehr oder weniger große – eigene Handlungsspielräume. Dabei wird jedoch immer auf die Generallinie der Partei verwiesen, der zu folgen war. Alois Pisnik, 1. Sekretär der BL Magdeburg von 1952 bis 1979, erinnert sich an eine »weitestgehende Freiheit in unserer Arbeit«, allerdings »auf der Grundlage der zentralen Beschlüsse.«[23] Dr. Dietmar Keller, 1977-1984 Kultursekretär der BL Leipzig, hat »einen relativ großen Spielraum gehabt, solange man nicht Berlin in die Quere gekommen ist.«[24] Für Gerda Meschter, 1952-1961 Zweiter Sekretär der BL Karl-Marx-Stadt, gab es

---

[19] Protokoll des Gesprächs mit Günter Schabowski, Berlin, 24.7.2003, S. 5.
[20] Protokoll des Gesprächs mit Johannes Chemnitzer, Lichtenberg, 7./8.5.2003, S. 24.
[21] Gesprächsprotokoll Modrow, S. 7.
[22] Protokoll des Gesprächs mit Helmut Müller, Berlin, 21.2.2003, S. 16.
[23] Protokoll des Gesprächs mit Alois und Martha Pisnik, Rostock, 17./24.10.2002, S. 9.
[24] Keller, Dietmar, Die Machthierarchie in der SED, in: Neues Deutschland, 1.3.1993, S. 11.

»im Rahmen der Generallinie natürlich auch einen bestimmten Spielraum«.[25] Schabowski spricht hier plastisch von einer »relative(n) Elastizität (…), aber ohne von der Generallinie abzuweichen. Die Elastizität bestand also darin, in Sachverhalten, die die Generallinie vorausschauend nicht erfassen konnte, das Erfordernis der Generallinie zu erkennen und entsprechend zu reagieren. Das war auch meine Grundüberzeugung als Kommunist.«[26] Der 2. Sekretär der BL Potsdam nennt dies »Ermessensspielraum. Es wurde immer gesagt, daß es darum geht, die Beschlüsse ›schöpferisch‹ durchzuführen. Darunter kann man viel verstehen. Manchmal wurde der Begriff ›schöpferische Durchführung der Beschlüsse‹ von der Zentrale ganz unterschiedlich ausgelegt, ganz unterschiedlich bedacht. Aber es ging schon darum, daß man sich eigene Gedanken machte.«[27] Der Rostocker 1. Sekretär Ernst Timm möchte »betonen« und hält »für ganz wichtig«, daß es »bei dem, was im Bezirk passierte, niemals eine Grenze gab! Das haben wir selbst entschieden. Es lag an uns, was entschieden wurde. Wenn irgend etwas zu ›schlimm‹ war, dann hat Berlin sein Veto eingelegt. Aber sie haben uns niemals aufgezwungen, was wir zu machen hatten.«[28] Timms Sekretär für Agitation und Propaganda spricht demgegenüber einschränkend von Spielräumen »nur bis zu einem bestimmten Grad.«[29] Wie »schlimm« etwas sein mußte, damit die Parteiführung reglementierend eingriff, und wie schnell es mit den Handlungsspielräumen für ein Sekretariat der Bezirksleitung gegenüber der Zentrale auch wieder vorbei sein konnte, soll anhand konkreter Beispiele geprüft werden.

Die Grundaufgabe der Bezirksleitung bestand darin, »auf ihrem Territorium die Beschlüsse des Zentralkomitees durchzuführen. Das war ihr Daseinszweck. Sie war das Zwischenglied zu den Kreisen. Daran wurde die Bezirksleitung auch gemessen.« Dabei war die Grundlage für die Beurteilung der Arbeit der BL die Erfüllung des Plans. »Der Plan wurde zentral beschlossen und der Bezirksleitung mitgeteilt, und wie er durchgeführt wurde, danach wurde man beurteilt. Wir hatten zum Beispiel so und so viele Tonnen Schweinefleisch zu liefern, haben wir sie nicht geliefert, konnte man nicht gelobt werden.« Die Bezirksleitung mußte dann im Rahmen der zentralen Planziffern entscheiden: »Wie setzen wir Prioritäten? Wo werden Schwerpunkte gesetzt? Was wird zuerst gemacht? Worauf konzentriert sich die Bezirksleitung? Was ist das Wichtigste? (…) Wo nimmt man in Kauf, daß die Dinge etwas zurückbleiben? Wo aber sorgt man dafür, daß sie auf keinen Fall zurückbleiben dürfen? Das war die Aufgabe der Bezirksleitung, in der Richtung die Beschlüsse zu fassen: Wie werden die zentralen Beschlüsse durchgeführt?«[30]

---

[25] Protokoll des Gesprächs mit Gerda Martens-Meschter, Rostock, 7.11.2002, S. 12.
[26] Gesprächsprotokoll Schabowski, S. 5.
[27] Protokoll des Gesprächs mit Ulrich Schlaak, Belzig, 5.3.2003, S. 5.
[28] Protokoll des Gesprächs mit Ernst Timm, Rostock, 28.11./5.12.2003, S. 10.
[29] Protokoll des Gesprächs mit Siegfried Unverricht, Hohenfelde, 26.6.2003, S. 6.
[30] Gesprächsprotokoll Schlaak, S. 4 und S. 5.

Dabei waren mögliche Handlungsspielräume »zeitweilig und ressortmäßig recht unterschiedlich«[31] ausgeprägt und hingen natürlich in besonderem Maße von der Person der jeweiligen Sekretäre ab. Entsprechend seiner Bedeutung in der BL kam dem 1. Bezirkssekretär eine Schlüsselrolle zu. Hier gab es teilweise erhebliche Unterschiede, und »in welchem Maße die Politik im Bezirk seine Handschrift trug, das hing natürlich sehr vom Profil des jeweiligen 1. Sekretärs ab.«[32] Für Herbert Ziegenhahn etwa, den 1. Sekretär der BL Gera, »bildete der Zentralismus ein Heiligtum«, seine »Hörigkeit nach oben« war bekannt.[33] Für solche Funktionäre konnte zutreffen, was Dietmar Keller so formulierte: »Die Vorstellung vom demokratischen Zentralismus, daß ›unten‹ gedankenlos gemacht wurde, was ›oben‹ harsch und ebenso gedankenlos befohlen wurde – diese Vorstellung stimmt zu beträchtlichen Teilen nur bei denen, die aufgrund ihres geistigen Phlegmas froh waren, daß sie Anordnungen bekamen. Wer etwas bewegen wollte, konnte dies – wenn er nicht an den Grundfesten der Macht rüttelte; das freilich relativierend vorausgeschickt.«[34]

Der Handlungsspielraum untergeordneter Organe war nicht in allen Jahren der DDR gleichbleibenden Ausmaßes. Phasen einer relativen Lockerung der Politikzügel standen solche besonders rigiden Reglementierens gegenüber. Für den langjährigen Wirtschaftssekretär der BL Suhl kam es hier auch besonders »darauf an, wer 1. Sekretär des Zentralkomitees war. In der Periode, als ich mit Walter Ulbricht gearbeitet habe, konnte man eine größere Selbständigkeit entwickeln als unter Erich Honecker. Das wurde dann weiter eingeschränkt, als Günter Mittag seine Funktion antrat. Da gab es die klare Weisung: Die Aufgaben sind zu erfüllen.«[35] Die direkte Anleitung durch Honecker scheint aber auch nicht sonderlich intensiv gewesen zu sein. Im Bezirk Magdeburg zum Beispiel war er während der Amtszeit des 1. Sekretärs Eberlein von 1983 bis 1989 außer zur Jagd nicht ein einziges Mal, Eberlein erhielt »keine Anregung, keine inhaltlich wirklich belangvolle Anfrage, keinen mich fordernden Impuls – es gab lediglich zweimal im Jahr Beratungen mit den 1. Bezirkssekretären, auf denen Honecker einen Vortrag hielt. Das aber war's schon.«[36] Eberlein beschreibt den Spielraum denn auch als »sehr groß, dadurch, daß Honecker sich im Grunde genommen nicht gekümmert hat um die Anleitung. Er ist viel ins Ausland gefahren und hatte in Berlin seine Probleme.«[37]

---

[31] Gesprächsprotokoll Müller, S. 16.
[32] Gesprächsprotokoll Postler, S. 9.
[33] So die Einschätzung von Modrow, Hans, Ich wollte ein neues Deutschland, Berlin 1998, S. 174.
[34] Interview von Hans-Dieter Schütt mit Dr. Dietmar Keller vom 26.1.1994, in: Zimmermann, Brigitte/Schütt, Hans-Dieter, Noch Fragen, Genossen! Berlin 1994, S. 50-77, hier S. 60.
[35] Protokoll des Gesprächs mit Dr. Eberhardt Denner, Berlin, 13.3.2003, S. 10.
[36] Interview von Brigitte Zimmermann und Hans-Dieter Schütt mit Werner Eberlein vom 17.12.1991, in: Schütt, Hans-Dieter/Zimmermann, Brigitte (Hrsg.), ohnMacht. DDR-Funktionäre sagen aus, Berlin 1992, S. 44-65, hier S. 46.
[37] Protokoll des Gesprächs mit Werner Eberlein, Berlin, 4.9.2002, S. 4.

Die Ressortsekretäre der BL unterstanden den entsprechenden Sekretären des ZK. Auch hier war die direkte Anleitung durch führende Parteifunktionäre zum Teil nicht sehr ausgeprägt. Die Sekretäre für Wissenschaft, Volksbildung und Kultur sind »in der Regel einmal im Jahr zur Anleitung nach Berlin zitiert worden zu Kurt Hager. Ansonsten gab es immer die zwei Möglichkeiten, entweder man bringt sich laufend in Erinnerung und sichert sich ab und schreibt Briefe, oder man macht seine Politik.«[38] Hager war aufgrund seiner vielen Zuständigkeiten im ZK »einfach überfordert. Wenn er deinen Brief nicht beantwortet hat, dann hat er das damit begründet: ›Ich konnte nicht alle Briefe durchdenken und beantworten.‹ Also mußtest du alleine entscheiden, soweit das ging.«[39]

Das Sekretariat der Bezirksleitung war verantwortlich für die Durchführung der Politik der Partei vor Ort. Da jedoch die »Grundlinien der Politik nicht im Bezirk, sondern in der Zentrale erarbeitet und beschlossen wurden und eine einheitliche Durchführung in allen Bezirken gemeinsames Anliegen war, konnten gravierende Unterschiede im Herangehen auch von der stärksten Persönlichkeit kaum erzeugt werden.«[40] Es war dann häufig der Politikstil, der die einzelnen Sekretäre der Bezirksleitungen unterscheidbar machte. Hierzu der 1. Sekretär der BL Karl-Marx-Stadt, Siegfried Lorenz: »Spielraum hatte ich. Es betraf den Stil der Arbeit, das Setzen von Prioritäten, die Art und Weise, Konflikte zu lösen. Man konnte zuspitzen oder schlichten, übertreiben oder auf dem Teppich bleiben, ignorieren oder die Dinge im Blick behalten.«[41] Auch auf der Kreisebene bot sich »die Möglichkeit, einen bestimmten eigenen Handlungsspielraum in der Kreisparteiorganisation, in der Region durchzusetzen und zu nutzen. Und da war es schon nicht unwesentlich, wie man sich selbst dazu stellte. Charakter, Persönlichkeit, Selbstverständnis von der Funktion lösten unterschiedliche Wirkungen und Konsequenzen aus.«[42] Unter den 1. Sekretären der Bezirksleitungen gab es, wie ein früherer Funktionär beobachtete, »Durchführer, die nur darauf aus waren, wie bestimmte Dinge oben ankamen, und es gab welche, die eigene Positionen hatten und auch mal ein Risiko eingingen.«[43] Solche Unterschiede hatte schon Ernst Richert als westdeutscher Beobachter in den sechziger Jahren festgestellt. Für ihn war auch das »Naturell« der 1. Bezirkssekretäre bestimmend; er unterschied, in dieser Dichotomie sicher problematisch, »liberaler« und »dogmatischer« geleitete Bezirke. Richert merkte zutreffend an, dies gehe jedoch »nicht in die politische Größenordnung ein: Dafür ist der zentral vorgegebene Rahmen viel zu fest um-

---

[38] So Keller, in: Neues Deutschland, 1.3.1993, S. 11.
[39] Gesprächsprotokoll Eberlein, S. 5.
[40] Gesprächsprotokoll Postler, S. 9.
[41] Interview von Brigitte Zimmermann und Hans-Dieter Schütt mit Siegfried Lorenz vom 21.11.1991, in: Schütt/Zimmermann, S. 144-158, hier S. 148.
[42] Fritschler, Hans-Dieter, Die Kreisleitung – verlängerter Arm des Politbüros?, in: Modrow, Hans (Hrsg.), Das Große Haus von außen. Erfahrungen im Umgang mit der Machtzentrale in der DDR, Berlin 1996, S. 39-53, hier S. 43.
[43] Gesprächsprotokoll Unverricht, S. 6.

rissen, und die im strengen Sinn machtpolitischen Organe (Polizei, Armee, Abwehr sowie die Organe der Justiz!) sind völlig einseitig von der Zentralregierung bestimmt.«[44]

Die Volkswirtschaft der DDR wurde zentral geplant und zum größten Teil auch zentral geleitet. Die Bezirke besaßen hier keinerlei gesetzgebende Befugnisse. Da sie auch über Investitionen »nur in ganz beschränktem Maße« entscheiden konnten, mußten sie darauf bedacht sein, »vor allem schon bei der Ausarbeitung der Volkswirtschaftspläne« ihr Gewicht in den Entscheidungsprozeß einzubringen.[45] Wie dies geschehen konnte, überliefert ein früherer Funktionär folgendermaßen. »Die mittelfristige Planung erfolgte in der DDR mit den 5-Jahr-Plänen, in deren Ausarbeitung die Bezirke einbezogen wurden und an deren Beschlussfassung (Gesetzeskraft) sie mit ihren Abgeordneten in der Volkskammer beteiligt waren. Das jeweilige Gesetz über den 5-Jahr-Plan enthielt auch die Grundrichtungen der Entwicklung jedes Bezirkes. Auf dieser Grundlage wurden die jährlichen Volkswirtschaftspläne (DDR, Bezirk, Kreis) ausgearbeitet und von der jeweiligen Volksvertretung beschlossen. Vor der Beschlussfassung über den Volkswirtschaftsplan der DDR fand jedes Jahr (Oktober/November) eine Abstimmung mit jedem Bezirk statt. Sie wurde von einer Kommission unter Leitung eines Mitgliedes des Ministerrates mit dem Rat des Bezirkes durchgeführt. Der 1. Sekretär und weitere Sekretäre der Bezirksleitung nahmen an diesen oft langwierigen Konferenzen mit beratender Stimme teil. Das waren häufig kontroverse Debatten, in deren Ergebnis meist strittige Punkte blieben, weil die Forderungen des Bezirkes nicht mit den Möglichkeiten der Regierung in Einklang gebracht werden konnten.«[46]

Es ist bekannt, daß die ökonomische Leistungsfähigkeit der DDR zu gering war, um alle materiellen Erfordernisse und Wünsche in den Bezirken zu befriedigen. Wenn auch die Möglichkeit bestand, innerhalb der den Bezirken zugeteilten Plankennziffern »bestimmte Umschichtungen vorzunehmen, bestimmte Schwerpunkte zu setzen«, so geschah dies »doch mehr oder weniger gebunden.«[47] In den Komplexberatungen zur Vorbereitung des nächsten Planjahres konnten die Bezirke »Differenzstandpunkte«, bei denen es zumeist um die »Bereitstellung materieller und finanzieller Fonds für den Bezirk« ging, benennen und erzielten damit mitunter »Teilerfolge, blieben aber meist nur 2. Sieger.«[48]

---

[44] Richert, Ernst, Das zweite Deutschland. Ein Staat, der nicht sein darf, Frankfurt/Main 1966, S. 45.
[45] Gesprächsprotokoll Postler, S. 8.
[46] Ebenda, S. 8 f.
[47] Gesprächsprotokoll Schlaak, S. 5.
[48] Schriftliche Mitteilung von Siegfried Lorenz, Berlin, 17.4.2003, S. 8. Modrow, Hans, Von Schwerin bis Strasbourg. Erinnerungen an ein halbes Jahrhundert Parlamentsarbeit, Berlin 2001, S. 82, kennzeichnet die Komplexberatungen so: »Die Zusammenkünfte waren weder demokratisch noch von Sachkunde getragen, zuweilen glichen sie einem orientalischen Basar, auf dem nur noch Zahlen gerufen wurden. Man feilschte um die ›Bestleistungen‹, die nur auf dem Papier erschienen.« An den Beratungen nahmen üblicherweise der Ratsvorsitzende und die Sekretäre der Bezirksleitung, Mi-

Wie wenig eigenständig die Bezirksleitungen in wirtschaftlichen Fragen agieren konnten, zeigt der Diskussionsbeitrag des Vorsitzenden der Staatlichen Plankommission, Bruno Leuschner, auf einer Beratung des Sekretariats des ZK mit den 1. Bezirkssekretären am 4.5.1959. »Die Bezirksleitung«, so empörte sich Leuschner, »kann doch nicht einfach zusätzliche Bauaufgaben beschließen, man muß doch auch rechnen, ob dazu das Material ist oder will man das anderen Bezirken wegnehmen. Die Bezirksleitung Rostock hat z. B. beschlossen, eine Straße zu bauen, von Rostock nach Warnemünde. Die Abteilung der Staatlichen Plankommission hat das ohne Unterlagen genehmigt. Als dann die Unterlagen kamen, stellte sich heraus, daß man die Straße erst ab 1965 braucht und daß die Straße 1,5 Millionen Mark mehr kostet, als ursprünglich angegeben war. So können wir doch nicht die Wirtschaft leiten. In Cottbus hat die Bezirksleitung beschlossen den Bau einer Sport- und Kongreßhalle. Obwohl die Projektierungsunterlagen nicht vorhanden sind und die Finanzierung unklar ist, will man anfangen zu bauen.« Aufschlußreich ist die Entgegnung Eduard Götzls, 1. Sekretär der BL Frankfurt (Oder): »Der Genosse Leuschner sieht immer nur die Fehler bei den Bezirken. Wenn 15 Kinder nicht richtig arbeiten, dann muß doch auch bei den Eltern etwas nicht stimmen. Wir haben viel zu leiden unter adiminstrativen (sic!) der Plankommission.«[49] Götzl anerkennt zwar durch seine Kinder-Metapher die Aufsichtspflicht und Kompetenzen der Zentrale, wendet sich aber gegen übermäßiges Administrieren. Sein Redebeitrag läßt sich als Wunsch nach mehr Handlungsspielräumen deuten. Zugleich zeigt dieser Auszug, daß in den fünfziger Jahren kritischere Diskussionen im Apparat des Zentralkomitees eher möglich waren als etwa in den achtziger Jahren unter Honecker.

Die Bevölkerung in den einzelnen Territorien ist in materieller Hinsicht häufig unzufrieden gewesen – sei es wegen Versorgungsmängeln, sei es wegen Wohnungsfragen.[50] Die Bezirkssekretäre waren als höchste Parteifunktionäre vor Ort und als häufig erste Ansprechpartner direkt mit den Forderungen der Menschen konfrontiert. Um hier eingreifen und Verbesserungen erzielen zu können, um als Politiker in den Bezirken vor der Bevölkerung bestehen zu können, mußten Wege gefunden werden, wie im Rahmen der zentralen Beschlüsse oder gegebenenfalls auch neben diesen das Mögliche für den eigenen Bezirk herausgeholt werden konnte. Dabei hat es ein »regionales Verständnis« in den Bezirksleitungen durchaus gegeben, »denn es ging auch darum, daß man der eigenen Bevölkerung zeigte, was man leisten kann. Es gab ja einen Vergleich zwischen den Bezirken.«[51]

Die Bezirkssekretäre waren als Einzelkämpfer auf sich allein gestellt, ein Zusammengehen mit anderen Bezirken, um etwa geschlossen höheren Orts auf ge-

---

nister, die größere Posten im Bezirk realisierten, und Vertreter der entsprechenden ZK-Abteilungen teil. Vgl. ebenda, S. 82 f.
[49] SAPMO, DY 30/IV 2/1.01/320, Bl. 46 und Bl. 49.
[50] Hierzu hat Bouvier, Beatrix, Die DDR – ein Sozialstaat? Sozialpolitik in der Ära Honecker, Bonn 2002 eine Fülle von Eingaben aus der Bevölkerung ausgewertet.
[51] So Dr. Roland Wötzel, in: Materialien der Enquete-Kommission, Bd. II, 1, S. 609.

meinsame Probleme aufmerksam zu machen, war verpönt und widersprach auch dem Parteistatut, in dem es hieß: »Jede Erscheinung von Fraktionsmacherei und Gruppenbildung widerspricht dem Wesen unserer marxistisch-leninistischen Partei und ist unvereinbar mit der Zugehörigkeit zur Partei.«[52] Informelle Treffen zwischen Bezirkssekretären zogen unweigerlich den Unmut Honeckers nach sich und wurden untersagt. Als Rostocker und Berliner Sekretäre in den siebziger Jahren zwanglos zusammenkamen, stellte Honecker, dem das zu Ohren gekommen war, die Frage: »Wo wurde beschlossen, daß ihr euch trefft?« und ließ das »Vergehen« dreimal im Sekretariat und im Politbüro behandeln.[53] Diese Gegebenheiten hatten die Funktionäre tief verinnerlicht. »Wir sind groß geworden in der SED mit der Angst vor der Fraktionsbildung. Fraktionsbildung war etwas, wo man wußte, daß (sic!) ist das Aus von politischer und beruflicher Tätigkeit.«[54]

Die Bezirkssekretäre waren, wollten sie Änderungen von Plankennziffern für ihren Bezirk, Verbesserungen in der Versorgung oder dringend anstehende Bauleistungen realisieren, gut beraten, sich die tatkräftige oder stillschweigende Unterstützung eines prominenten Genossen aus der Parteiführung zu sichern. Das wurde vielfach auch getan. Doch mußten die Funktionäre dabei »sehr vorsichtig sein. Es gab Kontrolleure, die herumfuhren, und zum zweiten mußte auch bedacht werden, daß die Generaldirektoren Verbindungen zu den Ministerien hatten.«[55] In der Tat war das »Geflecht von Informationen von unten nach oben« derart vielfältig, daß »Alleingänge« oder »Abweichungen« nicht unbemerkt blieben. Unter anderem »berichteten Grundorganisationen direkt an das ZK, die Bezirkszeitungen werteten täglich die Abteilung Agitation aus, Mittag besaß mit seinem Apparat und den Parteiorganisatoren ein detailliertes Informationssystem, die Revisions- und Parteikontrollkommissionen schrieben Informationen und nicht zuletzt gab es die Fülle von Berichten des MfS über alle Bereiche des Bezirkes.«[56] Dennoch waren die Bezirksleitungen auf »sachliche Arbeitsbeziehungen zu zentralen Organen, vor allem mit den Ministern (gegebenenfalls mit Abteilungsleitern des ZK), die letztlich staatliche Weisungsbefugnis (im Falle der Sicherheitsorgane Befehlsgewalt) hatten und auch über materielle Ressourcen verfügen konnten«, angewiesen. Sie bemühten sich, »solche engen, auch persönlichen Arbeitsbeziehungen zu fördern und direkt auf die in der Zentrale Verantwortlichen zuzugehen.«[57]

Heikel wurde es, wenn die Wünsche der Bezirke finanziell oder materiell die Gegebenheiten deutlich überforderten. Hier war Findigkeit gefragt, und die folgenden Beispiele zeigen den vorhandenen Gestaltungsspielraum der Bezirksse-

---

[52] Statut der SED, in: Protokoll der Verhandlungen des IX. Parteitages, S. 267-298, hier S. 268.
[53] Gesprächsprotokoll Müller, S. 18.
[54] Keller, in: Neues Deutschland, 1.3.1993, S. 11.
[55] Gesprächsprotokoll Denner, S. 11.
[56] Schriftliche Mitteilung Lorenz, S. 8.
[57] Ebenda.

kretäre recht plastisch. Dieser bewegte sich jedoch immer im Rahmen der Generallinie der Partei.

Ein bleibendes Problem für die DDR bildeten bis zu ihrem Ende die Bauvorhaben. Die materielle Decke war zu kurz, vieles Notwendige konnte nicht realisiert werden. Verschärft wurde dies durch die Bauleistungen, die jeder Bezirk für die Hauptstadt Berlin erbringen mußte; »ein richtiges Reizthema«[58], fehlten diese Kapazitäten dann doch in den Territorien. So mußten sich die Bezirke oft selbst behelfen. Einen strenggenommen illegalen, aber häufigen Ausweg boten Schwarzbauten, die sich im Verein mit einem Verbündeten aus der Parteiführung leichter realisieren ließen. Da Planung und Ausführung der Schwarzbauten im geheimen stattfanden und nicht aktenkundig wurden, ist der Historiker hier vor allem auf Aussagen beteiligter Zeitzeugen angewiesen. Ernst Timm übermittelt eine solche:

In Rostock sollte in den 1970er Jahren eine neue Sport- und Kongreßhalle entstehen. Nachdem zwei Jahre lang daran gebaut worden war, verfügte Berlin einen Baustop. Das im Vorfeld eingeplante Geld von ca. 30-35 Mio. Mark war erschöpft. Das Sekretariat der BL Rostock entschied nun, »daß wir weiter machen«. Der Sport- und Kongreßhalle »fehlte noch die gesamte Innentechnik. Die haben wir uns dann auf schwarzem Wege organisiert.« Dazu wurde »zum Beispiel eine tschechische Firma geholt, die die ganze Elektro- und Lautsprecherinstallation gemacht hat.« Die Rostocker Genossen wußten bei ihrem Tun Manfred Ewald, Vorsitzenden des DTSB und Präsidenten des NOK sowie Mitglied des ZK und Abgeordneten der Volkskammer, »auf unserer Seite«. Als die neue Halle gebaut wurde, war Ewald »von vornherein begeistert und sehr dafür«, vor allem, »weil es eine Sporthalle war und weil wir hier in Rostock nichts hatten.« Er ist dann »in Berlin dafür eingetreten, daß die Sporthalle fertiggestellt wird.« Als die neue Sport- und Kongreßhalle dann errichtet war und die ersten Veranstaltungen stattfinden konnten, »da wurden große Loblieder gesungen.« Lediglich der Rat des Bezirkes bekam »Krach vom Ministerrat in Berlin, aber ansonsten hat uns niemand mehr danach gefragt. Im Gegenteil: Es wurden sogar im ›Neuen Deutschland‹ Artikel veröffentlicht, daß die ausländischen Sport-Delegationen mit großer Begeisterung von der Sporthalle in Rostock gesprochen haben.«[59]

Die Tätigkeit der Bezirksleitungen gestaltete sich »immer abenteuerlicher, je kürzer die materielle Decke des Landes wurde und je rascher die mentale Zustimmung des Wahlvolkes sank.«[60] Hans Modrow mußte »Partisanenmethoden« anwenden und sich »Verbündete« suchen, um die auch in den MfS-Berichten kritisierten und in Berlin mißbilligend zur Kenntnis genommenen wirtschaftlichen Mißstände beheben zu können. »Ich erinnere mich, daß das Kreiskrankenhaus von Meißen in einem miserablen Zustand war, wir aber kaum Mittel besaßen, die

---

[58] Gesprächsprotokoll Unverricht, S. 7.
[59] Gesprächsprotokoll Timm, S. 13 und S. 14.
[60] Modrow, Von Schwerin bis Strasbourg, S. 81.

gröbsten Schäden an den Gebäuden zu beheben. Mit Prof. Lutz Mecklinger, dem Gesundheitsminister, kamen wir überein, in Meißen eine Übung der Zivilverteidigung zu veranstalten. Dabei sollte ein ›Reservelazarett‹ eingerichtet werden ... Mit diesem Trick gelang es uns, etwas für die notwendige Sanierung des Krankenhauses zu tun.«[61]

In Berlin war Konrad Naumann, der machtbewußte 1. Sekretär, »ein Meister darin, unter Ausnutzung von Meinungsverschiedenheiten zwischen Politbüromitgliedern Spielräume zu schaffen.« Ein Beispiel dafür hat besonders »Furore in der Stadt gemacht«: Seit Mitte der sechziger Jahre schwelte das Projekt einer neuen Bezirksverwaltung für das MfS. Naumann »verband sich mit Mielke und baute die Bezirksverwaltung für die Staatssicherheit schwarz. Er bekam dafür mörderische Prügel. Als ich einmal unvorsichtigerweise bei einer Bezirksdelegiertenkonferenz in der Pause das Thema anschnitt (...), sagte Honecker zu mir: ›Eines will ich dir mal sagen: Ich mußte jedes Mal nach Strausberg über die Autobahn fahren, weil Mielke nicht wollte, daß ich an seinem Schwarzbau vorbeikomme.‹ Das war Ausnutzung von Spielräumen.«[62]

Im Bezirk Potsdam wurden zum Beispiel das Karl-Liebknecht-Stadion, die Gaststätte Charlottenhof, ein Schuhhaus, ein Einkaufszentrum und das Schwimmbad in Teltow schwarz gebaut. Um dabei nicht »unter den großen Hammer« zu kommen, das heißt, Parteistrafen oder Funktionsentzug zu provozieren, »mußte man ein bißchen gewitzt sein«. Aus Anlaß der Weltfestspiele 1973 wurden auf der Freundschaftsinsel in Potsdam für rund 12 Mio. Mark neue Gaststätten errichtet. Diese waren »umfassender und umfangreicher, als wir uns das eigentlich hätten erlauben können oder machen sollen. Das war die oberste Grenze dessen, was man gerade noch so machen konnte.« In Berlin wurde man mittlerweile darauf aufmerksam, und es gab schon Warnungen: »Paßt auf! Da werdet ihr Kritik kriegen.« Der Rat des Bezirkes mußte bereits einen Bericht ans Ministerium in Berlin schreiben. Wie zog sich die Bezirksleitung nun aus der drohenden Affäre? Sie organisierte eine »große öffentliche Einweihung, eine Übergabe an die Bevölkerung« und lud dazu das Mitglied des Politbüros Friedrich Ebert ein. »Den haben wir rumgeführt. Der war hellauf begeistert von dem Ding. Er hat eine zündende Rede gehalten, wie schön und wie gut das ist. Das haben wir richtig in die Zeitung gebracht mit Bild. Da hat kein Mensch mehr kritisiert. So was mußte man natürlich auch machen. Da gab es schon Findigkeiten, wie man das so hinkriegte.«[63]

Nicht ganz so glimpflich kam Hans Modrow in Dresden davon. Er hatte in der Bezirksstadt zusammen mit dem Eisenbahnbetrieb ein historisches Gebäude, das Blockhaus, wiederaufgebaut. »Der Eisenbahnbetrieb erhielt Wohnungen, und wir bekamen seine Leistungen. Das war ein Gentlemen's Agreement, mit dem wir auch zu Rande kamen.« Die Mittel für den Wiederaufbau dieses Hauses ent-

---

[61] Ebenda.
[62] Gesprächsprotokoll Müller, S. 17 und S. 17 f.
[63] Gesprächsprotokoll Schlaak, S. 8.

stammten dem Fonds Wohnungsbau und waren dort als Wohngebietsgaststätte eingetragen. »Das alles lief ganz gut, und wir wurden daran auch nicht gehindert. Es wurde nicht ganz entdeckt, was wir da machen.« Zur Eröffnung des Blockhauses als »Haus der Deutsch-Sowjetischen Freundschaft« erschienen der Vorsitzende der DSF, das Mitglied des Politbüros Erich Mückenberger, und der sowjetische Botschafter Pjotr Abrassimow. Auch das Fernsehen der DDR war zugegen. Am gleichen Tag erhielt der Ratsvorsitzende, wie er Modrow mitteilte, einen Anruf. »Das wird noch mal alles geprüft. Es darf nichts veröffentlicht werden. Das Fernsehen wird nichts bringen.« Modrow mußte dann seinen »beiden Gästen verständlich machen, daß so etwas eintreten kann. Dann gab es den großen Skandal, daß wir mit einem Schwarzbau verfahren hätten. Aber ich habe mir dann das Wort von Abrassimow zu eigen gemacht: ›Ende gut, alles gut.‹«[64]

Im Bezirk Karl-Marx-Stadt konnten mit »List und Tücke« das abgebrannte Schauspielhaus wiederaufgebaut und die grundlegende Rekonstruktion der Oper begonnen werden.[65] Schwarzbauten hat, wie berichtet wird, »jeder Bezirk gemacht mit unterschiedlichem Erfolg und auch mit unterschiedlicher Bravour«. Dies war nachgerade notwendig, weil die »zentrale Planung (…) zu starr, zu unbeweglich« war und die Bezirke »keinen oder nur einen ganz, ganz geringen Spielraum, diese zentralen Plankennziffern offiziell zu umgehen«, besessen haben.[66] Dies trifft ebenfalls für die Kreisleitungen zu. Auch hier wurden durch Schwarzbauten Vorhaben realisiert, die im Vorfeld nicht in den Plan hatten eingeordnet werden können. Der Kreis Hildburghausen kam so zu einer neuen Poliklinik. Bei der feierlichen Übergabe fehlten dann Genossen der Bezirksleitung, und der 1. Kreissekretär sowie der Vorsitzende des Rates des Kreises erhielten eine »Rüge« als Parteistrafe. Die neue Poliklinik blieb jedoch erhalten und konnte genutzt werden.[67]

Nicht immer mußten die Genossen der Bezirksleitung zum Mittel des Schwarzbaus greifen, um Verbesserungen der Infrastruktur zu erreichen. Johannes Chemnitzer übermittelt für den Bezirk Neubrandenburg eine andere findungsreiche Variante.[68] Als führendem SED-Funktionär von Neubrandenburg kamen ihm hierbei die landschaftlichen Vorzüge des Bezirks zugute. Chemnitzer »merkte, daß es Möglichkeiten außerhalb der offiziellen Aufträge seitens der Parteiführung und des Staatsapparates gab. Es gab auch Möglichkeiten, informell durch persönliche Beziehungen mit verantwortlichen Leitern in der Zentrale für den Bezirk etwas herauszuholen.« Ein Angriffspunkt war hier die Tatsache, »daß von Ministern und maßgeblichen Funktionären ein gewisses Interesse für den Bezirk Neubrandenburg bestand, obwohl sie offiziell nicht unmittelbar dafür verantwortlich

---

[64] Gesprächsprotokoll Modrow, S. 8 und S. 8 f.
[65] Vgl. Schriftliche Mitteilung Lorenz, S. 8 f.
[66] Gesprächsprotokoll Schlaak, S. 7.
[67] Vgl. Best, Heinrich/Mestrup, Heinz, Die Ersten und Zweiten Sekretäre der SED. Machtstrukturen und Herrschaftspraxis in den thüringischen Bezirken der DDR, Weimar 2003, S. 264 f.
[68] Das folgende nach: Gesprächsprotokoll Chemnitzer, S. 25 f.

waren.« Dies traf auch auf den Minister für Bauwesen, Wolfgang Junker, zu. Die Pfunde, mit denen der Bezirk Neubrandenburg wuchern konnte, waren die ausgedehnten Jagd- und Angelgebiete mit prächtigen Wildbeständen. Junker, »ein guter Jäger«, hatte ein Auge auf den Bezirk geworfen und eröffnete dem 1. Bezirkssekretär eines Tages folgendes: »›Hannes, wenn wir hier so ein kleines Ferienobjekt schwarz errichten, dann rege dich nicht auf, sondern halte bitte die Hand darüber, wenn wir es bauen.‹ Dann hat er eins gebaut, hat bei mir noch einen Hirsch geschossen, und damit war die Aufmerksamkeit des Bauministers für den Bezirk Neubrandenburg geregelt.« Wolfgang Junker kam daraufhin häufiger in den Bezirk. Chemnitzer mahnte ihn, sich »aus Dankbarkeit« um die Stadt Prenzlau zu »kümmern« und hier rege Bautätigkeit zu entfalten. »Daß die Stadt Prenzlau heute ein so schönes Gesicht durch die WBS-70-Baureihe hat und soviel Baukapazität bekam, haben wir Junker zu verdanken.« Auch andere Funktionäre aus Wirtschaft und Politik konnte Chemnitzer auf diese Art »bestechen« und so materielle Möglichkeiten für seinen Bezirk erschließen. So war auch der Generaldirektor des Kombinats Agrochemie Piesteritz offenbar ein begeisterter Jäger. Als »beispielsweise die Landwirtschaft die Flüssigdüngung brauchte und solche Kapazitäten zu errichten waren, habe ich dem gesagt: ›Hör mal, wenn du hier bei mir einen Hirsch schießen willst, dann baust du uns mal so eine Linie auf.‹« Auch Minister wurden in diese Art Kuhhandel einbezogen. »Dem Finanzminister habe ich das Gleiche gesagt. Ich habe drei Finanzminister erlebt, die alle drei hier Hirsche geschossen haben.«[69] Diese Variante der »Ausnutzung persönlicher Verbindungen«, nämlich »mit den guten Seiten des Bezirkes zu wuchern«[70], stand allerdings in Ermangelung der natürlichen Gegebenheiten nicht jedem Bezirk gleichermaßen zur Verfügung.

Die Gestaltungsmöglichkeiten der Bezirke erstreckten sich nicht nur auf die Errichtung von Schwarzbauten. Auch andere infrastrukturelle Probleme waren nach den eigenen Möglichkeiten zu bewältigen. Hier besaßen die Bezirke Mitspracherecht. Die grundsätzlichen Fragen »beriet das Politbüro mit jedem Bezirk. Vorschläge, vom Baustil bis hin zur Architektur, mußten dann eingebracht werden. Aber wie die bezirksgeleitete Industrie gestaltet und ausgebaut wurde, war unser Problem.«[71] Am Beispiel Schwerins können die Möglichkeiten der Bezirke aufgezeigt werden. »Bei der Ansiedlung von Industrie im vormals fast ausschließlich agrarisch geprägten Bezirk Schwerin deckten sich zentrale und bezirkliche Interessen vollständig. Bei der konkreten Bestimmung der Standorte für die Produktion, bei der Planung des Wohnungsbaus, der Verkehrswege und anderer

---

[69] In der Amtszeit von Johannes Chemnitzer als 1. Sekretär der SED-Bezirksleitung Neubrandenburg von 1963-1989 waren mit Willi Rumpf (1955-1966), Siegfried Böhm (1966-1980), Werner Schmieder (1980-1981) und Ernst Höfner (1981-1989) vier Finanzminister tätig. Wegen seiner kurzen Amtszeit wurde offenbar Schmieder von Chemnitzer nicht mitgezählt. Vgl. Herbst, Andreas/Ranke, Winfried/Winkler, Jürgen, So funktionierte die DDR, Bd. 2, Reinbek 1994, S. 652.
[70] Gesprächsprotokoll Chemnitzer, S. 26.
[71] Protokoll des Gesprächs mit Rudi Gröbel, Berlin, 23.7.2003, S. 12.

Fragen der Infrastruktur lag die Entscheidung weitgehend bei Bezirk und Kreisen. Bei der architektonischen und funktionalen Gestaltung neuer Wohngebiete zum Beispiel gab es viel Gestaltungsspielraum.«[72] So konnten sich die Schweriner Genossen dem »Trend zur Liquidierung der Straßenbahnen zugunsten der Busse« in der Planung des Nahverkehrs vehement widersetzen und stellten nur wenige ineffektive Linien ein. »Die neuen Wohngebiete erhielten diese umweltfreundliche Anbindung, bei der Neuplanung allerdings auf eigenem Gleisbett, um den Straßenverkehr nicht zu behindern.«[73] Ein »besonders gravierendes Beispiel für bezirkliche Einflussnahme« war der Bau eines Heizkraftwerkes auf Erdgasbasis in Schwerin-Süd. »Die wegen steigender Erdölpreise vorgenommene Umstellung von Erdöl auf Braunkohle sollte den Bau eines Braunkohlekraftwerkes in unmittelbarer Nähe der Bezirksstadt zur Folge haben. Mit allen damit verbundenen Nachteilen für die Menschen und die Umwelt. Das wurde in langwierigen Verhandlungen verhindert.«[74]

In allen wirtschaftlichen Belangen, nicht nur bei nicht in den Plan eingeordneten, aber dennoch ausgeführten Neu- oder Umbauten, konnten die Bezirke dann schneller Erfolge verbuchen bzw. Mißstände beseitigen, wenn sie einen Funktionär aus der Parteiführung zur Einsicht und Unterstützung gewannen. In Magdeburg konnte der 1. Bezirkssekretär Eberlein aufgrund seiner Mitgliedschaft im Politbüro und seiner Freundschaft mit Gerhard Schürer, dem Vorsitzenden der Staatlichen Plankommission, »das und jenes organisieren«. So war »in Kalbe der Gelatinebetrieb beinahe abgesoffen, weil die Klärgrube nicht ausgebaggert werden konnte. Es war kein Bagger da. Da mußte ein Bagger bereitgestellt werden, aber die wurden zu 100 % exportiert.« Eberlein wandte sich daraufhin telefonisch an Schürer. »Ich habe ihm erklärt: ›Wenn das nicht passiert, dann spült der Eisenbahndamm weg!‹ Ich habe die ganze Geschichte ein bißchen dramatisiert. Dann hat er veranlaßt, daß ein Bagger aus dem Export rausgenommen wird.«[75] Im VEB Fahlberg-List Magdeburg, das zum Kombinat Agrochemie Piesteritz gehörte, ist das baufällige Dach »beinahe eingestürzt«. Weder der Werkleiter noch der Kombinatsdirektor verfügten über Mittel, um das Dach zu sanieren. »Da hatten sie schon Netze gespannt usw. Es war eine schlimme Situation.« Also mußte Eberlein »mit dem für Investitionen zuständigen Mann der Plankommission« verhandeln. Im Ergebnis wurde eine Million der 500-Millionen-Investition des Kernkraftwerks Stendal abgezweigt »und ins Werk Fahlberg-List gesteckt«. Dies »durfte keiner wissen«, es wurde »(u)nter der Decke« gemacht.[76]

Werner Eberlein konnte sich nicht nur die Bekanntschaft mit führenden Partei- und Staatsfunktionären zunutze machen, sondern anderenfalls auch mit ihnen

---

[72] Gesprächsprotokoll Postler, S. 9.
[73] Ebenda.
[74] Ebenda.
[75] Gesprächsprotokoll Eberlein, S. 5.
[76] Ebenda.

drohen, um Schaden von seinem Bezirk abzuwenden oder zu beheben. Ein »extremes Beispiel bot sich in der Volksbildung aufgrund des autoritären Leitungsstils der Ministerin« Margot Honecker, »der die Menschen ängstlich machte«. Eberlein wußte dies auszunutzen: »Im Wernigeroder Elektromotoren-Werk wurde als Konsumgut der Rasenmäher ›Trolli‹ produziert, der billiger und besser als ein entsprechendes Berliner Modell war. Also wollte man uns den wegnehmen und ihn in der Hauptstadt herstellen.« Der 1. Bezirkssekretär rief daraufhin den verantwortlichen Minister an und mahnte ihn zu bedenken, »daß die Produktion des Mähers Bestandteil des polytechnischen Unterrichts im Kreis ist. Lehrplanänderungen müßt ihr erst mit Margot Honecker absprechen.« Der Minister hatte offenbar keine Neigung, »sich bei Margot Honecker möglicherweise unbeliebt zu machen, überhaupt bei ihr vorzusprechen«, und so blieb der »Trolli« im Bezirk Magdeburg. Die Pointe dieser Begebenheit: »Der Rasenmäher ist allerdings gar nicht Bestandteil des Werkunterrichts gewesen…«.[77] Die weiter oben erwähnte Karl-Marx-Städter »List und Tücke« bei der Schaffung eigenständiger Spielräume findet sich hier eindrucksvoll wieder.

Sie findet sich auch in den Erinnerungen Carl-Heinz Jansons, des Abteilungsleiters »Sozialistische Wirtschaftsführung« des ZK, hier am Beispiel des Brückenbaus. »Vierzig bis sechzig Prozent der Brücken stammten aus dem vorigen Jahrhundert. Trotz vieler Analysen und Initiativen konnte der Verschleißgrad der Brücken nicht verbessert werden. Brückenbau war ein Reizwort für Mittag, weil damit hohe Aufwendungen und Belastungen einhergingen. Oft genug ließ er notwendige Bauten streichen oder um Jahre verschieben. Trotz seiner Machtstellung geschah aber einiges an ihm vorbei, wenn sich der jeweilige 1. Bezirkssekretär der SED mit dem Verkehrsministerium einig war.« Worin bestand hier der Trick? Es »konnte mancher Brückenbau als Verteidigungsmaßnahme getarnt werden, oder er trat erst nach Fertigstellung in Erscheinung. Das fällige Donnerwetter wurde ertragen.«[78]

Es gab auch Fälle, in denen einzelne Bezirkssekretäre scheinbar gegen die Generallinie der Partei verstoßen mußten, um ökonomische Mißstände und Versorgungsschwierigkeiten beheben zu können. Ein solches Beispiel überliefert Günter Schabowski. Im Jahre 1987 ging es für die Bezirksleitung Berlin darum, die Backwarenversorgung zu verbessern. Im Neubaugebiet Marzahn »beschwerten sich die Leute, daß es zu wenig frische Brötchen gab.« In diesem Stadtteil wurden zwar viele Wohnungen gebaut, aber es gab nur eine private Bäckerei. »Ein Bezirkssekretär hatte sicherlich Wichtigeres zu tun, als sich um frische Brötchen zu kümmern, wird mancher sagen. Aber unter den Bedingungen einer Mangelwirtschaft und einer absolutistischen Parteienherrschaft war das für mich eine wichtige Frage.« Schabowski begab sich zu diesem privaten Bäcker, der ihm eröffnete, er

---

[77] Interview Eberlein, in: Schütt/Zimmermann, S. 51.
[78] Janson, Carl-Heinz, Totengräber der DDR. Wie Günter Mittag den SED-Staat ruinierte, Düsseldorf-Wien-New York 1991, S. 77.

könne das Dreifache an Brötchen backen, dürfe jedoch nicht mehr als zehn Arbeitskräfte beschäftigen, so daß einer Erhöhung der Produktion Grenzen gesetzt seien. Schabowski forderte den Bäcker auf, noch fünf Leute einzustellen, »und dann wollen wir mal sehen, was aus der Sache wird.« Dies war strenggenommen ein Verstoß gegen die Generallinie der Partei, da »dieser Bäcker plötzlich 15 statt nur zehn Angestellte beschäftigte und damit auf dem verwerflichen Wege zum ›Großunternehmer‹ war.« Aber natürlich hatte auch Schabowski nicht vor, die grundlegende Richtung der SED-Politik zu modifizieren. Es war eine Abwägung widerstreitender Politikerfordernisse. Den Spielraum, diese Abwägung vorzunehmen, besaß der 1. Bezirkssekretär. Durch das Verlassen der Generallinie in bezug auf die erlaubte Anzahl der Beschäftigten bei privaten Unternehmern konnte »in einem der Neubaugebiete (Generallinie Wohnungsbau) die erforderliche Versorgung der Bürger gewährleistet« und damit »nicht das Wohnungsbauprogramm diskreditiert« werden. Hierzu Schabowski abschließend: »Man modifiziert nicht die Linie. Man hat in einem Detail etwas, was scheinbar der Linie widerspricht, geändert. Letztlich ist das Dialektik oder Rabulistik. Ich verstoße gegen ein Detail, um die große Dialektik durchzusetzen Das ist das Ausschlaggebende. Natürlich konnte man sich damit auch einmal in die Nesseln setzen.«[79]

Vor allem bei dem für sämtliche Wirtschaftsfragen zuständigen ZK-Sekretär Günter Mittag konnte man sich schnell in die Nesseln setzen. Für ihn, »rigoros bis zum Gehtnichtmehr«, der »rumkommandiert bis zur Unanständigkeit«[80], waren »alle Bezirkssekretäre widerspenstig, die eigene Vorstellungen hatten und nicht kuschten. Wer Schwierigkeiten offenbarte, mußte sich gut absichern.«[81] Mittag erklärte die »objektiven systembedingten Kalamitäten« regelmäßig zu »subjektiven Unzulänglichkeiten der Generaldirektoren oder Bezirkssekretäre«.[82] Dabei machte er selbst vor Kollegen aus dem Politbüro keinen Halt. Auf einer Sitzung dieses Gremiums machte er die Berliner Bezirksleitung – und damit auch den 1. Sekretär Schabowski – für die mangelhafte Versorgung der Hauptstadt mit Zwieback verantwortlich. Berlin »verfüge über die modernste Fertigungsstraße«, aber »bringe nicht die Leistung«. Es sei »Schlamperei im Spiel«, die Bezirksleitung hätte sich »nicht darum gekümmert.«[83] Schabowski konnte diesen Angriff jedoch parieren, da er im Vorfeld »von einem Mitarbeiter aus der Abteilung Wirtschaft des ZK über Mittags Absichten informiert worden« war und daraufhin die »Zwiebackstraße genauer untersuchen lassen« hatte. Dabei stellte sich heraus, »daß die Teile, die nicht funktionierten, im Auftrag Mittags von DDR-Firmen konstruiert worden waren, obwohl man die Produkte besser aus dem Westen hätte importieren müssen. (...) Es fehle an zwei Sachen, die nur im Westen zu

---

[79] Gesprächsprotokoll Schabowski, S. 5.
[80] Gesprächsprotokoll Eberlein, S. 4.
[81] Koehne, Ludwig/Sieren, Frank (Hrsg.), Günter Schabowski: Das Politbüro. Ende eines Mythos. Eine Befragung, Reinbek 1991, S. 40.
[82] Ebenda.
[83] Ebenda, S. 40 f.

haben seien und so und so viel kosten.« Mittag konnte »seine Wut über den gekonterten Angriff kaum verbergen«. Honecker wandte sich zu Mittag mit dem Bemerken, ob »man das denn daran scheitern lassen« solle, und einige Wochen später nahm die Fertigungsstraße ihre Arbeit auf.[84]

In Suhl hatte der dortige Sekretär für Wirtschaft, Dr. Denner, »ein paar echte Probleme« mit Mittag, als sich die Wirtschaftspolitik der SED auf die Kombinatsbildung konzentrierte und darauf orientierte, »die Kombinate in den Mittelpunkt der gesamten Entwicklung« zu stellen. Der Bezirk Suhl »zeichnete sich aber dadurch aus, daß nicht die Kombinate die entscheidende Frage waren, sondern die Mittelbetriebe.« Die Bezirksleitung unternahm nun den Versuch, »die Mittelbetriebe zumindest gleichberechtigt zu den Kombinaten zu stellen. Das habe ich auch versucht durchzusetzen, aber ich bin zurückgepfiffen worden von der Zentrale, weil der Zentralismus als die alleinige Form der Leitung der Wirtschaft betrachtet wurde. Im Bezirk Suhl waren die Handwerker und die mittelständischen Betriebe die entscheidende Frage und das wurde negiert.« Als der 1. Sekretär der BL Suhl, Hans Albrecht, merkte, daß die Alleingänge seines Wirtschaftssekretärs von Mittag und der Parteiführung nicht goutiert würden, »hatte ich auch mit ihm Probleme. Der hörte immer nur, was die da oben gesagt haben.«[85] Auch im Bezirk Magdeburg wurde die Kombinatsbildung zum Teil gegen den Willen des Bezirkes vorangetrieben. In Schönebeck gab es ein Traktorenwerk und ein Dieselmotorenwerk, die zu einem Kombinat zusammengelegt werden sollten. Die Bezirksleitung hat zwar »scharf dagegen protestiert«, da es sich um »zwei selbständige Produktionen, zwei selbständige Betriebe« handelte, konnte sich aber nicht durchsetzen. Dahinter stand Mittag, »und an dem kam keiner vorbei. Solche Dinge wurden über den Kopf der Bezirke hinweg entschieden, auf die Bezirke hat gar keiner drauf geachtet. Das ging nicht.«[86]

Einer der Bezirkssekretäre, die am häufigsten mit Günter Mittag aneinandergerieten, war zweifellos Hans Modrow in Dresden. Vergleichsweise harmlosen Ausmaßes war eine Begebenheit im Herbst 1981. Die Bezirksleitung Dresden hatte mit dem Gebietskomitee der KPdSU Leningrad, dem Partnerbezirk in der Sowjetunion, für Ende November 1981 eine »gemeinsame Konferenz über Erfahrungen der Leitung von Produktionsvereinigungen und Kombinaten« in Leningrad geplant. An dieser Konferenz sollten auf Vorschlag der Dresdner Genossen auch Generaldirektoren zentralgeleiteter Kombinate und Parteiorganisatoren des ZK teilnehmen. Von diesem Ansinnen wurde Mittag durch seinen Apparat informiert. In einer Hausmitteilung vom 30.10.1981 an Honecker erboste sich der eifersüchtig auf seine Kompetenzen bedachte Mittag: »Meines Erachtens hat eine Bezirksleitung nicht das Recht, von sich aus Generaldirektoren von Kombinaten bzw. Parteiorganisatoren des ZK zu einem solchen Erfahrungsaustausch zu dele-

---

[84] Gesprächsprotokoll Schabowski, S. 6. Vgl. auch Koehne/Sieren, S. 41.
[85] Gesprächsprotokoll Denner, S. 11.
[86] Gesprächsprotokoll Eberlein, S. 11.

gieren ohne vorherige Zustimmung des ZK.« Honecker glossierte diesen Satz mit einem »richtig!« und stimmte dem Vorschlag Mittags zu, »daß der von der Bezirksleitung Dresden beabsichtigte Erfahrungsaustausch jetzt nicht erfolgt und daß Genosse Modrow gesondert vorlegt, in welcher Weise dieses Vorhaben zu einem späteren Zeitpunkt erfolgen könnte.«[87] Mittag unterschlug dabei, daß die Dresdner Genossen sehr wohl die entsprechenden Abteilungen des ZK informiert hatten. Jedoch war er »der Boss der Wirtschaft«, wo »ihm niemand reinzureden«[88] hatte, und das ließ er auch die Bezirkssekretäre spüren.

Hans Modrow fiel in den achtziger Jahren häufiger Kritik anheim. Am 14.8.1985 richtete die Vorsitzende der Frauenkommission des Kombinats Fortschritt Landmaschinen, Betriebsteil Sondermaschinen- und Rationalisierungsmittelbau, eine Eingabe wegen Wohnungs- und Wasserleitungsproblemen sowie ungenügender Fleischversorgung in der Gemeinde Neukirch an den Generalsekretär.[89] Insbesondere wurde bemängelt, daß in Neukirch mit seinen 8000 Einwohnern nur drei Verkaufsstellen zur Versorgung der Bevölkerung mit Fleisch bereitstünden. Honecker, an seiner empfindlichen Stelle berührt, reagierte prompt. Zur Überprüfung dieser Eingabe wurde eine Arbeitsgruppe des ZK in den Kreis Bischofswerda entsandt, die vor Ort recherchierte. Die Auswertung dieser Überprüfung fand auf der Sitzung des Sekretariats des ZK am 4.9.1985 statt. Dazu mußten Modrow sowie der 1. und der 2. Sekretär der Kreisleitung Bischofswerda in Berlin erscheinen. Sowohl die Kreis- als auch die Bezirksleitung wurden auf dieser Sitzung scharf kritisiert. Als Ursache für die Mißstände entdeckte die Parteiführung »Schwächen und Mängel in der politischen Führungsarbeit der Kreisleitung und in der staatlichen Leitungstätigkeit des Rates des Kreises.« Es war weiter von »offensichtliche(n) Fehlentscheidungen des Rates des Kreises« die Rede, deren »tiefere Ursache (...) eindeutig in der mangelhaften Einstellung der zuständigen örtlichen Organe zur Sicherung der Versorgung der Bevölkerung« liege. Aber auch das Sekretariat der Bezirksleitung, und damit Hans Modrow, bekam sein Fett weg. Es müsse »in seiner politischen Führungstätigkeit gegenüber den Genossen des Rates des Bezirkes noch konsequenter die Verwirklichung der Einheit von Wirtschafts- und Sozialpolitik sichern. Die parteierzieherische Arbeit ist verstärkt darauf zu richten, daß alle örtlichen Staatsorgane die volle Verantwortung für die tägliche stabile und kontinuierliche Versorgung der Bevölkerung mit Waren des Grundbedarfs und die weitere Verbesserung der Versorgung mit Industriewaren, auf der Grundlage des Planes, wahrnehmen.«

Honecker selbst erboste sich mit folgenden Worten: »Man muß erfassen, daß es darum geht, daß die Bezirks- und Kreisleitung nicht sorgfältig, nicht verantwortungsvoll gearbeitet hat. Wort und Tat müssen doch übereinstimmen. Daß sich die Kollegin ans ZK wendet, nachdem andere ihre Fragen nicht beantwortet

---

[87] SAPMO, DY 30/2635, Bl. 77 und Bl. 76.
[88] Koehne/Sieren, S. 40.
[89] Das folgende nach: SAPMO, DY 30/J IV 2/3A/4294.

haben, ist einfach ein Skandal.« Die Partei dürfe »nie vergessen, daß wir aus dem Volke hervorgegangen sind und daß wir dem Volke zu dienen haben. Es geht jetzt nicht um persönliche Verletzbarkeit. Wir müssen die Arbeiter-und-Bauern-Macht stärken – mit euch oder ohne euch. Ich sage es ganz offen: Die Bezirksparteiorganisation Dresden ist stark genug, um die Probleme zu lösen.« Die Verantwortung für die zutage getretenen Mißstände liege »natürlich bei der Bezirksleitung. Sie muß der Kreisleitung helfen, auch dem Staatsapparat.« Mittag sekundierte: »In der Führungstätigkeit der Partei im Kreis, auch im Bezirk, gibt es also entscheidende Schwächen. Auch in der staatlichen Arbeit. Es geht um ernsteste Probleme im Verhalten zu den Menschen, die bisher überhaupt auf die Tagesordnung gekommen sind.«[90]

Das Sekretariat des ZK beschloß dann, die Dresdner Genossen zu beauftragen, »die mit der Eingabe zusammenhängenden Probleme auszuwerten und der Kreisleitung der SED Bischofswerda bei ihrer Lösung Hilfe und Unterstützung zu geben.« Dieser Beschluß und Informationen zu der Eingabe waren schließlich, und das ist sicher auch als Mahnung und Disziplinierungsmaßnahme zu verstehen, den 1. Sekretären der Bezirks- und Kreisleitungen »zur Auswertung zu übermitteln.«[91]

Die in der Eingabe geschilderten Mißstände waren »auch aufgrund von übergeordneten Planungsentscheidungen und Mittelverteilungen entstanden«, jedoch sah das ZK-Sekretariat die Verantwortlichen und Sündenböcke nur in den Reihen der regionalen Partei- und Staatsführung. Zentrale Maßnahmen wurden nicht getroffen, und so mußte der Bezirk »nunmehr seine eigenen Fonds zugunsten der beschwerdeführenden Gemeinde umverteilen, mit dem Nebeneffekt, daß dieser Ort von den Menschen der Umgebung, unter Anspielung auf die ungerechte Bevorteilung der Hauptstadt, den Beinamen ›Klein-Berlin‹ erhielt.«[92] Modrow jedenfalls übte zwei Tage nach der Sekretariatssitzung in einem Brief an den Generalsekretär die übliche Selbstkritik und versicherte, »daß ich ohne Vorbehalte zur Kritik des Sekretariats des Zentralkomitees stehe und unser Kollektiv seine ganze Kraft einsetzen wird, Lehren aus der Kritik zu ziehen und konsequent die Beschlüsse des Zentralkomitees zu verwirklichen.«[93]

Ein knappes Jahr später wurden der Apparat des ZK und Modrow mit einer ähnlichen Eingabe, diesmal von Werktätigen aus einem Betrieb des Textilmaschinenbaukombinates in Großschönau, Kreis Zittau, konfrontiert. Auch hier setzte die Parteiführung wieder eine Arbeitsgruppe in Bewegung. Diese »nahm jedoch keinerlei Einschätzung der Ausrüstungssituation im Kombinat vor, dann hätte sie erfahren, daß es rundum Betriebe mit noch größeren Rückständen gab. Es erfolgte auch keine Analyse der Versorgungssituation des Kreises oder gar des Bezir-

---

[90] SAPMO, DY 30/IV 2/2.039/80.
[91] SAPMO, DY 30/J IV 2/3A/4294.
[92] Modrow, Ich wollte ein neues Deutschland, S. 244.
[93] SAPMO, DY 30/J IV 2/2/2129, Bl. 126-128, hier Bl. 128.

kes.« Wie schon im Fall Bischofswerda, so sah auch hier das Ergebnis der Überprüfung so aus: »Die Politik der Führung ist richtig, die aufgetretenen Probleme tragen regionalen Charakter und zeugen von fehlender politischer Überzeugungsarbeit unter Führung der Bezirksleitung.«[94] Die beiden »Fälle Bischofswerda und Zittau« hätten, da ist Modrow zuzustimmen, »bei realer Einschätzung der Dinge für die Führung Gelegenheit geboten, Nachdenken über die wirkliche Lage auszulösen. Aber genau darum durfte es nicht gehen. Bewiesen werden sollte mit einem durchorganisierten Exempel gegen mich die absolute Richtigkeit der Politik Honeckers.«[95]

Auf dem Gebiet der Landwirtschaft, für das Günter Mittag nicht zuständig war, besaßen die Bezirke laut Modrow eine »größere Eigenständigkeit«, die »auch in der Struktur lag«. In der Landwirtschaft »arbeitete man im großen Umfang mit Genossenschaften zusammen, und Genossenschaften arbeiteten mit Eigenständigkeiten in wirtschaftlichen Bereichen«. Weil unter anderem eigene Fonds vorhanden waren, ist es hier möglich gewesen, »vermehrt eigene Überlegungen zu entwickeln, wozu natürlich auch gehörte, daß man sich mit den Ministern jeweils verständigte und einigte.« Modrow konnte in seinem Bezirk »auch ganz eigene Experimente betreiben.«[96] Ein typisches Beispiel überliefert er in seinen Erinnerungen. »In den sogenannten Zweitausender Milchviehanlagen wurde auf einem Milchkarussell eine gleiche Futterration an alle Kühe gegeben, egal welche Milchleistung sie jeweils brachten. Die Technische Universität Dresden entwickelte ein Projekt, bei dem Futter je nach Milchleistung differenziert verteilt wurde.«[97] Zwar konnte sich Modrow mit dem zuständigen Landwirtschaftsminister verständigen, nicht jedoch mit Gerhard Grüneberg, dem verantwortlichen ZK-Sekretär und damit Allgewaltigen in der Landwirtschaftspolitik der DDR. Grüneberg, als »(e)ingebildet, ungebildet und auf dem Gebiet der Landwirtschaft ungenügend ausgebildet« beschrieben[98], griff ein, da zentrale und bezirkliche Vorstellungen kollidierten. »Ohne Diskussion und Prüfung der Forschungsergebnisse ordnete er die Einstellung der Forschungsarbeit an; die Anlage, die eine nicht zu vertretende Konkurrenz zum ›Milchkarussell‹ des Kombinats Fortschritt und damit eine eklatante Planbehinderung des Betriebes sei, mußte demontiert und verschrottet werden. Das zentralistische Diktat hatte die demokratische Initiative besiegt.«[99]

Für alle Bereiche der Wirtschaftspolitik läßt sich mit Modrow feststellen, daß »immer dann, wenn (...) gewisse zentrale Strukturen berührt werden oder das Gefühl entstand, der Bezirk möchte seine Interessen stärker ins Spiel bringen«, auf »die Bremse getreten« wurde. So haben eigenständige Überlegungen der Be-

---

[94] Modrow, Neues Deutschland, S. 244 und S. 244 f.
[95] Ebenda, S. 244.
[96] Gesprächsprotokoll Modrow, S. 7.
[97] Modrow, Neues Deutschland, S. 167.
[98] Loeser, Franz, Die unglaubwürdige Gesellschaft. Quo vadis, DDR?, Köln 1984, S. 78.
[99] Modrow, Neues Deutschland, S. 167.

zirksleitungen oftmals ein schnelles Ende gefunden. Im folgenden soll der Frage nachgegangen werden, inwieweit sich auf Politikfeldern, die im engeren Sinne keine wirtschaftlichen Belange berührten, Gestaltungsspielräume für die Bezirke ergeben haben und ob solche unbehelligt ausgenutzt werden konnten.

Ein für die SED im Laufe der Jahre zunehmend kritischeres Feld war die Kulturpolitik. Die Bedeutung dieses Bereichs kam unter anderem auch in der Tatsache zum Ausdruck, daß ab Mitte der 1980er Jahre in den einzelnen Bezirksleitungen die Planstelle eines eigens nur hierfür zuständigen Sekretärs geschaffen worden ist. Wie schon auf ökonomischem Gebiet, so sah es auch in punkto Kultur in den Bezirken, wie sich der zuständige Minister Hans-Joachim Hoffmann erinnert, »sehr unterschiedlich aus. Es gab Bezirkssekretäre der SED, die machten eine annehmbare, wenig reglementierende Kulturpolitik, und auch welche, die gingen höchst subjektivistisch heran, die verboten Filme und Theateraufführungen.«[100] Diese Einschätzung bestätigt Dr. Roland Wötzel, in Leipzig Sekretär für Wissenschaft und Volksbildung. »Auf geistigem Gebiet ist viel möglich gewesen, aber das war problematischer.« Da die ideologischen Vorgaben »einen ganz starken Richtwert« besaßen, mußte ein etwaiger Spielraum »natürlich begrenzt sein, sonst funktionierte ein System nicht.« Wie dieser Spielraum ausgenutzt werden konnte, »hing sehr stark von jedem selbst ab.«[101] Angelica Domröse, Hauptdarstellerin in dem bekannten DEFA-Film »Die Legende von Paul und Paula«, berichtet in diesem Zusammenhang, daß der Film in Rostock, hier auf Veranlassung von Harry Tisch, und in Erfurt aus dem Programm genommen, in Berlin jedoch gespielt wurde.[102] An anderer Stelle heißt es, Tisch, 1. Sekretär der SED-Bezirksleitung Rostock, hätte »kurz vor der Premiere«, die am 29.4.1973 in Berlin stattfand, »ein Verbot des Films verlangt«, Honecker jedoch »persönlich am Premierentag« entschieden, »daß der Film aufgeführt werden dürfe.«[103]

Spielräume und eigene Kompetenzen besaßen die Bezirksleitungen in der konkreten Ausgestaltung der Kulturpolitik. So hat der in Madgeburg zuständige Sekretär Dr. Helmuth Winnig eine auf einer Dienstberatung von Kurt Hager gegebene Anregung, »man solle doch überlegen, in jeder Bezirksstadt ein Berufskabarett zu bilden«, aufgegriffen. Solche Kabaretts hat es in einigen Bezirken wie Dresden und Leipzig schon gegeben, »aber bei weitem nicht in allen.« Winnig fügte also einer Vorlage für die Bezirksleitungssitzung den Punkt »Bildung eines Berufskabaretts in Magdeburg« hinzu. Dieses »ist dann auch gebildet worden –

---

[100] Interview von Brigitte Zimmermann mit Hans-Joachim Hoffmann vom 11.10.1991, in: Schütt/Zimmermann, S. 115-129, hier S. 119.
[101] Protokoll des Gesprächs mit Dr. Roland Wötzel, Leipzig, 31.7.2003, S. 6 und S. 7.
[102] Vgl. Keller, Dietmar/Reents, Jürgen (Hrsg.), Neueste Gespräche über Gott und die Welt. Gregor Gysi im Gespräch mit Günter Gaus, Angelica Domröse, Christoph Hein und Roland Claus, Berlin 2001, S. 55-94, hier S. 87. Zum Inhalt des Films vgl. das Szenarium, in: Plenzdorf, Ulrich, Die Legende von Paul & Paula. Die neuen Leiden des jungen W. Ein Kino- und ein Bühnenstück, Berlin (Ost) 1974, S. 5-84.
[103] Habel, Frank-Burkhard, Das große Lexikon der DEFA-Spielfilme. Die vollständige Dokumentation aller DEFA-Spielfilme von 1946 bis 1993, Berlin 2000, S. 349 f.

das waren die ›Kugelblitze‹. Auch der Titel war ein Vorschlag von mir.« Sehr häufig sind von Mitgliedern der Parteiführung formulierte »Anregungen« als verbindliche Vorgaben gedacht und kommuniziert worden, so daß die Schaffung des Magdeburger Kabaretts auf den ersten Blick nicht unbedingt als Beispiel für eine eigenständige Bezirkspolitik taugen mag. Jedoch handelte es sich in diesem Fall um »keine verbindliche, zentrale Vorgabe«, sondern in der Tat um die »Aufnahme einer Anregung des Genossen Hager für die Programme des Bezirkes«, denn sonst hätte, wie Winnig einleuchtend bemerkt, »ja jeder Bezirk ein Berufskabarett bilden müssen, aber das ist nicht der Fall gewesen. Nicht alle haben es gemacht.«[104]

Weniger an dem Umstand, welche kulturellen Einrichtungen in den einzelnen Bezirken existierten, sondern vielmehr an der inhaltlichen Ausrichtung der Kulturprogramme konnte die Handschrift der jeweiligen Bezirksleitung – und damit auch genutzter Gestaltungsspielraum – identifiziert werden. Als Dietmar Keller beispielsweise 1984 seinen Platz als Sekretär für Wissenschaft, Volksbildung und Kultur in Leipzig verließ und als Staatssekretär und Stellvertreter des Ministers für Kultur nach Berlin ging, war ihm klar, »daß der Wechsel von der Bezirksleitung nach Berlin in Sachen Freiräumen (…) ein Rückschritt sein würde. Das war gewiß.« Keller konnte während seiner Tätigkeit als verantwortlicher Kulturpolitiker deutliche Unterschiede zwischen den Bezirken feststellen. »Ein Kabarett-Programm, das von den ›academixern‹ in Leipzig uraufgeführt, von der Dresdner ›Herkuleskeule‹ übernommen wird, kommt in Berlin, als es die ›Distel‹ inszenieren will, auf den Index. Die Dresdner kriegen auf Vorschlag der dortigen Bezirksleitung einen Vaterländischen Verdienstorden in Gold, beim Berliner Kabarett hagelt es Parteiverfahren. So lagen die Dinge.«[105]

In Berlin war Konrad Naumann als 1. Sekretär in der Tat besonders restriktiv gegenüber Künstlern aufgetreten. Als die SED-Führung in der zweiten Hälfte der 1970er Jahre die kulturpolitischen Zügel wieder fester angezogen hatte, engagierte sich Naumann persönlich für den Ausschluß von Stefan Heym und acht weiteren Schriftstellern aus dem Schriftstellerverband. »Das fand nicht nur die Billigung des Politbüros, sondern auch die besondere Würdigung durch den Generalsekretär.«[106] So führte Honecker in seiner Rede auf der Bezirksdelegiertenkonferenz 1979 unter anderem aus: »Die Bezirksleitung unter Konrad Naumann hat sich als Schrittmacher für die entschlossene Durchführung der Kulturpolitik unserer Partei erwiesen.«[107] Dieses Lob von höchster Stelle stachelte Naumann »regelrecht dazu an, mit harter Hand die weiteren Auseinandersetzungen in den Theatern, Verlagen und Künstlerverbänden zu führen.«[108]

---

[104] Protokoll des Gesprächs mit Dr. Helmuth Winnig, Magdeburg, 9.7.2003, S. 10 und S. 11.
[105] Interview Keller, in: Zimmermann/Schütt, S. 72.
[106] Müller, Helmut, Wendejahre 1949-1989, Berlin 1999, S. 273.
[107] Zit. nach: ebenda.
[108] Ebenda.

Auch Hans Modrow in Dresden sah »insbesondere auf dem Gebiet der Kultur« Spielräume, die »wir zu nutzen versucht haben. Die Stücke Heiner Müllers und andere Stücke haben in Dresden größeren Raum eingenommen als an anderen Theatern.«[109] Doch mußten die verantwortlichen Funktionäre bei zu viel Freizügigkeit in ihrem Bereich mit Konsequenzen bis hin zur Abberufung aus der Funktion rechnen. Dies war für die Parteiführung auch wegen des damit verbundenen Aufsehens auf nachgeordneten Ebenen leichter zu bewerkstelligen als in den Bezirksleitungen. Als Roland Wötzel 1978 gerade seine Tätigkeit als 1. Sekretär der SED-Stadtleitung Leipzig aufgenommen hatte, erhielt er »einen niederschmetternden Anruf von einem persönlichen Mitarbeiter Honeckers, der mir sagte, daß der Generalsekretär mich sprechen wollte. Ich wurde von ihm ungeheuer niedergemacht.« Was war passiert? Die »Pfeffermühle«, ein Leipziger Kabarett, hatte »ein Programm aufgeführt, in dem Honecker, der höchste Mann im Staat, indirekt als Flaschenteufel bezeichnet worden war.« Honecker brachte diesen Humor nicht auf. »Die Folge war, daß man sowohl die Sekretärin für Ideologie in der Stadtleitung als auch den Chef des Kulturbereichs der Stadt entließ.« Wötzel blieb im Amt, was er darauf zurückführt, »daß ich gerade erst eingestellt worden war und nicht viel zu der Angelegenheit sagen konnte. Das war mein Versteck.« Für Wötzel bestand die Konsequenz aus dieser Begebenheit darin, an eigenständiger Politik »nichts aufzugeben, aber auch nichts an die große Glocke zu hängen.«[110]

Diesem Prinzip blieb er auch treu, als er 1984 als Sekretär in die Bezirksleitung wechselte. So wurde auf sein Insistieren hin am Schauspielhaus ein Stück von Tschingis Aitmatow, dessen Inszenierung bereits begonnen hatte, auf dem Spielplan belassen, »obwohl er nicht inszeniert werden sollte.« Die Parteiführung hatte der Bezirksleitung die Weisung übermittelt, daß das Stück »zur Zeit nicht für angemessen gehalten wurde. Natürlich wurde nie gesagt, daß ein Stück verboten sei.« Im Kellertheater »haben wir eine Menge Stücke aufgeführt, zu denen Hager angeordnet hatte, sie nicht zu spielen.« Dennoch hatte Wötzel »richtige Angst, daß jemand von diesen Stücken erzählte und es öffentlich wurde«, und mußte außerdem »damit rechnen, daß es mir in der Zeit nicht gut ging, solange das nicht ausgestanden war.« Trotz entsprechender Hinweise des ZK-Instrukteurs, des sogenannten »Beschleunigers«, und telefonischer Nachfrage des Abteilungsleiters Kultur des ZK, Ursula Ragwitz, »ob ich das für richtig halte«, blieb es bei den Leipziger Spielplänen.[111]

Ende 1988 sorgte das Verbot der sowjetischen Zeitschrift »Sputnik« für massive Verärgerung in der Bevölkerung.[112] Kurt Hager verlangte in den Bezirken ein

---
[109] So Hans Modrow, in: Materialien der Enquete-Kommission, Bd. II, 1, S. 521.
[110] Gesprächsprotokoll Wötzel, S. 6.
[111] Ebenda, S. 8 und S. 9.
[112] Vgl. dazu Wolle, Stefan, Die heile Welt der Diktatur. Alltag und Herrschaft in der DDR 1971-1989, Bonn 1998, S. 294 f.

»hartes Durchgreifen gegen diejenigen, die gegen das Verbot des ›Sputnik‹ protestierten.« Im Verein mit dem Kultursekretär Dr. Kurt Meyer und dem Ratsvorsitzenden Rolf Opitz konnte Dr. Wötzel dies in Leipzig verhindern. Im Sekretariat der BL gab es dazu eine Diskussion. Zwar »wurde kein Beschluß dazu gefaßt, aber es wurde so gemacht.« In einer mündlichen Anleitung für die Sekretäre der Hoch- und Fachschulen setzte Wötzel diese Linie durch. Als der 1. Sekretär der Kreisleitung der Universität schriftlich beim 1. Sekretär der Bezirksleitung, Horst Schumann, nachfragte, ob dies seine Richtigkeit habe, sprach sich auch dieser dafür aus: »Wir halten das aufrecht.«[113] So konnte die von Hager für seinen Bereich vorgegebene Linie im Bezirk Leipzig erfolgreich konterkariert werden.

Sehr diffizil und problematisch war für die SED auch die Frage der Bewilligung von Reisen in das kapitalistische Ausland, vor allem in die BRD. Hier gab es »keine einheitliche Regelung«, es lag »im Entscheidungsbereich der örtlichen Organe«. Mit den Genehmigungen konnte »zwar relativ großzügig verfahren« werden, es waren »bestimmte Limits aber nicht zu überschreiten«.[114] Das öffnete »subjektiven Auslegungen Tür und Tor.«[115] So blieb es den regionalen Parteiinstanzen überlassen, den nach ihrem Ermessen günstigsten Weg zu wählen. Die Spannbreite reichte von einer großzügigeren Genehmigungspraxis, um den Druck, der von den Reisewilligen ausgeübt wurde, zu mindern, bis zu einer rigideren Handhabung, um nicht weitere Wünsche nach Reisen in das kapitalistische Ausland zu provozieren. Auf diesem Feld verfügten auch die 1. Bezirkssekretäre über einen Spielraum, der unterschiedlich genutzt wurde.

In Berlin zeigte sich besonders Konrad Naumann großzügig. Reisewillige waren hier, wenn ihre Anträge nicht bewilligt worden waren, verstärkt dazu übergegangen, entsprechende Eingaben zu verfassen. »Bald sprach sich herum, die größten Aussichten hätten sie bei Konrad Naumann. Er leitete sie den Sicherheitsorganen zur Prüfung weiter, und nur wenige wurden abgelehnt. Die so erwirkte Reisegenehmigung machte es nicht nur den Mitarbeitern der Ämter schwer, sie untergrub auch die Autorität der staatlichen Stellen. Sie hatten unter der generösen Art von Naumann zu leiden und zweifelten an der Richtigkeit ihrer verordneten Entscheidungen.«[116] Auch Naumanns Nachfolger Schabowski sah sich mit entsprechenden Zuschriften aus der Bevölkerung konfrontiert, die im Laufe der Zeit zunahmen, obwohl er damit »eigentlich nichts zu tun« hatte. »Aber das hat die Leute wenig gekümmert. Die Partei hat den Mund immer so voll genommen und sich für alles zuständig erklärt, daß sich die Leute gesagt haben, ich wende mich gleich an den Schabowski, der ist ja der Bestimmende in Berlin.« Schabowski reagierte ähnlich wie Naumann. »Ich habe meinen Mitarbeitern gesagt, seht zu, daß ihr mit meiner Empfehlung und auf meine Verantwortung mit den Bür-

---
[113] Gesprächsprotokoll Wötzel, S. 7 und S. 8.
[114] Koehne/Sieren, S. 58 f. und S. 59.
[115] Müller, Wendejahre, S. 277.
[116] Ebenda.

gereingaben durchkommt. Die Instanzen haben versucht sich abzusichern. Wenn es hieß, das hat der Schabowski uns förderlich zugeleitet, haben die gesagt, bitte, dann kann er fahren. Und das sprach sich in Berlin natürlich herum.«[117]

Die Problematik verschärfte sich, als 1989 »die Ausreisewelle begann, die Anträge gestellt wurden«. Auf diese Herausforderung reagierten die Bezirke unterschiedlich. In Magdeburg wurden »relativ wenig Genehmigungen erteilt. Bis dann der stellvertretende Minister von Mielke kam und mich überreden wollte, daß ich doch mehr Freizügigkeit gewähren sollte.« Die Parteiführung glaubte, so den Druck vermindern zu können. Aus der Sicht des Magdeburger Bezirkssekretariats, das darüber diskutiert hatte, »war es eine absolute Fehlkalkulation. Je mehr du rausläßt, desto größer wird der Druck.« Aus diesem Grund haben sich die Magdeburger Genossen dem Ansinnen des Stellvertreters von Mielke verweigert. Die Bezirke Dresden und Karl-Marx-Stadt hingegen »waren ziemlich freizügig. Aber dadurch war der Druck viel stärker, als es bei uns der Fall war.« Letztlich lag die Entscheidung bei den Bezirken und »ist bei uns geblieben, und wir haben unsere Position beibehalten. Insofern gab es eine gewisse Freizügigkeit und keine Regulierung«.[118]

Die Spielräume in der konkreten Politikgestaltung waren für die Bezirkssekretäre nie fest verankert, sondern konnten jederzeit begrenzt werden. Schon sehr geringfügige Anlässe genügten, um die Parteiführung eingreifen zu lassen. Dies geschah immer dann, wenn Grundfragen der Politik berührt wurden oder eine einheitliche Umsetzung der Parteilinie gefährdet schien und so auf Dissonanzen innerhalb der SED-Führung geschlossen werden könnte. Eine im Rahmen der SED-Politik völlig nebensächliche Begebenheit brachte dem 1. Sekretär der Bezirksleitung Magdeburg im Jahre 1988 einigen Ärger ein und illustriert letztlich das permanent dünne Eis eigenen Politikstils, auf dem die Bezirksfunktionäre standen.

Am Anfang dieses in der ganzen Republik bekannt gewordenen Vorfalls stand eine ungewöhnliche und für die Betroffenen unangenehme Aktion des neuen Generaldirektors des Kombinats RFT Staßfurt. Uwe Bögelsack, »ausgestattet mit der Frische und Geradlinigkeit eines Neuen«, hatte seinen Betrieb »um 14 Uhr schließen lassen, und alle, die nun in schöner Gewohnheit bereits eine Stunde eher nach Hause gehen wollten, standen vor verschlossenem Tor. Es bildete sich, da nicht wenige vor der Zeit verschwinden wollten, ein mächtiger Strom am Betriebsausgang. Ein paar hundert Leute!«[119] Zu allem Überfluß hatte sich auch noch der Generaldirektor neben das verschlossene Tor gestellt »und jeden angesprochen, der weit vor Schichtende das Tor passieren wollte. Das erregte Aufsehen und entfachte eine Diskussion über Arbeitsdisziplin.«[120] Natürlich wurde

---

[117] Koehne/Sieren, S. 58 und S. 59.
[118] Gesprächsprotokoll Eberlein, S. 7 und S. 8.
[119] Eberlein, in: Schütt/Zimmermann, S. 53.
[120] Janson, S. 223.

dies auch dem Sekretariat der Bezirksleitung Magdeburg bekannt. Werner Eberlein »gefiel das, und ich habe das in die Zeitung gebracht mit der Auflage: ›Leute, sagt doch mal eure Meinung dazu!‹«[121] Die Reaktion aus der Bevölkerung war überwältigend und ein Beweis, daß ihr das Problem vertraut war. »Eine wahre Briefflut ergoß sich in die Redaktion, fast alle reagierten positiv auf eine derartige Konsequenz, hielten die Diskussion über Arbeitsmoral und Arbeitszeitauslastung für ein wichtiges Thema.«[122] Viele der Leserbriefe wurden in der »Magdeburger Volksstimme« veröffentlicht. In einigen forderten die Verfasser, »nicht nur Arbeiter sollten auf die Uhr sehen; das Prinzip von Pünktlichkeit und Arbeitsamkeit müsse auch für Verwaltung und politische Funktionäre gelten.«[123] Zum Abschluß dieser »höchst interessante(n) Debatte«[124] schrieb Eberlein ein Schlußwort in der »Volksstimme«, und damit war für ihn diese »zeitbedingte Kampagne« beendet.[125] Er fuhr zur Kur. Unterdessen war aber die Berliner Parteiführung auf die in der Magdeburger Bezirkszeitung geführte Diskussion aufmerksam geworden, weil der westdeutsche »Tagesspiegel« hierüber berichtet hatte. Immer dann, wenn die Westpresse kritische Passagen aus DDR-Zeitungen übernahm, »ging der Ärger los«. Redakteure, »aus deren Zeitungen die Westpresse zitiert hatte, wurden zur Ordnung gerufen.« Auch die zuständigen Funktionäre mußten sich dann erklären und verantworten, wie ein früherer ZK-Abteilungsleiter berichtet. »Entdeckte man früh etwas in einer Westzeitung, das das eigene Gebiet betraf, so konnte man einer Reaktion sicher sein. Entweder klingelte das ›rote Telefon‹, oder es kam ein Zettel mit der Aufforderung zur Prüfung und Stellungnahme.«[126]

Während seiner Kur erfuhr Eberlein, »Honecker habe mich im Politbüro mächtig heruntergeputzt. Ich sei, so behauptete er, parteifeindlich aufgetreten, es wäre ein Skandal, was ich mir erlaubt hätte.«[127] Des Generalsekretärs Zorn soll, wie plausibel behauptet wird, von »Mittag angestachelt« worden sein.[128] Mittag hatte, wie Eberlein im nachhinein erfuhr, gar nicht die »Magdeburger Volksstimme« gelesen. »Die hat er nie in die Hand genommen, sondern eine Westzeitung hatte das kolportiert, und da er im Krankenhaus lag und die Westzeitung da gelesen hat, hat er diese Passage herausgenommen und zum Anlaß genommen, Honecker so einen Brief zu schreiben.«[129] Gerade Günter Mittag überbot, wie ein früherer enger Mitarbeiter beschreibt, in der »hektischen Reaktion auf solche Artikel (…) seine Kollegen bei weitem. Noch schlimmer war, daß er solche Fälle in intriganter

---

[121] Gesprächsprotokoll Eberlein, S. 18.
[122] Eberlein, in: Schütt/Zimmermann, S. 53.
[123] Ebenda.
[124] Ebenda.
[125] Gesprächsprotokoll Eberlein, S. 18.
[126] Janson, S. 222.
[127] Eberlein, in: Schütt/Zimmermann, S. 53.
[128] Ebenda.
[129] Gesprächsprotokoll Eberlein, S. 19.

Weise nutzte, um die Betroffenen zu disziplinieren oder – wenn sie hochgestellt waren – beim Generalsekretär anzuschwärzen.«[130]

Mittag beauftragte dann auch seinen Abteilungsleiter »Sozialistische Wirtschaftsführung«, »die Sache zu überprüfen und ihm innerhalb von zwei Tagen zu berichten.«[131] Dies tat jener »in Abstimmung mit den Hauptbeteiligten« und bewertete im Ergebnis »das Verhalten des Generaldirektors positiv.« Dabei konnte er sich auf Honecker selbst stützen, der in einer Rede vor den 1. Sekretären der SED-Kreisleitungen unter anderem die Forderung erhoben hatte, »sich mit Mängeln in der Arbeitsdisziplin (…) offen auseinanderzusetzen.«[132] Das ist auch das Anliegen der Magdeburger Zeitung gewesen. Der Generaldirektor hatte mit seiner Aktion »eine umfassende Diskussion im ganzen Werk« erreicht und »sogar einen meßbaren Erfolg erzielt, denn die Zahl der Überstunden sank, weil die reguläre Arbeitszeit besser genutzt wurde.« Der Bericht seines Abteilungsleiters entsprach nicht den Erwartungen Mittags, und so ließ er eine neue Fassung erstellen. In dieser »wurde nun die Führungstätigkeit des 1. Sekretärs der Magdeburger Bezirksleitung scharf angegangen. Honecker machte sich im Politbüro Mittags Version zu eigen.«[133] Eberlein selbst war nach seiner Kur auf der nächsten Politbürositzung wieder anwesend. Hier schwieg er jedoch zu den ihm zu Ohren gekommenen Vorwürfen und meldete sich »nicht zu Wort – wie man das in einem demokratischen Gremium hätte tun müssen, was aber ohnehin im Politbüro nicht zur Praxis gehörte«, sondern ging nach der Sitzung zu seinem Generalsekretär, »um Aufklärung zu bekommen.«[134] Dieser »reagierte prompt mit einer Entschuldigung, insbesondere dafür, diese Sache in meiner Abwesenheit ausgetragen zu haben.« Im übrigen wiegelte Honecker ab. »Auf meine nachdrückliche Frage, was denn nun der tiefere Sinn der Anschuldigung gewesen sei, antwortete er ausweichend und wies darauf hin, daß ich eigentlich gar nicht gemeint wäre.«[135]

Was steckte nun hinter dieser empfindlichen Reaktion der Parteiführung? Die Begründung für die Kritik am Bezirk Magdeburg war folgende: »Die herrschen-

---

[130] Janson, S. 222.
[131] Das folgende nach der Darstellung von Janson, S. 223 f. Mangels Quellen kann diese an sich plausible Darstellung nicht überprüft werden.
[132] Das ist zutreffend. So hatte Erich Honecker auf einer Beratung mit den 1. Sekretären der Kreisleitungen am 12.2.1988 vom »Schludern und Bummeln« der Werktätigen gesprochen, auf deren Konto »Unentschuldigtes Fehlen« immerhin »15,9 Millionen Arbeitsstunden« zu Buche schlügen. »In ihrer ideologischen Tätigkeit dürfen Partei und Gewerkschaft nirgendwo zulassen, daß der Unterschied zwischen guter und schlechter Arbeit verwischt wird und man über Mißstände hinwegsieht. (…) Wirksam können Presse, Rundfunk und Fernsehen dazu beitragen, die öffentliche Meinung zu stärken, die sich gegen Nachlässigkeit wendet und persönliches Engagement für eine hohe Qualität um so höher achtet.« Mit dem Volk und für das Volk realisieren wir die Generallinie unserer Partei zum Wohle der Menschen. Aus dem Referat des Generalsekretärs des Zentralkomitees der SED und Vorsitzenden des Staatsrates der DDR, Erich Honecker, auf der Beratung des Sekretariats des Zentralkomitees mit den 1. Sekretären der Kreisleitungen, in: Neues Deutschland, 13./14.2.1988, S. 3-11, hier S. 6.
[133] Janson, S. 224.
[134] Eberlein, in: Schütt/Zimmermann, S. 53 f. und S. 54.
[135] Ebenda, S. 54. Vgl. auch Gesprächsprotokoll Eberlein, S. 19.

de Arbeiterklasse ist nicht zu kritisieren, und dem Klassenfeind sind keine Argumente zu liefern.« Auch die Gewerkschaften »wurden ›aufgefordert‹, solche Aktionen nicht zu unternehmen und nicht zu dulden.«[136] Diese Interpretation findet ihre Bestätigung in folgender Notiz des Chefredakteurs der »Tribüne«, Organ des Bundesvorstandes des FDGB, vom März 1988: »Aufregungen überall. Die Magdeburger Zeitung hat einen Werkleiter herausgestellt, der seine Leute am vorzeitigen Verlassen des Betriebes hinderte. Im Prinzip nicht schlecht, aber dem Feind keine Munition liefern.«[137] Die harsche Reaktion aus Berlin erklärt sich aus der Verunsicherung der SED-Spitze in der zweiten Hälfte der 1980er Jahre. Vor allem, als »Perestroika und Glasnost in der Sowjetunion verkündet und in Angriff genommen wurden, begann die SED-Führung, auf kritische Wertungen von Mißständen in der DDR durch Bezirksleitungen und auch in den Bezirkszeitungen zunehmend ablehnend und scharf zu reagieren.«[138] So interpretiert auch Eberlein den Vorfall als »Schuß vor den Bug«[139], als Vorwand, »um wieder einmal an alle Bezirkssekretäre die Warnung zu erteilen, keine eigenmächtigen Aktionen zu starten.«[140] Honecker wollte, daß alles »über seinen Tisch« geht, alles sollte »von seiner Hand abgezeichnet sein.«[141]

Ein weiteres Moment kommt hinzu. Da Werner Eberlein dem Politbüro angehörte, schien der Parteiführung eine »stille Beilegung« dieser Angelegenheit, »wie sie bei anderen Zeitungen mitunter durchaus üblich war«, nicht angeraten. Es hätten sonst die Diskussionen in der »Volksstimme« als »durch das Politbüro gewollt oder mindestens gedeckt« erscheinen können. Daher »mußte eine scharfe generelle Kritik an Aktionen zur Einhaltung der Arbeitsdisziplin geübt werden.«[142] Der Effekt war eine bleibende Beschneidung des Handlungsspielraums der Bezirke, was offene Darstellungen in den Bezirkszeitungen anbelangte. Die Bezirksleitungen wurden »ans Gängelband, an die kurze Leine gebunden, die Bezirke wurden strenger diszipliniert.«[143] In der Folgezeit verschwanden aus der Regionalpresse »alle kritischen Bemerkungen zur Arbeitsdisziplin. Mittag hatte sein Ziel erreicht.«[144]

Wie nachgerade lächerlich die Reaktion auf eigene Ideen aus den Bezirken seitens der SED-Spitze mitunter ausfallen konnte, zeigt ein Beispiel des 1. Sekretärs der BL Rostock. Er hatte im ZK einen »Diskussionsbeitrag gehalten, in dem ich hervorgehoben habe, daß wir in Warnemünde, im Hotel Neptun, eine neue

---

[136] Arnold, Otfrid/Modrow, Hans, Außenansichten, in: Modrow (Hrsg.), Das Große Haus von außen, S. 9-38, hier S. 34.
[137] Simon, Günter, Tisch-Zeiten. Aus den Notizen eines Chef-Redakteurs 1981 bis 1989, Berlin 1990, S. 104.
[138] Arnold/Modrow, S. 33.
[139] Gesprächsprotokoll Eberlein, S. 19.
[140] Eberlein, in: Schütt/Zimmermann, S. 54.
[141] Ebenda.
[142] Arnold/Modrow, S. 34.
[143] Ebenda, S. 33.
[144] Janson, S. 224.

Form der Einsparung gefunden haben. Es ging um das sogenannte Frühstücksbuffet. Wir haben in Rostock das sogenannte Kilobrot im Gegensatz zu den 1,5-kg-Broten entwickelt. Früher wurde viel Brot aufgekauft, weil es so billig war, und den Schweinen zu fressen gegeben, und wir haben erreicht, daß nicht mehr soviel Brot in die Schweinemast ging.« Diese nachvollziehbare und aufgrund des Einsparungseffekts grundsätzlich auch den politischen Vorgaben entsprechende Rostocker Maßnahme fand harsche Kritik des Generalsekretärs, der Timm in seinem Schlußwort entgegnete: »Wir lassen nicht zu, daß in den Arbeiterhaushalten am Essen gespart wird.«[145]

Der Spielraum der Bezirksleitungen konnte in jede Richtung jederzeit begrenzt werden. Er offenbarte sich aber nicht nur im Bemühen, bestimmte zentrale Vorgaben zu umgehen oder abzumildern oder eine offenere Politik zu betreiben, sondern im Gegenteil auch in einem »Vorpreschen«, einer bewußten Forcierung der Parteilinie in einem Bezirk. Beispielgebend für diese zweite Gruppe von Funktionären, die dem Bezirk durch eine besonders kompromißlose Politikführung ihren Stempel aufdrückte, war Paul Fröhlich, der 1. Sekretär der BL Leipzig. Schon in den fünfziger Jahren hatte er eine »sektiererische intelligenz-feindliche Politik gegen demokratisch gesinnte Professoren an der Leipziger Universität« betrieben.[146] So schlug er am 15.11.1956 seinen Funktionären vor, wie man mit diesen »Freidenkern« umgehen solle: »Ich bin dafür, daß wir Methoden ergreifen, die analog sind, wie wir uns früher mit der SA und SS auseinandergesetzt haben.«[147] In den sechziger Jahren setzte Fröhlich, »Choleriker und Menschenfeind von Grund auf«, unter Bruch des Hausfriedens FDJ-Trupps gegen die »auf Westempfang installierten Antennen ein, mußte aber diese Aktion einstellen, als erste Anzeigen bei der Justiz eingingen.«[148] Kurz vor dem berüchtigten 11. Plenum des ZK 1965 hatte er »offenbar in Übereinstimmung mit Walter Ulbricht« eine Kampagne gegen die »amerikanische Unkultur« gestartet.[149] Am 13.10.1965 verabschiedete das Sekretariat der BL Leipzig »in Analogie zum Sekretariat des ZK« einen Beschluß, in dem »die generalstabsmäßige Zerschlagung der Leipziger Beatszene« vorgesehen war.[150] Es wurde festgelegt, »sofort allen Beatgruppen die Lizenz zu entziehen und erst danach eine Überprüfung durchzuführen.« Im Wege dieser Überprüfung erhielten von den »49 registrierten Leipziger Amateurbands lediglich fünf weiterhin Spielerlaubnis.« Daraufhin gab es am 31.10.1965 eine

---

[145] Gesprächsprotokoll Timm, S. 11.
[146] Schirdewan, Karl, Aufstand gegen Ulbricht. Im Kampf um politische Kurskorrektur, gegen stalinistische, dogmatische Politik, Berlin 1994, S. 36.
[147] Otto, Wilfriede, Visionen zwischen Hoffnung und Täuschung, in: Klein, Thomas/Otto, Wilfriede/Grieder, Peter, Visionen. Repression und Opposition in der SED (1949-1989), Band 1, Frankfurt (Oder) 1996, S. 137-561, hier S. 258.
[148] Bentzien, Hans, Meine Sekretäre und ich, Berlin 1995, S. 222.
[149] Hager, Kurt, Erinnerungen, Leipzig 1996, S. 286. Monika Kaiser spricht hingegen von »von Honecker initiierten Maßnahmen«. Kaiser, Monika, Machtwechsel von Ulbricht zu Honecker. Funktionsmechanismen der SED-Diktatur in Konfliktsituationen 1962 bis 1972, Berlin 1997, S. 179.
[150] Das folgende nach: Kaiser, S. 179 und S. 180.

Demonstration mit ca. 2500 Teilnehmern gegen das »Beat-Verbot«. Etwa 500 bis 800 Teilnehmer waren jugendliche Anhänger der Beatgruppen. Dem setzten Fröhlich und Honecker, der als ZK-Sekretär unter anderem für Sicherheitsfragen zuständig war, ein massives Polizeiaufgebot entgegen, das die Demonstranten »gewaltsam auseinandertrieb und durch dieses massive Vorgehen die Situation anheizte.« Prozesse wegen »Aufwiegelung« etc. und Einweisungen in Arbeitslager folgten. »Honecker, Fröhlich und andere SED-Funktionäre glaubten scheinbar, durch diesen Rückgriff auf übelste Stalinistische Methoden mit einer Art ›Schocktherapie‹ erziehend einwirken und die Jugendlichen auf den Pfad ›sozialistischer Tugend‹ zurückführen zu können.«

Daß sich Paul Fröhlich hier derart exponieren konnte, ist sicher auch ein Zeichen für einen gewissen Handlungsspielraum. Jedoch standen hinter ihm, und das war am wesentlichsten, Ulbricht und Honecker als die maßgeblichen Politiker der SED. Fröhlich stand in seiner Zeit als 1. Bezirkssekretär Walter Ulbricht nahe und wurde deshalb »von der Leipziger Bevölkerung als ›zweiter Spitzbart‹ charakterisiert«.[151]

Ähnlich liegt der Fall bei Karl Mewis, der ebenfalls durch eine forcierte Machtpolitik von sich reden machte. Im Januar 1960 hatte Mewis, »ein äußerst durchsetzungskräftiger Mann« und »ein Despot«[152], in einem »Husarenstück«[153] eine Kampagne zum baldigen Abschluß der Kollektivierung der Landwirtschaft ins Leben gerufen, mit dem Ergebnis, daß nach wenigen Wochen, am 4.3.1960, der Bezirk Rostock als erster Vollgenossenschaftlichkeit in der Landwirtschaft vermelden konnte. Diese Initiative stand »teilweise im Widerspruch zu den Erklärungen auf dem 7. Plenum, wo die SED im Dezember 1959 noch von einem längerfristigen, u. U. auch jahrelangen Prozeß« der Kollektivierung ausgegangen war.[154] Inwieweit Mewis seine Aktion »eigenmächtig« vornahm, ist nach wie vor nicht zweifelsfrei geklärt. Er will »vergeblich versucht haben, die Zustimmung Ulbrichts zu dem Alleingang zu erhalten; dieser habe sich jedoch tagelang verleugnen lassen. Ihm sei deshalb bewußt gewesen, daß sein Vorpreschen mit einem Orden oder mit dem Parteiausschluß enden könne. Mewis stützte sich bei seiner Initiative jedoch (...) auf ›Empfehlungen‹ von sowjetischen Genossen aus dem Generalkonsulat in Rostock, die meinten, daß die ständigen Versorgungsschwierigkeiten nur durch die zügige Kollektivierung zu beheben seien.«[155] Es ist schwer vorstellbar, daß Mewis die Kollektivierung seines Bezirkes derart plötzlich und rasant vorantrieb, ohne zumindest ermutigende und ermunternde Signale auch aus der SED-Führung erhalten zu haben. Dennoch zeigt das Maß seiner Eigeninitiative auch einen Gestaltungsspielraum in der Bezirkspolitik.

---

[151] Roth, Heidi, Der 17. Juni 1953 in Sachsen, Köln 1999, S. 573.
[152] Gesprächsprotokoll Timm, S. 11.
[153] Kaiser, S. 58.
[154] Ebenda, S. 58, Anmerkung 9.
[155] Ebenda. Vgl. auch die Erinnerungen von Mewis, in: SAPMO, SgY 30/1244/3, Bl. 162-165.

Allerdings konnte es den Bezirkssekretären auch passieren, daß bei einem zu forschen Politikstil, gerade in von der Führung als heikel angesehenen Bereichen, von der Zentrale auf die Bremse getreten und der betreffende Funktionär »zurückgepfiffen« wurde. Eine heikle Angelegenheit waren die Beziehungen der SED zu den Kirchen, wie Gerhard Müller, der 1. Sekretär der BL Erfurt, feststellen mußte. Bekannt für seine »Fähigkeit, hart durchzugreifen«[156] und »von den Leuten im Bezirk mit dem schönen Namen Eisen-Müller versehen«[157], veranlaßte er den Chefredakteur der »Tribüne« noch im Februar 1989 zu der Notiz, Müller »drischt alles durch«.[158] Dies gelang Gerhard Müller in seinem Vorgehen gegen die Kirche 1982-1984 nicht.

Im »Karl-Marx-Jahr« 1983, dem Jahr des 100. Todestages von Marx und zugleich 500. Geburtstages von Martin Luther, ging die Erfurter SED verstärkt dazu über, die Unvereinbarkeit von SED-Mitgliedschaft und Kirchenzugehörigkeit zu betonen. So führte Gerhard Müller auf der Sitzung der KL Eisenach am 29.12.1982 hierzu aus: »Man kann entweder Atheist sein, man kann in die SED eintreten, oder Christ (sein), dann muß man draußen bleiben. (...) Wenn junge Leute in die Partei eintreten, dann müssen sie vorher weltanschaulich Klarheit schaffen. Wenn sie dazu noch nicht stark genug sind, weil das Elternhaus von ihnen nicht überzeugt werden kann, dann müssen sie erst noch draußen bleiben. (...) Wir sind Atheisten und gehören nicht in die Kirche. Wer in unsere Partei künftig eintreten will, muß hier vorher Klarheit schaffen.«[159] Dabei befand sich Müller in Übereinstimmung mit seinem Generalsekretär. »Genosse Honecker hat in seinem Schlußwort zur Berichterstattung der Kreisleitung Mühlhausen (vor dem Politbüro) gesagt, daß das so richtig ist.«[160] Auf der Bezirksparteiaktivtagung Landwirtschaft vom 2.2.1983 bekräftigte Müller den Standpunkt der Parteiführung noch einmal. »Wer Kandidat der Sozialistischen Einheitspartei Deutschlands werden will, der muß vorher aus der Kirche austreten. Man kann entweder Marx, Engels, Lenin oder dem Papst dienen, beiden, das geht nicht.« Da diese Position »uns«, wie Müller einräumte, »nicht jeder Genosse abgenommen hat«, brachte er die höheren Weihen ins Spiel und bekräftigte, daß der Generalsekretär selbst »eindeutig diesen Standpunkt dargelegt und damit, sozusagen, für die gesamte Partei eine grundsätzliche Frage beantwortet« hat.[161]

Doch Gerhard Müller verlangte in Übereinstimmung mit der Parteilinie nicht nur die ausschließliche Aufnahme von Kandidaten in die SED, die nicht oder

---

[156] Mestrup, Heinz/Remy, Dietmar, »Wir können ja hier offen reden...«. Äußerungen vom Politbüro-Kandidaten und Erfurter Bezirks-Chef Gerhard Müller. Eine Dokumentation, Erfurt 1997, S. 4.
[157] Modrow, Neues Deutschland, S. 175.
[158] Simon, S. 117.
[159] Zit. in: Mestrup/Remy, S. 107 (Dokument Nr. 92).
[160] Zit. in: ebenda.
[161] Zit. in: ebenda, S. 107 und S. 107 f. (Dokument Nr. 93). Vgl. auch, mit weiteren Beispielen, Mestrup, Heinz, Die SED – Ideologischer Anspruch, Herrschaftspraxis und Konflikte im Bezirk Erfurt (1971-1989), Rudolstadt 2000, S. 439 f.

nicht mehr konfessionell gebunden waren, sondern erwartete von noch in der Kirche organisierten Funktionären ihren Austritt aus der Kirche. Diese »zweite Komponente im Verhältnis der Partei zur Kirche trug deutlich die Handschrift« Gerhard Müllers und ging »offensichtlich über die Vorstellungen der zentralen Parteiführung in Berlin hinaus«[162], wie sich später zeigte. Dabei stand der Erfurter 1. Sekretär insofern vor besonderen Schwierigkeiten, als in seinem Bezirk in den beiden Eichsfeldkreisen Heiligenstadt und Worbis die übergroße Mehrheit der Bevölkerung katholisch gebunden war und die katholische Kirche hier traditionell und auch noch in den achtziger Jahren über einen starken Einfluß verfügen konnte. Damit wollte sich Müller nicht abfinden und setzte entsprechende Akzente.

Wurde die »Zugehörigkeit eines Parteimitgliedes zur Kirche« von der SED-Führung bislang »nicht unbedingt gerne gesehen, sondern stillschweigend geduldet«[163], so fuhren Müller und die Bezirksleitung nun gegen Funktionäre und Leitungsmitglieder schwere Geschütze auf. Ein Fall, der für »eine breite Diskussion unter der Bevölkerung«[164] gesorgt hatte, ereignete sich im Februar 1982, als ein Mitglied der Bezirksleitung Erfurt mit seiner Ehefrau das Jubiläum der Silberhochzeit kirchlich gefeiert und auch die heilige Kommunion empfangen hatte. Dafür mußte sich dieser Genosse beim 1. Sekretär der SED-Kreisleitung Worbis verantworten. Er erklärte seinen Schritt damit, daß er es »in den 25 Jahren seiner Ehe nicht vermochte, die Grundeinstellung seiner Frau zu ändern.« Als man ihm »Verrat gegenüber der Partei« vorwarf, »erklärte er, Konsequenzen ziehen zu wollen, die aber darin bestehen, daß er zur politischen Arbeit keine weitere Bereitschaft zeigt.« Daraufhin schien dieser Genosse »nicht mehr würdig«, Mitglied der Bezirksleitung zu sein.[165] Als Mitglied der Bezirksleitung konnte für ihn auch nur dieses Gremium Konsequenzen beschließen. Am 24.3.1982 tagte die BL Erfurt. Deren 2. Sekretär, Kurt Rundnagel, brachte die »sehr bedauerliche Kaderfrage« auf das Tapet und erläuterte die Auffassung des Sekretariats. Der besagte Genosse sei hiernach »vorsätzlich in die Kirche gegangen«, weil er »lieber die Interessen der Partei – sozusagen auf dem Altar – geopfert hat, als hier eine richtige politische Haltung einzunehmen. (…) Man muß ja wissen, wenn man in der SED ist, was man will. Entweder man will Marx, Engels oder Lenin, (oder) man ist für den lieben Gott oder für den Papst, andere Fragestellungen kann es nicht geben.«[166] Das betreffende Mitglied der Bezirksleitung lehnte es auf dieser Sitzung

---

[162] Mestrup, S. 441.
[163] Ebenda, S. 438.
[164] Ebenda.
[165] Zit. nach: Remy, Dietmar, »Staaten kommen und gehen – Gott bleibt!« Zur Verweigerungshaltung der katholischen Bevölkerungsmehrheit des Eichsfeldes im letzten Jahrzehnt der DDR, in: Heydemann, Günther/Mai, Gunther/Müller, Werner (Hrsg.), Revolution und Transformation in der DDR 1989/90, Berlin 1999, S. 211-227, hier S. 216. Vgl. auch Mestrup, S. 438 f.
[166] Zit. in: Remy, S. 216.

trotz entsprechender Aufforderung ab, sich zu den Vorwürfen zu äußern, und wurde einstimmig aus dem Gremium ausgeschlossen.[167]

Auf dieser Tagung der Bezirksleitung bekräftigte Rundnagel für alle Anwesenden, daß so auch künftighin verfahren würde. »Es kann in keiner Kreisleitung einer Mitglied werden oder Kandidat, der noch in der Kirche ist. Das müssen wir noch einmal hier mit aller Deutlichkeit sagen.« Die weitere Perspektive kirchlich gebundener Funktionäre sah nach Rundnagel so aus: »Deshalb schmeißen wir jetzt die, (die) in der Kreisleitung Worbis oder Heiligenstadt noch Mitglied sind und in der Kirche sind, noch nicht raus. Aber bei den kommenden Parteiwahlen werden sie nicht mehr gewählt. Entweder sie entscheiden sich für uns oder für den Papst. Hier muß man ja einmal Ordnung schaffen, es geht einfach nicht so. Ich kann auch nicht Bischof werden und ihr auch nicht. Da haben die ganz klare Kaderprinzipien.«[168]

Für Gerhard Müller selbst waren dies auch Fragen der »moralische(n) Sauberkeit«, wie er auf einer Tagung der Kreisleitung Heiligenstadt und damit in der Höhle des katholischen Löwen am 10.12.1982 erneut unterstrich. »Aber es gibt (...) in Heiligenstadt leitende Funktionäre, Mitglieder der Kreisleitung, Parteisekretäre, Staatsfunktionäre«, die »heute zur KL-Sitzung sind« und »morgen zur Mitgliederversammlung« der SED und »am Sonntag oder irgendwann in die katholische Kirche laufen. Und ich glaube, das stimmt nicht überein mit der Moral eines Kommunisten.« Müller erwähnte dann ein Gespräch mit einem LPG-Vorsitzenden, der ihm antwortete, er könne es seiner alten Mutter nicht antun, aus der Kirche auszutreten. »Ich sagte: ›Paß mal auf. Das willst Du ihr nicht antun, (...) aber der Partei tust Du das seit Jahrzehnten an.‹ Solche Genossen denken immer nur an die Mutter, an die lieben Verwandten – aber sie sollten zuerst an die Partei denken, und das wird in Ordnung gebracht. (...) Das Rumeiern hat noch nie dazu beigetragen, daß unser Ansehen gestärkt wird.«[169]

Die Bezirksleitung Erfurt blieb in den folgenden Monaten bei ihrem harten Kurs gegenüber christlich gebundenen Kandidaten, Mitgliedern und Funktionären der SED. Ein rechter Erfolg mochte sich jedoch offenbar nicht einstellen. Die Abteilung Parteiorgane der BL mußte Ende August 1983 folgende Feststellung treffen: »Durch die konsequente Entscheidung, nur noch solche Kandidaten aufzunehmen, die eine klare marxistisch-leninistische Weltanschauung vertreten, stagniert die Aufnahme von jungen Kadern in den Kreisen Heiligenstadt und Worbis.«[170] Auch der zunehmende Druck auf Parteifunktionäre, aus der Kirche auszutreten, führte »indes keineswegs dazu, daß sich die betreffenden Parteimitglieder für die SED und gegen die Kirche entschieden hätten. Auch Austritte aus

---

[167] Vgl. ebenda und Mestrup, S. 439.
[168] Zit. in: Remy, S. 216 und Mestrup, S. 441.
[169] Zit. in: Mestrup/Remy, S. 105 f. (Dokument Nr. 91).
[170] Zit. in: Mestrup, S. 443.

der sozialistischen Partei aus religiösen Gründen blieben an der Tagesordnung.«[171]

Bedeutsamer für die Entwicklung im Eichsfeld wurde aber der Umstand, daß sich einflußreiche Kirchenvertreter zu Wort meldeten und eine Änderung des konfrontativen Kurses verlangten. Hatte die katholische Kirche der Entscheidung der SED, nur noch konfessionell ungebundene Menschen als Kandidaten in die Partei aufzunehmen, relativ entspannt gegenüberstehen und als innere Angelegenheit der SED betrachten können, so berührte der Druck auf einzelne Genossen, aus der Kirche auszutreten, doch ureigenes und seelsorgerisches Terrain. Die Kirchenführung wurde aktiv. Am 29.3.1984 war der Stellvertreter des Staatssekretärs für Kirchenfragen, Hermann Kalb, anläßlich eines Geburtstages von Vertretern der katholischen Kirche, darunter des Bischöflichen Amtes Erfurt, »um ein vertrauliches Gespräch« gebeten worden. Am 12.4.1984 verfaßte Kalb eine Information über diese Unterredung, aus der nachfolgend zitiert wird.[172]

Der Anlaß zu diesem Gespräch waren für die Kirchenvertreter »staatliche und politische Aktivitäten in den Kreisen Heiligenstadt und Worbis, die mit dem Verfassungsgrundsatz der Gewährleistung von Gewissens- und Glaubensfreiheit nicht vereinbar seien und die katholischen Bürger des Eichsfeldes zunehmend in Gewissensnot und Bedrängnis brächten.« Sie führten im wesentlichen zwei Beispiele dafür an. Erstens würden »Mitglieder der SED, aber auch parteilose Ehepartner und berufstätige Kinder in persönlichen Gesprächen durch Funktionäre der SED wie auch Kaderleiter aufgefordert«, den »Austritt aus der katholischen Kirche zu vollziehen.« Wer diesem Ansinnen nicht nachkäme, hätte »mit beruflichen Zurückstufungen bis hin zu Versetzungen zum persönlichen Nachteil zu rechnen.« Zweitens sei in den Fällen, wo aus dem Eichsfeld stammende Bürger aus dem Berufsleben ausschieden, das Bestreben erkennbar, »freiwerdende Stellen mit Arbeitskräften aus anderen Kreisen zu besetzen.« Die einheimische Bevölkerung spreche bereits von einer »Überfremdung des Eichsfeldes.« Mit »sichtbarer Erregung«, wie Kalb betonte, verwiesen die katholischen Amtsträger »darauf, daß diese Vorgänge in den betroffenen Familien ernste Zerwürfnisse zur Folge hätten. Immer stärker werde die Forderung der Gläubigen gegenüber ihrer Kirche, sich öffentlich zu äußern.« Da Erich Honecker selbst wiederholt den Verfassungsgrundsatz der Religionsfreiheit betont hatte, der »lebendige Praxis« sei, und sich auch der 1. Sekretär der Bezirksleitung in einem Zeitungsartikel in diesem Sinne äußerte, »müsse man fragen, wer die geschilderten Vorgänge im Eichsfeld, die keinesfalls Einzelerscheinungen darstellten, zu verantworten habe.«

Nach dieser Schilderung der Mißstände im Eichsfeld berührten die kirchlichen Würdenträger, taktisch sehr geschickt, einen für die SED äußerst neuralgischen Punkt, um ihrem Gespräch die entsprechende Wirkung zu verleihen. Sie verwiesen nämlich auf die in Bälde anstehende Kommunalwahl und »warfen die Frage

---
[171] Ebenda, S. 442.
[172] SAPMO, DO 4, Nr. 991.

auf, ob sie es mit ihrem Auftrag als Seelsorger noch verantworten könnten, ihren Gläubigen anzuraten, zu den Wahlen am 6. Mai Kandidaten ihr Vertrauen zu geben, die die Verletzung unserer Verfassung mitzuverantworten hätten oder aber nichts dagegen unternehmen würden.« Es folgte eine handfeste Drohung an die Adresse der Parteiführung. »Als Priester seien sie hier vor eine schwere Gewissensentscheidung gestellt und es sei nicht auszuschließen, daß die auf's äußerste gespannte Situation sie zwingen könnte, sich von der Kanzel herunter dazu zu äußern. Die kirchlichen Gesprächspartner brachten übereinstimmend zum Ausdruck, daß sie einen solchen Schritt bedauern würden, nachdem in den zurückliegenden Jahrzehnten die katholische Kirche im Eichsfeld stets in gutem Einvernehmen gestanden habe.« Zum Schluß des Gesprächs wurde gegenüber Kalb die »Erwartung, daß die zuständigen zentralen Stellen darauf Einfluß nehmen, dem Verfassungsartikel über Gewissens- und Glaubensfreiheit auch gegenüber den katholischen Bürgern im Eichsfeld wieder Geltung zu verschaffen«, ausgesprochen. Mit anderen Worten: Ändert die SED ihre Politik im Bezirk Erfurt, so braucht es zu keinem »kirchlichen Kanzelaufruf zur Enthaltung bei der Kommunalwahl«[173] zu kommen.

Ein solches Risiko mochte die auf eine hohe Wahlbeteiligung und Zustimmung der Bevölkerung versessene Parteiführung nicht eingehen. Sie reagierte umgehend. In der Sitzung des Politbüros am 17.4.1984, keine Woche, nachdem Kalb seine Information zu Papier gebracht hatte, berichtete der Generalsekretär selbst im Tagesordnungspunkt 15 über eine »Information des Staatssekretärs für Kirchenfragen«. Das Politbüro faßte dazu den Beschluß, erstens die Genossen Werner Jarowinsky und Egon Krenz, als Sekretäre des ZK zuständig für Kirchenfragen bzw. Staats- und Rechtsfragen, zu beauftragen, »die Information über die Beschwerde katholischer Ordensträger im Eichsfeld zu prüfen und das Politbüro zu informieren« und zweitens über den Staatssekretär für Kirchenfragen, Genossen Klaus Gysi, »zu veranlassen, den katholischen Würdenträgern mitzuteilen, daß die Angelegenheit geprüft und die Abstellung veranlaßt wurde.«[174] Die katholische Kirche erhielt also bereits vor dem Ergebnis der Prüfung ihrer Beschwerde den Bescheid, daß ihrem Ansinnen willfahren und die konfrontative Politik im Eichsfeld aufgegeben würde. Dies zeigt deutlich, welchen Eindruck die Drohung, ex cathedra die Wahlen am 6. Mai 1984 torpedieren zu können, im Politbüro hinterlassen hat.

Jarowinsky führte noch am 17.4.1984 ein Gespräch mit Gerhard Müller, der »entsprechende Maßnahmen festlegen und zusätzliche Sicherungen treffen« mußte, »um den Wahlverlauf im Eichsfeld wie in der Vergangenheit mit vollem Erfolg zu gestalten.« Tags darauf informierte Müller auf einer Sitzung der Bezirksleitung

---

[173] Schäfer, Bernd, Staat und katholische Kirche in der DDR, Köln-Weimar-Wien 1999, S. 337.
[174] SAPMO, DY 30/J IV 2/2/2050, Bl. 6. Die konkreten Ausführungen Honeckers in dieser Sitzung, und das ist typisch für die aktenmäßige Überlieferung dieses Bestandes, finden sich hierin leider nicht.

alle 1. Sekretäre der Kreisleitungen über das Gespräch mit Jarowinsky. Parallel dazu fand ein Gespräch des Stellvertretenden Staatssekretärs für Kirchenfragen und des Stellvertreters des Vorsitzenden des Rates des Bezirks Erfurt mit kirchlichen Würdenträgern statt, in dem der Wille betont wurde, »beiderseits eine politische Atmosphäre des Vertrauens zu schaffen«. Am 19.4. schließlich berichtete Müller über die stattgefundene BL-Sitzung und teilte Jarowinsky mit, daß er die »strikte Durchführung« der im Sinne der Parteiführung »erforderlichen Maßnahmen« sichert.[175] Berlin hatte sich durchgesetzt.

Gerhard Müller, der »auf dem Eichsfeld den kirchlichen Einfluß auf die Genossen mit so viel Engagement und Konsequenz hatte zurückdrängen wollen, daß er noch ›prinzipienfester‹ schien als selbst die Parteiführung in Berlin, mußte sich den politischen Realitäten beugen«[176] und sich zu einem »blamablen Rückzug«[177] bequemen. Der politische Spielraum, den sich Müller geschaffen hatte, war vom Politbüro brevi manu beseitigt worden. Für die Erfurter SED hatte sich das Einlenken in einer Hinsicht jedoch gewiß gelohnt: Auf der 8. Tagung des ZK am 24.5.1984 konnte Gerhard Müller vermelden, daß sich die Kommunalwahlen auch im Bezirk Erfurt »zu einem überwältigenden Bekenntnis der Arbeiterklasse, der Genossenschaftsbauern, ja, aller Bürger für die Fortführung der auf das Wohl des Volkes und den Frieden gerichteten Politik des X. Parteitages« gestaltet und »das große Vertrauen der Bürger der DDR zu unserer Partei und zu ihrem Generalsekretär« zum Ausdruck gebracht hatten. Der Bezirk Erfurt verzeichnete eine Wahlbeteiligung von 99,75 % und ein Ergebnis von 99,91 % der Stimmen für die Kandidaten der Nationalen Front, »das beste aller bisherigen Wahlen«. Müller ging insbesondere auch auf die Ergebnisse im Eichsfeld ein. »Von besonderer Bedeutung« war für ihn, daß in den Kreisen Heiligenstadt und Worbis »die Wahlbeteiligung noch höher als im Bezirk« gelegen habe. Von den 138 katholischen Würdenträgern seien 108 und damit fast 80 % zur Wahl gegangen. »Das Wahlergebnis im Eichsfeld bestätigt eindrucksvoll, daß die überwältigende Mehrheit der katholischen Bevölkerung fest hinter der Politik ihres Arbeiter-und-Bauern-Staates steht. (…) Das ist für uns Veranlassung, die in den Gesprächen des Genossen Erich Honecker mit kirchlichen Würdenträgern dargelegten Grundsätze unserer Kirchenpolitik gerade im Eichsfeld weiter klug und beharrlich zu verwirklichen.«[178] Dazu gehörte aber weiterhin, wie Müller auf einer Tagung der Kreisleitung Worbis am 20.8.1985 ausführte, der Grundsatz: »Wir nehmen niemand in unsere Partei auf als Kandidat, auch nicht im Eichsfeld, der nicht vorher seinen Austritt aus der Kirche erklärt hat.«[179]

---

[175] SAPMO, DY 30/8937.
[176] Mestrup, S. 443.
[177] Schäfer, S. 337.
[178] SAPMO, DY 30/IV 2/1/621, Bl. 226.
[179] Zit. in: Mestrup, S. 440.

Die Entscheidungshoheit Honeckers in Fragen, die das komplizierte Verhältnis zwischen Kirche und Staat in der DDR selbst auf regionaler Ebene betrafen, mußte Anfang der achtziger Jahre auch die Bezirksleitung Potsdam respektieren. Hier war die im Krieg zerstörte Nikolaikirche vollkommen aufgebaut und restauriert worden, »zum Teil mit Geldern von der Kirche, welche sie aus Schweden bekommen haben, aber hauptsächlich durch staatliche Gelder als Baudenkmal und vor allen Dingen alles mit unseren Baukapazitäten.« Es stand nun die Frage der Nutzung der großen Kirche mit ihrem Fassungsvermögen von 1000 Personen. Auf Vorschlag maßgeblicher Vertreter der Kirche, darunter der Konsistorialpräsident des Evangelischen Konsistoriums Berlin-Brandenburg, Manfred Stolpe, »mit dem wir ein sehr gutes Verhältnis hatten«, und der Bischof Albrecht Schönherr, kam man überein, die im Stadtzentrum gelegene Nikolaikirche aufgrund ihrer Größe in staatliche Obhut mit der Nutzung als Kulturhaus, Museum o. ä. zu überführen.[180] Als Äquivalent sollte dafür eine kleinere Kirche in einem Neubaugebiet errichtet werden. Nach mehreren Beratungen, an denen auch der Staatssekretär für Kirchenfragen teilnahm, waren sich alle Beteiligten »im Prinzip einig, wie die Sache vor sich gehen könnte und daß es so laufen kann«. Nun mußte nur noch der Generalsekretär informiert werden. Das übernahm der 1. Sekretär, Dr. Günther Jahn, in einem Brief. Nach wenigen Tagen und ohne weitere Rücksprache erhielten die Potsdamer Genossen ihren Brief zurück, »so wie er war, und quer mit Filzstift hatte Honecker darüber geschrieben: ›Die Potsdamer sollen endlich die Kirche in Ruhe lassen.‹« Damit waren sofort weitere Bemühungen um die Nikolaikirche im Bezirk hinfällig geworden. Honecker war zu mißtrauisch und außerdem auf außenpolitische Reputation bedacht. Offenbar glaubte er dem Sekretariat der BL »nicht ganz, daß das sehr freiwillig von der Kirche geschehen war und die Kirche das eigentlich wollte«. Da überdies Gelder aus Schweden verbaut worden waren, wollte Honecker in jedem Fall den Eindruck vermeiden, die DDR hätte sich »(u)nter dem Deckmantel der Kirche« Devisen erschlichen, um sie sich dann »in die Tasche« zu stecken.[181] Auch wenn dies nicht zutraf, war wieder einmal eine eigenständige Initiative einer Bezirksleitung unterbunden worden. Die Potsdamer haben in der Tat fürderhin die Kirche »in Ruhe gelassen.«[182]

Wie sieht nun das Fazit der Untersuchung von Handlungsspielräumen auf der regionalen Ebene aus? Die Sekretäre der Bezirksleitungen hatten in der konkreten Ausgestaltung ihrer Politik durchaus Spielräume. Es stimmt daher nicht, daß in der DDR »regionale Interessen keine Möglichkeit« besaßen, »sich Ausdruck zu

---

[180] Sowohl Stolpe als auch Schönherr bestätigen das vergleichsweise recht gute Verhältnis zu Parteifunktionären im Bezirk Potsdam. Für Stolpe war der Ratsvorsitzende Herbert Tzschoppe »einer der vernünftigsten«, Schönherr beschreibt die Beziehungen zu Potsdam als »am besten« unter den Bezirken. Stolpe, Manfred, Schwieriger Aufbruch, Berlin 1992, S. 81 und Schönherr, Albrecht, ... aber die Zeit war nicht verloren. Erinnerungen eines Altbischofs, Berlin 1993, S. 344.
[181] Gesprächsprotokoll Schlaak, S. 6 und S. 7.
[182] Ebenda, S. 7.

verschaffen.«[183] Jedoch waren die Sekretäre immer an zentrale Beschlüsse und an die Generallinie der Partei gebunden. Sich dementsprechend zu verhalten, entsprach auch ihrem Selbstverständnis als SED-Funktionäre und Kommunisten. Siegfried Lorenz formulierte diese Verknüpfung so: »Auf jeden Fall – und das betraf nach meinen Kenntnissen alle Bezirke gleichermaßen – konnte (und wollte) eine Bezirksleitung keine Alleingänge machen, die von der zentralen Linie prinzipiell abwichen.«[184] Die »Elastizität« in der Politikgestaltung, um eine Formulierung Schabowskis aufzugreifen, bestand darin, »daß ich auf findige Weise die Generallinie durchsetze, wenn es Schwierigkeiten gibt.« Für ihn war aber »nicht entscheidend«, ob sich »jemand elastisch oder als Reformer gerierte. Immer war ausschlaggebend, daß man der Linie dient. Man war ein Gläubiger. Das ist der Punkt.«[185] Die Sekretäre der BL nahmen eine prononcierte Position in ihrem Bezirk ein und wurden so auch von den Bürgern wahrgenommen. Sie standen deshalb unter einem hohen Erwartungsdruck der einheimischen Bevölkerung. So war es häufig das Bestreben der Bezirkssekretäre und pragmatische Notwendigkeit, »Beschlüsse des Zentralkomitees in ihrer Auswirkung im Bezirk abzumildern. Wir versuchten, mit der Kraft des Bezirkes mehr für die eigene Bevölkerung zu tun.« So achtete man in Neubrandenburg »doch darauf, die Bevölkerung besser zufrieden zu stellen. Da gab es Möglichkeiten (...), dogmatische Beschlüsse, die sich vielleicht sogar gegen die Bevölkerung richteten, in ihrer unmittelbaren Auswirkung etwas zu begrenzen.«[186] Das Politbüromitglied Werner Eberlein bezeichnete seine Situation in Magdeburg insofern als »schizophren, als es stets galt, das Schlimmste von dem zu verhindern, dessen Auftraggeber man ja eigentlich war...«.[187]

Diese Freiräume sind auch nach dem Empfinden früherer Funktionäre »nicht genügend genutzt« worden. »Das war zum Teil auch eine falsch verstandene Parteidisziplin.«[188] Doch sollte, wer hier vorschnell urteilt, nicht vergessen, daß es selbst bei »Kleinigkeiten, wo es um die Machtfrage der Zentrale ging, eine derartige Strenge und Vereinnahmung«[189] gegeben hat, daß einige Courage dazu gehörte, eigenen Spielraum zu verfechten. Daher war es sinnvoll und hilfreich, sich der – auch stillschweigenden – Unterstützung maßgeblicher Funktionäre zu versichern. »Die Zugangschancen zu den entscheidenden Männern bestimmten die Erfolgsaussicht eines Vorhabens.«[190] Die Pflege solcher Kontakte gehörte

---

[183] So Richert, Ernst, Macht ohne Mandat. Der Staatsapparat in der Sowjetischen Besatzungszone Deutschlands, Köln und Opladen 1963, S. 45.
[184] Schriftliche Mitteilung Lorenz, S. 8.
[185] Gesprächsprotokoll Schabowski, S. 5.
[186] Gesprächsprotokoll Chemnitzer, S. 26.
[187] Interview Eberlein, in: Schütt/Zimmermann, S. 52.
[188] Gesprächsprotokoll Martens-Meschter, S. 12.
[189] Gesprächsprotokoll Müller, S. 19.
[190] Lepsius, M. Rainer, Handlungsspielräume und Rationalitätskriterien der Wirtschaftsfunktionäre in der Ära Honecker, in: Pirker, Theo/Lepsius, M. Rainer/Weinert, Rainer/Hertle, Hans-Hermann,

häufig »zum Arbeitsprinzip in der Bezirksleitung«[191], brachte aber nicht immer Erfolg. Letztlich bestand das Dilemma der Bezirkssekretäre darin, »daß sie die Verpflichtung auf die Durchführung zentral formulierter und beschlossener Maßnahmen, die sie lediglich den örtlichen Bedingungen anzupassen hatten, nur unter Gefährdung ihrer politischen und sozialen Existenz umgehen konnten.«[192] Siegfried Lorenz ist völlig zuzustimmen, wenn er ausführt: »Letzten Endes bot sich kein Gestaltungsraum – sofern man es gewollt hätte – für wirklich grundlegende Veränderungen, beispielsweise im politischen, im Sicherheits- und Rechtssystem oder in der Wirtschaftspolitik. Das wäre unweigerlich mit der Ablösung von der Funktion verbunden gewesen. Diese Zuspitzung habe ich weder gesucht noch für sinnvoll gehalten.«[193] Dies kann so für alle Sekretäre der SED-Bezirksleitungen angenommen werden. Die folgenden Fallbeispiele illustrieren und untermauern dieses Ergebnis. Es ist schließlich zutreffend, daß die »Angst der Führung vor jeder unkontrollierten Eigeninitiative«, vor allem »in den letzten Jahren der DDR-Geschichte«, zu einer »Überzentralisierung und Unbeweglichkeit des Partei- und Staatsapparates« geführt und »damit wesentlich zum Untergang« der DDR beigetragen hat.[194] Auch davon wird noch die Rede sein.

4.2 Fallbeispiele

4.2.1 Die Absetzung von Alois Pisnik 1979

Zu den Pflichten des 1. Sekretärs einer SED-Bezirksleitung gehörte es, in Monatsberichten an den Generalsekretär diesen regelmäßig über die aktuelle politische und wirtschaftliche Lage im Bezirk zu informieren. Dabei folgten die Monatsberichte einem einheitlichen Schema. In einem ersten Teil wurde über die politische Lage berichtet, die sich regelmäßig als weiter gefestigt und vom Vertrauen in die Parteiführung gekennzeichnet darstellte. In einem zweiten Teil ging es um die ökonomische Situation im Bezirk, um Fragen der Planerfüllung etc. Hier war es möglich, über konkrete Probleme und Sorgen im Bezirk Mitteilung zu machen. Inwieweit diese Möglichkeit genutzt wurde, hing dabei von der Person des 1. Se-

---

Der Plan als Befehl und Fiktion. Wirtschaftsführung in der DDR. Gespräche und Analysen, Opladen 1995, S. 347-362, hier S. 352.
[191] Schriftliche Mitteilung Lorenz, S. 8.
[192] Neugebauer, Gero, Politische und rechtliche Grundlagen der Tätigkeit von Funktionären der regionalen und lokalen Ebenen, in: Materialien der Enquete-Kommission »Aufarbeitung von Geschichte und Folgen der SED-Diktatur in Deutschland«, Band II, 1, S. 536-552, hier S. 551.
[193] Interview Lorenz, in: Schütt/Zimmermann, S. 149.
[194] Ammer, S. 812.

kretärs der SED-Bezirksleitung ab. Die Monatsberichte wurden von Erich Honecker persönlich ausgewertet, der Fragen der wirtschaftlichen Entwicklung direkt an Günter Mittag weiterleitete. Dies wußten die Berichterstatter, und es war ebenfalls klar, daß ein Zuviel an kritischer Sichtweise negative Konsequenzen nach sich ziehen konnte. Einer, der dies an zentraler Stelle miterlebte, war Carl-Heinz Janson, Leiter der Abteilung »Sozialistische Wirtschaftsführung« des Zentralkomitees der SED unter Günter Mittag. »Von oben gewünschte Kritik«, so Janson, »wurde aufgeschrieben. Unerwünschte Kritik zog Folgen nach sich. Unangenehmes wurde nicht zur Kenntnis genommen oder verdrängt. ›Verdrußfilter‹ auf allen Ebenen verzerrten die Proportion zwischen positiven und negativen Erscheinungen, geschönt wurde allerorten. (…) Auch bei Günter Mittag und anderen mußte der Überbringer schlechter Nachrichten ein spürbares Echo einkalkulieren. So konnte er etwa schnell als Panikmacher abgestempelt werden. Aus diesen und anderen Gründen wurde an Informationen nach oben gründlich ›gefeilt‹, und dabei bleiben meist die Tragweite, die Brisanz und letztlich die Wahrheit auf der Strecke.«[195] Wie stark an den Monatsberichten »gefeilt« wurde oder umgekehrt wie stark der kritische Gehalt war, lag beim 1. Bezirkssekretär. »Mancher ›Erster‹ eines Bezirks besaß so wenig Zivilcourage, daß er nur ›zahme‹ Berichte schickte. Aber ein Hans Modrow, Werner Eberlein oder Günter Jahn ließen es sich nicht nehmen, den Finger mit Deutlichkeit auf offene Wunden zu legen, auch wenn sie Ärger bekamen.«[196] Die Reaktion der Parteiführung hierauf überrascht nicht: »Solche Berichte kamen bei Honecker und Mittag nicht an.«[197]

Der 1. Sekretär der SED-Bezirksleitung Magdeburg, Alois Pisnik, war einer derjenigen Funktionäre, die es sich nicht nehmen ließen, in ihren Monatsberichten wiederholt auf Mängel in Versorgungsfragen hinzuweisen. Am 24.11.1976 mußte sich das Sekretariat des ZK mit Problemen in der Versorgung der Bevölkerung im Bezirk Magdeburg befassen, auf die Pisnik in seinem Monatsbericht vom 11.10.1976 aufmerksam machte. Nachdem einige Wirtschaftsabteilungen eine Stellungnahme hierzu erarbeitet hatten, ergingen ein Beschluß und die Empfehlung an die Bezirksleitung, konsequent weiterzuarbeiten und politisch zu führen, um »ihre Verantwortung für die Versorgung der Bevölkerung in vollem Umfang« wahrzunehmen.[198] Unter dem 17.4.1978 teilte er dem Generalsekretär Honecker mit, »daß die Diskussionen über Handels- und Versorgungsfragen in den letzten Wochen weiter zugenommen haben.«[199] Am 4.8.1978 führte Pisnik mit Blick auf die Untererfüllung des Planes etwa im Traktorenwerk Schönebeck aus: »Nicht zufrieden

---

[195] Janson, Carl-Heinz, Totengräber der DDR. Wie Günter Mittag den SED-Staat ruinierte, Düsseldorf-Wien-New York 1991, S. 196.
[196] Ebenda, S. 217.
[197] Ebenda, S. 225.
[198] SAPMO, DY 30/J IV 2/3A/2910, Bl. 68. Insbesondere hatte Pisnik Lücken im Angebot von Schuhen und Textilwaren sowie keine bedarfsgerechte Produktion von Werkzeugen und Fernsehgeräten moniert.
[199] SAPMO, Büro Honecker, DY 30/2270, Bl. 15.

sind wir aber mit den Ergebnissen aus der Zusammenarbeit mit dem Ministerium Allgemeiner Maschinen-, Landmaschinen- und Fahrzeugbau.«[200] Dieser Satz zeugt von einem Selbstbewußtsein des 1. Sekretärs, läßt er die mangelhafte Planerfüllung doch nicht allein seinem Bezirk ankreiden, sondern gibt auch dem Ministerium eine Mitschuld. Im selben Monatsbericht heißt es weiter: »Kritiken gibt es wieder zu weiteren Erhöhungen des Arbeitskräfteplanes, obwohl bereits zum Plan 1978 eine Untererfüllung vorhanden ist und die Deckungsquellen nicht nachgewiesen werden.«[201] Im Monatsbericht vom 29.9.1978 wurde Pisnik im Hinblick auf die unzureichende zentrale Planung noch deutlicher und beklagt, »daß die übergebenen Kennziffern für den Arbeitskräfteplan in vielen Betrieben nicht mit den territorialen Gegebenheiten übereinstimmen und die bisherigen Ergebnisse und Vorstellungen zur Einsparung von Arbeitsplätzen und zur Freisetzung von Arbeitskräften nicht ausreichen.«[202] Er informierte Honecker weiter davon, diese Fragen direkt mit den zuständigen Ministern und Abteilungsleitern Zimmermann, Tautenhahn, Steger, Trölitzsch und Junker zu erörtern.[203]

Solche eigenmächtigen Unternehmungen waren in der Parteiführung nicht gern gesehen. Besonders Günter Mittag muß bei der Lektüre dieses Monatsberichtes die geplanten Gespräche Pisniks als Brüskierung seiner eigenen Person empfunden haben. Das Faß zum Überlaufen brachten dann die »Politischen Berichterstattungen« vom 30.10. und 29.11.1978, in denen Probleme der Versorgung und der Baukapazität detailliert geschildert werden. Zunächst betonte Pisnik am 30.10.1978 den guten Willen des Bezirks Magdeburg. »Wir sind jetzt dabei, uns eine exakte, vollständige Übersicht über die Lage in der Versorgung generell zu erarbeiten und werden dann in Zusammenarbeit mit unseren Betrieben versuchen, eine Reihe von Artikeln bei uns im Bezirk selbst zu produzieren. Wir sind aber der Auffassung, daß auch durch die allergrößte Anstrengung wir allein nicht in der Lage sein werden, allen Anforderungen gerecht zu werden.«[204] Dann räumt Pisnik ein, es sei natürlich klar, »daß durch die oft stark erhöhten Anforderungen für das Jahr 1979, insbesondere für die Hauptstadt Berlin, für Maßnahmen der Landesverteidigung, für die Stärkung der materiell-technischen Basis der Industrie, sich verschiedene Komplikationen ergeben, die sich u. a. insbesondere bei Reparatur- und Werterhaltungsmaßnahmen auswirken, und zwar als weiterer Rückgang im Bereich der Baureparaturen und der Werterhaltung der örtlichen

---

[200] Ebenda, Bl. 30.
[201] Ebenda, Bl. 33.
[202] Ebenda, Bl. 45.
[203] Ebenda. Gerhard Zimmermann war zu diesem Zeitpunkt Minister für Schwermaschinen- und Anlagenbau, Gerhard Tautenhahn Abteilungsleiter für Maschinenbau und Metallurgie im ZK, Otfried Steger Minister für Elektrotechnik und Elektronik, Gerhard Trölitzsch Abteilungsleiter für Bauwesen im ZK und Wolfgang Junker Minister für Bauwesen. Vgl. Herbst, Andreas/Stephan, Gerd-Rüdiger/Winkler, Jürgen (Hrsg.), Die SED. Geschichte, Organisation, Politik. Ein Handbuch, Berlin 1997, passim, und Herbst, Andreas/Ranke, Winfried/Winkler, Jürgen, So funktionierte die DDR, Band 3, Reinbek 1994, S. 386.
[204] SAPMO, Büro Honecker, DY 30/2270, Bl. 58.

Räte.«[205] Insbesondere die Problematik ausbleibender Werterhaltungen an der baulichen Substanz im Bezirk weiß Pisnik mit deutlichen Zahlen zu untermauern. »Der 1978 bereits geringe Einsatz von Bauhauptleistungen mit 15 % an den Reparaturen verringert sich 1979 auf 13,4 %. (...) Dabei ist darauf hinzuweisen, daß bereits 1978 und in den Vorjahren in den materiellen Bereichen für die Baureparaturen und Werterhaltungen im Prinzip nur Splitterkapazitäten zum Einsatz kamen.«[206] Die mangelhaften Investitionen in diesem Bereich wirkten sich dabei direkt auf Produktionsleistungen in den Betrieben des Bezirks aus, führten also auch in anderen Bereichen zu Produktionsrückständen und zur Untererfüllung der Planauflagen. »Ich glaube, lieber Erich, daß ich Dir auch eine solche Tatsache nicht verschweigen darf, daß sich im Bezirk von Jahr zu Jahr das Problem der Ersatzinvestitionen verschärft. Auf Grund von angedrohten Sperrungen der Staatlichen Bauaufsicht bzw. der Technischen Überwachung können wichtige Produktionsanlagen nicht voll genutzt werden.«[207] Diese Angaben werden an zwei Beispielen bekräftigt. So wurden für die Gießerei im Schwermaschinenkombinat »Karl Liebknecht« in Magdeburg »seit 1964 ständig Auflagen erteilt, die auf Grund fehlender Baukapazitäten nicht realisiert werden können. Eine Sperrung der Gießerei konnte nur durch den Einsatz der Katastrophenkommission verhindert werden. Das Gebäude der Schmiede wird ab Ende 1984 voll gesperrt. Eine Rekonstruktion ist nicht möglich.«[208] Das zweite Beispiel betraf das Chemiewerk Salzwedel. Hier hatte sich »der bautechnische Zustand der Superphosphat-Reifehalle so verschlechtert, daß sie bereits zu einem Viertel gesperrt werden mußte. (...) Eine generelle Sperrung der Halle ist angedroht, wenn nicht bis Ende 1979 mit der Sanierung begonnen wird. Alle Bemühungen scheitern jedoch jetzt an der Lieferung von 450 t Stahlkonstruktion durch das Metalleichtbaukombinat«.[209]

Es liegt auf der Hand, daß der Adressat Honecker und nach ihm Mittag diese drastischen Beispiele ungern zur Kenntnis genommen haben werden. Nur einen Monat später wurden beide erneut mit großen, zahlengesättigten Problemen konfrontiert. Im Monatsbericht vom 29.11.1978 wies der 1. Sekretär der SED-Bezirksleitung wiederum auf drängende Probleme des Handels und der Versorgung sowie der Werterhaltung hin. Hierzu gebe es in der Bevölkerung »die größten Diskussionen und sie haben in den letzten Monaten noch zugenommen.«[210] Besonders wird beklagt, daß bei einer Reihe von Konsumgütern der Anteil von Waren der unteren und mittleren Preisgruppen immer geringer wird, sich das Warenangebot insgesamt also verteuert. Zu konstatieren sind »verstärkt unkontinuierliche und rückläufige Versorgungstendenzen«, häufig ist die »Sortiments-

---

[205] Ebenda.
[206] Ebenda.
[207] Ebenda, Bl. 59.
[208] Ebenda.
[209] Ebenda, Bl. 60.
[210] »Politische Berichterstattung« an den »Genossen Erich Honecker, Generalsekretär des ZK der SED«, 29.11.1978. SAPMO, DY 30/2624, Bl. 186.

breite und -menge schlechter als 1977.«[211] In bezug auf den Zuwachs des Warenumsatzes 1977/78 nehme Magdeburg von allen Bezirken der DDR den letzten Platz ein. Dort, wo Konsumgüter reichlich vorhanden sind, werden sie nicht nachgefragt, es wird zu oft am Bedarf vorbei produziert. Mit den Worten von Pisnik werden »oftmals Waren produziert (...), die die Bevölkerung gar nicht haben will; auf der anderen Seite werden aber verlangte Waren in unzureichender Menge oder überhaupt nicht produziert. Marktanforderungen und Pläne für die Warenproduktion müßten doch eine Einheit sein. So ist aber die Praxis nicht.«[212] Die Ursachen für diese Entwicklung sieht er zum Teil in der »ungenügende(n) Arbeit der verantwortlichen Handels- und staatlichen Organe« und darin, »daß die Genossen in den staatlichen und Handelsorganen eine ungenügende Kampfposition zur konsequenten Durchführung der Beschlüsse der Partei zu handelspolitischen Fragen haben.«[213] Alois Pisnik bringt aber auch Faktoren zur Sprache, die nicht im Einflußbereich der Bezirksleitung liegen, so die Erhöhung des Durchschnittspreisniveaus wichtiger Warensortimente, die in der Bevölkerung für Unmut sorgt. Auch die Lage in punkto Werterhaltung ist sehr virulent. »In letzter Zeit häufen sich Informationen von Sekretariaten der Kreisleitungen und Räten der Kreise sowie Hinweise und Kritiken aus der Bevölkerung, daß eine Reihe dringend anstehender Werterhaltungsaufgaben nicht bzw. nicht wie vorgesehen gelöst werden können.«[214] Dies kann der 1. Sekretär mit eindrücklichen Zahlen belegen. »Der Druck der Bevölkerung zur Realisierung dringender Reparaturarbeiten wird stärker. Vom 1.1.1977 bis 30.6.1978 haben sich über 6.700 Bürger wegen Werterhaltungsproblemen an die örtlichen Räte gewandt.«[215] Auch diese Probleme sind nicht nur dem Bezirk anzulasten, sondern, wie Pisnik unterstreicht, auch durch die Erhöhung des Einsatzes von Bauleistungen für den Sonderbedarf, etwa für die Hauptstadt Berlin, hervorgerufen. Die Folgen für den Bezirk Magdeburg werden sein, »daß die Bauzustandsstruktur insgesamt nicht wesentlich verbessert wird, im Gegenteil. In den Zentren der Arbeiterklasse wird sie sich weiter verschlechtern.«[216] Dies war ein deutlicher Fingerzeig an Honecker auf Akzeptanzprobleme der SED-Politik gerade unter der Arbeiterschaft, die die SED zu repräsentieren vorgab. Im Ausblick sei weiter damit zu rechnen, daß 1979 nur noch 83,1 % des Niveaus der Werterhaltungsmaßnahmen von 1978 zu erreichen seien, so daß »in einer Reihe von Bereichen« bauliche Reparaturen »überhaupt nicht mehr vorgenommen werden« können, zumal der Stand der technischen Ausrüstungen im Bauwesen oft »nicht einmal die einfache Reproduktion« sichere.[217] Zu allem Überfluß geht Pisnik abschließend auch noch auf Probleme

---

[211] Ebenda.
[212] Ebenda, Bl. 187.
[213] Ebenda, Bl. 186 und Bl. 187.
[214] Ebenda, Bl. 189.
[215] Ebenda, Bl. 190.
[216] Ebenda.
[217] Ebenda, Bl. 192.

in der Landwirtschaft ein, wo wegen mangelhafter futtermäßiger Absicherung »im kommenden Jahr ernsthafte Schwierigkeiten bei der Erfüllung der volkswirtschaftlichen Aufgaben Schlachtvieh« zu gewärtigen seien.[218] Eine Zusammenfassung dieses Monatsberichtes mit einem kommentarlosen Extrakt der wichtigsten angesprochenen Probleme wurde am 4.12.1978 – das war so üblich – allen Mitgliedern und Kandidaten des Politbüros zugeleitet.[219]

Alois Pisnik beschränkte sich nicht nur auf briefliche Kritik, sondern äußerte sie auch in Anwesenheit der Parteiführung. Auf der 9. Tagung des ZK am 13./14.12.1978, dem »Schlüsselereignis für die Absetzung«, sprach er zur Diskussion »und stellte sinngemäß fest, daß der Plan für 1979 nicht bilanziert. Das war eine unerhörte Feststellung, die die Arbeitsweise des gesamten zentralen Partei- und Staatsapparates in Frage stellte und somit auch weit über die Kritik in den Briefen hinausging. Pisniks Kritik an der Zentrale hatte damit faktisch eine völlig neue Qualität erreicht.« Das Dezemberplenum, das sich jedes Jahr mit dem Plan für das Folgejahr befaßte, stellte »den Abschluß eines komplizierten und konfliktreichen Prozesses dar. Am Schlußpunkt der mit dem Plenum als abgeschlossen betrachteten zentralen Diskussion gewissermaßen alles wieder in Frage zu stellen – das war aus den eigenen Reihen ein Affront gegen die Parteiführung von wahrscheinlich bis dahin nicht gekanntem Ausmaß.« Nach Pisniks Diskussionsbeitrag trat »eine kurze Verständigungspause ein, in der sich Honecker und Mittag darauf einigten und dem Plenum auch mitteilten, daß die ›Komplexberatung für Magdeburg wiederholt werden müsse.‹« Diese Regelung »ließ alle Optionen offen«.[220]

Die rigorosen Maßnahmen aus der Berliner Zentrale ließen jedoch nicht lange auf sich warten. Sie wurden sicherlich befördert durch die Sitzung der Bezirksleitung Magdeburg vom 18.12.1978, auf der Alois Pisnik ein später von der Bezirksleitung einstimmig bestätigtes Schlußwort hielt und auch auf seinen Monatsbericht an Honecker einging. »Ich habe auch angeführt, daß es Artikel gibt, die produziert werden, die kein Mensch kauft, wofür aber wertvolles Material verwendet wird.« Andere Artikel dagegen seien schlichtweg »wegspezialisiert worden«. Der »Bevölkerung Unzufriedenheit und Kritik der Bevölkerung ist stärker geworden. (…) Ich habe eine Reihe konkreter Fakten aufgeführt.«[221]

Interessant sind die Entgegnungen Honeckers, die ebenfalls überliefert sind. Was Alois Pisnik mitteilte, »das stimmt nicht ganz«, er warf ihm vor, »du kritisierst

---

[218] Ebenda, Bl. 193.
[219] Vgl. SAPMO, Büro Honecker, DY 30/2270, Bl. 66-72.
[220] Schriftliche Mitteilung von Uwe Trostel, Berlin, 2.6.2006. Die Komplexberatungen »waren der Versuch, zentrale und bezirkliche wirtschaftliche Aufgaben aufeinander abzustimmen und die bezirklichen Vorstellungen zum Plan des nächsten Jahres zu erörtern und zu bestätigen. Sie wurden grundsätzlich von einem Mitglied des Ministerrates geleitet und in den Bezirken durchgeführt. Die getroffenen Festlegungen waren für die zentralen und bezirklichen Organe absolut verbindlich und mit Grundlage für die Ausarbeitung der endgültigen Pläne auf den verschiedenen Ebenen.« Die Wiederholung der Magdeburger Komplexberatung fand statt, nachdem die Ablösung Pisniks beschlossen worden war. Ebenda.
[221] SAPMO, ZK der SED, Abteilung Parteiorgane, DY 30/IV B 2/5/1159.

und ihr habt selber schuld mit der Konsumgüterproduktion.« Es gebe laut Honecker immer noch schlechtere Beispiele, so hätte die DDR im sozialistischen Lager den höchsten Versorgungsstand, der Sowjetunion hingegen gehe es viel schlechter. Schließlich habe die DDR »auch Exportverpflichtungen«, und bei allem wirke sich die »Krisenentwicklung in den kapitalistischen Ländern« direkt auf die sozialistischen Länder aus. »Wir können nur das verbrauchen was wir produzieren.«[222] Honecker gab den Schwarzen Peter also an den Bezirk Magdeburg zurück und argumentierte mit externen Faktoren, die der Wirtschaftspolitik der SED nicht anzulasten seien. So einfach ließ sich Pisnik allerdings nicht überrumpeln. Nachdem er konzediert hatte, Honecker habe »eine ganze Reihe von echten Argumenten« vorgebracht, insistierte er: Wir »brauchen für eine exakte Produktionsarbeit auch eine exakte Übersicht über die Marktanforderungen. Was dazu gemacht wird ist auch ungenügend, zu oberflächlich. (...) Ich bin deswegen nicht der Meinung, daß alles an uns liegt und zentrale Organe überhaupt keine Verantwortung haben und dort nichts geändert werden kann oder braucht«.[223] Pisnik brachte sich in seinem Schlußwort selbst in Rage, als er sagte, »wie lange reden wir schon über die Arbeit mit den Menschen, bis zum Kotzen, möchte ich sagen, aber sehen wir uns an, wie gearbeitet wird.« Er nannte erneut konkrete Beispiele einer mangelhaften Versorgung und forderte das »Aufhören mit dem allgemeinen Reden und allgemeinen Sitzungen und Beratungen, wo nichts konkretes herauskommt. Damit muß man endlich Schluß machen. Das beste Reden nützt nichts, wenn am Ende nicht konkret die Aufgaben herauskommen.«[224]

Dieses selbstbewußte und offene Schlußwort veranlaßte die Parteiführung, Maßnahmen zur Disziplinierung ihres Magdeburger 1. Bezirkssekretärs zu ergreifen. Es begann in der Sitzung des Sekretariats der Bezirksleitung am 21.12.1978, also nur drei Tage nach der Bezirksleitungssitzung. Alois Pisnik nahm in Anwesenheit von Fritz Müller, Leiter der Abteilung Kader des ZK und von Erich Honecker persönlich nach Magdeburg beordert, Stellung zur Kritik an seinem Monatsbericht und seinem Schlußwort auf der Sitzung und »erkannte die an ihm geübte Kritik durch den Generalsekretär, Genossen Honecker, vorbehaltlos an.« Er akzeptierte auch, daß sein »Schlußwort keine richtige Orientierung gab«.[225] Auf die Solidarität seiner Sekretariatskollegen konnte Pisnik nicht hoffen, die Parteidisziplin war stärker. Sie kritisierten ihren 1. Sekretär, weil sie »den Inhalt des Briefes an den Genossen Honecker nicht kennen und nach Kenntnis dieses Briefes bzw. einiger Passagen zu Fragen des Handels und der Versorgung distanzieren sie sich von diesem Schreiben und akzeptieren auch das Schlußwort des Genossen Pisnik auf der Bezirksleitungssitzung nicht.« Es folgte eine Ergebenheitsadresse an die Parteiführung, die sich so liest: »Das Kollektiv des Sekretariats

---

[222] Ebenda.
[223] Ebenda.
[224] Ebenda.
[225] SAPMO, ZK der SED, Abteilung Parteiorgane, DY 30/IV B 2/5/1197.

der Bezirksleitung (...) ist stark und wird (...) beweisen, daß die vom Sekretariat in der Beratung durchaus richtig gestellten Aufgaben in Durchführung der Beschlüsse der 9. Tagung des ZK vorbehaltlos erfüllt werden«.[226] Damit war die Autorität des Zentralkomitees wieder hergestellt. Alois Pisnik wurde für etwas abgestraft, was ihm nur sechs Wochen vorher, in der Sitzung des Sekretariats der Bezirksleitung Magdeburg am 10.11.1978, von eben jedem Fritz Müller überaus positiv zugute gehalten worden war. Er war laut Müller nämlich »ein im Klassenkampf erfahrener Genosse, der die Probleme ständig kritisch, optimistisch vorwärtsdrängend stellt, gepaart mit einer schöpferischen Unruhe, keine Selbstzufriedenheit aufkommen läßt.« Müller forderte die anderen Sekretäre der Bezirksleitung sogar dazu auf, »sich am Genossen Pisnik ein Beispiel zu nehmen.«[227] So schnell konnte sich der Wind drehen.

Das neue Jahr 1979 brachte für den Magdeburger 1. Bezirkssekretär gleich am 3. Januar eine Aussprache mit Vertretern des ZK und die Information, daß das Politbüro am 19.12.1978 die Entsendung einer »Arbeitsgruppe für die Klärung einer Reihe grundsätzlicher Fragen in Durchführung der Beschlüsse des IX. Parteitages der SED im Bezirk Magdeburg« beschlossen hatte.[228] Sollte Alois Pisnik gehofft haben, daß sich die Querelen mit dem neuen Jahr legen würden, so sah er sich getäuscht. Die Aussprache führten Carl-Heinz Janson, Leiter der Abteilung »Sozialistische Wirtschaftsführung«, und Hermann Pöschel, Leiter der Abteilung »Forschung und technische Entwicklung« des Zentralkomitees. Zugegen war ferner mit Heinz Herzig der Sekretär für Wirtschaft der Bezirksleitung Magdeburg. Nachdem die aktuelle Lage im Bezirk besprochen worden war, ging es erneut um das Schreiben an den Generalsekretär. Pisnik räumte zwar ein, »daß er mit seinem Brief an Genossen Erich Honecker über die Versorgungsfragen ›auf die Nase gefallen sei‹«, betonte aber grundsätzlich, daß er den Generalsekretär »über Probleme informieren wolle. Er gehe von den Fortschritten und Erfolgen aus und sei ein Optimist. In Magdeburg sei eine Kampfatmosphäre da. Mit den Ergebnissen der Durchführung der Beschlüsse des IX. Parteitages lägen sie in vielen Positionen mit vorn. Niemand könne sagen, daß nicht gekämpft werde. Gut sei auch die massenpolitische Arbeit.« Was die von ihm angesprochenen Versorgungsprobleme anbelangte, so »wiederholte er die Argumente seines Schlußwortes und erläuterte auch noch einmal seinen Standpunkt zur Werterhaltung.«[229]

Es war ausgerechnet der Wirtschaftssekretär, der sich in dieser Aussprache von Pisnik abwandte und ganz auf ZK-Linie begab, obwohl er doch die wirtschaftlichen Probleme des Bezirks Magdeburg kennen mußte. Heinz Herzig versicher-

---

[226] Ebenda.
[227] Ebenda.
[228] SAPMO, DY 30/2624 (ZK der SED, Büro Günter Mittag), Bl. 139, und SAPMO, DY 30/J IV 2/2/1757.
[229] SAPMO, DY 30/2624, Bl. 140 und Bl. 141.

te im Hinblick auf das besagte Schreiben, »daß es dazu keine Abstimmung mit den Genossen gab. Er schätze Genossen Pisnik als 1. Sekretär sehr hoch, aber es sei nicht gut, solche Briefe ohne Konsultation mit dem Wirtschaftssekretär zu schreiben. Er habe um eine Änderung der Arbeitsweise gebeten.«[230] Herzig hatte auch eine Lösung parat, wie anders zu verfahren sei. Im Bezirk auftretende Versorgungsfragen »können nur über den Weg der Erhöhung der eigenen Aktivitäten geklärt werden, so wie es Genosse Günter Mittag auf der Aktivtagung in Karl-Marx-Stadt gesagt habe und wie es die 9. Tagung des ZK bestätigt hat. Man müsse sich auch mit solchen Kreisleitungen wie Wolmirstedt auseinandersetzen, die nur aufschreiben was fehlt und solche Informationen ohne Analyse und politische Wertung an Genossen Pisnik schicken.«[231] Die beiden Abteilungsleiter, die im ZK direkt dem Sekretär Günter Mittag unterstanden, werden diese Ausführungen befriedigt zur Kenntnis genommen haben. Alois Pisnik jedoch »verteidigte seine Position zur Werterhaltung sowie zum Bau von Kulturhäusern und Gaststätten«[232], wurde aber verpflichtet, auf der nächsten Beratung mit den 1. Kreissekretären zu seinem Schlußwort vor der Bezirksleitung Stellung zu nehmen.

Diese Beratung fand am 8.1.1979 statt. Die Abteilung Parteiorgane des ZK fertigte hierüber am 10.1.1979 eine Information an und konnte bilanzieren, es sei »eine richtige Orientierung gegeben für die Durchführung der Beschlüsse der 9. Tagung des Zentralkomitees im Bezirk Magdeburg«.[233] Pisnik selbst nahm tatsächlich im Sinne der Parteiführung Stellung. Zunächst informierte er die anwesenden Genossen über die bisherigen Auseinandersetzungen im Sekretariat der Bezirksleitung und »über die kritische Wertung seiner Arbeit durch die Mitglieder des Sekretariats im Zusammenhang mit der nicht genügenden Förderung der Kollektivität in der Arbeit des Sekretariats.«[234] Dann vollzog Pisnik eine Kehrtwendung zu seinen bisherigen Äußerungen und erklärte, »daß der Teil des Schlußwortes, der sich mit seinem Brief an den Generalsekretär zu Fragen der Versorgung und mit der Kritik an der in diesem Brief gegebenen Einschätzung durch den Genossen Honecker befaßt, von einer falschen Position ausgeht.« Die falsche Position bestehe darin, daß seine Darstellung »im Grunde auf eine Polemik mit dem Zentralkomitee und seinem Generalsekretär hinausläuft, unsere Erfolge negiert und Pessimismus ausdrückt, wozu es nicht den geringsten Grund gibt. Genosse Pisnik betonte, daß dies nicht seine Absicht war. Er erklärte, daß Probleme nicht überbetont werden dürfen, sondern, daß

---

[230] Ebenda, Bl. 141.
[231] Ebenda.
[232] Ebenda. In seinem Brief an den Generalsekretär vom 29.11.1978 hatte Pisnik unter anderem ausgeführt, daß allein im Kreis Wernigerode für insgesamt 46 Gaststätten Auflagen der Bauaufsicht und der Hygiene bestünden, die bauseitig nicht zu realisieren seien. 16 Gaststätten müßten demnach in den Jahren 1979 und 1980 geschlossen werden. Vgl. SAPMO, DY 30/2624, Bl. 192.
[233] SAPMO, DY 30/J IV 2/50/17.
[234] Ebenda.

alle Anstrengungen zu unternehmen sind, um sie im Vorwärtsschreiten zu lösen.«[235]

Die nachfolgend sprechenden vier 1. Sekretäre von Kreisleitungen nahmen keinen Bezug zu den Ausführungen Pisniks, sondern stellten ihre »positive Bilanz bei der Durchführung der Parteitagsbeschlüsse« vor und »begründeten die Notwendigkeit, diese Bilanz noch mehr in das Zentrum der politischen Massenarbeit zu stellen.«[236] Die Information der Abteilung Parteiorgane, am 12.1.1979 vom Abteilungsleiter Horst Dohlus an Erich Honecker weitergeleitet und tags darauf von diesem den Mitgliedern und Kandidaten des Politbüros zugänglich gemacht, lobte den »konstruktiven und selbstkritischen Gedankenaustausch« und die »neuen Überlegungen und konkreten Maßnahmen, wie durch die Nutzung der Potenzen und Ausschöpfung der Reserven des Bezirkes, der Kreise und Betriebe, die Aufgaben des Volkswirtschaftsplanes erfüllt und überboten werden können.«[237] Insofern konnte Alois Pisnik hoffen, mit seiner Selbstkritik die Parteiführung zufrieden gestellt und beruhigt zu haben. Dem war aber nicht so.

Das Politbüro hatte es sich nicht nehmen lassen, zum im Falle regionaler Unbotmäßigkeit bewährten Disziplinierungsmittel zu greifen: Es wurde eine Arbeitsgruppe in den Bezirk Magdeburg entsendet. Als Leiter fungierte der in diesen Sachen bewährte Günter Mittag. Am 19.1.1979 fand in Magdeburg eine Beratung dieser Arbeitsgruppe mit dem Sekretariat der Bezirksleitung statt. Zugegen waren neben Mittag auch Alfred Neumann, Mitglied des Politbüros und 1. Stellvertreter des Vorsitzenden des Ministerrates, und Werner Jarowinsky, Kandidat des Politbüros und Sekretär des Zentralkomitees für Handel und Versorgung. Mittag sprach hier in bewußtem Gegensatz zu Alois Pisnik von der Pflicht, »bei allen Bürgern noch stärker den Stolz auf die Deutsche Demokratische Republik, auf ihr sozialistisches Vaterland auszuprägen.« Es gebe in der DDR einen hohen Lebensstandard, und man dürfe »niemandem gestatten, an dieser Wahrheit herumzunörgeln.« Mittag wurde noch deutlicher. »Vom Standpunkt des Pessimismus jedoch kann man keine erfolgreiche Parteiarbeit organisieren.« Ein direkter Affront gegen den 1. Bezirkssekretär war der folgende Satz: »Probleme, Genossinnen und Genossen, lassen sich überall finden und in manchen Fällen sogar erfinden. (...) Die Lösungsvorschläge sind dagegen dürftig.«[238] Der Ton gegenüber Alois Pisnik hatte sich merklich verschärft.

Überliefert sind auch Auszüge aus den Stellungnahmen der Mitglieder des Sekretariats der Bezirksleitung. Es überrascht nicht, daß alle ihre »volle Übereinstimmung mit der zusammenfassenden Einschätzung der Abteilungen des ZK« gaben und betonten, daß damit »eine große Hilfe für die weitere Arbeit der Be-

---

[235] Ebenda.
[236] Ebenda.
[237] Ebenda.
[238] SAPMO, DY 30/J IV 2/2/1763, Bl. 68, Bl. 74, Bl. 82.

zirksparteiorganisation vom Politbüro gegeben worden ist«.[239] Der 2. Sekretär Walter Kirnich ließ es sich angelegen sein, die anwesenden Genossen der Parteiführung persönlich zu loben, indem er ausführte, daß »das Politbüro, Genosse Erich Honecker persönlich, Genosse Mittag, Genosse Neumann und Genosse Werner Jarowinsky bereits seit Jahren der Entwicklung des Bezirkes Magdeburg eine besonders große Unterstützung gegeben hätten.«[240] Der Wirtschaftssekretär Heinz Herzig fand, es hätte »eine so gründliche und prinzipielle Analyse der Entwicklung und der Arbeit des Bezirkes in der Vergangenheit noch nie gegeben.«[241] Kritisiert wurde von den Sekretären, »daß die Kollektivität des Sekretariats eingeschränkt war« und »nur geringer Kontakt zum 1. Sekretär« bestand. »Der 1. Sekretär hat zwischen sich und die Sekretäre seine Mitarbeiter geschaltet.«[242] Der Vorsitzende der Bezirksparteikontrollkommission, Gerhard Frost, unterstrich die partiell eigenständige Haltung Pisniks, indem er betonte, »daß in den letzten Jahren sich der Subjektivismus breitgemacht hat.« Wörtlich sagte er zu seinem 1. Sekretär: »Deine Ausführungen haben mich nicht überzeugt, daß Du das änderst.«[243] Diese Ausführungen werden in den Akten des Büros Mittag wie folgt charakterisiert: »Es zeigte sich ein großer Unterschied zwischen der prinzipiell selbstkritischen Position der Sekretäre, die die Grundfrage der bedingungslosen Durchführung der Beschlüsse des ZK erkannt haben, und den Äußerungen des Genossen Pisnick (sic!), der sich auf die Abrechnung einzelner Punkte in den Materialien der Arbeitsgruppe konzentrierte. Er gab zwar eine allgemeine Erklärung ab, in der er die Übereinstimmung mit der Einschätzung und den Schlußfolgerungen betonte, und sprach dann über einzelne Fragen. Zum Teil ging das wieder in eine Richtung, die grundsätzliche Feststellung aufzuheben.«[244] Alois Pisnik, der auf dieser Beratung »immer wieder die hohe Kampfkraft der Kommunisten und der Parteiorganisationen« betont hatte, ergriff nach den »massiven kritischen Einschätzungen der Sekretäre« noch einmal das Wort. Nachdem er sein Einverständnis damit bekräftigt und sich als »den eigentlichen Hauptverantwortlichen« bezeichnet hatte, wendete er sich gegen seine Sekretariatskollegen, als er sagte, »daß die Diskussion unserer Genossen noch nie so war, außer der einen Sekretariatssitzung im Dezember. Die Genossen hätten das früher auf den Tisch legen müssen. Das wäre für seine Arbeit günstig gewesen.«[245] Am Ende dieser für ihn unerfreulichen Sitzung mußte Pisnik eine ihm drohende Amtsenthebung befürchten. Noch war er jedoch bereit, für seinen Verbleib in der Funktion zu kämpfen. Mit Blick auf die anwesenden Genossen aus Berlin stellte er die Frage, »ausgehend von der Bemerkung des Genossen Frost, ob er die Dinge verändern

---

[239] SAPMO, DY 30/2624, Bl. 102.
[240] Ebenda.
[241] Ebenda.
[242] Ebenda, Bl. 103.
[243] Ebenda.
[244] Ebenda, Bl. 104.
[245] Ebenda.

könne«, und beantwortete sie auch gleich: »Wenn die Genossen des Politbüros der Meinung seien, er schaffe es nicht, dann muß man an der Spitze des Bezirkes verändern. Er möchte jedoch sagen, daß er der Meinung ist, es könnte ihm gelingen, denn das ganze wäre auch eine Erziehung.«[246]

Vorderhand wurde hierüber noch nicht entschieden. Schon bald danach, am 30.1.1979, befaßte sich auch das Politbüro mit der »Zusammenfassenden Einschätzung« zu »einer Reihe grundsätzlicher Fragen der Durchführung der Beschlüsse des IX. Parteitages im Bezirk Magdeburg«. Zunächst wurde auch vom Politbüro bestätigt, daß der Bezirk Magdeburg »hervorragende Ergebnisse« bei der »Durchführung des Wohnungsbauprogramms« erzielt habe und hier über dem DDR-Durchschnitt liege. Dennoch gebe es noch »bedeutende Reserven«.[247] Offenbar als Reaktion auf die in den Monatsberichten erwähnten, vom Bezirk Magdeburg zu erbringenden Berlin-Aufgaben stellte die Arbeitsgruppe des Politbüros fest: »Es widerspricht auch den Tatsachen, daß der Bezirk in Fragen der Versorgung gegenüber anderen Bezirken benachteiligt sei, wie Genosse Pisnik schon seit längerem behauptet.«[248] Der Bezirksleitung wird vorgeworfen, den konkreten Bedarf an Konsumgütern im Bezirk zugrunde zu legen und sich nicht um den zentral ausgearbeiteten Plan zu scheren. Sie betrachte »Bedarf und Bedarfsdeckung meist losgelöst vom Versorgungsplan und oft auch subjektiv«, also eigenständig, und der vorgegebene »Plan wird ungenügend zur Grundlage der Arbeit«.[249] Das Ausmaß der geschilderten Probleme wird negiert, es handele sich vielmehr um eine »fehlende sachliche gründliche Analyse und Einschätzung und subjektivistisches Herangehen durch unzulässiges Verallgemeinern von Einzelerscheinungen.«[250] Es folgte in der Einschätzung der Arbeitsgruppe der Vorwurf mangelnder Parteidisziplin durch das Sekretariat der Bezirksleitung Magdeburg. Dieses hätte nämlich die Beschlüsse des Politbüros, des Zentralkomitees und des Sekretariats des Zentralkomitees »zum Teil mit außerordentlich niedriger Disziplin behandelt.«[251] Schuld daran trügen weniger die Sekretariatsmitglieder, als vielmehr der 1. Sekretär selbst, wurde doch bisher »die persönliche Verantwortung der Sekretäre der Bezirksleitung dadurch zu wenig gefördert, daß Genosse Pisnik der Kollektivität in der Tätigkeit des Sekretariats zu wenig Beachtung geschenkt hat.«[252] Nochmals wurde darauf verwiesen, daß Pisnik in seinem Schlußwort auf der Tagung der Bezirksleitung »keine richtige Orientierung zur Auswertung der 9. Tagung des Zentralkomitees und zur Entwicklung einer klaren

---

[246] Ebendfa, Bl. 105.
[247] SAPMO, DY 30/J IV 2/2/1763, Bl. 10 und Bl. 14.
[248] Ebenda, Bl. 26.
[249] Ebenda, Bl. 27.
[250] Ebenda, Bl. 28.
[251] Ebenda, Bl. 32.
[252] Ebenda, Bl. 37.

Kampfposition für die Lösung der vor dem Bezirk stehenden Aufgaben« gegeben hat.²⁵³

Wohin diese Kritik zielte, muß Alois Pisnik als altgedientem SED-Funktionär klar geworden sein. Wer mit dem unerhörten Vorwurf »außerordentlich niedriger« Parteidisziplin belegt und des Fehlens einer »klaren Kampfposition« geziehen wurde, mußte mit einer Abberufung aus seiner Funktion rechnen. Dies erkannte auch Alois Pisnik, und so schrieb er am Tage nach der Politbüro-Sitzung, am 31.1.1979 und wieder zurück in Magdeburg, einen Brief an Erich Honecker, in dem er sich auf diese Sitzung und auf ein kurz vorher stattgefundenes Gespräch mit seinem Generalsekretär bezog. Dieser Brief sagt viel über sein Selbstverständnis aus und soll deshalb ausführlicher zitiert werden:

»Ich wußte und weiß, nach der harten Kritik erst recht, daß es in meiner Arbeit viele Fehler und Schwächen gegeben hat. Das ist auch bei größten Anstrengungen nicht immer ganz zu vermeiden. Aber ich möchte doch noch einmal sagen, wie ich das bei Dir und im Politbüro schon zum Ausdruck gebracht habe, daß ich mich immer, seit 1945 in Halle, seit 1952 in Magdeburg wie schon vorher in der Illegalität und auch vor dem, mit meiner ganzen Kraft und dem Einsatz meiner ganzen Person für die Durchsetzung der Politik unserer Partei und der Beschlüsse der Parteiführung, die ich immer absolut und voll bejahte, ohne irgendeine Schwankung eingesetzt habe. Ich glaube doch sagen zu können, daß die gute Entwicklung, die auch der Bezirk Magdeburg aufzuweisen hat, doch auch ein wenig von meiner Arbeit beeinflußt wurde, die, das brauche ich Dir nicht zu sagen, keine leichte gewesen ist. Mir war immer voll bewußt die große Entwicklung, die unsere Republik genommen hat, wie sie sich in einem hohen und reichen Leben unserer Menschen und in der großen internationalen Autorität unserer Republik überzeugend ausdrückt. Und so, wie es auch im Politbüro gesagt wurde, war auch immer mein Auftreten in der Partei und Öffentlichkeit. Ich stand und stehe ohne Schwanken hinter der Politik unserer Partei, hinter dem Zentralkomitee und Dir, seinem Generalsekretär.«²⁵⁴

Nach diesen einleitenden Bemerkungen, die seinen Werdegang resümieren und Loyalität zu seiner Partei und ihrem Generalsekretär bekunden, kommt Pisnik auf den eigentlichen Punkt, wenn er schreibt: »Ich werde natürlich auch weiter meine Person und Kraft für unsere große Sache einsetzen. Ich darf aber darauf verweisen, daß die vergangenen großen Anstrengungen sich doch auch auf meine Gesundheit ausgewirkt haben und ich möchte daher bitten, mich bei der kom-

---

²⁵³ Ebenda, Bl. 39.
²⁵⁴ Privatarchiv Alois Pisnik, Rostock: Brief an Erich Honecker, 31.1.1979. Alois Pisnik, 1911 in Leoben in Österreich geboren, war als Politleiter der KPÖ-Landesleitung Obersteiermark 1940 zu einer langjährigen Zuchthausstrafe verurteilt worden, die er in Halle/Saale verbüßte. Nach der Befreiung 1945 arbeitete er 1945/46 als Org.-Sekretär der KPD-BL Halle. Von 1946 bis 1952 war Pisnik Sekretär bzw. 2. Sekretär der Landesleitung Sachsen-Anhalt und seit 1952 1. Sekretär der SED-BL Magdeburg. Vgl. Die Volkskammer der Deutschen Demokratischen Republik. 9. Wahlperiode, Berlin (Ost) 1987, S. 497.

menden Bezirksdelegiertenkonferenz nicht mehr als Kandidaten für den 1. Sekretär der Bezirksleitung aufzustellen.«[255]

Damit war klar, daß die nächste Bezirksdelegiertenkonferenz das Ende der über 26-jährigen Ära Pisnik in Magdeburg mit sich bringen würde.

Diese Konferenz fand nicht einmal zwei Wochen später, am 10. und 11. Februar 1979, in Magdeburg statt. Das Zentralkomitee entsandte hierzu eine Delegation, die unter Leitung von Günter Mittag stand. Prominente Mitglieder dieser Delegation waren weiter die Genossen Herbert Häber, Leiter der Westabteilung bzw. der Abteilung Internationale Politik und Wirtschaft, Fritz Müller, Leiter der Abteilung Kader, und Kurt Tiedke, Leiter der Abteilung Propaganda im ZK. Schließlich waren auch sechs Mitglieder der Arbeitsgruppe des ZK aus den Abteilungen Parteiorgane, Maschinenbau und Metallurgie, Landwirtschaft und Sozialistische Wirtschaftsführung zugegen.[256]

Das Hauptreferat hielt wieder Günter Mittag. Zunächst wurde das Plenum davon informiert, daß Alois Pisnik in einem Schreiben an den Generalsekretär darum gebeten hat, »aus gesundheitlichen Gründen« nicht erneut für die Funktion des 1. Sekretärs der Bezirksleitung Magdeburg zu kandidieren. Sodann wurde dem »liebe(n) Alois« der Dank des Politbüros für seine »jahrzehntelange aufopferungsvolle Arbeit als 1. Sekretär« gedankt und alles Gute gewünscht. Mit der Überreichung eines Blumenstraußes endete die Amtszeit Alois Pisniks, die vor über einem Vierteljahrhundert begonnen hatte.[257] Zum neuen 1. Sekretär wurde mit Kurt Tiedke ein Funktionär gewählt, der als langjähriger Leiter der Abteilung Propaganda im ZK zwar über eine große Parteierfahrung, aber über keine Kenntnisse des Bezirks Magdeburg verfügte.

Günter Mittag ließ es sich nicht nehmen, auf der Bezirksdelegiertenkonferenz noch einmal scharfe Kritik an der Bezirksleitung Magdeburg und ihrem ausgeschiedenen 1. Sekretär zu üben und so indirekt auch die Notwendigkeit des Eingreifens der Parteiführung zu bekräftigen. Mittag zählte die Versäumnisse des Bezirks auf: Die Leistungen des Bezirks würden »in nicht genügendem Maße für den Volkswirtschaftsplan entwickelt«, es seien noch »große Reserven vorhanden«, und die »Aufgaben für die Durchführung der zentralen, die ganze Republik und die ganze Volkswirtschaft betreffenden Objekte« würden »unzureichend (ge)löst«.[258] Besonders kritisierte Mittag die Problemsicht der Bezirksfunktionäre. In bezug auf Material des Ratsvorsitzenden Kurt Ranke zu Fragen des Bauwesens und der Werterhaltung heißt es: »Es beginnt schon mit dem Wort ›Hauptprobleme‹, und es gibt auf den 25 Seiten des Materials kaum eine Seite, auf dem es nicht mindestens einmal vorkommt. Die Lösungsvorschläge sind dagegen dürftig. Sie

---

[255] Privatarchiv Alois Pisnik, Rostock: Brief an Erich Honecker, 31.1.1979.
[256] Vgl. SAPMO, DY 30/2624, Bl. 100 f.
[257] SAPMO, DY 30/2624, Bl. 233.
[258] Ebenda, Bl. 254.

beziehen sich überhaupt nicht auf die Organisierung der eigenen Kräfte.«[259] Erneut werden die in der Magdeburger Parteiführung aufgetretenen »subjektivistischen Einschätzungen« angeprangert, könne im Gegenteil die Aufgabe doch nur »darin bestehen, die Politik der Partei und darin eingeschlossen ihre Wirtschaftspolitik entsprechend den Beschlüssen Punkt für Punkt durchzuführen und nicht eine eigene subjektivistische Auslegung dieser Politik vorzunehmen. Das zu gewährleisten, darin besteht auch die hohe Verantwortung der Bezirksleitung.«[260] Schließlich wird die bisherige Informationspolitik abqualifiziert. »Natürlich muß man über heranreifende Fragen informieren, auch über Stimmungen und Meinungen. Das muß jedoch sorgfältig geschehen, unter Abwägung all dessen, was wirklich zentral zu regeln ist, und was die eigene Verantwortung ist. Vor allen Dingen darf das Suchen nach Problemen nicht die Organisierung der Kampfposition in der Parteiarbeit verdrängen. Und diese Gefahr ist entstanden. Das führt zu einer Fehleinschätzung der Lage, das führt dazu, daß die Kräfte der Partei auf die Lösung von Einzelfragen zersplittert werden.«[261]

Die Probleme, die der Bezirk Magdeburg im wirtschaftlichen Bereich hatte, waren also entweder hausgemacht oder Produkt eigenen Schwarzmalens und eigener Fehleinschätzungen. Darum mußte die Parteiführung handeln, und darum mußte der 1. Sekretär der SED-Bezirksleitung Magdeburg abgelöst werden. Die Parteiführung, selbst nicht verantwortlich für die Probleme, hatte durch ihr Eingreifen, folgt man der Diktion Mittags, die Kastanien für den Bezirk Magdeburg aus dem Feuer holen müssen.

Es stellt sich abschließend die Frage, inwieweit die offizielle Diktion die wahren Gründe für die Ablösung Alois Pisniks wiedergeben, oder ob nicht andere Motive hier eine Rolle gespielt haben mögen. Zunächst ist zu überprüfen, ob die von Pisnik selbst angegebenen gesundheitlichen Gründe ausschlaggebend gewesen sein können. Dies ist eindeutig nicht der Fall. Alois Pisnik war zum Zeitpunkt der ergriffenen Maßnahmen nicht krank. Dies bezeugt ein früherer Sekretariatskollege[262], und auch die einschlägigen Akten enthalten keine Hinweise auf eine Krankheit. Den Brief an Honecker mit der Bitte, nicht wieder als 1. Sekretär zu kandidieren, schrieb Pisnik vielmehr aus anderen Gründen. »Er wollte nicht, daß man einen anderen Grund nannte. Es war natürlich auch für ihn günstig zu sagen: ›Ich bin nicht aus Mängeln der Leitungstätigkeit oder aus Widersprüchen in der Einschätzung der Lage gegenüber dem Genossen Mittag von dieser Funktion abgelöst worden, sondern es war auch mein eigener Wunsch.‹«[263]

Alois Pisnik, wenngleich nicht krank, war als Jahrgang 1911 der mit Abstand älteste 1. Sekretär einer SED-Bezirksleitung und am längsten, seit Bildung der

---

[259] Ebenda, Bl. 270.
[260] Ebenda, Bl. 275 f.
[261] Ebenda, Bl. 276.
[262] Vgl. Protokoll des Gesprächs mit Dr. Helmuth Winnig, Magdeburg, 9.7.2003, S. 8.
[263] Ebenda.

Bezirke 1952, in dieser Funktion. Bis auf die Amtskollegen aus Suhl und Erfurt waren alle anderen 1. Sekretäre der Bezirksleitungen mindestens zehn Jahre bis knapp 20 Jahre jünger als er, und nur Alois Bräutigam in Erfurt war auch schon in den 1950er Jahren in dieses Amt gelangt. Alle anderen hatten 1979 eine mehr als zehn Jahre kürzere Amtsdauer.[264] Es könnte daher sein, daß aus Alters- und Verschleißgründen – Pisnik war Anfang 1979 immerhin schon 67 Jahre alt – eine Ablösung erfolgt ist. Zumindest zum Teil hält dies der frühere Kultursekretär für möglich. »Man muß aber auch dazu sagen, daß Alois Pisnik zu diesem Zeitpunkt schon nicht mehr der Jüngste war. Ein altersbedingtes Nachlassen der Konzentrationsfähigkeit und der richtigen Einordnung der Probleme machten sicherlich auch Mängel in seiner Leitungstätigkeit sichtbar, die den Prozeß der Ablösung begünstigten.«[265] Das kann aber nicht der alleinige Grund gewesen sein, war Erich Honecker als die maßgebliche Instanz in Kaderfragen[266] doch dafür bekannt, »in der Parteiführung Kommunisten alter Prägung zu versammeln.«[267] Ein solcher war Alois Pisnik. Er war nur ein Jahr älter als dieser, entstammte also der gleichen Generation, und hatte sich zudem Verdienste im Kampf gegen den Nationalsozialismus erworben. Außerdem scheute sich Honecker nicht, 1983, nur ein paar Jahre später, den 63jährigen Werner Eberlein als neuen 1. Bezirkssekretär nach Magdeburg zu berufen[268], ein weiterer Beleg dafür, daß Honecker Altersfragen weniger wichtig waren.

Der Schlüssel zum Verständnis für die Entwicklungen im Bezirk Magdeburg Ende 1978/Anfang 1979 liegt offenbar doch in den wirtschaftlichen Schwierigkeiten, über die Pisnik in seinen Monatsberichten informierte. Einmal gehörte dies zu seinen ihm obliegenden Aufgaben, zum anderen erhoffte er sich mangels bezirklicher Möglichkeiten Hilfe aus Berlin. Die deutliche Herausstellung der Probleme etwa im Bauwesen, der Werterhaltung und der Konsumgüterproduktion zeigt aber auch, wie stark Pisnik als von der Bevölkerung wahrgenommener Repräsentant der Staatspartei im Bezirk unter dem Druck der Basis stand. Die Bevölkerung wandte sich zunehmend häufiger mit Eingaben an die örtlichen Räte, die ihrerseits die Unzulänglichkeiten weitergaben. Pisnik mußte als 1. Sekretär von Magdeburg handeln. Es war nicht allein die Tatsache, daß er in seinem Monatsbericht mannigfaltige Probleme benannte – das taten andere 1. Bezirkssekre-

---

[264] Die 1979 jüngsten 1. Bezirkssekretäre waren Günther Jahn und Siegfried Lorenz, beide 1930 geboren. Alois Bräutigam, seit 1958 1. Sekretär in Erfurt, ist Jahrgang 1916, Hans Albrecht (Suhl) Jahrgang 1919. Die 1. Sekretäre mit der nach Pisnik und Bräutigam längsten Amtsdauer waren Johannes Chemnitzer in Neubrandenburg und Herbert Ziegenhahn in Gera. Beide haben 1963 die Funktion übernommen. Alle Angaben aus: Herbst/Stephan/Winkler, passim.

[265] Gesprächsprotokoll Winnig, S. 8.

[266] Vgl. hierzu Schabowski, Günter, Der Absturz, Reinbek 1992, S. 114 f.

[267] Interview von Brigitte Zimmermann und Hans-Dieter Schütt mit Werner Eberlein vom 17.12.1991, in: Schütt, Hans-Dieter/Zimmermann, Brigitte (Hrsg.), ohnMacht. DDR-Funktionäre sagen aus, Berlin 1992, S. 44-65, hier S. 46.

[268] Vgl. Eberlein, Werner, Geboren am 9. November. Erinnerungen, Berlin 2000, S. 410 ff.

täre auch –, sondern der Umstand, daß Pisnik zentrale Entscheidungen in Frage stellte, was höheren Orts auf großen Widerwillen stieß.

So wies Pisnik wiederholt auf die Belastungen seines Bezirks hin, die durch Sonderbedarf und das Berlin-Programm entstanden waren. Unter »Sonderbedarf I« fielen hier die »Organe der Verteidigung und Sicherheit«, unter »Sonderbedarf II« der »Bedarf der Sowjetarmee und dann der Parteien, der Sondervorhaben sowie der Bedarf der Massenorganisationen wie FDGB, FDJ und andere.«[269] In der Tat hatte der Bezirk Magdeburg mit der längsten Grenze zur BRD enorme Aufwendungen im Punkt »Sonderbedarf I« zu tragen. Auch das Berlin-Programm schränkte die Bautätigkeit für den Bezirk empfindlich ein. Auf dem X. Parlament der Freien Deutschen Jugend 1976 wurde die »FDJ-Initiative Berlin« ins Leben gerufen, in deren Folge Tausende Architekten und Bauleute in die Hauptstadt delegiert worden sind.[270] Allein im Jahr 1980 sollten laut Plan bis zu 20.000 Bauarbeiter aus zentralgeleiteten Baukombinaten und aus anderen Bezirken in Berlin tätig sein; diese Arbeitskräfte hätten im Jahrfünft 1976-1980 allein 4,4 Mrd. Mark der 15,2 Mrd. Mark und somit knapp 30 % der Bauproduktion in Berlin zu leisten.[271] Es liegt auf der Hand, daß dies auf Kosten der Substanz der übrigen Bezirke der DDR geschehen mußte. Daß man Pisnik vorwarf, sich dagegen gewendet zu haben, wird aus seiner beteuernden Reaktion während der Beratung mit der Arbeitsgruppe des ZK am 19.1.1979 kenntlich: »Vorbehalte gegen die Durchführung von Berlin-Vorhaben und Sonderbedarf«, so Pisnik hier, »gibt es nicht, sie wurden immer vorrangig abgedeckt.«[272]

Auch die im Monatsbericht geschilderten Probleme in der Konsumgüterproduktion entsprachen der Wahrheit. Es war seit einigen Jahren die Taktik der SED, die wachsende Kaufkraft der Bevölkerung abzuschöpfen, indem man »neue Produkte in anderer Verpackung oder mit verändertem Namen, die angeblich eine bessere Qualität hatten und deswegen auch mehr kosteten«, lieferte. Die »billigeren Varianten verschwanden dann nach und nach vom Markt.«[273] Im Laufe des Jahres 1977 war es wegen der Erhöhung der Verkaufspreise bei Baumwollerzeugnissen und Kaffee zu »erheblicher Unruhe und Gerüchten« in der Bevölkerung gekommen.[274] Unter diesem Druck stand auch Alois Pisnik, zumal Eingaben zu Wohnungsfragen seit Mitte der siebziger Jahre »auch mit der Forderung nach

---

[269] So Gerhard Schürer, in: Pirker, Theo/Lepsius, M. Rainer/Weinert, Rainer/Hertle, Hans-Hermann, Der Plan als Befehl und Fiktion. Wirtschaftsführung in der DDR. Gespräche und Analysen, Opladen 1995, S. 67-120, hier S. 108.

[270] Vgl. Liebold, Rolf, Berlin, in: Ostwald, Werner (Hrsg.), Die DDR im Spiegel ihrer Bezirke, Berlin (Ost) 1989, S. 23-45, hier S. 35.

[271] Naumann, Konrad, Unsere Hauptstadt – unser aller Sache, in: Einheit. Zeitschrift für Theorie und Praxis des wissenschaftlichen Sozialismus, H. 8, Berlin (Ost) 1976, S. 894-900, hier S. 897.

[272] SAPMO, DY 30/2624, Bl. 104.

[273] Wolle, Stefan, Die heile Welt der Diktatur. Alltag und Herrschaft in der DDR 1971-1989, Bonn 1998, S. 197.

[274] Ebenda. Vgl. auch S. 198-201.

Übersiedlung in die Bundesrepublik gekoppelt wurden«.[275] Dabei waren Mittag die in der zweiten Hälfte der 1970er Jahre zunehmenden ökonomischen Probleme durchaus klar. Im März 1977 hatte er gemeinsam mit dem Vorsitzenden der Staatlichen Plankommission Gerhard Schürer in einem Brief an Honecker formuliert: »Erstmals sind wir in akuten Zahlungsschwierigkeiten.«[276] Die sehr unwirsche Reaktion Honeckers veranlaßte Mittag offenbar, in Zukunft derart schlechte Nachrichten von diesem fernzuhalten.[277]

Und hier liegt auch der Schlüssel zum Verständnis der Ablösung von Pisnik. Auszüge aus seinen Monatsberichten leitete Honecker an Mittag weiter. Dieser mußte sich bei der Darstellung ökonomischer Probleme in seiner Eigenschaft als der für Wirtschaft zuständige ZK-Sekretär angegriffen fühlen. Er entsandte eine Arbeitsgruppe unter seiner Leitung nach Magdeburg. Diese Arbeitsgruppe, so das Empfinden des Kultursekretärs Winnig, hatte das Ziel nachzuweisen: »Wenn die in Magdeburg meckern, dann sollen sie sich doch erst mal auf ihre eigenen Reserven besinnen.«[278] Mittag »wollte mit beweiskräftigen Fakten seinem Generalsekretär verdeutlichen, daß Pisnik weg muß.«[279] Nachdem auch seine Sekretäre ihn im Stich gelassen hatten und die mangelnde Kollektivität in der Führung beklagten[280] und Pisnik »taktisch unklug« vorging, indem er zur Kritik der ZK-Arbeitsgruppe »wenig Einsicht gezeigt« hat[281], nachgerade »aufmüpfig«[282] gewesen ist, war der Weg zu seiner Ablösung frei. Zudem war es für Mittag ein leichtes, die von Pisnik geäußerten Versorgungsschwierigkeiten mit Magdeburger Betrieben selbst zu erklären, die – aus welchen Gründen auch immer – ihre Planauflagen nicht erfüllten.[283] Dabei kamen ihm dessen »außerordentlich geringe(s) Verständ-

---

[275] Bouvier, Beatrix, Die DDR – ein Sozialstaat? Sozialpolitik in der Ära Honecker, Bonn 2002, S. 197.
[276] Zit. in: Hertle, Hans-Hermann, Die Diskussion der ökonomischen Krisen in der Führungsspitze der SED, in: Pirker/Lepsius/Weinert/Hertle, S. 309-345, hier S. 314.
[277] Erich Honecker reagierte so: »Wir können doch nicht von heute auf morgen die ganze Politik ändern. Was vorgeschlagen wird, bedeutet tiefe Einschnitte in die Politik. Wir müßten vor's ZK gehen und sagen: Wir haben das nicht vorausgesehen oder wir haben Euch belogen.« Allein Schürer schlug im Mai 1978 erneut Alarm und sagte für das Jahresende eine Schuldenhöhe von 21,3 Mrd. Valutamark voraus. Ebenda, S. 315 und vgl. ebenda, S. 317.
[278] Gesprächsprotokoll Winnig, S. 8.
[279] Schriftliche Mitteilung Trostel.
[280] Diese Kritik hielt Helmuth Winnig im Gespräch nach wie vor aufrecht: »Im Unterschied zu Alois Pisnik lief es bei Werner Eberlein so ab, daß er, wenn er einen Brief schreiben sollte, vorher gefragt hat: ›Der Termin ist fällig. Wie schätzt ihr die Lage ein? Was soll ich schreiben?‹ Und wir wußten dann Bescheid. Der Genosse Pisnik hat das im Alleingang gemacht. Worüber er da wirklich berichtete, das wußten wir nicht. Das ist natürlich kritikwürdig.« Ebenda, S. 8.
[281] Ebenda, S. 9.
[282] So die Einschätzung des 1. Sekretärs der SED-Bezirksleitung Dresden, Hans Modrow. Protokoll des Gesprächs mit Dr. Hans Modrow, Berlin, 6.9.2002, S. 19.
[283] Hierzu Dr. Helmuth Winnig: »Es war doch ein Leichtes – wenn man das Beispiel Strickwaren nimmt – zu sagen: ›Und was macht euer Strickwarenbetrieb Ilsenburg? Erfüllen sie den Plan oder übererfüllen sie ihn?‹ Viele dieser Betriebe waren ja im Bezirk Magdeburg selbst angesiedelt. Damit war das natürlich ein Bumerang, der auf den Bezirk zurückgehen konnte.« Gesprächsprotokoll Winnig, S. 9.

nis über wirtschaftliche Zusammenhänge« und der Umstand, daß »nicht wenige der Attacken, die Alois gegen die Parteiführung richtete, teilweise wirklich selbst mitverschuldet bzw. ohne Kenntnis der realen Lage zustande gekommen« waren, noch entgegen.[284]

Auf einen weiteren Aspekt macht Dr. Helmuth Winnig aufmerksam. »Der Rat des Bezirkes war für die bezirksgeleiteten Betriebe und für die kommunalen Bereiche verantwortlich, jedoch nicht für die zentral geleiteten Betriebe. Er hatte aber fortwährend mit ihnen zu tun, weil von dort aus Anforderungen an die bezirksgeleiteten Betriebe bzw. an die kommunale Ebene gerichtet wurden, welche diese zu erbringen hatten. (…) Es gab nun für die Lösung dieser Probleme keine Querschnittsleitung staatlicherseits im Bezirk. Die einzige Möglichkeit, hier im Querschnitt Verbindungen herzustellen, war die Bezirksleitung der Partei. Dort lief vieles zusammen, was eigentlich in die Kompetenz der staatlichen Leitung gehörte. Der Genosse Pisnik hatte sich Instrumente geschaffen, sogenannte Arbeitskreise oder Arbeitsgruppen, die diese koordinierende Funktion ersetzen sollten. In diesen Arbeitskreisen waren wiederum die zentral geleiteten Betriebe durch ihre jeweiligen Leiter vertreten, das heißt in der Regel durch die Generaldirektoren, die jedoch eigentlich in einer direkten Leitungslinie von Günter Mittag angeleitet wurden und abhängig waren. So mußte es zwangsläufig Reibungen geben. Es gab nun sicherlich auch einige, die ihren Direktkontakt auf dieser Ebene und auch außerhalb dieser Ebene zum Genossen Pisnik nutzten, um ihre Probleme an den Mann zu bringen. Wer nun diese Probleme aufnahm und sie nach oben weitergab, der erntete nicht immer Sympathie. (…) Das hat offenbar bewirkt, daß zwischen Alois Pisnik und dem Bereich des Genossen Mittag ein gewisses Spannungsfeld entstand.«[285]

Nach dem, was über die Persönlichkeit Mittags bekannt ist[286], ist es durchaus denkbar, daß sich Mittag durch die Bildung dieser Arbeitsgruppen übergangen, vielleicht auch hintergangen, und in seiner Kompetenz nicht gebührend gewürdigt sah. Dies mochte ihm einen weiteren Grund liefern, den Magdeburger Konkurrenten ins Visier zu nehmen.

Gerade in bezug auf Kritik in ökonomischen Fragen war die Parteiführung im Zusammenhang mit der krisenhaften Entwicklung ab Ende der 1970er Jahre zunehmend dünnhäutiger geworden. Am Beispiel Pisniks ist den SED-Funktionären verdeutlicht worden, wie mit auch eigenständigen Genossen umgegangen werden konnte. Es ist möglich, daß der Fall Alois Pisnik auch ein Exempel darstellen sollte. Es war daher das »Betreiben Günter Mittags«[287], das die Ablösung Pisniks bewirkte.

---

[284] Schriftliche Mitteilung Trostel.
[285] Gesprächsprotokoll Winnig, S. 7 f.
[286] Vgl. etwa die Erinnerungen seines Abteilungsleiters Carl-Heinz Janson.
[287] So die Erinnerung von Richard Wilhelm, von 1960-1990 Abgeordneter der LDPD in der Volkskammer und seit 1962 Mitglied des Bezirksausschusses Magdeburg der Nationalen Front. Wilhelm, Richard, »Soviel Lichter müssen uns noch aufgehen«, in: Hoffmann, Gertraude/Höpcke, Klaus

Ganz ließ Honecker ihn jedoch nicht fallen. Um den Schein eines planmäßigen Funktionswechsels zu wahren, vielleicht auch, um das kritische Potential Pisniks einzudämmen, wurde er auf der 11. Tagung der Volkskammer am 3.7.1980 zum Mitglied des Staatsrates, des »kollektive(n) Organ(s) der obersten Volksvertretung, das die Funktion des Staatsoberhauptes der DDR ausübt«[288], berufen. Wie sich die Ausübung dieser Funktion allerdings mit dem angeblich angegriffenen Gesundheitszustand des vormaligen 1. Bezirkssekretärs vertragen sollte, wurde nicht erklärt. Alois Pisnik jedenfalls blieb in seinem Bezirk Magdeburg wohnhaft und füllte seine Funktion als Mitglied des Staatsrates bis zum Ende der DDR aus.

4.2.2 Die Absetzung von Manfred Scheler 1982

Zu den Mitgliedern des Sekretariats einer Bezirksleitung gehörte auch der Vorsitzende des Rates des Bezirks. Auf diese Weise war die direkte Verknüpfung der SED mit der staatlichen Ebene auch in den Regionen gewährleistet. Da zudem der Ratsvorsitzende in jedem Fall Mitglied der SED war, konnten grundsätzliche Konflikte so ausgeschlossen werden. Auch für die Ratsvorsitzenden war kein eigenständiger Handlungsspielraum vorgesehen, auch für sie konnte es nur um die »schöpferische« Durchsetzung zentraler Beschlüsse gehen. Wer dadurch auffiel, daß er den Sinn zentraler Entscheidungen in Frage zu stellen schien, mußte mit umgehenden Reaktionen der Parteiführung rechnen. Ein solcher Fall ereignete sich 1982 in Dresden.

Hier amtierte seit 1963 Manfred Scheler als Vorsitzender des Rates des Bezirks. Scheler war seit vielen Jahren als hauptamtlicher Funktionär im Bezirk tätig, darunter von 1954 bis 1959 als 1. Sekretär der FDJ-Bezirksleitung und von 1959 bis 1962 als 1. Sekretär der SED-Kreisleitung Sebnitz. 1962/63 kurzzeitig Sekretär für Landwirtschaft der BL, übernahm er Mitte 1963 den Ratsvorsitz im Bezirk.[289] In dieser Funktion hatte sich Manfred Scheler in allen Jahren bis 1982 bewährt, worauf auch die lange Amtszeit von fast 20 Jahren hindeutet. Für den Dresdner 1. Bezirkssekretär Hans Modrow war er »eine ehrliche Haut, ein geradliniger Mensch. Ich fühlte mich mit ihm kameradschaftlich, wenn nicht sogar freundschaftlich verbunden. Oft hatten wir uns über die Probleme ausgetauscht, die uns

---

(Hrsg.), »Das Sicherste ist die Veränderung«. Hans-Joachim Hoffmann: Kulturminister der DDR und häufig verdächtigter Demokrat, Berlin 2003, S. 71-75, hier S. 74. Auch der 1. Sekretär der SED-Bezirksleitung Neubrandenburg, Johannes Chemnitzer, führt die Ablösung Pisniks »ganz eindeutig auf (das) Betreiben von Mittag« zurück. Protokoll des Gesprächs mit Johannes Chemnitzer, Lichtenberg, 7./8.5.2003, S. 18.

[288] Wörterbuch zum sozialistischen Staat, Berlin (Ost) 1974, S. 347. Vgl. auch Verfassung der Deutschen Demokratischen Republik vom 6. April 1968, Berlin (Ost) 1968, S. 55-58 (Artikel 66-77).

[289] Vgl. SAPMO, DY 30/J IV 2/2A/953, Bl. 11 und Bl. 377.

auf den Nägeln brannten.«[290] Dabei war Scheler ein durchaus mutiger Ratsvorsitzender, der sich für seinen Bezirk einsetzte. »Gemeinsam hatten wir«, so noch einmal Modrow, »diesen und jenen ›Schwarzbau‹ in Dresden hochgezogen und dafür Prügel aus Berlin einstecken müssen«.[291]

Zu den mehr oder weniger regelmäßigen Pflichten von Funktionären der Partei- und Staatsführung auf der Bezirksebene gehörte es, Lektionen an Parteischulen und Parteihochschulen abzuhalten und so ihre konkreten Erfahrungen aus der politischen Praxis weiterzugeben. Dies tat auch Manfred Scheler, als er am 7.6.1982 vor dem Einjahrlehrgang der Parteihochschule eine vierstündige Vorlesung hielt. Das vorgegebene Thema dieser Lektion lautete umständlich: »Der X. Parteitag über die Erhöhung der Verantwortung der örtlichen Volksvertretungen für die Leitung der Wirtschaft im Territorium. Die zunehmende Bedeutung der Leitung und Planung der territorialen Entwicklung für die weitere Intensivierung des volkswirtschaftlichen Reproduktionsprozesses«.[292] Diese Vorlesung war wenig später der Anlaß, Scheler nach fast 20 Jahren seiner Funktion als Ratsvorsitzender zu entheben. Um diese Reaktion angemessen beurteilen zu können, soll zunächst einmal auf den Inhalt der Vorlesung eingegangen werden.[293]

Gemäß seinem Thema ging Scheler vor allem auf Fragen der Planung der territorialen Entwicklung im Bezirk Dresden ein. Hier stellte er die Zweckmäßigkeit mancher zentraler Entscheidung in Frage. So betonte Scheler, daß dem Bezirk eine neue Bob- und Rodelbahn in Altenberg »aufgedrückt worden ist«, wozu der Bezirk »keine Zustimmung gegeben« hat, sie ist »zentral beschlossen worden«. Nachdem man höheren Orts gemerkt hatte, daß am Investitionsvolumen für den Bezirk gespart werden müsse, wurde vom Bauministerium mitgeteilt: »Prüft doch mal, welche Investitionen man einstellen könnte, um Investitionen zu sparen (...). Und jetzt sollen wir vorschlagen, die Bob- und Rodelbahn einzustellen und nicht mehr zu bauen. Anstatt solche Fragen in der Staatlichen Plankommission zu entscheiden oder der Regierung zur Entscheidung vorzulegen. Jetzt sollen wir diejenigen sein, die sportfeindliche( ) Pos(i)tionen einnehmen. So kommt das dann heraus.« Scheler kritisierte hier die mangelnde Weitsicht in der staatlichen Planung und machte auch auf den Druck aus der Bevölkerung aufmerksam, dem sich die Bezirksleitung, anders als die Partei- und Staatsführung in Berlin, direkt ausgesetzt sah. »Wir haben keine sehr liebsamen Diskussionen mit der Bevölkerung im Raum Dippoldiswalde über die Bobbahn. Wir sind soweit im Baufortschritt, daß man von den Bäumen, die dort noch einigermaßen grün sind (...) die besten noch abgeholzt« hat, um »die Trasse freizuschlagen. Und wenn wir sie jetzt einstellen,

---

[290] Modrow, Hans, Von Schwerin bis Strasbourg. Erinnerungen an ein halbes Jahrhundert Parlamentsarbeit, Berlin 2001, S. 84.
[291] Ebenda.
[292] SAPMO, DY 30/2635, Bl. 86.
[293] Das folgende nach: Ebenda, Bl. 87-94. Die Vorlesung liegt hier nur in Auszügen vor.

dann kann man sich vorstellen, wie die andere Diskussion wieder läuft. Das ist von den Problemen, die es gibt, nur eines.«

Der Ratsvorsitzende monierte weiter die mitunter vorhandene Auffassung, Investitionen ausschließlich in produktiven Bereichen einzusetzen. Zur Erhöhung der Effektivität der Produktion würden auch »gute Arbeits- und Lebensbedingungen gehören«, das »versteht sich von selbst.« Denn »unzufriedene Menschen im Territorium können auch nicht gut arbeiten.« Scheler nannte ein aktuelles Beispiel, das bei den Investitionsüberprüfungen negativ aufgefallen war, und zitierte sinngemäß die vorgebrachte Kritik. In »Neustadt wird eine Schwimmhalle gebaut aus Mitteln des Ministeriums. Wieso eine Schwimmhalle, das ist eine Schweinerei, das bringt nichts in der Produktion.« Der Ratsvorsitzende verwahrte sich gegen solche kurzsichtigen Bedenken und rechtfertigte den Bau der Schwimmhalle vor den Parteischülern. »Aber wieviel ausländische Arbeitskräfte haben wir in Neustadt? Ungefähr 2000, die kaum Freizeitgestaltungsmöglichkeit haben, die uns anderweitig Sorgen und Probleme bereiten. Aber das wird überhaupt nicht berücksichtigt, das spielt keine Rolle. Die Schwimmhalle ist etwas für das Territorium, nicht für die Produktion. Die Sache ist erledigt, man streicht es.« Scheler vertrat die Auffassung, auch in solchen Fragen müsse »die Zusammenarbeit, ausgehend von der Staatlichen Plankommission, eine andere sein. Aus echten volkswirtschaftlichen Gesichtspunkten und uns nicht einfach Lokalpatriotismus vorwerfen. Sicher sind wir davon auch manchmal nicht ganz frei. Aber in schöpferischer Arbeit kann man solche Fragen auch besser klären.«

Die nächsten Ausführungen des Referenten zeigen die ganze Abhängigkeit der staatlichen Leitung in den Bezirken von zentralen Entscheidungen. Scheler teilte dies seinen Zuhörern in voller Deutlichkeit mit. »Wir haben auf dem Gebiet der Kombinate für Lebensmittel eine Reihe von Veränderungen zu erwarten. Das betrifft vor allen Dingen den Rohstoffeinsatz bei Backwaren, Stollen, die Absenkung des Stammwürzegehaltes bei Bier, die Veränderung der Struktur der alkoholfreien Getränke, also weniger Cola- und Citrusgetränke (sic!), mehr Selter usw.« Diese sich auch auf die Zusammensetzung der Lebensmittel auswirkenden Sparmaßnahmen waren ökonomisch begründet und zeigen, daß sich in der DDR zu Beginn der achtziger Jahre eine handfeste wirtschaftliche Krise entwickelt hatte.[294]

---

[294] Prof. Dr. Arno Donda, Leiter des Statistischen Amtes der DDR, untermauert diese Aussage in einem Interview. Auf die Frage, ob ihm »irgendwann die Erkenntnis, daß der Sozialismus in der DDR auch durch Austausch von Persönlichkeiten in der Führung der SED und mit Hilfe einer veränderten Politik nicht mehr zu retten war«, gekommen sei, antwortete er: »Ja, diese Erkenntnis hatte ich so um 1982/83 herum. Nach allen Unterlagen, die mir damals bekannt waren (einschließlich selbstgeschätzter Angaben über die Verschuldung), hätte es zu einem ökonomischen Einbruch kommen müssen. Aber durch den sogenannten Strauß-Kredit und die Folgekredite (der Strauß-Coup hatte ja Signalwirkungen auch auf die internationale Finanzwelt) wurde diese Sorge wieder erheblich überdeckt.« Interview von Brigitte Zimmermann und Hans-Dieter Schütt mit Prof. Dr. Arno Donda am 24.10.1991, in: Zimmermann, Brigitte/Schütt, Hans-Dieter (Hrsg.), ohnMacht. DDR-Funktionäre sagen aus, Berlin 1992, S. 27-43, hier S. 37. Zur krisenhaften Entwicklung der Wirtschaft

Allerdings wurden diese Veränderungen weder mit den Bezirken abgesprochen, noch erfolgten entsprechende Informationen. Scheler mußte »dazu sagen, das sind alles Fragen, die an der staatlichen Leitung zur Zeit vorbeigehen. Wir bemühen uns, von den Kombinaten zu erfahren, was sich alles verändert und was auf die Bevölkerung so zukommt. Das hat natürlich mit staatlicher Leitung wenig zu tun und ist auch meiner Meinung nach nicht zu vertreten.« Auch hier folgte wieder der Hinweis auf die Erwartungshaltung der eigenen Bevölkerung: »Denn uns stellt die Bevölkerung die Fragen bis zum Spargelpreis, von dem wir auch von unten erfahren haben und andere Geschichten mehr. Heute Leuten zu sagen, Gerüchten entgegenzutreten, daß diese oder jene Preise erhöht worden sind, was nicht stimmt, und stur und steif zu behaupten, das ist ein Gerücht, das ist ein großes Wagnis, wenn man nicht weiß was morgen Wirklichkeit ist. Ich muß das so offen sagen, so ist es.«

Natürlich durfte, wenn es in der Lektion um die Leitung und Planung der territorialen Entwicklung ging, das bezirkliche Bauwesen nicht fehlen. Der Referent zeigte sich in seinen Ausführungen hierzu ungewöhnlich offen und problembewußt. Dresden gehörte nach einem Parteitagsbeschluß zu den Bezirken, in denen der Wohnungsbau »überdurchschnittlich wachsen muß. Eine große Bedeutung hat dabei dies richtige Verhältnis zwischen dem Neubau, der Modernisierung und der Erhaltung der Bausubstanz.« Doch damit stand es laut Scheler in Dresden bislang nicht zum besten. »Es ist eine Tatsache, daß unser jetziges Wohnungsbauprogramm mit der überwiegenden Zahl von Neubauten auf der grünen Wiese außerhalb der Städte dazu führt, daß wir Schlafstädte bauen und im Innern der Städte immer mehr kaputt gehen. Ich weiß nicht, ob es noch jemand wahrhaben will. Aber ich sage es mal in diesem Kreis.« Im Hinblick auf den Verfall der Innenstädte führte er weiter aus, der Bezirk Dresden gehöre zu denen, die »am wenigsten kritisiert wurden wegen Abriß von Wohnungen in den letzten Jahren, nicht weil wir besonders klug waren, sondern weil wir keine Kapazität hatten, um sie abzureißen, um das deutlich zu sagen.« Auf der einen Seite wurden »wie in Coswig riesengroße Stadtviertel gebaut (...), wo wir die Wasserversorgung nicht sichern können«, auf der anderen Seite geht zum Beispiel in Meißen »ein Straßenzug nach dem andern kaputt (...). Da braucht man gar nicht mal einen Beschluß oder eine Genehmigung des Bauministers, daß man sie abreißen darf. Man braucht nur eines abreißen, die anderen fallen alle nach. Und wir haben keine Möglichkeit, eine zentrale Kläranlage in Meißen zu bauen, die zentrale Wasserversorgung zu sichern und vieles andere mehr.« Zwar versäumte es Manfred Scheler nicht, dem Politbüro und dem Ministerrat zu danken, daß »solche Beschlüsse gefaßt werden«, die »zu anderen Relationen« zwischen Neubau und Modernisierung der

---

in der DDR zu Beginn der 1980er Jahre vgl. Kuhrt, Eberhard/Buck, Hannsjörg F./Holzweißig, Gunter (Hrsg.), Die wirtschaftliche und ökologische Situation der DDR in den achtziger Jahren, Opladen 1996 und Kuhrt, Eberhard/Buck, Hannsjörg F./Holzweißig, Gunter (Hrsg.), Die Endzeit der DDR-Wirtschaft. Analysen zur Wirtschafts-, Sozial- und Umweltpolitik, Opladen 1999.

Bausubstanz führen, wies aber gleichwohl darauf hin, daß diese Beschlüsse zu spät gefaßt wurden. »Wir bauen heute – wir wissen das – in Gorbitz einen Standort mit 15000 Wohnungen. Wir wissen heute, bei den Investitionsfonds, die wir für die Verkehrserschließung haben, daß wir 1985 45000 Menschen haben, die uns kritisieren, weil sie nicht wissen, wie sie von Gorbitz in die Stadt hineinkommen sollen. Das ist die Situation, daran können wir jetzt kaum noch etwas ändern.«

In einem letzten Punkt brach der Referent eine Lanze für die Bürgermeister, denen eine »bedeutend größere Aufmerksamkeit« geschenkt werden müsse. Der Bürgermeister ist »der erste Mann im Dorf, der für alles zuständig ist« und ein »Bürger, der Probleme hat, geht zum Bürgermeister, wenn er Vertrauen genießt. Und dem sollten wir bedeutend größere Aufmerksamkeit widmen und alles tun, die Autorität der Bürgermeister zu erhöhen.« Das betraf nach Schelers Meinung »auch Fragen der Bewertung, auch der materiellen Stimulierung, wo es Dinge gibt, die nicht den gegenwärtigen Bedingungen entsprechen, wenn wir auch hier noch nicht einer Auffassung sind mit einigen zentralen Organen«. Auch in diesem Punkt ließ der Ratsvorsitzende also Differenzen mit der Zentrale durchblicken.

Da die gesamte Vorlesung rund vier Stunden dauerte, wurde sie von Pausen unterbrochen. In diesen Pausen wurden die Ausführungen von den Parteischülern diskutiert. Dresdner Genossen informierten Scheler, daß unter ihren Kommilitonen die Frage thematisiert wurde, ob er »in einigen Fragen Krieg gegen zentrale Organe möchte«. Es paßt zur oben erwähnten Einschätzung Schelers als »geradliniger Mensch«, daß er dies nach der Pause in seinen weiteren Bemerkungen aufgriff: »(I)ch bin für offene klare Aussagen dazu.« Natürlich bekannte auch er sich zum Zentralismus in der SED. »Meine Absicht besteht darin, (…) mit zentralen Organen immer – und das verlangt ja auch der demokratische Zentralismus – ein gute(s) Verhältnis zu haben, gemeinsame Probleme rechtzeitig auszudiskutieren und wenn sie entschieden sind, zuverlässig zu erfüllen. Das ist auch das Grundprinzip unserer Arbeit«.

Manfred Scheler kam dann noch einmal auf die Bob- und Rodelbahn zurück. Hierzu hatte es eine Diskussion der Dresdner Genossen mit dem DTSB- und NOK-Präsidenten Manfred Ewald, dem Abteilungsleiter Sport des ZK, Rudolf Hellmann, und dem Abteilungsleiter Jugend des ZK, Wolfgang Herger, gegeben. Entgegen den Bedenken, »was in den nächsten Jahren im Raum Altenberg auf uns zukommt, volkswirtschaftlich«, beharrten die Berliner Genossen darauf, »daß es unbedingt dort politisch notwendig ist, die Bob- und Rodelbahn zu bauen.« Die Vertreter des Bezirks Dresden entgegneten, man könne »von uns nicht verlangen, daß wir dem zustimmen, es muß zentral entschieden werden. Wenn es entschieden wird, wird es gemacht.« Scheler verwies in diesem Zusammenhang auch auf andere Investitionsvorhaben, die trotz »ganz andere(r) Auffassung« der BL Dresden beschlossen und durchgeführt wurden. Der Beschluß zum Bau der Bahn ist dann auch gefaßt worden. Nicht das ärgerte Scheler vor allem, sondern die folgende Inkonsequenz zentraler Stellen: »Und wenn dann von einem Ministerium plötzlich an uns der Vorschlag gemacht wird, wir sollen an die Zentrale den Vorschlag machen, sie zu streichen, dann frage ich mich, warum das, was soll das? Dann muß man sich doch hinsetzen in der Zentrale und der Leitung der Staatlichen Plankommission mit dem Bauministerium, mit dem Staatssekretariat für Körperkultur und Sport, mit dem DTSB entscheiden, was geschieht und uns bitteschön dazuziehen. Aber nicht eine Sache nach unten abzuschieben, die oben entschieden werden muß.« Manfred Scheler betonte diesen für ihn wichtigen Aspekt noch einmal: »Wir können keine Verantwortung nach oben abschieben, wir möchten aber auch erwarten, daß eine Reihe zentraler Organe nicht Verantwortung abschieben. Das ist das ganze Problem.« Wenn die beschlossene Bobbahn jetzt doch nicht gebaut würde, so »wächst unsere Autorität dadurch nicht. Das sage ich auch dazu.« Der Ratsvorsitzende forderte abschließend, »daß klare Entscheidungen getroffen werden. Und wenn wir der Meinung sind, wir können uns etwas, was wir uns vorgenommen haben, nicht leisten, dann müssen wir uns gemeinsam zusammensetzen und gemeinsam entscheiden (...). Das ist der einzige Krieg, den ich habe und das ist kein Krieg, das ist der Kampf darum, unter geordneten Verhältnissen, bei Wahrnehmung der persönlichen Verantwortung des Zuständigen in guter Gemeinschaftsarbeit die Probleme zu lösen und nichts anderes geht.«

Als Manfred Scheler seine Lektion in der PHS »Karl Marx« beim ZK der SED beendete, waren die Parteihochschüler Zeugen ungewöhnlich offener und deutlicher Worte geworden. Dies hatte nicht nur die Anwesenden zu lebhaften Diskussionen veranlaßt, sondern auch die Rektorin der PHS, Prof. Hanna Wolf, auf den Plan gerufen, die natürlich über den Inhalt dieser Vorlesung informiert war. Nur drei Tage nach der Vorlesung, am 10.6.1982, übermittelte sie »einige Auszüge (vom Tonband)« an ihren Vorgesetzten im Politbüro, den Sekretär des ZK Prof. Kurt Hager. In einem Begleitschreiben teilte sie Hager mit, die Vorlesung »stand insgesamt auf gutem Niveau und entsprach dem vorgegebenen Thema. Die Tatsachen, die in den beigelegten Auszügen enthalten sind, werden von mir nicht angezweifelt. Die Probleme selbst – das Verhältnis zwischen örtlichen Volksvertretungen und zentralen Organen – sind selbstverständlich sehr wichtig und gehören zum Thema.« Was also hatte die Rektorin zu bemängeln, weshalb schaltete sie in Gestalt von Hager die Parteiführung ein? Hanna Wolf war der Auffassung, »daß die Parteihochschule nicht der Platz ist, wo der (berechtigte) Ärger des Genossen Scheler in dieser Form sozusagen ausgeschüttet wird.« Offenbar gab es die Angst, die Parteihochschule könnte zu einem »Umschlagplatz« kritischer Darstellungen der zentralen Politik werden und dies müßte dann auf sie, die Rektorin, zurückfallen. »Die Reaktion der Genossen war«, so Prof. Wolf weiter, »sehr differenziert (...). Die ganze Sache aber ist natürlich nicht einfach eine Frage einer Vorlesung an der Parteihochschule oder des Genossen Scheler. Deshalb schicke ich Dir, wie besprochen, diese Stellen aus der Vorlesung zu Deiner Information.«[295]

---

[295] SAPMO, DY 30/2635, Bl. 86.

Kurt Hager mochte die Angelegenheit auch nicht auf sich beruhen lassen, sondern kam seiner Informationspflicht nach und leitete die Auszüge und den Brief von Hanna Wolf umgehend an den Generalsekretär weiter, der das Material bereits am 14.6.1982 abzeichnete.[296] Damit war die Möglichkeit, das Problem stillschweigend beizulegen, vertan.

Kurze Zeit darauf wurde Hans Modrow im Sekretariat des ZK zu diesen Dingen befragt. »Aber nicht etwa, ob an der Kritik etwas dran sei, sondern was im Bezirk ideologisch falsch laufe. Wenn dort der höchste staatliche Vertreter den ›Kurs der Partei‹ angreife, müsse die Frage gestellt werden, ob ›die Partei‹ in Dresden überhaupt noch führe und auch fähig sei, solchen Angriffen entschieden entgegenzutreten.«[297] Scheler selbst befand sich zu diesem Zeitpunkt in »seinem Jahresurlaub in der Volksrepublik Bulgarien«[298] und konnte einstweilen nicht befragt werden. Dennoch wurde umgehend der »gesamte Vorgang (...) an die Bezirksleitung verwiesen«.[299]

Etwa am 20.6.1982 fand dann eine Beratung des Sekretariats der BL Dresden statt, über die die Abteilung Parteiorgane am 21.6.1982 berichtete.[300] Modrow informierte die Mitglieder des Sekretariats zunächst über das »unparteimäßige Auftreten« des Ratsvorsitzenden Manfred Scheler und verlas Auszüge aus dessen Vortrag an der Parteihochschule. Die Anwesenden erwogen ein »Zurückrufen« Schelers aus seinem Urlaub, was aber »nach erfolgter Diskussion« nicht für zweckmäßig gehalten wurde. Wie es in der Information der Abteilung Parteiorgane heißt, zeigten sich »(a)ngesichts der langjährigen Erfahrungen in der Partei- und Staatsarbeit und der in vielen Bewährungssituationen bewiesenen Parteiverbundenheit« des Ratsvorsitzenden seine Sekretariatskollegen »erschüttert und empört über die in der Niederschrift enthaltenen Standpunkte.« Das hier zutage getretene »politisch verantwortungslose Auftreten des Genossen Manfred Scheler« wurde »prinzipiell und konsequent zurückgewiesen« und als »Entstellung der Wirtschafts- und Sozialpolitik der Partei, des demokratischen Zentralismus und des vertrauensvollen Zusammenwirkens zentraler staatlicher und wirtschaftsleitender Organe mit den Leitungen des Territoriums« gewertet. Im folgenden ging es darum, Mängel in der Arbeit Schelers zu suchen, da die Mitglieder des Sekretariats davon ausgingen, daß »solche Haltungen nicht als einmalige Entgleisung betrachtet werden« können. Und man wurde fündig. »Seit längerer Zeit, insbesonders seit Ende des vergangenen Jahres, führt das Sekretariat der Bezirksleitung Auseinandersetzungen zu Mängeln und Schwächen in der territorialen

---

[296] Vgl. die Paraphe Erich Honeckers, in: ebenda.
[297] Modrow, S. 85 f.
[298] SAPMO, DY 30/2635, Bl. 118. Modrow hingegen überliefert, Scheler hätte sich »zur Kur in der ČSSR« befunden. Vgl. Modrow, Hans, Ich wollte ein neues Deutschland, Berlin 1998, S. 183. Die Angabe aus dem SAPMO scheint glaubhafter, da es sich um eine zeitnahe Mitteilung der Abteilung Parteiorgane handelt.
[299] Modrow, Neues Deutschland, S. 183.
[300] Das folgende nach: SAPMO, DY 30/2635, Bl. 118-121 und DY 30/J IV 2/50/17.

staatlichen Leitungstätigkeit und zur nicht immer konsequenten Umsetzung der Beschlüsse der Partei durch den Rat des Bezirkes und seine(n) Vorsitzenden. Besonders deutlich wurde das vor allem im Kampf um die Verwirklichung des Wohnungsbauprogramms und der Investitionspolitik insgesamt sowie in der Leitung von Versorgungsprozessen.« Das Auftreten Schelers hätte gezeigt, »daß er aus den bisher geführten Auseinandersetzungen keine Lehren gezogen hat. Seine Haltung resultiert in starkem Maße auch aus charakterlichen Schwächen«, zu denen »(e)ine gewisse Selbstüberschätzung, Unbeherrschtheit und Ignorierung von Vorschlägen anderer«, gepaart mit »einer ausgeprägten Kritikempfindlichkeit bis zu Abwertungen und Zweifeln an der Richtigkeit von Maßnahmen der Bezirksleitung zur Durchführung der Beschlüsse des Zentralkomitees«, gezählt wurden. So hätte sich der Ratsvorsitzende in einer Aussprache des Sekretariats geweigert, zu »berechtigten Krit(i)ken« Stellung zu nehmen, »die an der Arbeit des Rates des Bezirkes und seinem Vorsitzenden geübt wurden. Auf Drängen aller Sekretariatsmitglieder erfolgte eine selbstkritische Stellungnahme zu seinem Verhalten und zu den aufgeworfenen Leitungsproblemen erst in einer darauffolgenden Beratung des Sekretariats der Bezirksleitung.« Gegen Ende der Sitzung wurde eine Art Generalkritik deutlich. »In den vergangenen Monaten zeigte sich mehrfach, daß Genosse Manfred Scheler mehr Eigeninitiative und Schöpfertum entwickeln muß, um die anstehenden Probleme zu lösen und den wachsenden Anforderungen an die staatliche Leitungstätigkeit gerecht zu werden.«

Inwieweit es tatsächlich größere Mängel in der Arbeit des Dresdner Ratsvorsitzenden gegeben hat, muß offenbleiben und ist in diesem Zusammenhang auch nicht weiter relevant. Modrow selbst erinnert sich an eine »gute und kameradschaftliche Kooperation« mit »gelegentliche(n) Meinungsverschiedenheiten oder Auseinandersetzungen in Detailfragen, die angesichts wachsender gesellschaftlicher Probleme und Widersprüche nicht ausbleiben konnten.«[301] Das Sekretariat beschloß jedenfalls, nach Rückkehr Schelers aus dem Jahresurlaub eine Auseinandersetzung mit ihm zu führen »und im Ergebnis über die erforderlichen parteierzieherischen Maßnahmen zu entscheiden.« Bereits in dieser Sitzung wurde, ohne den Betreffenden selbst gehört zu haben, »erwogen, ihn von seiner Funktion abzuberufen.«[302]

Horst Dohlus, Leiter der Abteilung Parteiorgane, übermittelte noch am 21.6.1982 dem Generalsekretär den Bericht seiner Abteilung und teilte mit, daß Scheler am 30.6.1982 aus dem Urlaub zurückkomme; »dann wird mit ihm eine Auseinandersetzung geführt.« Honecker erhielt Dohlus' Schreiben am gleichen Tag, zeichnete es ab und bestimmte, das Material den Mitgliedern und Kandidaten des Politbüros zur Kenntnis zu bringen.[303]

---

[301] Modrow, Von Schwerin bis Strasbourg, S. 84 und S. 84 f.
[302] SAPMO, DY 30/2635, Bl. 121.
[303] Ebenda, Bl. 117.

Gleich am 30.6.1982 fand dann die außerordentliche Beratung des Sekretariats der Bezirksleitung Dresden statt.[304] Erneut gingen dessen Mitglieder mit Manfred Scheler, der nun zugegen war, hart ins Gericht. Nachdem Modrow gleich eingangs der Sitzung deutlich gemacht hatte, »daß sein Auftreten als ein Mißbrauch des in ihn gesetzten Vertrauens und seiner Verantwortung als Mitglied des Sekretariats de(r) Bezirksleitung und als Vorsitzender des Rates des Bezirkes Dresden gewertet wird«, reagierten auch die übrigen Mitglieder dieses Gremiums pflichtgemäß »mit großer Betroffenheit und Empörung«. An die Adresse der Parteiführung gerichtet, wurde übereinstimmend erklärt, »daß es im Sekretariat der Bezirksleitung Dresden weder in der Vergangenheit noch zukünftig Bedingungen gibt, das uneingeschränkte Vertrauen in die Politik der Partei, zu den Beschlüssen des Zentralkomitees und zu zentralen Organen zu negieren oder zu unterwandern.« Scheler mußte sich vorwerfen lassen, die »seit Ende des vergangenen Jahres in vielen Beratungen geübte Kritik an der Leitungstätigkeit des Rates des Bezirkes und seines Vorsitzenden nicht ernst genommen und die Beschlüsse des Sekretariats der Bezirksleitung zur Veränderung der Lage mißachtet« zu haben.

Wie reagierte nun der Ratsvorsitzende auf die Vorwürfe? Gerade aus dem Urlaub zurückgekehrt, sah er sich mit heftiger Kritik konfrontiert, die ihn allerdings, wie er mitteilt, »nicht besonders überrascht« hat, »da einige Mitglieder des Sekretariats nur auf einen solchen Moment gewartet hatten. Ich hatte mich ständig dagegen verwahrt, dass in den Einschätzungen zur Lage für alle Erfolge die Bezirksleitung der Partei zuständig war, für alle Mißerfolge und negativen Erscheinungen aber der Staatsapparat die Verantwortung zu tragen hatte. Das war auch der Hauptinhalt der Kritik an meiner ›Selbstüberschätzung‹ usw.«[305] Im Dresdner Sekretariat soll vor allem Lothar Stammnitz, der 2. Sekretär, »die Zeichen auf Sturm« gesetzt haben. Er »ließ nun seinen Vorbehalten gegenüber Manfred Scheler, unter Deckung der Obrigkeit, freien Lauf.«[306] Das bestätigt Scheler selbst. Stammnitz »war wirklich der Scharfmacher gegen mich« und »vertrat ganz offiziell die Meinung, im Parteiapparat sind die guten Genossen, im Staatsapparat die für den Parteiapparat nicht geeigneten und damit schlechteren Genossen. Dieser Haltung und vielen herablassenden Einschätzungen im Sekretariat gegenüber dem Staatsapparat habe ich mich grundsätzlich widersetzt.«[307]

Manfred Scheler war generell um Schadensbegrenzung bemüht und versicherte in seiner Stellungnahme, daß er »nicht mit dem Vorsatz an die Parteihochschule gegangen ist, gegen die Politik der Partei aufzutreten oder Beschlüsse des Zentralkomitees zu mißachten. Er habe sich unüberlegt in Rage geredet, um schwierige Probleme sichtbar zu machen, die ihn bewegen und sei dabei entgleist.«

---

[304] Das folgende nach: SAPMO, DY 30/J IV 2/50/17 (Information der Abteilung Parteiorgane vom 1.7.1982).
[305] Schriftliche Mitteilung von Manfred Scheler, Dresden, 3.9.2006.
[306] Modrow, Neues Deutschland, S. 183.
[307] Schriftliche Mitteilung Scheler.

Natürlich mußte auch Scheler Selbstkritik üben. Er erklärte, ihm sei inzwischen klargeworden, »daß es falsch war, solche Fragen in einem Vortrag an der Parteihochschule darzulegen, anstatt sie in Konsultationen beim Vorsitzenden des Ministerrates zu stellen.« Seine Reaktion ist insofern bemerkenswert, als er keine inhaltliche Kritik an seinen Ausführungen tat, sondern lediglich konzedierte, dafür den falschen Ort gewählt zu haben. Gerade dies wurde ihm von seinen Genossen verübelt. »Die dargelegten Schlußfolgerungen des Genossen Manfred Scheler, sich künftig gründlicher auf öffentliches Auftreten vorzubereiten, sowie besser zu prüfen, welche Probleme wann und wo ausgesprochen werden können machen sichtbar, daß ihm die Tragweite und die Ursachen seines unverantwortlichen Auftretens, seiner Standpunkte und Haltungen noch nicht voll bewußt sind. Alle Mitglieder des Sekretariats haben die Stellungnahme des Genossen Manfred Scheler nicht akzeptiert und hervorgehoben, daß sein Auftreten an der Parteihochschule nicht mit solchen Bemerkungen zu entschuldigen sind: ›Ich habe das nicht gewollt und nicht so gesehen‹ oder ›Ich bereue diese Formulierungen‹.«

Die Konsequenz konnte daher nur die Abberufung des Ratsvorsitzenden sein, bot dieser doch »keine ausreichende Gewähr« mehr, die »Beschlüsse der Partei durch die territorialen staatlichen Organe des Bezirkes konsequent und konstruktiv durchzuführen.« Die Mitglieder des Sekretariats der BL Dresden »betrachten das Verhalten des Genossen Manfred Scheler insgesamt als einen Vertrauensbruch, als einen Mißbrauch der kollektiven und persönlichen Verantwortung und sehen keine Möglichkeit für ein weiteres erfolgreiches Wirken mit ihm im Sekretariat der Bezirksleitung.« Folglich wurde beschlossen, »das unparteimäßige Verhalten des Genossen Manfred Scheler entschieden zurückzuweisen« und der Parteiführung vorzuschlagen, ihn von seiner Funktion abzuberufen und in eine »andere Funktion einzusetzen, die seinen Fähigkeiten und Erfahrungen entspricht.« Der so Gescholtene hatte anschließend resigniert erklärt, »im Ergebnis der mit ihm geführten Auseinandersetzung keine Basis mehr« für sein Verbleiben in der Funktion zu sehen und die »Bitte ausgesprochen, bis zur Entscheidung über seinen weiteren Einsatz seinen Jahresurlaub weiterzuführen. Das Sekretariat hat diesem Ansinnen zugestimmt.« Keine Zustimmung hingegen fand der Vorschlag des Vorsitzenden der BPKK Dresden, Hans Barthel, ein Parteiverfahren gegen den Ratsvorsitzenden zu eröffnen.[308] Das schien den Genossen denn doch zuviel des Guten.

Tags darauf konnte Dohlus dem Generalsekretär eine Information seiner Abteilung über diese Sekretariatssitzung und den »Vorschlag an das Zentralkomitee, den Genossen Manfred Scheler von seiner Funktion zu entbinden«, übermitteln. Honecker versah dies mit einem »ja« und leitete das Material wie üblich den Mitgliedern und Kandidaten des Politbüros zu.[309] Damit war die langjährige Lauf-

---

[308] Vgl. SAPMO, DY 30/vorl. SED/29.572/2.
[309] SAPMO, DY 30/J IV 2/50/17.

bahn Manfred Schelers als Vorsitzender des Rates des Bezirkes Dresden vorbei, das weitere nur noch Formsache. Am 6.7.1982 behandelte das Politbüro eine von den ZK-Abteilungen Staats- und Rechtsfragen und Kaderfragen am 2.7. erstellte Vorlage und bestätigte die Abberufung Schelers »wegen unparteilichen Verhaltens«.[310] Seit seiner Rede war ein Monat vergangen. Mit Günther Witteck wurde ein neuer Ratsvorsitzender vorgeschlagen und vom Bezirkstag Dresden auch gewählt, der von 1961-1963 als Vorgänger Schelers bereits dieses Amt bekleidete. Witteck hatte später als Stellvertreter des Ministers für die Anleitung und Kontrolle der Bezirks- und Kreisräte und zuletzt in vielen Jahren als Stellvertreter des Leiters der Abteilung Staats- und Rechtsfragen des ZK das Vertrauen der Parteiführung erworben.[311]

Die Ablösung Manfred Schelers war, da ist Modrow zuzustimmen, ein »Musterbeispiel, wie in der DDR im Namen des demokratischen Zentralismus die Demokratie mit Füßen getreten wurde.«[312] Dabei hatte der Ratsvorsitzende nichts anderes getan, als auf wirtschaftliche und gesellschaftliche Probleme in seinem Bezirk aufmerksam zu machen. Modrow fällt es allerdings in seinen Erinnerungen »noch schwer, dem seinerzeitigen Glauben von Manfred Scheler zu folgen, er habe damit keine Kritik an der Parteiführung geübt, sondern unverantwortliches Handeln der Plankommission, von Ministerien und anderen staatlichen Stellen benennen wollen. 1982 wußten selbst jene, die weitaus weniger als Manfred Scheler mit diesen Dingen befaßt waren, wie brisant solche Äußerungen waren. Kritik an vorgesetzten Dienststellen wurde von Honecker und seinen Getreuen immer als Angriff auf das Allerheiligste verstanden.«[313] Das ist sicher richtig, würdigt aber nicht das selbstbewußte Auftreten Schelers, der sich, wie an seinen Ausführungen abzulesen ist, durchaus als Anwalt seines Bezirkes verstanden und Problembewußtsein bewiesen hat. Den Alleingang Schelers empfand Modrow als »Vertrauensbruch«.[314] Nachdem der Stein ins Rollen gebracht war, blieb den Dresdner Genossen »kein Handlungsspielraum. Das Sekretariat der Bezirksleitung hatte dem Politbüro pflichtgemäß ›vorzuschlagen‹, Manfred Scheler von seiner Funktion abzuberufen, was prompt geschah.«[315] Modrow selbst hat, wie er einräumt, »in diesem Fall mitgewirkt und meinen Part in der Überzeugung gespielt, daß ich damit größeren Schaden vom Bezirk abwenden könnte. Allerdings weise ich jegliche Behauptung als absurd zurück, ich hätte die Ablösung Manfred Schelers ausgelöst oder aus eigenem Antrieb verfolgt.«[316]

Dies sieht der frühere Ratsvorsitzende freilich anders. »Hans Modrow kann sich in keiner Weise der Verantwortung entziehen. Am Tag meiner Ablösung

---

[310] SAPMO, DY 30/J IV 2/2A/2496, Bl. 58.
[311] Vgl. ebenda, Bl. 117-119.
[312] Modrow, Von Schwerin bis Strasbourg, S. 84.
[313] Ebenda, S. 85.
[314] Ebenda.
[315] Ebenda, S. 86.
[316] Modrow, Von Schwerin bis Strasbourg, S. 84.

durch das Sekretariat der BL war ich zu einem Gespräch beim Vorsitzenden des Ministerrates Willy (sic!) Stoph bestellt. Er war mit meiner Stellungnahme einverstanden. Darauf führte er in meinem Beisein ein längeres Telefongespräch mit Modrow, in dem er ihn aufforderte mit ihm gemeinsam für mein Verbleiben in der Funktion im Politbüro aufzutreten. Modrow lehnte dies strikt ab. Das Sekretariat wurde von ihm über das Telefongespräch und den Vorschlag von Stoph nicht informiert. Es ist einfach absurd von ihm zu behaupten, seine Haltung wäre damit begründet Schaden vom Bezirk abzuwenden.«[317] Scheler überliefert schließlich noch eine Aussage von Egon Krenz, seinerzeit Kandidat des Politbüros, »gegenüber Modrow und mir im Zusammenhang mit den Aussagen Modrows in seinem Buch.« Demnach soll Honecker, nachdem ihm Scheler »in einem Brief meinen Standpunkt dargelegt hatte«, bei der Behandlung der Vorlage zu dessen Ablösung im Politbüro geäußert haben, Stoph und er »wollten die Ablösung nicht, aber der Modrow will ihn ja nicht mehr haben«.[318]

Diese Aussagen, bislang nirgends publiziert, werfen ein anderes Licht auf die Rolle Modrows bei der Ablösung seines Ratsvorsitzenden, als es seine eigenen Veröffentlichungen tun. Und wenn Modrow schließlich schreibt, es »ging also schon gar nicht mehr um Manfred Scheler – es ging bereits um den 1. Sekretär der Bezirksleitung der SED«[319], so scheint dies übertrieben. Es ist sehr unwahrscheinlich, daß Modrow als 1. Sekretär der Bezirksleitung Dresden wegen einer Rede, die der Ratsvorsitzende gehalten hat, abgelöst worden wäre. Das, was Modrow bei späteren Konflikten mit der Parteiführung selbst schmerzlich vermissen sollte, nämlich Zuspruch und Solidarität von Sekretariatskollegen, hatte er selbst 1982 seinem Ratsvorsitzenden nicht gegeben.

Manfred Scheler wurde nicht in eine vollkommene politische Bedeutungslosigkeit verbannt, sondern avancierte zum 1. Sekretär des Zentralvorstandes der Vereinigung der Gegenseitigen Bauernhilfe und Mitglied des Präsidiums der Volkskammer.[320] Seine Ablösung zeigt einmal mehr, daß die SED-Parteiführung gerade in Zeiten einer wirtschaftlichen Krisenentwicklung zunehmend dünnhäutiger auf von den eigenen Funktionären vorgebrachte Kritik reagierte. Hatte diese Kritik eine gewisse Öffentlichkeit erreicht, wurde das Exempel der umgehenden Funktionsenthebung statuiert. Solcherart Warnung an die Genossen gestaltete sich erfolgreich, prononcierter Widerspruch gegen wirtschaftspolitische Entscheidungen war in den folgenden Jahren bis 1989 kaum zu hören.

---

[317] Schriftliche Mitteilung Scheler.
[318] Ebenda.
[319] Modrow, Von Schwerin bis Strasbourg, S. 86.
[320] Vgl. Die Volkskammer der Deutschen Demokratischen Republik. 9. Wahlperiode, Berlin (Ost) 1987, S. 537 und Modrow, Neues Deutschland, S. 183.

4.2.3 Die »Ostsee-Zeitung« und die Bezirksleitung Rostock 1984

Die Frage nach einem möglichen Spielraum regionaler Parteiinstanzen läßt sich besonders dort untersuchen, wo – und sei es nur graduell – von der zentralen Generallinie der SED abgewichen bzw. diese nicht lückenlos durchgeführt wurde. Im April 1984 ereignete sich solch ein Fall, als ein Artikel in der »Ostsee-Zeitung« (OZ), dem Organ der Bezirksleitung Rostock der DDR, unbequeme Fragen aufwarf und von bundesdeutschen Medien aufgegriffen wurde. Umfangreiche Reaktionen der Parteiführung waren die Folge. Das Krisenmanagement der SED und die Auswirkungen auf nachgeordnete Parteiinstanzen können hier exemplarisch nachgezeichnet werden.

Den Anfang nahm die Angelegenheit mit einem Artikel von Prof. Dr. Peter Voigt in der »Ostsee-Zeitung« in der Wochenendausgabe vom 31.3./1.4.1984.[321] Prof. Dr. Voigt war zu diesem Zeitpunkt außerordentlicher Professor in der Sektion Marxismus-Leninismus der Wilhelm-Pieck-Universität Rostock und Leiter des Wissenschaftsbereiches Soziologie, außerdem Leiter des Problemrates »Lebensweise und Territorium« des Wissenschaftlichen Rates für soziologische Forschung in der DDR und Mitglied des Arbeitskreises marxistisch-leninistische Soziologie beim Ministerium für Hoch- und Fachschulwesen.[322] Er, der »im Bezirk bekannt wie ein bunter Hund«[323] war, hatte »zur damaligen Zeit etwa zwei- bis dreimal im Jahr für die ›Ostsee-Zeitung‹ als Soziologe zu Themen, die ich in der Regel immer frei auswählen konnte, populärwissenschaftlich etwas geschrieben.«[324] Für die erwähnte Ausgabe hatte sich Voigt das Thema Sozialpolitik ausgesucht, »weil mich das damals schon bewegt hat.«[325] Der Artikel trug die Überschrift »Sozialistische Sozialpolitik geht auf Dauer nur, wenn gut gearbeitet wird« und beinhaltete im wesentlichen folgendes[326]:

Zunächst legte Voigt dar, daß die Sozialpolitik in der DDR keine »›Erfindung‹ des VIII. Parteitages der SED« ist. »Bereits 1946 wurden durch die SED ›Sozialpolitische Richtlinien‹ ausgearbeitet, in denen Probleme der Sozialversorgung, des Rechtes auf Arbeit, der Gesundheits- und Familienvorsorge, der Wohnungsfürsorge, der Demokratisierung der Wirtschaft u. a. verankert waren.« Die Beschlüsse des VIII. Parteitages würden darauf aufbauen, ihre neue Qualität bestehe darin, »daß es nicht mehr schlechthin um die Sicherung existentieller Bedürfnisse geht, sondern um die soziale Sicherheit und die stetige Erhöhung des materiellen Lebensniveaus für die Masse der Menschen«. Voigt weist dann auf den »engen Zusammenhang von sozialistischer Sozialpolitik und Entwicklung sozialistischen

---

[321] Zur Geschichte der »Ostsee-Zeitung« vgl. Reinke, Helmut, Weil wir hier zu Hause sind. 50 Jahre OZ – Die zwei Leben einer Zeitung, Rostock 2002.
[322] Vgl. SAPMO, DY 30, J IV 2/3A/4070.
[323] Protokoll des Gesprächs mit Prof. Dr. Peter Voigt, Rostock, 20.1.2004, S. 5.
[324] Ebenda, S. 1.
[325] Ebenda.
[326] Das folgende nach: Ostsee-Zeitung, 31.3./1.4.1984.

4.2 Fallbeispiele

Bewußtseins und gesellschaftlicher Aktivität« hin. Das bedeute, der Bürger müsse »seine Interessen in der Staatspolitik reflektiert sehen«, aber auf der anderen Seite auch »konkret sozial erfahren, daß an Sozialpolitik nur das realisiert werden kann, was ökonomisch erwirtschaftet ist«. Mit anderen Worten: »Sozialistische Sozialpolitik geht auf Dauer nur, wenn gut gearbeitet wird.« Gerade in diesem Punkt macht Voigt Probleme aus, »die uns als Gesellschaft augenblicklich bewegen« und verdeutlicht dies an drei Beispielen, an denen sich »die gesellschaftlich übergreifenden Bezüge demonstrieren lassen.«

Das erste Beispiel ist dem verfassungsmäßig garantierten Recht auf Arbeit gewidmet. Voigt zitiert eine »repräsentative( ) soziologische( ) Untersuchung«, der zufolge »über 90 Prozent der befragten Arbeiter, Genossenschaftsbauern und Intellektuellen die Sicherheit des Arbeitsplatzes unter den Auswirkungen des wissenschaftlich-technischen Fortschrittes im Sozialismus für gewährleistet« halten. Er selbst mag sich diesem Optimismus nicht ganz anschließen und gibt zu bedenken: »Die Sicherung der Vollbeschäftigung ist kein ›Gottesgeschenk‹. Hier sind zukünftig gewaltige wirtschaftliche Anstrengungen notwendig, um durch Rationalisierungseffekte freigesetzte Arbeitskräfte wieder qualifikationsgerecht beschäftigen zu können.« Das zweite Beispiel betrifft die Leistungsbereitschaft der Werktätigen. Niemand solle »einen mechanischen Zusammenhang« zwischen einem sicheren Arbeitsplatz und »der Ausprägung eines entsprechend positiven Leistungsverhaltens im Arbeitsbereich« vermuten. Voigt untermauert dies mit Zahlen über »Bummelstunden« und wird dann noch deutlicher: »Führt nicht unter Umständen garantierte soziale Sicherheit zu Leichtfertigkeit im Leistungsverhalten? (...) Sozial sicher darf sich nur derjenige wähnen, der ordentlich arbeitet.« Im dritten Beispiel greift der Autor das Bildungspotential auf. Gegenwärtig seien »in der DDR etwa 25 Prozent der Hoch- und Fachschulkader nicht qualifikationsgerecht eingesetzt«. Dies müsse in zweierlei Hinsicht bedenklich stimmen: »Bedenklich im Hinblick auf die Vergeudung gesellschaftlicher Bildungsinvestitionen. Bedenklich im Hinblick auf ungünstige ideologische Auswirkungen.« Voigt fordert daher: »Wir müssen es noch besser lernen, mit unserem Bildungspotential effektiv zu wirtschaften (...) müssen analysieren, warum wir die Hoch- und Fachschulkader nur begrenzt auf die Stellen bekommen, wo wir sie tatsächlich benötigen«.

Zum Ende des Artikels geht der Autor noch auf die Situation der Frauen in der DDR ein. Fast 85 % der erwerbsfähigen Frauen sind hiernach berufstätig, 49,9 % der in der Volkswirtschaft Beschäftigten weiblich. Allerdings seien »noch sehr viele Probleme zu lösen.« Voigt zählt die Doppelbelastung der Frau durch Familie und Beruf, den geringen Anteil weiblicher Leitungs- und Führungskräfte, den im Vergleich zu Männern höheren Anteil von Frauen in angelernter Tätigkeit und die Tatsache, daß Frauen täglich mehr als eine Stunde weniger Freizeit als Männer haben, dazu. Über 30 % der berufstätigen Frauen in der DDR sind nur teilzeitbeschäftigt. Der Autor fordert: »Einheit von Wirtschafts- und Sozialpolitik bedeutet diesbezüglich, alles dafür zu tun, um diese sozialen Differenzierungen zwischen den Geschlechtern weiter abzubauen und dadurch gesellschaftliche Entwicklung insgesamt weiter zu profilieren.«

Der Artikel von Prof. Dr. Voigt schließt, fast beschwörend, mit den Worten: »Es ist bei weitem noch nicht alles ›ausgereizt‹, was möglich ist. Schon entsprechende ›Problemsicht‹ bedeutet Ansatz zum Fortschritt!«

Für die damaligen Verhältnisse in der DDR und besonders in den Medien ist der Artikel als Ausnahmefall anzusehen. Er legt den Finger auf die wunden Punkte der Wirtschafts- und Sozialpolitik der DDR, benennt konkrete Mißstände und Defizite und fordert in mehrfacher Hinsicht ein Umdenken in der Bevölkerung, aber auch in der Politik. Es stellt sich die Frage, wie es ein solcher Artikel in die »Ostsee-Zeitung« schaffen konnte. Der Autor selbst hatte schon öfter in der Zeitung publiziert.[327] Der Ablauf war dabei »eigentlich immer so, daß ich das erst mal geschrieben habe und das dann an die ›Ostsee-Zeitung‹ geschickt habe. Die damalige Redakteurin war die Brigitta Meuche, die das dann immer redaktionell überarbeitete und in der Regel sagte: ›Nein, das können wir so nicht machen. Hier mußt du noch ein Zitat von Erich Honecker hineinnehmen.‹ Oder: ›Da mußt du etwas mehr die Partei hervorheben.‹ Ansonsten hat sie inhaltlich daran nie rumgemosert.« In diesem Fall ist aber, obwohl der Artikel etwa zehn Tage vor dem Veröffentlichungstermin der Redakteurin vorlag, eine Rücksprache mit dem Autoren unterblieben. Der Artikel von Prof. Dr. Voigt erschien ohne jede Änderung. Die Redakteurin Meuche schilderte Prof. Voigt seinerzeit, warum dies nicht geschehen ist: »Wir fanden in der engeren Redaktion den Artikel eigentlich gut, weil uns die gleichen Fragen bewegt haben. Wir haben gesagt: So Schlimmes ist eigentlich nicht drin. Das machen wir.«

Prof. Voigt war sich der Brisanz seiner Ausführungen sehr wohl bewußt. Sie war von ihm auch gewollt. »Ich nehme für mich in Anspruch, ohne jetzt überheblich wirken zu wollen, ich bin immer den Weg gegangen, immer ein Stückchen weiter nach vorne zu gehen, um auszuloten: Wie weit kannst du gehen? Früher war es eben so, daß die Meuche gleich sagte ›Geht nicht.‹ Aber erst mal anbieten, nachlassen kannst du immer. Ein Stück nach vorne gehen, um diese mir als Soziologen sehr wohl bewußten, inhaltlichen Probleme der damaligen Zeit der Öffentlichkeit populärwissenschaftlich nahezubringen. (…) Es war natürlich eine Zeit, wo man den Eindruck hatte, jetzt kann man den Stachel ein klein bißchen weiter nach hinten setzen, nicht viel, aber ein kleines bißchen.« Dabei konnte sich Voigt sicher sein, daß gar zu kritische Bemerkungen durch die Redaktion der »Ostsee-Zeitung« entfernt oder abgemildert werden, was ihm auch persönlich etwas Sicherheit bot. »So war eigentlich mein damaliger Gedanke: Schick es mal der

---

[327] Das folgende nach: Gesprächsprotokoll Voigt, S. 1 f. Vgl. auch: Marxistischer Soziologe gerät unfreiwillig in Widerspruch zu Erich Honecker, in: Müller, Werner/Pätzold, Horst (Hrsg.), Lebensläufe im Schatten der Macht. Zeitzeugeninterviews aus dem Norden der DDR, Schwerin o. J. (1998), S. 127-136, hier S. 131 f.

Gitta Meuche, die weiß immer besser Bescheid. Was im Moment auf gar keinen Fall gewünscht wird, das wird sie ohnehin rausstreichen und mir sagen. Insofern hatte ich, als ich den Artikel abgegeben habe, eigentlich noch keine so großen Befürchtungen.«

Die Vermutung Voigts bewahrheitete sich nicht, und so wurde er von seinem eigenen Artikel überrascht. »Ich war mit meiner Frau auf dem Rückweg von einer Geburtstagsfeier von Thüringen nach Rostock und sagte: ›Mensch, die Gitta Meuche hat sich noch gar nicht gemeldet. Das sollte jetzt am Wochenende erscheinen. Na ja, wahrscheinlich haben sie es ganz abgelehnt und gar nicht genommen.‹ Wir kamen nach Hause, und meine Frau schlug die Zeitung auf und sagte: ›Du, dein Artikel ist drin.‹ Da habe ich gesagt: ›Au, dieses Mal wird es Ärger geben.‹«

In der Tat gab es bald nach dieser Veröffentlichung großen Ärger, nicht nur für Prof. Dr. Voigt, sondern auch für die »Ostsee-Zeitung« und das Sekretariat der Bezirksleitung Rostock der SED. Vielleicht hätte es diesen Ärger nicht gegeben oder das Ausmaß desselben hätte sich in wesentlich engeren Grenzen gehalten, wenn nicht die bundesdeutschen Medien auf den Artikel in der »Ostsee-Zeitung« aufmerksam geworden wären. Bereits am darauffolgenden Montag, also zwei Tage nach dem Erscheinen des Artikels, befaßte sich das Fernsehen damit. Erich Honekker, der zu dieser Zeit seinen Urlaub auf der Ostseeinsel Vilm verbrachte, hatte dort offensichtlich Westempfang, sah diese Sendung und setzte das Karussell in Gang. Aber auch ohne Honeckers Scharfblick hatte man im Sekretariat der Bezirksleitung an diesem Montag das Unheil kommen sehen. Zuständigkeitshalber war mit solchen Dingen der Sekretär für Agitation und Propaganda, Siegfried Unverricht, befaßt. »Da ich für die Westarbeit verantwortlich war, habe ich mich auch mit den Sendern der BRD befaßt, und so hörte ich am darauffolgenden Montag, daß sich die Medien in der BRD mit dem Artikel des Professor Voigt befaßten. Daraufhin habe ich mir den Artikel noch einmal angesehen, und mir wurde klar: ›Hier gibt es großen Ärger!‹«[328]

Um 10.00 Uhr morgens kam dann auch der erwartete Anruf aus Berlin. Da der 1. Sekretär der SED-Bezirksleitung Rostock Ernst Timm gerade auf Kur war, nahm der 2. Sekretär Heinz Lange das Telefonat von Horst Dohlus, Sekretär des Zentralkomitees für Parteiorgane, entgegen. »Die Reaktion von Heinz Lange war: ›Ich weiß, warum du anrufst. Wir sind schon dabei, das zu beraten.‹ Das stimmte natürlich so nicht, wir waren noch gar nicht dabei.«[329]

Nun war Eile geboten. Für die Genossen aus Rostock war es auch wenig hilfreich, daß der OZ-Artikel in der BRD weitere Kreise zog. Am Dienstag, dem 3.4.1984, veröffentlichte die »Welt« einen Einspalter mit der Überschrift »›DDR‹: Probleme mit Überqualifizierten«, in dem die wichtigsten und prägnantesten Formulierungen Voigts, allerdings ohne eigenen Kommentar, wiedergegeben

---

[328] Protokoll des Gesprächs mit Siegfried Unverricht, Hohenfelde, 26.6.2003, S. 7.
[329] Ebenda, S. 8.

wurden.³³⁰ Das Sekretariat der Bezirksleitung Rostock entfaltete hektische Aktivität. Es folgten »Mitgliederversammlungen, Untersuchungen, Einzelbefragungen, Parteistrafen«.³³¹ Besonders die »Ostsee-Zeitung« selbst wurde unter die Lupe genommen, und es fanden sich noch zwei weitere frühere Beiträge, die Anstoß erregten:

Unter der Überschrift »Du sollst nicht allzu schlau philosophieren« hatte der OZ-Redakteur Wolfgang Horn bereits am 24.2.1984 über die »97. URANIA-Leserversammlung in der Warnowwerft« berichtet und einen Elektriker so zitiert: »Bei uns läuft es nicht so, wie wir es gerne hätten (...) aber in der Zeitung liest man nur, wie gut wir sind.«³³² Horn faßte die Diskussion in der Werft mit den Worten zusammen, sie hätte erbracht, »daß wir mit den großen Worten etwas mehr haushalten, in unsere Sparprogramme auch die Töpfe mit der rosaroten Farbe einbeziehen müssen. (...) Weniger denn je können wir es uns leisten, um Probleme herumzureden.« Seinen Artikel untermauerte er sicherheitshalber mit einem Lenin-Zitat aus dem Jahre 1921: »Philosophier nicht allzu schlau, tue dich nicht groß mit dem Kommunismus, verbirg nicht Schlamperei, Müßiggang, Oblomowtum (Trägheit), Rückständigkeit, hinter großen Worten!« Einen Monat später, in der Ausgabe vom 24./25.3.1984, wurde ein Leserbrief zum Artikel von Wolfgang Horn unter der Überschrift »Offenheit kann uns nur weiterhelfen« publiziert, in dem die Leserin fragt: »(I)st es nicht zutiefst bedauerlich, daß wir diese uralte Weisheit ›Arbeitszeit ist Leistungszeit‹ wie eine Fahne der neuesten Erkenntnis vor uns hertragen müssen? (...) Warum lassen viele Leute ihren Zorn und Unmut über Mißstände am Arbeitsplatz, über mangelhafte Leitungstätigkeit zu Hause ab, anstatt am Konfliktort? Wir wünschen uns, daß man über die Ursachen mit uns spricht«.³³³ Sie habe weiter manchmal »den Eindruck, bei der fast durchweg ›positiven‹ Berichterstattung, wir haben den Kommunismus schon fest in der Hand.« Schließlich fordert die Leserin: »Wir brauchen mehr Verantwortungsbewußtsein, und es sollte keine Tabus für ehrliche Kritik geben. (...) Offenheit in den Auseinandersetzungen, um Fehler zu beseitigen, kann uns nur weiterhelfen«.

Am 4. April 1984 befaßte sich daraufhin das Sekretariat der Bezirksleitung Rostock im Tagesordnungspunkt 1 mit den »Vorkommnissen in der ›Ostsee-Zeitung‹«.³³⁴ Anwesend waren neben den Sekretariatsmitgliedern und sechs Mitarbeitern der Bezirksleitung das Redaktionskollegium der »Ostsee-Zeitung« einschließlich ihres Chefredakteurs, Dr. Siegbert Schütt, sowie als Gäste des Zentralkomitees eine Genossin der Abteilung Agitation des ZK und ein Genosse der Abteilung Parteiorgane des ZK. Anlaß der Aussprache waren, wie es hieß,

---

[330] Vgl. »Die Welt«, 3. April 1984, S. 5.
[331] Gesprächsprotokoll Unverricht, S. 8.
[332] Das folgende nach: Ostsee-Zeitung, 24. Februar 1984, S. 3.
[333] Das folgende nach: Ostsee-Zeitung, 24./25.3.1984.
[334] Das folgende nach: SAPMO, DY 30/vorl. SED/34543. Vgl. auch LAG, BL IV/E/2.3/112.

»Artikel, die in der letzten Zeit in der ›Ostsee-Zeitung‹ erschienen sind.« Darin »wurde die Politik der Partei bei der Verwirklichung der Beschlüsse des X. Parteitages und die Ergebnisse der gesellschaftlichen Entwicklung in der Deutschen Demokratischen Republik falsch dargestellt.« Einen Einblick in die Atmosphäre dieser Sitzung geben Schilderungen eines Teilnehmers, Dr. Schütt. »Da war aber schnell die Rede von Plattform. Das gehe schon lange so und, und, und. Es wurden regelrecht die Messer gewetzt.«[335] Besonders haben sich dabei der Landwirtschaftssekretär Ott und der Vorsitzende der BPKK Wilken exponiert. Aber auch der Wirtschaftssekretär Köhn und der FDGB-Bezirksvorsitzende Hanns »haben kein gutes Haar an uns gelassen«. Zurückhaltender dagegen war »neben dem 1. Sekretär auch der 2. Sekretär. Sie waren in der Auseinandersetzung konsequent, haben aber im Gegensatz zu anderen Mitgliedern des Sekretariates keine Messer gewetzt und auch keine schmutzige Wäsche gewaschen.« Offenbar war die Atmosphäre sehr erhitzt, und einigen Teilnehmern ging es dabei in erster Linie, so das Empfinden Schütts, »um die Rettung der eigenen Haut, bloß nicht anecken, vor allem nicht mit dem Generalsekretär«. Der Agit-Prop-Sekretär Unverricht, ressortmäßig zuständig und daher sehr in der Kritik, hat sich persönlich »geschämt« und Selbstkritik geübt: »Wir haben in der Klassenwachsamkeit gefehlt. Die Linie des VIII. Parteitages wurde verfälscht.« Daß der besagte Leserbrief allerdings mit ihm abgesprochen war, verschwieg er im Sekretariat.[336]

Wolfgang Horn, Redakteur der Abteilung Wissenschaft/Bildung der OZ, hat in einem Tagebuch konkrete Äußerungen der Sitzungsteilnehmer festgehalten.[337] »Die erschrockenen Sekretariatsmitglieder (sie hatten die beanstandeten Artikel in der OZ derzeit gar nicht gelesen) nehmen eifrig Stellung«:

Willi Marlow forderte, mehr Einfluß auf die OZ zu nehmen, denn »dort machen sich Querulantentum und Meckerei breit. In mehreren Beiträgen wurde die Linie der Partei verletzt.« Der Sekretär für Wissenschaft, Volksbildung und Kultur Horstmann äußerte: »Der Chefredakteur hat versagt. Einige Journalisten muß man vor Eitelkeit warnen. Die Sektion M/L der WPU befindet sich auf einem Fehlkurs.« Hier wurde also aus einem Artikel eines Wissenschaftlers ein Fehlkurs einer ganzen Sektion konstruiert. Der BPKK-Vorsitzende Wilken ereiferte sich: »Im Kollektiv der OZ ist eine unversöhnliche Aussprache notwendig. Subjektive Auslesungen und theoretische Spinnereien dürfen nicht mehr zugelassen werden.« Heinz Hanns schlug in die gleiche Kerbe und rief aus: »Das sind parteifeindliche Beiträge!« Für Günther Köhn waren die genannten Beiträge »eine Beleidigung der Arbeiterklasse und der Bauern. In der OZ gab es schon früher derartige Beiträge.« Warum Köhn selbst dann nicht auch früher darauf aufmerksam ge-

---

[335] Das folgende nach: Protokoll des Gesprächs mit Dr. Siegbert Schütt, Rostock, 27.1.2004, S. 3 f.
[336] Vgl. ebenda, S. 7.
[337] Das folgende nach: Horn, Wolfgang, »…und zogen nicht aus, das Gruseln zu lernen«, in: Die neue Universität. Organ der SED-Parteileitung der Wilhelm-Pieck-Universität Rostock, Nr. 19, 24.11.1989, S. 3. Die von Horn wiedergegebenen Äußerungen entsprechen den Notizen Ernst Timms über diese Sekretariatssitzung. Vgl. LAG, BL IV/E/9.01/728, Bl. 2 ff.

macht hat, sagte er nicht. Heinz Ott ging verbal noch einen Schritt weiter: »Diese Artikel sind ein scharfer Angriff gegen die Partei und eine Verletzung ihrer Beschlüsse. Ich warne vor der sozialdemokratischen Losung ›Laßt alle Blumen blühen‹! Das ist Pluralismus. Gibt es eine solche Plattform in der OZ?« Besonders interessant sind die Ausführungen Unverrichts: »Ich schäme mich persönlich. Wir haben in der Klassenwachsamkeit gefehlt. Die Linie des VIII. Parteitages wurde verfälscht. Schon in der Überschrift ›Soziale Sicherheit geht nur auf Dauer, wenn gut gearbeitet wird‹ ist eine Drohung enthalten. Sensationshascherei gehört nicht in die OZ. Wie steht es um die ideologische Stabilität dort?« Die Genossin der Abteilung Agitation des ZK faßte die Diskussion zusammen und klagte an: »Die Redaktion trägt die Hauptschuld! Was in der OZ erschien, ist uns noch nie und in keiner Zeitung in der Geschichte der DDR passiert! Die Redaktion hat die Spalten ihrer Zeitung der Hetze des Gegners freigegeben. Das ist eine ernste Lage für die Redaktion. Wir bleiben beim sozialistischen Journalismus und lassen uns nicht Schönfärberei vorwerfen. Bei uns stimmen Wort und Tat überein.«

Am Ende mußte die Aussprache allerdings zu einem kollektiven Ergebnis führen, das wie folgt festgehalten wurde.[338] Die besagten Artikel »richten sich gegen die Politik der Partei und stellen die Hauptaufgabe in ihrer Einheit von Wirtschafts- und Sozialpolitik in Frage«. Sie sind »Ausdruck mangelnder ideologischer Klarheit, Sorgfalt und Wachsamkeit in der publizistischen Arbeit bei der Verwirklichung der Politik der Partei. Prinzipienloses Herangehen und mangelnde konzeptionelle Arbeit führten zu Beiträgen, in denen Angriffe auf die Partei, auf Grundfragen der Politik der Partei und auf ihre Informationspolitik Platz fanden.« Besondere Kritik fand auch die Publizität über die Republikgrenzen hinweg, wurden doch »dem Gegner für seine Angriffe offene Fronten geboten«. Gerügt wurde ferner die »unzulässige Veröffentlichung von Zahlen«.[339]

Die Verantwortlichen für die Misere waren schnell ausgemacht. Es war das Redaktionskollegium der OZ unter Leitung Dr. Schütts, in dem »keine genügende Durcharbeitung der Beschlüsse der Partei« erfolge. Daher gelte es, in der Arbeit der Grundorganisation der OZ »mit größerer Konsequenz in der Parteierziehung dafür zu sorgen, daß sich alle Genossen den Gehalt der Dokumente und Beschlüsse der Partei voll aneignen, daß sie befähigt werden, schnell, selbständig und parteilich auf die Beschlüsse der Partei und auf aktuelle Erfordernisse zu reagieren und daß sie mit revolutionärer Wachsamkeit ihre journalistischen Aufgaben er-

---

[338] Das folgende nach: SAPMO, DY 30/vorl. SED/34543.
[339] Hierzu stellt Prof. Voigt fest, daß die von ihm gebrachten Zahlen »nicht Verschlußsache (waren), denn ich war zu dieser Zeit auch Mitglied des Wissenschaftlichen Rates für Soziologische Forschung in der DDR in Berlin, und da gab es die sogenannte ›Graue Reihe‹. Das waren Forschungsberichte, die nicht im strengen Sinne Verschlußsachen waren, aber nur einer begrenzten Öffentlichkeit zugänglich. Sie waren aber formaljuristisch gesehen nicht Verschlußsachen. Sie kursierten, waren aber nicht in Buchhandlungen zu haben. (...) Es wurde natürlich nachher alles mögliche versucht, an Argumenten herbeizuführen, um zu sagen, der Voigt hat sich parteiunwürdig, parteischädigend verhalten. Da mußten dann natürlich Argumente her (...) und eines davon war dieses Formelle.« Gesprächsprotokoll Voigt, S. 3 f.

füllen.« Natürlich mußten die Sekretäre der Bezirksleitung auch Selbstkritik üben, die sich so liest: »Die Verantwortung der Bezirksleitung und ihres Sekretariats für die Arbeit und die Anleitung des Bezirksorgans der Partei als eines wichtigen Führungsinstruments der Bezirksleitung wurde nicht im notwendigen Maße wahrgenommen. Der Sekretär der Bezirksleitung Genosse Siegfried Unverricht sowie auch die Abteilung Agitation und Propaganda sind ihren Aufgaben gegenüber der ›Ostsee-Zeitung‹ nicht voll gerecht geworden.«

Mit dieser Sekretariatssitzung und der darin ausgesprochenen Selbstkritik war es aber nicht getan. Alle sechs Sekretäre der Bezirksleitung Rostock der SED wurden am 11. April 1984 nach Berlin zitiert und hatten sich in einer Sitzung des Sekretariats des ZK zu verantworten. Im Tagesordnungspunkt 2 »Bericht des Sekretariats der Bezirksleitung Rostock der SED zu den Vorkommnissen in der ›Ostsee-Zeitung‹« wurde der Bericht des Rostocker Sekretariats behandelt. Zugegen war wieder der Genosse von der Abteilung Parteiorgane, der schon in Rostock als Informant und wohl auch »Aufpasser« des ZK zugegen gewesen ist. In dem Bericht des Sekretariats der Bezirksleitung Rostock, der den Sekretären des ZK vorlag, wurde folgendes ausgeführt:[340]

Im Artikel von Prof. Voigt »wurde die Politik der Hauptaufgabe in ihrer Einheit von Wirtschafts- und Sozialpolitik angegriffen und in Frage gestellt. Die in ihrer Wirkung parteifeindlichen Aussagen haben dem Gegner Material in die Hand gegeben, das er im ideologischen Kampf gegen uns verwendet hat. Das Sekretariat der Bezirksleitung hat die Vorkommnisse verurteilt und sich mit den Ursachen beschäftigt. Die Verantwortung des Sekretariats für die Arbeit und Anleitung des Bezirksorgans der Partei als ein wichtiges Führungsinstrument der Bezirksleitung wurde nicht im notwendigen Maße wahrgenommen.« Nachdem auch die persönliche Verantwortung des zuständigen Sekretärs, also Unverrichts, benannt worden war, bestand die Schlußfolgerung des Sekretariats darin, »noch eindeutiger seine Verantwortung gegenüber dem Organ der Bezirksleitung ›Ostsee-Zeitung‹ wahrzunehmen und zu sichern, daß die Generallinie der Partei unter allen Bedingungen und zu jeder Zeit durch die Kommunisten der ›Ostsee-Zeitung‹ schöpferisch umgesetzt wird. (…) Wir sehen unsere Verantwortung vor allem darin, durch das systematische politische Wirken in der Grundorganisation der ›Ostsee-Zeitung‹ Klassenstandpunkt, politische Wachsamkeit und ideologische Reife so auszuprägen, daß alle Journalisten mit revolutionärer Wachsamkeit ihren Auftrag erfüllen. Die Mitglieder des Sekretariats der Bezirksleitung müssen gezielter und regelmäßiger in der Grundorganisation der ›Ostsee-Zeitung‹ auftreten.« Anschließend wird die »politisch-ideologische Situation« in der OZ geschildert und als »stabil« eingeschätzt. Wenn es dennoch »bei einigen Genossen zu politischem Versagen« gekommen ist, so trägt »der Chefredakteur die Verantwortung. Er hat Hinweise, Kritiken, Aufträge und Anregungen nicht mit der notwendigen Konsequenz in

---

[340] Das folgende nach: SAPMO, DY 30/J IV 2/3A/4070.

der Redaktion umgesetzt. Er muß disziplinierter arbeiten und in der politischen Leitung der Redaktion konstruktiver sein. Es haben sich objektivistische, subjektivistische und routinehafte Haltungen entwickelt, die ihren Ausgangspunkt in einer ungenügenden politischen Wachsamkeit und in einem übersteigerten Ehrgeiz nach einem ›interessanten‹ Journalismus haben. Das begünstigte politische Sorglosigkeit und diszipinloses Verhalten.« Schließlich bemühen sich die Rostocker zu erklären, wie es zu dem Abdruck des Beitrages von Prof. Voigt kommen konnte. »Beeindruckt von der scheinbaren Originalität und dem vermeintlichen Problemreichtum dieses Artikels« kamen zwei Redaktionsmitglieder »zu politischen Fehlurteilen, die nicht rechtzeitig erkannt wurden«, und zeichneten daher den Artikel ab. Prof. Dr. Voigt selbst erwies sich »in der bisher mit ihm geführten parteilichen Auseinandersetzung (…) einsichtig zu der politisch falschen, unparteimäßigen Position seines Artikels. Er äußerte Bereitschaft, für eine Klärung im Sinne der Generallinie unserer Partei beizutragen.«[341]

Zum Abschluß berichteten die Rostocker Sekretäre von den von ihnen beschlossenen Maßnahmen: Erstens wurde in der Grundorganisation der OZ eine Arbeitsgruppe der Bezirksleitung mit dem Auftrag eingesetzt, »zur weiteren Festigung einer parteilichen politisch-ideologischen Position beizutragen« und dem Sekretariat der Bezirksleitung »parteierzieherische Maßnahmen« vorzuschlagen. Eine weitere Arbeitsgruppe der Bezirksleitung war zweitens in der Sektion Marxismus-Leninismus der Wilhelm-Pieck-Universität Rostock einzusetzen. Sie stimmte ihre Tätigkeit mit der Abteilung Wissenschaften des ZK ab. Drittens erhielt der Agit-Prop-Sekretär Unverricht als »Parteierziehungsmaßnahme« eine »Mißbilligung«. Viertens schließlich verpflichtete sich das Sekretariat der Bezirksleitung, dem Sekretariat des ZK »die Ergebnisse der Untersuchungen und die Schlußfolgerungen zu übermitteln.« Zum Abschluß des Berichtes versicherten die Genossen »dem Sekretariat des Zentralkomitees der SED und persönlich dem Generalsekretär des ZK, Genossen Erich Honecker, die Beschlüsse des X. Parteitages und des Zentralkomitees initiativreich und mit hoher politischer Verantwortung zu verwirklichen.«

Das Sekretariat des Zentralkomitees nahm den Rostocker Bericht »zur Kenntnis«, stimmte ihm also zu. Zugleich gab es eine eigene, von der Abteilung Agitation ausgearbeitete Stellungnahme ab, die in der Diskussion bestätigt wurde.[342] Darin heißt es, daß in der »Ostsee-Zeitung« in der letzten Zeit »zum Teil offen

---

[341] Dazu Prof. Dr. Voigt rückblickend: »Ein Held war ich auch nicht. Ich hatte ja auch Familie und Kinder. (...) Es blieb mir also faktisch gar nichts anderes übrig. Ich habe mich die ersten 14 Tage noch gesträubt. Es ging ja dahin, daß die Zahlen nicht stimmen und so. Ich hätte sie mir ausgedacht, und ich sagte: ›Da bitte! Da sind sie doch. Sachlich ist das alles so weit völlig richtig und korrekt.‹ Aber mir blieb natürlich auch nichts anderes übrig, als zu sagen: ›Ich habe nicht bedacht, daß ich damit dem Klassengegner nütze usw.‹ Und das ist das, was in dem ZK-Protokoll erscheint. Das war eine natürliche Schutzbehauptung, die wahrscheinlich jeder andere in meiner Position auch gemacht hätte.« Gesprächsprotokoll Voigt, S. 7 f.

[342] Das folgende nach: SAPMO, DY 30/J IV 2/3A/4070.

4.2 Fallbeispiele

die vom X. Parteitag der SED beschlossene Politik der Hauptaufgabe in ihrer Einheit von Wirtschafts- und Sozialpolitik angegriffen« und versucht wurde, »die Bedeutung des VIII. Parteitages für die Arbeit der Partei, die Entwicklung der DDR seitdem herabzusetzen.« Die »falsche( ) Einordnung des VIII. Parteitages in die Entwicklung der DDR« gehe einher mit dem »Unglauben in die Fähigkeit, die sozialistische Rationalisierung ohne Arbeitslosigkeit zu verwirklichen« und mit »einer unwahren Darstellung des innerparteilichen Lebens«. Auch hier wird wieder die Furcht vor dem »Klassengegner« sichtbar, wenn es weiter heißt: »Damit wird dem Gegner Material in die Hand gegeben, das er im ideologischen Kampf gegen uns verwendet. Die Tatsache, daß in der Zeitung kleinbürgerlichen, opportunistischen, gegen die Politik der Partei gerichteten Auffassungen Raum gegeben wurde, ist Ausdruck tiefer politisch-ideologischer Unklarheiten in der Redaktion der ›Ostsee-Zeitung‹«. Damit sich so etwas nicht wiederholt, muß das Sekretariat der Bezirksleitung »seine Verantwortung für die Anleitung und Kontrolle der Arbeit der Bezirkszeitung bei der Verwirklichung der Beschlüsse der Partei voll wahrnehmen und sichern, daß die ›Ostsee-Zeitung‹ jederzeit und in allen ihren Beiträgen strikt die Beschlüsse der Partei durchführt.« Gegenüber dem Sekretariat hat dies der Chefredakteur der OZ voll zu verantworten. Der Grundorganisation der SED in der OZ wurde aufgegeben, die »parteierzieherische Arbeit (…) verstärkt darauf zu richten, daß zu allen Fragen klassenmäßige Positionen eingenommen werden.«

Die »Ostsee-Zeitung« mußte sich also in Zukunft wieder voll auf der Linie der Parteiführung bewegen. Diese Disziplinierung ist auch gelungen, ähnliches kam nicht wieder vor. An zwei weiteren vom Sekretariat des ZK gefaßten Beschlüssen wird deutlich, daß es in Berlin nicht nur die Furcht vor ähnlichen Vorkommnissen in anderen Teilen der Republik gab, sondern auch ein Exempel statuiert werden sollte. Die Stellungnahme des Sekretariats des ZK sollte nämlich allen 1. Sekretären der Bezirksleitungen übermittelt und von ihnen »in den Sekretariaten der Bezirksleitungen, insbesondere mit den Chefredakteuren der Bezirkszeitungen« ausgewertet werden. Schließlich wurden die Chefredakteure der zentralen Medien von der Abteilung Agitation des ZK entsprechend instruiert.

So reibungslos, wie es die überlieferten Akten – die einzelnen Wortmeldungen sind nicht protokolliert – suggerieren, ging diese Sitzung des Sekretariats des ZK beileibe nicht vonstatten. Einer der Rostocker Teilnehmer, Siegfried Unverricht, erinnert sich an eine »ziemlich harte Sitzung«.[343] Zunächst gab Erich Honecker eine längere Einleitung. Dann sprach als nächster Günter Mittag. »Er formulierte sehr scharf, daß es sich um eine ›parteifeindliche Plattform‹ handelt, gerichtet

---

[343] Das folgende nach: Gesprächsprotokoll Unverricht, S. 8. Herr Unverricht konnte sich bei der Wiedergabe dieser Sitzung auf stenographische Notizen, die er als gelernter Journalist angefertigt hat, verlassen. Seine Aussagen sind, da die einzelnen Wortbeiträge im Sitzungsprotokoll nicht verzeichnet sind, von besonderem Wert. Sie entsprechen den Notizen, die sich Ernst Timm in jener Sitzung angefertigt hat. Vgl. LAG, BL IV/E/9.01/728, Bl. 38 ff.

gegen die Parteiführung, es sei ein ›Angriff gegen den Generalsekretär‹. Ich war lange genug in der Partei, um zu wissen, was das bedeutet. Er ließ durchblicken, daß diese Plattform von Timm und Unverricht ausgehe.« Von den zehn anwesenden Mitgliedern des Sekretariats »hatten nur zwei – Mittag und Jarowinsky – von Plattform gesprochen, ebenso H. Geggel. Andere, wie Herrmann, sprachen nebulös von einem Angriff gegen die Generallinie.« Heinz Geggel war Leiter der Abteilung Agitation des ZK und wurde zu diesem Tagesordnungspunkt hinzugezogen. Er unterstand dem Sekretär des ZK Joachim Herrmann.[344] Bezeichnend für den Diskussionsstil einiger Sekretariatsmitglieder ist folgende Erinnerung Unverrichts. »Das Kuriose war, daß mir der Abteilungsleiter Heinz Geggel in der Pause, bevor wir in das Sekretariat gingen, in bezug auf Joachim Herrmann gesagt hat: ›Ich habe zwei Varianten für meinen Chef, je nachdem wie Horst Dohlus redet.‹«[345] Erich Honecker machte anschließend seine Schlußbemerkungen und unterließ es, auf das Thema der »Plattform« zurückzukommen. Er hat »in seiner Zusammenfassung allem, was mit besonderer Schärfe – besonders von Günter Mittag – gesagt wurde, die Luft herausgelassen. Und da er der Generalsekretär war, wagte natürlich niemand zu widersprechen, auch Günter Mittag in dieser Sitzung nicht. Da dachte ich: ›Jetzt hat er uns gerettet.‹ Er hätte auch anders reagieren können.«[346] Warum Erich Honecker die Rostocker Bezirkssekretäre »gerettet« hat, wird noch zu prüfen sein.

Zunächst mußten zügig die vor dem Sekretariat des ZK zugesicherten Maßnahmen durchgeführt werden. Das betraf einmal die Einsetzung einer Arbeitsgruppe der Bezirksleitung in der »Ostsee-Zeitung«. Bereits am Dienstag, dem 3.4.1984, hatte es Anrufe aus dem ZK in der Chefredaktion der OZ gegeben. Der Chefredakteur wurde in die Bezirksleitung zitiert. Seitdem »überschlagen sich die Ereignisse. In der Redaktion steht man jeden Tag Kopf.«[347]

Die von der Bezirksleitung eingesetzte Arbeitsgruppe »zur Untersuchung der Ursachen des unparteimäßigen Verhaltens des Redaktionskollegiums« umfaßte fünf Genossen: zwei kamen aus der Abteilung Agitation/Propaganda und einer aus der Abteilung Parteiorgane der Bezirksleitung, ein weiterer Genosse aus der Bezirksparteikontrollkommission. Komplettiert wurde die Gruppe durch den Sekretär Siegfried Unverricht, der auch verantwortlich zeichnete. Alles mußte schnell gehen, und bis zum 18. April waren dem Sekretariat der Bezirksleitung »Ergebnisse mit den Vorschlägen für die weitere Arbeit« vorzulegen. Erich Honecker selbst sollten bis zum 25. April »die Einschätzung der Untersuchung und die daraus gezogenen Schlußfolgerungen« übermittelt werden.[348]

---

[344] Zur Charakterisierung und zur Arbeitsweise von Geggel und Herrmann vgl. auch Holzweißig, Gunter, Zensur ohne Zensor. Die SED-Informationsdiktatur, Bonn 1997, S. 19 ff.
[345] Gesprächsprotokoll Unverricht, S. 8.
[346] Ebenda.
[347] Horn.
[348] LAG, BL IV/E/9.01/728, Bl. 83.

Die Aktivität der Arbeitsgruppe beurteilt der damalige Chefredakteur rückblickend so: »Die Arbeitsgruppe hatte den Auftrag, die Parteiverfahren gegen mich als Chefredakteur, gegen Brigitta Meuche, Leiterin der Abteilung Wissenschaft/Bildung, gegen Wolfgang Horn, Mitarbeiter der Abteilung, und gegen Kurt Relle, Lesedienst der besagten Ausgabe vom 31. März/1. April 1984, vorzubereiten. Außerdem sollte die Gruppe weitere Artikel von Wolfgang Horn analysieren und Material für die Rede des 1. Sekretärs der Bezirksleitung zusammentragen. Timm war nämlich beauftragt worden, in der ›Ostsee-Zeitung‹ aufzutreten und die Beschlüsse des Sekretariats des Zentralkomitees sowie die Maßnahmen des Sekretariats der Bezirksleitung auszuwerten und zu erläutern.«[349]

Am 17. April 1984 fand dann die Versammlung der Grundorganisation der »Ostsee-Zeitung« statt, auf der der 1. Sekretär Ernst Timm zu den Anwesenden sprach. Ein »Leitfaden für Ausführungen« auf dieser Versammlung ist überliefert und erlaubt Rückschlüsse auf das Gesagte.[350] Nachdem die Stellungnahme des Sekretariats des ZK verlesen worden war, übte Timm inhaltliche Kritik an dem Artikel und wiederholte dabei die bekannten Argumente der Bezirksleitung und des Sekretariats des ZK. »Was hier geschrieben ist, widerspricht der Situation vor dem VIII. Parteitag und der Wende, die mit der 14. Tagung des Zentralkomitees und dem VIII. Parteitag eingeleitet wurde. Die historische Bedeutung dieses Parteitages, besonders im Hinblick auf die Sozialpolitik, (…) wird völlig abgewertet.« Die Formulierung des »Gottesgeschenks« ist Timm offenbar besonders negativ aufgefallen, nimmt er doch direkt darauf Bezug: »Wenn nicht Gott, dann doch die Partei! Warum ist zu ihrer Leistung nichts gesagt?« Voigts Thesen sind für Timm »nicht nur wissenschaftlich verkehrt, sondern politisch feindlich.«[351] Er beklagt nicht nur, daß bestimmte Aussagen in die Zeitung gelangt sind, sondern auch, daß dies unkommentiert geschah, sie bleiben so »im Raum stehen, und jeder kann sich so seine Gedanken machen.« Es gebe überhaupt keinen »Anlaß für Kritikasterei und Pessimismus. Wir haben auch keinen Anlaß für Zweifel an der Einheit von Wort und Tat der Partei.« Der 1. Sekretär wird in seinen Ausführungen sehr deutlich: »Wir veröffentlichen etwas, was der Politik der Partei diametral entgegengesetzt ist, was unserer gesamten politisch-ideologischen Arbeit bei der Erfüllung der Beschlüsse zuwiderläuft, was einen Keil zwischen Partei und Arbeiterklasse, Partei und Volk treibt. Wir veröffentlichen etwas, was die großen Leistungen der Arbeiterklasse und des ganzen werktätigen Volkes herabwürdigt und der weiteren Arbeit schadet. Das aber ist parteifeindlich.« Ein größerer Vorwurf als den, parteifeindlich zu sein, konnte einen Genossen kaum treffen. Besonders interessant sind in diesem Zusammenhang handschriftliche Ergänzungen

---

[349] Gesprächsprotokoll Schütt, S. 6.
[350] Das folgende nach: LAG, BL IV/E/9.01/728.
[351] Pikant an diesem Satz ist, daß Timm außer dem Besuch der Parteihochschule und dem Titel eines Diplom-Gesellschaftswissenschaftlers keine wissenschaftliche Ausbildung vorzuweisen hat. Vgl. SAPMO, DY 30/IV 2/11/v 5503 und Die Volkskammer der Deutschen Demokratischen Republik. 9. Wahlperiode, Berlin (Ost) 1987, S. 611.

Timms auf dem »Leitfaden«. »Wir gehen«, so heißt es dort, »nicht in die Knie. Wer den gegenwärtigen Kl.-K. (Klassenkampf – M. N.) nicht versteht oder nicht aushält, muß es sagen. Aber nicht so! (…) Liegt es vielleicht daran, daß einige von Euch angesichts der wütenden Attacken des Feindes knieweich geworden sind? Der Feind handelt nach der Methode, immer drauf auf den Sozialismus – irgendwann werden sich schon Löcher zeigen, durch die wir eindringen können. Ist das hier so ein Loch?«

Nach diesen markigen Worten ließ Timm keinen Zweifel daran, was von den Redakteuren der OZ künftig erwartet wird. »Die unverfälschte Darlegung und Erläuterung der Parteibeschlüsse so, daß sie die Massen zu revolutionärem Handeln anregen, ist dabei der alleinige Maßstab. ›Interessanter‹ Journalismus und vermeintliche Originalität sind dabei völlig fehl am Platze, sie muß man ausmerzen.« Es geht vielmehr darum, »kämpferisch und leidenschaftlich die in den Beschlüssen der Partei gestellten Aufgaben täglich zu propagieren und zu ihrer Erfüllung zu mobilisieren. Diesem Anspruch gilt es gerecht zu werden, unter allen Bedingungen!« Ernst Timm schloß seine Ausführungen mit folgenden Worten: »Ich glaube wir haben alle Grund nachzudenken und nachdenklich diese Arbeit weiter fortzuführen. (…) Was die Genossen der Redaktion anbetrifft, so erwarten wir, daß ihr so zügig wie möglich weiter die Klärung bestimmter Probleme und Ursachen herbeiführt und daß ihr uns so schnell wie möglich über den Genossen Unverricht und die Arbeitsgruppe das auch wissen und spüren laßt.«

Nach dieser Versammlung war das Schlimmste für das Redaktionskollegium zwar überstanden, aber es folgten noch Parteistrafen. Der Chefredakteur Dr. Siegbert Schütt erhielt am 9.5.1984 laut Beschluß des Sekretariats der Bezirksleitung Rostock eine »Rüge« wegen »ungenügender Wahrnehmung seiner Verantwortung bei der Durchsetzung der Beschlüsse der Partei.« In der Begründung heißt es dazu: »Der Genosse Schütt trägt als Chefredakteur die Verantwortung dafür, daß in der Ostsee-Zeitung die Politik der Hauptaufgabe in ihrer Einheit von Wirtschafts- und Sozialpolitik zum Teil offen angegriffen wurde.«[352] Ebenfalls eine »Rüge« wegen »Verletzung der politischen Wachsamkeit« erhielten die Redakteure Horn und Meuche.[353] Der Lesedienst, der das Blatt am Abend vor dem Erscheinen des Artikels noch hatte prüfen müssen, wurde mit einer »Mißbilligung« bestraft.[354] Wolfgang Horn ist von seinem Chefredakteur überdies aus dem Kreuzfeuer genommen und zur Betriebszeitung der Bagger-, Bugsier- und Bergungsreederei geschickt worden. »›Du hast soundsoviel Tage Zeit‹«, so Schütt zu ihm, »›es Dir zu überdenken, aber wenn Du nicht gehst, müssen wir uns ganz von Dir trennen.‹ Ich ging, gar nicht einmal zu meinem Schaden, was den Zuwachs an Lebenserfahrung betrifft.«[355]

---

[352] Privatarchiv Dr. Siegbert Schütt, Rostock: Beschluß über die Erteilung einer Parteistrafe.
[353] Reinke, S. 126.
[354] Gesprächsprotokoll Schütt, S. 7.
[355] Horn.

Aber es gab auch längerfristige Auswirkungen. Von Ernst Timm ist überliefert, daß er den Redakteuren mit auf den Weg gab, »nunmehr aber nicht mit Angst« zu schreiben. »Es wurde – fünf Jahre lang.«[356] Die Disziplinierung des Redaktionskollektivs der »Ostsee-Zeitung« ist jedenfalls gelungen. »Wir haben uns in der Tat disziplinieren lassen. Zwei Jahre später wurde die Ostsee-Zeitung sogar im Staatsrat mit dem Orden ›Banner der Arbeit‹ ausgezeichnet.«[357]

Wie schon in der »Ostsee-Zeitung«, so wurde auch in der Sektion Marxismus-Leninismus der Wilhelm-Pieck-Universität Rostock eine Arbeitsgruppe zur Untersuchung des »Standes der politisch-ideologischen Erziehungsarbeit« eingesetzt.[358] Ihr gehörten sechs Genossen an, darunter der Sekretär für Agitation und Propaganda der Kreisleitung Rostock-Stadt der SED und Mitarbeiter der Abteilung Wissenschaft, Volksbildung und Kultur der Bezirksleitung. Verantwortlich war der zuständige Sekretär Ernst Horstmann. Bereits auf der Parteiversammlung der »Ostsee-Zeitung« hatte Ernst Timm seine Einschätzung der Sektion Marxismus-Leninismus vorgetragen. Hier seien »einige Positionen, Wissenschaftspositionen oder solche, die sich dafür halten«, vertreten, und es werde »auch wissenschaftliche Tätigkeit geübt«, aus der »nicht genau zu ersehen ist, mit welchem Zweck und mit welchem Ziel.« Das bedeutete nach Timm, »das scheint eine Auffassung, das ist das mindeste, was man sagen muß, eine Auffassung in dieser Sektion zu Fragen der Soziologie und der Sozialpolitik zu geben, die aus welchen Gründen auch immer, nicht mit der Grundlinie unserer Partei seit dem VIII. Parteitag oder vielleicht noch davor, übereinstimmt, sondern die sich in einer eigenen Interpretation wiederfindet und widerspiegelt.«

Laut einer Einschätzung »zur bisherigen Auseinandersetzung in der Grundorganisation der SED Sektion marxistisch-leninistisches Grundlagenstudium der Wilhelm-Pieck-Universität Rostock« wurde die von der Arbeitsgruppe vorgetragene »kritische Position« von den Genossen der Sektion »mit parteilicher Aufgeschlossenheit aufgenommen und mit der parteimäßigen Auseinandersetzung begonnen.« Die Einschätzung hebt »die ehrliche Haltung, den Klärungsprozeß in der Sektion – gemeinsam mit der Arbeitsgruppe – mit aller Konsequenz zu führen, um die ideologischen Ursachen aufzudecken und zu entsprechenden Schlußfolgerungen für die politisch-ideologische Arbeit in der Sektion zu gelangen«, hervor. Auch Prof. Dr. Voigt wird dieses Bemühen attestiert. Die Arbeitsgruppe der Bezirksleitung ermittelte im einzelnen vier Ursachen für die politisch-ideologischen Schwächen:

Der erste Grund liege in der Generationszugehörigkeit der Wissenschaftler. Es seien nämlich im Wissenschaftsbereich Soziologie »zunehmend junge Kader tätig, die sich den Marxismus-Leninismus primär über den Intellekt angeeignet haben und mit dem Kampf der Partei noch nicht so eng verbunden sind. Ausdruck des-

---

[356] Ebenda.
[357] Gesprächsprotokoll Schütt, S. 8.
[358] Das folgende nach: LAG, BL IV/E/9.01/728.

sen sei eine gewisse Lebensfremdheit in der Aneignung des Marxismus-Leninismus und in der Beherrschung der Dialektik sowie ihre Anwendung unter den konkreten Kampfbedingungen der Partei. Zweitens werde »in das Wesen der Parteibeschlüsse nicht tief genug eingedrungen«. Grund dafür seien »intellektuelle Arroganz und Ansätze akademischer Überheblichkeit (...) Im Ergebnis solcher Haltungen wird am Kern der Beschlüsse vorbeigegangen und ihr Wesen nicht erfaßt.« Drittens werde »eine ausgeprägt eigene klassenmäßige Haltung« vermißt. Die Genossen neigten häufig »zu einer Entgegensetzung der Meinung der ›Menschen an der Basis‹ und zu der in der Einschätzung von Beschlüssen und Dokumenten der Partei.« Die »relativ große Selbständigkeit« des Wissenschaftsbereichs Soziologie, die der Sektion Marxismus-Leninismus nur zugeordnet sei, ihr jedoch nicht unmittelbar angehöre, wird viertens kritisiert. Es habe sich eine »insgesamt unkritische Haltung zu den Positionen einzelner Wissenschaftler herausgebildet«, an deren Beseitigung durch die Sektion »nicht entschieden gearbeitet wurde.«

Wie die konkrete Situation in der Sektion zur damaligen Zeit gewesen ist, geben spätere Schilderungen von involvierten Wissenschaftlern wieder. Nach Doz. Dr. Peter Köppen haben »einige Genossen in geradezu inquisitorischer Strenge nach Parteifeinden« gefahndet.[359] Den Mitgliedern der SED-Grundorganisation der Sektion sind »diese Wochen (...) in schmerzhafter Erinnerung geblieben. In erster Linie, weil wir die Köpfe eingezogen haben und einem Parteiverfahren durch die BL zustimmten – und schon zufrieden waren, daß kein Ausschluß beantragt wurde.«[360] Prof. Dr. Voigt stand natürlich am stärksten in der Kritik. Er erinnert sich an diese Zeit folgendermaßen:

»Ich war damals als außerplanmäßiger Professor an der Sektion Marxismus-Leninismus der Universität Rostock beschäftigt. Die engeren Kollegen haben sich in der Mehrzahl sofort zurückgezogen, nicht weil sie nicht meiner Meinung waren, sondern weil sie, das werfe ich ihnen auch gar nicht vor, einfach Angst hatten, mit in den selben Topf geworfen zu werden. Denn alle konnten sich ausrechnen: Jetzt werden sie dem Voigt die Ohren langziehen, was sie natürlich auch gemacht haben. Im engeren Kollegenkreis gab es ängstliche Zurückziehung. Der ein oder andere sagte: ›Mußte das sein?‹ Aber die Masse hat sich erst mal zurückgezogen und abgewartet, was passiert.«[361] In einer Vollversammlung der Hochschullehrer distanzierte sich obendrein auch der Rektor der Universität, Prof. Dr. Brauer, mit scharfen Worten von ihm.[362] Es haben in dieser Zeit »mindestens vier oder fünf Veranstaltungen mit mir selbst und meinen Mitarbeiten stattgefunden, wo man mir nahelegte, das sei parteischädigendes Verhalten, daß man sich das nicht erklä-

---

[359] »Aus dem Referat des Genossen Doz. Dr. Peter Köppen (Sektion Marxismus/Leninismus) zum 40. Jahrestag der Gründung der DDR«, in: Die neue Universität. Organ der SED-Parteileitung der Wilhelm-Pieck-Universität Rostock, Nr. 19, 24.11.1989, S. 3.
[360] »Die Genossen der Sektion Marxismus/Leninismus heben das Parteiverfahren gegen Peter Voigt auf«, in: ebenda.
[361] Gesprächsprotokoll Voigt, S. 4.
[362] Vgl. Reinke, S. 126 und »Marxistischer Soziologe«, S. 132.

ren könne, daß man mich doch bisher für einen seriösen Genossen gehalten habe und woher denn dieses verräterische Verhalten komme.«[363]

Prof. Dr. Peter Voigt mußte sich einem Parteiverfahren unterziehen und erhielt eine »Rüge«, der die Mitglieder seiner Grundorganisation einhellig zustimmten.[364] Aber nicht nur der Genosse, auch der Wissenschaftler Voigt wurde bestraft; er erhielt Vorlesungs- und Publikationsverbot. »Es wurden sämtliche Vorlesungen von mir gestrichen. Ich hatte zur gleichen Zeit ein Buchmanuskript über den Wissenschaftlichen Rat für Soziologische Forschung in Berlin über Sozialstrukturentwicklung in der DDR eingereicht. Das sollte im Dietz-Verlag erscheinen, war schon angenommen und auch schon korrekturgelesen vom Dietzverlag. Das wurde selbstverständlich sofort eingestampft und ist bis heute nicht publiziert worden.«[365] Weitere gegen Prof. Voigt gerichtete Maßnahmen bestanden in seiner Überwachung. Seine Telefone wurden über Wochen und Monate abgehört, und er ist auch observiert worden.[366] Eine etwa sieben- bis achtbändige Akte wurde von Mitarbeitern des Ministeriums für Staatssicherheit über ihn angelegt.[367]

Es gab jedoch auch positive Reaktionen. Voigt bekam sehr viele Briefe und Anrufe von Lesern der »Ostsee-Zeitung«, andere baten um Kopien des betreffenden Artikels und einige Studenten äußerten ihr Bedauern darüber, daß seine sämtlichen Vorlesungen gestrichen waren.[368] Dennoch führten die umfangreichen Maßnahmen auch zu gesundheitlichen Komplikationen, ein Beleg auch für die Schärfe der Auseinandersetzungen. »Ich habe einen Nervenzusammenbruch gehabt. Der war vielleicht nicht so sehr stark, aber die Oberärztin, die ich aus anderen Zusammenhängen kannte, sagte: ›Du bist schwerkrank. Dich nehmen wir erst mal acht Wochen aus der Schußlinie. Du gehst erst mal 14 Tage in die Nervenklinik rein, und dann bist du sechs Wochen krankgeschrieben.‹ Ich war tatsächlich krank, keine Frage, aber es wurde mir zum Wohle von den Medizinern damals überzogen dargestellt. Sie hat gesagt: ›Die machen dich sonst fertig. Ich nehme dich jetzt acht Wochen vom Fenster weg. Bis dahin hat sich vielleicht manches beruhigt.‹ Das war auch so der Fall. Also ich war erst mal acht Wochen weg. Das war natürlich eine sehr substantielle Geschichte.«[369]

Für Prof. Voigt stellte sich die Frage, ob er seine berufliche Tätigkeit überhaupt weiter ausüben kann. Zwar wurde das Gehalt vorerst weiter gezahlt, aber »ich hatte schon erwogen, mich beim Dieselmotorenwerk in Rostock zu bewerben«.[370] Daß es dazu nicht kommen mußte, sieht Voigt als Verdienst des Vorsitzenden des

---

[363] Gesprächsprotokoll Voigt, S. 5.
[364] Vgl. ebenda und »Die neue Universität«, 24.11.1989, S. 3.
[365] Gesprächsprotokoll Voigt, S. 5.
[366] Vgl. ebenda.
[367] Vgl. »Marxistischer Soziologe«, S. 136.
[368] Vgl. ebenda, S. 134 und Gesprächsprotokoll Voigt, S. 4. Prof. Voigt hatte nach einer entsprechenden Auflage die ihm zugesandten Briefe bei der Bezirksleitung der SED abzugeben.
[369] Gesprächsprotokoll Voigt, S. 8.
[370] »Marxistischer Soziologe«, S. 133.

Wissenschaftlichen Rates für Soziologie, Prof. Rudi Weidig. In Berlin hatte sofort eine Sondersitzung des Wissenschaftlichen Rates stattgefunden, zu dem Weidig auch Prof. Voigt zitierte. »Es ging ja um die Soziologie. Es ging ja so weit, daß man soziologische Einrichtungen schließen wollte, da sich offensichtlich unter den Soziologen nur Verräter, nach der damaligen Diktion Verräter an der Arbeiterklasse, befinden.«[371] Voigt wurde über das geplante weitere Vorgehen sogleich in Kenntnis gesetzt. »›Um deinen Kopf zu retten, Peter, müssen wir ein Drei-Stufen-Verfahren durchführen. Und zwar wird es so sein, daß der Wissenschaftliche Rat einen Brief an den Genossen Honecker persönlich schreibt, in dem drei Dinge stehen werden. Erstens: Der Wissenschaftliche Rat für Soziologische Forschung distanziert sich von der Auffassung vom Genossen Voigt. (…) Zweitens: Wir kennen den Genossen Voigt eigentlich so nicht. Er war immer ein vertrauenswürdiger Genosse. Drittens: Der Genosse Voigt sieht selber ein, daß er damit der Partei geschadet hat.‹ Im Vieraugengespräch sagte er zu mir: ›Du kannst dir überlegen, wenn du mit dieser Diktion einverstanden bist, dann können wir dich vielleicht über die nächsten Jahre retten, wenn du nein sagst, dann mußt du deinen Kopf hergeben.‹«[372]

Dieser Brief an den Generalsekretär, taktisch klug abgefaßt, half, die Situation wieder etwas zu beruhigen. Aber erst nach etwa einem Jahr durfte Prof. Voigt wieder Vorlesungen halten und erst Anfang 1987 wieder an den Sitzungen der Akademie für Gesellschaftswissenschaften teilnehmen.[373] Es bedurfte jedoch erst der Ereignisse des Herbstes 1989, um die Parteistrafe zu tilgen. Am 20. November 1989 beschloß die Mitgliederversammlung der SED-Grundorganisation der Sektion Marxismus-Leninismus, »das Parteiverfahren gegen den Genossen Peter Voigt aufzuheben.«[374]

Die Vorkommnisse um die »Ostsee-Zeitung« wurden jedoch nicht nur in deren Grundorganisation und an der Universität ausgewertet, sondern im ganzen Bezirk und darüber hinaus republikweit. In seinem Monatsbericht Ende April 1984 teilte der 1. Bezirkssekretär Ernst Timm seinem Generalsekretär mit, daß zur Auswertung der Berichterstattung vor dem Sekretariat des ZK am 11. April auch eine Beratung mit den 1. Kreissekretären durchgeführt worden sei.[375] Spätestens jetzt waren die vorangegangenen Ereignisse nicht nur in Rostock selbst, sondern im ganzen Bezirk bekannt. Die DDR-weite Auswertung wurde zentral gesteuert. Am 24. Mai 1984 fand planmäßig die 8. Tagung des ZK statt. Es war Kurt Hager, Mitglied des Politbüros und als Sekretär des ZK unter anderem verantwortlich für Wissenschaft, Volksbildung und Kultur, vorbehalten, hierzu Stellung zu neh-

---

[371] Gesprächsprotokoll Voigt, S. 7.
[372] Ebenda. Vgl. auch »Marxistischer Soziologe«, S. 133.
[373] Vgl. »Marxistischer Soziologe«, S. 133.
[374] »Die neue Universität«, 24.11.1989, S. 3.
[375] SAPMO, DY 30/2299.

men.[376] Er informierte die anwesenden ZK-Mitglieder[377], daß es »im Widerspruch zur theoretischen und praktischen Arbeit der Bezirksparteiorganisation Rostock« Veröffentlichungen in der »Ostsee-Zeitung« gegeben habe, »in denen die vom X. Parteitag beschlossene Politik der Hauptaufgabe in ihrer Einheit von Wirtschafts- und Sozialpolitik zum Teil offen angegriffen und die Bedeutung des VIII. Parteitages für die Arbeit der Partei und die Entwicklung der DDR herabgesetzt wurde.« Die Interpretation dessen lieferte Hager gleich mit. Er sprach von »kleinbürgerlichen, opportunistischen, gegen die Politik der Partei gerichteten Auffassungen«, von dem »Versuch, unsere Erfolge herabzuwürdigen und einer pessimistischen Stimmung und negierenden Kritik Raum zu geben.« Dies müsse »entschieden zurückgewiesen werden, steht es doch im Widerspruch zu der tatsächlichen erfolgreichen Entwicklung unserer sozialistischen Gesellschaft, zu den realen Errungenschaften der Werktätigen der DDR und den großen Anstrengungen der Partei bei der Erfüllung unseres Parteiprogramms.«

Damit waren alle Bezirke von Rostock bis Suhl informiert. Nicht nur die ZK-Mitglieder, sondern auch die Bezirksleitungen wurden von den beschlossenen Maßnahmen in Kenntnis gesetzt und entsprechend verpflichtet. So heißt es in einem Bericht des Sekretariats der Bezirksleitung Berlin auf der 2. Tagung der Bezirksleitung am 21. Juni 1984, es seien »die notwendigen Schlußfolgerungen für die weitere Verstärkung der politisch-ideologischen Arbeit in den Berliner Parteiorganisationen zu ziehen.«[378] Dabei hat es natürlich auch nicht an Funktionären gefehlt, die sich beeilten, dem Generalsekretär die eigene unbedingte Loyalität zu versichern. Kurz nach der Sekretariatssitzung des Zentralkomitees hatte der »Agit-Prop-Sekretär von Cottbus ein schriftliches Treuebekenntnis an Erich Honecker« geschickt, in dem »stand, daß das, was in Rostock passiert sei, in Cottbus nie vorkommen würde. Das war üble Arschkriecherei.«[379] Insgesamt jedoch konnte Unverricht zur Kenntnis nehmen, »daß die meisten Agit-Prop-Sekretäre mir gegenüber sehr solidarische Gefühle hegten.«[380]

Besonders die Chefredakteure der zentralen und Bezirkszeitungen wurden einer gründlichen und detaillierten Unterweisung unterzogen. Diese »Anleitung« besorgte Heinz Geggel, Leiter der Abteilung Agitation des ZK.[381] Zunächst redete er den Anwesenden ins Gewissen, was für ihre Arbeit besonders wichtig sei,

---

[376] Das folgende nach: SAPMO, DY 30/IV 2/1/621, Bl. 210 (Protokoll der 8. Tagung des ZK der SED vom 24. Mai 1984).
[377] Darunter befanden sich sämtliche 1. Sekretäre der Bezirksleitungen, die qua Amt ZK-Mitglieder waren (mit Ausnahme von Hans-Joachim Böhme, Halle, der wegen einer Dienstreise entschuldigt fehlte), außerdem die Sekretäre der Bezirksleitungen Lothar Stammnitz (Dresden), Helmut Müller (Berlin) und Willi Skibinski (Magdeburg). Besonders Ernst Timm müssen diese Ausführungen im Beisein seiner Amtskollegen sehr getroffen haben. Vgl. SAPMO, DY 30/IV 2/1/622.
[378] LAB, C-Rep. 902, Nr. 5024.
[379] Gesprächsprotokoll Unverricht, S. 9. Sekretär für Agitation und Propaganda der SED-Bezirksleitung Cottbus war zu diesem Zeitpunkt und seit 1977 Horst Scholz.
[380] Ebenda.
[381] Das folgende nach: SAPMO, DY 30/IV 2/2.040/16.

nämlich »das Herausarbeiten unserer erfolgreichen Bilanz, der erfolgreichsten bisher überhaupt. Sie stimmt optimistisch, stimuliert neue Taten, fördert Staatsbewußtsein und Heimatliebe.« Es gab laut Geggel überhaupt keinen Grund zur Sorge. »Unsere Bilanz ist ausgezeichnet. Die auf dem VIII. Parteitag begründete Einheit von Wirtschafts- und Sozialpolitik bewährt sich. Während der Kapitalismus die Krise am Hals hat, setzten wir trotz komplizierter Lage auch im I. Quartal 1984 die erfolgreiche Entwicklung der Volkswirtschaft fort. Die Leute spüren, daß ihnen höhere Leistungen unmittelbar zum Wohle gereichen. Daher Übereinstimmung der Interessen der Bürger mit Politik der Partei.« Nach diesen Erfolgsmeldungen ging Geggel auf die westdeutschen Medien ein. Der Springerpresse sei »jede Verleumdung der DDR recht. Im verstärkten Maße nutzt er dazu natürlich auch alles, was sich in der DDR selbst halbwegs als Äußerung gegen die Republik zusammenkratzen läßt.« Dies müsse offensiv verhindert werden, und eine wichtige Aufgabe komme dabei der Presse der DDR zu. »Dem Gegner keinen Fußbreit ideologischen Raum und kein Pulver auf seine Pfannen geben! Gerade jetzt ist das Sichtbarmachen unserer Erfolge und das Geheimnis ihres Zustandekommens Grundfrage Nummer 1. Was wir dabei überhaupt nicht gebrauchen können, ist eine Fehlerdiskussion.« Und genau dagegen hatte die »Ostsee-Zeitung« mit einigen Artikeln verstoßen. Geggel brachte daraufhin eine »kleine Blütenlese von Tendenzen und Formulierungen in bestimmten Veröffentlichungen«, die »dem Gegner in die Hand arbeiten«. Dabei kamen natürlich Zitate aus dem Voigt-Beitrag nicht zu kurz, und interessant ist in diesem Zusammenhang, mit welchen Formulierungen der Abteilungsleiter seinen Zuhörern gegenüber argumentierte.

Die These Voigts, soziale Sicherheit könne unter Umständen zu Leichtfertigkeit im Sozialverhalten führen, stellt, so Geggel, »die Dinge von den Füßen auf den Kopf, denn jeder sieht, daß gerade unsere Sozialpolitik wesentliche Stimulanz für höhere Leistungen im Wettbewerb ist. (...) Wollen die Verfechter dieser These daß bei uns die Knute geschwungen wird?« Solche Aussagen würden für eine »beträchtliche Nähe« zu »kapitalistische(n) Ideologen« zeugen und »darauf hinauslaufen, zwischen Sozialismus und Kapitalismus ein Gleichheitszeichen zu setzen«. Gründlich mißverstanden – ob gewollt oder ungewollt – wurde Prof. Voigt mit seiner Forderung, sozial sicher dürfe sich nur der wähnen, der ordentlich arbeitet. »Das ist ein Grundsatz, der unserer Sozialpolitik diametral entgegengesetzt ist. Sie garantiert gerade auch im Alter und bei Krankheit Sicherheit.« Hatte Geggel bislang noch eine gewisse inhaltliche Auseinandersetzung mit den Thesen geführt, so platzte ihm in bezug auf den genannten nicht qualifikationsgerechten Einsatz von Hoch- und Fachschulkadern förmlich der Kragen. Diese Behauptung sei »eine Lüge und diskriminiert unser Bildungswesen.« Den Schuh der zu vielen »Erfolgspropaganda« mochte er sich ebenfalls nicht anziehen. »Als ob wir von Erfolgen nur Propaganda machen; die Erfolge sind bei uns in jeder Familie sicht- und spürbar«. In dieser Diktion geht es weiter, bis den Pressevertretern schließlich ins Gewissen geredet und ihre künftige Aufgabe vor Augen geführt wird. »Diese

Thesen«, so Horst Geggel, »finden natürlich in der Bevölkerung keinen Nährboden, weil sie den eigenen Erfahrungen der Leute widersprechen. Aber sie nutzen dem Gegner für seine Hetze und deshalb haben die Leitungen der Medien dafür zu sorgen, daß solche Dinge gar nicht erst Fuß fassen.« Letztlich gehe es um eine »richtige ideologische Haltung«. Sie hat »gerade in der Herausarbeitung der Erfolge unserer Entwicklung (...) große Bedeutung dafür, daß alle Menschen unsere Republik als ihren Staat betrachten, sich bei uns heimisch fühlen und nicht auf primitive Waschpulverreklame von drüben hereinfallen.« Dies war die weitere Marschrichtung der Presse der DDR: »Die Darstellung unserer Erfolge wird nach der Wahl verstärkt fortgesetzt mit Blickrichtung 35. Jahrestag. Sofort nach dem 6. Mai beginnt die Kontrolle der Pläne der Redaktionen zum 35. Jahrestag.«

Bei einer solchen »Vergatterung« und den in der Redaktion der »Ostsee-Zeitung« ausgesprochenen Parteistrafen nimmt es nicht wunder, daß sich bis zum Herbst 1989 ähnliche Vorkommnisse in den Medien der DDR nicht mehr wiederholten.

Die geschilderten Ereignisse im Umfeld der »Ostsee-Zeitung« im Frühjahr 1984 zeigen, wie zentralistisch die SED auf dem Gebiet der Medienpolitik agierte. Ein wie auch immer gearteter, auch nur geringfügiger Spielraum regionaler und lokaler Medien in grundsätzlichen, für das Politbüro relevanten Fragen war nicht vorgesehen und wurde nicht geduldet. Genau dagegen hatten die »Ostsee-Zeitung« und, weil sie dies nicht unterbunden hatten, auch die Sekretäre der SED-Bezirksleitung Rostock verstoßen. Es war der Generalsekretär Erich Honecker selbst, der die Richtlinien der Medienpolitik der SED bestimmte. Günter Schabowski, der es als zur Zeit der OZ-Affäre Chefredakteur des »Neuen Deutschlands«, des Organs des Zentralkomitees der SED, und als Kandidat des Politbüros wissen mußte, überliefert, daß Honecker »als Oberzensor häufig die Meldungen selber fabrizierte oder ansetzen ließ, die er für zulässig hielt, oder die Informationstabus verhängte«[382] Der Generalsekretär mischte sich damit direkt in die Berichterstattung der DDR-Medien ein. »Als Machtelement verstand Honecker, was, wie und wo über Tatbestände informiert wird.«[383]

Die rigiden Auswirkungen der Artikel der »Ostsee-Zeitung« erklären, daß es sich dabei um nicht parteikonforme Bemerkungen zur Sozialpolitik Honeckers gehandelt hat, also zu einem Themenkomplex, an dem Honeckers Herz besonders hing. Er mußte die Äußerungen als einen Angriff auf die von ihm initiierte Einheit von Wirtschafts- und Sozialpolitik auffassen. Es wird Erich Honecker besonders geärgert haben, daß der VIII. Parteitag, auf dem er erstmals als kurz zuvor gewählter 1. Sekretär der SED präsidierte und sein neues sozialpolitisches Programm in ostentativer Abgrenzung zu seinem Vorgänger Ulbricht präsentierte[384],

---

[382] Schabowski, Günter, Der Absturz, Reinbek 1992, S. 97.
[383] Ebenda, S. 115. Vgl. auch Holzweißig, S. 60 f.
[384] Zum Übergang von Ulbricht zu Honecker vgl. Kaiser, Monika, Machtwechsel von Ulbricht zu Honecker. Funktionsmechanismen der SED-Diktatur in Konfliktsituationen 1962 bis 1972, Berlin 1997.

nicht entsprechend gewürdigt, sondern in seiner Bedeutung relativiert wurde. Dabei hatte Honecker selbst die Sichtweise vorgegeben, wie auch Prof. Voigt unschwer hätte nachlesen können und, so die Reaktionen der Parteiführung, auch müssen. »Dieser Parteitag begründete allseitig die Aufgaben, die bei der Gestaltung der entwickelten sozialistischen Gesellschaft gelöst werden müssen. Deutlicher als je zuvor wurde das entscheidende Anliegen des Sozialismus in den Mittelpunkt der Politik unserer Partei und des Staates gerückt: alles zu tun für das Wohl der Arbeiterklasse, für das Glück des Volkes.«[385] Auch in der parteioffiziellen »Geschichte der SED« ist eine Würdigung des VIII. Parteitages zu finden, die wenig mit den Ausführungen Voigts kompatibel ist. Der VIII. Parteitag nämlich »nimmt in der Geschichte der SED einen bedeutenden Platz ein. Er stellt eine Wende in der Politik der Partei, insbesondere der Wirtschafts- und Sozialpolitik, dar. (...) Damit vollzog die SED eine konsequente Hinwendung zu den Massen, ihren unmittelbaren Interessen und Bedürfnissen.«[386]

So wird erklärlich, welche großen Kreise der Artikel der »Ostsee-Zeitung« ziehen konnte. Dazu wird auch die Aufmerksamkeit der westlichen Medien beigetragen haben. Wie gesehen, standen Ernst Timm und Siegfried Unverricht, der 1. Sekretär und der Sekretär für Agitation und Propaganda der Bezirksleitung Rostock, kurz vor der Entbindung von ihrer Funktion. Es erhebt sich die Frage, warum dies, obwohl von Plattformen und parteifeindlichen Haltungen die Rede war, nicht geschah.

Es war Ernst Timm, der seine Hand über Unverricht gehalten hat. Der Abteilungsleiter im ZK, Heinz Geggel, hatte ihn angerufen und gesagt, er müsse abgelöst werden, »damit er gegenüber dem Generalsekretär sagen konnte: ›Wir haben auch personelle Konsequenzen gezogen, wir lösen den Agit-Prop-Sekretär in Rostock ab.‹ Und da hat sich Ernst Timm stark gemacht und sich auch durchgesetzt. Diesen Mut habe ich ihm hoch angerechnet.«[387] Hätte Honecker allerdings durchblicken lassen, daß ihm an der Ablösung Unverrichts gelegen sei, wäre auch Timm machtlos gewesen. Wesentlicher war daher etwas anderes. Es war die Publizität der Ereignisse im Westen, die einerseits zum Eingreifen Honeckers erst geführt hatte, andererseits aber auch ein schärferes Durchgreifen in personeller Hinsicht verhinderte. Siegfried Unverricht, der die »Ostsee-Zeitung« in der Tat dazu animiert hatte, kritischer zu sein[388] und schon mit seiner Ablösung gerechnet hatte, äußert sich hierzu rückblickend folgendermaßen: »Im nachhinein kam dann die Überlegung, daß Honecker gar nicht anders konnte. Man muß sich vorstellen – 1984 zeichnete sich ja schon einiges ab –, einen Ersten Sekretär und einen Agit-Prop-Sekretär der Bezirksleitung wegen parteifeindlicher Plattform rauszu-

---

[385] Honecker, Erich, Auf sicherem Kurs. Zum 30. Jahrestag der Gründung der SED, in: Reden und Aufsätze, Bd. 4, Berlin (Ost) 1977, S. 291-292, hier S. 292.
[386] Geschichte der Sozialistischen Einheitspartei Deutschlands. Abriß, Berlin (Ost) 1978, S. 563 f.
[387] Gesprächsprotokoll Unverricht, S. 9.
[388] Ebenda. Der Chefredakteur der »Ostsee-Zeitung« bestätigt diese Angabe. Vgl. Gesprächsprotokoll Schütt, S. 7.

schmeißen, das hätte große Wellen geschlagen. Das hat Erich Honecker natürlich erkannt.«[389] Siegbert Schütt erklärt gleichermaßen sein Verbleiben im Amt. »Wahrscheinlich hat mich nur ein Anruf des Politbüros gerettet: Wenn ihr das macht, greift das der Westen auf, dass wegen so einer Sache ein Chefredakteur gefeuert wird.«[390]

Diese Erklärungen sind durchaus plausibel, bedenkt man die Tatsache, daß einschlägige Medien der BRD, etwa das »Deutschland Archiv«, die Ereignisse in der DDR und die Tagungen des ZK der SED aufmerksam verfolgten. Sicher wird Honecker auch vor dem Hintergrund seiner Bemühungen um einen Staatsbesuch in der Bundesrepublik Deutschland um eine gewisse Deeskalation bemüht gewesen sein.[391]

Das Rostocker Bezirkssekretariat jedenfalls konnte seine Arbeit fortführen. Funktionsenthebungen gab es bis zum Herbst 1989 nicht, allerdings auch keine noch so geringen Abweichungen von der Linie der Berliner Parteiführung. Am 5.12.1989 wurden die Rüge Schütts und die Mißbilligung Unverrichts gelöscht.[392] Zu diesem Zeitpunkt war Siegfried Unverricht kein Sekretär der Bezirksleitung mehr.[393]

Die Berliner Parteiführung hatte eindrucksvoll bewiesen, daß sie in der Lage war, ihre untergeordneten Funktionäre derart zu disziplinieren, daß Abweichungen von der Linie der Partei umgehend unterbunden werden. Die Funktionäre auf der Bezirksebene hatten keine Möglichkeit, sich ungestraft der Presse, auch nicht des Organs der Bezirksleitung, zu bedienen, um nicht genehme Fragen aufzuwerfen. Allerdings hätte die Parteiführung den Argumenten von Prof. Voigt ernsthafte Aufmerksamkeit schenken sollen. Seine Warnungen bestätigten sich nämlich in der weiteren wirtschaftlichen Entwicklung in der DDR bis 1989.[394]

---

[389] Gesprächsprotokoll Unverricht, S. 8.
[390] Reinke, S. 126.
[391] So wurde am 24.4.1984 und damit etwa zeitgleich zu den in diesem Kapitel geschilderten Ereignissen zwischen Berlin (Ost) und Bonn ein voraussichtlicher Termin, der September 1984, für den Besuch Honeckers in der BRD festgelegt. Dieser Besuch kam freilich erst drei Jahre später zustande. Vgl. Oldenburg, Fred/Stephan, Gerd-Rüdiger, Honecker kam nicht bis Bonn. Neue Quellen zum Konflikt zwischen Ost-Berlin und Moskau 1984, in: Deutschland Archiv, H. 8, Köln 1995, S. 791-805, hier S. 793. Zu Honeckers Westpolitik vgl. Nakath, Detlef/Stephan, Gerd-Rüdiger, Von Hubertusstock nach Bonn. Eine dokumentierte Geschichte der deutsch-deutschen Beziehungen auf höchster Ebene 1980-1987, Berlin 1995 und Nakath, Detlef/Stephan, Gerd-Rüdiger (Hrsg.), Die Häber-Protokolle. Schlaglichter der SED-Westpolitik 1973-1985, Berlin 1999.
[392] Vgl. Ostsee-Zeitung, 5.12.1989.
[393] Am 12. November 1989 ist die Bezirksleitung Rostock zurückgetreten. Vgl. Gesprächsprotokoll Unverricht, S. 15.
[394] Eine im Frühjahr 1990 in der DDR durchgeführte Befragung von Angehörigen von Betrieben, Behörden und wissenschaftlichen Einrichtungen ergab, daß 1989 in der DDR knapp 1,4 Millionen Personen als verdeckt arbeitslos galten. Das entsprach einer Arbeitslosenquote von 15 % der Beschäftigten. Vgl. Vollmer, Uwe, Vollbeschäftigungspolitik, Arbeitseinsatzplanung und Entlohnung der abhängig Beschäftigten in der DDR-Wirtschaft, in: Kuhrt, Eberhard/Buck, Hannsjörg F./Holzweißig, Gunter (Hrsg.), Die Endzeit der DDR-Wirtschaft – Analysen zur Wirtschafts-, Sozial- und Umweltpolitik, Opladen 1999, S. 323-373, hier S. 329.

So wurde einmal mehr eine Chance vertan, dem Zusammenbruch der eigenen Herrschaft rechtzeitig entgegenzusteuern.

4.2.4 Die Absetzung von Konrad Naumann 1985

Unter den in den 1980er Jahren amtierenden 1. Sekretären der SED-Bezirksleitungen war Konrad Naumann in Berlin, neben Hans Modrow in Dresden, sicherlich der markanteste. Er war auch einer der einflußreichsten Bezirksfunktionäre. Dies lag zum einen daran, daß er mit Berlin nicht nur die Hauptstadt der DDR, sondern den in politischer Hinsicht wichtigsten und kompliziertesten Bezirk führte, zum anderen an seinen hohen Parteifunktionen. Naumann war seit 1973 Kandidat, seit 1976 Mitglied des Politbüros und wurde auf der 8. Tagung des ZK der SED am 24.5.1984 zum Sekretär des Zentralkomitees gewählt. Seit 1984 war er überdies Mitglied des Staatsrates. Naumann befand sich also im inneren Zirkel der Macht.[395] Seinem steilen Aufstieg in der SED-Hierarchie folgte 1985 ein jäher Sturz, »wie ihn die SED seit dem Amtsantritt Honeckers noch nicht gesehen hatte.«[396] An seinem Beispiel ist zu sehen, daß selbst für hochrangige Funktionäre der SED Spielregeln und Grenzen existierten, die bei Strafe des Funktionsverlustes zu respektieren waren. Ebenso können hier die typischen Mechanismen des Machtwechsels innerhalb der höheren SED-Hierarchie exemplifiziert werden. Was also war geschehen?

Den Anfang vom Ende der 14jährigen Tätigkeit Naumanns als 1. Sekretär der SED-Bezirksleitung Berlin, aber auch seiner Funktionen als Politbüro-Mitglied und Sekretär des ZK, markiert eine Rede, die er am 17.10.1985 vor Professoren und Dozenten der Akademie für Gesellschaftswissenschaften über die Arbeit der Berliner Parteiorganisation zur Vorbereitung des XI. Parteitages hielt. Diese Rede fiel verheerend für Naumann aus. In den Akten ist eine Tonbandabschrift einer Erklärung Kurt Hagers überliefert, die dieser schon am nächsten Tag in der Akademie abgab. Darin zählt er in sechs Punkten die kritischen Passagen der Rede Naumanns, zum Teil in wörtlicher Wiedergabe, auf.[397]

---

[395] Vgl. Herbst, Andreas/Stephan, Gerd-Rüdiger/Winkler, Jürgen (Hrsg.), Die SED. Geschichte, Organisation, Politik. Ein Handbuch, Berlin 1997, S. 1038 f., und SAPMO, DY 30/IV 2/1/622.

[396] Wenzel, Otto, Der Sturz des Politbüromitglieds Konrad Naumann im Herbst 1985, in: Zeitschrift des Forschungsverbundes SED-Staat, H. 5, Berlin 1998, S. 84-90, hier S. 84. Am 22. November 1985 wurde Herbert Häber, Leiter der Abteilung Internationale Politik und Wirtschaft im ZK, zusammen mit Konrad Naumann und wie dieser Mitglied des Politbüros und Sekretär des Zentralkomitees, aufgrund von Differenzen mit Erich Honecker von seinen Funktionen entbunden. In diesem Jahr hat es demnach gleich zwei abrupte Absetzungen von Politbüro-Mitgliedern gegeben. Vgl. auch Nakath, Detlef/Stephan, Gerd-Rüdiger (Hrsg.), Die Häber-Protokolle. Schlaglichter der SED-Westpolitik 1973-1985, Berlin 1999.

[397] Das folgende nach: SAPMO, DY 30/IV 2/1/642 (Tagungen des Zentralkomitees), Bl. 5 ff., und Wenzel, S. 86 f. Vgl. auch Mertens, Lothar, Rote Denkfabrik? Die Akademie für Gesellschaftswissenschaften beim ZK der SED, Münster 2004, S. 286-297.

In einem Punkt griff Naumann die offizielle Informationspolitik der SED an. Sie würde über die wirtschaftliche Entwicklung der DDR nur ein verzerrtes Bild bieten. Naumann selbst hatte diese Entwicklung in seinem Redebeitrag offenbar weniger rosig geschildert. Wem das nicht passen sollte, dem riet Naumann: »Wenn ihr ein optimistischeres Bild haben wollt, müßt ihr dazu besser das Neue Deutschland lesen.«[398] In einem zweiten Punkt kritisierte er die Bündnispolitik der SED und unternahm es dabei, »herabsetzende Bemerkungen über befreundete Parteien« fallenzulassen.[399] Drittens mokierte sich Konrad Naumann über die von ihm so bezeichnete »Reichsregierung«, also den Ministerrat der DDR, und seine »Unfähigkeit, die Arbeit der verschiedenen Ministerien zu koordinieren«.[400] Die Kulturpolitik nahm Naumann anschließend aufs Korn und hatte dafür nur Spott übrig. »Die Summe der Taktiken«, so Naumann, »ist noch lange keine Strategie.« Naumann hatte mit seinen Ausführungen laut Hager durch »flapsige« Bemerkungen den Eindruck erweckt, »daß die Mehrzahl der Schriftsteller und Künstler im Grund genommen Dummköpfe seien und auch so behandelt werden müßten. (...) Was Schriftsteller und Künstler von unserer Partei denken sollen, wenn gesagt wird, daß ihre Arbeit einen großen Gestank verbreite, kann sich jeder denken«.[401] Nicht nur gegen Künstler, auch gegen Wissenschaftler polemisierte Naumann. Man kann sich das Entsetzen des anwesenden Lehrkörpers der Akademie für Gesellschaftswissenschaften vorstellen, als sie Naumann sagen hörten, Wissenschaftler könnten nur Ansprüche geltend machen, etwa auf Wohnungen und Telefonanschlüsse, obwohl sie, »statt Ansprüche zu stellen, endlich einmal richtig arbeiten sollten.«[402] Entschieden zu verurteilen sei, so Kurt Hager, im sechsten Punkt die abschließende Bemerkung Naumanns: »Ich hoffe, ihr habt meinen Vortrag nicht auf Band aufgenommen, aber wenn ihr das habt, ist das auch nicht so schlimm, dann werde ich sagen, ihr lügt.«[403]

Die Brüskierung der Akademiemitglieder war enorm. Der Rektor, Prof. Dr. Otto Reinhold, ließ es sich nicht nehmen, 14 Tage nach dem denkwürdigen Auftritt Naumanns einen schriftlichen Bericht über die ganze Angelegenheit an Erich Honecker zu senden. Dieser führte daraufhin Rücksprachen mit Naumann. Akten hierüber sind nicht erhalten, aber es geben die Erinnerungen von Naumanns Ehefrau Vera Oelschlegel einigen Aufschluß: Honecker »bestellte Naumann, zeigte ihm die Mitschrift und fragte, ob er das gesagt habe. Naumann bejahte. Darauf forderte Honecker ihn auf, eine mündliche und schriftliche Stellungnahme innerhalb von sechsunddreißig Stunden abzugeben. Naumann schrieb: Was er getan habe, entspräche zwar nicht der Parteinorm und Parteidisziplin, er stünde aber dazu. Er habe eine freche und nicht genehmigte Rede gehalten, habe das aber

---

[398] SAPMO, DY 30/IV 2/1/642, Bl. 6.
[399] Ebenda, Bl. 11.
[400] Ebenda, Bl. 13.
[401] Ebenda, Bl. 14, Bl. 16, und Wenzel, S. 87.
[402] SAPMO, DY 30/IV 2/1/642, Bl. 18.
[403] Ebenda, Bl. 19.

aus Sorge getan und bäte, ihn trotzdem als treuen Genossen, der im Prinzip nie an der Partei gezweifelt habe, anzusehen.« Damit konnte Honecker natürlich nicht zufrieden sein. Er »bestellte ihn wieder und empfahl, die Stellungnahme umzuschreiben oder zu sagen, er sei betrunken gewesen. Naumann lehnte ab.«[404]

Daraufhin riß Honecker der Geduldsfaden, und er ließ tags darauf die Tagesordnung der nächsten Politbüro-Sitzung am 5.11.1985 um den Tagesordnungspunkt 3 erweitern: »Stellungnahme zum Brief des Rektors der Akademie für Gesellschaftswissenschaften beim ZK der SED, Genossen Otto Reinhold, an den Generalsekretär des ZK der SED, Genossen Erich Honecker, vom 31.10.1985«, zu dem er selbst den Bericht erstattete.[405] Die einzelnen Redebeiträge der Politbüromitglieder und -kandidaten sind in den Protokollen nicht überliefert, jedoch spricht Uschner von einer »ausnahmsweise lebhaften und leidenschaftlichen Diskussion«, in der alle Anwesenden Naumann »wegen seiner Angriffe auf die ›Generallinie‹ und die ›Einheit der Partei‹ sowie – zu Recht – seine Saufgelage« verurteilten.[406] Nach Schabowski, Teilnehmer an dieser Sitzung, machte Naumann »einen recht kläglichen Eindruck« und »versuchte, sich für seine (…) Entgleisung zu entschuldigen. Doch aus dieser Diskussion, an der sich alle beteiligten, wurde dennoch ein Scherbengericht, denn er hatte sich bereits seit längerem unbeliebt gemacht, vor allem durch seine anmaßende, selbstherrliche Art. Das wurde auch deutlich ausgesprochen, und ebenso deutlich kamen seine Saufgelage zur Sprache, durch die er immer mal wieder ins Gerede gekommen war.«[407] Es war »einer der seltenen Fälle, daß im Politbüro richtig diskutiert wurde« und »einige anders als üblich aus sich herausgingen, weil die Großtuerei von Naumann sie schon lange geärgert hatte.«[408] Naumann selbst berichtete später seiner Frau in Wandlitz – übrigens unter Wasserrauschen und Radiogeräuschen, um unbefugtes Mithören zu unterbinden – anhand seiner Notizen von dieser Politbürositzung und davon, »was jeder gesagt hatte. Er hatte sich Solidarisierung versprochen, da ja doch alle um die Probleme wissen konnten. Keiner aber sprach für ihn oder die Problemstellung. Keiner hatte an ihm ein gutes Haar gelassen.«[409]

---

[404] Oelschlegel, Vera, »Wenn das meine Mutter wüßt'«. Selbstportrait, Frankfurt/Main, Berlin 1991, S. 261.
[405] SAPMO, DY 30/J IV 2/2/2137, Bl. 2.
[406] Uschner, Manfred, Die zweite Etage. Funktionsweise eines Machtapparates, Berlin 1993, S. 84. Uschner gibt keine Quellen an, es ist aber möglich, daß er seine Informationen als langjähriger Persönlicher Referent des Politbüro-Mitglieds Hermann Axen von diesem aus erster Hand bezog.
[407] Schabowski, Günter, »So wurde alles in den Friede-Freude-Eierkuchenteig gerührt...«, in: Villain, Jean, Die Revolution verstößt ihre Väter. Aussagen und Gespräche zum Untergang der DDR, Bern 1990, S. 34-68, hier S. 56.
[408] Koehne, Ludwig/Sieren, Frank (Hrsg.), Günter Schabowski. Das Politbüro. Ende eines Mythos. Eine Befragung, Reinbek 1991, S. 27.
[409] Oelschlegel, S. 262.

Nach dem so geschilderten Verlauf dieser Sitzung und der weitgehenden Uneinsichtigkeit Naumanns kann nicht überraschen, was im Beschlußprotokoll formuliert wurde. Es waren fünf Punkte.[410] Erstens nahm das Politbüro den Reinholdschen Brief zur Kenntnis »und verurteilt nach umfassender Diskussion das parteischädigende Verhalten des Genossen Konrad Naumann.« Das Politbüro nahm zweitens ebenfalls zur »Kenntnis, daß Genosse Konrad Naumann einen Brief an den Generalsekretär des ZK der SED, Genossen Erich Honecker, richten wird mit dem Antrag, daß das Zentralkomitee der SED ihn aus gesundheitlichen Gründen von der Funktion als Mitglied des Politbüros und Sekretär des ZK entbindet und daß das Politbüro ihn als 1. Sekretär der Bezirksleitung der SED Berlin abberuft.« Drittens wurde Naumann »ab sofort beurlaubt. Bis zum Einsatz eines neuen 1. Sekretärs der Bezirksleitung Berlin der SED leitet der 2. Sekretär der Bezirksleitung Berlin der SED, Genosse Helmut Müller, die Arbeit.« Das Politbüromitglied Kurt Hager erhielt viertens den Auftrag, »vor dem gleichen Kreis der Genossen der Akademie für Gesellschaftswissenschaften, vor denen Genosse Konrad Naumann gesprochen hat«, über die Position des Politbüros zum Verhalten Naumanns zu informieren. Auch kaderpolitisch wurden Nägel mit Köpfen gemacht. Der fünfte Punkt sah nämlich vor, einen der ihren, den bisherigen Chefredakteur des Organs des Zentralkomitees »Neues Deutschland«, das Politbüromitglied Günter Schabowski, als neuen 1. Sekretär der Berliner SED-Bezirksleitung zu bestätigen.

Hager bemühte sich umgehend, die Wogen an der Akademie für Gesellschaftswissenschaften zu glätten und argumentativ gegen die Naumannsche Rede vorzugehen.[411] Die angebliche Erfolgspropaganda widerlegte Hager mit den Erfolgen der Werktätigen nach dem VIII. Parteitag und mit der sich Monat für Monat erhöhenden Warenproduktion, Arbeitsproduktivität und Effektivität der DDR-Wirtschaft. Im übrigen könnten solche Thesen »zu revisionistischen Entwicklungen wie in der Tschechoslowakei unter Dubcek (1968) und in Polen unter Kania (1980) und zur Untergrabung des Sozialismus führen.«[412] Die Bündnispolitik sei kein »unehrliches Spiel«, sondern die SED brauche, um den Sozialismus zu errichten, ein festes »Bündnis mit der CDU, der LDPD, der NDPD, der DBD..., das heißt mit Handwerkern, Gewerbetreibenden, Bauern, Angehörigen der Intelligenz und Christen«.[413] Auch die Kritik an der Regierung sei verfehlt, denn »ohne die aufopferungsvolle Arbeit der Mitglieder der Regierung und der anderen Staatsfunktionäre wäre die DDR nicht das, was sie ist.«[414] Naumanns Polemik gegen die Wissenschaftler zeuge schließlich »nicht nur von Unkenntnis über die Arbeit der Wissenschaftler an der Akademie der Wissenschaften, an der Hum-

---

[410] Das folgende nach: SAPMO, DY 30/J IV 2/2/2137, Bl. 2.
[411] Vgl. Kurt Hagers »Erklärung vor den Professoren und Dozenten der Akademie für Gesellschaftswissenschaften« vom 6.11.1985, in: Mertens, S. 289-294.
[412] Wenzel, S. 86.
[413] Ebenda, S. 87.
[414] Ebenda.

boldt-Universität, an anderen Hochschulen und in Kombinaten der Hauptstadt, sondern auch von Überheblichkeit.«[415] Was ihre Ansprüche anbelangt, so müsse doch auch geprüft werden, ob diese »nicht doch berechtigt seien.«[416] Insbesondere diese Äußerungen müssen ein dankbares Publikum, das sich ja aus Wissenschaftlern zusammensetzte, gefunden haben.

Honecker rief noch am 5.11.1985 den ahnungslosen 2. Sekretär Helmut Müller zu sich »und kam gleich zur Sache. Ob ich den Vortrag von Konrad Naumann, er sagte Konni, an der Akademie für Gesellschaftswissenschaften vom 17. Oktober kenne. Als ich verneinte, trug mir das eine Kritik ein: Dann bist Du kein guter 2. Sekretär.«[417] Daraufhin informierte er ihn über die Rede und darüber, daß er sie »als eine gegen die Parteipolitik gerichtete Konzeption« bewerte. »Dies in die Öffentlichkeit zu tragen, ist man nicht interessiert, deshalb lautet die Legende, Naumann sei krank. Bis zum Einsatz eines neuen 1. Sekretärs wurde ich mit der kommissarischen Leitung der Berliner Parteiorganisation beauftragt. Über das Erfahrene habe ich Stillschweigen gegen jedermann zu wahren.«[418]

Naumann seinerseits fügte sich nun den Spielregeln und verfaßte am 6.11.1985 den geforderten Brief, in dem er »aus gesundheitlichen Gründen« um die Entbindung von seinen Parteifunktionen bat.[419] Damit war der Form genüge getan. In einem handschriftlichen Brief an Honecker vom 7.11.1985 führte er weiter aus: »Deine prinzipielle Kritik und die aller Genossen des Politbüros ist richtig und hat mich tief getroffen – und ich habe noch keine Fassung wieder gefunden. Ich habe mich durch mein Verhalten selbst ausgestoßen und fühle mich sehr allein. Da ich mein ganzes bewußtes Leben immer das gemacht habe, was beschlossen wurde, bin ich momentan noch nicht in der Lage, selbst zu sagen, was ich arbeiten will, was ich überhaupt kann.«[420]

Naumann stand vor einem Trümmerhaufen. Ganz prägnant und zutreffend hat das Wenzel formuliert, der von einem Schreiben spricht, »das Zeugnis davon ablegt, wie aus diesem selbstherrlichen Mann innerhalb von wenigen Stunden ein Häuflein Elend geworden war«.[421]

Konrad Naumann war fast 40 Jahre lang, seit 1946, als FDJ- und SED-Funktionär tätig gewesen. Nachdem eine Funktionärstätigkeit nicht mehr möglich war, er für eine Rente aber rund zehn Jahre zu jung war, stellte sich auch ihm die Frage, was er nun beginnen sollte.

---

[415] Ebenda.
[416] Ebenda.
[417] Müller, Helmut, Wendejahre 1949-1989, Berlin 1999, S. 284.
[418] Ebenda, S. 285.
[419] SAPMO, DY 30/IV 2/1/642, Bl. 4.
[420] SAPMO, DY 30/IV 2/1/642, Bl. 23. Vgl. auch Eberle, Henrik/Wesenberg, Denise (Hrsg.), Einverstanden, E. H. Parteiinterne Hausmitteilungen, Briefe, Akten und Intrigen aus der Honecker-Zeit, Berlin 1999, S. 62.
[421] Wenzel, S. 87.

Das Politbüro befaßte sich auf der nächsten turnusmäßigen Sitzung am 12.11.1985 erneut mit dem Fall Naumann. Im Tagesordnungspunkt 15 ging es um das »Verhalten des Genossen Konrad Naumann nach dem Beschluß des Politbüros vom 5.11.1985«.[422] Der Generalsekretär selbst, der hierzu auch Bericht erstattete, wurde beauftragt, »das Sekretariat der Bezirksleitung Berlin der SED über den gesamten Umfang des parteischädigenden Verhaltens des Genossen Konrad Naumann zu informieren.« Von einem tiefen Mißtrauen der Parteiführung gegenüber dem Geschaßten zeugt ein weiterer Beschluß, der an diesem Tag gefaßt wurde: »Es ist sicherzustellen, daß sich Genosse Konrad Naumann entsprechend dem Beschluß des Politbüros bis zur Beschlußfassung im Zentralkomitee an die Beurlaubung hält. Im Falle, daß sich Genosse K. Naumann nicht an die vom Politbüro gefaßten Beschlüsse hält, wird die Angelegenheit zur weiteren Behandlung der ZPKK übergeben.« Schließlich demonstrierte das Politbüro den Mitgliedern und Kandidaten des ZK, daß es gewillt war, keine solchen Unbotmäßigkeiten zu dulden. Zu dem Zweck war jenen die »Erklärung des Politbüros, die Genosse Kurt Hager vor der Akademie für Gesellschaftswissenschaften beim ZK der SED abgegeben hat«, als Information bekanntzugeben.

Noch am selben Tag begab sich Erich Honecker in die Bezirksleitung Berlin der SED. Dies war ursprünglich nicht geplant, aber nicht mehr zu umgehen, denn »die Sekretäre, die Naumanns Arbeitsstil, auch bei Krankheit, gut kannten, schöpften Verdacht, Gerüchte gingen um, und andere ›Eingeweihte‹ erzählten hinter vorgehaltener Hand ihren besten Freunden was sich zugetragen hatte.«[423] Müller mußte daher dem Generalsekretär berichten, »daß sich die Absetzung Naumanns nicht mehr in unserem Sekretariat und vor den 1. Kreissekretären verbergen läßt. Er ließ sich daraufhin vom Politbüro bestätigen, daß er diesen Personenkreis persönlich informieren kann. Das geschah am Abend des 12. November.«[424] Honecker informierte also ab 16.45 Uhr das Sekretariat der Bezirksleitung über den Vortrag Naumanns vor der Akademie und die darauf folgenden beiden Politbürositzungen, in denen das »parteischädigende Verhalten« Naumanns als ein »offene(r) Angriff auf die Generallinie der Partei« charakterisiert wurde. Nachdem die im Politbüro gefaßten Beschlüsse erläutert worden waren, ist es an den Berliner Genossen gewesen, Stellung zu beziehen. Wie schon im Politbüro, so hatte Naumann, der »in ›seiner‹ Berliner Parteiorganisation einen starken Rückhalt zu haben glaubte«[425], auch hier keine Fürsprecher. Der 2. Sekretär Helmut Müller, kommissarisch mit der Leitung der Berliner Parteiorganisation betraut, erklärte »aus vollster Überzeugung«[426], wie er später selbst angab, »im Namen des Sekretariats der Bezirksleitung die vollinhaltliche und vorbehalt-

---

[422] Das folgende nach: SAPMO, DY 30/J IV 2/2/2138, Bl. 6.
[423] Müller, Wendejahre, S. 285.
[424] Ebenda.
[425] Uschner, S. 83.
[426] Protokoll des Gesprächs mit Helmut Müller, Berlin, 21.2.2003, S. 23.

lose Zustimmung zu den Beschlüssen des Politbüros und versprach, daß alle Funktionäre der Berliner Parteiorganisation mit voller Kraft an der Verwirklichung der Beschlüsse des Zentralkomitees arbeiten werden und es in Berlin um die Verwirklichung der Linie des Zentralkomitees geht und nicht um einen Fall Naumann.«[427] Dann versprach er Honecker im Namen der Berliner Genossen, alles zu tun, »um die Linie des Zentralkomitees und die Politik zum Wohle des Volkes, zum Glück der Menschen und zur Sicherung des Friedens in der Hauptstadt zu erläutern und zu verwirklichen. Es gilt die Einheit und Geschlossenheit unserer Reihen und der gesamten Berliner Parteiorganisation zu festigen und immer wieder den Nachweis für die Übereinstimmung von Wort und Tat in der Politik unserer Partei zu erbringen. Wir alle werden so arbeiten, daß wir das große Vertrauen, welches das Politbüro und Genosse Erich Honecker persönlich in die leitenden Kader der Berliner Parteiorganisation setzt, stets rechtfertigen, und wir wollen so arbeiten, daß sich das Zentralkomitee und sein Generalsekretär immer auf die Berliner Parteiorganisation verlassen kann.«[428]

Bevor die Sitzung um 19.00 Uhr geschlossen wurde, faßte das Sekretariat der Bezirksleitung noch drei Beschlüsse: Der 5. Tagung der Bezirksleitung Berlin am 25.11.1985 wird die Entbindung Konrad Naumanns als 1. Sekretär und Mitglied der Bezirksleitung vorgeschlagen, auf einer daran anschließenden Beratung wird Erich Honecker die 1. Sekretäre der Kreisleitungen über den Standpunkt und die Beschlüsse des Politbüros informieren, und Helmut Müller wird am 13.11.1985 auf einer Mitarbeiterversammlung die Genossen des Apparates der Bezirksleitung in Kenntnis setzen.[429]

In dieser Mitarbeiterversammlung informierte Müller die Mitarbeiter der Bezirksleitung »kurz und sachlich« in etwa 15 Minuten[430] über Naumanns Rede und darüber, daß sich das Politbüro »sehr prinzipiell, sehr kameradschaftlich, und sehr zeitaufwendig mit diesen Fragen beschäftigt hat«, so »in einer zweieinhalbstündigen Aussprache«.[431] Er erläuterte weiter die eingeleiteten Maßnahmen und den Umstand, daß Naumann »auf persönliche Bitte aus gesundheitlichen Gründen« entbunden wird, um »den Schaden, der angerichtet ist, auf ein Mindestmaß zu begrenzen«. Schließlich verpflichtete er die Berliner Genossen, »auf der Grundlage der Beschlüsse unserer Parteiführung« weiterzuarbeiten.[432]

Bereits einen Tag später, am 14.11.1985, informierte Helmut Müller in einem von allen 1. Sekretären der Berliner Kreisleitungen gebilligten Brief den Generalsekretär über eine »erste Einschätzung der Reaktion, der Haltung und der gezogenen Schlußfolgerungen der Genossen«, die über die »Beschlüsse des Politbüros infolge des parteischädigenden Verhaltens des Genossen Konrad Naumann infor-

---

[427] LAB, C Rep. 902, Nr. 5203.
[428] Ebenda.
[429] Vgl. ebenda.
[430] Müller, Wendejahre, S. 285.
[431] LAB, C Rep. 902, Nr. 5203.
[432] Ebenda.

miert sind.«⁴³³ Demnach billigten, das kann nicht überraschen, alle Genossen die Handlungsweise des Politbüros, die »als eine unausweichliche Konsequenz«, als »Notwendigkeit für die Sicherung und Festigung der Einheit, Reinheit und Geschlossenheit« angesehen wird und die »im Leninschen Stil ohne Ansehen der Person« geführt wurde. Die Erläuterung der Beschlüsse durch Erich Honecker ist, so Müller weiter, ein »Beweis des großen Vertrauens (…) in die Berliner Parteiorganisation und ihre Kader«. Es wurde »die Prinzipialität, Sachlichkeit und Kameradschaftlichkeit, mit der Genosse Erich Honecker auftrat, als beeindruckend und mobilisierend hervorgehoben. Das ist zugleich eine große Unterstützung und Hilfe für die Genossen, die Betroffenheit und Enttäuschung über das parteischädigende Verhalten Konrad Naumanns zu überwinden.« Müller gewann dem Fall Naumann auch gute Seiten ab. »Das Wissen über die politische Tragweite dieser Angelegenheit stärkt den Kampfgeist und die Entschlossenheit der Genossen, unter Einsatz aller Kräfte den Beweis anzutreten, daß das Vertrauen der Parteiführung in uns gerechtfertigt ist und mit hohen Leistungen auf allen Gebieten unter Beweis gestellt wird.«⁴³⁴

Wie beschlossen, wurde Konrad Naumann auf der 11. Tagung des Zentralkomitees am 22.11.1985 von seinen Funktionen als Mitglied des Politbüros und Sekretär des Zentralkomitees entbunden. Das »Neue Deutschland« verbreitete tags darauf die offizielle Version, dies sei »aus gesundheitlichen Gründen« geschehen.⁴³⁵ Am Montag, dem 25.11.1985, dem 56. Geburtstag Konrad Naumanns, tagte die Bezirksleitung Berlin, entband Naumann »entsprechend der Empfehlung des Zentralkomitees« von seinem Amt als 1. Sekretär der Bezirksleitung und wählte einstimmig Günter Schabowski als neuen 1. Sekretär. Damit hatten die 176.000 Mitglieder und Kandidaten der Bezirksparteiorganisation Berlin eine neue Führungspersönlichkeit.⁴³⁶ Honecker selbst hatte die sechs Punkte aus Naumanns Rede als Begründung für die Ablösung angeführt. »Dazu stellte jedoch eine der jüngsten Genossinnen eine Frage. Was soll sie eigentlich nach dem gelesenen und dem eben gehörten glauben, was soll sie den Genossen ihrer Grundorganisation sagen? Die Antwort lautete: Die Wahrheit! Man solle die Fakten nennen und sich dabei zugleich die Frage vorlegen, ob derjenige, der so etwas erzählt, nicht krank sein muß. Ein leitender Genosse, der seine sieben Sinne beisammen hat, kann doch einen solchen Blödsinn gar nicht vertreten. Diszipliniert hoben alle die Hand und stimmten der Ablösung zu.«⁴³⁷

Noch einmal mußte sich das Politbüro mit Konrad Naumann befassen. Am 10.12.1985 wurde beschlossen, ihn aus den bereits am 14. April des Jahres bestätigten Kommissionen zur Vorbereitung des XI. Parteitages zu entfernen.⁴³⁸ Als

---
[433] Ebenda.
[434] Ebenda.
[435] Neues Deutschland, 23./24.11.1985, S. 1.
[436] Neues Deutschland, 26.11.1985, S. 1.
[437] Müller, Wendejahre, S. 286.
[438] Vgl. SAPMO, DY 30/J IV 2/2/2145, Bl. 2.

auf dieser Sitzung auch die Thesen zum 1987 bevorstehenden 750jährigen Bestehen von Berlin diskutiert wurden, trat Günter Mittag noch einmal nach und schlug vor, den Namen Naumanns »als ehemaligen 1. Sekretär zu streichen«, scheiterte jedoch an Honeckers Entgegnung: »Geschichte ist Geschichte.«[439]

In der Tat war die politische Tätigkeit von Konrad Naumann Geschichte. Ihm wurde eine Arbeit als wissenschaftlicher Mitarbeiter, später Stellvertreter des Leiters der Staatlichen Archivverwaltung des Ministeriums des Innern in Potsdam zugewiesen.[440] Diese Behörde hielt man offenbar für besonders geeignet, gestürzte Parteifunktionäre aufzunehmen. Schon Karl Schirdewan hatte 1958 dieses Schicksal ereilt.[441] Naumann, als »zerstört(...) und gestört(...)« beschrieben, »flüchtete aus der Welt mit Unmengen verschiedener Tabletten«.[442] Seine neue Tätigkeit hatte ohnehin nur den Charakter einer Versorgungsfunktion. Obwohl mit Dienstwagen und Fahrer ausgestattet[443], war er häufig am Mittag wieder zu Hause.[444] Dieses war nun nicht mehr in Wandlitz, sondern in einer Villa in Berlin-Karlshorst. Hier lebte Naumann die nächsten Jahre. »Nach der Wende«, so wird erzählt, »habe man ihn in ein Archiv nach Berlin versetzt, wo er noch wenige Wochen bis zum Eintritt in den Vorruhestand ›absaß‹«.[445] 1991 übersiedelte Naumann nach Quito/Ecuador, wo seine mittlerweile vierte Frau als Deutschlehrerin und Firmendolmetscherin tätig gewesen sein soll. Hier verstarb Konrad Naumann am 25.7.1992 in Guayaquil.[446]

Die Amtsenthebung Naumanns war ein »Sturz, wie die SED ihn lange nicht mehr gesehen hatte«.[447] Hier hatte auch das Krisenmanagement der Parteiführung insoweit versagt, als trotz der offiziell angegebenen gesundheitlichen Gründe sich die Einzelheiten der Affäre nicht verbergen ließen. Die Gründe für diese Entwicklungen sollen nachfolgend untersucht werden.

Zunächst könnte angenommen werden, Naumann habe seine Rede vor der Akademie in trunkenem Zustand gehalten, wird doch übereinstimmend berichtet,

---

[439] SAPMO, DY 30/IV 2/2.039/32, Bl. 19. In den Thesen heißt es kurz und bündig: »1. Sekretär der Bezirksleitung der SED war von 1971 bis 1985 Konrad Naumann. Nach der 11. Tagung des Zentralkomitees der SED im November 1985 wurde Günter Schabowski zum 1. Sekretär der Bezirksleitung gewählt.« SAPMO, DY 30/J IV 2/2/2145, Bl. 78 und Diehl, Ernst u. a. (Hrsg.), 750 Jahre Berlin. Thesen, Berlin 1986, S. 78.
[440] Herbst/Stephan/Winkler, S. 1039.
[441] Wegen »Fraktionstätigkeit« am 6.2.1958 aus dem ZK ausgeschlossen und mit einer »strengen Rüge« belegt, arbeitete Schirdewan anschließend bis 1965 als Leiter der Staatlichen Archivverwaltung in Potsdam. Vgl. Schirdewan, Karl, Ein Jahrhundert Leben. Erinnerungen und Visionen, Berlin 1998.
[442] Oelschlegel, S. 265.
[443] Vgl. Albrecht, Michael, Was macht eigentlich Konrad Naumann, in: Zimmermann, Monika (Hrsg.), Was macht eigentlich...? 100 DDR-Prominente heute, Berlin 1994, S. 200-202, hier S. 202.
[444] Oelschlegel, S. 266.
[445] Albrecht, S. 202.
[446] Vgl. ebenda, S. 201, Herbst/Stephan/Winkler, S. 1038 f., Wenzel, S. 89, Anm. 27.
[447] Fricke, Karl Wilhelm, Naumanns Sturz – ein Sieg für Krenz. Die kaderpolitischen Beschlüsse des 11. ZK-Plenums, in: Deutschland Archiv, H. 12, Köln 1985, S. 1251-1253, hier S. 1251.

er sei »trinkfreudig, aber nicht trinkfest«[448], ein »unberechenbarer Alkoholiker«[449] und »soff wahnsinnig, teilweise bis zur Bewußtlosigkeit, auch in der Öffentlichkeit«[450]. Naumann »liebte es, in diesem Zustand große Sprüche zu klopfen.«[451] Aber darin ist nicht der Grund zu sehen. Als Naumann seine Rede hielt, war er »stocknüchtern«.[452]

Ein möglicher zweiter Grund könnte in der ihm eigenen Art, Vorträge zu halten, gelegen haben. Darin unterschied er sich stark von seinen Genossen. »Sein Talent, komplizierte politische Probleme auf pragmatische Art zu erklären, war beeindruckend, nahezu verführerisch. Seine Reden zeugten von Geist und Witz und seine Zuhörer wußten von vornherein, daß sie bei seinen Auftritten auf ihre Kosten kommen würden. Nicht alle in seiner Umgebung fanden das gut und äußerten sich abfällig über die FDJ-Manieren. Ihn störte das aber nicht im geringsten.«[453] Helmut Sakowski, Schriftsteller und ZK-Mitglied, berichtet ebenfalls, Naumann sei »berühmt wegen seiner schnoddrigen Politkonference« gewesen.[454]

Naumann, der selbst »nicht mehr als abweichende Nuancen zur offiziellen Politik« vertrat[455], wird sich von seiner eigenen Rhetorik hinreißen lassen haben. »Nach irgendeiner Parteiaktivtagung, wo Naumann eine Rede gehalten hatte und furchtbar ins Fettnäpfchen getreten war, hat er hinterher im Sekretariat gesagt: ›So lange ich die Brille auf habe, braucht ihr keine Angst um mich zu haben. Nur wenn ich die Brille abnehme!‹ Denn wenn er die Brille abnahm, redete er frei von der Leber weg. Und so stelle ich mir den Vorgang an der Akademie vor. Er ging mit einem ausgearbeiteten Referat über Berlin-Beschlüsse hin, da hat er das erste Mal Lacher gekriegt, denn das ND war nicht generell – auch in Parteikreisen – so hoch geliebt. Dann wird er beim zweiten Mal wieder die Brille abgenommen und wieder Lacher bekommen haben. Er hat die kritischen Dinge ja nicht zusammenhängend gesagt. Er hat das ja an verschiedenen Stellen von sich gegeben.«[456] Naumann gefiel sich offenbar in seiner Rolle als unkonventioneller Redner und Funktionär.

Aber es spielten bei Naumann noch andere Motive eine Rolle. Sein Stellvertreter Müller fragt: »War es ein Testballon, wie weit er gehen kann und wie weit die Gunst des Generalsekretärs reicht? Diese hatte ihn bei manchem ›Ausrutscher‹ noch immer gerettet. Vielleicht war es primitiver Populismus.«[457] Das ist möglich.

---

[448] Schabowski, Günter, Der Absturz, Reinbek 1992, S. 132.
[449] Loeser, Franz, Die unglaubwürdige Gesellschaft. Quo vadis, DDR?, Köln 1984, S. 65.
[450] Gesprächsprotokoll Müller, S. 20.
[451] Hertle, Hans-Hermann/Pirker, Theo/Weinert, Rainer, »Der Honecker muß weg!« Protokoll eines Gespräches mit Günter Schabowski am 24. April 1990 in Berlin/West, Berlin 1990, S. 10.
[452] »Das ist belegt und bewiesen.« Ebenda, S. 21.
[453] Müller, Wendejahre, S. 173.
[454] Sakowski, Helmut, Mutig waren wir nicht. Ein Bericht, Berlin 1990, S. 24.
[455] Müller, Wendejahre, S. 287.
[456] Gesprächsprotokoll Müller, S. 22.
[457] Müller, Wendejahre, S. 286.

Der vielleicht wichtigste Grund für seine verbalen Attacken liegt jedoch sicher in dem »angestaute(n) Frust darüber, daß seine hochfliegenden Karrierepläne schon Ende 1983 mit der Berufung von Egon Krenz zum Sekretär des ZK und Stellvertretenden Vorsitzenden des Staatsrats der DDR geplatzt waren.«[458] Hierin liegt der wichtigste Schlüssel zum Verständnis der Persönlichkeit Naumann: in seinem unbedingten Streben nach oben. Naumann, ein »langjähriger Vertrauter Erich Honeckers«[459] und als »machtbesessen«[460] beschrieben, »erstrebte nach Höherem. Rivalen oder Konkurrenten verstand er auszuschalten, wobei er in der Wahl der Mittel nicht fein war.«[461] Manfred Uschner berichtet, 1984 erstmals von einem Mitarbeiter Honeckers gehört zu haben, »Naumann mache sich sehr stark gegen den Generalsekretär und habe ein solches Hinterland hinter sich versammelt, daß er an die Spitze gelangen könnte.«[462] Schon seit einigen Jahren soll er begonnen haben, »den von Honecker befohlenen Kurs anzugreifen, vor allem die zunehmende Loslösung der Partei von den Arbeitern, deren Stimmung er von vielen Besuchen in Berliner Großbetrieben recht gut kannte. Er hatte ein sehr enges Verhältnis zum sowjetischen Botschafter Abrassimow. Beide verband ein recht grobschlächtiger Charakter. Naumann glaubte, neben Moskau auch Teile der NVA und der Sicherheitsorgane hinter sich sammeln zu können.«[463] Diese Beobachtung wird von anderen Zeitzeugen bestätigt. Naumann wollte hiernach »Generalsekretär werden. Im Unterschied zu Krenz plagten ihn wenig Skrupel.«[464] Dabei war Naumanns Fahrplan »simpel, aber erfolgversprechend. In der wichtigen Berliner Parteiorganisation meinte er, sich eine solide Hausmacht zu schaffen. Vor allem setzte er auf sowjetische Protektion, damals immer noch die erste Bedingung, um solchen Ehrgeiz aussichtsreich zu machen. In der restaurativen Ära Breshnews konnte man sich mit harten Äußerungen zur Kulturpolitik, gegen die ideologische Unzuverlässigkeit mancher Künstler oder mit abschätzigen Bemerkungen über einen Sozial-Populi(s)mus in Moskau sehr empfehlen. Als Verbündeten sicherte er sich den sowjetischen Botschafter Abrassimow.«[465]

Diese Ambitionen konnten dem Generalsekretär nicht verborgen bleiben, zumal Naumann selbst zur Popularisierung beitrug. In Berlin »redete man darüber

---

[458] Ebenda.
[459] Kaiser, Monika, Machtwechsel von Ulbricht zu Honecker. Funktionsmechanismen der SED-Diktatur in Konfliktsituationen 1962 bis 1972, Berlin 1997, S. 211.
[460] So die Einschätzung von Gero Hammer, Präsident des »Deutschen Bühnenbundes der DDR«. Hammer, Gero, Mann der Balance, in: Hoffmann, Gertraude/Höpcke, Klaus (Hrsg.), »Das Sicherste ist die Veränderung«. Hans-Joachim Hoffmann. Kulturminister der DDR und häufig verdächtigter Demokrat, Berlin 2003, S. 49-51, hier S. 50.
[461] Müller, Wendejahre, S. 173.
[462] Uschner, S. 84.
[463] Ebenda.
[464] Schabowski, Absturz, S. 131. Vgl. auch Protokoll des Gesprächs mit Günter Schabowski, Berlin, 24.7.2003, S. 2: »Naumann spekulierte auf den Posten des Generalsekretärs.«
[465] Schabowski, Absturz, S. 131. Schabowski berichtet weiter von einer in der »Berliner Zeitung« abgedruckten Rede Naumanns, »in der dieser versteckt, aber erkennbar Nuancen der Politik Honeckers aufs Korn nahm.« Ebenda, S. 117.

– und Naumann war es wohl nicht unangenehm –, daß sich beide häufig träfen.«[466] Bei verschiedenen Gelagen »bramabarsierte er über seine Pläne als Generalsekretär. Die Liste für sein Politbüro habe er schon fertig. Da würden sich manche wundern. Das Gebaren Naumanns war stadtbekannt.«[467]

Erich Honecker schwieg lange zu Naumanns Verhalten, »weil er die offene Konfrontation scheute«[468] und »vor Zerwürfnissen und Diskontinuität in der Führung und damit brüsken Veränderungen im Politbüro zurückschreckte«.[469] Er machte ihn 1984 sogar zum Sekretär des ZK und zum Mitglied des Staatsrates, »um ihn einzubinden«[470], wie er sich Helmut Müller gegenüber erklärte. »Wie sich zeigte, ohne Erfolg. Er wollte in Wirklichkeit mehr. Er wollte eines Tages Erich Honecker beerben.«[471] Ein Beleg dafür, daß Honecker seinen Berliner 1. Bezirkssekretär nicht fallen lassen wollte, ist sein Auftrag an Horst Dohlus, dem 2. Sekretär Helmut Müller zu übermitteln, mit Naumann zu reden und ihn zu veranlassen, mit dem übermäßigen Alkoholgenuß aufzuhören. Das tat Müller, und dessen einzige Reaktion war es, im Politbüro Dohlus vorzuwerfen, zu feige gewesen zu sein, um selbst das Gespräch mit ihm zu führen.[472]

Nachdem auch Honecker einsehen mußte, daß Naumann nicht zu zügeln war, es zwischen beiden auch »seit längerem Spannungen gegeben hatte«, entschied er diesen »Machtkampf«[473]. Bereits 1984 soll Honecker sich für Krenz und gegen Naumann entschieden haben. Helmut Müller »weiß definitiv, daß Honecker 1984 folgendes erklärt hat: ›Krenz wird mein Nachfolger, nur vorher müssen wir Naumann beiseite schieben, der es auch werden will.‹«[474] Zum Zeitpunkt seiner Rede muß Naumann bewußt geworden sein, daß seine Ambitionen ins Leere gelaufen waren, zumal sein Verbündeter Abrassimow schon »auf Honeckers ausdrücklichen Wunsch« als Botschafter abberufen war.[475] Helmut Müller bestätigt dies. »Als Krenz 1983 Sekretär des ZK wurde, hatte Naumann ziemlich unverblümt gehofft, Nachfolger von Paul Verner zu werden. Als das nichts wurde, war seine Erklärung mir gegenüber: ›Das hat auch etwas Gutes. Jetzt weiß ich, daß ich aus diesem Zimmer mit den Füßen nach vorn herausgetragen werde.‹ Damit waren seine Träume für die Zentrale erledigt. Er hatte sich selbst ausgemalt: ›Du wirst Nachfolger von Paul Verner, damit bist du zweiter Mann, und dann stehen dir die Wege

---

[466] Ebenda.
[467] Ebenda, S. 132.
[468] Ebenda.
[469] Schabowski, in: Villain, S. 57.
[470] Gesprächsprotokoll Müller, S. 23.
[471] Müller, Wendejahre, S. 287.
[472] Vgl. ebenda, S. 288 f., und Gesprächsprotokoll Müller, S. 20.
[473] Schabowski, in: Villain, S. 56 und S. 57.
[474] Gesprächsprotokoll Müller, S. 20 f.
[475] Schabowski, in: Villain, S. 59. Abrassimow hatte sich »für den eigentlichen hiesigen Oberaufpasser der Moskauer Führung« gehalten und aufgeführt, weswegen Honecker ihm »überhaupt nicht grün« war. Ebenda.

offen, die Strippen zu ziehen.‹«[476] Für die Enttäuschung Naumanns, die er nicht verwinden konnte, spricht auch, daß er in seiner Rede unter anderem die Medienpolitik angegriffen hat, »weil ihn mit dem dafür zuständigen Jochen Herrmann seit längerem eine herzliche Intimfeindschaft verband.«[477]

Nun mußte Honecker nur noch einen Grund finden, Naumann abzulösen. Dabei war seine Rede »ein ganz willkommener Anlaß. Wenn die nicht gewesen wäre, wäre ein anderer Anlaß gefunden worden. Es mußte vor dem 11. Parteitag bereinigt werden. Von Honecker wurde das 1984 ausgesprochen.«[478] Dabei war die Rede »ein Ereignis, das im Grunde so gravierend gar nicht schien, da es vordergründig absolut im Rahmen dessen blieb, was sich Großkopferte eben nun mal erlauben durften«[479] und »normalerweise kein hinreichender Anlaß gewesen, jemanden aus dem Politbüro zu entfernen«[480], war Honecker doch »sehr bedacht auf die Einheit und Geschlossenheit der Führung, weil das zugleich Ausweis seiner eigenen Stabilität war. Ein Mann, der ein festgefügtes Politbüro unter sich hat, ist ein stabiler Generalsekretär. Ein Mann, der ständig Leute auswechseln muß, gibt damit zu erkennen, daß es mit seiner Stabilität nicht weit her ist.«[481]

Dies zeigt, daß Honecker nunmehr gewillt war, sich Naumanns und dessen Eskapaden zu entledigen. Insofern war die Ablösung Naumanns in der Tat, wie Fricke schreibt, »ein Sieg für Krenz«.[482] Die besondere Tragik Naumanns war, daß er nicht wegen seiner Fehltritte als »stadtbekannte(r) Sauf- und Hurenbold«[483] abgelöst wurde, sondern wegen Passagen in seiner Rede, die, wie etwa in bezug auf das »Neue Deutschland«, »größtenteils nicht falsch gewesen«[484] sind. Obwohl Naumann in vielem Recht hatte, »hätte ihm niemand recht geben können«, weil »sein Charakter, seine Neigung zum Überziehen doch bekannt waren. (...) Der Charakter, den Naumann hatte bzw. nicht hatte, schmälerte die Wirkung seiner Argumente ganz entscheidend.«[485]

---

[476] Gesprächsprotokoll Müller, S. 21.
[477] Koehne/Sieren, S. 27.
[478] Gesprächsprotokoll Müller, S. 21. Naumanns Frau Vera Oelschlegel schreibt, Freunde hätten ihn vor einer Falle gewarnt, als Naumann das Angebot erhielt, vor der Akademie für Gesellschaftswissenschaften zu sprechen. Er hätte diesen Warnungen aber keine Beachtung geschenkt. Vgl. Oelschlegel, S. 261. Das kann allerdings nicht verifiziert werden.
[479] Schabowski, in: Villain, S. 56.
[480] Koehne/Sieren, S. 28.
[481] Ebenda.
[482] Fricke, S. 1251.
[483] So die Einschätzung von Uschner, S. 83. Naumanns 2. Sekretär Helmut Müller mildert diese Charakteristik insofern ab, als er von einer »Überspitzung« spricht, von der »aber der Kern stimmt.« Gesprächsprotokoll Müller, S. 20.
[484] Interview von Brigitte Zimmermann und Hans-Dieter Schütt mit Prof. Dr. Gerhart Neuner vom 12.12.1991, in: Schütt, Hans-Dieter/Zimmermann, Brigitte (Hrsg.), ohnMacht. DDR-Funktionäre sagen aus, Berlin 1992, S. 159-177, hier S. 168.
[485] Herrmann, Frank-Joachim, Der Sekretär des Generalsekretärs. Honeckers persönlicher Mitarbeiter über seinen Chef. Ein Gespräch mit Brigitte Zimmermann und Reiner Oschmann, Berlin 1996, S. 62 f.

Die Geschehnisse zeigen aber auch, daß selbst der mächtigste 1. Bezirkssekretär, da er auf sich allein gestellt war, einen Machtkampf mit Honecker nicht gewinnen konnte. Es bedurfte, wenn der Entschluß zur Ablösung einmal gefallen war, nur noch eines, wenn auch banalen, Anlasses, um den Renitenten nicht nur aus dem inneren Zirkel der Macht auszuschließen, sondern ihn gänzlich zu entmachten und zu verbannen. Dies ist Konrad Naumann widerfahren. Die von Erich Honecker gesteuerte Aktion hatte nur den Makel, daß sie sich nicht verbergen ließ, da die Eskapaden Naumanns und seine Ambitionen auf den Posten des Generalsekretärs zu zwielichtig waren. An gesundheitliche Gründe glaubte niemand, und so mußte den Mitgliedern der Berliner Bezirksleitung reiner Wein eingeschenkt werden. Das Vorstehende zeigt schließlich, welche »zwielichtige(...)«[486] Gestalt trotz der »Gebote der sozialistischen Moral«[487] in der SED zu hohem Amt und Würden kommen konnte.

4.2.5 Hans Modrow und das Dresdner Staatsschauspiel 1987

Im März 1987 hatte Kurt Hager, Mitglied des Politbüros, des Staatsrates und als Sekretär des ZK unter anderem verantwortlich für Wissenschaft, Volksbildung und Kultur[488], der Hamburger Illustrierten »Stern« ein Interview gewährt, das die Zeitschrift in ihrer Ausgabe vom 9.4.1987 veröffentlichte.[489] Das Organ des Zentralkomitees der SED »Neues Deutschland« brachte einen Tag später, am 10.4.1987, unter der Überschrift »Kurt Hager beantwortete Fragen der Illustrierten ›Stern‹« auf Seite 3 den Wortlaut des Interviews. Ein Großteil der Fragen drehte sich um die Perestroika in der Sowjetunion und ihre Auswirkungen auf die DDR. Der »Stern« fragte unter anderem konkret: »Die SED-Führung unterstützt die von Michael Gorbatschow eingeleiteten Reformen in der Sowjetunion. Zugleich be-

---

[486] Wenzel, S. 89.
[487] Auf dem V. Parteitag der SED hatte Walter Ulbricht in seinem Referat am 10.7.1958 zehn »Gebote der neuen, sozialistischen Sittlichkeit« verkündet. Diese »Moralgesetze« verpflichteten unter anderem dazu, »die sozialistische Arbeitsdisziplin (zu) festigen« und »sauber und anständig (zu) leben«. Vgl. Protokoll der Verhandlungen des V. Parteitages der Sozialistischen Einheitspartei Deutschlands, 10. bis 16. Juli 1958 in der Werner-Seelenbinder-Halle zu Berlin, Band 1, Berlin (Ost) 1959, S. 160 f.
[488] Zur Person Kurt Hagers (1912-1998) vgl. dessen Autobiographie: Hager, Kurt, Erinnerungen, Leipzig 1996, daneben biographische Kurzskizzen in: Herbst, Andreas/Stephan, Gerd-Rüdiger/Winkler, Jürgen (Hrsg.), Die SED. Geschichte – Organisation – Politik. Ein Handbuch, Berlin 1997, S. 963 f.; Müller-Enbergs, Helmut/ Wielgohs, Jan/Hoffmann, Dieter (Hrsg.), Wer war wer in der DDR? Ein biographisches Lexikon, Bonn 2000, S. 303 f. Nach wie vor fehlt eine wissenschaftliche Biographie über Kurt Hager.
[489] Hierzu schreibt Kurt Hager selbst in seinen Erinnerungen: »Die Redaktion hatte Fragen eingereicht, zu deren Beantwortung die Pressestelle unseres Außenministeriums einen Entwurf lieferte. Es war ein Fehler, daß ich mich zu eng an diesen Entwurf hielt und nicht meinen eigenen Stil gebrauchte.« Hager, Erinnerungen, S. 384. Der Text des Interviews war, bevor er dem »Stern« zugeleitet wurde, vom Politbüro gebilligt worden. Vgl. Wolle, Stefan, Die heile Welt der Diktatur. Alltag und Herrschaft in der DDR 1971-1989, Bonn 1998, S. 364, Anm. 508.

tont die DDR ihre Eigenständigkeit. Sind die Zeiten vorbei, in denen das Land Lenins für deutsche Kommunisten Vorbild war?« und »›Perestroika‹, Umgestaltung also auch in der DDR?«[490] Hager sprach daraufhin von »wichtige(n) Beschlüsse(n) zur Beschleunigung der sozialökonomischen Entwicklung in der Sowjetunion«, die zur »Überwindung ungünstiger Tendenzen und Schwierigkeiten, die in den 70er Jahren und Anfang der 80er Jahre aufgetreten waren«, führen werden. Mit dieser Antwort nicht zufrieden – die Situation in der DDR hatte Hager mit keinem Wort erwähnt –, hakte der »Stern« nach: »Das klingt sehr danach, als hätte die SED am liebsten mit alldem nicht viel zu tun.« Nun wurde Hager deutlicher. »Wir deutschen Kommunisten haben dem Land Lenins stets große Achtung und Bewunderung entgegengebracht, und daran wird sich auch nichts ändern. (...) Dies bedeutete jedoch auch in der Vergangenheit nicht, daß wir alles, was in der Sowjetunion geschah, kopierten. (...) Würden Sie, nebenbei gesagt, wenn Ihr Nachbar seine Wohnung neu tapeziert, sich verpflichtet fühlen, Ihre Wohnung ebenfalls neu zu tapezieren?«

Das Interview stieß auf große Resonanz in der Bevölkerung. Eine Vielzahl von Protestbriefen erreichte das Büro Hager. So schrieb eine Ärztin aus Wernigerode: »Ihr selbstzufriedener Ton und Ihr selbstzufriedenes Lächeln sind nicht angebracht, angesichts der voranschreitenden Mißwirtschaft. Auch wir brauchen Demokratie und Reformen! Und ein Staat, welcher mit Strafgesetzen seine Bürger festhalten muß, beantwortet die Frage nach der Wertigkeit seines Systems selbst klar und deutlich.«[491]

Gerade Hagers Tapeten-Metapher sorgte in der Bevölkerung für großen Unmut. »Der Tapezierer« oder »Tapezier-Hager« wurden, wie Kurt Hager in seinen Erinnerungen später einräumte, zu seinen »Markenzeichen«.[492] So schrieb ein Dresdner Bürger am 17.4.1987 an Kurt Hager und legte den Finger gleich auf den wunden Punkt der Argumentation: »Am meisten empörte mich Ihre Ansicht von der tapezierten Wohnung des Nachbarn. Als die Reformer in Prag neu tapezieren wollten, hat es Sie doch auch interessiert. Die Tapeten mußten doch mit Gewalt wieder herunter und es wurde alles mit dem Einheitspinsel wieder hergestellt. Und nun so gleichgültig?«[493]

Damit spielte der Schreiber auf die vielfach dokumentierte Zustimmung und Unterstützung der SED zur Unterdrückung des »Prager Frühlings« durch die Sowjetunion 1968 an.[494] Als Reaktion auch auf diesen Brief sandte das Büro Ha-

---

[490] Dieses und die folgenden Zitate aus dem Interview aus: Neues Deutschland, 10.4.1987, S. 3.
[491] SAPMO, DY 30/vorl. SED/42.228.
[492] Hager, Erinnerungen, S. 384. Krenz überliefert, daß gerade der Tapetenvergleich ein Produkt Honeckers war, den dieser Hager »ins Manuskript geschrieben hatte«. Krenz, Egon, Herbst '89, Berlin 1999, S. 183. Hager selbst äußert sich in seinen Erinnerungen hierzu nicht.
[493] SAPMO, DY 30/vorl. SED/42.228. Diese Akte enthält Briefe von Bürgern aus allen Teilen der DDR, die sich sehr kritisch zum Stern-Interview äußern.
[494] Für die SED-Führung sind die Reformen in Prag eine »Preisgabe der Positionen des Sozialismus zugunsten der Konterrevolution« gewesen. Vgl. Neues Deutschland, 24.7.1968. Zum Verhältnis der SED zum »Prager Frühling« vgl. Prieß, Lutz/Kural, Václav/Wilke, Manfred, Die SED und der

ger am 21.5.1987 eine »kleine Auswahl der aus Dresden eingetroffenen Zuschriften« an den 1. Sekretär der SED-Stadtleitung Dresden, Rainer Michel, und empfahl: »Sicher wäre es zweckmäßig und interessant, mit dem einen oder anderen Absender ins Gespräch zu kommen (...) Andererseits gibt es auch Briefe, die sehr provokatorisch abgefaßt sind. Es überbleibt Eurer Entscheidung, ob auch mit diesen Personen eine Aussprache veranlaßt wird.«[495]

Hager räumte später selbst ein, »einige Antworten« im »Neuen Deutschland« seien »schematisch« gewesen und hätten »schönfärberisch« gewirkt.[496] Von besonderer Bedeutung hinsichtlich der Kritik an seinen Aussagen wurde ein Schreiben der GO der SED im Staatsschauspiel Dresden. Nicht von einem einzelnen Bürger, sondern im Auftrag einer ganzen Parteigruppe verfaßt, dazu aus dem besonders sensiblen Bereich von Kunst und Kultur stammend – und damit ressortmäßig Hager in seiner Eigenschaft als Sekretär des ZK zugeordnet –, verfehlte es seine Wirkung nicht. Dieses Schreiben wurde zum Ausgangspunkt von umfänglichen Untersuchungen verschiedener, auch höchster Parteiinstanzen, und an ihm läßt sich das Selbstverständnis der SED-Führung und ihre Sicht auf den »demokratischen Zentralismus« beispielhaft nachzeichnen. Es steht daher im Mittelpunkt der folgenden Ausführungen.

Nur wenige Tage nach der Veröffentlichung des Interviews im »Stern« wurden auf einer Wahlberichtsversammlung der Grundorganisation des Staatsschauspiels Dresden am 15.4.1987 »in einer problembewußt und konstruktiv geführten Diskussion« eine »Reihe kritischer Meinungen« zu den Ausführungen Hagers geäußert.[497] Eine Genossin stellte daraufhin den Antrag, in einer gesonderten Mitgliederversammlung einen Standpunkt zum »Stern«-Interview Kurt Hagers zu formulieren.[498] Dieser Antrag wurde einstimmig angenommen; es kam zu dem Beschluß, diese Diskussion in einer weiteren Mitgliederversammlung weiterzuführen, was auch am 30.4.1987 geschah. Hierzu erinnerte sich der Parteisekretär im Staatsschauspiel, Genossin Lilian Floß, Anfang Dezember 1989 folgendermaßen: »Es war ein produktiver, demokratischer Prozeß der Meinungsbildung in der Grundorganisation in Gang gekommen, mit Kritik und Selbstkritik und Streitgesprächen. Hinzugefügt werden muß, daß in unserer Parteiorganisation immer

---

»Prager Frühling« 1968. Politik gegen einen »Sozialismus mit menschlichem Antlitz«, Berlin 1996 und Veser, Reinhard, Der Prager Frühling 1968, Erfurt 1998.

[495] SAPMO, DY 30/vorl. SED/42.228.
[496] Hager, Erinnerungen, S. 384. Auf der 10. Tagung des ZK der SED sprach Hager am 10.11.1989 von seiner »unglückselige(n) Äußerung über die Tapeten«, die zu einer »falschen Einschätzung der Prozesse in der Sowjetunion« beigetragen habe. Hertle, Hans Hermann/Stephan, Gerd-Rüdiger (Hrsg.), Das Ende der SED. Die letzten Tage des Zentralkomitees, Berlin 1997, S. 402 f.
[497] Dieses und die folgenden Zitate entstammen dem Brief der Grundorganisation des Staatsschauspiels Dresden an Kurt Hager vom 16.6.1987, in: SAPMO, DY 30/J IV 2/3A/4571.
[498] Die folgenden Ausführungen, soweit nicht anders zitiert, geben die Informationen, die Lothar Stammnitz, der sich erst am 14.7.1987 »mit einem zuständigen Genossen über den Ablauf des gesamten Vorgangs sachkundig gemacht« hatte, dem Sekretariat des ZK am 15.7.1987 erstattete, wieder. Vgl. Dokumentensammlung Karin Urich, Bestand Christine Ostrowski, Dokument 6. Ich danke Frau Dr. Karin Urich, Mannheim, für die freundliche Überlassung ihrer Dokumente.

offen gesprochen werden konnte, viele Anfragen reichten wir weiter über den endlosen Parteiinstanzenweg, Antwort kam nie. Ich glaube fast, wir waren das enfant terrible unter den Grundorganisationen des Stadtbezirkes Mitte. Zu uns kam nicht mal die Parteikontrollkommission freiwillig.«[499]

Die Diskussionen um das Interview sind dem Sekretär für Kultur der Bezirksleitung Dresden, Gabriele Fink, bekannt geworden, die dann im Sekretariat der Bezirksleitung entsprechend berichtete. Daraufhin beauftragte der 1. Sekretär der Bezirksleitung Hans Modrow den 1. Sekretär der Stadtleitung Dresden, in der Grundorganisation des Staatsschauspiels die Diskussion aufzunehmen. In der folgenden Leitungssitzung zur Vorbereitung der Mitgliederversammlung konnten die Genossen nicht, wie offenbar ursprünglich geplant, von ihrem Vorhaben abgebracht werden. Die Vertreter der Bezirks- und Stadtleitung sind in ihren Diskussionen, »davon ausgegangen, dass die Genossen der Grundorganisation subjektiv ehrlich ihre Fragen aufwerfen.« Alles, was sie erreichten, war »lediglich eine Korrektur der Formulierung des ursprünglichen Entwurfs, also eine Art Entschärfung bestimmter Formulierungen«. Das Vorhaben, Kurt Hager schriftlich über die Diskussionen zu informieren, blieb bestehen, und es wurde ein Redaktionskollegium gebildet, das den Brief vorbereiten sollte. Am 18.5.1987, über einen Monat nach dem entsprechenden Antrag der Genossin, lag ein erster Entwurf des Briefes vor. Dieser Entwurf, »vom Redaktionskollegium wie ein Geheimnis gehütet«, gelangte »in geheimer Mission« über einen ihr bekannten Genossen aus dem Staatsschauspiel in die Hände von Gabriele Fink.[500] Sie leitete ihn umgehend an Hans Modrow weiter. Die verantwortlichen Funktionäre gingen nun taktisch vor. »Um den sich abzeichnenden Differenzierungsprozeß in der Haltung einiger Genossen weiter voranzutreiben«, wurde zwischen Modrow, Fink und Genossen Gerhard Wolfram, dem Intendanten des Staatsschauspiels, und Mitgliedern der Bezirksleitung vereinbart, durch einen Beschluß des Sekretariats der Stadtleitung das für den 22.5.1987 geplante Absenden des Briefes auszusetzen »und durch gezielte politische Gespräche mit Parteileitungsmitgliedern und weiteren leitenden Genossen des Staatsschauspiels zur Herausbildung eines kollektiven parteilichen Standpunktes zu kommen.« Dieser Beschluß wurde am 20. Mai gefaßt und der Genossin Floß erläutert. Zugleich wurde der Intendant Gerhard Wolfram, 1983 vom Deutschen Theater in Berlin nach Dresden strafversetzt[501], mit der Überarbeitung des Briefes beauftragt. Er kam seiner Aufgabe jedoch nur sehr oberflächlich und offenbar widerwillig nach, denn er hatte nur drei »unwesentliche Veränderungen« vorgenommen. Zudem fehlte Wolfram am 25. Mai, als die Parteileitung den überarbeiteten Entwurf des Briefes beriet. Mittlerweile waren Kurt Hager selbst und Ursula Ragwitz, die Abteilungsleiterin Kultur im ZK, gelegentlich ihrer Teilnahme an der Eröffnung der Dresdner Mu-

---

[499] Ostrowski, Christine, Im Streit. Selbstzeugnisse, Briefe, Dokumente, Querfurt 1993, S. 19.
[500] SAPMO, DY 30/J IV 2/3A/4571.
[501] Urich, Karin, Die Bürgerbewegung in Dresden 1989/90, Köln-Weimar-Wien 2001, S. 164.

sikfestspiele am 23. Mai durch Gabriele Fink davon in Kenntnis gesetzt, daß seitens der Grundorganisation des Staatsschauspiels die Absicht bestehe, Hager einen Brief zu seinem »Stern«-Interview zu schreiben. Dieser reagierte gelassen und antwortete, »er müsse den Brief erst sehen und könne dann antworten«.[502]

Die Verzögerungstaktik der Funktionäre hatte nur vorübergehenden Erfolg. Am 2.6.1987, auf der monatlichen Mitgliederversammlung im Staatsschauspiel, wurde der inzwischen überarbeitete Briefentwurf verlesen und fand Zustimmung, auch beim Intendanten, der erklärte, »daß er dem Brief zwar zustimme, eigentlich aber Genossen Kurt Hager gern persönlich seine Haltung übermittelt hätte.«[503] Als nun der Sekretär für Kultur der Stadtleitung, Stoschek, einen letzten Versuch unternahm, den Brief zu verhindern, indem er auf die »politische Verantwortung der Parteiorganisation für diesen Brief« hinwies, traten ihm »zwei Genossen mit der Auffassung entgegen, daß die Entsendung des Briefes nunmehr eine Prestigefrage sei«. Dieses Argument, die Verhinderung des Schreibens würde »die Glaubwürdigkeit der Grundorganisation und die im Statut festgeschriebene innerparteiliche Demokratie in Zweifel« ziehen, zeugt von einem ausgeprägten Selbstbewußtsein der Staatsschauspieler, stimmten in der abschließenden Abstimmung doch alle Genossen für die Absendung des Briefes.

Am 18.6.1987 wurde der nunmehr fertiggestellte Brief dann von Lilian Floß an Hans Modrow »mit der Bitte, das Original wie abgesprochen nach Berlin weiterzuleiten«, übergeben.[504] Modrow selbst hatte die ganze Angelegenheit offenbar als eine Sache der untergeordneten Parteiinstanzen angesehen, habe doch, wie Lothar Stammnitz, der 2. Sekretär der Bezirksleitung, später in Berlin versicherte, »die Sache selbst und der Brief (...) im Sekretariat der Bezirksleitung nie eine Rolle gespielt.« Erst am 23. Juni teilte Modrow seinem Sekretariat mit, daß er sich für die Weiterleitung des Briefes eingesetzt habe. Den Inhalt des Briefes gab er seinen Sekretariatskollegen dabei nicht zur Kenntnis.

Die Dresdner Staatsschauspieler betrachteten ihr Schreiben als »sorgenvolle, parteiliche, ehrliche, dialog- und unterstützungsbereite Wortmeldung«.[505] Sie teilten Hager gleich eingangs mit, daß »im Ergebnis einer engagierten, auf aktuelle Erfordernisse unserer sozialistischen Entwicklung gerichteten Diskussion« der Beschluß gefaßt wurde, »über diesen Prozeß unserer kollektiven Meinungsbildung die Parteiführung in Kenntnis zu setzen – ganz im Sinne des Statuts unserer Partei.«[506] In dem Brief ging es dann ohne Umschweife gleich zur Sache: »Du

---

[502] SAPMO, DY 30/J IV 2/3A/4571.
[503] Das folgende nach: Dokumentensammlung Urich, Bst. Ostrowski, Dok. 6.
[504] SAPMO, DY 30/IV 2/2.039/274.
[505] Ostrowski, Im Streit, S. 19.
[506] Lilian Floß bezieht sich hier offenbar auf Artikel 3 des Statuts der SED von 1976, in dem es heißt: »Das Parteimitglied hat das Recht (...) an der Tätigkeit der Mitglieder und Funktionäre der Partei, unabhängig von ihrer Stellung, Kritik zu üben. Parteimitglieder, die Kritik unterdrücken oder bewußt die Unterdrückung der Kritik dulden, sind zur Verantwortung zu ziehen«. Statut der Sozialistischen Einheitspartei Deutschlands, in: Protokoll des IX. Parteitages der Sozialistischen Einheitspartei Deutschlands, Band 2, Berlin (Ost) 1976, S. 272.

und die Genossen des Politbüros sollen wissen, daß wesentliche Auffassungen zu innenpolitischen Fragen, wie sie im ›Stern‹-Interview erkennbar sind und nachstehend benannt werden, und Deine im Interview formulierte Haltung zum revolutionären Prozeß der Umgestaltung in der Sowjetunion, unter den Genossen unserer Grundorganisation außerordentliches Befremden und Fragen ausgelöst haben.«[507] Nachdem, wohl nur der Form halber, konzediert wird, »daß die Konfrontation mit den provokatorischen Fragen des Reporters dieser Regenbogen-Illustrierten zu polemischen Vereinfachungen führen kann«, geht es im gleichen scharfen Ton weiter: »Alle bisher bei uns veröffentlichten Materialien seit dem April-Plenum 1985[508] zeugen von der Konsequenz und Komplexität, mit der die Politik der revolutionären Umgestaltung von der KPdSU in Angriff genommen und verwirklicht wird. Diesen revolutionären Prozeß als ›Tapetenwechsel‹ zu charakterisieren, ist nach unserer Auffassung nicht nur absolut verfehlt, sondern auch desorientierend. Geht es doch beim Kurs der ›perestroika‹ nicht um eine Veränderung im Sinne eines neuen ›Zimmerschmuckes‹, sondern um einen revolutionären Prozeß, in dem ›alles auf allen Gebieten gründlich umgestaltet‹ werden muß, wie M. Gorbatschow erst jüngst wieder in seiner Rede in Leninsk betonte.« Nicht nur der Tapetenvergleich, also die sprachlich-stilistische Seite des Interviews, war den Staatsschauspielern unangenehm aufgefallen, sondern vor allem der inhaltliche Tenor, die fehlende Unterstützung der Reformvorhaben Gorbatschows. Lilian Floß insistierte daher im Auftrag der Grundorganisation weiter: »Es ist aber unserer Überzeugung nach nicht gut, gerade jetzt, angesichts der revolutionären Prozesse in der UdSSR, die Besonderheiten unserer Entwicklungsbedingungen derart hervorzuheben. Diese Haltung wirkt wie eine Abgrenzung. Wir brauchen aber keine Abgrenzung, sondern ein tiefes, problembewußtes Studium dieser Politik und Praxis der revolutionären Umgestaltung unter Führung der KPdSU«.[509]

Nachdem wesentliche Teile der Ausführungen Kurt Hagers in dieser Art zurückgewiesen worden sind, werden konkrete Forderungen aufgestellt. »Die Mitglieder unserer Parteiorganisation sehen in der Politik der KPdSU aber auch wesentliche Anregungen für die weitere Entfaltung der sozialistischen Demokratie in unserem Lande und vor allem auch für die notwendige Qualifizierung unserer Informations- und Medienpolitik« und halten »die Überwindung von Tendenzen der Schönfärberei in unseren Medien und die offensive Auseinandersetzung

---

[507] Die Zitate aus dem Brief entstammen folgender Quelle: SAPMO, DY 30/J IV 2/3A/4571.
[508] Auf dem Plenum des ZK der KPdSU im April 1985 hatte Gorbatschow, der im März 1985 zum Generalsekretär der KPdSU gewählt worden war, den Beginn der Perestroika verkündet. Vgl. dazu Gorbatschow, Michail S., Erinnerungen, München 1996.
[509] Hager hatte im Interview auf die Frage nach einem »eigenständigen deutschen Weg zum Sozialismus« unter anderem geantwortet: »Aber jedes sozialistische Land hat auch einen bestimmten ökonomischen und sozialen Entwicklungsstand, historische und kulturelle Traditionen, geographische und andere Gegebenheiten, die berücksichtigt werden müssen.« Neues Deutschland, 10.4.1987, S. 3.

4.2 Fallbeispiele

mit innenpolitischen Fragen, wie zum Beispiel den Übersiedlungsersuchen, für angebracht. Es gibt doch viele und ernste Probleme, die man so leicht nicht abtun kann. Geht man nicht an der Meinung vieler Genossen und Kollegen vorbei, wenn man meint, unsere Informationspolitik sei nicht veränderungsbedürftig?«[510] Damit war nicht weniger als eine fundamentale Kritik an der Medienpolitik, einem besonderen Steckenpferd Honeckers[511], geäußert. Zudem wurden demokratische Defizite in Partei und Gesellschaft, wenn auch etwas verklausuliert, benannt. Das mußte für den Adressaten, für die gesamte Parteiführung, die mehr an Ergebenheitsadressen und Lobeshymnen gewöhnt war, wie ein Affront wirken.

Der Brief schließt, was als besondere Bekräftigung des Geschriebenen (und sicherlich auch als Absicherung des Parteisekretärs Floß) gedeutet werden muß, mit der Versicherung: »Die hier vorliegende Fassung unserer Stellungnahme wurde in einer nochmaligen Beratung am 2. Juni 1987 von den anwesenden Genossen unserer Grundorganisation bestätigt.« Wolle hat völlig recht, wenn er schreibt, der »Tonfall im Umgang mit den ›Genossen der Parteiführung‹, verbunden mit der kollektiven Formulierung eines Widerspruchs, war alles andere als üblich und im Grunde offene Rebellion gegen die ›Prinzipien des demokratischen Zentralismus‹.«[512] Daher ließ die Parteiführung die Sache auch nicht auf sich beruhen, sondern reagierte entsprechend.

Den Anfang machte Kurt Hager selbst. In einem Brief an die Grundorganisation der SED im Staatsschauspiel Dresden antwortete er am 13.7.1987 ausführlich auf elf Seiten auf die Vorwürfe. Zunächst bekam der »Stern« sein Fett weg. »Angesichts der zumeist provokatorischen Fragen mußte möglichst offensiv geantwortet werden. (…) Der ›Stern‹ gehört wie die überwiegende Anzahl der Medien der BRD zu den Gegnern des Sozialismus. Er nutzt jede sich bietende Gelegenheit, um gegen unsere Partei, gegen die Deutsche Demokratische Republik, gegen den Sozialismus zu hetzen. Er ist ein Instrument des Klassenfeindes. Dies mußte von vornherein bei der Beantwortung der Fragen berücksichtigt werden.«[513] Dann wundert sich Hager, den Kern der Kritik verkennend, daß seine »im Interview eindeutig formulierte Zustimmung zur Umgestaltung in der Sowjetunion in Eurer Grundorganisation ›außerordentliches Befremden und Fragen‹ ausgelöst hat.

---

[510] Gerade die steigende Anzahl der Anträge auf Übersiedlung in die BRD sorgte in der Parteibasis für Diskussionen. Die Zahl der Antragsteller auf »ständige Ausreise« hatte sich von 53.000 im Jahre 1985 auf 105.100 im Jahre 1987 nahezu verdoppelt. Vor allem Dresden war davon betroffen, kamen doch von insgesamt 112.000 Übersiedlungsersuchenden 30.000 und damit mehr als ein Viertel aus diesem Bezirk. Vgl. Mayer, Wolfgang, Flucht und Ausreise. Botschaftsbesetzungen als Form des Widerstands gegen die politische Verfolgung in der DDR, Berlin 2002, S. 119 f. Dieser Wert lag damit zweieinhalbmal höher als der Anteil des Bezirks Dresden an der Wohnbevölkerung der DDR von 10,6 %. Vgl. Statistisches Jahrbuch der Deutschen Demokratischen Republik, Berlin (Ost) 1988, S. 356.
[511] Vgl. hierzu Schabowski, Günter, Der Absturz, Berlin 1991, S. 115.
[512] Wolle, S. 292.
[513] Dieses und die folgende Zitate aus dem Antwortbrief Hagers aus: SAPMO, DY 30/IV 2/2.039/274.

Was ist an dieser Haltung befremdlich und fragwürdig?« Im Anschluß daran verneint Hager erneut die Notwendigkeit einschneidender Reformen in der DDR und verlegt sich auf das übliche Selbstlob. »Doch müssen wir zugleich auch feststellen, daß es in der DDR gegenwärtig nicht um die Lösung der gleichen Aufgaben der sozialen und ökonomischen Entwicklung geht wie in der Sowjetunion. Wir verwirklichen bereits seit dem VIII. Parteitag 1971 ein sozialpolitisches Programm, in dessen Mittelpunkt das Wohnungsbauprogramm steht. Wir haben mehrere Rentenerhöhungen durchgeführt, die monatlichen Einkommen erhöht, einen beachtlichen Lebensstandar(d) erreicht und uns die Aufgabe gestellt, den Kurs der Einheit von Wirtschafts- und Sozialpolitik auch in den kommenden Jahren fortzusetzen.« Die Tapeten-Metapher verteidigt Hager, da es sich hierbei »also ganz eindeutig um eine Zurückweisung der westlichen Propaganda über das ›Kopieren‹ der Maßnahmen in der Sowjetunion« gehandelt habe. Daß es gerade auch um politische Reformen geht, thematisiert Kurt Hager nicht. Auch die Kritik an der sozialistischen Demokratie sowie an der Informations- und Medienpolitik versucht Hager zu parieren. In der Partei, gesellschaftlichen und Massenorganisationen etc., in »Foren und anderen Veranstaltungen« bestehe »stets die Möglichkeit zu einer ehrlichen, sachlichen, tiefgehenden Diskussion unserer Probleme und Aufgaben.« Er wolle »damit unterstreichen, daß unsere sozialistische Demokratie (...) die Beratung aller Grundfragen der gesellschaftlichen Entwicklung gewährleistet.« Was die Informations- und Medienpolitik anbelangt, so sei das Interview natürlich »kein Forum zur detaillierten Darstellung unserer Politik oder gar zur Ausbreitung noch bestehender Schwächen und Mängel in der DDR vor dem Klassengegner« gewesen. Das Wesentliche sei, »daß unsere Informations- und Medienpolitik dazu bestimmt ist, die dem Wohl des Volkes dienende Politik von Partei und Regierung zu propagieren, den Kampf für den Frieden zu unterstützen, die Ideen und Ziele des Sozialismus zu verbreiten. Sie trägt dadurch wesentlich zur Stärkung der DDR, zur Verbreitung der Wahrheit über den Sozialismus bei. (...) Gerade im Interesse des Klassenkampfes, des Kampfes gegen die ständige Verleumdung des Sozialismus durch die gegnerische Propaganda, ist die Verbreitung der Wahrheit über unseren harten, aber erfolgreichen Weg, über die ökonomischen, sozialen und kulturellen sowie die internationalen Fortschritte der DDR, von erstrangiger Bedeutung.« Der mangelnde Realitätssinn Hagers wird vor allem in folgendem Satz, der eine nur rhetorische Einschränkung enthält, deutlich: »Wenn wir unser Haus weitgehend in den 70er und 80er Jahren in Ordnung brachten, bedeutet dies natürlich nicht, daß wir nichts mehr zu tun haben.«

Das Antwortschreiben schließt versöhnlich. »Ich stimme Euch natürlich zu, daß wir bestrebt sein müssen, auf allen Gebieten – so bei der weiteren Entfaltung der sozialistischen Demokratie, bei der weiteren Qualifizierung unserer Informations- und Medienpolitik, bei der Stellungnahme zu Übersiedlungsersuchen u. a. m. – unsere Arbeit zu verbessern. (...) Und wir werden auch die Bemühungen verstärken müssen, alle Bürger von der Richtigkeit der Politik unserer Partei zu überzeugen.«

Ohnehin fällt auf, daß Hagers Brief – gerade vor dem Hintergrund des scharfen Tones im Schreiben aus Dresden – bei aller orthodoxen Argumentation sehr moderat, beinahe freundlich in Stil und Ton ausgefallen ist. Hagers Antwortbrief, an die Parteigruppe des Staatsschauspiels adressiert, erreichte zwar die Bezirksleitung Dresden der SED, durfte jedoch auf Weisung der Zentrale, die wahrscheinlich auf den Generalsekretär Honecker direkt zurückging, nicht geöffnet werden. So ging der Brief ungeöffnet an das Zentralkomitee zurück. »Damit war erreicht, daß keine Auseinandersetzung mit Kurt Hager im Politbüro notwendig war und der Gegendruck voll auf die Bezirksleitung gerichtet werden konnte.«[514] Modrow selbst hat das Antwortschreiben Hagers »bis heute noch nicht gelesen«.[515]

Kurt Hager hatte mit gleichem Datum vom 13.7.1987 nicht nur der Parteigruppe, sondern auch Hans Modrow und Egon Krenz, wie Hager selbst Mitglied des Politbüros, geschrieben. Modrow übermittelte er eine Kopie des Briefwechsels, in dem es heißt: »Nach meiner Meinung ist durch meine Antwort die Angelegenheit erledigt und ein Eingreifen der Bezirksleitung nicht erforderlich; es sei denn, daß die Diskussionen in dieser Grundorganisation nicht aufhören. Ich habe den Eindruck, daß es notwendig ist, die politische Arbeit an diesem Theater zu verstärken.«[516] Auch Krenz erhielt Hagers Korrespondenz und die Anregung: »Vielleicht wäre dieser Briefwechsel auch für Genossen Honecker interessant, da er die Meinungen eines Teils der Intelligenz (...) widerspiegelt.«[517] Krenz hat diesen Ratschlag offenbar befolgt, denn in den Akten seines Büros findet sich eine Notiz von ihm für ein Gespräch mit Hager, aus der hervorgeht, daß der Brief von Hager zurückgehalten und nicht an die Grundorganisation übergeben werden soll, denn es sei »unklar, in welche Hände dieser Brief kommt. (...) Wir haben es nicht nötig, die klaren Aussagen in einem Interview des Genossen Kurt Hager, ja die Politik unserer Partei auf irgendeine Art zu ›rechtfertigen‹.«[518]

Rechtfertigen mußten sich aber bald Funktionäre der Bezirksleitung Dresden und des Staatsschauspiels. Bereits zwei Tage nach Hagers Schreiben, am 15.7.1987, wurde eine Sondersekretariatssitzung des ZK in Berlin anberaumt, auf der neben den üblichen Sekretären des ZK, wie Hermann Axen, Horst Dohlus, Werner Felfe und Kurt Hager, auch der 2. Sekretär der Bezirksleitung Dresden, das ZK-Mitglied Lothar Stammnitz, und der Sekretär für Kultur der Bezirksleitung Dresden, Gabriele Fink, geladen waren.

Federführend bei der Sondersekretariatssitzung im ZK am 15.7.1987 war Egon Krenz, der einleitend Ausführungen zu Wesen und Inhalt des Briefes an Kurt

---

[514] Arnold, Otfrid/Modrow, Hans, Außenansichten, in: Modrow, Hans (Hrsg.), Das Große Haus von außen. Erfahrungen im Umgang mit der Machtzentrale in der DDR, Berlin 1996, S. 35.
[515] Protokoll des Gesprächs mit Dr. Hans Modrow, Berlin, 6.9.2002, S. 9.
[516] SAPMO, DY 30/IV 2/2.039/274.
[517] Ebenda.
[518] Ebenda.

Hager machte.[519] Gleich zu Beginn seiner Ausführungen gab er die Marschrichtung vor. Die in dem Brief vertretenen Auffassungen können »nicht im Raum stehen bleiben.« Es gelte, »den Charakter des Briefes zu werten, und es muß eine Auseinandersetzung in der Grundorganisation dazu geführt werden. Dabei gilt es, die Verantwortung der Bezirksleitung und der Stadtleitung der SED für die politisch-ideologische Führung in allen gesellschaftlichen Bereichen zu unterstreichen.«[520] Und weiter, nunmehr deutlicher in Richtung Dresden, heißt es: »Die Bezirksleitung Dresden hat erst am 2. Juni vor dem Politbüro berichtet. In ihrer Stellungnahme wird nichts von einem derartigen Vorhaben dieses Briefes genannt. Wie führt dazu die Bezirksleitung?«[521] Anschließend ging Krenz, was Hager ja eigentlich schon mit seinem Antwortschreiben getan hatte, auf den Inhalt des Briefes ein. Die Behauptung, die SED verkenne die Umgestaltung in der Sowjetunion, widerspricht hiernach »dem Wesen unserer Partei«. Was die Besonderheiten der eigenen Entwicklungsbedingungen angehe, so sei übersehen worden, »daß die SED stets ein klares Verhältnis zu den nationalen Besonderheiten gehabt und eine konkrete Haltung hat.« In bezug auf die Medienpolitik führt Krenz aus, die »Darstellung von Erfolgen ist keine Schönfärberei, sondern Ergebnis angestrengter Arbeit. Die Genossen der Grundorganisation sollten nicht von einer angeblichen Schönfärberei ausgehen, sondern zu den Ergebnissen ihrer eigenen Arbeit stärker Stellung nehmen.« Im übrigen war laut Krenz allein die Kontaktaufnahme zu Kurt Hager schon verfehlt: »Das Statut wird hier einseitig ausgelegt. Die Beschlüsse der übergeordneten Leitung werden nicht akzeptiert.« Der ganze Brief sei »ein kollektiver Irrtum der Grundorganisation. Hier ist etwas verwirklicht, was zeugt von ungenügender Kenntnis der Beschlüsse der Partei und mangelndem Studium dieser.« Er »bedeutet dem Wesen nach Ablenkung von der eigenen Arbeit, die Linie des Parteitages muß auch die Linie in der Grundorganisation bestimmen.«

Nachdem Krenz dergestalt die Richtung vorgegeben hatte, erfolgte nun die Aussprache. Zunächst hatte Lothar Stammnitz, 2. Sekretär der SED-Bezirkslei-

---

[519] Erich Honecker befand sich zu diesem Zeitpunkt offenbar im Urlaub. Laut »Kur- und Urlaubsplan der Mitglieder und Kandidaten des Politbüros für das Jahr 1987«, bestätigt in der Sitzung des Politbüros vom 6.1.1987, hatte Honecker seinen Urlaub, zeitgleich mit Günter Mittag, für Juli-August 1987 eintragen lassen. Vgl. SAPMO, DY 30/J IV 2/2/2200.

[520] Dokumentensammlung Urich, Bst. Ostrowski, Dok. 1: »Mitschrift über die Aussprache der Sondersekretariatssitzung im ZK am 15.7.1987«.

[521] Dieses und die folgenden Zitate: ebenda, Dokument 1. Die Bezirksleitung der SED Dresden hatte am 2.6.1987 vor dem Politbüro über »Erfahrungen und Ergebnisse der politisch-ideologischen Arbeit bei der Verwirklichung der Beschlüsse des XI. Parteitages der SED« Bericht erstattet und dabei dem Politbüro und dem Generalsekretär versichert, »daß die Bezirksparteiorganisation Dresden mit ihren 206.000 Kommunisten ihre offensive politisch-ideologische Ausstrahlung weiter verstärkt und mit großer Kraft aller Werktätigen des Bezirkes die Beschlüsse des XI. Parteitages erfolgreich verwirklicht.« In der Stellungnahme zu diesem Bericht hatte das Politbüro den Dresdnern attestiert, eine »initiativreiche und schöpferische Arbeit« zu leisten, die auf einem Vertrauen zum ZK und seinem Generalsekretär basiere, das »fester denn je« sei. Vgl. SAPMO, DY 30/J IV 2/2/2222.

tung Dresden, die undankbare Aufgabe, Selbstkritik zu üben. Er beeilte sich, als erstes zu versichern, er »stimme den Einschätzungen des Genossen Egon Krenz zum Brief und zur Arbeitsweise der Bezirksleitung Dresden ohne Wenn und Aber zu.«[522] Zu seiner Entschuldigung fügte er hinzu, vom Inhalt des Briefes »erst am 14.7.1987«, also am Vortag, Kenntnis erhalten zu haben, wobei ihm dann klar wurde, »daß es sich um einen Angriff auf die Linie der Partei handelt (...) Es geht doch, wenn es um die Innenpolitik geht, um die Negierung der Ergebnisse der Durchführung der Politik der Hauptaufgabe in ihrer Einheit von Wirtschafts- und Sozialpolitik (...) Bei der Formulierung der Kritik an der Medienarbeit geht es für mein Dafürhalten um einen Angriff auf Inhalt und Methoden der ideologischen Arbeit der Partei.« Dann erläuterte Stammnitz den Anwesenden noch einmal ausführlich die Genese des Briefes an Hager, um daran anknüpfend die »politisch-ideologische Situation« am Staatsschauspiel zu schildern. Danach lägen die Probleme am Staatsschauspiel unter anderem darin begründet, daß die Parteiorganisation nach der im Januar 1985 erfolgten Trennung von Oper und Schauspiel aus dem ehemaligen Staatstheater bunt zusammengewürfelt werden mußte. Die Wirksamkeit der Parteiorganisation ist daher »teilweise noch hinter den Ergebnissen künstlerischer Arbeit zurückgeblieben«. Stammnitz sprach weiter von »Disziplinlosigkeiten« und teilweiser »individuelle(r) Auslegung der Rechte und Pflichten eines Parteimitgliedes besonders durch künstlerisch profilierte Genossen der Parteigruppe Schauspiel«. Dem »innerparteilichen Leben« im Staatsschauspiel lägen dabei das »Parteistatut und die Prinzipien des demokratischen Zentralismus« nicht durchgehend zugrunde. Mit anderen Worten: Am Staatsschauspiel Dresden gab es Genossen, die sich einen eigenen Kopf und eigenständige Auffassungen bewahrt hatten und diese auch noch zu artikulieren sich unterstanden. Dies fiel natürlich auch auf den Parteisekretär Floß zurück, dem Stammnitz attestierte, »trotz hohem persönlichen Einsatz, ernsthafter Anstrengungen um die Erhöhung des politischen Niveaus der Parteiarbeit und Ringens um klare parteiliche Haltungen (...) nicht in erforderlichem Maße dieser komplizierten Aufgabe gewachsen« zu sein. Auch der Intendant Gerhard Wolfram würde die »staatliche Leitungstätigkeit (...) nicht in erforderlichem Maße« organisieren, notwendig sei vielmehr »eine stärkere Kontrolle der Beschlüsse und politisch-erzieherische Arbeit«. Um den guten Willen und das Durchgreifen der Dresdner Bezirksleitung zu demonstrieren, fügte Stammnitz abschließend an, daß bereits »kadermäßige Veränderungen im technischen Bereich durchgesetzt und weitere vorbereitet« würden, insbesondere die Entbindung von Lilian Floß selbst sei »gegenwärtig vorbereitet«. Er schloß mit der Versicherung: »Grundsätzlich wurden Maßnahmen zur Qualifizierung des Mitgliederlebens und besonders des Niveaus des Parteilehrjahres eingeleitet.«

---

[522] Das folgende nach: ebenda, Dokument 6: »Ausführungen des Genossen Lothar Stammnitz, 2. Sekretär der Bezirksleitung der SED Dresden, in der Sitzung des Sekretariats des ZK vom 15. Juli 1987«.

Sollte Stammnitz gehofft haben, mit seinen Ausführungen, Zusicherungen und der Selbstkritik die anwesenden ZK-Funktionäre beschwichtigen und Weiterungen von der Bezirksleitung abhalten zu können, so sah er sich im folgenden getäuscht. Nach ihm ergriff Hager das Wort und schlug vor, eine Auseinandersetzung mit der Grundorganisation durch die Bezirksleitung zu führen.[523] Hier könne den Briefschreibern dann auch mitgeteilt werden, »daß Genosse Hager einen Antwortbrief dem Sekretariat des ZK vorgelegt hat an entsprechende Adressaten (Modrow, Floß)«, der aber »zurückgenommen werden« müsse, »damit kein Mißbrauch getrieben wird und er womöglich in den Westen kommt (Brief nicht zirkulieren lassen).« Hier nun wird deutlich, daß die SED-Führung ihren eigenen Genossen in Dresden nicht über den Weg traute, und die Furcht, der Brief könne in den Westen gelangen, zeigt, daß man sich der Angreifbarkeit und auch der Unzulänglichkeit der eigenen Argumentation offenbar bewußt war. Im übrigen wiederholte Hager auch vor dem Sekretariat des ZK seine Argumente zur Zurückweisung des Dresdner Schreibens. Die »Grundfrage« für Hager war hierbei: »Wie stehen die Mitglieder der GO zu unserer Politik der Partei und zur Partei?«

Hermann Axen, der sich als nächster zu Wort meldete, verschärfte den Ton. Für ihn war der Brief nicht nur von ideologischen Unklarheiten geprägt, sondern »eine feindliche Miniaturplattform. (...) Es handelt sich um eine organisierte Sache«. Für Axen war es »ein oppositioneller Angriff gegen die Partei«, ein Angriff auch »auf unsere Linie, auf den XI. Parteitag, kein Angriff auf den Genossen Hager.« Damit hatte Axen einen der schärfsten Vorwürfe formuliert, die ein SED-Mitglied, einen Kommunisten, überhaupt treffen konnte: Fraktionsbildung. Wenn Axen von einer »Miniaturplattform« sprach, so stand dahinter die Auffassung von der Bildung einer parteifeindlichen Fraktion. Aber auch die Stadt- und die Bezirksleitung Dresden, die »die Probleme der GO unterschätzt« hatten, unterzog Axen scharfer Kritik. »Wie wurde durch die Bezirksleitung reagiert? Warum ist kein Wort im Diskussionsbeitrag auf dem 4. Plenum zur politisch-ideologischen Situation gesagt worden? Genosse Modrow hat rechtzeitig von dem Briefentwurf gewußt. Wo bleibt sein ABC der Politik? Er hat leichtfertig gehandelt. Der Inhalt des Briefes wurde auch von Genossen Modrow unterschätzt.« Offenbar schätzte Axen jedoch den Stellenwert der Grundorganisation eher gering ein, beliefen sich die von ihm vorgeschlagenen Konsequenzen doch nur auf eine Auseinandersetzung in der GO, die zu einem schriftlichen Beschluß führen sollte, »welche Schlußfolgerungen sie für ihre weitere politisch-ideologische Führungsarbeit« zieht. Auch die Bezirks- und Stadtleitung hätten lediglich »Schlußfolgerungen für die weitere politisch-ideologische Arbeit mit der Grundorganisation« zu treffen.

---

[523] Das folgende nach: ebenda, Dok.1.

Es war ausgerechnet der als »jovial( )«[524] und »beweglich«[525] geltende Werner Felfe, der als nächster Redner die schärfsten Konsequenzen für die Bezirksleitung forderte. Felfe berührte es, wie er sagte, »daß sich eine ganze Grundorganisation dagegen stellt. Keine unwesentliche Grundorganisation in Dresden mit einem hauptamtlichen Parteisekretär.«[526] Schuld daran trage auch die Bezirksleitung. »Wo«, so fragte Felfe rhetorisch, »bleibt die Verantwortung der Stadt- und Bezirksleitung?« Es sei »sorglos gehandelt worden«, die »Leitungen der Stadt- und Bezirksleitung haben nicht energisch genug eingegriffen. Warum konnte der Brief ohne einen Standpunkt des Sekretariats an das ZK geschickt werden? Ist das Bezirkssekretariat nicht auf der Höhe? Warum wurde am 2. Juni keine Meinung geäußert?«[527] Dann ließ Felfe die Katze aus dem Sack und forderte: »Der Standpunkt des Sekretariats muß nachgeholt werden. Es ist die Auseinandersetzung im Bezirkssekretariat zu führen. Es sollte eine Arbeitsgruppe des ZK der Abteilung Parteiorgane eingesetzt werden.«

Nachdem spätestens jetzt allen Anwesenden klar war, wohin die Aussprache führen soll, brauchten die nachfolgenden Redner nur noch ihre Zustimmung zu bekunden. Für Inge Lange hatte Felfe »alles zum Ausdruck gebracht«. Sie war über die laxe Einstellung des Bezirkssekretariats »bestürzt« und fragte spitz: »Oder gibt es so viele Beispiele und Probleme in Dresden, daß sich keiner mehr aufregt? Man darf nicht warten. Die Auseinandersetzung über diese Leitungstätigkeit sollte sofort beginnen.«

Horst Dohlus, der als Sekretär des ZK für Parteiorgane direkt mit der vorgeschlagenen Arbeitsgruppe berührt wurde, ereiferte sich zuletzt ebenfalls. »Was geht im Sekretariat der Bezirksleitung vor sich. Drei Monate gehen ins Land, ohne daß die Bezirksleitung auftritt. Jede Grundorganisation macht, was sie will? Wo bleibt die Autorität der Bezirksleitung? Wie kann ein Brief ohne Stellungnahme des 1. Sekretärs bzw. ohne kollektiven Standpunkt abgeschickt werden, um einfach alles dem ZK zu überlassen? Es liegt maßlose politische Sorglosigkeit vor.«

Schließlich konnte Egon Krenz zufrieden bilanzieren. »Die Stärke der Partei besteht in ihrer Einheit und Geschlossenheit. An diesem Prinzip ändern wir nichts. Es ist nicht eine Frage auf kulturpolitischem Gebiet, sondern eine Frage

---

[524] So die Einschätzung von Dönhoff, Marion Gräfin, Die Bauern als Mikroelektroniker, in: Sommer, Theo (Hrsg.), Reise ins andere Deutschland, Reinbek 1986, S. 124-131, hier S. 125.
[525] Axen, Hermann, Ich war ein Diener der Partei. Autobiographische Gespräche mit Harald Neubert, Berlin 1996, S. 349.
[526] Stammnitz hatte in seinem Beitrag ausgeführt, daß die Funktion des Parteisekretärs am Staatsschauspiel Dresden aufgrund ihrer Bedeutung und, obwohl die Parteiorganisation weniger als 100 Mitglieder stark war, hauptamtlich besetzt wurde. Vgl. Dokumentensammlung Urich, Bst. Ostrowski, Dok. 6. Insgesamt gehörten der Grundorganisation zu diesem Zeitpunkt 68 Mitglieder und ein Kandidat der SED an. Bei 368 Beschäftigten des Staatsschauspiels entsprach das einem Organisiertheitsgrad von 18,8 % und damit ziemlich genau dem entsprechenden Wert für die gesamte DDR. Vgl. SAPMO, DY 30/J IV 2/50/30.
[527] Felfe spricht hier die erwähnte Berichterstattung der Bezirksleitung Dresden vor dem Politbüro am 2.6.1987 an.

der Führungstätigkeit des Sekretariats.« Krenz hatte mit der Aussprache das erreicht, was offenbar im Vorfeld schon als Ziel bestimmt war. Das Sekretariat des ZK faßte folgende Beschlüsse, die nach dieser Diskussion auch auf der Hand lagen[528]:

Erstens hatte das Sekretariat der Bezirksleitung Dresden »in der Grundorganisation Staatsschauspiel Dresden eine gründliche Beratung zu den Aufgaben der Kommunisten in unserer Zeit bei der weiteren Verwirklichung der Beschlüsse des XI. Parteitages« durchzuführen. Dabei wurde das Ergebnis dieser Beratung gleich vorgegeben. Es müsse nämlich sein, »einen klaren Standpunkt und das einheitliche Handeln aller Kommunisten in der Grundorganisation des Staatsschauspiels Dresden zur Verwirklichung der Beschlüsse des XI. Parteitages und des Zentralkomitees herbeizuführen.« Die Genossen im Staatsschauspiel sollten also wieder »auf Linie« gebracht werden; eigenständige Auffassungen durfte es hernach nicht mehr geben. Zweitens war eine gemeinsame Arbeitsgruppe der Abteilungen Parteiorgane und Kultur des Zentralkomitees nach Dresden zu entsenden. Diese sollte nicht nur die »politisch-ideologische Situation« im Staatsschauspiel, sondern auch die Leitungstätigkeit von Bezirks- und Stadtleitung unter die Lupe nehmen. Drittens wurde das Sekretariat der Bezirksleitung verpflichtet, »nach Beendigung der Auseinandersetzungen« dem Sekretariat des ZK einen Bericht über die eingeleiteten Maßnahmen, ihre Ergebnisse und die zu ziehenden Schlußfolgerungen zu erstatten. Verantwortlich für die Punkte eins und drei war der 1. Sekretär der Bezirksleitung, Hans Modrow, für den Punkt zwei Horst Dohlus.[529]

Noch am selben Tag übermittelte Krenz Erich Honecker eine Niederschrift der Sekretariatssitzung und vergewisserte sich, ob alles zur Zufriedenheit seines Generalsekretärs veranlaßt worden war. »Vor Ausfertigung des Protokolls wäre ich Dir dankbar, wenn Du die Beschlußpunkte bestätigst bzw. Weisung gibst, ob sie verändert werden sollen. Wie mit Dir telefonisch abgesprochen, werde ich am Freitag um 8.00 Uhr an der Sitzung des Sekretariats der Bezirksleitung der SED Dresden teilnehmen. Vorher werde ich ein Gespräch mit Genossen Hans Modrow führen, der am Donnerstag vorfristig von seiner Kur aus Karlovy Vary zurückkehrt.«[530] Erich Honecker war einverstanden und zeichnete die Hausmitteilung von Krenz mit seinem üblichen »Einverstanden« ab.[531]

Dem Sekretariat der Bezirksleitung Dresden blieb nun nichts weiter übrig, als schnell eine Sitzung zur Auswertung der Kritik anzuberaumen. Sie fand zwei Tage später, am 17.7.1987, in Anwesenheit von Egon Krenz von 8.00 Uhr bis 12.00 Uhr statt. Weitere Gäste aus der Zentrale waren drei Operativinstrukteure der Abtei-

---

[528] Das folgende nach: Dokumentensammlung Urich, Bst. Ostrowski, Dok. 5.
[529] Kurt Hager sagte Modrow später, »er habe das so nicht gewollt, hätte aber auch keine Chance gesehen, das Vorgehen zu verhindern.« Arnold/Modrow, S. 35. Dies klingt in Anbetracht seines Antwortbriefes und seines Verhaltens zu Anfang der Sondersekretariatssitzung plausibel.
[530] SAPMO, DY 30/IV 2/2.039/83, Bl. 92.
[531] Ebenda.

lung Parteiorgane des ZK. Auf Dresdner Seite nahm das gesamte Sekretariat mit Ausnahme des Sekretärs für Landwirtschaftspolitik und des 1. Sekretärs der FDJ-Bezirksleitung, die einen Auslandsurlaub angetreten hatten, teil. Kurz vor der Sitzung hatte Krenz das angekündigte Gespräch mit Modrow geführt. In seinen Erinnerungen schildert er es recht lapidar: »Vor der Sitzung sprachen Hans Modrow und ich offen darüber, wie wir gemeinsam politischen Schaden vermeiden können. Wir besprachen, wie wir auf der Sitzung des Sekretariats der Bezirksleitung vorgehen wollen: Ich kritisiere Modrow, und Modrow übt Selbstkritik.«[532]

Nachdem Modrow die Sitzung dann eröffnet hatte, erhielt als erster Egon Krenz das Wort.[533] Er betonte eingangs, daß er den »kollektiv erarbeiteten Standpunkt« des Sekretariats des ZK wiedergebe und daß es »um grundsätzliche Fragen der Durchführung der Beschlüsse des XI. Parteitages, um das einheitliche und geschlossene Handeln aller bei der Verwirklichung der Politik unserer Partei und um die Verantwortung der Bezirksparteiorganisation Dresden für eine qualifizierte Führung der politisch-ideologischen Arbeit« gehe. Für alle Anwesenden charakterisierte er den Brief nochmals als »Plattform«, die »wesentliche Fragen der Politik unserer Partei in Frage stellt« und eine »geschlossene Konzeption« verrate. Krenz fand im folgenden deutliche Worte der Kritik an der Bezirksleitung. Er bemängelte vor allem, daß über drei Monate vergangen seien, ohne daß die Bezirksleitung eingeschritten sei, während »das Sekretariat des Zentralkomitees nach Bekanntwerden des Briefes auf Anregung des Genossen Erich Honecker innerhalb von 15 Stunden reagiert« habe. Nicht einmal am 2. Juni, als die Bezirksleitung vor dem Politbüro berichtete, »erfolgte weder eine Information noch eine Bewertung des Briefes«, obwohl hierzu eine gute Gelegenheit gewesen wäre. Krenz fragte daher, »ob zur Sorglosigkeit noch Unehrlichkeit hinzukommt. Unumwunden muß gesagt werden, daß unter den Augen eines Bezirkssekretariats in einer Grundorganisation eine Plattform formuliert wurde, ohne daß durch das Bezirkssekretariat rechtzeitig die notwendigen politischen Schlußfolgerungen gezogen wurden.« Und weiter fragte Krenz: »Was geht eigentlich bei jenen Genossen im Kopf vor sich, die den Brief kannten und keine eigene Position bezogen?« Diese rhetorische Frage war eine deutliche Ohrfeige für Hans Modrow. Krenz sang daraufhin ein Loblied des »demokratischen Zentralismus«: »Die Stärke unserer Partei aber besteht seit je her in der einheitlichen Linie vom Zentralkomitee bis

---

[532] Krenz, S. 193. Politischer Schaden im Sinne einer Amtsenthebung Modrows etwa konnte in der Tat vermieden werden. Allerdings vermerkt Krenz nicht, daß die Durchsetzung der vorgegebenen politischen Linie großen politischen Schaden im Bezirk Dresden angerichtet hat, wie der weitere Gang der Ereignisse belegte.
[533] Das folgende, soweit nicht anders angegeben, nach: SAPMO, DY 30/J IV 2/3A/4571: Niederschrift über den Verlauf der Sitzung des Sekretariats der Bezirksleitung Dresden der SED am 17.7.1987 in Auswertung der Sitzung des Sekretariats des Zentralkomitees der SED vom 15.7.1987 zu einem Brief der Parteiorganisation des Staatsschauspiels Dresden an Genossen Kurt Hager. Vgl. auch eine von der Abteilung Parteiorgane des ZK am 20.7.1987 angefertigte Kurzversion der Niederschrift, in: SAPMO, DY 30/IV 2/2.039/274.

zur Grundorganisation. Ausländischen Delegationen imponiert bei ihren Besuchen in der DDR stets, daß sie das, was ihnen im Zentralkomitee an Informationen gegeben wurde, auch in der konkreten Arbeit der Grundorganisationen wiederfinden. Es muß daher klar gesagt werden: Nicht das Zentralkomitee irrt, wenn es konsequent die Linie des XI. Parteitages durchführt. Der Brief der Grundorganisation des Staatsschauspiels Dresden ist ein kollektiver Irrtum dieser Genossen über die Politik unserer Partei.« Natürlich irrte das Zentralkomitee nie, das war im politischen Selbstverständnis der Parteiführung nicht vorgesehen, und Krenz bewies dies, indem er sich inhaltlich mit dem Brief auseinandersetzte. Dabei lieferte er jedoch gegenüber der Antwort von Hager und der Sondersitzung des Sekretariats des ZK nichts Neues, so daß seine Ausführungen hier übergangen werden können. Was Krenz zum Abschluß seiner Rede brachte, waren sehr allgemein gehaltene Hinweise. Die Bezirksleitung Dresden müsse »ihrer Führungstätigkeit auf politisch-ideologischem Gebiet größere Aufmerksamkeit entgegenbringen« und »zielstrebiger und konsequenter an der weiteren Ausprägung der Kollektivität des Sekretariats und der gleichzeitigen Wahrnehmung der persönlichen Verantwortung jedes Sekretärs« arbeiten. Mit dieser Formulierung warnte er Modrow vor künftigen ähnlichen Alleingängen. Möglicherweise hoffte Krenz, daß die anderen Sekretäre, bei entsprechender »Kollektivität der Führung«, Modrow rechtzeitig zur Raison bringen würden.

Nun war es an Modrow, Stellung zu nehmen. Und er begab sich völlig auf die Linie der Berliner Parteiführung. Ja, der Brief an Kurt Hager müsse als »eine gegen die Linie des XI. Parteitages und die Einheit und Geschlossenheit der Partei gerichtete Plattform verurteilt werden«, und Krenz habe »völlig richtig darauf hingewiesen, daß wir nirgends dulden dürfen, daß unter der Flagge ›Umgestaltung in der UdSSR‹ gegen die Linie des XI. Parteitages aufgetreten wird.« Modrow übte dann die von ihm erwartete Selbstkritik. Von seiner Seite »wurde das ganze Ausmaß der vor sich gehenden ideologischen Prozesse und der Abweichungen von der Linie der Partei nicht voll erkannt und die darin liegende Gefahr unterschätzt. So kam es auch zur Weiterleitung des Briefes an Genossen Hager«. Er habe weiter »verabsäumt, den Brief sofort allen Genossen zur Kenntnis zu bringen und die kollektive Diskussion zu entfalten.« Wenn Krenz jedoch die Frage nach der Ehrlichkeit stelle, zeigen seine Darlegungen, so Modrow, »daß es unbewußt geschehen ist. Die Frage nach Ehrlichkeit hat für mich nie bestanden.« Besonders bestehe die Notwendigkeit »verstärkter politisch-ideologischer Auseinandersetzungen« im Bereich von Kunst und Kultur. Modrow zog abschließend eine Reihe von Schlußfolgerungen, die Anregungen des Sekretariats des ZK aufgriffen und darauf hinausliefen, die Beschlüsse des XI. Parteitages »bis in jede Grundorganisation« umzusetzen, die politisch-ideologische Arbeit zu verstärken und die politische Wachsamkeit »weiter zu erhöhen und schnell und konsequent auf alle Erscheinungen ideologischen Abweichens zu reagieren.« Von besonderer Bedeutung war, daß Modrow sich selbst – und keinen anderen – beauftragte, die Auseinandersetzung in der Parteiorganisation des Staatsschauspiels persönlich zu führen und die notwendigen Veränderungen einzuleiten. Damit wurde Modrow, auf dessen stillschweigende Duldung die Genossen des Staatsschauspiels bislang nicht vergebens gesetzt hatten, offiziell selbst zum Vollstrecker der Weisungen der Parteiführung. Modrow schloß seine Selbstkritik mit den Worten: »Die Kritik des Sekretariats des Zentralkomitees besteht zu Recht. Sie ist eine wichtige Hilfe im Prozeß der politisch-ideologischen Arbeit (...) Ich persönlich werde meine ganze Kraft dafür einsetzen, die wichtigen Lehren und Schlußfolgerungen zu ziehen, und fordere alle Genossen des Sekretariats dazu auf, durch kollektive Anstrengungen auch noch wirksamer in dieser Richtung zu sein.«

Damit war Modrow – zumindest auf dieser Sitzung – diszipliniert. Krenz konnte zufrieden sein. Lothar Stammnitz, der bereits zwei Tage zuvor auf der Sondersitzung des Sekretariats des ZK Stellung bezogen hatte, ging in seiner Selbstkritik verbal noch einen Schritt weiter. Er, der »sowohl was den Inhalt, als auch was die kameradschaftliche Form der Kritik betrifft«, völlig mit Krenz übereinstimmte, betrachte den Brief als »einen Angriff auf die Generallinie der Partei, auf den Kurs der Wirtschafts- und Sozialpolitik«. Mit Blick auf Krenz und das Politbüro bewege ihn »sehr stark die Frage, wie lange sich die Parteiführung noch ansehen soll, daß es im Bezirk Dresden immer wieder solche und ähnliche Vorkommnisse gibt«.[534] Stammnitz versprach abschließend, »ernsthafte und dauerhafte Schlußfolgerungen« zu ziehen und »die Sache mit dem Brief aus der Welt zu schaffen und gleichzeitig Garantien zu geben, daß sich ähnliche Sorglosigkeiten nicht wiederholen.«[535]

Auch die nächsten Redner stellten sich hinter die Ausführungen von Krenz. Gabriele Fink, als Kultursekretär ressortmäßig am stärksten involviert, erklärte

---

[534] Stammnitz spielt hier möglicherweise auf folgenden Vorfall an: Knapp zwei Jahre zuvor, am 14.8.1985, hatte die Vorsitzende der Frauenkommission des Kombinats Fortschritt Landmaschinen, Betriebsteil Sondermaschinen- und Rationalisierungsmittelbau, eine Eingabe an Erich Honecker wegen ungenügender Fleischversorgung und Wohnungs- und Wasserleitungsproblemen im Kreis Bischofswerda gerichtet. Diese Eingabe wurde in der Sitzung des Sekretariats des ZK vom 4.9.1985 behandelt, zu der Modrow und der 1. und 2. Sekretär der Kreisleitung Bischofswerda herangezitiert worden sind. Neben dem Rat des Kreises und der Kreisleitung der SED wurde auch das Sekretariat der Bezirksleitung mit Modrow an der Spitze kritisiert, es müsse »in seiner politischen Führungstätigkeit gegenüber den Genossen des Rates des Bezirkes noch konsequenter die Verwirklichung der Einheit von Wirtschafts- und Sozialpolitik sichern« und die »parteierzieherische Arbeit« verstärken. Das Sekretariat der Bezirksleitung erhielt daraufhin den Auftrag, die mit der Eingabe zusammenhängenden Probleme auszuwerten und lösen zu helfen. SAPMO, DY 30/J IV 2/3A/4294. Die Stellungnahme Modrows vor dem Sekretariat des ZK wurde offenbar nicht als ausreichend betrachtet, denn zwei Tage später, am 6.9.1985, richtete Modrow im Auftrag seines Sekretariats einen Brief an Honecker, in dem er versicherte, »daß ich ohne Vorbehalte zur Kritik des Sekretariats des Zentralkomitees stehe und unser Kollektiv seine ganze Kraft einsetzen wird, Lehren aus der Kritik zu ziehen und konsequent die Beschlüsse des Zentralkomitees zu verwirklichen.« SAPMO, DY 30/J IV 2/2/2129.

[535] Die weitgehende Selbstkritik Stammnitz' hing möglicherweise auch mit seinem gespannten Verhältnis zu Modrow zusammen. Modrow moniert in seinen Erinnerungen die fehlende Loyalität und Kameradschaftlichkeit von Stammnitz ihm gegenüber. Vgl. Modrow, Hans, Ich wollte ein neues Deutschland, Berlin 1998, S. 156.

ihre »Zustimmung zur Einschätzung des Sekretariats des Zentralkomitees«, ebenso Reiner Michel, der 1. Sekretär der Stadtleitung, der mehrmals betonte, »es sei ihm vor allem darum gegangen, das Schreiben des Briefes zu verhindern.«

Alle folgenden Redner, der Ratsvorsitzende Witteck, der Sekretär für Agitation und Propaganda Moke, der Sekretär für Wirtschaftspolitik Streipert, der Vorsitzende des Bezirksvorstandes des FDGB Gruhl, der Vorsitzende der BPKK Barthel, der Vorsitzende der BPK Holata und der Sekretär für Wissenschaft und Volksbildung Böhme, bekundeten ihre Zustimmung zu den Ausführungen Krenz'. Moke ging über die übliche und erwartete Zustimmung sogar noch hinaus, indem er Krenz davon in Kenntnis setzte, es gebe »auf bestimmten Gebieten ideologische Windstille im Bezirk. Die ideologische Situation wird im Sekretariat nicht tiefgründig analysiert.« Es war ausgerechnet der Vorsitzende der BPKK, der nach diesem Seitenhieb auf Modrow jenem zur Seite sprang und bemerkte, »daß es im Sekretariat der Bezirksleitung Fortschritte in der Führungstätigkeit gibt. Auch die Kollektivität sei gestiegen. Jeder könne im Sekretariat sagen, was er für notwendig erachte.« Der Vorsitzende der BPK brachte es sogar fertig, sich mit vorsichtigen Worten gegen ein reines Administrieren zu wenden. Die Plandiskussion zeige nach seinen Worten, »daß die Verantwortung für die Leitungen der Partei wächst, die Vorschläge der Werktätigen sorgsam zu beachten und sie in der praktischen Arbeit auszuwerten.« Schließlich verweigerte sich auch der Sekretär für Wissenschaft und Volksbildung Böhme einer pauschalen Verurteilung, indem er immerhin einräumte, Modrow widme »der Kollektivität große Aufmerksamkeit«.

Trotz dieser differenzierenden Bemerkungen hatte Krenz sein Ziel erreicht. Das gesamte Sekretariat der Bezirksleitung Dresden der SED hatte sich in Selbstkritik geübt, die Vorgaben aus Berlin anerkannt und Besserung gelobt. Für die Verunsicherung der Dresdner Genossen spricht auch, daß der Kultursekretär Fink gegen Ende der Sitzung nochmals das Wort nahm und anfragte, ob der Intendant Wolfram, »seit langem für die Auszeichnung mit dem Nationalpreis vorgeschlagen«, diese erhalten könne und ob das Ensemble des Theaters wie geplant im September sein 14tägiges Gastspiel in Jugoslawien geben könne. Krenz gab sich kulant und antwortete, wenn Gerhard Wolfram die Auszeichnung verdient habe, worüber aber »gründlich gesprochen werden« müsse, mögen die staatlichen Organe den entsprechenden Vorschlag unterbreiten. Und falls das Gastspiel stattfinde, müsse es politisch und künstlerisch gründlich vorbereitet werden.

Egon Krenz konnte zum Abschluß der Sitzung zufrieden bilanzieren. Die Aussprache »zeigt, daß es volle Übereinstimmung zwischen dem Sekretariat der Bezirksleitung und der Einschätzung, die das Sekretariat des Zentralkomitees vorgenommen hat, gibt.« Der Diskussion insgesamt entnahm Krenz, »daß das Kollektiv gewillt und fähig ist, mit ganzer Kraft die Beschlüsse des XI. Parteitages zu verwirklichen.« Krenz vergaß allerdings auch nicht, drohend hinzuzufügen, was passieren könne, wenn ähnliche Vorkommnisse in Zukunft auftreten sollten. Wer »eine andere Politik wolle als die vom Zentralkomitee beschlossene, müsse mit der vollen Strenge der Partei auf der Grundlage ihres Statuts rechnen.« Zuletzt gab Krenz den Fahrplan für die nächsten Wochen vor. Das Sekretariat der Bezirksleitung müsse nun die Aussprache im Sekretariat der Stadtleitung führen, die Auseinandersetzung in der Grundorganisation richtig vorbereiten, eine eigene Einschätzung für das Sekretariat des ZK vornehmen und die notwendigen Konsequenzen ziehen.

Nachdem Hans Modrow nochmals seine »volle Übereinstimmung mit den Darlegungen des Genossen Egon Krenz zum Ausdruck« gebracht hatte und Erich Honecker auszurichten bat, »daß die Bezirksparteiorganisation hart arbeiten wird, um die Beschlüsse des Zentralkomitees zu verwirklichen« und sich das ZK »auf die Bezirksparteiorganisation Dresden verlassen« könne, wurde die Sitzung geschlossen. Egon Krenz teilte noch am selben Tag in einem Brief an Honecker in bezug auf Modrow mit, daß »Hans stark betroffen war. Er bat, dir zu sagen, daß er alles tun werde, damit klare Kampfpositionen bezogen werden.«[536] Mit diesen Beschwichtigungen waren die Unannehmlichkeiten für das Dresdner Sekretariat jedoch noch nicht vorbei.

Zu den Aufgaben, die das Sekretariat der Bezirksleitung Dresden in den folgenden Wochen zu erfüllen hatte, gehörte, sich mit der Grundorganisation am Staatsschauspiel auseinanderzusetzen und nach Abschluß dessen dem Sekretariat des ZK einen Bericht zu liefern. Dieser Bericht lag nach zwei Monaten, Mitte September 1987, vor. Am 16. September übersandte Horst Dohlus den Bericht an Erich Honecker mit dem Vorschlag, ihn im Umlauf dem Sekretariat des ZK zur Kenntnis zu geben, wie es dann auch geschah.[537] Im folgenden sollen die Ergebnisse, wie sie das Sekretariat der Bezirksleitung vorlegte, dargestellt werden.

Zunächst stellte sich das Sekretariat der Bezirksleitung selbst den Ausweis aus, »eine gründliche und selbstkritische Wertung der eigenen politischen Führungsarbeit vorgenommen« zu haben. Es bekräftigte »sein tiefes Vertrauen zum Zentralkomitee und seinem Generalsekretär, Genossen Erich Honecker«, stellte »sich vorbehaltlos der Kritik des Sekretariats des ZK« und versicherte, »die Beschlüsse des XI. Parteitages und des Zentralkomitees in der gesamten Bezirksparteiorganisation einheitlich und geschlossen durchzuführen.« Nachdem solcherart zum wiederholten Male die Parteitreue unter Beweis gestellt wurde, berichtete das Sekretariat über Schlußfolgerungen für die eigene Führungsarbeit. Man wolle fürderhin »die einheitliche Durchsetzung der Parteibeschlüsse in ihrer Komplexität bis in jede Grundorganisation« und eine »konsequente Beschlußkontrolle« sowie die »Sicherung einer genauen und detaillierten Lagekenntnis« gewährleisten.

---

[536] Zit. in: Krenz, S. 193 f.
[537] Das folgende nach: SAPMO, DY 30/J IV 2/50/30: Bericht des Sekretariats der Bezirksleitung Dresden der SED über die politisch-ideologische Situation in der Grundorganisation der SED im Staatsschauspiel Dresden und Schlußfolgerungen für die politisch-ideologische Arbeit der Bezirksleitung und der Stadtleitung der SED. Vgl. auch den nahezu identischen Bericht in: SAPMO, DY 30/IV 2/2.039/274.

Dann wurde über die entsprechend dem Auftrag der Parteiführung durchgeführte »gründliche Beratung zu den Aufgaben der Kommunisten in unserer Zeit bei der weiteren Verwirklichung der Beschlüsse des XI. Parteitages« in der Grundorganisation Staatsschauspiel berichtet. Hierzu war eine Arbeitsgruppe unter Leitung von Hans Modrow gebildet worden, deren Ziel es gewesen ist, den Genossen klar zu machen, daß ihre am 2. Juni auf der Mitgliederversammlung erarbeitete Position »eine gegen die Generallinie der Partei und die Beschlüsse des XI. Parteitages gerichtete Plattform darstellt, von der sich die Grundorganisation und jeder einzelne Genosse distanzieren« müsse. Die Genossen sollten statt dessen ein »vorbehaltlose(s), schöpferische(s) Bekenntnis zur Politik der Partei in Wort und Tat« abgeben. Um dieses Ziel zu erreichen, bedienten sich die Mitglieder der Arbeitsgruppe der Sekretariate der Bezirks- und Stadtleitung, »unterstützt von Genossen der Arbeitsgruppe des ZK«, des Mittels der »differenzierten Gespräche« und entfalteten »eine intensive politische Arbeit zur Formierung der Parteikräfte und zur Stärkung der Kampfkraft der Parteiorganisation des Staatsschauspiels«. Die geballten Bemühungen der Arbeitsgruppen verfehlten, so ist zumindest im Bericht an das ZK zu lesen, ihre Wirkung nicht. Im Ergebnis der vielfältigen Bemühungen und unzähligen Gespräche »brachten die Genossen der Grundorganisation ihre feste Position zur Politik der Partei und zur Parteiführung zum Ausdruck«. Die Genossen und die Parteileitung distanzierten sich auch einmütig von ihrem eigenen Beschluß auf der Mitgliederversammlung vom 2. Juni. In der Mitgliederversammlung am 2. September unterstrichen viele Genossen nochmals, »daß sie sich subjektiv des wirklichen Inhalts ihres Beschlusses nicht bewußt waren, die Politik der Partei und die Beschlüsse des XI. Parteitages unterstützen und durchführen wollen und tiefes Vertrauen zum Zentralkomitee und dem Generalsekretär, Genossen Erich Honecker, haben.« Allerdings ging nicht alles so reibungslos vonstatten, wie es sich die Parteiführung gewünscht hätte. Einige Genossen ließen sich nicht so ohne weiteres mundtot machen und beharrten auf ihrer Auffassung der innerparteilichen Demokratie. Im Bericht des Sekretariats der Bezirksleitung liest sich das so: »Besonders in den künstlerischen Bereichen wurde in den Aussprachen aber auch deutlich, daß sie sich teilweise von subjektiven Auslegungen zu Rechten und Pflichten eines Genossen, zu Fragen der Einheit und Geschlossenheit bei der Durchführung der Beschlüsse, zu Kritik und Selbstkritik leiten lassen und nicht stets zuerst die eigene Verantwortung sehen.« Modrow selbst redete den Staatsschauspielern auf der Versammlung am 2. September ins Gewissen und mahnte sie, sich »ihre(r) hohe(n) Verantwortung bewußt« zu sein und mit »ihrem künstlerischen Wirken die Menschen zu bewegen und für den Kampf um unsere hohen Ziele zu begeistern.«

Als Ergebnis der Auseinandersetzungen wurde vom Sekretariat der Bezirksleitung die Verpflichtung festgehalten, der »politische(n) Arbeit mit den Angehörigen der Intelligenz, besonders auch im Bereich von Kunst und Kultur (...) erhöhte Aufmerksamkeit und politische Überzeugungskraft« zu schenken. Konkrete

4.2 Fallbeispiele

Auswirkung für die Parteigruppe des Staatsschauspiels hatte es, daß sie »entsprechend der gesellschaftlichen Rolle und Bedeutung« nunmehr »unmittelbar der Anleitung und Kontrolle der Stadtleitung der SED unterstellt« wurde. Die Genossen Staatsschauspieler wurden – zumindest formal – direkter an die Kandare genommen. Mit der Versicherung, das Sekretariat der Bezirksleitung werde »den Stand der Arbeit dieser Parteiorganisation« im ersten Halbjahr 1988 erneut einschätzen, glaubte man, alles Nötige veranlaßt und den Erwartungen der Zentrale entsprochen zu haben. Aber das Sekretariat des ZK mochte sich nicht nur auf die Angaben des Dresdner Sekretariats verlassen, es hatte eine eigene Arbeitsgruppe in den Bezirk entsandt, von dem es einen gesonderten Bericht erwartete.

Den Bericht der Arbeitsgruppe des ZK erhielt Honecker mit gleichem Schreiben von Dohlus vom 16.9.1987. Auch er wurde dem Sekretariat des ZK im Umlauf bekanntgegeben. Wie sah nun die Arbeitsgruppe die Situation im Bezirk Dresden?

Der Bericht der gemeinsamen Arbeitsgruppe der Abteilungen Parteiorgane und Kultur des ZK datiert vom 10.9.1987.[538] Sie hatte sich vom 25.8. bis zum 4.9.1987 im Bezirk Dresden aufgehalten und durch persönliche Gespräche mit Genossen, in Beratungen der Parteileitungen und in mehreren Aussprachen »die politisch-ideologische Situation in der Grundorganisation der SED im Staatsschauspiel Dresden sowie die Wirksamkeit der Bezirks- und Stadtleitung Dresden der SED gegenüber dieser Parteiorganisation« untersucht. Hierüber berichtete Lilian Floß 1989: »Nicht Sicherheitsleute setzten uns psychisch unter Druck, wie angenommen werden könnte, nein, es war eine vom Sekretariat des ZK eingesetzte Mannschaft. Und der Grund? Angst! Eine ganze Grundorganisation, mehr als siebzig ehrliche, parteiverbundene Genossen, die sich aus politischer Verantwortung gemeldet hatten, sollten diszipliniert werden. Die Methode: unerträgliche politische Belehrungen mittels Phrasen und Entmündigungen. Außerdem Einzug der Unterlagen. Ein Satz ist mir in Erinnerung geblieben: ›Die Fragen, die ihr stellt, stellt unser Volk nicht.‹ Die endlosen Gespräche brachten jedoch bald ans Licht: Das Exempel Staatsschauspiel wurde statuiert, um einem Genossen politische Versäumnisse nachweisen zu können: Hans Modrow«.[539]

Die Arbeitsgruppe begann ihren Bericht mit dem »Hauptergebnis«, der Erfolgsmeldung nämlich, daß sich die Genossen des Staatsschauspiels »einmütig zur auf das Wohl des Volkes und die Sicherung des Friedens gerichteten Politik der Partei bekannten und von der am 2.6.1987 formulierten Plattform vollinhaltlich distanzierten.« Hierzu erinnert sich die Parteisekretärin Floß so: »Der Kompromiß sah so aus: Einmal haben wir zugestanden, gut, wenn man meint, wir haben

---

[538] Das folgende nach: SAPMO, DY 30/J IV 2/50/30: Information über die politisch-ideologische Situation am Staatsschauspiel Dresden und die Führungstätigkeit der Bezirks- und Stadtleitung Dresden der SED.

[539] Ostrowski, Im Streit, S. 19, und Sächsische Zeitung, 8.12.1989. Die Abteilung Parteiorgane des ZK nennt in ihrer Information vom 10.9.1987 insgesamt 68 Mitglieder und einen Kandidaten der SED, vgl. SAPMO, DY 30/J IV 2/50/30. Die Diskrepanz zur Angabe von Floß ist hier unwesentlich.

das Statut verletzt (...), dann sagen wir, daß wir in Unkenntnis des Statuts gehandelt haben. Aber wir verwahren uns entschieden dagegen, daß wir eine konterrevolutionäre Plattform gebildet haben. Wir haben uns aus ehrlicher Sorge als Parteimitglieder zu Wort gemeldet, und wir bestehen darauf, daß die Fragen unseres Volkes anerkannt werden. Dieser Kompromiß ist dann von der Mitgliederversammlung mit einer Gegenstimme angenommen worden. (...) Wir hatten eins begriffen: Wenn wir unser künstlerisches Konzept weiterverfolgen wollen, wie es von den Leuten wie von der Belegschaft angenommen wurde, dann müssen wir den 1. Sekretär der Bezirksleitung schützen, müssen uns zu diesem Kompromiß bereiterklären.«[540]

Aber es wurden von der Arbeitsgruppe auch weiterhin bestehende Defizite und Schwächen betont. So müsse »die Grundposition, mit der vorbildlichen Erfüllung unserer Parteitagsbeschlüsse am besten die Freundschaft und Zusammenarbeit mit der Sowjetunion zu fördern«, weiter geklärt werden. Offenbar leuchtete dies nicht allen Genossen ein. Mit den Parteigruppen Schauspiel und Dramaturgie/Öffentlichkeitsarbeit seien weitere »offensive Auseinandersetzungen« nötig, um sie von der Ansicht, »auftretende Unzulänglichkeiten, besonders im kommunalen Sektor, stärker in der Öffentlichkeit anzusprechen, um auf diese Art und Weise schneller zu verändern«, abzubringen. Schließlich wollte sich die Parteiführung nicht so einfach unter Druck setzen lassen. Weiterhin bemängelte die Arbeitsgruppe »Erscheinungen der Trennung zwischen politisch-ideologischer Arbeit und künstlerischer Tätigkeit.« Es gab offenbar größere Schwierigkeiten, den Schauspielern klar zu machen, »daß hohe künstlerische Meisterschaft eines festen politischen Standortes des Künstlers bedarf.« Nur der konnte mithin ein großer Künstler sein, der die Politik der Parteiführung billigte und deren Auffassungen teilte. Bislang sei es auch nicht gelungen, so der Bericht der Arbeitsgruppe weiter, »Zurücknahmen bei den 19 Übersiedlungsersuchen« im Staatsschauspiel zu erzielen. Das betraf immerhin 5,2 % aller Beschäftigten im Staatsschauspiel.[541] Auch in der Arbeit mit den Kadern schätzte die Arbeitsgruppe Versäumnisse ein: »Derzeit verfügt die Parteileitung über kein Kaderprogramm.« Schließlich war auch der Austritt von elf Werktätigen der Bühnentechnik aus dem FDGB zu vermelden. In dem Bericht wurde resümiert: »Das Niveau des innerparteilichen Lebens wird dem Anspruch zur Entwicklung des einheitlichen und geschlossenen Handelns aller Kommunisten bei der Erfüllung der Beschlüsse noch nicht gerecht.« Die wesentlichen Ursachen würden darin bestehen, »daß in der Grundorganisation des Staatsschauspiels die Politik der Partei nicht gründlich genug in ihrer Gesamtheit behandelt, die ideologischen Positionen für die Durchführung der

---

[540] Sächsische Zeitung, 8.12.1989.
[541] Die 30.000 Übersiedlungsersuchenden aus dem Bezirk Dresden repräsentierten rund 1,7 % der Bevölkerung, DDR-weit lag der Wert bei etwa 0,7 %. Errechnet aus den Angaben in: Mayer, S. 119 f. und Statistisches Jahrbuch 1988, S. 356. Im Staatsschauspiel Dresden gab es damit prozentual rund dreimal so viele Ausreisewillige wie im Bezirk Dresden und über siebenmal mehr als in der gesamten Republik, ein Beleg für die vielfach angesprochene dortige besondere Situation.

Beschlüsse des Zentralkomitees unzureichend entwickelt wurden und damit die Parteiorganisation ihrer Verantwortung für das einheitliche und geschlossene Handeln der Kommunisten nicht im erforderlichen Maße gerecht geworden ist.«

Die Schlußfolgerung der Arbeitsgruppe aus allem war üblich und überraschte nicht. Natürlich habe »im Zentrum der gesamten Arbeit der leitenden Parteiorgane des Bezirkes (...) die weitere konsequente Verwirklichung der Beschlüsse des XI. Parteitages der SED« zu stehen. Der Bezirksleitung wurde die »Erarbeitung einer geschlossenen aktuellen Gesamteinschätzung über die politisch-ideologische Situation unter den Kultur- und Kunstschaffenden des Bezirkes« aufgegeben. Die Stadtleitung war direkt dafür verantwortlich, die »politische Arbeit mit den Leitungskadern im Staatsschauspiel zu qualifizieren«. Dazu sollte sie ein abrechenbares und langfristiges Kaderprogramm ausarbeiten und insbesondere »eine Kaderreserve für die Funktion des Parteisekretärs« schaffen. Die letzte Formulierung zielte eindeutig darauf hin, in naher Zukunft den Parteisekretär Lilian Floß abzulösen. Mit diesen Maßnahmen glaubte die Arbeitsgruppe, den »demokratischen Zentralismus« im Bezirk Dresden wieder hergestellt zu haben.

Wie ging es nun weiter? Zunächst einmal wurde der Parteisekretär, die Genossin Lilian Floß, zum Ende des Jahres 1987 abgelöst. Mit Wirkung vom 1.1.1988 übernahm Christine Ostrowski, hauptamtlicher Parteisekretär im VEB Schleifkörperunion Dresden, diese Funktion. Sie erfuhr das überraschend in einer Beratung beim 1. Sekretär der Stadtleitung. »Global wurde ich in Kenntnis gesetzt, daß man dort einen Brief an die Parteiführung geschrieben habe, wegen des ›Tapetenwechsels‹ und der Massenmedien. Mir wurde deutlich gesagt, daß man nach dem Einsatz der Arbeitsgruppe zur Einschätzung gelangt sei, daß Lilian Floß als bisheriger Parteisekretär nicht mehr politisch zuverlässig sei. Ich kannte weder Lilian noch das Staatsschauspiel.«[542] Der neue Parteisekretär Ostrowski »setzte die Bestrafungsaktion (...) nicht fort, verhinderte aber auch, daß ein zweiter Brief an die Parteiführung gerichtet wurde. Das Vertrauensverhältnis zwischen Staatsschauspiel und Partei war nach diesen Vorfällen tief erschüttert.«[543] Im September 1989 verzichtete der Regisseur Wolfgang Engel demonstrativ auf die Auszeichnung mit dem Nationalpreis.[544]

Dazu hatte der Intendant Gerhard Wolfram gar nicht erst Gelegenheit. Er wurde, obwohl für den Nationalpreis vorgesehen, nicht nominiert[545], und das, obwohl sich Krenz in der Sitzung des Sekretariats der Bezirksleitung am 17.7.1987 auf Anfrage des Kultursekretärs Fink dafür ausgesprochen hatte, »daß man beides nicht miteinander vermischen kann. Das eine sei die politisch-ideologische Aus-

---

[542] So Christine Ostrowski in einem Gespräch am 1.12.1989. Ostrowski, Im Streit, S. 20. Vgl. auch Sächsische Zeitung, 8.12.1989.
[543] Urich, Bürgerbewegung in Dresden, S. 164 f.
[544] Ebenda, S. 165.
[545] Vgl. ebenda, S. 164 und Ostrowski, Im Streit, S. 20.

einandersetzung mit der Grundorganisation, (...) das andere betrifft die Würdigung des Gesamtwerkes eines Genossen.«[546]

Das Staatsschauspiel Dresden behielt aber auch in der folgenden Zeit seine Ausnahmestellung unter den Bühnen der DDR und seinen guten Ruf. Im Spielplan konnten Werke von Heiner Müller und Peter Hacks, von der Zentrale beargwöhnte Autoren, verbleiben.[547] In der Spielzeit 1988/89 standen mit »Die Übergangsgesellschaft« von Volker Braun, »Nina, Nina, tam Kartina« von Werner Buhss und »Die Ritter der Tafelrunde« von Christoph Hein gleich drei »Perestroika-Stücke«[548] auf dem Programm. Die längerfristige Disziplinierung von Intendant, Regisseur und Schauspielern war somit nicht geglückt. Dresden blieb ein für die Parteiführung schwieriges Pflaster.

Die hier geschilderte politische Strafaktion der SED-Parteiführung gegen das Staatsschauspiel Dresden, aber auch gegen Hans Modrow und die SED-Bezirksleitung Dresden, zeigt deutlich die zunehmende Verunsicherung der Parteiführung der SED. Sie war nicht bereit, die vermehrt auftretenden Probleme zur Kenntnis zu nehmen und verlangte von den Sekretären der Bezirksleitungen, hiervon umfassend abgeschirmt zu werden. Was Hans Modrow letztlich vorgeworfen wurde, war nicht mehr, als einen Brief einer SED-Grundorganisation an die Parteiführung nicht unterbunden, sondern unkommentiert weitergeleitet zu haben.

Der 1. Sekretär einer SED-Bezirksleitung war damit für alles, auch für die kleinste Mißstimmung im Bezirk, verantwortlich. Wer dieser Verantwortung nicht vollends im Sinne des Generalsekretärs nachkam, mußte mit prompten und umfassenden Sanktionen rechnen. So wurden Modrow und seine Dresdner Genossen nach Berlin zitiert und mußten dort Selbstkritik üben. In den Bezirk Dresden zog eine Arbeitsgruppe des ZK ein und führte umfangreiche Untersuchungen durch. Modrow hatte sich allem zu fügen. Daß er es tat, Selbstkritik übte und die Vorgaben der Zentrale ausführte, zeigt ganz deutlich die Einflußlosigkeit eines 1. Bezirkssekretärs gegenüber der Zentrale, eines 1. Bezirkssekretärs, der gerade in dem Ruf stand, eigenständig und »rebellisch«[549] zu sein. Die Alternative wäre für Modrow nur die freiwillige Demission oder die Absetzung gewesen. Dort, wo es um vitale Interessen der Parteiführung, um die Generallinie und das System des »demokratischen Zentralismus« ging, tendierte der Spielraum untergeordneter Parteiinstanzen gegen Null. Auch ein 1. Sekretär einer Bezirksleitung hatte sich widerspruchslos den Weisungen der zentralen Parteiführung zu fügen. Gerade auf dem Gebiet der Eigenständigkeit und Eigenverantwortung regionaler

---

[546] SAPMO, DY 30/J IV 2/3 A/4571.
[547] Vgl. Arnold/Modrow, S. 35.
[548] So die Einschätzung des Deutschlandfunks: Urich, Bürgerbewegung in Dresden, S. 165. Hierzu und zum Theater in der DDR vgl. Stuber, Petra, Spielräume und Grenzen. Studien zum DDR-Theater, Berlin 2000.
[549] So Gorbatschow in seinen Erinnerungen auf S. 929.

Parteiinstanzen wurde, wie Modrow selbst spürte, »sehr darauf geachtet«, daß »die Perestroika nicht auf die DDR übergreift.«[550]

Nach außen hin war die Disziplinierung der Dresdner Bezirksparteiorganisation und des Staatsschauspiels, aber auch die damit verbundene Demütigung Modrows für die Parteiführung ein Erfolg. Es wurde ein Exempel statuiert und gezeigt, was Funktionären blühte, die von der Generallinie abwichen. Durch solche öffentlichen Demonstrationen konnte die Parteiführung die Suche nach einem Spielraum durch untergeordnete Funktionäre von vornherein weitgehend unterbinden. Das Schicksal Modrows wurde den Genossen planmäßig bekannt.[551]

Im System des »demokratischen Zentralismus« der DDR gehörte schon Courage dazu, in Grundfragen abweichende Meinungen zuzulassen. Daß Modrow das Absenden des Briefes, nachdem er versucht hatte, seine Entstehung zu verzögern und wohl auch durch Diskussionen zu verhindern, nicht unterbunden hat, spricht für ihn. Er tat dies, obwohl im bewußt war, daß er beargwöhnt und kontrolliert wird.[552] Allerdings schwenkte auch Modrow, wenngleich nur taktisch und ohne innere Überzeugung[553], wieder auf die Parteilinie ein.

Hier spielte für ihn die Frage eine Rolle: »›Was tut man, um in Schadensbegrenzung und in Möglichkeiten auf diesem Gebiet zu verbleiben?‹ Das war eine Abwägung, mit der man immer gelebt hat. Bei mir kam hinzu, daß das die Zeit war, in der ich mit dem 1. Sekretär des Gebietskomitees von Leningrad Kontakt hatte und wo es gewisse Hinweise gab, daß man doch überlegen sollte, daß man sich in einem Entwicklungsprozeß befindet, der auch mal andere Verantwortungen schaffen kann. Es war immer eine Abwägung. Die zweite Frage bleibt, darüber müssen wir uns alle zusammen im klaren sein, daß wir nun auch wieder nicht so mutig waren, weil nicht klar war, da es keine Kontakte untereinander gab, mit wem man was gemeinsam bewegen kann. Einer, der alleine loszieht, bewegt überhaupt nichts.«[554]

Offenbar wollte Modrow sich nicht zu sehr exponieren, um einer Absetzung zu entgehen und für den Fall, daß in Berlin die Karten neu gemischt werden, als personelle Alternative bereit zu stehen. Dies ist auch vor dem Hintergrund, daß Modrow »in der Partei und in großen Teilen der Bevölkerung wegen seines ehr-

---

[550] Gesprächsprotokoll Modrow, S. 11.
[551] So berichtet der frühere Chefredakteur der »Ostsee-Zeitung«, in den Chefredakteurberatungen der Abteilung Agitation des ZK in Berlin, zu denen er regelmäßig erscheinen mußte, informiert worden zu sein. Vgl. Protokoll des Gesprächs mit Dr. Siegbert Schütt, Rostock, 27.1.2004, S. 8.
[552] Kotschemassow überliefert, daß Modrow ihm bald nach seinem Amtsantritt als Botschafter der Sowjetunion in der DDR im August 1983 anvertraute: »Man kontrolliert mich (...) Nach jedem ZK-Plenum reisen Kommissionen an und prüfen aus diesem oder jenem Anlaß. Ich verstehe, sie suchen einen Vorwand, mich von meinem Posten zu entbinden.« Kotschemassow, Wjatscheslaw, Meine letzte Mission. Fakten, Erinnerungen, Überlegungen, Berlin 1994, S. 37.
[553] Vgl. Gesprächsprotokoll Modrow, S. 11.
[554] Ebenda, S. 10.

lichen Umgangs mit den Dingen des Lebens große Popularität genoß«[555], plausibel. Die von Modrow postulierte »Schadensbegrenzung« klingt in einem überlieferten Ausspruch des Intendanten Wolfram durch, der, als die Arbeitsgruppe des ZK das Staatsschauspiel überprüfte, sagte, »er habe schon viele solcher Überprüfungen erlebt, aber erstmalig fände er den 1. Sekretär der Bezirksleitung auf seiner und nicht auf der Seite der Überprüfer.«[556]

Allerdings war eine Möglichkeit, für die Bevölkerung und die SED-Funktionäre ein Signal zu setzen, verpaßt. Dazu Modrow: »Ich habe nicht daran geglaubt, daß ich ein Signal setze. Aber das wäre in diesem Fall sogar eine Chance für ein Signal gewesen, mehr als in den anderen Problemen, in denen ich genügend Bedrängnis erlebt habe. Es lief in den Jahren dann stark darauf hinaus, eine Situation zu schaffen, in der nachgewiesen wird, daß ich unfähig bin, meine Arbeit zu machen. Wegen Unfähigkeit wird man normalerweise abberufen. Hier war es ein politischer Vorgang. Aber bei diesem politischen Vorgang bin ich davon ausgegangen, daß innerhalb der SED keine solche Entwicklung vorhanden ist, daß sich bei einem Signal dieser Art etwas bewegt und daß damit der Schritt in eine wirkliche Veränderung und Erneuerung der SED erreichbar gewesen wäre. Ich war weitgehend isoliert, und andere traten nicht in Kontakt mit mir. Ich spürte auch, daß selbst Weggefährten älterer Jahre aus der FDJ und zu anderen Zeiten mich sehr isolierten. Es war nicht so, daß ich ein Bezirkssekretär war, an dem andere sich zu orientieren bereit gewesen wären.«[557]

In der Tat gibt es keine Belege für solidarisches Verhalten anderer Sekretäre von Bezirksleitungen gegenüber Modrow. Der Absetzung als 1. Sekretär der Bezirksleitung Dresden ist Modrow wohl nur entgangen, weil er in der Bevölkerung, aber auch im westlichen Ausland bereits zu bekannt und geachtet war.[558] Auch Gorbatschow nimmt für sich in Anspruch, seine Hand über Modrow gehalten zu haben.[559]

Hans Modrow sieht einen Teilerfolg darin, das Theater vor weiteren negativen Folgen bewahrt zu haben. »Der 1. Sekretär der Bezirksleitung und der Intendant des Schauspielhauses wurden vor die Entscheidung gestellt, entweder offen und mit aller Kraft auf allen Positionen zu beharren und für die Perestroika einzutreten oder mit selbstkritischen Äußerungen wenigstens einen möglichst großen Spielraum für die Arbeit des Theaters zu retten. Intendant und 1. Sekretär entschieden sich für die zweite, die opportunistische Variante.«[560]

---

[555] Möbis, Harry, Von der Hoffnung gefesselt. Zwischen Stoph und Mittag – mit Modrow, Frankfurt (Oder) 1999, S. 270. Vgl. auch, mit gleicher Aussage und aus der Sicht eines DDR-Flüchtlings: Loeser, Franz, Die unglaubwürdige Gesellschaft. Quo vadis, DDR?, Köln 1984, S. 65.
[556] Modrow, Ich wollte ein neues Deutschland, S. 208 f. Vgl. auch Gesprächsprotokoll Modrow, S. 9 f.
[557] Gesprächsprotokoll Modrow, S. 10.
[558] Für den »Spiegel« war Modrow »seit langem mit den Etiketten ›Reformer‹ und ›Hoffnungsträger‹ der SED behaftet«. Der Spiegel, Nr. 40, 2.10.1989, S. 27.
[559] Gorbatschow, S. 929.
[560] Arnold/Modrow, S. 35.

Die Arbeit des Theaters konnte, wie gezeigt, gerettet werden. Aber eine Chance für eine Kurskorrektur in der DDR wurde verpaßt. Das war ein hoher Preis, denn viele Chancen sollte es nicht mehr geben.

4.2.6 Die Strafexpedition des ZK in den Bezirk Dresden 1989

Die direkte Anleitung der 1. Sekretäre der SED-Bezirksleitungen durch den Generalsekretär wird als unzureichend und unbefriedigend beschrieben. Sie erfolgte »regelmäßig nach den Plenartagungen des ZK, also zweimal im Jahr. Er monologisierte dann, äußerte mehr oder weniger aus seiner aktuellen Gefühlslage heraus seine Meinung zu verschiedenen aktuellen Fragen.«[561] Ein echter Meinungsaustausch über aktuelle Probleme, eine profunde Beratung mit den Vertretern der Bezirke fanden nicht statt. »Auch im Kreis der 1. Bezirkssekretäre ließ er eine realitätsbezogene, offene Diskussion nicht zu.«[562] Dies war für die 1. Sekretäre der BL natürlich unbefriedigend und wenig hilfreich. Daher versuchten einige, den Generalsekretär auf anderen Wegen mit den Realitäten in den Bezirken bekannt zu machen und Hilfe zu erhalten. Das Echo fiel allerdings mitunter verheerend aus. Dies bekam mehrfach Hans Modrow zu spüren, der darüber folgendes berichtet: »Aber Versuche – etwa einiger 1. Bezirkssekretäre –, in den monatlichen Berichten oder bei Gesprächen mit Honecker auf schwerwiegende Probleme in der Wirtschaft oder auf andere Mißstände aufmerksam zu machen, zeugten nur Abneigung und brachten Honecker zu der Meinung, der betreffende Funktionär stehe nicht auf der Höhe seiner Aufgaben. Diese Art der Reaktion hatte ihre Auswirkungen auf den Wahrheitsgehalt von Berichten.«[563]

In der Tat enthalten die überlieferten Monatsberichte aus den Bezirken eine recht stromlinienförmige Ansammlung von Erfolgsmeldungen und Lob an den Generalsekretär. Erst auf den letzten Seiten finden sich einzelne Mißstände wieder. Es kann davon ausgegangen werden, daß der kritische Gehalt der monatlichen Berichte bei weitem nicht den Umfang der wirtschaftlichen Probleme in den Bezirken widerspiegelte. Das Benennen ökonomischer Probleme mußte zwangsläufig den für diese Fragen zuständigen ZK-Sekretär Dr. Günter Mittag auf den Plan rufen, der von Honecker persönlich über die entsprechenden Passagen in den Monatsberichten informiert wurde. Wie Mittag hierauf zu reagieren pflegte, übermitteln mehrere Zeitzeugen aus seiner Umgebung. Generell waren Mittag alle nachgeordneten SED-Funktionäre mit eigenen Vorstellungen suspekt. Wer auf Schwierigkeiten aufmerksam machte, mußte, so Schabowski, »in den Monats-

---

[561] Arnold, Otfrid/Modrow, Hans, Das Große Haus. Struktur und Funktionsweise des Zentralkomitees der SED, in: Modrow, Hans (Hrsg.), Das große Haus. Insider berichten aus dem ZK der SED, Berlin 1995, S. 11-70, hier S. 43.
[562] Ebenda.
[563] Ebenda, S. 61.

berichten, die an den Generalsekretär gingen, mit Verbesserungsvorschlägen aufwarten. Honecker hat diese zur Kenntnis genommen und die Berichte, mit einer Randbemerkung versehen, an Mittag weitergeleitet. Der bekam dann den Auftrag, nachzuhaken.«[564] Dabei versuchte Mittag, »nach außen jede Kritik abzuschirmen. Wenn Kritik zu üben war, dann übte er sie. (...) Mitunter war es ihm unangenehm, daß in den Monatsberichten der Bezirksleitungen ohne seine Kenntnis kritisch auf Schwierigkeiten hingewiesen wurde. Er schlug dann überraschend zurück, indem er eine Information zur Planlage aus der Tasche zog, die augenscheinlich nur in dem jeweiligen Bezirk behoben zu werden brauchte. So wurde der jeweilige Generaldirektor oder Provinzfürst nach Strich und Faden abgebürstet und konnte froh sein, wenn er nur einen schlechteren Platz im Kontrollheft bekam.«[565]

Der frühere Sektorleiter der Mittag unterstehenden Abteilung Planung und Finanzen des ZK unterstreicht Schabowskis Ausführungen aus eigener Kenntnis. »›Gefahr‹ drohte auch aus den Bezirksleitungen der SED, die monatlich Berichte über die politische Lage im Bezirk an Erich Honecker gaben. Wer als Wirtschaftslenker agierte, mußte natürlich jede abweichende, gar kritische Aussage zur wirtschaftlichen Lage und zu Problemen als direkten und persönlichen Angriff empfinden und entsprechend reagieren. Deshalb sollten die zuständigen Abteilungen Gegenbeweise finden, um die Mängel als Ergebnis ungenügender Leitungstätigkeit im Territorium zu entlarven.«[566] Nach diesem Schema ging Günter Mittag, in dessen Person »mit seinen eigens dafür geschaffenen Instrumentarien« sich die »Inspiration und der Vollzug der Wirtschaftsentscheidungen« verkörperten, häufig und zuletzt ganz massiv Anfang 1989 im Bezirk Dresden vor. Das hier statuierte Exempel soll nachfolgend beschrieben werden.

Zu Beginn des Jahres 1989 war es nicht mehr zu übersehen, daß die »Unzufriedenheit in den Betrieben, Städten und Gemeinden über die Schönfärberei in der Öffentlichkeit, besonders in den Massenmedien«, wuchs.[567] Dies schlug sich auch in den Monatsberichten nieder. »Obwohl die Mehrzahl der 1. Bezirkssekretäre es nicht versäumte, die Politik der Parteiführung zu loben, gab es auch kritische Bemerkungen zu Einzelfragen, was in den letzten Jahren zunahm.«[568] Vor allem Hans Modrow war »stets kritisch und hatte auch den Mut, es nach oben zu sein«, und so fielen seine Berichte »stets offener aus als alle anderen und zeigten, was im

---

[564] Koehne, Ludwig/Sieren, Frank (Hrsg.), Günter Schabowski: Das Politbüro. Ende eines Mythos. Eine Befragung, Reinbek 1991, S. 40.
[565] Ebenda.
[566] Meyer, Erhard, Der Bereich Günter Mittag. Das wirtschaftspolitische Machtzentrum, in: Modrow, S. 137-147, hier S. 146.
[567] Arnold, Otfrid/Modrow, Hans, Außenansichten, in: Modrow, Hans (Hrsg.), Das Große Haus von außen. Erfahrungen im Umgang mit der Machtzentrale in der DDR, Berlin 1996, S. 9-38, hier S. 36.
[568] Janson, Carl-Heinz, Totengräber der DDR. Wie Günter Mittag den SED-Staat ruinierte, Düsseldorf-Wien-New York 1991, S. 225.

Bezirk getan wurde und was dort nicht ohne Unterstützung von oben gelöst werden konnte.«[569]

Ein solcher Bericht erreichte den Generalsekretär im Januar 1989. Hierin fehlte es, wie Modrow einräumt, »zunächst nicht an einer Aufzählung guter Ergebnisse. Zugleich jedoch verwiesen wir in jenem Januar auf Probleme, die eine Planerfüllung in den Betrieben der zentralgeleiteten Wirtschaft unmöglich machten und die selbstverständlich verschlechternd auf die Stimmung der Belegschaften drückten.«[570] Modrow mußte klar sein, daß bereits hiermit der Unmut des Generalsekretärs erzeugt war. Er ging in seinem Bericht jedoch noch weiter. »Ich teilte dem Generalsekretär mit, es sei schwer, die notwendigen Aufgaben für die Entwicklung des Bezirkes, ob in der Industrie oder im Wohnungsbau, zu erfüllen. Sollte die Einhaltung dieses Plans jedoch gewährleistet werden, könne der Bezirk Dresden 1989 die für Berlin geforderten Bauleistungen nicht auch noch erbringen.«[571] Damit hatte Modrow eines der heißesten Eisen der DDR-Wirtschaftspolitik angesprochen. Der Wohnungsbau war ein besonderes »Steckenpferd von Honecker«[572], in den Bezirken aber der Wirtschaftszweig, auf den sich die wohl meisten Eingaben bezogen. Gerade der Umstand, daß die Bezirke für die Hauptstadt umfangreiche Bauleistungen erbringen mußten, wurde als ungerecht empfunden. Um hier den Anfängen der Kritik zu wehren, mußte die Parteiführung aktiv werden. Honecker übermittelte die entsprechenden Auszüge aus dem Monatsbericht an Mittag. Dieser versah sie »mit kritischen Kommentaren, er formulierte zu jedem Punkt eine Gegenposition, und das Papier kam auf den Tisch des Politbüros.«[573] Ende Januar 1989 fand hier eine Beratung zu diesen Fragen statt, an der auch Modrow teilnehmen mußte. Dessen »Stellungnahme verfehlte wahrscheinlich die gewünschte Absicht, denn ich wiederholte den bereits schriftlich vorliegenden Standpunkt. Erich Honecker schlug eine Überprüfung im Bezirk Dresden unter Leitung Günter Mittags vor.«[574] Am 7.2.1989 faßte das Politbüro den entsprechenden Beschluß.

Zu diesem Zweck wurde eine Arbeitsgruppe gebildet und in den Bezirk Dresden entsandt. Dies war ein beliebtes Mittel, um unbotmäßige Funktionäre zur Ordnung zu rufen. Die Arbeitsgruppe sollte dazu »die Munition liefern«.[575] Bereits am Tag nach der Politbürositzung meldete sich Mittag telefonisch in Dresden und »forderte die Einberufung einer Sitzung des Sekretariates der Bezirksleitung, an der die Arbeitsgruppe unter seiner Leitung teilnehmen würde.« Modrow

---

[569] Ebenda, S. 224 und S. 225. Janson berichtet als früherer ZK-Abteilungsleiter aus erster Hand, erhielten die Abteilungen doch »jeweils die ihr Gebiet betreffenden Auszüge mit dem Auftrag, dazu Stellung zu nehmen.« Ebenda, S. 224 f.
[570] Modrow, Hans, Ich wollte ein neues Deutschland, Berlin 1998, S. 245.
[571] Ebenda.
[572] Protokoll des Gesprächs mit Werner Eberlein, Berlin, 4.9.2002, S. 8.
[573] Modrow, Neues Deutschland, S. 245.
[574] Ebenda.
[575] Janson, S. 225.

und seine Sekretäre sollten zur Lage des Bezirks sprechen, anschließend würde Mittag »den Auftrag seiner Arbeitsgruppe darlegen.«[576]

So geschah es dann auch. Auf der Sekretariatssitzung in Dresden erstattete Modrow erneut einen »sehr kritischen Lagebericht, nannte viele Probleme und erklärte, daß nicht alles in Dresden selbst geklärt werden könne. Als Beispiele führte er etwa an die Beunruhigung der Bewohner von Dresden-Gittersee wegen des Transports von hochgiftigem Trichlorsilan durch den Ort und den Verfall in den Altbaugebieten, der nicht aufgehalten werden könne, weil die Bauarbeiter nach Berlin abgezogen seien.« Mittag entgegnete darauf, »daß der Bezirk zurückbleibe, besonders im Wohnungsneubau. Hart polemisierte er gegen den Rat des Bezirks.« Anschließend äußerten sich auch einige Mitglieder der Arbeitsgruppe »nach einem vorher festgelegten Ablaufplan, und sie griffen den Bezirk zum Teil mit scharfen Worten an. In ihren Darlegungen gab es keinen Platz für selbstkritische Betrachtungen über die Verantwortung der Zentrale gegenüber dem Bezirk.«[577]

Günter Mittag selbst hat sich in seinen Erinnerungen zu diesem Komplex geäußert und die Geschehnisse etwas anders in Erinnerung. »Ich selbst war in diesem Zusammenhang in Dresden. Ich betonte vor den leitenden Mitarbeitern im ZK, daß es in Dresden darum gehe zu helfen – und um nichts anderes. Es gelte, für viele Probleme dauerhafte Lösungen zu schaffen. Viele der Aufgaben wurden dann auch in Angriff genommen.«[578] Die Mitglieder der Arbeitsgruppe wurden von Mittag persönlich in ihre Arbeit eingewiesen. »Jeder wurde vorgestellt und sein Auftrag bekanntgegeben. Beispielsweise Untersuchung der großen Rückstände im Bauwesen, besonders im Wohnungsbau, Einschätzung der Arbeit des Rats des Bezirks, Lage in wissenschaftlichen Einrichtungen usw. Ein Meinungsaustausch fand nicht statt. Den Anwesenden fiel es schwer, Mittags Absichten zu erraten.«[579]

Wer gehörte nun zur Arbeitsgruppe des ZK? Aus dem Apparat des ZK »waren unter anderem die Abteilungen Parteiorgane, Planung und Leitung, Gewerkschaften, Gesundheitswesen und Handel mit ihren jeweiligen Abteilungsleitern vertreten; ein großer Teil der Fachministerien sowie Sekretäre des Bundesvorstandes des FDGB und des Zentralrates der FDJ waren einbezogen. Es handelte sich um etwa 25 Leiter, die wiederum eigene Untersuchungsgruppen einsetzten – insgesamt flog die Parteiführung über hundert Leute ein, die den Bezirk auf Vordermann bringen sollten.« Ein spezieller Führungsstab unter Leitung von Fritz Brock, dem Abteilungsleiter Gewerkschaften des ZK, hatte die Koordinierung der Arbeitsgruppe zu gewährleisten. Schließlich wurde auch noch der Leiter der Bezirksverwaltung Dresden des MfS, Generalmajor Horst Böhm, »von Mittag

---

[576] Modrow, Neues Deutschland, S. 246.
[577] Janson, S. 225 f. und S. 226.
[578] Mittag, Günter, Um jeden Preis. Im Spannungsfeld zweier Systeme, Berlin-Weimar 1991, S. 188.
[579] Janson, S. 225.

4.2 Fallbeispiele

engagiert, um Material über feindliche Stimmungen im Bezirk zusammentragen zu können.«[580]

Vor dem Hintergrund einer solchen Größe und Zusammensetzung der Arbeitsgruppe des ZK verwundert es nicht, wenn »einige auf die Absicht, Hans Modrow ›abzuschießen‹«, schlossen.[581] Auch dem Dresdner Sekretariat ging »schnell ein Licht auf, wohin der ungeheuerliche Vorgang zielte.«[582] Mittag selbst verweist darauf, daß es nur »um die Klärung sachlicher Probleme und um gemeinsame Arbeit dabei« ging und die Arbeitsgruppe »den strikten Auftrag« hatte, die »konkreten Probleme festzustellen und Lösungsvorschläge zu unterbreiten. Das betraf insbesondere die zentralgeleitete Industrie, aber gleichzeitig auch die örtliche Seite.«[583]

Nach der Einweisung der »Kontroll-Karawane« blieben zwei Mitglieder der Arbeitsgruppe, der Bauminister Wolfgang Junker und der Abteilungsleiter Bauwesen im ZK, Gerhard Trölitzsch, unter dem Vorwand, »noch mit dem Wirtschaftssekretär letzte Einsatzfragen besprechen« zu müssen, in der Bezirksleitung Dresden zurück und führten ein vertrauliches Gespräch mit Modrow. »Beide Funktionäre betonten, diese inquisitorische Kommission stünde in engem Zusammenhang mit der allgemeinen Situation im Lande; es handele sich um eine fast aggressive Trotzreaktion der SED-Spitze, und nicht auszuschließen sei, daß die ganze Sache mit meiner Abberufung ende.«[584] Wenn zutrifft, was Mittag schreibt, dann hat sich Modrow, solcherart gewarnt, an diesen mit der Frage, »ob er abgesetzt werden solle«, gewandt. Mittags Antwort: »Ich werde einen solchen Vorschlag nicht unterbreiten.«[585]

Die Arbeitsgruppe des ZK blieb etwa zehn Tage im Bezirk Dresden.[586] Nachdem die Überprüfungen beendet waren, gab es eine Abschlußsitzung. Günter Mittag erschien noch einmal »wie ein Deus ex machina aus dem Theaterhimmel« in Dresden, »um uns auf die kritische Abschlußberatung im Politbüro einzustimmen. Der Bericht seiner Arbeitsgruppe umfaßte mehr als 80 Seiten; er übte schar-

---

[580] Modrow, Neues Deutschland, S. 246. Neben Günter Mittag als Leiter der Arbeitsgruppe waren folgende Abteilungsleiter des ZK federführend beteiligt: Günter Ehrensperger (Planung und Finanzen), Heinz Mirtschin (Parteiorgane), Fritz Müller (Kaderfragen), Gerhard Trölitzsch (Bauwesen), Gerd Schulz (Jugend), Fritz Brock (Gewerkschaften und Sozialpolitik). Daneben wurden je ein Stellvertreter des Vorsitzenden des Bundesvorstandes des FDGB, des Vorsitzenden der Staatlichen Plankommission und des Leiters der Abteilung Sicherheitsfragen beteiligt. Auch die staatliche Ebene war vertreten: »Die Arbeitsgruppe bezieht die zuständigen Minister in die Arbeit ein.« SAPMO, DY 30/J IV 2/3/4357.
[581] Janson, S. 226.
[582] Modrow, Neues Deutschland, S. 246.
[583] Mittag, S. 188.
[584] Modrow, Neues Deutschland, S. 246.
[585] Mittag, S. 189. Mittags Politbürokollege Gerhard Schürer allerdings berichtet, daß dieser sich »für die Abberufung Modrows aus der Funktion einsetzte, sich aber gegen Honecker nicht durchsetzen konnte.« Schürer, Gerhard, Gewagt und verloren. Eine deutsche Biographie, Frankfurt (Oder) 1996, S. 181.
[586] Vgl. Arnold/Modrow, Außenansichten, S. 37. Modrow, Neues Deutschland, S. 247, spricht dagegen von einem »mehrwöchigen Herumstochern( ) im Bezirk«.

fe Kritik an der politischen Führung im Bezirk und führte alle Mängel auf das Versagen just dieser Führung zurück.«[587] Modrow selbst »ließ keinen Zweifel daran, daß er nicht alles akzeptieren könne. Er unterstrich seine Position, in seinen Berichten der Zentrale zu zeigen, wo sie eine Verantwortung zu tragen habe.«[588]

Nachdem Günter Mittag am 22.2.1989 eine entsprechende Vorlage an das Politbüro eingereicht hatte[589], behandelte das Politbüro in der Woche darauf, am 28.2.1989, den »Bericht der Arbeitsgruppe des Zentralkomitees der SED zur Unterstützung der Arbeit der Bezirksparteiorganisation Dresden zur Verwirklichung der Beschlüsse der 7. Tagung des ZK der SED«.[590] Dieses Papier, laut Modrow »ein Dokument unserer verkorksten, verkniffen unkonkreten Sprache, ein anmaßendes Dokument der auftrumpfend-trockenen Realitätsferne und zahlengeschmückten Blindgläubigkeit in die Phrase«, zeigt mit seinem »Spitzenwert an Entsetzlichkeit«, daß »unser Berichtswesen generell den wachsenden Kommunikationsverlust anzeigte, mit dem wir einen Gutteil unserer Menschennähe einbüßten.«[591] Die entscheidenden Passagen sollen nachfolgend beleuchtet werden.[592]

Hiernach ist es das Ziel der Arbeitsgruppe gewesen, »der Bezirksparteiorganisation Dresden bei der konsequenten Verwirklichung der Beschlüsse des XI. Parteitages der SED zielgerichtete Unterstützung zu geben, bei der Klärung aufgeworfener Probleme zu helfen und erforderliche Veränderungen einzuleiten.« Im »konstruktiven Zusammenwirken mit der Bezirksleitung« wurden dazu durch eine »umfassende operative Arbeit in Parteiorganisationen, in differenzierten Gesprächen mit Leitungskadern und Werktätigen die Lage gründlich analysiert, das Niveau der Führungstätigkeit und Parteiarbeit eingeschätzt, in Betrieben, Kombinaten und Einrichtungen Wege gewiesen und konkrete Entscheidungen vorbereitet und wo möglich getroffen, um im Bereich der Bezirksparteiorganisation Dresden mit größerer Entschlossenheit, mit Kämpfertum, höherem Tempo und Eigenverantwortung noch bessere Ergebnisse bei der Verwirklichung der Politik der SED zu erreichen.« Das Fazit, das die Arbeitsgruppe des ZK nach ihren Untersuchungen zog, kann nicht erstaunen. Sie schätzte nämlich ein, »daß der Bezirk Dresden über alle Bedingungen verfügt, um unter Führung der Bezirksparteiorganisation der SED die Beschlüsse des XI. Parteitages der SED zu verwirklichen und seinen Beitrag zur allseitigen Stärkung unserer Arbeiter-und-Bauern-Macht in Vorbereitung des XII. Parteitages erhöht.« Mit anderen Worten: Die richtige Politik der Parteiführung wird auf regionaler Ebene nur unzureichend umgesetzt.

---

[587] Modrow, Neues Deutschland, S. 247. Janson, S. 226, überliefert demgegenüber »einen gemäßigten Ton. Offensichtlich zeigten die Berichte, daß nicht alles Hans Modrow angelastet werden konnte und die Zentrale mitverantwortlich war.«
[588] Janson, S. 226.
[589] Vgl. SAPMO, DY 30/J IV 2/2A/3197.
[590] SAPMO, DY 30/J IV 2/2/2317, Bl. 12.
[591] Modrow, Neues Deutschland, S. 248.
[592] Das folgende nach: SAPMO, DY 30/J IV 2/2/2317, Bl. 14-23.

Dabei trägt gerade der Bezirk Dresden, wie es weiter heißt, »eine große Verantwortung für die weitere erfolgreiche Verwirklichung des zielklaren und erfolgreichen Kurses der Sozialistischen Einheitspartei Deutschlands zum Wohle des Volkes und zur Sicherung des Friedens.« Es ist daher die »entscheidende Kampfaufgabe« der Bezirksleitung, die »eigene Verantwortung für die einheitliche und entschlossene Verwirklichung der Beschlüsse des XI. Parteitages der SED, insbesondere der ökonomischen Strategie mit ihrem Kern, der Einheit von Wirtschafts- und Sozialpolitik, mit aller Entschiedenheit zu realisieren.« Die hier bislang erzielten Resultate entsprächen, wie festgestellt werden mußte, »jedoch nicht auf allen Gebieten des gesellschaftlichen Lebens den Maßstäben der Beschlüsse des XI. Parteitages«, so daß »eine weitere Qualifizierung der politischen Führungstätigkeit der Bezirksleitung erforderlich ist.« Die Ausführungen der Arbeitsgruppe Mittags nannten auch die Allzweckwaffe, mittels derer die Dresdner Probleme zu lösen seien: »Mit der erforderlichen Konsequenz gilt es, begonnen beim Sekretariat der Bezirksleitung, bis hin zu den Parteileitungen, den Staats- und Wirtschaftsorganen, das Prinzip des demokratischen Zentralismus zu verwirklichen.« Vor allem für das Sekretariat der BL sollte zählen, »daß die Beschlüsse des Zentralkomitees ohne Wenn und Aber an allen Abschnitten erfüllt werden.« Auffassungen, die dem widersprechen, »ist energisch entgegenzutreten.« Dazu zählen Meinungen, »daß im Bezirk zur Lösung ökonomischer und sozialer Aufgaben nicht immer ausreichende materielle Voraussetzungen gegeben seien (Bauwesen, Örtliche Versorgungswirtschaft, Verkehr)«. Der Bericht räumte vorhandene Zweifel »an der Erfüllbarkeit des Wohnungsbauprogramms im Bezirk« ein, die aber durch die »Mobilisierung aller gesellschaftlichen Kräfte, mit der Aktivierung der Leistungsreserven und der Verallgemeinerung der Erfahrungen der Besten« zu beseitigen seien. Im übrigen handele es sich um »überhöhte Forderungen von Bürgern«, die zurückgewiesen werden müssen. Den Beschwerdeführern »ist Klarheit darüber zu schaffen, daß wachsende Lebensansprüche höhere Leistungen an jedem Arbeitsplatz erfordern.« Nicht die wirtschaftliche Lage im Bezirk Dresden ist also schlecht gewesen, sondern die Ansprüche der Bevölkerung waren zu hoch. Der Schwarze Peter war damit wieder beim Bezirk, seiner Bevölkerung und dem Sekretariat der BL. Dieses hatte entscheidende Reserven »im konstruktiveren Herangehen an die praktische Durchführung der Beschlüsse. Die Parteierziehung im Sekretariat ist bezüglich der Komplexität aller Seiten der Führungstätigkeit, der tieferen ideologischen Durchdringung beschlossener Aufgaben und der strafferen Parteikontrolle über ihre Lösung deutlich zu verstärken.« Modrow selbst wurde aufgegeben, »noch beharrlicher darauf (zu) dringen, daß durch jedes Mitglied des Sekretariats für die Gesamtprozesse der politischen Führung mehr Ideen eingebracht und Eigeninitiativen entwickelt werden.« Der Bericht strotzt vor diesen und ähnlichen Allgemeinplätzen. So sollte in der Sekretariatsarbeit »das Verhältnis von konzeptioneller Arbeit und beharrlichem Dranbleiben an den Schwerpunkten ausgewogener« gestaltet werden. Die Arbeitsgruppe bemängelte weiter das »Niveau der politisch-ideologischen Arbeit, die kämpferische Haltung zur Durchführung der Beschlüsse und politische Standhaftigkeit der Genossen und Leitungen in einigen Bereichen«. Schwerpunkt der ideologischen Arbeit solle es künftig sein, »die Gesellschaftsstrategie der SED einheitlich und mit größerer ideologischer Tiefe zu propagieren und für jeden Bürger erlebbar zu machen.« Welche wirtschaftlichen Mißstände jeden Tag für die Bürger des Bezirks erlebbar waren, offenbart der Bericht allerdings nicht. Schließlich erhielten die Dresdner Genossen die konkreten Aufgaben für die nächsten Monate. Das »erklärte Kampfziel im Bezirk« sollte sein, anläßlich der Kommunalwahlen am 7. Mai 1989 ein, wie es in bemerkenswerter Offenheit heißt, »einmütiges Bekenntnis der Bürger zu der auf das Wohl des Volkes und den Frieden gerichteten Politik zu organisieren.« Zu diesem Zeitpunkt war der Wahlausgang für die Parteiführung offenbar nur noch eine Frage der richtigen Organisation, weniger der tatsächlichen Zustimmung der Bevölkerung zur Politik der SED. Auch der »Volkswirtschaftsplan und die zusätzlichen Verpflichtungen durch alle Kombinate und Betriebe« sollten zuverlässig erfüllt werden. Dazu mußten »ständig aufs Neue an der Ausprägung der erforderlichen Kampfpositionen bei den Funktionären, den Leitern und unter allen Kommunisten und Werktätigen zu den Maßstäben der ökonomischen Strategie« gearbeitet, »bewußt höhere Leistungsangebote« unterbreitet und »jeglicher Abwartehaltung« entgegengewirkt werden. Es sei schließlich »eine solche Überzeugungsarbeit zu fördern, die gefestigte staatsbürgerliche Haltungen bei jedem Bürger ausprägt.« Die weiteren Geschehnisse zeigten, daß die Parteiführung mit solchen Phrasen auch im Bezirk Dresden nicht mehr reüssieren konnte.

Auf der Grundlage dieses Berichts gab es im Politbüro in Anwesenheit der Sekretariatsmitglieder der SED-Bezirksleitung Dresden eine Aussprache. Modrow, »verbittert nach Berlin zur Sitzung« gefahren, mußte sich die »einführenden, schneidenden, besserwisserischen Worte( )« Günter Mittags anhören[593], mit dem ihn eine beiderseitige Abneigung verband.[594] Die Mitglieder des Politbüros Horst Sindermann, Günther Kleiber, Horst Dohlus und Egon Krenz schlossen sich dem an. Der Volkskammerpräsident Sindermann hatte Modrow

---

[593] Modrow, Neues Deutschland, S. 247.
[594] Arnold, Karl-Heinz, Die ersten hundert Tage des Hans Modrow, Berlin 1990, S. 22, schreibt hierzu: »Mittags Abneigung gegen den Ende 1973 nach Dresden berufenen Bezirkssekretär hatte alte Wurzeln. So zog Modrow sich 1978 den Unwillen des prestigesüchtigen Mittag zu, als er, Vorsitzender der Parlamentariergruppe DDR-Japan, ›über Gebühr‹ geehrt wurde: Premierminister Suzuki empfing ihn – eine Auszeichnung, zu der es auf Vorschlag des Generalsekretärs der regierenden Liberalen kam und die noch keinem einfachen Parlamentsmitglied eines anderen Landes zuteil geworden war. Deswegen protestierte übrigens die BRD-Botschaft in Tokio beim japanischen Außenministerium.« Dr. Karl-Heinz Arnold war von 1966-1989 stellvertretender Chefredakteur der »Berliner Zeitung« und wurde im November 1989 persönlicher Mitarbeiter des Ministerpräsidenten Modrow. Vgl. ebenda, S. 111. Der frühere Vorsitzende der LDPD, Manfred Gerlach, berichtet in seinen Erinnerungen, er sei »Ohrenzeuge (...) abfälliger Bemerkungen von Mittag« über Modrow gewesen. Gerlach, Manfred, Mitverantwortlich. Als Liberaler im SED-Staat, Berlin 1991, S. 428.

»des ausgeprägten Skeptizismus bezichtigt«, unter seinem Einfluß »habe der Zweifel auch erfahrene, bewährte Kämpfer ergriffen, was moralisch besonders verwerflich sei.« Er ging offenbar davon aus, daß allein mit der entsprechenden Portion Optimismus alle Probleme zu lösen seien. Werner Krolikowski, Modrows Amtsvorgänger in Dresden, »stellte fest, ich sei unfähig, die Menschen zu mobilisieren.« Der Generalsekretär brachte die Aussprache »auf den phraseologischen Punkt: Die Partei sei für das Volk da und nicht das Volk für die Partei. So denke und handele das Politbüro zu jeder Zeit, aber für den 1. Sekretär der Bezirksleitung Dresden treffe das offenbar nicht zu.«[595]

Der Generalsekretär wertete den Bericht mit seiner üblichen Klassenkampfrhetorik aus und äußerte dezidierte Kritik an Dresden. Der Bezirk sei »nicht in der Lage, umfassend die gemeinsamen Aufgaben einer Lösung zuzuführen, die die Beschlüsse der 7. Tagung des Zentralkomitees fordert, um den Beschlüssen des XI. Parteitages zu entsprechen.« Dabei hätte der Bericht gezeigt, »daß die Beschlüsse des Politbüros richtig waren«. Offenbar mit Blick auf Modrows Monatsbericht ereiferte sich Honecker, die SED sei »ein Kampfbund von Gleichgesinnten und nicht von Nörglern«. Seiner Abneigung gegen Modrow gab er mit folgenden Worten Raum: »Wir haben es doch immer wieder mit Schwanken in Dresden zu tun, das muß verändert werden.« Der Bezirk habe »große Unterlassungssünden zu verantworten.« Dazu zählte Honecker auch folgende: »Vom Bezirk Dresden ist hier bekannt, daß der größte Anteil der Antragsteller zu verantworten ist.« Das Sekretariat der BL müsse in Zukunft »in Industrie, Bauwesen, Landwirtschaft und anderen Bereichen für Veränderungen« sorgen. »Die Bezirksleitung hat ernsthafte Schlußfolgerungen zu ziehen. Das ist verbunden mit einer gründlichen Änderung der Arbeit.«[596]

Modrow selbst übte in der Politbürositzung die erwartete Selbstkritik. Nach der Auffassung von Werner Eberlein »hatte er gar keine Chance, sonst wäre er rausgeflogen. Er hatte gar keine andere Chance. In der Situation, bei der Struktur blieb ihm weiter gar nichts übrig, als das so zu machen.«[597] Das Politbüro beschloß jedenfalls, den Bericht der Arbeitsgruppe zustimmend zur Kenntnis zu nehmen und die Bezirksleitung Dresden zu beauftragen, ihn »gründlich auszuwerten und Schlußfolgerungen zu ziehen, um die gesamte Arbeit im Bezirk entsprechend der Beschlüsse des XI. Parteitages der SED, der Beschlüsse der 7. Tagung des ZK der SED in Vorbereitung des XII. Parteitages der SED durchzuführen.«[598]

---

[595] Modrow, Neues Deutschland, S. 247. Vgl. auch Arnold/Modrow, Außenansichten, S. 37.
[596] Aufzeichnungen des 1. Sekretärs der SED-Stadtleitung Dresden, Werner Moke, in: Stephan, Gerd-Rüdiger, unter Mitarbeit von Daniel Küchenmeister (Hrsg.), »Vorwärts immer, rückwärts nimmer!« Interne Dokumente zum Zerfall von SED und DDR 1988/89, Berlin 1994, Dokument 9, S. 63-68.
[597] Gesprächsprotokoll Eberlein, S. 8. Modrow selbst äußert sich in seinen Erinnerungen nicht zu seinem Verhalten in der Politbürositzung vom 28.2.1989.
[598] SAPMO, DY 30/J IV 2/2/2317, Bl. 12.

Der über 80seitige Bericht der Arbeitsgruppe des ZK wurde allen Bezirksleitungen zur Auswertung übergeben. Da sich die wirtschaftliche Situation in allen Bezirken der DDR ähnlich problematisch gestaltete, konnte es intern durchaus Verständnis für die Dresdner Genossen geben. Eberlein wertete dies im Sekretariat der BL Magdeburg dergestalt aus, daß er sagte, »wenn die uns so eine Kommission auf den Hals schicken würden mit Mittag an der Spitze, würden die alles das, was sie da gefunden haben, bei uns auch finden. Sie würden uns genauso zur Sau machen, wie sie Hans zur Sau gemacht haben. Das liegt nicht am Hans, das liegt nicht an der Situation in Dresden.«[599] Nach außen hin wagte jedoch keine Bezirksleitung, Verständnis oder Solidarität zu demonstrieren, und so wurde die »beabsichtigte Wirkung«, mit der Auswertung »Einfluß auf andere Bezirke zu nehmen«, im »wesentlichen erreicht. Wir in Sachsen gerieten in eine merkliche Isolation, aus anderen Bezirksleitungen kamen keine Signale, Veränderungen in der Politik der Partei- und Staatsführung endlich auf die Tagesordnung zu setzen.«[600]

Auf der 8. Tagung des ZK der SED am 23.6.1989 verwies der Berichterstatter Joachim Herrmann erneut darauf, daß die Bezirksleitung Dresden vielfältige Unterstützung durch eine Arbeitsgruppe des ZK erhalten und also auch nötig gehabt hat. Die Arbeitsgruppe des ZK, so Herrmann, unterstützte die BL vor allem
»– bei der Erhöhung des Niveaus der politischen Massenarbeit, der Stärkung der Offensivkraft der Bezirksparteiorganisation, bei der Erläuterung unserer Gesellschaftsstrategie und im Kampf gegen bürgerliche und feindliche Auffassungen;
– bei der vollen Erschließung der materiellen und wissenschaftlich-technischen Potenzen und Möglichkeiten des Bezirkes, um Niveau und Tempo in Industrie und Bauwesen zu erhöhen;
– bei der weiteren Qualifizierung der auf der bezirklichen ökonomischen und sozialen Prozesse gerichteten staatlichen Tätigkeit, besonders bei der Sicherung von Wohnungsneubau, Modernisierung und Werterhaltung.«[601]
Die Aufzählung der umfangreichen Hilfe für die Bezirksleitung Dresden mußte diese als unfähig erscheinen lassen und war ein Schlag ins Gesicht für Modrow und seine Sekretariatskollegen. Die Ausführungen Herrmanns stellten aber zugleich eine Warnung an alle Bezirksleitungen dar, sich irgendwelcher Unbotmäßigkeiten in jedem Fall zu enthalten. Dies kommt ganz deutlich in folgendem Satz des Berichterstatters zum Ausdruck: »Alle Bezirksleitungen werteten den Beschluß des Politbüros aus und zogen vor allem die Schlußfolgerung, daß eine klare Haltung zu den Beschlüssen und ihre konsequente und schöpferische

---

[599] Gesprächsprotokoll Eberlein, S. 8.
[600] Modrow, Neues Deutschland, S. 247 f.
[601] Aus dem Bericht des Politbüros an die 8. Tagung des Zentralkomitees der SED, Berichterstatter: Joachim Herrmann, Mitglied des Politbüros und Sekretär des ZK der SED, in: Neues Deutschland, 23.6.1989, S. 3-9, hier S. 8.

Durchführung das A und O einer ergebnisreichen Führungstätigkeit sind.«[602] Der Umstand, daß auch die Dresden betreffenden Passagen der Rede Herrmanns so im »Neuen Deutschland« publiziert wurden, unterstrich und vervielfältigte das Signal der Parteiführung und förderte zugleich die Isolation Modrows.

Falls mit den Ausführungen auf der 8. Tagung eine »öffentliche Selbstkritik des 1. Sekretärs der Bezirksleitung herausgefordert«[603] werden sollte, so ist es mißlungen. Modrow ergriff nicht das Wort. »Einerseits wollte ich nicht, wie von mir gefordert, Selbstkritik üben; und zum anderen kam ich mir mit meinen Ansichten selbst im Kreis der eigenen Genossen derart abwegig vor, daß ein kritisch-selbstbewußtes Auftreten keinerlei unterstützende Wirkung im Plenum gehabt hätte.« Nach den »entnervenden Wochen der Kontrolle und des Prüfens, des Mißtrauens und der Demütigung« fehlten Modrow »Kraft und Motivation«.[604]

Die Untersuchungen der Arbeitsgruppe des ZK und ihr Bericht sind ein Musterbeispiel für die Umdeutung systembedingter wirtschaftlicher Mißstände zu Führungsschwächen von Funktionären. In Mittag »personifizierte sich das Auftrumpfen eines Geistes, der meinte, den gewachsenen Unsicherheiten sei mit personalem Austausch abzuhelfen. Dieses Verhalten folgte der inzwischen prinzipiell gewordenen Unmöglichkeit, gesellschaftliche Prozesse vorherzusehen, einzuschätzen, sie einem allgemein nützlichen Kalkül zu unterwerfen und von oben her zu beherrschen.«[605]

Es bleibt die Frage, warum Hans Modrow auch diesen »Höhepunkt (...) dirigistische(r) Schuldzuweisung«[606] ohne personelle Konsequenzen überstanden hat. Richtig ist, daß der Bericht der Arbeitsgruppe, wie Mittag schreibt, »keinen Vorschlag für irgendeine personelle Veränderung« enthält. »Es gab auch keine gesonderte Sitzung der Bezirksleitung, wie es in der Regel in Zusammenhang mit solchen Arbeitsgruppen des ZK und deren Feststellungen üblich war«[607] – und auf der die Absetzung des 1. Bezirkssekretärs, so im Fall Pisnik 1979 geschehen, vollzogen werden konnte, wie hinzugefügt werden muß. Wenn Mittag selbst, wie er angibt, keinen direkten Vorschlag zur Absetzung Modrows unterbreitet hat, so lag doch nach den Feststellungen im Bericht der Arbeitsgruppe und nach der Diskussion im Politbüro mit den scharfen Verurteilungen auch durch Mittag »die konsequente Schlußfolgerung geradezu in der Luft«, personelle Veränderungen vorzunehmen, und Modrow »wartete folgerichtig nur noch auf die Abberufung durch Honecker.«[608] Diese erfolgte jedoch nicht. Modrow nennt in seinen Erinnerungen den plausiblen Grund dafür: »Dagegen sprach nicht die innere Lage – auf die nahm unsere Parteiführung längst keine Rücksicht mehr –, sondern eher

---

[602] Ebenda.
[603] Arnold/Modrow, Außenansichten, S. 37.
[604] Modrow, Neues Deutschland, S. 248.
[605] Ebenda, S. 247.
[606] Ebenda, S. 245.
[607] Mittag, S. 188.
[608] Modrow, Neues Deutschland, S. 247.

ein außenpolitisches Kalkül. Die wie auch immer motivierte Aufmerksamkeit, die mir im Westen als sogenanntem Hoffnungsträger geschenkt wurde, hatte die Parteiführung vorsichtig gemacht. Honecker wollte in dieser Phase keine mißverständlichen politischen Signale nach außen senden«.[609]

Damit hat Modrow den Kern getroffen. Mißverständlich war z. B. die Tatsache aufgenommen worden, daß eine für Mai 1989 geplante Reise Modrows mit einer Delegation der Bezirksleitung auf Einladung des Landesverbandes der SPD Baden-Württemberg in die BRD »auf Grund der Lage im Bezirk Dresden« verschoben wurde. »Das war«, wie Gunter Rettner, ZK-Abteilungsleiter Internationale Politik und Wirtschaft, auf der Sitzung des Sekretariats des ZK am 23.8.1989 ausführte, »in der SPD schon mit Spekulationen verbunden worden. Vogel hat das im Gespräch mit Erich Honecker Ende Mai aufgeworfen.«[610]

Günter Mittag kann auch im Rückblick »keine gravierenden Meinungsverschiedenheiten in bezug auf die Wirtschaftspolitik« zwischen sich und Modrow entdecken. Dieser »hatte wie viele die Tendenz, Fragen, die örtlich zu lösen waren, zunächst als Forderungen an die Zentrale zu stellen (...). Aber so etwas wurde dann in der Regel immer in gegenseitigem Einvernehmen, das heißt in der Kombination von zentraler Hilfe und örtlicher Initiative gelöst.«[611] Wie gezeigt wurde, konnte im Hinblick auf den Einsatz der Arbeitsgruppe im Bezirk Dresden von »gegenseitigem Einvernehmen« nicht die Rede sein. Und Modrows Bemerkungen in seinem Monatsbericht wurden durchaus wie »gravierende Meinungsverschiedenheiten« behandelt. Immerhin erwähnt auch Mittag, was das Grundproblem der in den Monatsberichten von den 1. Bezirkssekretären geschilderten wirtschaftlichen Schwierigkeiten gewesen ist: »Da der Topf insgesamt zu klein war, konnte es auch für Modrow nicht reichen.«[612] Es reichte für keinen Bezirk. Die Parteiführung aber hatte mit ihrem harten Durchgreifen, das kaum im Sinne Mittags lediglich als Hilfe zu deklarieren ist, bewiesen, daß sie auch noch im Jahr 1989 in der Lage war, die Bezirksleitungen eng an die Kandare zu nehmen und regionale Eigenständigkeiten zu unterbinden.

---

[609] Ebenda. Vgl. diese Interpretation auch in Arnold, S. 24. Modrows Ansicht findet Bestätigung etwa in der Ausgabe des »Spiegel« vom 3.7.1989, in der auf S. 64 von Modrow als »Hoffnungsträger all jener, die ungeduldig darauf drängen, daß sich die SED endlich dem Reformkurs des Michail Gorbatschow anschließt«, geschrieben wird. Der »Spiegel« hatte hier über den im »Neuen Deutschland« publizierten Bericht Joachim Herrmanns auf der 8. Tagung des ZK vom 23.6.1989 und die darin geäußerte scharfe Kritik an der BL Dresden berichtet und zutreffend festgestellt: »Das hat es in der SED selten gegeben.« Eine Absetzung Modrows würde aber nach Meinung des »Spiegel« das Politbüro »kaum wagen«, wäre dies doch »ein direkter Affront der Sowjets. Und den kann sich Erich Honecker, letzte Woche auf Besuch im Bruderland, derzeit kaum leisten.«

[610] SAPMO, DY 30/IV 2/2.039/86, Bl. 172. Die Reise fand dann vom 25.-28.9.1989 statt, denn, so Günter Mittag: »Die Reise ist mehrfach verschoben worden, wir können jetzt nicht anders, damit kein Schaden entsteht.« Ebenda. Hans-Jochen Vogel war zu diesem Zeitpunkt Parteivorsitzender der SPD.

[611] Mittag, S. 189.

[612] Ebenda.

5. ABGESANG –
DIE SEKRETARIATE DER
SED-BEZIRKSLEITUNGEN IM HERBST 1989

Die 1. Sekretäre der SED-Bezirksleitungen waren gemäß dem Prinzip des demokratischen Zentralismus einer straffen Anleitung durch die Parteiführung unterworfen. Dies funktionierte bis in den Herbst 1989 hinein reibungslos. Durch regelmäßige Fernschreiben übermittelte Erich Honecker Informationen und Anweisungen an die Bezirke. Das Jahr 1989 brachte deutlich spürbare weltpolitische Veränderungen, und so sah sich der Generalsekretär am 26.4.1989 genötigt, seine regionalen Parteispitzen über »die weitere Zuspitzung der inneren Lage und die außerordentlich ernsten Gefahren für die Stabilität und Bewahrung der sozialistischen Gesellschaft in Ungarn« zu informieren. In Ungarn hätte sich der »Prozeß einer spürbaren Erosion sozialistischer Machtverhältnisse, Errungenschaften und Werte (...) beschleunigt und alle gesellschaftlichen Gebiete ergriffen.« Besorgt äußerte sich Honecker über Ausführungen des Generalsekretärs der USAP, Károly Grósz, die erkennen ließen, daß Ungarn »vor einem Chaos stehe« und »die ungarische Parteiführung offensichtlich nicht über den Willen verfügt, die politische Macht zu verteidigen.« Honecker schloß beruhigend: »Ihr könnt davon ausgehen, daß wir entsprechend den Beschlüssen unserer Partei auch zukünftig alles in unseren Kräften Stehende tun, um die mit der USAP und der UVR bestehende Vereinbarung über die Entwicklung der Zusammenarbeit im Geiste des proletarischen Internationalismus zu erfüllen und damit zur Verteidigung der sozialistischen Gesellschaftsverhältnisse in Ungarn beizutragen.«[1]

Doch die Krise des Sozialismus griff auch auf die DDR über. Am 9.9.1989 wurde in Grünheide das »Neue Forum« gegründet und »zum eigentlichen, großen oppositionellen Ereignis in der Öffentlichkeit. Die Westmedien griffen diesen Vorgang als Sensation auf.«[2] Am 19.9.1989 versuchte das »Neue Forum«, sich beim Ministerium des Innern offiziell anzumelden. Dies nahm Honecker am 22.9. zum Anlaß, um seine 1. Bezirkssekretäre in einem Fernschreiben zu vergattern. »In letzter Zeit haben auf verschiedenen Ebenen Aktivitäten unserer Feinde stattgefunden, die darauf gerichtet sind, entsprechend der bundesdeutschen Propaganda konterrevolutionäre Gruppen zu organisieren. Diese Fragen haben wir auf der letzten Beratung mit den 1. Sekretären der Bezirksleitungen besprochen. Es bestand Übereinstimmung, daß diese feindlichen Aktionen im Keim erstickt wer-

---

[1] SAPMO, DY 30/IV2/2.035/73, Bl. 202-206.
[2] Neubert, Ehrhart, Geschichte der Opposition in der DDR 1949-1989, Berlin 1998, S. 835.

den müssen. Da in einigen Kreisen nicht rechtzeitig die politisch-organisatorischen Maßnahmen getroffen wurden, ist es erforderlich, die bisher geleistete Arbeit zu überprüfen.«[3]

Den Sekretären der Bezirksleitungen war die Veränderung der innenpolitischen Situation im Land natürlich bekannt. Sie konnten sich, anders als Honecker und die Politbüro-Mitglieder, nicht nach Wandlitz oder in das ZK-Gebäude zurückziehen, sondern waren an der Basis direkt mit der steigenden Unzufriedenheit in der Bevölkerung, aber auch in den Reihen der Parteimitglieder und -funktionäre, konfrontiert. Wenn Krenz im Sommer 1989 verzweifelt, wie er schreibt, feststellen muß, daß aus den Bezirken »keine konstruktiven Signale« kommen[4], so ist das für diesen Zeitpunkt sicher noch richtig. Allerdings war es im Parteiverständnis der SED nicht vorgesehen, daß Funktionäre nachgeordneter Ebenen eigenständige politische Auffassungen entwickeln und vertreten. Wo die Parteiführung dies ansatzweise zu entdecken glaubte, wurde rasch diszipliniert, eine Praxis, an der sich auch Krenz, wie etwa im Falle Modrow 1987, beteiligt hatte. Dennoch waren es einzelne 1. Bezirkssekretäre, die ab September/Oktober 1989 mit kritischen Äußerungen und konkreten Forderungen hervortraten, noch bevor andere Politiker aus der Parteiführung Veränderungen anmahnten. Als einer der ersten muß hier Dr. Günther Jahn, 1. Sekretär der SED-Bezirksleitung Potsdam, genannt werden. Er hatte, wie berichtet wird, auf einer Beratung mit den 1. Sekretären der Bezirksleitungen im September 1989 nach dem Referat Honeckers »in der Diskussion gesprochen und gesagt: ›Es ist dringend nötig, man muß sofort eine Tagung des Zentralkomitees einberufen.‹ Und Honecker hat geantwortet: ›Wie kommst du auf die Idee? Was sollen wir denn da behandeln? Es ist doch nichts vorbereitet. Was soll eine ZK-Tagung? Was soll da behandelt werden?‹ Und da hat Jahn gesagt: ›Zum Beispiel die Neuwahl des Generalsekretärs des Zentralkomitees.‹ Daraufhin hat ihn Honecker groß angeguckt, kein Wort gesagt, sondern hat dem nächsten das Wort gegeben, und nach Jahn haben gesprochen: Modrow, Schabowski und andere. (...) Und nicht einer hat auch nur eine Silbe dazu gesagt.«[5]

Nachdem die Sekretärskollegen den Versuch Jahns, Veränderungen anzusprechen, ignoriert hatten, befürchtete er seine Ablösung. Dazu kam es aber nicht. Am Abend des Tages »klingelte das Telefon. Krenz war am Apparat, der ist ja auch dabeigewesen, und sagte: ›Günther! Ich beglückwünsche dich zu deinem Auftreten und soll dir sagen, auch im Auftrag verschiedener Genossen: Wir begrüßen

---

[3] Zit. in: Krenz, Egon, Herbst '89, Berlin 1999, S. 80 f.
[4] Ebenda, S. 46.
[5] Protokoll des Gesprächs mit Ulrich Schlaak, Belzig, 5.3.2003, S. 14 f. Ulrich Schlaak, 2. Sekretär der SED-Bezirksleitung Potsdam und damit faktisch Stellvertreter von Jahn, ist von ihm persönlich am gleichen Tag über diese Begebenheit informiert worden. Dr. Jahn selbst war zu keinem Gespräch mit dem Verfasser bereit, und in den einschlägigen Akten sind seine genannten Äußerungen nicht überliefert, so daß die Aussagen Schlaaks den einzigen Beleg bilden.

das sehr und beglückwünschen dich dazu!«»⁶ Auf einer Politbürositzung im September 1989 sprach sich neben Werner Krolikowski, ZK-Sekretär für Landwirtschaft, auch Siegfried Lorenz, Erster Bezirkssekretär von Karl-Marx-Stadt, für die »Notwendigkeit einer gründlichen kritischen Analyse« der Politik der SED aus.⁷

Es dauerte bis Mitte Oktober, die ersten größeren Demonstrationen fanden bereits statt, bis sich weitere Funktionäre Honecker entgegenstellten. Wieder waren es Bezirkssekretäre, die offen aussprachen, was Krenz hinter den Kulissen vorbereitete. Von besonderer Bedeutung ist hier die Beratung des Sekretariats des ZK mit den 1. Sekretären der Bezirksleitungen in Berlin am 12.10.1989. Honecker monologisierte wie üblich und teilte dann beiläufig mit, daß die nächste Tagung des ZK erst am 15. November stattfinden solle. »An dieser Stelle ist er – noch vor einer Woche wäre das undenkbar gewesen – mit erregten Zwischenrufen der Bezirkssekretäre konfrontiert: ›Viel zu spät‹ oder ›Plenum sofort einberufen‹. Er läßt sich jedoch nicht beirren.«⁸ Hans Modrow, der sich in der anschließenden Aussprache als erster zu Wort meldete, griff diese Zwischenrufe auf und führte u. a. aus: »Ich bin aus der Lage im Bezirk heraus der festen Überzeugung, daß wir jetzt grundlegende konzeptionelle Antworten auf Fragen geben müssen, die viele Werktätige, Angehörige der Intelligenz, junge Menschen und auch die Genossen bewegen. (…) Wenn wir nicht in Kürze mit einer Tagung des Zentralkomitee weitere Antworten geben, werden Resignation und nicht wieder gutzumachender Vertrauensschwund eintreten. Die Lage erfordert dringend eine wirksamere politische Führung.«⁹ Modrow kritisierte weiter die Medienpolitik der Parteiführung und schloß mit den beschwörenden Worten, angesichts der derzeitigen Lage sei »jetzt eine Tagung des Zentralkomitees zu den aktuellen Grundfragen das Gebot der Stunde. Sie muß in Vorbereitung des XII. Parteitages auf neue Fragen neue Antworten suchen (…). Ich bin überzeugt, daß uns keine Zeit mehr bleibt, daß schnell gehandelt werden muß, wenn wir nicht alles, was wir geschaffen haben, aufs Spiel setzen wollen.«¹⁰ Diese »ganz mutige Rede von Modrow« provozierte Honecker zu dem Zwischenruf: »Hans, du spaltest die Partei!«¹¹ Jedoch gab es nun weitere Genossen, die in die gleiche Kerbe schlugen. Der 1. Sekretär der SED-Bezirksleitung Neubrandenburg, Johannes Chemnitzer, mittlerweile »voll davon überzeugt, daß Erich Honecker und viele andere Politbüromitglieder durch Überalterung physisch nicht mehr in der Lage waren, die Partei zu führen«, meldete sich nach Modrow »mit dem Bemerken, daß ich etwas zu sagen hätte,

---

⁶ Ebenda, S. 15.
⁷ Hager, Kurt, Erinnerungen, Leipzig 1996, S. 419.
⁸ Krenz, S. 101 f.
⁹ Zit. in: Stephan, Gerd-Rüdiger, unter Mitarbeit von Daniel Küchenmeister (Hrsg.), »Vorwärts immer, rückwärts nimmer!« Interne Dokumente zum Zerfall von SED und DDR 1988/89, Berlin 1994, S. 158.
¹⁰ Zit. in: ebenda, S. 161. Vgl. auch Krenz, S. 102.
¹¹ Protokoll des Gesprächs mit Johannes Chemnitzer, Lichtenberg, 7./8.5.2003, S. 41.

was ich mir im Sekretariat der Bezirksleitung habe bestätigen lassen« und sagte dann »durch die Blume: ›Bei manchen Genossen mehren sich die Zweifel, ob die physische Kraft des Generalsekretärs ausreicht, den Anforderungen der Situation zu entsprechen.‹«[12] Das ZK-Mitglied Helmut Sakowski überliefert nach einem Gespräch mit Chemnitzer dessen Worte so: »Die Bevölkerung ist in großer Erregung. Viele Menschen sind ratlos, weil wir ihnen längst nicht mehr raten können. Manchem Genossen ist eine Welt zusammengebrochen. Es wird offen von der Überalterung der Parteiführung gesprochen, und die Autorität unseres Generalsekretärs Erich Honecker (...) wird mit Zweifeln behaftet, und bei manchem Genossen steht die Frage, ja, ob seine physische Kraft ausreicht, um den Herausforderungen der Situation, wie sie nun einmal entstanden ist, voll zu entsprechen.«[13] Zunächst herrschte eisiges Schweigen, das aber rasch von Günther Jahn beendet wurde. Er hatte sich in der Sitzungspause von Krenz auffordern lassen, »Klartext« zu sprechen, und zur Zustimmung Krenz' geäußert, »Klartext« heiße für ihn Honeckers »ehrenhafter Rücktritt.«[14] Nun stand er auf, um, wie er zu Honecker sagte, diesem »offen und ehrlich in die Augen zu schauen«. Jahn forderte ebenfalls die kurzfristige Einberufung einer ZK-Tagung und eine »Politik des vernünftigen Dialogs und der ausgestreckten Hand gegenüber den oppositionellen Kräften.« Dann nahm er den Ball von Chemnitzer auf: »In den letzten Monaten sind die Führungsschwächen an der Spitze offenbar geworden. Deshalb fordere ich dich, Genosse Generalsekretär, auf, daraus auch die persönliche Kaderkonsequenz zu ziehen. Im Fall Walter Ulbrichts hat ja unser Zentralkomitee auch gezeigt, daß man dies in ehrenhafter Weise ohne Gesichtsverlust vollziehen kann.«[15]

Honecker zeigte keine Regung, und keiner der anderen Bezirkssekretäre schloß sich den Vorrednern an. »Der einzige Parteisekretär, der noch etwas kritisch gegen das Politbüro Stellung nahm, war der Parteisekretär des MfS, der sagte: ›Wir haben Kenntnis davon, daß die Stimmung ziemlich kritisch ist.‹«[16] Selbst zu diesem

---

[12] Ebenda, S. 41 und S. 41 f.
[13] Sakowski, Helmut, Mutig waren wir nicht. Ein Bericht, Berlin 1990, S. 99. Laut Krenz, S. 102, habe Chemnitzer zudem lautstark gerufen: »Genosse Honecker, es ist fünf Minuten vor zwölf!«
[14] Krenz, S. 102.
[15] Zit. in: ebenda, S. 103. Chemnitzer überliefert diese Worte Jahns: »›Lieber Erich, bei dem, was ich hier zu sagen habe, muß ich dir in die Augen gucken. Ich habe mit dir zwar eine ganze Periode gemeinsamer politischer Arbeit besonders im Jugendverband erlebt, und du wirst für mich immer ein hervorragender Parteisoldat bleiben‹ – er hatte da immer ziemlich lyrische Begriffe –, ›aber es ist in der kommunistischen Bewegung oft vorgekommen, daß der eine oder andere gesagt hat, daß er die Funktion niederlegt.‹ Mit anderen Worten, er hat ziemlich deutlich zum Ausdruck gebracht: ›Leg die Funktion nieder!‹ Er hat dort eine sehr mutige Rede gehalten und immer wieder untermauert, daß im Bezirk besonders in den vorausgegangenen Monaten bereits große Unruhen entstanden waren.« Gesprächsprotokoll Chemnitzer, S. 42. Anzumerken bleibt, daß der von Jahn angeführte Übergang von Ulbricht zu Honecker beileibe nicht »ehrenhaft« vonstatten ging. Vgl. hierzu Kaiser, Monika, Machtwechsel von Ulbricht zu Honecker. Funktionsmechanismen der SED-Diktatur in Konfliktsituationen 1962 bis 1972, Berlin 1997.
[16] Gesprächsprotokoll Chemnitzer, S. 42.

Zeitpunkt konnten sich also nur drei von 15 Ersten Bezirkssekretären dazu entschließen, offensiv gegenüber dem Generalsekretär aufzutreten. Dennoch dauerte es keine Woche mehr, bis Honecker entmachtet wurde.

In den Bezirken entfalteten sich die ersten größeren Demonstrationen teilweise früher als in der Hauptstadt Berlin. Zudem waren die Sekretäre der Bezirksleitungen direkter mit dem wachsenden Unmut der Bevölkerung konfrontiert. Es erhebt sich nun die Frage, da sich die Berliner Parteiführung lange Zeit als handlungsunfähig erwies, welche Strategien auf der regionalen Ebene von den führenden Funktionären der Bezirksleitungen angewandt wurden, um den Forderungen nach einer Erneuerung des Landes entgegenzutreten.

Vor allem im Bezirk Dresden hatte sich seit längerer Zeit ein enormes Oppositionspotential in der Bevölkerung gebildet.[17] Es entfielen auf diesen Bezirk bei einem Anteil von elf Prozent der DDR-Bevölkerung ein Viertel aller Ausreiseanträge. Am Abend des 3.10.1989 versammelten sich ca. 2000 Menschen am Dresdner Hauptbahnhof. Viele Ausreisewillige stürmten einen Leerzug, der zum Abtransport der Botschaftsflüchtlinge in Prag bestimmt war. Der Bahnhof wurde von den bewaffneten Organen gewaltsam geräumt. Damit war jedoch nur kurzzeitig und oberflächlich Ruhe eingekehrt. In den Folgetagen kam es zu weiteren massiven Zusammenstößen. Am 4.10. begaben sich bereits rund 20.000 Demonstranten in das Umfeld des Bahnhofs, die Gewalt eskalierte, Tränengas wurde eingesetzt, es gab Verletzte auf beiden Seiten. Der 6.10. brachte erneut gewaltsame Auseinandersetzungen: 10.000 Menschen sahen sich mit Tränengas und Schlagstöcken konfrontiert, 367 Verhaftungen wurden vorgenommen. Doch war es trotz der Gewalttätigkeiten auf beiden Seiten »unverkennbar, daß sich der Charakter der Demonstration zu ändern begann. Schritt für Schritt gingen die Auseinandersetzungen in friedliche Massenaktionen der Dresdner Bevölkerung über, die von den politischen Postulaten des Neuen Forums dominiert wurden. An erster Stelle stand dabei die Forderung nach einem Dialog des Staates mit der Bevölkerung.«[18] Mit dem Übergang zum bewegten Demonstrationszug am 7.10. erhielten die Proteste eine neue Qualität. Allerdings wurde auch diese Demonstration gewaltsam aufgelöst. Allein vom 3. bis zum 9.10.1989 waren in Dresden rund 1300 Personen festgenommen worden. »Offensichtlich führten die Massenfestnahmen bei Modrow aber doch zu einem Umdenken«[19], und er versuchte entgegen der Befehlslage aus Berlin und gegen den Widerstand des Leiters der Bezirksverwaltung Dresden des MfS, Generalmajor Horst Böhm, einen Deeskalationskurs durchzusetzen. Es wurde beschlossen, die Demonstrationen nur noch zu begleiten und wenn möglich zu kanalisieren, jedoch nicht mehr durch Zuführungen

---

[17] Das folgende nach: Richter, Michael/Sobeslavsky, Erich, Die Gruppe der 20. Gesellschaftlicher Aufbruch und politische Opposition in Dresden 1989/90, Köln u. a. 1999, S. 17 ff. und Urich, Karin, Die Bürgerbewegung in Dresden 1989/90, Köln u. a. 2001, S. 149 ff.
[18] Richter/Sobeslavsky, S. 35.
[19] Ebenda, S. 46.

aufzulösen. »Statt den zentralen Konfrontationskurs eigenverantwortlich auszufüllen, verwandte er seine Entscheidungskompetenz und Autonomie im Status der Aktivierung der Einsatzleitungen dazu, den international geächteten Kurs der Berliner Führung zu konterkarieren.«[20] Mit seiner »couragierten Haltung kommt Modrow das historische Verdienst zu, den Kurs der Berliner SED-Führung durchbrochen zu haben. Er schuf einen Präzedenzfall, auf den sich zum Beispiel die Leipziger SED-Funktionäre am 9. Oktober stützen konnten.«[21] Die offizielle Linie der Parteiführung sah demgegenüber vor, Demonstrationen, die Honekker in einem Fernschreiben an die 1. Sekretäre der Bezirksleitungen vom 8.10.1989 als »Krawalle« verunglimpfte, »von vornherein zu unterbinden.«[22] Dagegen hatte Modrow, der noch »am 4. Oktober (...) mit der Berliner Führung auf eine Lösung der Probleme durch den Einsatz militärischer Mittel gesetzt« hatte, eklatant verstoßen.[23] Modrow ging sogar noch einen wichtigen Schritt weiter. Als aus den Reihen der Demonstranten verstärkt Forderungen nach Gesprächen mit verantwortlichen Dresdner Politikern verlauteten und sich eine Delegation, die »Gruppe der 20«, spontan bildete, war Oberbürgermeister Wolfgang Berghofer nach Absprache mit Modrow bereit, diese Vertreter zu einem Gespräch im Rathaus zu empfangen. Modrow hatte erneut gegen die zentrale Linie, Gespräche mit Oppositionellen zu unterlassen, um die Demonstrationen nicht aufzuwerten, entschieden. Die Reaktion der Berliner Führung war, so Berghofer später, »ganz schlimm«, es fiel das Wort »Verräter«[24], jedoch ließen sich die geführten Gespräche nicht mehr rückgängig machen. Tags darauf fand dann das erste der sogenannten Rathausgespräche statt, weitere folgten. »Es handelte sich um den ersten Versuch, Konflikte zwischen Systemgegnern und Vertretern des SED-Staates durch Gespräche und nicht, wie bislang üblich, durch politische Repression zu lösen.«[25] Dies ist zu Recht als ein »wichtiger Durchbruch«[26] bezeichnet worden und wirkte sich auch auf andere Bezirke aus.

Für den weiteren Verlauf der Ereignisse in der DDR war nun eminent wichtig, wie die geplante Demonstration in Leipzig verlaufen würde. Dresden gab das Beispiel, daß es zu keinen Eskalationen kommen mußte. In Leipzig hatte es bereits am 25.9.1989 mit 8000 bis 10.000 Teilnehmern die erste von vielen Montagsdemonstrationen gegeben.[27] Eine Woche später kamen 2000 Menschen und mehr

---

[20] Ebenda, S. 48.
[21] Ebenda, S. 49.
[22] Zit. in: Hertle, Hans Hermann, Der Fall der Mauer. Die unbeabsichtigte Selbstauflösung des SED-Staates, Opladen 1999, S. 114.
[23] Richter/Sobeslavsky, S. 49.
[24] Zit. in: ebenda, S. 63.
[25] Ebenda, S. 68.
[26] Ebenda, S. 72.
[27] Das folgende nach: Zwahr, Hartmut, Ende einer Selbstzerstörung. Leipzig und die Revolution in der DDR, Göttingen 1993, S. 23 ff. In der Publikation: Jetzt oder nie – Demokratie! Leipziger Herbst '89, hrsg. vom Neuen Forum Leipzig, Leipzig 1989, S. 305, wird die Zahl der Demonstranten am 25.9. mit 6000 bis 8000 angegeben.

in der Nikolaikirche zusammen, die damit überfüllt war. 13.000 bis 18.000 Menschen stauten sich davor und begannen, sich geschlossen durch die Stadt zu bewegen. Auch hier kam es zum Einsatz von Schlagstöcken und zu Verhaftungen. Über diese »öffentlichkeitswirksame provokatorisch-demonstrative Demonstration« und über das Vorhaben der Protestierenden, in einer Woche erneut zusammenzukommen, erhielten das Politbüro und die militärische Führung umgehend Kenntnis. Gegenmaßnahmen wurden ergriffen, der Apparat schürte Angst. Als Höhepunkt der Drohungen der Partei- und Staatsführung mußte ein Leserbrief eines Kampfgruppen-Kommandeurs gelten, der am 6.10.1989 in der »Leipziger Volkszeitung« veröffentlicht wurde und von »gewissenlosen Elemente(n)« sprach, die »staatsfeindliche Provokationen gegen die DDR« durchführen. »Wir sind bereit und Willens, das von uns mit unserer Hände Arbeit Geschaffene wirksam zu schützen, um diese konterrevolutionären Aktionen endgültig und wirksam zu unterbinden. Wenn es sein muß, mit der Waffe in der Hand!«[28] Dies war als Kampfansage zu verstehen, in der ein möglicher Waffeneinsatz angekündigt wurde.

Dennoch gingen am 7.10.1989 abermals zehntausende Menschen in Leipzig auf die Straße. Wieder wurde die Demonstration gewaltsam aufgelöst. Am 9.10. war die Lage in der Stadt angesichts der geplanten Montagsdemonstration höchst angespannt.[29] Es gab telefonische Drohungen an Kirchenvertreter und Warnungen, daß diesmal geschossen würde. Honeckers Weisung an die Bezirkseinsatzleitungen vom Vortag hatte die Situation noch verschärft. Die regionale Parteiführung und die Kommandeure der bewaffneten Kräfte standen vor einer Gewissensentscheidung. Es war der Kapellmeister des Gewandhauses, Kurt Masur, der als erster die Initiative ergriff und den Sekretär für Kultur der Bezirksleitung, Dr. Kurt Meyer, der ihm aus seiner Arbeit bekannt war, anrief: »Lassen Sie uns gemeinsam darüber nachdenken, was man tun kann, um heute abend das Schlimmste zu verhindern.«[30] Dr. Meyer informierte das Sekretariat der Bezirksleitung und wurde sich mit Hans-Joachim Pommert, dem Sekretär für Agitation und Propaganda, und Dr. Roland Wötzel, dem Sekretär für Wissenschaft und Volksbildung, »einig, man müsse alles tun, um jene, die gewillt sind, zu einer friedlichen Lösung zusammenzuführen.«[31] Masur erhielt einen Rückruf, und es wurde ein Gespräch in seiner Wohnung vereinbart. Dabei waren sich die Sekretäre, wie Pommert an diesem Tage formulierte, »klar darüber, was das für uns drei heißt – Parteiausschluß, denn die Parteiführung sieht die Massen auf der Straße

---

[28] Zit. in: Jetzt oder nie – Demokratie, S. 63.
[29] Vgl. dazu auch Hollitzer, Tobias, Der friedliche Verlauf des 9. Oktober 1989 in Leipzig – Kapitulation oder Reformbereitschaft? Vorgeschichte, Verlauf und Nachwirkung, in: Heydemann, Günther/Mai, Gunther/Müller, Werner (Hrsg.), Revolution und Transformation in der DDR 1989/90, Berlin 1999, S. 247-288 und Ahbe, Thomas/Hofmann, Michael/Stiehler, Volker (Hrsg.), Wir bleiben hier! Erinnerungen an den Leipziger Herbst '89, Leipzig 1999.
[30] Jetzt oder nie – Demokratie, S. 284 (Gespräch mit Dr. Kurt Meyer, 15.12.1989).
[31] Ebenda, S. 284 f.

als Konterrevolution an, und wir drei stellen uns auf diese Seite.«[32] Unabhängig von Masur hatte sich Dr. Wötzel, dem ursprünglich vorschwebte, »in die Nikolaikirche zu gehen, dort die Leute anzusprechen«[33], mit dem Theologen Dr. Peter Zimmermann und dem Kabarettisten Bernd-Lutz Lange in Verbindung gesetzt. Diese beiden wurden kurzerhand mit zum Treffen mit Kurt Masur genommen. Hier wurde, wie sich Masur erinnert, beredet, »daß man zwei Dinge tun muß, auf die wir uns dann am Schluß geeinigt haben: zum einen sicherzustellen, daß die Sicherungskräfte zurückhaltend sind und nicht von ihrer Seite provozieren, daß sie angegriffen werden, und von unserer Seite, also von der bürgerlichen oder zivilen Seite, zu versuchen, in den Kirchen, in denen die Friedensgebete stattfinden, und über den Sender und den Stadtfunk ein Statement zu verbreiten, welches die Menschen durch das Versprechen beruhigt, daß wir uns persönlich dafür einsetzen werden, daß der Wille der Menschen bis zur Regierung vorgetragen wird. Und wir garantierten, daß das geschieht. Das sollte dazu führen, daß heute abend keine Gewalt angewendet wird.«[34] Es kam dann rasch ein gemeinsam formulierter Aufruf zustande, der im Gewandhaus von Masur auf Tonband gesprochen, im Rundfunk vervielfältigt und im Stadtfunk verlesen wurde. Dr. Zimmermann brachte den vervielfältigten Aufruf in die vier Kirchen, in denen die Friedensgebete ab 17.00 Uhr begannen. Der Aufruf lautete:

»Unsere gemeinsame Sorge und Verantwortung haben uns heute zusammengeführt. Wir sind von der Entwicklung in unserer Stadt betroffen und suchen nach einer Lösung. Wir alle brauchen freien Meinungsaustausch über die Weiterführung des Sozialismus in unserem Land. Deshalb versprechen die Genannten heute allen Bürgern, ihre ganze Kraft und Autorität dafür einzusetzen, daß dieser Dialog nicht nur im Bezirk Leipzig, sondern auch mit unserer Regierung geführt wird. Wir bitten Sie dringend um Besonnenheit, damit der friedliche Dialog möglich wird.«[35]

Die Anwesenden in den Kirchen waren bei der Ankündigung, es werde ein Aufruf verlesen, völlig still. Sie dachten, »jetzt wird der Kriegszustand in Leipzig ausgerufen, und dann stellte sich heraus, das ist ein Aufruf, und das hatte eine Ventilfunktion, es gab Erleichterung und Beifall, das galt natürlich auch für die Demonstranten, die das über den Stadtfunk hörten.«[36] Zweifellos hat dieser Aufruf, zusammen mit entsprechenden Befehlen der militärischen Leitung und Besonnenheit auf beiden Seiten, wesentlich dazu beigetragen, daß an diesem Tag fast 100.000 Menschen friedlich demonstrieren konnten. Wenn der Kabarettist Lange hierzu bemerkt, es sei das erste Mal gewesen, »daß Funktionäre der Partei diese Sprach-

---

[32] Zit. in: ebenda, S. 285.
[33] Ebenda, S. 280 (Gespräch mit Bernd-Lutz Lange, 29.11.1989).
[34] Zit. in: Kuhn, Ekkehard, Der Tag der Entscheidung. Leipzig, 9. Oktober 1989, Frankfurt/Main 1992, S. 116.
[35] Zit. in: Jetzt oder nie – Demokratie, S. 82 f.
[36] Kuhn, S. 119.

losigkeit überwunden hatten«[37], so ist das zutreffend. Damit lieferten die drei Bezirkssekretäre »ein Beispiel, während Berlin nicht einmal ein Zeichen gab.«[38]

Allerdings war ihr Vorgehen im Sekretariat der Bezirksleitung nicht unumstritten. Helmut Hackenberg, 2. Sekretär der Bezirksleitung und anstelle des erkrankten 1. Sekretärs, Horst Schumann, an der Spitze der Bezirksleitung der SED stehend, wies zwar nach einem entsprechenden Telefonat aus dem Gewandhaus die Sicherheitskräfte an, Dr. Zimmermann, der den Aufruf in die Kirchen brachte, den Kordon passieren zu lassen, glaubte aber, »es sei falsch, daß wir Sekretäre uns beteiligen.«[39] Seine Grundposition war folgende: Der Alleingang der drei »wäre nicht gut gewesen – entweder hätte das ganze Sekretariat handeln müssen oder keiner. Wir entgegneten, das Sekretariat könne sich morgen früh an unsere Seite stellen – beispielsweise, indem man den Aufruf in der LVZ druckt, unterschrieben auch vom gesamten Sekretariat.«[40] Das ist nicht geschehen. Dennoch war es auch Helmut Hackenberg, der an diesem 9. Oktober »gegenüber den Sicherheitskräften immer wieder auf Besonnenheit gedrängt« hat und die Militärs am Telefon beschwor: »Zieht die Kräfte zurück, zieht sie noch weiter zurück, versucht alles, es friedlich zu machen«.[41] Hackenberg hat sich, »eigentlich ohne Verbindung zur Zentrale«, da der versprochene Rückruf von Krenz zu lange auf sich warten ließ, »menschlich bewährt« und in Abstimmung mit seinen Sekretariatskollegen seinen Teil dazu beigetragen, daß alles friedlich blieb.[42]

Für die Sekretäre Dr. Meyer, Pommert und Dr. Wötzel hatte ihr nicht genehmigter Einsatz noch ein Nachspiel. Als Egon Krenz noch am Abend des 9.10. Honecker telefonisch vom Appell der Sechs in Kenntnis setzte, bemerkte dieser dazu nur: »Nun sitzen die Kapitulanten schon in der Bezirksleitung.«[43] Hackenberg wurde zur Politbürositzung nach Berlin beordert und sollte dort auch eine Stellungnahme der drei Sekretäre vorlegen. Allerdings hatte sich der Machtverfall der SED bereits derart beschleunigt, daß kaderpolitische Konsequenzen ausblieben. Hackenberg kam, wie Dr. Meyer berichtet, »aus Berlin zurück mit der allgemeinen Aufforderung, die Auseinandersetzung mit uns weiterzuführen, und mit der Bemerkung, man müsse uns ja nicht gleich den Kopf abreißen. Aber man hat uns über Wochen vorgeworfen, wir hätten das Sekretariat gespalten, die Sicherheitskräfte verunsichert am 9. Oktober.«[44]

Damit hatten Sekretäre zweier Bezirksleitungen den Dialog mit der protestierenden Bevölkerung begonnen. Doch zunächst versuchte die SED-Führung, die

---

[37] Ebenda, S. 118.
[38] Zwahr, S. 93.
[39] Jetzt oder nie – Demokratie, S. 285 (Gespräch mit Dr. Kurt Meyer, 15.12.1989).
[40] Ebenda, S. 286. Vgl. auch Kuhn, S. 130 (Aussage von Dr. Roland Wötzel) und Protokoll des Gesprächs mit Dr. Roland Wötzel, Leipzig, 31.7.2003, S. 10.
[41] Jetzt oder nie – Demokratie, S. 284 (Gespräch mit Dr. Kurt Meyer, 15.12.1989).
[42] Kuhn, S. 131 (Aussage von Dr. Roland Wötzel).
[43] Zit. in: Krenz, S. 96.
[44] Jetzt oder nie – Demokratie, S. 287 (Gespräch mit Dr. Kurt Meyer, 15.12.1989).

Protestbewegung zu beruhigen und abebben zu lassen. Als der Maler Werner Tübke am 11.10.1989 mit einer Journalistin des Senders Leipzig eine Rundfunkaufnahme gemacht hatte, in der er sich gegen »jegliche staatliche Gewalt«, womit »nichts geklärt werden könne« und dagegen aussprach, »daß in diesem kleinen Ländchen so lange heile Welt gespielt wird« und daß die Medien »undifferenziert, platt und dümmlich« informierten, verweigerte die SED-Bezirksleitung die Sendung.[45] In der Politbürositzung am 10./11.10.1989 sprach sich der 1. Sekretär der BL Halle, Dr. Hans-Joachim Böhme, dafür aus, gegen »Organisationen durch(zu)greifen«[46], womit offenbar Träger der Protestbewegung wie das »Neue Forum« gemeint waren. Hans Albrecht ordnete nach den ersten Demonstrationen in seinem Bezirk Suhl mit Blick auf die Teilnehmer an: »Sie sind wie Rowdys zu behandeln!«[47] Eine Kanalisierung der Demonstrationen gelang jedoch nicht mehr, sie verbreiteten und verstärkten sich im Gegenteil in der gesamten Republik. Die viele lähmende Angst war endgültig überwunden. Es entstand nun in den Bezirken die Frage, wie auf diese Herausforderungen zu begegnen sei. Dabei wurden von den 1. Sekretären der Bezirksleitungen unterschiedliche Strategien angewandt.

In Schwerin versuchte der 1. Sekretär der BL, Heinz Ziegner, »eine Gegenbewegung herbeizuführen, um die politische Entwicklung im Bezirk von der des Südens abzukoppeln.«[48] Hier wurden, wie Ziegners Stellvertreter, der 2. Sekretär Postler, am 20.10. an den Sektor Parteiinformation der Abteilung Parteiorgane des ZK schrieb, »in den letzten Tagen Handzettel und Plakate festgestellt, auf denen zum 23.10.1989 abends zu einer Demonstration in Schwerin, Alter Garten, aufgerufen wird. In Abstimmung mit dem Stellvertreter des Vorsitzenden des Rates des Bezirkes für innere Angelegenheiten und im Zusammenwirken mit den Schutz- und Sicherheitsorganen werden Maßnahmen zur Unterbindung einer möglichen Demonstration vorbereitet und realisiert.«[49] Initiator dieser geplanten Demonstration war das »Neue Forum«, dessen versuchte Anmeldung im Bezirk Ziegner noch Anfang Oktober als einen Akt von »besonderer Gesellschaftsgefährlichkeit« bezeichnet hatte.[50] In Abstimmung mit Egon Krenz und dem ZK-Apparat beschloß die Schweriner Bezirksleitung eine »Gegendemonstration auf dem gleichen Platz und zur gleichen Stunde«, um nachzuweisen, »daß es Regionen

---

[45] Ebenda (Gespräch mit Prof. Dr. Werner Tübke, 21.11.1989).
[46] Zit. nach den persönlichen Aufzeichnungen von Gerhard Schürer, Vorsitzender der Staatlichen Plankommission, in: Hertle, S. 417.
[47] Diese Äußerung ist wiedergegeben vom damaligen 1. Sekretär der SED-Kreisleitung Bad Salzungen, zit. in: Scherzer, Landolf, Der Erste. Mit einem weiterführenden Bericht »Der letzte Erste«, Berlin 1997, S. 223.
[48] Langer, Kai, Auch der Norden brach auf – zur Geschichte des politischen Umbruchs in Mecklenburg-Vorpommern, in: Heydemann/Mai/Müller, S. 379-390, hier S. 385.
[49] LHAS, BPA Schwerin, IV/F/2/3/897.
[50] Zit. in: Langer, Kai, »Ihr sollt wissen, daß der Norden nicht schläft...«. Zur Geschichte der »Wende« in den drei Nordbezirken der DDR, Bremen 1999, S. 150.

in der DDR gab, die sich nicht am Aufbegehren beteiligten«[51] und um »ein Gegensignal des Nordens zur Leipziger Montagsdemonstration zu setzen«.[52] Es wurden insgesamt 5000 »gesellschaftliche Kräfte, klassenbewußte Arbeiter, mutige Agitatoren und Propagandisten der Partei«, darunter ganze Räte der Kreise, mit Bussen nach Schwerin transportiert.[53] Ein Lautsprecherwagen der NVA sollte zusätzlich Beifall einspielen. Obwohl die SED diese Demonstration als »Dialogveranstaltung« angekündet hatte, verweigerte sie den Protagonisten des »Neuen Forum« das Rederecht, die daraufhin beschlossen, den Platz zu verlassen, wenn die SED-Redner allein sprechen würden. Wenige Tage zuvor hatte Ziegner in einer Sitzung des Sekretariats gefordert, man dürfe »nicht zulassen, daß es auch bei uns zu solchen Demonstrationen kommt.«[54]

Als Ziegner das Wort ergriff und darum bat, »fair zu sein gegenüber seinem Staat und seinen Vorhaben« und dabei deutlich machte, für »Ratschläge, die darauf zielen, den Sozialismus zu beseitigen, (...) keine Zeit und kein Ohr« zu haben[55], verließen 40.000 Menschen den Platz und zogen durch die Schweriner Innenstadt. »Die Sicherheitsorgane wagten angesichts dieser Massen nicht, den Zug aufzuhalten. Zurück blieb mit einigen Getreuen die blamierte SED-Spitze, die sich verzog und die Lautsprecher abstellen ließ, als der Demonstrationszug den Platz wieder erreichte.«[56] Was »als machtvolles Zeichen der wiedergewonnenen politischen Offensive der SED DDR-weit Ausstrahlungskraft gewinnen sollte«, war »kläglich« mißlungen.[57]

Auch in anderen Bezirken konnte die Parteiführung bei ihrem Volk kaum noch reüssieren. Als sich am 25.10. in Neubrandenburg rund 20.000 Menschen versammelten, war der Kundgebungsplatz bereits mit Gegendemonstranten unter Führung des 1. Sekretärs der Bezirksleitung, Johannes Chemnitzer, besetzt. Er versuchte, die Masse unter Pfiffen davon zu überzeugen, Lösungen für die aufgetretenen Probleme nicht länger in Demonstrationen zu suchen. Dies wurde mit lautstarkem Protest quittiert.[58]

In Magdeburg wurde der 1. Sekretär Werner Eberlein auf dem Domplatz »ausgepfiffen, ausgebuht. Das war eine sehr prekäre Situation für mich. Aber das war eben die Stimmung. Das ging nicht um mich persönlich. Das ging einfach um die Repräsentanten der SED.«[59] Für Schabowski sind diese Reaktionen gegenüber Eberlein, einem »mutige(n), nicht unbeliebte(n) Mann«, auch »Symptome einer

---

[51] Neubert, S. 866.
[52] Hertle, S. 135.
[53] Ebenda, S. 136.
[54] LHAS, BPA Schwerin, IV/F/2/3/301.
[55] LHAS, BPA Schwerin, IV/F/2/3/220 (Rede Heinz Ziegners auf der Kundgebung in Schwerin am 23.10.1989).
[56] Neubert, S. 867.
[57] Hertle, S. 136.
[58] Vgl. Bahrmann, Hannes/Links, Christoph, Chronik der Wende. Die DDR zwischen 7. Oktober und 18. Dezember 1989, Berlin 1994, S. 52.
[59] Protokoll des Gesprächs mit Werner Eberlein, Berlin, 4.9.2002, S. 16.

hoffnungslosen, teils wütenden Enttäuschung.«[60] So nimmt es auch nicht wunder, daß einige Bezirkssekretäre resignierten und dieses Mittel der offensiven Auseinandersetzung für sich ablehnten. Für Gerhard Müller in Erfurt würde mit Dialogen auf der Straße »nur dem Mob Vorschub geleistet«, ein anderer wollte sich diesen Dingen ebenfalls nicht mehr aussetzen: Er ließe sich »lieber als feigen Hund apostrophieren, als daß ich ein dummes Schwein bin.«[61] Der Potsdamer Dr. Günther Jahn wies in einem Fernschreiben am 31.10. seine Kreisleitungen an: »Mit solchen Massendialogen, die der Gegner von vornherein beherrscht und bei denen unsere Funktionäre durch emotionsgeladene Massen aufgerieben werden, ist Schluß zu machen.«[62] Der Versuch, Gespräche auf wenige Oppositionelle zu beschränken und in die Büroräume von Partei und Staat zu verlegen, gelang jedoch nicht. Am 26.10. »waren in Dresden 100.000 Bürger mit dem SED-Bezirkschef Hans Modrow und Oberbürgermeister Wolfgang Berghofer zusammengekommen, um sich über die Ergebnisse der Stadtverordnetenversammlung und Bezirkstagssitzung informieren zu lassen«, am 29.10. begannen auf Initiative von Oberbürgermeister Krack die sogenannten »Sonntagsgespräche«, am 30.10. erkannte Berghofer die oppositionelle »Gruppe der 20« als Verhandlungspartner des Rates der Stadt an.[63]

Unterdessen begann die einheitliche Front unter den SED-Funktionären zu bröckeln.[64] Nachdem etwa Ernst Timm in Rostock am 16.10. klargestellt hatte, eine Teilnahme an Diskussionen dürfe keinesfalls »als Anerkennung oppositioneller Gruppen ausgelegt werden«[65], sprach Jahn am 26.10. in Potsdam mit drei Vertretern des »Neuen Forum« über »Möglichkeiten einer legalen Tätigkeit der Bürgergruppen, über das Demonstrationsrecht und Gewaltverbot sowie über Fragen des Städtebaus und des Denkmalschutzes«.[66] Tags darauf mahnte Helmut Hackenberg auf einer Zusammenkunft von Krenz mit den 1. Sekretären der SED-Bezirksleitungen die Zulassung des »Neuen Forum« an.[67] Selbst aus den Reihen der Bezirkssekretäre wurden nun, und das war völlig neu, Rücktrittsforderungen an die Berliner Parteiführung gerichtet. So heißt es in einem Schreiben von Ellen Brombacher, Kultursekretär der Berliner BL, an Krenz vom 23.10.1989, es seien sich in einem Gespräch zwischen ihr, Heide Hinz, Kurt Meyer, Joachim Schlund

---

[60] Zit. in: Koehne, Ludwig/Sieren, Frank (Hrsg.), Günter Schabowski: Das Politbüro. Ende eines Mythos. Eine Befragung, Reinbek 1991, S. 125.
[61] Zit. in: ebenda.
[62] Zit. in: Hertle, S. 136 f.
[63] Moreau, Patrick, Die SED in der Wende, in: Kuhrt, Eberhard/Holzweißig, Gunter/Buck, Hannsjörg F. (Hrsg.), Die SED-Herrschaft und ihr Zusammenbruch, Opladen 1996, S. 289-347, hier S. 303.
[64] Den »Wendeprozessen« in einzelnen Regionen widmet sich auch der Sammelband Heydemann/Mai/Müller, S. 247 ff.
[65] Zit. in: Langer, »Ihr sollt wissen...«, S. 159.
[66] Kotsch, Detlef, Das Land Brandenburg zwischen Auflösung und Wiederbegründung. Politik, Wirtschaft und soziale Verhältnisse in den Bezirken Potsdam, Frankfurt (Oder) und Cottbus in der DDR (1952-1990), Berlin 2001, S. 598.
[67] Krenz, S. 167.

und Gabriele Fink alle einig, »daß wir in Anbetracht der Situation unter den Künstlern und Kulturschaffenden nicht mehr in der Lage sind, ohne Führungsstärke durch den zuständigen Sekretär des Zentralkomitees der SED unsere Verantwortung wahrzunehmen. Wir fühlen uns allein gelassen und bitten, bei allem Respekt vor Genossen Kurt Hager, daß ein jüngerer Genosse die Verantwortung für den Kulturbereich übernimmt; auch deshalb, weil unter der Künstlerschaft das Vertrauen in Genossen Hager kaum noch existiert. Man sollte auch; wie in den Bezirken; diesen Bereich speziell führen. Unser gemeinsames Vertrauen hätte Klaus Höpcke.«[68]

Johannes Chemnitzer sandte am 29.10. folgendes Fernschreiben an Krenz: »von der naechsten zk-tagung werden kaderentscheidungen erwartet. wenn keine abloesungen einer reihe von pb-mitglieder und kandidaten erfolgt, ist mit einer empoerung und laehmung in einem ausmasz zu rechnen, dasz die einheit und handlungsfaehigkeit der partei aeuszerst gefaehrdet ist. (...) es waere meines erachtens denkbar, dasz in dieser situation die betreffenden genossen selbst ihre abberufung darlegen und man ihnen sagen muesze, dasz ihre persoenliche entscheidung nicht als feigheit und flucht vor der verantwortung ausgelegt wird.«[69]

Zu diesem Zeitpunkt waren die Rücktrittsforderungen aus der Bevölkerung schon nicht mehr zu überhören. In einem Bericht der Zentralen Auswertungs- und Informationsgruppe des MfS vom 8.10. heißt es hierzu: »Viele Werktätige, einschließlich zahlreiche Mitglieder und Funktionäre der Partei, sprechen ganz offen darüber, daß die Partei- und Staatsführung nicht mehr in der Lage und fähig sei, die Situation real einzuschätzen und entsprechende Maßnahmen für dringend erforderliche Veränderungen durchzusetzen. Sie könne angesichts ihrer altersmäßigen Zusammensetzung nicht mehr flexibel reagieren.«[70] Noch deutlicher wird dies in einem Bericht vom 13.10. formuliert. »Die ›Reformfähigkeit‹ der Parteiführung und ihr Wille dazu werden vielfach angezweifelt oder direkt in Abrede gestellt. In diesem Zusammenhang werden immer wieder Forderungen nach einer Kaderverjüngung in der Parteiführung erhoben.«[71]

Diese Forderungen zeigten Wirkung. Nachdem bereits am 18.10. Erich Honekker und die ZK-Sekretäre Dr. Günter Mittag und Joachim Herrmann zurückge-

---

[68] SAPMO, DY 30/IV 2/2.039/317, Bl. 26. Die angesprochenen Gesprächsteilnehmer waren die Kultursekretäre der BL Schwerin, Leipzig, Karl-Marx-Stadt und Dresden. Klaus Höpcke war zwischen 1973 und 1989 Stellvertretender Minister für Kultur und Leiter der Hauptverwaltung Verlage und Buchhandel. Er ist 1985 wegen der erteilten Druckerlaubnis für Volker Brauns Hinze-Kunze-Roman diszipliniert und im März 1989 wegen seiner Zustimmung zur PEN-Resolution für die Freilassung von Václav Havel gemaßregelt worden. Vgl. Müller-Enbergs, Helmut/Wielgohs, Jan/Hoffmann, Dieter (Hrsg.), Wer war wer in der DDR? Ein biographisches Lexikon, Bonn 2000, S. 375.
[69] SAPMO, DY 30/IV 2/2.039/317, Bl. 40 f.
[70] Zit. in: Süß, Walter, Die Stimmungslage der Bevölkerung im Spiegel von MfS-Berichten, in: Kuhrt/Holzweißig/Buck, S. 237-288, hier S. 264.
[71] Zit. in: ebenda, S. 268. Zur Rolle des MfS im Herbst 1989 vgl. Süß, Walter, Staatssicherheit am Ende. Warum es den Mächtigen nicht gelang, 1989 eine Revolution zu verhindern, Berlin 1999.

treten waren, folgte am 2.11. mit dem FDGB-Vorsitzenden Harry Tisch der nächste prominente Parteifunktionär. Am Abend des 3.11. kündigte Egon Krenz in einer Fernsehansprache die Entbindung der Politbüro-Mitglieder Hermann Axen, Kurt Hager, Erich Mielke, Erich Mückenberger und Alfred Neumann an. Es dauerte aber noch bis zum 8.11., ehe das Politbüro, erstmals in seiner Geschichte, geschlossen zurücktrat und so ein lange erwartetes Zeichen setzte.[72]

Wie sah es nun in den Bezirksleitungen aus? Zum Zeitpunkt des geschlossenen Politbüro-Rücktritts waren in den Bezirken und Kreisen bereits die ersten Spitzenfunktionäre abgelöst worden. Es nimmt nicht wunder, daß mit Hans Albrecht in Suhl ein Mann den Rücktrittsreigen eröffnete, der als »kalt und herrisch« beschrieben wird, für den »die Menschen mit ihren Problemen (...) nur lästiger Dreck«[73] waren, der »bestgehaßte Mann im Bezirk«.[74] Albrecht, der im Oktober 1989 eine »bestürzende politische Ahnungslosigkeit«[75] gezeigt hatte, verfolgte in diesen Tagen offenbar eine Vermeidungsstrategie. Er unterließ es, öffentlich in Erscheinung zu treten, um, bei der Bevölkerung ohnehin unbeliebt, nicht noch zusätzlich Öl ins Feuer zu gießen. Weder am 1. Gespräch in der Stadthalle Suhl am 23.10., an dem 1700 Menschen, darunter der Oberbürgermeister von Suhl und zwei Sekretäre der KL Suhl, teilnahmen, noch am 2. Stadthallengespräch eine Woche später mit 4500 Bürgern in und 2000 Bürgern vor der Halle, beteiligte er sich.[76] Zum Zeitpunkt des 2. Gesprächs war die Demission Albrechts bereits in die Wege geleitet. Der Ausgangspunkt dafür lag in der Rede Albrechts auf der Bezirksparteiaktivtagung vom 19.10. Hierin warnte er in altem Stil vor »ideologische(n) Aufweicherscheinungen« in der SED und davor, sich auf Gespräche mit oppositionellen Kräften einzulassen, deren Illegalität er betonte. Die vielen DDR-Flüchtlinge seien »auf die Angriffe des Gegners hereingefallen«, und im übrigen werde die Parteiführung »die erforderlichen politischen Schritte einleiten«. Dieses Referat paßte »überhaupt nicht mehr in die neue Zeit« und war »ganz und gar nicht geeignet, Vertrauen zu schaffen.«[77] Dies erkannten die führenden Genossen um Albrecht. Auf der Sitzung des Sekretariats vom 25.10. wurde er vom gesamten Kollektiv gerügt. Die Genossen hielten es einhellig für angebracht, daß Albrecht »die Parteiführung in Berlin um seine Ablösung bitten solle, und zwar aus Altersgründen sowie aufgrund der wachsenden Anforderungen in der Führungstätigkeit der SED-Bezirksleitung.«[78] Albrecht erbat sich Bedenkzeit und versprach, sich mit der Parteiführung in Berlin zu beraten. Dies geschah auch.

---

[72] Vgl. Bahrmann/Links, S. 36 ff.
[73] So die Aussage von Hans-Dieter Fritschler, 1. Sekretär der KL Bad Salzungen, zit. in: Scherzer, S. 231.
[74] Best, Heinrich/Mestrup, Heinz, Die Ersten und Zweiten Sekretäre der SED. Machtstrukturen und Herrschaftspraxis in den thüringischen Bezirken der DDR, Weimar 2003, S. 452.
[75] Schabowski, Günter, Der Absturz, Reinbek 1992, S. 256.
[76] Vgl. Weißbrodt, Daniel, Das Umbruchjahr 1989/90 in der Bezirksstadt Suhl, Suhl 2002, S. 32 f. und S. 38.
[77] Best/Mestrup, S. 466 und S. 467.
[78] Ebenda, S. 467.

Schon einen Tag später fertigte Horst Dohlus, Leiter der Abteilung Parteiorgane des ZK, eine Vorlage für das Politbüro an, die den Beschlußentwurf vorsah, der Bitte Albrechts um Abberufung aus seiner Funktion zu entsprechen.[79] In der Sitzung vom 31.10.1989 beschloß das Politbüro gemäß der Vorlage.[80]

Auf der Sitzung der BL Suhl vom 2.11. wurde dieser Rücktritt auch förmlich vollzogen. Albrecht bat das Plenum, ihn, da er in wenigen Tagen 70 Jahre alt würde, von seiner Funktion zu entbinden.[81] Dohlus, Gast auf dieser Sitzung, sprach indes von einer »Reihe Mängel und Schwächen in der Führungstätigkeit«, vom »Nichtverstehen der neuentstandenen Lage« und von »Verletzung der Kollektivität« und »Tendenzen der Selbstherrlichkeit und Unbescheidenheit«[82] bei Albrecht, womit er einige wahre Ursachen aufgedeckt hatte.

Am gleichen Tag mußte der 1. Sekretär der BL Gera, Herbert Ziegenhahn, seine Bezirksleitung bitten, ihn »angesichts meines Alters- und Gesundheitszustandes von meiner Funktion zu entbinden«.[83] Doch entsprach diese Begründung nicht den Tatsachen. Im Sekretariat der Bezirksleitung Gera hatte es mit Ziegenhahn, für den »der Zentralismus ein Heiligtum«[84] war und der noch am 12. Oktober »ein Bekenntnis zu Erich Honecker abgegeben« hatte, das »wie Hohn auf alle klingen mußte, die sich in der Partei um Neuerung mühten«[85], bereits seit Mitte September Spannungen gegeben. »Nachdem eine Änderung des Arbeitsstiles von Ziegenhahn nicht zu erwarten war und dieser immer mehr zu einem Hemmnis auf dem Weg zu einer politischen Öffnung wurde, verständigte sich das Kollektiv des Bezirkssekretariates darauf, ›daß es nicht mehr so weitergeht‹«.[86] Der 2. Sekretär der BL, Dieter Ukenings, ersuchte daraufhin die Parteiführung um einen entsprechenden Beschluß, den das Politbüro am 31.10. mit der Ablösung Ziegenhahns auch faßte.[87]

Auch an der Spitze der Bezirksparteiorganisation Berlin gab es in diesen Tagen einen Wechsel, der jedoch anders als in Suhl und Gera nicht im mangelnden Vertrauen zum bisherigen 1. Sekretär begründet lag. Günter Schabowski wurde von Krenz für seine neue Führungsmannschaft benötigt. So erfolgte zwischen beiden die Absprache, den bisherigen Zweiten Sekretär Helmut Müller als neuen Ersten Sekretär einzusetzen. Am 30. Oktober begab sich Krenz ins Sekretariat der Bezirksleitung und unterbreitete diesen Vorschlag, dem alle zustimmten. Müller übte

---

[79] Vgl. SAPMO, DY 30/J IV2/2A/3252, Bl. 224.
[80] Vgl. SAPMO, DY 30/J IV2/2/2356, Bl. 97.
[81] Vgl. Best/Mestrup, S. 470. Vgl. auch die »Rede und Erklärung Hans Albrechts zu seinem Rücktritt auf der Sitzung des Sekretariats der SED-Bezirksleitung (30. Oktober 1989)«, in: John, Jürgen (Hrsg.), Thüringen 1989/90, I. Halbband, Erfurt 2001, S. 145-148.
[82] Zit. in: Best/Mestrup, S. 470.
[83] Zit. in: ebenda.
[84] Modrow, Hans, Ich wollte ein neues Deutschland, Berlin 1998, S. 174.
[85] Ebenda, S. 317. Zur Charakterisierung Ziegenhahns vgl. auch Best/Mestrup, S. 236 und S. 252 und Schabowski, S. 95 und S. 256.
[86] Best/Mestrup, S. 464 f.
[87] Vgl. SAPMO, DY 30/J IV2/2/2356, Bl. 96.

die Funktion allerdings nur ein paar Tage aus, bevor er am 6.11. Krenz seine Rücktrittserklärung sandte. Er war dann auch nicht de iure, sondern nur de facto »Erster Sekretär, denn ich hätte ja noch auf der BL-Tagung gewählt werden müssen. Ich war amtierend, hatte aber schon das Mandat des Politbüros. Auf der Bezirksleitungssitzung wäre ich gewählt worden.«[88] Dazu ist es nicht mehr gekommen.

Die vielen Rücktrittsforderungen an die Funktionäre auf der Bezirksebene und die ersten vollzogenen Funktionsentbindungen alarmierten die Berliner Parteiführung. Präzedenzfälle waren geschaffen, es drohte ein Dominoeffekt, an dessen Ende keiner der bisherigen 1. Sekretäre der Bezirksleitungen mehr an seinem Platz sein würde. Außerdem handelte es sich hier um Nomenklaturfunktionen, über deren Besetzung und Entbindung einzig das Politbüro zu entscheiden hatte. Aus beiden Gründen wurde vor allem die Abteilung Parteiorgane aktiv, um weitere Rücktritte zu verhindern. Auch im Prozeß der zunehmenden Machterosion der SED war die Parteiführung nicht bereit, ihre kaderpolitischen Kompetenzen an die regionale Ebene abzugeben. Die ersten, die dies deutlich zu spüren bekamen, waren die Mitglieder des Sekretariats der Bezirksleitung Schwerin.

Heinz Ziegners mißglücktes Auftreten auf der Kundgebung vom 23.10. hatte, obwohl es »vorher schon genügend Anzeichen gab, daß man sehr stark, sehr scharf und sehr kritisch die Person des 1. Sekretärs der Bezirksleitung ins Visier nahm«, eine »schier unaufhaltsame Lawine von Forderungen, persönlichen Anschuldigungen u. ä. ausgelöst.«[89] So schrieb eine Parteigruppe des Plastmaschinenwerkes Schwerin in einer Stellungnahme zur Kundgebung: »Wir können uns als Partei keinen weiteren Vertrauensverlust erlauben. Wer die Zeichen der Zeit nicht erkennt und entsprechend reagiert, den wird das Leben dafür bestrafen. Entsprechend dieses verlangen wir, daß die Genossen Heinz Ziegner und Genosse Horst Pietsch mit sofortiger Wirkung von sämtlichen Parteifunktionen entbunden werden.«[90] Dabei wurde besonders zu Ziegner »bemerkt, daß er bei den Gesprächen immer noch auf sehr hohem Pferd sitze, manche seiner Antworten sehr arrogant klingen und daß er präzisen Antworten zu Vorwürfen an seine Person ausweicht.«[91] Die Ablösung Heinz Ziegners beschleunigte sich durch ein Schreiben des Chefredakteurs der »Schweriner Volkszeitung«, Hans Brandt. Am 1.11. schrieb er dem Vorsitzenden der BPKK: »Entscheidend für mich ist, daß Genosse Heinz Ziegner noch am Sonnabend, dem 28. Oktober, in der Sekretariatssitzung die Meinung vertrat, daß die Kundgebung eine wichtige, auch für die Republik bedeutsame politische Veranstaltung gewesen sei. (...) Ich meine, daß Heinz Ziegner zu einer Belastung geworden ist und der nächsten Bezirksleitungssitzung der

---

[88] Protokoll des Gesprächs mit Helmut Müller, Berlin, 21.2.2003, S. 27.
[89] So Hans-Jürgen Audehm, Ziegners Nachfolger, auf der 21. Tagung der Bezirksleitung Schwerin am 14.11.1989. LHAS, BPA Schwerin, IV/F/2/3/301/1. Horst Pietsch war 1. Sekretär der SED-Kreisleitung Schwerin-Stadt.
[90] LHAS, BPA Schwerin, IV/F/2/1/274.
[91] Ebenda.

5. Die Sekretariate der SED-Bezirksleitungen im Herbst 1989

Vorschlag unterbreitet werden sollte, daß er von seiner Funktion als 1. Sekretär entbunden wird. Ich mache das jetzt so eilig, weil wir schon viel zu viel Tage verloren haben.«[92]

Dieser Brief wurde auf der Sitzung des Sekretariats der BL am 2.11. verlesen. Kurz vorher hatte es eine Beratung zwischen den Sekretären Audehm, Hinz, Ziegner und dem Mitarbeiter des ZK Rapczynski gegeben. Die folgenden hektischen Aktionen Rapczynskis auf der Sitzung zeigen die ganze Hilflosigkeit und Verwirrung sowohl in Schwerin als auch in der Berliner Parteiführung. Zunächst verständigte er sich, da Egon Krenz und auch Horst Dohlus nicht zu erreichen waren, mit Heinz Mirtschin, dem Abteilungsleiter Parteiorgane im ZK der SED, »wie in dieser Frage zu verfahren ist.« Auch Ziegner sprach mit Mirtschin, der lediglich die schwache Empfehlung parat hatte, »daß das Sekretariat sehr gründlich die Lage im Bezirk einschätzt, Maßnahmen festlegt, wie die Bezirksleitung die Initiative des Handelns schnell in die Hand bekommt.« Er war aber nicht bereit, »ohne konkrete Abstimmung mit dem Generalsekretär, mit dem Sekretariat des ZK jetzt einer Entbindung des Genossen Heinz Ziegner zuzustimmen.« Es wurde dann die Idee entwickelt, Ziegner »zunächst für ein paar Tage aus dem Verkehr zu ziehen« und so »auch als Sekretariat Zeit zu gewinnen.« Damit würde Mirtschin »mitgehen. Aber wie gesagt, keine Entbindung und Einberufung der Bezirksleitung, die die Entbindung vornimmt.«[93] Die Meinungen im Sekretariat der BL reichten vom Standpunkt, Ziegner müsse sich »dem Kampf stellen«, bis zur Auffassung, er müsse von seiner Funktion entbunden werden. Ziegner selbst äußerte grundsätzlich »seine Bereitschaft zur Entbindung von den Funktionen.«[94] Ohne grünes Licht aus Berlin kamen die Genossen in Schwerin jedoch nicht weiter, und so wurde die Sitzung unterbrochen. Es gab wieder »heiße( ) Telefongespräche zwischen Berlin und Schwerin, die letztlich dazu führten, daß im Laufe des Tages die Entscheidung fiel, und wir zu um 20.00 Uhr die Bezirksleitung einberufen konnten.«[95] Zu dieser Sitzung waren auch Horst Dohlus und Fritz Müller, Leiter der Abteilung Kader im ZK, angereist. Dohlus teilte dem Sekretariat am Beginn der Beratung den Standpunkt des Politbüros zum Rücktritt Ziegners mit. Danach stimme das Politbüro »dem Rücktrittsgesuch nicht zu«. Das könne man nicht tun, »weil das als Signalwirkung für alle anderen Bezirke in der Republik wirken würde. Der Druck auf alle Ersten Sekretäre ist groß, dann müßten noch viele andere auch abgelöst werden.« Die vorgebrachten Rücktrittsgründe reichten »nicht aus, damit hat jeder Funktionär zu tun. Wir können keinen Kaderverschleiß leisten. Es muß gekämpft werden.« Dohlus empfahl namens des Politbüros, »daß sich das Sekretariat dieser Meinung anschließt, Vertrauen zu Genossen Ziegner hat und die Arbeit weiterführt.« Es müsse »mit Disziplin der

---

[92] LHAS, BPA Schwerin, IV/F/2/3/301/1.
[93] Ebenda.
[94] Ebenda.
[95] LHAS, BPA Schwerin, IV/F/2/1/274.

Standpunkt des Politbüros unterstützt werden.« Dohlus abschließend: »Der Feind entfacht eine große Hetze, angefangen gegen den Generalsekretär bis zu den Funktionären der Partei überall, und wir müssen dem ein Stop setzen – bis hierher und nicht weiter.« In diesem Sinne sei auf der Sitzung der Bezirksleitung aufzutreten.[96]

Die darauffolgende Aussprache zeigte, daß sich die Berliner Parteiführung zu diesem Zeitpunkt schon nicht mehr auf die bedingungslose Gefolgschaft ihrer Bezirksleitungen verlassen konnte. Alle Sekretariatsmitglieder »sprachen sich mit großer Einstimmigkeit und sehr eindringlich« für den Rücktritt Ziegners aus. Die »entstandene politische Lage, die sich von Stunde zu Stunde zuspitze, sowie die äußerst scharfen Angriffe gegen ihn und der große Vertrauensschwund auch der Genossen der Bezirksparteiorganisation« ließen »keine andere Möglichkeit zu«. Ziegner selbst »erklärte sich zum Rücktritt bereit, obwohl er zu kämpfen bereit ist.« Dohlus, der zusammen mit Müller seinen »Standpunkt immer wieder durchzusetzen« versuchte, mußte sich nach dieser »äußerst kontrovers geführten Aussprache« der Auffassung des Schweriner Sekretariats beugen und den Rücktritt Ziegners auf der Bezirksleitungssitzung vortragen.[97] Am 3.11.1989 wurde Hans-Jürgen Audehm als neuer 1. Sekretär der BL Schwerin gewählt.

Die Schweriner Genossen hatten das Tauziehen mit dem Politbüro gewonnen. Dazu mag auch beigetragen haben, daß sie kurz vorher noch einem im alten Stil vollzogenen Weggang eines Sekretariatsmitgliedes hatten zustimmen müssen. So teilte Ziegner auf der 19. Tagung der BL am 30.10. mit, daß das Politbüro vorgeschlagen und »dringend um unsere Zustimmung« gebeten hat, den 2. Sekretär Erich Postler von seinen Pflichten zu entbinden, da er als Nachfolger Ziegenhahns in Gera vorgesehen war. Die Bezirksleitung stimmte dem bei einer Gegenstimme und zwei Enthaltungen zu. Bereits im Vorfeld hatte die Parteiführung, ohne das »Sekretariatskollektiv zu konsultieren und trotz ernsthafter Bedenken seitens der Genossen Ziegner und Postler, das Weggeben des Genossen Postler durchgesetzt«.[98] Diese Methoden wollte sich die Bezirksleitung Schwerin nicht länger gefallen lassen.

Bis einschließlich 3.11. waren bereits drei der 15 Ersten Bezirkssekretäre ihrer Funktion enthoben worden. Die von Dohlus befürchteten Rücktritte in anderen Bezirken folgten umgehend. Wie die Zentrale Auswertungs- und Informationsgruppe des MfS am 6.11.1989 feststellen mußte, lägen aus »allen Bezirken der DDR (...) umfangreiche Hinweise vor über massive Kritiken der Werktätigen, die auch von Mitgliedern der SED getragen werden, an einer Vielzahl von Funktionären der Bezirks- und vor allem der Kreisleitungen der SED«. In diesem Zusammenhang »spitzen sich Forderungen nach Kaderveränderungen in Führungsfunk-

---

[96] LHAS, BPA Schwerin, IV/F/2/3/301/1.
[97] Ebenda.
[98] LHAS, BPA Schwerin, IV/F/2/1/274.

tionen der Bezirke und Kreise zu.«⁹⁹ Am 5.11. wurde in Leipzig der schon seit längerem erkrankte 1. Sekretär Horst Schumann durch Roland Wötzel ersetzt.¹⁰⁰ Ursprünglich sollte Schumanns Stellvertreter Hackenberg »in diese Lücke springen, aber es ergab sich, daß er das nervlich nicht mehr durchhielt.«¹⁰¹ Jedoch bekam Wötzel, nachdem er vier Wochen zuvor mit zur Gewaltfreiheit auf den Montagsdemonstrationen beigetragen hatte, nun den enorm angewachsenen Unmut der Bevölkerung zu spüren. Auf einer Massendemonstration am Tag nach seiner Wahl kam er »unter gellenden Pfiffen« kaum zu Wort.¹⁰² Seine Rede ging in der Woge der Gegenrufe »Ihr seid schuld!« und »Zu spät!« unter.¹⁰³

Der 9. November 1989, der Tag der Maueröffnung, brachte die Rücktritte der nächsten drei 1. Bezirkssekretäre. Hier zeigten sich auch ganz eklatant die Fehleinschätzungen und Illusionen der Parteiführung um Egon Krenz. Am ersten Sitzungstag der 10. Tagung des ZK am 8.11. wurden der 1. Sekretär der BL Halle, Hans-Joachim Böhme, zum Mitglied und die 1. Sekretäre der BL Neubrandenburg und Cottbus, Johannes Chemnitzer und Werner Walde, zu Kandidaten des Politbüros gewählt. Chemnitzer erhielt zudem das Vertrauen als neuer Sekretär für Landwirtschaft des ZK. Dies geschah, obwohl die genannten Sekretäre in ihren Bezirken bereits unter massivem Druck standen. Böhme hatte sich am 6.11. in Halle 80.000 Menschen gegenübergesehen und wurde, als er sprechen wollte, von den Demonstranten »erbarmungslos niedergebuht, die unisono seinen Rücktritt forderten.«¹⁰⁴ Modrow warnte daher auch, die Wahl dieser Genossen gut zu bedenken: »Wir treffen keine Kaderentscheidungen unabhängig von dem, was draußen vor sich geht, und zu dem, wie wir uns sehen, sondern wir müssen diese Dinge bei Kaderentscheidungen mit einbeziehen, und jeder 1. Bezirkssekretär steht in der Verantwortung, zu sich zu sagen: Trägt es sich weiter, oder haben wir übermorgen dann in Halle die Situation, die wir gerade in Schwerin hinter uns haben. (...) Die Entscheidungen der 10. Tagung müssen so sein, daß wir auch zu den Kaderfragen nach außen bestehen können.«¹⁰⁵ Diese Bedenken teilte das ZK mehrheitlich nicht, Böhme wurde mit 91 Ja- und 66 Nein-Stimmen zum Mitglied des Politbüros gewählt.¹⁰⁶ Wie recht Modrow aber gehabt hat, zeigte sich noch am Abend dieses Sitzungstages deutlich, als Krenz dem Plenum mitteilen mußte, daß es als Reaktion auf die Wahl Böhmes Protestbriefe und Streikandrohungen aus Halle gegeben hat. Böhme legte dem ZK daraufhin seine Konsequenzen dar. »Das heutige Abstimmungsergebnis hat mir zu denken gegeben, und das erste

---

⁹⁹ Zit. in: Süß, S. 274.
¹⁰⁰ Vgl. Neues Deutschland, 6.11.1989, S. 2.
¹⁰¹ Gesprächsprotokoll Wötzel, S. 10.
¹⁰² Mitteldeutsche Neueste Nachrichten, 8.11.1989, S. 6, zit. in: Demokratie – jetzt oder nie, S. 208.
¹⁰³ Vgl. Zwahr, S. 136.
¹⁰⁴ Wagner-Kyora, Georg, Eine protestantische Revolution in Halle, in: Heydemann/Mai/Müller, S. 335-363, hier S. 359 f.
¹⁰⁵ Hertle, Hans Hermann/Stephan, Gerd-Rüdiger (Hrsg.), Das Ende der SED. Die letzten Tage des Zentralkomitees, Berlin 1997, S. 142.
¹⁰⁶ Vgl. Keßler, Heinz, Zur Sache und zur Person. Erinnerungen, Berlin 1997, S. 296.

Echo aus dem Bezirk Halle beweist mir, daß ich das Zentralkomitee bitten muß, mich von der heute morgen erneut übernommenen Funktion als Mitglied des Politbüros zu entbinden. Gleichzeitig möchte ich das Zentralkomitee informieren, daß ich in einer Sitzung der Bezirksleitung Halle am Sonnabend auch um meine Entbindung als Erster Sekretär der Bezirksleitung bitten werde.«[107]

Johannes Chemnitzer hatte schon im Oktober die ersten Angriffe und Beschwerden gegen seine Person registrieren müssen und dies mit zur Grundlage für sein Rücktrittsgesuch genommen, das er am 7.11. verfaßte. Hierin bat er, auf der für Januar/Februar 1990 geplanten Bezirksdelegiertenkonferenz nicht wieder zu kandidieren, ließ sich aber von Krenz überreden und von den Delegierten auf der ZK-Tagung am nächsten Tag in seine neuen Funktionen wählen, obwohl er, wie er dem Plenum sagte, spürte, »nicht mehr das vollständige Vertrauen der Bezirksparteiorganisation« zu besitzen.[108] In Neubrandenburg hatte unterdessen Hans-Joachim Lüdeke, der 2. Sekretär der Bezirksleitung, eine »Palastrevolte«[109] initiiert. Nachdem unter den Parteisekretären der Betriebe Unterschriftenlisten zur Ablösung Chemnitzers in Umlauf gebracht worden waren[110], forderte Lüdeke in Anwesenheit von über 20.000 Neubrandenburgern »die Parteiführung auf, Johannes Chemnitzer unverzüglich von seinen Funktionen zu entbinden.«[111] Egon Krenz machte aufgrund dieser Ereignisse zum Abschluß des 1. Sitzungstages den Vorschlag, daß Chemnitzer und Böhme sofort zurück in ihre Bezirke fahren und dort Tagungen der Bezirksleitungen einberufen. Begleitet werden sollten sie dabei von Genossen des ZK, die über eine »große Autorität« in diesen beiden Bezirken verfügten. Der Auftrag sei, so Krenz, »zu kämpfen, sich vor unsere Funktionäre zu stellen und damit auch ein Signal zu geben, daß wir (...) um jeden einzelnen kämpfen.«[112] Damit hatte Krenz mangelnden Realitätssinn bewiesen. Der Auftrag war nicht mehr zu realisieren. Die »allzu lange Solidarität der Parteifunktionäre aus Berlin mit Joachim Böhme« hatte die »revolutionäre Basis in Halle bis in die Reihen der SED hinein« mit dem Effekt verbreitet, »daß sie die regionale Leitfigur des DDR-Systems vollständig delegitimierte.«[113]

So sah sich auch die Bezirksleitung Halle gezwungen, »nach intensiver streitbarer Diskussion« und »ausgehend von der äußerst zugespitzten Lage im Bezirk«[114], Hans-Joachim Böhme von seiner Funktion als 1. Sekretär der BL Halle zu entbinden. Auch Johannes Chemnitzer verlor an diesem 9. November seine bisherige Parteistellung.[115] Werner Walde, am 8.11. erneut zum Kandidaten des

---

[107] Hertle/Stephan, S. 239.
[108] Ebenda, S. 158. Vgl. auch Gesprächsprotokoll Chemnitzer, S. 43 f.
[109] So die zutreffende Einschätzung von Langer, »Ihr sollt wissen...«, S. 181.
[110] Vgl. Gesprächsprotokoll Chemnitzer, S. 44.
[111] Langer, »Ihr sollt wissen...«, S. 181.
[112] Hertle/Stephan, S. 242.
[113] Wagner-Kyora, S. 363.
[114] SAPMO, DY 30/IV 2/2.039/330, Bl. 83 (Information der Abteilung Parteiorgane »über die aktuelle politische Lage in der DDR« vom 9.11.1989).
[115] Vgl. Gesprächsprotokoll Chemnitzer, S. 44.

Politbüros gewählt und ursprünglich als neuer Sekretär für Landwirtschaft des ZK vorgesehen, aber wegen mangelnder fachlicher Kompetenzen durch Chemnitzer ersetzt, mußte ebenfalls am 9.11. zurücktreten.[116]

Anders vollzog sich der Rücktritt Gerhard Müllers in Erfurt. Er hatte sich auf dem bis dahin größten Bürgerdialog des Bezirkes in der Thüringenhalle am 28.10. als »Motor der Veränderung« darzustellen versucht und verkündet, er zähle sich »zu jenen, die die Wende, was die Politik unserer Partei betrifft (,) herbeigeführt haben«.[117] Dies war wenig glaubwürdig, agierte er bislang doch zuweilen »noch ›prinzipientreuer‹ als die Parteiführung in Berlin.«[118] Auf der Sitzung der BL am 5.11. hatte sich Müller »betont kämpferisch gezeigt« und »den Willen bekundet, auch den nun beginnenden Reformprozeß der Bezirksparteiorganisation Erfurt der SED unter seine Leitung zu nehmen.« Das Plenum sprach ihm »aus Kleinmut und falschverstandener Parteidisziplin« einmütig das Vertrauen aus.[119] Doch in der Partei rumorte es heftig. Selbst aus den Reihen der Sekretäre von Kreis- und Stadtleitungen wurden immer stärker Forderungen nach einem Rücktritt Müllers laut. Kurz vor der 10. Tagung des ZK hatte das gesamte Sekretariat der Bezirksleitung Müller »eindringlich gebeten, mit anderen Genossen entsprechend der Lage im Bezirk seinen Rücktritt anzukündigen und diesen Rücktritt öffentlich zu vollziehen.«[120] Doch Müller wollte im Gegenteil durch eine Wahl zum Kandidaten des Politbüros seine Position stärken und den Rücktrittsforderungen entgegentreten. Der 2. Sekretär Pforte unterrichtete daraufhin das ZK über die »Müllerfeindliche-Stimmung« im Bezirk und bat »eindringlich, den Rücktritt Müllers bekanntzugeben.« Das ZK reagierte anders als von Pforte erhofft und untersagte ihm, »hinsichtlich eines Rücktrittes von Gerhard Müller irgend etwas ohne vorherige Genehmigung des ZK in der Presse zu veröffentlichen. Entscheidungen in Kaderfragen betreffs Erster Sekretäre behalte sich das Zentralkomitee selbst vor.«[121] Das Plenum des ZK durchkreuzte Müllers Pläne und ließ ihn bei der Wahl zum Kandidaten des Politbüros durchfallen. Nun sah sich auch Müller zu einem Umdenken veranlaßt. Zwar zweifelte er noch immer nicht daran, »daß die Bezirksleitung sagt, mach' weiter, aber damit kommen wir doch in eine Lage, die für die Partei nicht erträglich ist. Das Zentralkomitee hat mir heute nicht das Vertrauen ausgesprochen, ins Politbüro gewählt zu werden. Wenn die Bezirksleitung mir das Vertrauen ausspricht, weiterzumachen, heißt das, die Bezirksleitung stellt sich im Grunde genommen gegen das Zentralkomitee.«[122] Am Morgen des 9.11. teilte

---

[116] Vgl. Neues Deutschland, 10.11.1989, S. 2.
[117] Dornheim, Andreas, Politischer Umbruch 1989/90 in Erfurt. Fotos – Texte – Quellen, Erfurt 1995, S. 16.
[118] Mestrup, Heinz, »Wir werden mit Egon Krenz reden, wenn wir mit Euch nicht zurechtkommen«. Der Sturz Gerhard Müllers, Kandidat des Politbüros und SED-Bezirkschef von Erfurt, im Herbst 1989, in: Beiträge zur Geschichte der Arbeiterbewegung, H. 1, Berlin 2000, S. 78-91, hier S. 79.
[119] Ebenda, S. 83.
[120] Ebenda, S. 88.
[121] Ebenda, S. 89.
[122] Hertle/Stephan, S. 240 f.

Müller von Berlin aus seinem 2. Sekretär telefonisch mit, nicht länger die Funktion des 1. Bezirkssekretärs ausüben zu wollen. Dies entsprach dem Wunsch vieler Bürger des Bezirkes, hatten sie doch, wie eine Information der Abteilung Parteiorgane an diesem Tag ergab, »die Ablehnung der Wahl des Genossen Müller in das neue Politbüro mit großer Erleichterung und Befriedigung aufgenommen. Breit wird im Bezirk auch sein Rücktritt als 1. Sekretär der Bezirksleitung gefordert, da es bereits Anzeichen dafür gibt, daß andernfalls ganze Grundorganisationen ihren geschlossenen Austritt aus der Partei verwirklichen.«[123] Am 11.11. billigte die Bezirksleitung, die ihm nur sechs Tage vorher einmütig Vertrauen geschenkt hatte, ebenso einhellig Müllers Antrag auf Abberufung als 1. Sekretär und Mitglied der Bezirksleitung.[124]

Am selben Tag wurde in Karl-Marx-Stadt Siegfried Lorenz, der noch kurz zuvor einstimmig zum Mitglied des Politbüros und Sekretär des Zentralkomitees gewählt worden war[125], als 1. Bezirkssekretär entbunden.[126] Er hatte sich einige Tage zuvor auf einer Demonstration von 60.000 bis 70.000 Menschen einem »gnadenlosen Pfeifkonzert« und Forderungen nach seinem Rücktritt ausgesetzt gesehen.[127] Doch demissionierte Lorenz nicht deshalb in Karl-Marx-Stadt, sondern aufgrund der Übernahme seiner neuen Funktion in der Parteiführung.

Der 12.11. brachte die nächsten beiden Rücktritte von Bezirkssekretären. Wie Lorenz mußte sich auch Werner Eberlein aus seinem Bezirk verabschieden, weil er in eine Funktion des zentralen Parteiapparates gewählt worden war. Er verließ die Magdeburger Bezirksleitung und ging als Vorsitzender der ZPKK, zu dem ihn das Plenum der 10. Tagung des ZK anstelle des durchgefallenen Horst Dohlus gewählt hatte, nach Berlin.[128] Ernst Timm, der in Rostock von den ersten Diskussionen mit den Menschen »erst einmal schockiert«[129] war, zeigte sich in den folgenden Tagen »als vorsichtiger Taktierer. Indem er nur die jeweils vorgetragenen Forderungen der Opposition aufgriff und sich dem aktuellen Kräfteverhältnis anpaßte, versuchte er, das Ansehen der SED möglichst nicht zu beschädigen.«[130] Das gelang ihm jedoch nicht. Auf einer Dialogveranstaltung am 5.11. brach er völlig ein und das Publikum in Lachen aus.[131] Es gab Mißtrauensanträge »von verschiedenen Parteiorganisationen, von Parteisekretären, besonders auch von der

---

[123] SAPMO, DY 30/IV 2/2.039/330, Bl. 83.
[124] Vgl. Mestrup, S. 90 f. und Neues Deutschland, 13.11.1989, S. 2. Die Angabe von Moreau, in: Kuhrt/Holzweißig/Buck, S. 309, Gerhard Müller sei am 12.11.1989 seiner Funktionen enthoben worden, ist falsch.
[125] Vgl. Hertle/Stephan, S. 145 und S. 161.
[126] Vgl. Neues Deutschland, 13.11.1989, S. 2.
[127] Timmer, Karsten, Vom Aufbruch zum Umbruch. Die Bürgerbewegung in der DDR 1989, Göttingen 2000, S. 273.
[128] Vgl. Hertle/Stephan, S. 149 f. und Gesprächsprotokoll Eberlein, S. 16.
[129] So Timm auf einer Beratung des Sekretariats des ZK mit den 1. Sekretären der Bezirksleitungen am 27.10.1989. DY 30/J IV 2/2/2356, Bl. 28.
[130] Langer, Auch der Norden brach auf, S. 385.
[131] Vgl. Probst, Lothar, »Der Norden wacht auf«. Zur Geschichte des politischen Umbruchs in Rostock 1989-1991, Bremen 1993, S. 45.

Universität und von zwei Betrieben« gegen seine Person.[132] Timm, der »in diesen Tagen im Fischkombinat, in der Neptunwerft, im Hafen (...) vor vielen Mitgliedern und Parteilosen gesprochen« hatte, spürte, »daß die Leute nicht mehr an das geglaubt haben, was gesagt wurde.«[133] Auf der Sitzung der BL vom 12.11. mußte Timm einräumen, »aus einer falsch verstandenen Parteidisziplin« heraus »grundlegende Klärungsprozesse verhindert« zu haben[134] und bat das Plenum, ihn von seiner Funktion als 1. Sekretär der SED-Bezirksleitung zu entlasten, was dann auch geschah.[135]

Auf der 10. Tagung des ZK war für die Funktion des 1. Sekretärs der BL Berlin Günter Sieber, der Abteilungsleiter Internationale Verbindungen im ZK, vorgesehen, der einstimmig zum Kandidaten des Politbüros und Sekretär des Zentralkomitees gewählt wurde.[136] So wählte am 14.11. die BL Berlin anstelle des schon am 6.11. zurückgetretenen amtierenden 1. Sekretärs Helmut Müller den bisherigen Wirtschaftssekretär Heinz Albrecht zu ihrem neuen 1. Sekretär.[137]

Am 15.11.1989 wurden die letzten drei Bezirkssekretäre, Hans Modrow in Dresden, Christa Zellmer in Frankfurt (Oder) und Günther Jahn in Potsdam, von ihren Funktionen entbunden und durch neue Kader ersetzt.[138] Damit waren innerhalb von zwei Wochen alle 1. Bezirkssekretäre ausgetauscht worden. Vier 1. Sekretäre gelangten, wenn zum Teil auch nur kurzzeitig, in höhere Funktionen: Werner Eberlein wurde Vorsitzender der ZPKK, Siegfried Lorenz Sekretär des ZK, Hans Modrow Ministerpräsident und Günter Schabowski Sekretär für Agitation und Propaganda des ZK. Zwei weitere 1. Bezirkssekretäre, die ebenfalls für zentrale Parteifunktionen vorgesehen waren, erhielten nicht das Vertrauen des ZK bzw. der Bezirksleitung: Werner Walde und Johannes Chemnitzer konnten die ihnen zugedachte Funktion des Sekretärs des ZK für Landwirtschaft nicht antreten.

Nicht nur die 1. Bezirkssekretäre, sondern auch die übrigen Sekretariate der Bezirksleitungen mußten, mitunter zeitversetzt um nur wenige Tage, ihren Rücktritt erklären. Bis Mitte November 1989 waren sämtliche Bezirkssekretariate umstrukturiert und neu gewählt worden. Zu diesem Zeitpunkt hatte die Parteiführung längst allen Einfluß auf die kaderpolitischen Entscheidungen in den Bezirken verloren. »Jeden Tag erfahren wir aus der Zeitung«, so Egon Krenz, »daß neue 1. Sekretäre von Bezirksleitungen gewählt werden. Die ursprüngliche Festlegung, daß die Wahl von 1. Bezirkssekretären vorher im Politbüro bestätigt wird, ist nicht

---

[132] Protokoll des Gesprächs mit Ernst Timm, Rostock, 28.11./5.12.2002, S. 24.
[133] Ebenda, S. 25.
[134] Zit. in: Langer, »Ihr sollt wissen...«, S. 179.
[135] Vgl. Gesprächsprotokoll Timm, S. 24 und Neues Deutschland, 13.11.1989, S. 2.
[136] Vgl. Hertle/Stephan, S. 155 und S. 162.
[137] Vgl. Neues Deutschland, 15.11.1989, S. 2 und Gesprächsprotokoll Müller, S. 27.
[138] Vgl. Neues Deutschland, 16.11.1989, S. 2.

mehr einzuhalten.«[139] Doch mochte sich die Parteiführung noch immer nicht von ihren Vorstellungen des Zentralismus lösen und auf die Einflußnahme auf Kaderentscheidungen in den Bezirken verzichten. So wurde vollzogenen Funktionsveränderungen eben im nachhinein zugestimmt, ein Verfahren, daß die ganze Hilflosigkeit des Politbüros zeigt. In der Sitzung vom 22.11. etwa billigte das Politbüro eine erst am Vortag erarbeitete Vorlage der Abteilung Parteiorgane, die vorsah, der Wahl von Heinz Albrecht und Bernd Meier zu neuen 1. Bezirkssekretären von Berlin und Frankfurt (Oder) zuzustimmen.[140] Zu diesem Zeitpunkt waren beide jedoch schon eine Woche im Amt.

Die Rücktrittswelle erfaßte, allerdings zumeist etwas später und nicht in dem großen Ausmaß wie auf der Bezirksebene, auch die Sekretariate der Kreisleitungen. Als einen der ersten traf das den 1. Sekretär der KL Sondershausen, Manfred Keßler. Er war ein naher Verwandter des Verteidigungsministers Heinz Keßler und pflegte einen »äußerst autoritär(en)« Führungsstil, weshalb die Bevölkerung des Kreises vom »Fürstentum Keßler« sprach.[141] Manfred Keßler mußte sich auf einer Demonstration in Sondershausen am 28.10.1989 vor einer aufgebrachten Menge bequemen, der Einrichtung einer Untersuchungskommission, die sich mit Vorwürfen gegen ihn und andere Funktionäre des Kreises auseinandersetzte, zuzustimmen.[142] Am 31.10. erfolgte seine Ablösung. Bis zum 20.11. hatten über die Hälfte der 1. und über ein Drittel der 2. Sekretäre aller Kreisleitungen ihren Stuhl räumen müssen.[143]

In den Herbsttagen 1989 war es angesichts der massiven Forderungen aus der Bevölkerung und den eigenen Reihen eine existentielle Frage für die SED, ob durch konsequente und mutige Kaderveränderungen der Wille zur Erneuerung glaubhaft gemacht werden konnte. Gerade die Sekretariate der Bezirksleitungen sahen sich starken Rücktrittsforderungen gegenüber. Die von den 1. Bezirkssekretären angewandten verschiedenen Taktiken, dem zu widerstehen, fruchteten allesamt nicht. Weder ein zeitweiser Rückzug aus der Öffentlichkeit (etwa Hans Albrecht in Suhl) noch der Versuch, sich an die Spitze der Erneuerung zu stellen (etwa Gerhard Müller in Erfurt), konnten die Abwahl verhindern. »Weil selbst die bescheidensten lokalen oder bezirklichen Veränderungswünsche oder Forderungen, seit langem bekannte Mißstände abzuschaffen, an Entscheidungen zentraler Organe – von Ministerien, der Plankommission, des Ministerrates oder des

---

[139] Krenz, Egon, Wenn Mauern fallen. Die friedliche Revolution: Vorgeschichte, Ablauf, Auswirkungen, Wien 1990, S. 232.
[140] Vgl. DY 30/J IV 2/2A/3262, Bl. 132 f.
[141] Best/Mestrup, S. 267.
[142] Vgl. Strödter, Dieter, Den »Saustall« auskehren – die Arbeit der Unabhängigen Untersuchungskommission im »Fürstentum« Sondershausen (Interview von Andreas Dornheim), in: Dornheim, Andreas/Schnitzler, Stephan (Hrsg.), Thüringen 1989/90. Akteure des Umbruchs berichten, Erfurt 1995, S. 325-337.
[143] Vgl. DY 30/ IV 2/2.039/315, Bl. 26-61 und Mestrup, Heinz, Die SED im Bezirk Erfurt vor und während der politischen Wende im Herbst 1989, in: Heydemann/Mai/Müller, S. 429-445, hier S. 442 f.

Politbüros – gebunden waren, verfügten die SED-Funktionäre der unteren und mittleren Ebene über keinerlei Handlungsspielraum, die Proteste durch begrenzte Zugeständnisse zu kanalisieren.«[144]

Doch mit dem Rücktritt der Sekretäre war es nicht getan, neue Funktionäre mußten gefunden werden, um den Willen auch zur personellen Veränderung zu demonstrieren. Wie sich diese Kaderveränderungen präsentierten, welche Personen neu in die Sekretariate gewählt wurden und ob hieran ein Wille zur Erneuerung der regionalen Parteispitze erkennbar ist, soll nachfolgend untersucht werden.

Einer der Hauptkritikpunkte an der SED war, wie gezeigt, die Überalterung ihrer Führung. Diese war in der Tat augenfällig, lag das Durchschnittsalter der 26 Mitglieder und Kandidaten des Politbüros im Herbst 1989 doch bei rund 66 Jahren.[145] Auch an der Spitze der Bezirksleitungen sah es nicht besser aus. Ihre 1. Sekretäre waren durchschnittlich 63 Jahre alt. Hans Albrecht und Werner Eberlein vollendeten im November 1989 das 70. Lebensjahr. Das Rentenalter hatten ebenfalls Herbert Ziegenhahn in Gera mit 68 und Horst Schumann in Leipzig mit 65 Jahren erreicht. Alle anderen 1. Sekretäre standen kurz davor. Am jüngsten war noch Christa Zellmer in Frankfurt (Oder) mit 59 Jahren. Wenn nun die altersmäßige Zusammensetzung der neugewählten 1. Bezirkssekretäre betrachtet wird, so ist in der Tat ein Generationenwechsel festzustellen. Ihr Durchschnittsalter betrug knapp 47 Jahre und lag damit um rund 20 Jahre niedriger als bei ihren Vorgängern. Roland Claus (Halle) und Norbert Kertscher (Karl-Marx-Stadt) waren zum Zeitpunkt ihrer Wahl erst 34 bzw. 35 Jahre alt. So junge Funktionäre an der Spitze einer BL hatte es seit 1963 nicht mehr gegeben.[146] Mehrere 1. Sekretäre waren erst Anfang 40, und nur Herbert Kroker (Erfurt) hatte ein Alter von 60 Jahren gerade erreicht.

Doch ist nicht das Alter allein Merkmal personeller Erneuerung. Auch der Werdegang der Funktionäre zeigt, inwieweit die SED tatsächlich auf neue, unbefangene Kader setzte. Zunächst fällt auf, daß abgesehen von Helmut Müller in Berlin, der sein Amt nach wenigen Tagen wieder zur Verfügung stellte, da er während der Rathausgespräche »total eingebrochen« war und »eine wüste Gegenstimmung« hat hinnehmen müssen[147], gleich vier 1. Sekretäre zuvor schon als Sekretär einer Bezirksleitung tätig gewesen sind. Es waren dies Heinz Albrecht, 1975-1984 Sekretär für Landwirtschaft und seit 1984 Sekretär für Wirtschaft der BL Berlin, Roland Wötzel, seit 1984 Sekretär für Wissenschaft und Volksbildung der BL Leipzig, Hans-Jürgen Audehm, seit 1988 Sekretär für Kultur der BL

---

[144] Hertle, S. 135.
[145] Die folgenden Zahlenangaben sind, soweit nicht anders vermerkt, errechnet aus den Angaben in: Herbst, Andreas/Stephan, Gerd-Rüdiger/Winkler, Jürgen (Hrsg.), Die SED. Geschichte, Organisation, Politik. Ein Handbuch, Berlin 1997, passim.
[146] Im Februar 1963 war Johannes Chemnitzer im Alter von 33 Jahren 1. Sekretär der SED-Bezirksleitung Neubrandenburg geworden. Vgl. SAPMO, DY 30/IV 2/11/v 5278, Bl. 112.
[147] Gesprächsprotokoll Müller, S. 27 und S. 28.

Schwerin, und Erich Postler, seit 1981 2. Sekretär der BL Schwerin. Postler ging als 1. Sekretär nach Gera, die anderen drei blieben in ihrem Bezirk. Ebenfalls aus dem Apparat der BL kam mit Wolfgang Thiel, seit 1988 Abteilungsleiter Volksbildung in Cottbus, der neue 1. Sekretär dieses Bezirks. Fünf 1. Bezirkssekretäre waren zuvor 1. Sekretäre von Kreisleitungen in ihrem Bezirk gewesen, einer 1. Sekretär einer Stadtbezirksleitung der Bezirksstadt. Ihnen in etwa gleichzustellen ist Bernd Meier, neuer 1. Sekretär in Frankfurt (Oder) und bislang Sekretär der Zentralen Parteileitung des PCK Schwedt und Parteiorganisator des ZK. Aus dem FDJ-Zentralrat kam mit Roland Claus der neue 1. Sekretär der BL Halle. Als Quereinsteiger sind hingegen nur die 1. Sekretäre von Dresden und Erfurt anzusehen. Hansjoachim Hahn war von 1974-1988 Generaldirektor des VEB Kombinat Elektromaschinenbau Dresden und seit 1989 ordentlicher Professor an der Sektion Sozialistische Betriebswirtschaft der TU Dresden, Herbert Kroker Direktor des VEB Weimar-Werkes. Kroker hatte offenbar der Umstand, daß er 1983 aufgrund von Meinungsverschiedenheiten mit Günter Mittag als Generaldirektor des VEB Kombinat Umformtechnik Erfurt abgelöst worden war, für die neue Funktion prädestiniert. Unter welchen improvisatorischen Bedingungen die Wahl der neuen 1. Sekretäre vonstatten gehen konnte, zeigt der Redebeitrag von Hans-Jürgen Audehm auf der Tagung der BL Schwerin vom 14.11. Nachdem der Rücktritt Ziegners de facto beschlossen war, erklärte Berlin, »sie hätten keine Lösung parat, aus dem Inneren heraus einen Vorschlag zu unterbreiten. Darauf orientierte sich das Vorschlagsfeld der anwesenden Sekretariatsmitglieder auf mich. Ich habe mir Bedenkzeit ausgebeten und habe am nächsten Morgen erklärt ›Nein‹, ich mache das nicht, weil es mir eine Nummer zu groß ist und weil es in einer Dimension innerhalb einer Woche auf mich zukam, was kaum nervlich, psychisch usw. verkraftbar war. Die Genossen haben erneut am nächsten Morgen im Sekretariat erklärt, wir bitten Dich, in dieser schwierigen Situation der Verantwortung zu stellen. Ich habe erklärt, ich bin bereit, diese Funktion mit diesem Sekretariat, mit diesen Genossen bis zu Ende zu gehen.«[148]

Es fällt auf, daß es sich nach wie vor um Nomenklaturkader handelte, die an die Spitze der Bezirksparteiorganisationen aufrückten.[149] Die meisten hatten, sofern nicht schon im Apparat der Bezirksleitung tätig, eine typische SED-Karriere hinter sich und wären wahrscheinlich auch ohne die Wendeereignisse, allerdings erst später, in die Bezirksleitungen aufgerückt. Ein typisches Beispiel hierfür ist der neue 1. Sekretär von Potsdam, Heinz Vietze. Er hatte auf der Parteihochschule studiert, den Grad des Diplom-Gesellschaftswissenschaftlers erworben und von 1978-1984 der FDJ-Bezirksleitung Potsdam vorgestanden. In diesen Jahren war er qua Amt bereits Mitglied des Sekretariats der Bezirksleitung. »Langfristig und zielgerichtet (...) für die Funktion des 1. Sekretärs einer Kreisleitung

---

[148] LHAS, BPA Schwerin, IV/F/2/1/274.
[149] Vgl. hierzu Wagner, Matthias, Ab morgen bist Du Direktor. Das System der Nomenklaturkader in der DDR, Berlin 1998.

vorbereitet«[150], übernahm Vietze 1984 die KL Oranienburg und Ende 1988 die KL Potsdam.

Die weiteren Ereignisse in der DDR zeigten, daß die neuen 1. Bezirkssekretäre bei vielen Menschen nicht vermochten, glaubhaft einen Neuanfang zu verkörpern. Es stellt sich nun die Frage, warum die Bezirke nicht auf Nomenklaturkader des Apparats verzichteten und unverbrauchte Neu- oder Quereinsteiger in Führungspositionen brachten.

Zunächst ist festzuhalten, daß die scheidenden 1. Bezirkssekretäre häufig noch selbst Einfluß auf die Wahl ihres Nachfolgers nehmen konnten. Dies tat Siegfried Lorenz in Karl-Marx-Stadt[151] ebenso wie Günther Jahn in Potsdam. Jahn schlug Vietze selbst vor. Zu den Gründen äußerte sich der frühere 2. Sekretär der BL folgendermaßen: »Vietze ist ein intelligenter, fähiger und qualifizierter Genosse. Vietze hat als Sekretär der FDJ-Bezirksleitung sehr ansehnliche Arbeit geleistet. Daß es im Bezirk Potsdam in fast allen größeren Orten einen funktionierenden Jugendklub mit Gebäude und Finanzausstattung gab, ist nicht zuletzt sein Verdienst. Er wurde dann 1. Sekretär der Kreisleitung Oranienburg und hat dort in Oranienburg eine außerordentlich flexible und vernünftige Arbeit gemacht. Wir haben ihn deswegen nach Potsdam als 1. Sekretär geholt, und auch dort hat er Ansehen gehabt. Vietze hatte Ansehen bei den Leuten. Er war ein junger Mann. Und darum haben wir ihn genommen.«[152] In Magdeburg hatte der scheidende 1. Sekretär Eberlein als seinen Nachfolger Wolfgang Pohl vorgeschlagen. Pohl »war der Kreissekretär in Magdeburg-Nord, der nicht diese Tippeltappel-Tour über die FDJ gemacht hat, sondern der hat Jura studiert, kam aus dem Staatsapparat, hat eine eigenständige Meinung gehabt, war auch bereit, diese zu vertreten.«[153] In Rostock haben die Ressortsekretäre Ulrich Peck, den 1. Sekretär der Kreisleitung Rostock-Stadt, als Nachfolger Timms vorgeschlagen, weil »er im Kader war und ein vernünftiger Genosse war«, und »da es keine gegenteilige Auffassung gab, wurde Ulrich Peck gewählt.«[154]

Offenbar war es in den Bezirksleitungen selbst schlecht vorstellbar, Genossen als neue 1. Sekretäre der Bezirksleitungen vorzuschlagen und zu wählen, die keine Laufbahn im SED-Apparat absolviert hatten und nicht zu den Nomenklaturkadern gehörten.

Ein ähnliches Bild ergibt sich für die neugewählten 2. Sekretäre der SED-Bezirksleitungen, wobei hier nicht alle vakanten Stellen wiederbesetzt worden sind. In Berlin blieb Helmut Müller zunächst noch als 2. Sekretär tätig, doch wurde diese Funktion bald abgeschafft. Ein Mitarbeiter für internationale Beziehungen in der Abteilung Parteiorgane der Bezirksleitung, »ein Gorbatschow-Anhänger

---

[150] BLHA, Rep. 530, Nr. 6722.
[151] Vgl. schriftliche Mitteilung von Siegfried Lorenz, Berlin, 17.4.2003, S. 14.
[152] Gesprächsprotokoll Schlaak, S. 16.
[153] Gesprächsprotokoll Eberlein, S. 16.
[154] Gesprächsprotokoll Timm, S. 24.

par excellence«, übernahm dann »den Bereich des Zweiten Sekretärs, aber nicht dessen Funktion.«[155] In Suhl wurde kein neuer 2. Sekretär gewählt, in Rostock gab es mit Jürgen Marder einen amtierenden 2. Sekretär.[156]

Das Durchschnittsalter der neuen 2. Sekretäre betrug genau 45 Jahre und lag damit zwölf Jahre unter dem ihrer Vorgänger.[157] Allein vier 2. Sekretäre waren unter 40 Jahre alt. Doch ist hier die in den alten Bahnen fortgeführte Kaderpolitik besonders deutlich zu erkennen. Von elf ermittelten neuen 2. Bezirkssekretären kamen acht aus dem Sekretariat bzw. Apparat der Bezirksleitung, vier davon waren schon zuvor Sekretäre der BL. Die größte Kontinuität verkörperten Ulrich Schlaak in Potsdam und Dieter Ukenings in Gera, die in ihren Funktionen verbleiben konnten. Helmut Morche in Halle und Siegfried Stange in Erfurt avancierten vom Landwirtschafts- bzw. Wirtschaftssekretär zum 2. Sekretär. Auf den Posten des 2. Sekretärs wechselten der Leiter der Abteilung Schulen, Fach- und Hochschulen Hannelore Wolf in Leipzig, der politische Mitarbeiter der Abteilung Parteiorgane Bernd Jaskowiak in Cottbus, der persönliche Mitarbeiter des 1. Sekretärs Jürgen Zelm in Neubrandenburg und der 1. Sekretär der FDJ-Bezirksleitung Axel Henschke in Frankfurt (Oder).[158] Mit Hans-Peter Biel in Parchim und Rolf Dunger in Glauchau übernahmen zwei 1. Sekretäre von Kreisleitungen die Funktion des 2. Sekretärs in Schwerin bzw. Karl-Marx-Stadt. Aus dem ZK-Apparat kam schließlich Holger Michaelis. Der frühere 1. Sekretär der KL Osterburg war dort politischer Mitarbeiter und ging nun als 2. Sekretär in den Bezirk Magdeburg zurück.[159]

Auch die meisten der neugewählten 2. Bezirkssekretäre konnten – ungeachtet ihrer persönlichen Integrität – vor dem Hintergrund ihres Werdegangs nicht als Zeichen des konsequenten Neuanfangs der SED wahrgenommen werden. Ulrich Schlaak etwa hatte seit 1949 hauptamtlich im FDJ- und SED-Apparat gearbeitet, unter anderem als 1. Sekretär der FDJ-Bezirksleitung und der SED-Kreisleitung Potsdam. Seit 1976 war er bereits 2. Sekretär der Bezirksleitung. Dennoch schlug ihn der neugewählte 1. Sekretär Vietze, nachdem das gesamte Sekretariat der BL zurückgetreten war, wieder für die gleiche Funktion vor, und Schlaak wurde bei einer Stimmenthaltung gewählt. Unmittelbar danach erhielt er auf der Kreisdelegiertenkonferenz in Rathenow die zweithöchste Stimmenzahl. Die Genossen in Potsdam standen hinter ihm.[160]

---

[155] Gesprächsprotokoll Müller, S. 28. Eine Ausarbeitung der Abteilung Parteiorgane vom 20.11.1989 führt Müller noch als 2. Sekretär der BL Berlin auf. Vgl. SAPMO, DY 30/J IV 2/2.039/315, Bl. 30.
[156] Vgl. SAPMO, DY 30/J IV 2/2.039/315, Bl. 29 f. Der in dieser Akte fälschlich ebenfalls als amtierend genannte 2. Sekretär der BL Neubrandenburg, Jürgen Zelm, ist am 14.11.1989 gewählt worden. Vgl. schriftliche Mitteilung von Jürgen Zelm, Neubrandenburg, 16.2.2007.
[157] Über den amtierenden 2. Sekretär der BL Rostock, Jürgen Marder, und den 2. Sekretär der BL Dresden, Reiner Dietze, waren keine biographischen Daten zu ermitteln.
[158] Vgl. SAPMO, DY 30/5694 (Wolf), DY 30/J IV 2/3A/4896 (Jaskowiak) und DY 30/J IV 2/2A/3262 (Henschke) sowie schriftliche Mitteilung Zelm.
[159] Vgl. SAPMO, DY 30/J IV 2/2A/3259, Bl. 75 f.
[160] Vgl. Gesprächsprotokoll Schlaak, S. 15.

Mit Hans-Peter Biel war ein 1. Kreissekretär herangezogen worden, der als »anerkannter, guter Genosse« galt und »hohes Vertrauen in Parchim« genoß. Die Parchimer Genossen wollten »ihn sehr gerne behalten«, was auch darin zum Ausdruck kam, daß die Kreisleitung mit nur 33:20 Stimmen seinen Wechsel nach Schwerin beschloß.[161] Es kann sicherlich davon ausgegangen werden, daß die Zahl der Parteifunktionäre, denen noch im November 1989 ein solch gutes Zeugnis ausgestellt wurde, nicht übermäßig hoch gewesen ist.

Wie für die 1. und 2. Sekretäre der Bezirksleitungen, so muß auch für die Ressortsekretäre festgestellt werden, daß die personellen Wechsel keinen vollständigen Bruch mit sich brachten. In einigen Bezirkssekretariaten gab es weiterhin Funktionäre, die ihr Amt schon vor dem Herbst 1989 angetreten hatten. In Schwerin war, wie Audehm am 16.11. an Krenz schreiben mußte, der »Druck von allen Seiten, vor allen Dingen aber aus den eigenen Reihen«[162], so groß geworden, daß nahezu das gesamte Sekretariat seinen Rücktritt erklärte. Es blieben aber der Sekretär für Landwirtschaft Walter Schulz und der Vorsitzende der BPKK weiterhin im Amt.[163] In Magdeburg ist ebenfalls als einziger Ressortsekretär der Kandidat des Zentralkomitees und Sekretär für Landwirtschaft, Willi Skibinski, im neuen Sekretariat verblieben.[164] Noch etwas größer war die personelle Kontinuität in Frankfurt (Oder). Neben – auch hier – dem Landwirtschaftssekretär Siegfried Schmolinsky blieben der Kultursekretär Rosemarie Bischoff und von den weiteren Sekretariatsmitgliedern der Vorsitzende der Bezirksplankommission und der 1. Sekretär der KL Frankfurt (Oder) im Amt.[165] Ein ähnliches Bild zeigte sich in Potsdam. Hier konnten neben dem erwähnten 2. Sekretär auch der Sekretär für Wissenschaft und Volksbildung Jürgen Engelhardt und der Kultursekretär Ingeborg Herold sowie der Vorsitzende der Bezirksplankommission ihre Funktionen weiter ausüben.[166] Dies traf in Halle auf den Sekretär für Wissenschaft und Volksbildung Klaus Bernhardt und den Vorsitzenden der Bezirksplankommission zu.[167] In Rostock war das Sekretariat der BL am 12.11. zurückgetreten. Nur der Kultursekretär Adelheid Pevestorf und der Landwirtschaftssekretär Heinz Ott übten als »Arbeitssekretäre« ihre Funktionen weiter aus.[168] Die höchste und sehr frappierende personelle Kontinuität ist im Bezirkssekretariat Dresden festzustellen. Hier war die Mehrheit der Sekretäre im Amt verblieben. Den vier Sekretären für Wirtschaft, Landwirtschaft, Wissenschaft und Volksbildung sowie Kultur, Werner Streipert, Siegfried Neubert, Hartmut Herrlich und Gabriele Fink, stan-

---

[161] LHAS, BPA Schwerin, IV/F/2/1/274.
[162] SAPMO, DY 30/IV 2/2.039/317, Bl. 100.
[163] Vgl. LHAS, BPA Schwerin, IV/F/2/3/301/1, Bl. 67-69, und IV/F/2/1/274, Bl. 74 f.
[164] Vgl. Gesprächsprotokoll Eberlein, S. 17.
[165] Vgl. Neues Deutschland, 16.11.1989, S. 2.
[166] Vgl. ebenda.
[167] Vgl. ebenda, 13.11.1989, S. 2.
[168] Protokoll des Gesprächs mit Siegfried Unverricht, Hohenfelde, 26.6.2003, S. 15. Neubert, S. 899, gibt das Datum des Rücktritts Unverrichts mit dem 10.11.1989 falsch wieder.

den nur drei ausgewechselte Sekretäre gegenüber: der 1. und 2. Sekretär, Hans Modrow und Lothar Stammnitz, und der Sekretär für Agitation und Propaganda Bernd Böhme. Daneben konnten auch die Vorsitzenden der BPKK und der Bezirksplankommission im Amt verbleiben.[169] Dies traf übrigens für viele Bezirke auch auf den Ratsvorsitzenden zu. In Berlin schließlich erfolgte die Erneuerung des Sekretariats »ohne Druck von unten. Die Bezirksleitung hätte uns bis zum bitteren Ende ertragen.« Der 2. Sekretär Helmut Müller und die Sekretäre für Landwirtschaft und Bauwesen, Ernst Heinz und Gerhard Poser, sowie der 1. Sekretär der KL Köpenick und der FDGB-Vorsitzende als weitere Sekretariatsmitglieder sind dann auf einer BL-Tagung aus eigenem Entschluß zurückgetreten. »Da hat niemand vorher in der Bezirksleitung ›nein‹ oder ›ja, ihr müßt gehen‹ gerufen, es war gar nichts. Im Gegenteil: Es gab Stimmen aus der BL-Mitgliedschaft, die sich sogar noch gegen diese Veränderungen gewandt haben.«[170]

Die von der SED in den Bezirken eingeleiteten Kaderwechsel sind häufig nicht von langer Dauer gewesen. In Neubrandenburg war der 1. Sekretär Wolfgang Herrmann »nur ein paar Wochen im Amt« und wurde dann durch Beschluß der Bezirksdelegiertenkonferenz abgelöst, weil er »auch aus der ›stalinistischen‹ Bezirksparteiorganisation stammte«.[171] Nachfolger wurde am 11.12. Jürgen Zelm, der vier Wochen zuvor neu gewählte 2. Sekretär.[172] In Potsdam war der 2. Sekretär Ulrich Schlaak im November und Dezember krankgeschrieben und konnte öffentlich nicht in Erscheinung treten. Doch hatte sich der »ganze Wendedruck (…) nun erhöht«, und Schlaak war »mehr oder weniger für die Neuen, die jetzt da waren, ein Relikt aus der Vergangenheit. Die gaben sich ehrlich Mühe, mich auf eine anständige Art irgendwie los zu werden. Sie kamen in der Woche zweimal abends, fast die ganze Truppe mit Vietze, zu mir nach Hause und haben diskutiert und das immer so durchblicken lassen. Ende Dezember oder Anfang Januar, ich war immer noch krank, war mir aus den Diskussionen, die ein- bis zweimal in der Woche bei mir zu Hause stattfanden und wo fast das ganze Sekretariat da war, klar, daß nichts mehr zu retten ist, und daraufhin habe ich dann eine Rücktrittserklärung geschrieben. Die ist am nächsten Tag in der Zeitung veröffentlicht worden, und da war ich zurückgetreten.«[173]

Es erfolgten strukturelle Veränderungen in den Bezirkssekretariaten, die weitere Funktionäre betrafen. In Frankfurt (Oder) wurde kein Nachfolger für das Ressort Agitation und Propaganda mehr installiert. Die Wirtschaft sollte in einer Hand geleitet werden, und so gab es, als Siegfried Schmolinsky seine Funktion

---

[169] Vgl. Neues Deutschland, 16.11.1989, S. 2.
[170] Gesprächsprotokoll Müller, S. 28.
[171] Gesprächsprotokoll Chemnitzer, S. 45.
[172] Ab dem 11.12. war dann Wolfgang Schiemann 2. Sekretär der BL Neubrandenburg. Vgl. schriftliche Mitteilung Zelm.
[173] Gesprächsprotokoll Schlaak, S. 16.

niederlegte, für die Landwirtschaft »keinen Sekretär als Nachfolger mehr, sondern nur noch einige Mitarbeiter im Bereich Wirtschaft.«[174]

Die Kaderpolitik der SED in den Bezirken im Herbst 1989 wird unterschiedlich beurteilt. Für Siegfried Schmolinsky standen der neue 1. und 2. Sekretär, Bernd Meier und Axel Henschke, eindeutig für einen Neuanfang. »Es gab neue Ideen. Man mußte sich als älterer Genosse auch wirklich Zurückhaltung angewöhnen. (...) Diese jungen Leute waren wirklich engagiert und wollten etwas Neues beginnen. Das muß ich eindeutig sagen.«[175] Heinz Albrecht als neuer 1. Sekretär von Berlin war für Schabowski »kein schlechter Mann. Aber verkörperte keinen wirklichen Wechsel.«[176]

In den Bezirksleitungen war der Wille zur Erneuerung häufig deutlicher sichtbar als in der Berliner Zentrale. In Schwerin zeigten sich die Mitglieder der BL »außerordentlich enttäuscht, durch den ehemaligen Generalsekretär der Partei, Genossen Erich Honecker, sowie das ehemalige Mitglied des Politbüros, Genossen Günter Mittag, belogen und betrogen worden zu sein« und faßten daher einmütig den Beschluß, »den Antrag zu stellen, gegen beide Genossen ein Parteiverfahren einzuleiten und entsprechende Konsequenzen zu beschließen.« Dies sei, wie dem neuen Vorsitzenden der ZPKK mitgeteilt wurde, notwendig, »weil nicht zugelassen werden darf, daß die Glaubwürdigkeit in den Kurs der Erneuerung in Zweifel gezogen wird und unsere Partei weiter an Vertrauen verliert.«[177] Es ergingen Forderungen an die Parteiführung, die neue Politik der SED durch entsprechende Entscheidungen deutlich zu machen. Audehm zeigte sich in einem Brief an Krenz vom 22.11. über die letzte Beratung in Berlin enttäuscht, »weil sie jeglicher mutmachender Orientierung entbehre. Offensichtlich gibt man sich mit der vorhandenen Anarchie in der Partei zufrieden. (...) Sollten in den nächsten Tagen nicht klare, mir auch Kraft und Mut machende Entscheidungen Eurerseits getroffen werden, bin ich nicht mehr bereit, die Funktion weiter zu tragen. Ich sage das nicht als Drohung o. ä., sondern aus tiefer Verantwortung und werde zu dieser Entscheidung auch öffentlich Stellung nehmen. Die Zeit, mit doppeltem Gewissen leben zu müssen, muß endlich vorbei sein.«[178] Noch weiter gingen die Potsdamer Genossen in einem Fernschreiben am 30.11., in dem es heißt: »wir als gewaehltes sekretariat der bezirksleitung fuehlen uns wie tausende andere genossen im ehrlichen kampf verraten und miszbraucht.« Und weiter: »wir wenden uns prinzipiell dagegen, dasz durch das verschulden der jetzigen parteifuehrung die gesamte partei kriminalisiert wird, ehrliche genossen als korrupte, luegner und bankrotteure abgestempelt werden. Deshalb muessen wir dir, genosse krenz, und

---

[174] Protokoll des Gesprächs mit Dr. Siegfried Schmolinsky, Frankfurt (Oder), 20.2.2003, S. 19 und S. 20.
[175] Ebenda, S. 20.
[176] Protokoll des Gesprächs mit Günter Schabowski, Berlin, 24.7.2003, S. 11.
[177] LHAS, BPA Schwerin, IV/F/2/1/274, Bl. 171 und Bl. 172 (Schreiben von Hans-Jürgen Audehm an Werner Eberlein vom 16.11.1989).
[178] SAPMO, DY 30/IV 2/2.039/317, Bl. 115 und Bl. 117.

der gesamten parteifuehrung unser vertrauen entziehen. Es steht nicht mehr dein und das prestige der fuehrung auf dem spiel, es geht um die letzte chance fuer unsere partei.«[179]

Das Ende der alten SED war jedoch besiegelt. Auch die neuen Genossen in der zentralen und den regionalen Parteiführungen konnten den Niedergang ihrer Partei nicht aufhalten. Schabowski ist zuzustimmen, wenn er ausführt, das »Problem der SED/PDS bestand darin, dass sie für die Öffentlichkeit nichts anderes war als die flugs umgetaufte SED. In der SED hatte es niemals eine Opposition gegeben. Für die Neubesetzung von Funktionen gab es nur die Leute aus der 2. Etage der SED. Und die waren bei näherem Hinsehen ebenso diskreditiert und unglaubwürdig für einen Wechsel wie die Mitglieder des Politbüros.«[180] Im November 1989 mußten umfangreiche personelle Wechsel in den Sekretariaten der Bezirksleitungen bewältigt werden. Dafür stand – auch angesichts der öffentlichen Stimmung im Land – nur ein begrenztes Kaderreservoir zur Verfügung. Die Ersten Sekretäre wurden komplett, die Zweiten Sekretäre und die Ressortsekretäre zum überwiegenden Teil ausgetauscht. Hinsichtlich des Alters ist tatsächlich eine neue Generation an die Spitze der Bezirksparteiorganisationen gelangt. Die neuen Funktionäre waren aber fast durchweg Nomenklaturkader und hatten eine typische Apparatkarriere durchlaufen. Viele von ihnen wären früher oder später ohnehin in die Bezirkssekretariate gelangt. So wundert es nicht, daß sich die Bevölkerung in den Bezirken weiterhin mehrheitlich von der SED abwandte. Auch war die teilweise personelle Kontinuität schlecht mit einem Neuanfang in den Bezirksleitungen zu vereinbaren. So verblieben viele Bezirkssekretäre nur einige Wochen im Amt. Die SED hatte, um in den für sie sehr schwierigen Herbsttagen 1989 politikfähig zu bleiben, auf Erneuerung und Kontinuität zugleich gesetzt. Doch liefen ihr die Menschen weiterhin in Scharen davon. Erst der außerordentliche Parteitag der SED vom 8./9. und 16./17. Dezember brachte den Bruch mit der Vergangenheit, der schon im Oktober 1989 an der Tagesordnung gewesen wäre.

---

[179] Ebenda, Bl. 210. Das Fernschreiben ist u. a. von Ulrich Schlaak, seit 1976 Zweiter Sekretär der BL, und Jürgen Engelhardt, seit 1984 Sekretär für Wissenschaft, Volksbildung und Kultur bzw. Wissenschaft und Volksbildung, unterzeichnet.
[180] Gesprächsprotokoll Schabowski, S. 11.

6. ZUSAMMENFASSUNG

Die regionale Ebene der Bezirksleitungen der SED stand bislang, ungeachtet ihrer großen Bedeutung als Scharnier zwischen der Parteiführung einerseits und den lokalen Kreisparteiorganisationen andererseits, kaum im Fokus geschichtswissenschaftlicher Forschung. Durch die Untersuchung der hauptamtlichen Sekretäre als maßgebliche Funktionäre und eigentliche Führung der Bezirksleitungen können einerseits Fragen nach der konkreten Stellung der Bezirksleitungen im politischen System der DDR, andererseits Aspekte der Kaderpolitik für die regionale Ebene sowie Fragen nach Handlungsspielräumen und eigenständigem Politikstil dieser Funktionäre beantwortet werden. Bevor diese Untersuchung die Ergebnisse abschließend noch einmal bündelt, sind jedoch weiterhin offene Forschungsthemen zu benennen.

Das Verhältnis zwischen der Partei- und der staatlichen Ebene in den Regionen, vor allem zwischen der SED-Bezirksleitung und dem Rat des Bezirkes, ist nach wie vor ein Desiderat der Forschung. Zwar war neben den Bezirkssekretären auch der Vorsitzende des Rates des Bezirks Mitglied im Sekretariat der Bezirksleitung, doch wie sich die Zusammenarbeit, zumal in wirtschaftlichen Fragen, konkret gestaltete, welche Konflikte es möglicherweise gegeben hat und wie sich die jeweiligen Kompetenzen entwickelten, ist weitgehend unbekannt. Gleiches gilt für die Anleitung der Kreisleitungen und bestimmter Grundorganisationen durch die Bezirksleitung und ihr Sekretariat. Formen, Intensität und Charakter dieser Anleitung im System des »demokratischen Zentralismus« gilt es, weiter zu erforschen. Das Verhältnis der Sekretariate der BL zu den Bezirksverwaltungen des MfS ist ebenfalls noch ungenügend analysiert. Art und Ausmaß der Kontakte, auch zu den Parteiorganisationen im MfS, und die Zusammenarbeit in Sicherheitsfragen wären hier zu thematisieren. Für weitere gruppenbiographische Untersuchungen bieten sich neben den Kreissekretären auch die der Nomenklatur der Bezirksleitungen unterliegenden Abteilungs- und Sektorenleiter der BL an. So kann die konkrete Ausgestaltung der Kaderpolitik auf der regionalen Ebene, anhand der genannten Funktionäre bislang ein großes Desiderat der Forschung, näher beleuchtet werden. Die FDJ-Bezirksleitungen, die BPKK und das Verhältnis der SED-Bezirksleitung zu den Blockparteien sind weitere lohnende Forschungsfelder. Generell harren auch die Geschichte der Bezirke 1952-1990, ihre wirtschaftliche, politische, kulturelle und gesellschaftliche Entwicklung und die Geschichte der einzelnen Bezirksparteiorganisationen und damit der SED in den Territorien weitgehend einer historisch-systematischen Aufarbeitung. Bei der Untersuchung der genannten Komplexe können vielleicht auch Ergebnisse der vorliegenden Arbeit nützlich sein, die im folgenden zusammenfassend dargestellt werden.

Als die Volkskammer am 23.7.1952 dem »Gesetz über die weitere Demokratisierung des Aufbaus und der Arbeitsweise der staatlichen Organe in den Ländern der Deutschen Demokratischen Republik« zugestimmt hatte, war der Zentralismus in der DDR endgültig verankert. Mit Wirkung vom 1. August 1952 traten an die Stelle der bisherigen fünf Länder Brandenburg, Mecklenburg, Sachsen, Sachsen-Anhalt und Thüringen nun insgesamt 14 Bezirke: Cottbus, Dresden, Erfurt, Frankfurt (Oder), Gera, Halle, Chemnitz (ab Mai 1953 Karl-Marx-Stadt), Leipzig, Magdeburg, Neubrandenburg, Potsdam, Rostock, Schwerin und Suhl. Hinzu kam die Hauptstadt Berlin als 15. Bezirk. Durch die territoriale Neugliederung und die Beseitigung der Reste föderaler Strukturen, die dem auf der 2. Parteikonferenz im Juli 1952 beschlossenen Aufbau des Sozialismus entsprachen, konnte die SED ihren Einfluß in den Bezirken und Kreisen erhöhen.

Die Landesleitungen der Partei wurden aufgelöst und Bezirksleitungen geschaffen, an deren Spitze die Sekretariate standen. An die Stelle der fünf 1. Sekretäre der SED-Landesleitungen waren 15 Erste Sekretäre der SED-Bezirksleitungen getreten. Die Bezirksleitungen bildeten die Verbindung zwischen der Parteiführung in Berlin und den Kreisleitungen und Grundorganisationen auf lokaler Ebene. Damit hatten sie eine wichtige Stellung im politischen System der DDR erhalten. Dem Sekretariat als dem eigentlichen Führungsorgan der Bezirksleitungen gehörten anfangs sieben Mitglieder an. Neben dem Vorsitzenden des Rates des Bezirks als Vertreter der staatlichen Ebene waren dies sechs hauptamtliche Sekretäre: der 1. und der 2. Sekretär sowie die Sekretäre für Agitation und Propaganda, Wirtschaft, Landwirtschaft und Wissenschaft/Volksbildung/Kultur.

Der IV. Parteitag der SED im März/April 1954 beschloß, daß die Bezirksleitungen ein Büro mit neun bis elf Mitgliedern und drei bis fünf Kandidaten und aus den Büromitgliedern die Sekretäre wählen. An die Stelle der Sekretariate waren nun personell erweiterte Büros der Bezirksleitungen getreten. Die Mitglieder des Büros rekrutierten sich in der Regel aus den sechs hauptamtlichen Sekretären, dem Vorsitzenden des Rates des Bezirkes, dem Vorsitzenden der BPKK, dem Vorsitzenden des Bezirksvorstandes des FDGB, dem Leiter der Bezirksverwaltung des Staatssekretariats/Ministeriums für Staatssicherheit und dem 1. Sekretär der Stadtleitung der Bezirksstadt. Erfahrene Genossen aus der Produktion, Parteiorganisatoren des ZK und häufig auch 1. Sekretäre der FDJ-Bezirksleitungen waren als Kandidaten in den Büros der Bezirksleitungen vertreten.

1958 und 1961 erweiterte sich die Zusammensetzung der Büros der Bezirksleitungen durch die Zuwahl der Vorsitzenden der Bezirkswirtschaftsräte und der Vorsitzenden der Bezirksplankommissionen. Innerhalb der Büros der BL bildeten die hauptamtlichen Sekretäre der Bezirksleitungen den engeren Führungszirkel.

Das Jahr 1963 brachte die nächsten strukturellen Veränderungen in den Bezirkssekretariaten. In Anlehnung an Entwicklungen in der Sowjetunion unter Chruschtschow beschloß das Politbüro am 26.2.1963 die »Leitung der Parteiarbeit nach dem Produktionsprinzip«. Es entstanden in jedem Bezirk ein Büro für Industrie und Bauwesen, ein Büro für Landwirtschaft und eine Ideologische Kommission. Die Büros wurden vom Sekretär für Wirtschaft bzw. Landwirtschaft, die Ideologische Kommission vom bisherigen Sekretär für Agitation und Propaganda bzw. für Kultur geleitet. Nunmehr arbeiteten statt sechs nur noch fünf hauptamtliche Sekretäre in den Bezirksleitungen: der 1. Sekretär, der 2. Sekretär, der Sekretär und Leiter des Büros für Industrie und Bauwesen, der Sekretär und Leiter des Büros für Landwirtschaft und der Sekretär und Leiter der Ideologischen Kommission.

Die neuen Strukturen in den Bezirksleitungen waren jedoch nicht von langer Dauer. Nachdem die KPdSU ihre Industrie- und Landwirtschaftsbüros aufgelöst hatte, verschwanden sie und die Ideologische Kommission 1966 auch in der DDR stillschweigend. Am 18.5.1966 stimmte das Sekretariat des ZK dem Wiedereinsatz eines Kultursekretärs zu. Seit 1966 gab es in den Bezirken erneut sechs hauptamtliche Sekretäre. Die bis 1963 existierenden Büros der BL wurden nicht wieder geschaffen, jedoch entsprachen die erweiterten Sekretariate in ihrer Zusammensetzung in etwa den früheren Büros. Auf die Einbeziehung externer Fachleute verzichtete die SED-Führung fortan.

Die Zusammensetzung der Bezirkssekretariate blieb bis Mitte der 1980er Jahre recht stabil. Zwischen 1984 und 1988 gab es dann in allen Bezirken durch die Aufteilung des Sekretariatsbereichs Wissenschaft, Volksbildung und Kultur in die Ressorts Wissenschaft und Volksbildung einerseits und Kulturpolitik andererseits, die jeweils von einem hauptamtlichen Sekretär geleitet wurden, eine personelle Erweiterung durch die neue Planstelle eines Sekretärs für Kultur. Die zunehmend komplizierter werdenden und zu umfangreich gewordenen Aufgaben, die auch das nicht in der Ressortbezeichnung verankerte Gesundheitswesen umfaßten, rechtfertigten diesen Schritt.

Die Sekretariate der SED-Bezirksleitungen bestanden ab 1988 in der Regel aus 13 Mitgliedern. Neben den nun sieben hauptamtlichen Sekretären waren dies die Vorsitzenden des Rates des Bezirkes, der Bezirksplankommission, der BPKK, des Bezirksvorstandes des FDGB und die 1. Sekretäre der FDJ-Bezirksleitung und der SED-Stadtleitung der Bezirksstadt. Die Gruppe der hauptamtlichen Sekretäre hatte sich in den Jahren 1952-1989 als bemerkenswert konstant herausgestellt. Abgesehen von der Zeit 1963-1966, in der es keinen Sekretär für Kultur gab, hatten immer sechs Sekretäre die eigentliche Führung der Bezirksleitung gebildet. Erst in den letzten Jahren der DDR war ein siebenter Sekretär hinzugekommen. Daneben sind zeitweilig in einigen Bezirken weitere Sekretäre tätig gewesen, so in der BL Berlin zwischen 1951 und 1962 ein Sekretär für West-Berlin und seit 1976 ein Sekretär für Bauwesen/Investitionen sowie in der BL Halle zwischen 1958 und 1963 ein Sekretär für Chemie.

Der Stellenwert der einzelnen Sekretäre ist unterschiedlich gewesen. An der Spitze stand der 1. Sekretär. Der 2. Sekretär war der Stellvertreter und »Stabschef« und befaßte sich vorrangig mit den Komplexen Parteiinformation, Kader und Mitgliederbewegung sowie mit der Anleitung der Kreisleitungen, daneben mit den Parteifinanzen und den Bereichen Jugend, Sport, Frauen und internationale Arbeit. Die Aufgabenbereiche der Fachsekretäre ergaben sich neben allgemeiner politischer Führungstätigkeit aus der Funktionsbezeichnung. Der Apparat der Bezirksleitungen gliederte sich in Abteilungen und Sektoren, wobei die Abteilungsleiter den Sekretären direkt zugeordnet waren. Die Sekretäre der SED-Bezirksleitungen waren als wichtigste Funktionäre im regionalen Apparat der Partei in der Hauptnomenklatur des ZK erfaßt, ihre Einsetzung in diese Funktion konnte nur durch eine Bestätigung durch das Politbüro bzw. das Sekretariat des ZK erfolgen. Damit sicherte sich die Parteiführung den entscheidenden Einfluß auf die Besetzung der höchsten Parteifunktionen in den Bezirken.

Mit der im August 1952 hastig erfolgten Bezirksbildung war zugleich ein enormer Kaderbedarf entstanden. Die wichtigste Voraussetzung für die Aufnahme der Tätigkeit der neuen Bezirksorgane bildete die Lösung der Kaderfragen, und die Parteiführung hatte große Probleme, die insgesamt 90 Planstellen der Sekretäre der Bezirksleitungen adäquat zu besetzen. Das der SED zur Verfügung stehende Reservoir an fähigen Funktionären war aus mehreren Gründen sehr begrenzt. Die Folgen der umfassenden Verfolgungen in der Zeit des Nationalsozialismus und des Krieges zeigten sich schmerzlich. Zudem wirkte sich die Praxis der SED, bewährte Funktionäre in den Staatsapparat und in die Massenorganisationen zu delegieren, nachteilig für die Partei selbst aus. Aber auch die seit 1945 permanenten Kaderüberprüfungen und »Kadersäuberungen« rissen große Lücken. Von diesen »Säuberungen« waren ehemalige Sozialdemokraten und solche, die am sozialdemokratischen Parteiverständnis festhielten oder im Verdacht des »Sozialdemokratismus« standen, ebenso betroffen wie frühere Westemigranten und ehemals in westalliierte oder jugoslawische Kriegsgefangenschaft geratene SED-Funktionäre sowie einstige Anhänger kommunistischer und sozialistischer Splittergruppen. Hauptinstrument der Parteiführung in den »Säuberungen« waren die ZPKK und die Parteikontrollkommissionen in den Ländern/Bezirken und Kreisen, die ab Januar 1949 ihre Tätigkeit, nämlich die »Einheit und Reinheit der Partei« zu überwachen, aufnahmen. 1951 erfolgte eine komplette Überprüfung der SED-Mitglieder. Allein im Zeitraum Dezember 1950 bis Dezember 1951 hatte sich die Zahl der in der Parteistatistik geführten Genossen um 20 Prozent verringert. Die SED mußte einen enormen Aderlaß verkraften. Die »Säuberungen« und Kaderüberprüfungen in der SED erbrachten freilich nicht nur Parteiausschlüsse, sondern boten jungen, unbelasteten Genossen auch die Möglichkeit, schnell in verantwortliche Funktionen aufzurücken.

Die Parteiführung in Berlin besaß nach dem Nomenklatursystem die Kompetenz, den Einsatz der neuen Sekretäre der SED-Bezirksleitungen zu bestätigen. Ab Mai/Juni 1952 beriet das Politbüro mehrfach diese Personalien und nannte immer wieder neue Namen, so daß in den Ländern lange Zeit unklar war, aus welchen Funktionären sich die künftigen Bezirkssekretariate rekrutieren würden. Daran kann ermessen werden, welche Schwierigkeiten diese Kaderfragen der

Parteiführung bereiteten und wie wenig vorbereitet diese war. Einige Sekretäre wurden sogar erst nach der erfolgten Bezirksbildung bestätigt. Die Bezirksdelegiertenkonferenzen wählten dann im September und Oktober 1952 die Bezirksleitungen, die ihrerseits die bereits zentral entschiedene Zusammensetzung der Sekretariate bestätigten. Ab diesem Zeitpunkt konnten die Sekretariate der Bezirksleitungen offiziell ihre Arbeit aufnehmen.

Die weitaus meisten der neuen Sekretäre, insgesamt 60 %, hatten zuvor in den Landesleitungen der SED gearbeitet. Allein 37 Sekretäre waren im Juni 1952 in die Landessekretariate gewählt worden. Weitere Genossen kamen als Betriebsleiter, aus dem Bereich der Ministerien, als 1. Sekretäre einer SED-Kreis- oder Stadtleitung oder direkt vom Studium in die Bezirkssekretariate. Rund 80 % der Sekretäre stammten aus einer Arbeiter- oder Handwerkerfamilie, was den Vorgaben der Parteiführung durchaus entsprach. Die Bezirkssekretäre entstammten im wesentlichen zwei Generationen: Funktionäre, die vor 1920 geboren waren und häufig bereits vor 1933 einer Arbeiterpartei bzw. deren Jugendorganisation angehört hatten, und solche, die nach 1920 geboren waren und ihre parteipolitische Prägung erst nach Kriegsende erfahren haben. Auffällig ist der hohe Anteil junger Genossen: Mehr als ein Drittel der Bezirkssekretäre entfällt auf die Geburtsjahre ab 1920. Dies waren die jungen Genossen, die erst ab 1945 Parteimitglied geworden sind. Sie hatten mit der Generation derjenigen, die schon vor 1933 einer Arbeiterpartei angehört oder Widerstand gegen den Nationalsozialismus geleistet hatten, wenig gemein. Die SED-Führung setzte 1952 zum Teil auf überaus junge Funktionäre. So zählte der 2. Sekretär des Bezirks Rostock zum Beispiel erst 22 Jahre. Allein 21 Funktionäre waren zum Zeitpunkt der Bezirksbildung unter 30 Jahre alt. Im Bezirk Frankfurt (Oder) wies 1952 der älteste hauptamtliche Sekretär ein Alter von 37 Jahren auf, das Durchschnittsalter der Sekretäre betrug hier 29 Jahre. Insgesamt läßt sich anhand aller Bezirkssekretäre ein Alter von im Schnitt 36 Jahren bei Übernahme dieser Funktion ermitteln. Diese neue Generation der SED-Aktivisten, häufig zu jung, um in linken politischen Splittergruppen aktiv gewesen oder nach 1933 in den Westen emigriert zu sein, war sicher ein Gewinner der Parteiüberprüfungen in der SED in den Jahren bis 1952.

Die zwei Generationen lassen sich nicht nur am Alter, sondern auch am Lebensweg identifizieren. So hat von allen 1952 berufenen Bezirkssekretären genau ein Drittel am Widerstandskampf teilgenommen. Dabei ist zu berücksichtigen, daß es knapp einem Drittel der Sekretäre schon aufgrund ihres Alters nicht oder kaum möglich gewesen ist, im Widerstand aktiv zu werden. Etwa die Hälfte aller Bezirkssekretäre hat in der Wehrmacht gedient. Es finden sich darunter auch Unteroffiziere und Feldwebel sowie Genossen, die mehr als drei Monate in westlicher Kriegsgefangenschaft gewesen sind. Die SED-Führung konnte auch wegen ihres hohen Kaderbedarfs nicht generell auf solche Funktionäre verzichten.

Im Hinblick auf die Dauer der Parteimitgliedschaft zeigt sich ein ähnliches Bild wie beim Widerstand. Ein Drittel der Bezirkssekretäre war bereits vor 1945 in einer Arbeiterpartei organisiert, zwei Drittel sind erst nach dem Kriegsende Mitglied von KPD/SPD bzw. SED geworden. Fast 90 % dieser Genossen taten dies in den Jahren 1945 und 1946. Etliche der neuen Kader konnten auf nur wenige Jahre SED-Mitgliedschaft zurückblicken und verfügten über keine oder nur kurzzeitige Kenntnisse aus der hauptamtlichen Parteitätigkeit, bevor sie Sekretär einer Bezirksleitung wurden. Auf der anderen Seite gab es Bezirkssekretäre, die zum Teil jahrzehntelange Erfahrungen in der Parteiarbeit besaßen. Dabei waren die Kommunisten unter ihnen absolut dominierend. 24 KP-Mitgliedern standen nur fünf Sozialdemokraten gegenüber. Dies ist sicherlich auch ein Ergebnis des Kampfes gegen den »Sozialdemokratismus« und Beleg für das tiefsitzende Mißtrauen gegenüber früheren SPD-Funktionären.

Bis 1952 hatte nur jeder zweite Bezirkssekretär ein Studium absolvieren können. Erst rund 40 % der Genossen waren an einer Parteihochschule ausgebildet worden. Dies ist ein Grund für die zu Beginn der fünfziger Jahre hohe Fluktuation unter den Funktionären gewesen. Bis Ende 1956, nach nur wenig mehr als vier Jahren, waren bereits 75 % aller Bezirkssekretäre ausgewechselt worden, Anfang 1963 nur noch vier Funktionäre aus der »Gründergeneration« im Amt. Die durchschnittliche Funktionsdauer betrug knapp vier Jahre. Jeder vierte Bezirkssekretär nahm nach Beendigung seiner Tätigkeit ein Studium an einer Fach- oder Hochschule bzw. einer Parteihochschule auf. Hieran wird deutlich, daß die SED-Führung bei der Bezirksbildung auf Funktionäre zurückgreifen mußte, die nicht über die erforderlichen fachlichen und politisch-ideologischen Voraussetzungen verfügten. Die fehlende Qualifizierung wurde in den folgenden Jahren nachgeholt. Längst nicht alle Genossen erfüllten die in sie gesetzten Erwartungen, es hat deutliche Fehlgriffe gegeben. Knapp jeder dritte Sekretär, bei dem der Grund für das Ausscheiden bekannt ist, wurde wegen Mängeln in der Arbeit, sogenannter politisch-ideologischer Unklarheiten oder wegen persönlicher Verfehlungen abgelöst.

Insgesamt stellen sich die im August 1952 gebildeten Bezirkssekretariate der SED sehr heterogen dar. Es gab sowohl parteierfahrene als auch ganz junge Genossen. Viele verfügten über keine oder unzureichende fachliche und parteipolitische Ausbildung. Es zeigte sich, wie dünn die Kaderdecke der SED gewesen ist. Die Kaderprobleme wurden durch den 17. Juni 1953 noch verschärft.

Obwohl die Ereignisse des 17. Juni 1953 in den letzten Jahren intensiv erforscht wurden, sind die in den Bezirksleitungen gezogenen kaderpolitischen Konsequenzen noch völlig ungenügend untersucht und ist die Frage nach dem 17. Juni als kaderpolitische Zäsur für die Sekretariate der Bezirksleitungen noch nicht beantwortet. Anläßlich der Wahlen zum IV. Parteitag im Winter 1953/54 wurden insgesamt fast zwei Drittel der Mitglieder der Bezirksleitungen neu gewählt. Zwischen Juni 1953 und März 1954 verloren allein 15 Bezirkssekretäre wegen Mängeln in der Arbeit oder »politisch-ideologischer Unklarheiten« ihren Posten. Dies hing jedoch nicht in jedem Fall mit dem 17. Juni 1953 zusammen.

Mit Hans Jendretzky in Berlin gab es nur einen 1. Bezirkssekretär, dessen Ablösung teilweise auf sein Verhalten in den kritischen Junitagen zurückzuführen ist. Er hatte sich in Berlin als führungsunfähig erwiesen, aber auch in den innerparteilichen Machtkämpfen des Jahres 1953 mit den Gegnern Ulbrichts sympathisiert. Vor allem deshalb verlor er seinen Posten als 1. Sekretär der BL Berlin und seinen Sitz im Politbüro. Aus ähnlichen Gründen wurde der Berliner Sekretär für Agitation und Propaganda, Heinz Brandt, abgelöst. Die 1. Sekretäre der SED-Bezirksleitungen gingen auch deshalb aus den Juni-Ereignissen ungeschoren davon, weil sie sich in den kritischsten Stunden nicht vor Ort in den Bezirken befanden, sondern nach Berlin zu einer Beratung mit Ulbricht gefahren sind und daher keine Fehler in den Bezirken machen konnten.

Die Bezirksleitungen waren am 17. Juni 1953 ohne Führung durch den 1. Sekretär, und so trugen die verbliebenen Sekretäre und die Ratsvorsitzenden die Hauptlast der Maßnahmen gegen die Demonstranten. Die Berliner Zentrale entsandte erst spät Vertreter des Politbüros und der Regierung zur Unterstützung der Bezirksleitungen in die Provinz. Inzwischen hatten die Demonstranten in einigen Bezirken die zurückgebliebenen Funktionäre zeitweise faktisch entmachtet. In Halle, einem der wichtigsten Zentren der Aufstandsbewegung, konnten der erst 25jährige Sekretär für Kultur und Erziehung und der Ratsvorsitzende nicht verhindern, daß Hunderte von Demonstranten in die Gebäude der SED-Bezirksleitung und des Rates des Bezirkes eindrangen und Mobiliar, SED-Symbole, Fahnen und Wandzeitungen zerstörten. Erst mit Hilfe sowjetischer Truppen und durch Verhängung des Ausnahmezustands konnte die Ordnung im Sinne der SED wiederhergestellt werden. Der 2. Sekretär der Bezirksleitung Halle, der sich über Stunden untätig bei den sowjetischen Genossen aufgehalten hatte, erhielt eine Rüge und wurde aus seiner Funktion abberufen. Weitere Funktionäre bekamen Parteistrafen.

Auch im Bezirk Magdeburg waren Demonstranten in das Gebäude der SED-Bezirksleitung eingedrungen. Der Rat des Bezirkes, die Bezirksverwaltung der Volkspolizei und Haftanstalten wurden ebenfalls zeitweilig besetzt. Den in Magdeburg anwesenden Sekretariatsmitgliedern gelang es nicht, dem wirksam entgegenzutreten. Der Ratsvorsitzende setzte auf Agitation und wurde deshalb mit einer Rüge bestraft und aus der Funktion entfernt. Zugleich hatte der 2. Sekretär, sicher auch wegen seines Versuchs, zu den Demonstranten zu sprechen, seinen Sessel zu räumen.

In Schwerin, einem der ruhigsten Bezirke im Juni 1953, mußte der Sekretär für Agitation und Propaganda wegen Sorglosigkeit und Unklarheiten in den Tagen des 17. Juni seinen Hut nehmen. In den übrigen Bezirken gab es keine personellen Veränderungen unter den Sekretären der Bezirksleitungen, die auch nur teilweise mit dem 17. Juni 1953 in Verbindung zu bringen sind. Bei insgesamt nur sieben Sekretären bildeten die Juniereignisse den Hauptgrund oder eine von mehreren Ursachen für die Ablösung aus der Funktion. Daneben gab es einige

Parteistrafen, aber keine Strafversetzungen. Der 17. Juni 1953 bildete folglich mitnichten eine kaderpolitische Zäsur für die Bezirkssekretariate. Wohl waren die Jahre 1952-1954 von einer enormen Fluktuation in den Bezirkssekretariaten gekennzeichnet; mehr als jeder zweite Sekretär wurde ausgewechselt. Dies ist aber nur in sehr wenigen Fällen auf ein Fehlverhalten während des Juniaufstands zurückzuführen. Hierfür gibt es im wesentlichen zwei Ursachen. Zum einen entfiel in Bezirken, die nur sehr peripher von den Ereignissen des 17. Juni 1953 betroffen waren, wie etwa Suhl oder Neubrandenburg, die Notwendigkeit für einen solchen Schritt. Zum anderen gelang es häufig, die Verantwortung Parteifunktionären der untergeordneten Ebene, wie zum Beispiel Kreissekretären oder Parteisekretären in den Betrieben, zuzuweisen. Diese hatten mangels zentraler oder bezirklicher Weisungen selbständig gehandelt und boten so Angriffspunkte. Größere kadermäßige Veränderungen direkt nach dem 17. Juni 1953 blieben schließlich in den Bezirken auch deshalb aus, weil die Parteiführung selbst versagt hatte und zudem innerparteiliche Machtkämpfe ausfocht. Nach der Erschütterung der Machtbasis zeigte sich die Restauration der SED-Herrschaft so auch in den Bezirken.

Die SED hatte seit ihrer Gründung 1946 einen umfassenden Elitenaustausch in Staat, Wirtschaft und Gesellschaft angestrebt und durchgeführt. Für sie waren Kaderfragen stets auch Machtfragen, die Kaderarbeit bildete ein Kernstück ihrer politischen Arbeit. Die SED-Führung mußte bestrebt sein, geeignete Funktionäre an die richtige Stelle zu setzen. Dabei galt es, eine zu hohe Fluktuation einerseits und eine personelle Stagnation andererseits zu vermeiden.

Die 1950er Jahre waren durch einen anhaltenden personellen Austausch auf vielen Ebenen geprägt. In den Bezirksleitungen gab es große Kaderprobleme. Bereits im Jahr nach der Bezirksbildung wurde knapp ein Drittel aller Bezirkssekretäre ausgetauscht. Die häufigen Funktionswechsel setzten sich in den folgenden Jahren fort. 1955 war noch jeder dritte Bezirkssekretär, 1958 nur noch jeder siebente Sekretär der »Gründergeneration« vom August 1952 im Amt. Die enormen Kaderprobleme resultierten auch aus der überstürzten Bezirksbildung und rigiden Kaderprinzipien.

Die Parteiführung befaßte sich mehrfach mit dieser Problematik und orientierte die nachgeordneten Parteileitungen auf eine Überwindung der Fluktuation. Dennoch stellte sich vorerst keine größere personelle Kontinuität in den Bezirkssekretariaten ein. Eine Analyse der zwischen 1952 und 1959 vorgenommenen Auswechslungen belegt, daß rund 31 % der Bezirkssekretäre wegen Mängeln in der Arbeit, persönlicher Verfehlungen oder divergierender politischer Auffassungen abberufen worden sind. Die Hälfte dieser Genossen ließ größere Mängel in ihrer Tätigkeit als Sekretär einer BL sichtbar werden. Gut ein Viertel der Bezirkssekretäre verließ ihre Funktion wegen Aufnahme eines Studiums bzw. anderweitiger Qualifizierung. Immerhin 18,4 % erhielten eine Beförderung in verantwortliche Funktionen, 12,5 % wechselten innerhalb der Sekretariate oder wurden zur Stärkung in andere Bereiche delegiert. Weitere Ablösungen geschahen gesundheitsbedingt oder auf eigenen Wunsch.

Die gravierenden Kaderveränderungen sind auch vor dem Hintergrund der seit 1957/58 von der SED-Führung propagierten ideologischen Offensive zu sehen. Ulbricht, der seine Stellung in der Partei vollends gefestigt hatte, postulierte auf dem V. Parteitag im Juli 1958 das Ziel, den Sozialismus in der DDR zum Sieg zu führen. Dazu bedurfte es verläßlicher Funktionäre in den Bezirksleitungen, und so wurden in fast alle Bezirke der DDR Brigaden des ZK gesandt, um die dortige Parteiarbeit zu überprüfen. Ergebnis dieser Brigadeeinsätze waren Kaderveränderungen größeren Ausmaßes, die sich auf einen Zeitraum bis Anfang der sechziger Jahre erstreckten. Allein in Dresden wurden 1960 alle Sekretäre ausgetauscht. 1963 befand sich die Fluktuation mit insgesamt 40 Ablösungen auf ihrem Höhepunkt. Dies liegt auch in den Strukturveränderungen infolge der Einführung des Produktionsprinzips in der Parteiarbeit begründet.

Insgesamt entfiel auf den kurzen Zeitraum von 1958 bis 1963 rund ein Drittel aller bis zum Sommer 1989 vorgenommenen Kaderveränderungen. Es waren in starkem Maße auch der ab 1958 forcierte Ausbau des Sozialismus und die damit verbundenen innenpolitischen Schwierigkeiten, die den Austausch etlicher Bezirkssekretäre bedingten. Krisenerscheinungen in verschiedenen Bereichen der Wirtschaft und Gesellschaft wurden, da die Generallinie der Zentrale immer richtig war, auf die ungenügende Durchführung der Beschlüsse in den Bezirken zurückgeführt. Die Parteiführung demonstrierte daher durch Ablösungen hilfreiches Eingreifen.

Ab 1963 hielt dann eine kaderpolitische Kontinuität in den Bezirksleitungen Einzug. Es standen nun mehr Funktionäre zur Verfügung, die in den vergangenen Jahren eine marxistisch-leninistische und eine fachliche Ausbildung erhalten und Erfahrungen in politischer Leitungstätigkeit gesammelt hatten. Das Reservoir an politisch und fachlich ausgebildeten Parteifunktionären war wesentlich größer geworden.

1971, im Jahr des Machtwechsels von Ulbricht zu Honecker, sind 17 Auswechslungen von Bezirkssekretären und damit mehr als ein Viertel des im gesamten Jahrzehnt vollzogenen Austauschs zu verzeichnen. Im Vergleich zum Vorjahr hatte sich die Fluktuation beinahe verdreifacht. Dies sollte aber nicht dazu verführen, den kaderpolitischen Zäsurcharakter des Jahres 1971 überzubetonen. Der grundlegende Funktionärswechsel hatte Ende der fünfziger und Anfang der sechziger Jahre stattgefunden. Der Übergang von Ulbricht zu Honecker ist weniger einschneidend gewesen, da Honecker bereits im Vorfeld mit wichtigen Parteifunktionen betraut war, sich eine Hausmacht im Parteiapparat geschaffen hatte und wenig Grund besaß, nach seiner Amtsübernahme als Erster Sekretär umfangreiche Kaderveränderungen vorzunehmen. Um seine Position zu festigen und eine stabile Führung zu gewährleisten, hielt er die Funktionswechsel doch in Grenzen.

Die siebziger Jahre waren dann von insgesamt geringen, doch stetigen Personalveränderungen gekennzeichnet. Zwischen 1973 und 1979 wurden sechs 1. Sekretäre und sieben 2. Sekretäre ausgetauscht, wobei auch Altersfragen und Beförderungen von 1. Sekretären in zentrale Verantwortung eine Rolle spielten. Die seit Mitte der sechziger Jahre erreichte kaderpolitische Kontinuität fand in den achtziger Jahren die deutlichste Ausprägung. Im Zeitraum 1980-1988 wurden pro Jahr durchschnittlich nur fünf Sekretäre der Bezirksleitungen ausgewechselt, grundsätzliche Änderungen in der Kaderpolitik gab es nicht mehr. Im Oktober 1989 war, ohne die erst Mitte der 1980er Jahre installierten Sekretäre für Kulturpolitik, etwas mehr als jeder vierte Sekretär einer Bezirksleitung seit über 20 Jahren im Amt. Dies illustriert ganz deutlich die unter Honecker aufgrund seiner Angewohnheit, sich im wesentlichen nur auf ihm seit langem bekannte Funktionäre zu stützen, in Kaderfragen erreichte Stagnation. Unter den Bezirkssekretären war des Generalsekretärs fehlender Wille zu personellen Veränderungen schon sprichwörtlich. Honecker sträubte sich auch deshalb dagegen, jüngere Funktionäre heranzuziehen, weil damit die Frage nach seinem eigenen Verbleiben hätte verbunden werden können. Im Statut der SED hat es keine Festlegungen für die Begrenzung von Amtszeiten gegeben, und aufgrund des Nomenklatursystems besaßen die regionalen Leitungen nur begrenzte Möglichkeiten, eigenständig Kaderauswechslungen vorzunehmen. Dabei herrschte an jüngeren, ausgebildeten Funktionären kein Mangel, doch fanden sie nur selten Eingang in die Bezirkssekretariate. Dies wurde im Herbst 1989 mit der Forderung nach personeller Erneuerung der SED Gegenstand massiver Kritik.

Die SED-Führung erwartete von ihren Funktionären umfassende politische und fachliche Kenntnisse. Dabei war der Kaderbedarf anfangs wesentlich größer als die Zahl der entsprechend ausgebildeten Funktionäre und die Möglichkeiten zur Qualifikation. Die Parteiführung mußte sich daher dieses Problems annehmen. In langfristig angelegten Kaderentwicklungsplänen wurde festgelegt, welche politische oder fachliche Ausbildung von den Funktionären zu erwerben war. Für die Sekretariate der Bezirksleitungen ergab sich das Dilemma, daß immer nur eine beschränkte Zahl der Sekretäre zum Studium delegiert werden konnte, um eine Arbeitsfähigkeit der Leitung zu gewährleisten. Dennoch verursachten die vorgenommenen Qualifikationen einen großen Teil der anfangs hohen Fluktuationsrate. Dem Selbststudium der Genossen hingegen setzte die enorme Beanspruchung der Arbeitskraft durch die ausgefüllte Funktion enge Grenzen.

Zunächst erhielt die marxistisch-leninistische Erziehung, die sofort nach Kriegsende begann, den Vorzug. Bereits 1946 wurde in Liebenwalde bei Berlin die Parteihochschule »Karl Marx« gegründet. 1947 bildeten über 100 Kreisparteischulen und sechs Landesparteischulen Kader aus. Mit Bildung der Bezirke 1952 verfügte die SED über 15 Bezirksparteischulen. Die PHS »Karl Marx« ist in den ersten Jahren der DDR die bedeutendste Bildungseinrichtung der SED gewesen und veranstaltete hauptsächlich Einjahr- und Dreijahrlehrgänge. Seit Ende 1951 war das Institut (seit 1976 Akademie) für Gesellschaftswissenschaften beim ZK der SED als Forschungs- und Ausbildungsinstitution die höchste Bildungsstätte. Auch der Besuch der Parteihochschule der KPdSU in Moskau prädestinierte für höchste Leitungsfunktionen.

Der Besuch einer Parteihochschule war eine wichtige Station in der Laufbahn als Parteifunktionär. Schon früh wurden hier spätere Bezirkssekretäre ausgebildet. Für knapp jeden vierten Sekretär ist das Studium an einer Parteihochschule in die Zeit vor bzw. kurz nach der Bezirksbildung gefallen. Der sehr frühe Beginn einer systematischen Kaderschulung zahlte sich auch insofern aus, als von den Bezirkssekretären der »Gründergeneration« 1952 bereits 40 Prozent ein mehrmonatiges Studium an einer Parteihochschule absolviert hatten.

Die Mitte der fünfziger Jahre bildete, auch aufgrund entsprechender Forderungen der Zentrale, den zeitlichen Schwerpunkt in der marxistisch-leninistischen Schulung. Allein zwischen 1953 und 1956 hatten über 100 spätere Sekretäre der Bezirksleitungen und damit 40 Prozent aller Sekretäre mit dieser Ausbildung ein Studium an einer PHS aufgenommen. Allerdings konnte insgesamt ein knappes Drittel aller Bezirkssekretäre kein Studium an einer Parteihochschule aufweisen. Diese Genossen hatten zumeist in den frühen fünfziger Jahren ihr Amt angetreten.

Die Parteiführung bemühte sich weiterhin um eine bessere Ausbildung ihrer Funktionäre. Ab 1956 und bis 1989 hatten fast immer mindestens drei Viertel aller in jedem Jahr neu in die Funktion gelangten Bezirkssekretäre zuvor eine Parteihochschule besucht. In den achtziger Jahren konnten über 90 % von ihnen auf langfristige Lehrgänge an der Parteihochschule bzw. am Institut/an der Akademie für Gesellschaftswissenschaften zurückblicken. Insgesamt gut zwei Drittel aller Bezirkssekretäre, die zwischen 1952 und 1989 amtierten, sind Parteihochschüler gewesen. Die Mehrzahl studierte an der PHS »Karl Marx« und der PHS der KPdSU in Moskau. Knapp die Hälfte der Parteihochschüler erreichte den erwünschten Abschluß als Diplom-Gesellschaftswissenschaftler.

Die fachliche Qualifizierung der Bezirkssekretäre gestaltete sich anfangs wesentlich problematischer als die marxistisch-leninistische Schulung. Allein elf 1. Sekretäre der SED-Bezirksleitungen konnten im August 1952 überhaupt kein Fachschul- oder Hochschulstudium vorweisen. Zu dieser Zeit gab es weiterhin keinen Wirtschafts- und nur zwei Landwirtschaftssekretäre mit einer spezifischen fachlichen Qualifikation. Die Parteiführung mußte sich auch mit »Seiteneinsteigern« aus der Wirtschaft oder entsprechenden Ressorts im Ministerrat behelfen, um den Kaderbedarf zu decken. In den fünfziger Jahren arbeiteten in den Bezirksleitungen durchschnittlich nur vier Sekretäre für Wirtschaft bzw. für Landwirtschaft, die eine einschlägige fachliche Ausbildung durchlaufen hatten.

Ab Ende der fünfziger Jahre kam es zu einem enormen Aufschwung der technischen Fachschul- und Hochschulausbildung, die Zahl der Fachschulabsolventen in den sechs wichtigsten Ingenieurfächern verdoppelte sich zwischen 1957 und

1961. Im Zuge des Neuen Ökonomischen Systems beschleunigte sich diese Entwicklung, die Zahl der Studenten in den technischen Fachrichtungen stieg rasant an. Parallel dazu plante die Parteiführung zu Beginn der sechziger Jahre generalstabsmäßig den Ausbau der Möglichkeiten zur fachlichen Qualifizierung ihrer Funktionäre, galt diese doch als entscheidende Voraussetzung beim Aufbau des Sozialismus. So sollten Parteifunktionäre die Möglichkeit erhalten, an Technischen Hochschulen und Universitäten zu studieren und qualifizierte Abschlüsse zu erwerben. Neu eingerichtete Sonderklassen, kurz- und langfristige Lehrgänge und Kurse an Hoch- und Fachschulen oder Instituten des ZK komplettierten das Angebot. Schnell stellten sich Erfolge ein: Zwischen 1962 und 1965 erhöhte sich der Anteil der Genossen mit Hoch- und Fachschulstudium in den Apparaten der BL von 30,7 % auf 47,9 %.

Die 1963 gebildeten Büros für Industrie bzw. für Landwirtschaft der Bezirksleitungen boten die Möglichkeit, fachlich ausgebildete Leiter heranzuziehen. Die Parteiführung reagierte auf die beschleunigte wissenschaftliche und technische Entwicklung und den Modernisierungsdruck auch durch eine verstärkte fachliche Qualifizierung ihrer Funktionäre. So konnte im Zeitraum 1958-1963 die Zahl der Fachsekretäre mit fachlicher Ausbildung deutlich gesteigert werden. 1963 waren zwei Drittel aller Fachsekretäre einschlägig qualifiziert. Die frühen sechziger Jahre sind auch eine Zeit der verstärkten Heranziehung von Experten gewesen. Zwischen 1960 und 1963 wurden allein acht Fachleute als »Seiteneinsteiger« zu Sekretären für Wirtschaft oder Landwirtschaft der BL gewählt. Die 1960er Jahre standen für die gesamte Partei im Zeichen der fachlichen Qualifizierung, hatte sich doch der Anteil der SED-Mitglieder mit Hochschulabschluß in diesem Jahrzehnt auf 20 Prozent verdoppelt. Insgesamt konnte der Anteil der Bezirkssekretäre, die eine Qualifikation auf einer Fach- oder Hochschule, PHS oder Akademie erworben hatten, von rund einem Drittel 1958 auf über die Hälfte 1965 gesteigert werden. Für die Sekretäre der Bezirksleitungen sind die sechziger Jahre eindeutig durch eine »Verfachlichung« gekennzeichnet.

In der Honecker-Zeit wurden zwar keine Experten ohne Parteilaufbahn mehr als »Quereinsteiger« zu Bezirkssekretären bestimmt, doch erhöhte sich die Zahl der fachlich ausgebildeten Ressortsekretäre kontinuierlich. 1989 waren jeweils elf von 15 Sekretären für Landwirtschaft bzw. Wirtschaft einschlägig qualifiziert. Die Parteiführung hatte das über Jahrzehnte erstrebte Ziel, die leitenden Parteikader fachlich und politisch auszubilden, auf der Bezirksebene weitgehend erreicht. Jeder Sekretär einer Bezirksleitung besaß einen Hoch- oder Fachschulabschluß und hatte häufig sowohl eine fachliche als auch eine marxistisch-leninistische Ausbildung absolviert. Im Idealfall sollten die Bezirkssekretäre längere Zeit im Parteiapparat gearbeitet, eine Parteihochschule besucht und an einer Hochschule einen fachlichen Abschluß erworben haben. Diesem Bild näherte sich die Gruppe der Bezirkssekretäre seit Ende der fünfziger Jahre immer weiter an, bis am Ende der DDR viele eine solche Entwicklung durchlaufen hatten.

6. Zusammenfassung

In der DDR besaß die Gleichberechtigung der Frau Verfassungsrang. Die SED selbst hatte sich bereits auf dem II. Parteitag 1947 dafür ausgesprochen, Frauen verstärkt mit politischen Funktionen zu betrauen. Am Beispiel der Sekretäre der Bezirksleitungen kann überprüft werden, ob das gelungen ist. Zwischen August 1952 und Oktober 1989 waren nur 33 weibliche Bezirkssekretäre tätig; ihr Anteil lag bei 8,0 %. Im Bezirk Cottbus hat es in allen Jahren nicht eine einzige Frau als Sekretär gegeben, in Gera und Magdeburg jeweils nur eine, und auch dies nur für einen kurzen Zeitraum.

1952, im Jahr der Bezirksbildung, waren zwölf weibliche Sekretäre der SED-Bezirksleitungen zu verzeichnen; dies entsprach einem Anteil von 13,2 %. Diese Quote ist bis Mitte der 1960er Jahre auf den Nullpunkt gefallen. In der folgenden Zeit wurden wieder einige Frauen als Bezirkssekretäre gewählt, und in den letzten beiden Jahren der SED ist mit jeweils 12,3 % der seit 1952 höchste Wert festzustellen. Die frühen fünfziger und die späten achtziger Jahre ragen also im Hinblick auf den Frauenanteil unter den weiblichen Bezirkssekretären heraus. Aber der Anteil der weiblichen SED-Mitglieder, der sich von 21,5 % im April 1946 auf 36,5 % Ende 1988 erhöhte, wurde nie auch nur annähernd erreicht.

Innerhalb der Sekretariate der Bezirksleitungen waren die Frauen höchst ungleich verteilt. Es hat mit Christa Zellmer in Frankfurt (Oder) nur eine Frau gegeben, die als 1. Sekretär an die Spitze einer Bezirksparteiorganisation gelangt ist. Dies geschah allerdings erst Ende 1988 und ist darauf zurückzuführen, daß ihr Vorgänger verstorben und sie das dienstälteste Sekretariatsmitglied war. Dies kam Honeckers Neigung, sich auf altbekannte Funktionäre zu stützen, entgegen.

Insgesamt nur vier Frauen bekleideten die Funktion eines 2. Sekretärs der Bezirksleitung, was einem Anteil von nur 4,3 % entspricht. Die weiblichen 2. Sekretäre hatten sämtlich im Jahr der Bezirksbildung 1952 ihre Funktion aufgenommen und dies auch dem großen Kadernotstand zu verdanken. Die Funktion des 2. Sekretärs einer Bezirksleitung war häufig ein Sprungbrett an die Spitze des Sekretariats, doch ist es keiner der vier Frauen gelungen, in die Funktion des 1. Sekretärs aufzusteigen.

Eine noch geringere weibliche Präsenz zeigt sich in den Ressorts Industrie, wo überhaupt keine, und Landwirtschaft, wo nur zwei Frauen vertreten waren. Eine Erklärung für diese geringe Anzahl könnte darin liegen, daß Frauen traditionsgemäß weniger ein technischer und ökonomischer Sachverstand und eher künstlerisch-kulturelle sowie rednerisch-agitatorische Kompetenzen zugebilligt werden. So vereinen sich auch fast 80 % aller weiblichen Bezirkssekretäre auf die Ressorts Agitation und Propaganda und Wissenschaft, Volksbildung und Kultur. Rund jeder vierte Kultursekretär war eine Frau; dieser Sekretariatsbereich repräsentierte damit zumindest annähernd den Anteil der Frauen in der SED. Auch der Umstand, daß mit Ursula Ragwitz seit 1976 eine Frau die Abteilung Kultur des ZK leitete und Mitspracherecht bei der Einsetzung von Kultursekretären der BL besaß, könnte den hohen Frauenanteil mit erklären.

In der Partei- und Staatsführung blieben Frauen ebenfalls unterrepräsentiert. Von allen 68 Mitgliedern und Kandidaten des Politbüros zwischen 1949 und 1989 waren nur fünf weiblich; sie sind allerdings nie über den Kandidatenstatus hinausgekommen und hatten beratende, aber keine beschließende Kompetenz. Der Frauenanteil im Politbüro erreichte mit 7,4 % recht genau jenen in den Bezirkssekretariaten. Im Sekretariat des ZK war sogar nur eine Frau vertreten. Im Zentralkomitee lag der Anteil der weiblichen Mitglieder und Kandidaten 1989 bei 12,1 %, Frauen waren auch hier stets in der Minderheit. Als Mitglied des Ministerrats fungierten zwischen 1949 und 1969 nur sechs Frauen, was einem Anteil von 4,3 % entspricht. Bis zum Herbst 1989 kam hier keine weitere Frau mehr hinzu.

Auf der den Bezirken nachgeordneten Ebene der Kreisleitungen hatte sich der Anteil der weiblichen Sekretäre von 6,8 % im Jahr 1971 auf 11,3 % im Jahr 1986 erhöht. Vor allem in den 1980er Jahren sind hier Verbesserungen erreicht worden. Die Anzahl aller in den Bezirks- und Kreisleitungen als Sekretär tätigen Frauen wurde von 102 im Jahr 1979 auf 146 im Jahr 1986 erhöht. Rund jeder vierte 1. Sekretär einer FDJ-Kreisleitung war nun weiblich. Auch dies belegt eine in den achtziger Jahren stärkere Förderung der Frauen. Allerdings waren auch in den Kreisen nur in wenigen Fällen die Positionen des 1. und 2. Kreissekretärs mit Frauen besetzt, wenngleich sich in den späten achtziger Jahren eine Verbesserung einstellte. Zum Ende der DDR wurde dennoch nicht einmal jede zehnte Kreisleitung von einer Frau geführt.

Der Parteiführung gelang es nur unvollkommen, einen angemessenen Frauenanteil in politischen Gremien sicherzustellen. Dabei fiel die Beteiligung weiblicher Funktionäre desto geringer aus, je höher die jeweilige Leitung in der SED-Hierarchie verankert war. Auf keiner Ebene konnte der Anteil, den die Frauen in der gesamten Partei besaßen, auch nur annähernd erreicht werden.

Berlin war über die Situation in den Parteileitungen durchaus informiert. Die Abteilung Parteiorgane erstellte Statistiken und Analysen über die kaderpolitische Zusammensetzung des Parteiapparates und ging dabei auch auf die Anzahl der weiblichen Funktionäre ein. Die Mitglieder und Kandidaten des Politbüros und die Sekretäre des ZK befaßten sich dann mit diesen Fragen, kritisierten verschiedentlich die ungenügende Beteiligung von Frauen und stellten entsprechende Schlußfolgerungen zur Verbesserung der Situation auf. In diesem Zusammenhang kam dem Kommuniqué des Politbüros »Die Frau – der Frieden und der Sozialismus« Ende 1961 eine besondere Bedeutung zu, in dem eine verstärkte Heranziehung von Frauen für mittlere und leitende Funktionen gefordert wurde.

Bis Mitte der 1980er Jahre änderte sich das Bild der politischen Partizipation von Frauen in den Parteileitungen nicht wesentlich. Jeweils zwischen fünf und sieben Frauen waren zu dieser Zeit als Sekretäre der Bezirksleitungen tätig. Ihre Zahl stieg im Jahr 1988 um sieben an und verdoppelte sich damit. Dies ist mit der Schaffung von 15 neuen Planstellen von Sekretären für Kulturpolitik zu erklären, die mit sieben Frauen und acht Männern besetzt wurden. Im Herbst 1989 war mit dem Umbruch in der Partei plötzlich ein großer Bedarf an Funktionären einhergegangen, der für alle neuen 1. und 2. Sekretäre der SED-Bezirksleitungen mit nur einer Ausnahme durch Männer abgedeckt wurde. Auch die neugewählten Mitglieder und Kandidaten des Politbüros zeigen 1989 eine geschlossene Herrenriege. Bei der personellen Erneuerung der Partei blieben die Frauen einmal mehr weitgehend unberücksichtigt.

Die Gründe für den geringen Frauenanteil in leitenden Parteifunktionen sind vielfältig. Neben Vorbehalten männlicher Funktionäre und der doppelten Belastung durch Parteifunktionen einerseits und Haushalt und Familie, die auch in der DDR zumeist Frauensache waren, andererseits ist auch eine mangelhafte rechtzeitige fachliche und parteipolitische Qualifizierung der Frauen zu nennen. Zudem fehlte eine Tradition weiblicher Spitzenfunktionäre in den kommunistischen Parteien, so auch in der KPdSU und der KPD. Die von Mitgliedern der SED-Führung häufig propagandistisch effektvoll vorgebrachte Kritik an der mangelhaften Frauenförderung ist für die Sekretariate der Bezirksleitungen wenig stichhaltig, da im Rahmen des Nomenklatursystems der Parteiführung die Bestätigung der Bezirkssekretariate oblag und es in ihrer Kompetenz gelegen hätte, Frauen auf diese Positionen zu befördern. Es bleibt festzuhalten, daß die von der Parteiführung propagierte Gleichberechtigung der Frau im Sozialismus im Hinblick auf politische Partizipation in leitenden Parteiorganen völlig ungenügend umgesetzt worden ist.

Das Zentralkomitee, auf dem III. Parteitag der SED im Juli 1950 erstmals gewählt, bildete laut Statut das zwischen den Parteitagen formal höchste Organ der Partei, das ihre gesamte Tätigkeit leitete. Im ZK waren die wichtigsten Partei- und Staatsfunktionäre der DDR vertreten. Zu seinen ex-officio-Mitgliedern zählten auch die 1. Sekretäre der Bezirksleitungen. Jedoch gehörten sie nicht komplett dem ZK an. Rund jeder vierte aller 1. Sekretäre, die zwischen August 1952 und November 1989 tätig gewesen sind, ist nicht in das Zentralkomitee aufgerückt. Sie hatten zumeist in den fünfziger Jahren ihre Funktion angetreten, die Hälfte entstammte der »Gründergeneration« vom August 1952. Da die Wahl von Kandidaten und Mitgliedern des Zentralkomitees in der Regel auf den Parteitagen vorgenommen wurde, waren viele 1. Bezirkssekretäre aufgrund der hohen Fluktuation zum fraglichen Zeitpunkt nicht mehr im Amt und verpaßten so den Aufstieg in das formal höchste Parteiorgan. Ab 1963 sind alle 1. Bezirkssekretäre in ihrer Amtszeit Mitglieder des ZK geworden.

Weiterhin wurden auch 2. Sekretäre und Ressortsekretäre als Kandidaten oder Mitglieder in das Zentralkomitee gewählt. Das betraf freilich nur 8,4 % dieser Funktionäre und geschah mithin nur in Ausnahmefällen. Noch am häufigsten, zu 16 Prozent, waren die 2. Sekretäre der Bezirksleitungen im Zentralkomitee vertreten, was ihre im Sekretariat der BL nach dem 1. Sekretär herausgehobene Position unterstreicht. Die Wahl in das ZK ist allerdings mehrheitlich in die Zeit vor Übernahme der Funktion als Sekretär einer Bezirksleitung gefallen. Diese Funktionäre sind also nicht in das ZK gelangt, weil sie Sekretäre von Bezirksleitungen waren, sondern im Gegenteil häufig Bezirkssekretär geworden, weil sie bereits im Zentralkomitee saßen. Insgesamt etwa 13 % aller zwischen 1952 und 1989 im ZK versammelten Mitglieder und Kandidaten waren Sekretäre der Bezirksleitungen, die regionalen Parteiinstanzen der SED damit im formal höchsten Organ verhältnismäßig gut vertreten.

Das tatsächlich höchste Entscheidungsgremium der SED und das eigentliche Machtzentrum in der DDR bildete das 1949 erstmalig gewählte Politbüro, das in seiner 40jährigen Existenz insgesamt 68 Kandidaten und Mitglieder, darunter die bedeutendsten Partei- und Staatsfunktionäre, versammelte. Die regionale Ebene war hier lediglich durch einige 1. Bezirkssekretäre repräsentiert; es ist kein 2. oder Fachsekretär einer BL je in das Politbüro gewählt worden. Insgesamt 21 Erste Bezirkssekretäre und damit rund ein Viertel aus dieser Gruppe haben den Weg in das Politbüro gefunden. Sie stellten immerhin ein Drittel aller Mitglieder und Kandidaten dieses Gremiums und neben der zentralen politischen und staatlichen Ebene eines der wichtigsten Rekrutierungsfelder für den Aufstieg in das Politbüro.

Vor allem die 1. Sekretäre der politisch und volkswirtschaftlich bedeutenden Bezirke, wie Halle, Cottbus und Leipzig, gelangten in das Politbüro, darunter bis auf eine Ausnahme alle Berliner 1. Bezirkssekretäre. Daneben spielten auch Erwägungen des Ersten Sekretärs/Generalsekretärs, besonders loyale Funktionäre, denen er vertraute, in die Parteispitze zu integrieren, eine Rolle. Insgesamt kam den 1. Bezirkssekretären im Politbüro jedoch kein übermäßig starkes politisches Gewicht zu. Dies besaßen vor allem die Sekretäre des ZK. Die Berufung nach Berlin bereitete in einigen Fällen den weiteren Aufstieg 1. Bezirkssekretäre vor. Einige von ihnen avancierten nach ihrer Wahl in das Politbüro zu Sekretären des Zentralkomitees.

Im politischen System der DDR besaßen im Apparat des ZK die Abteilungs- und Sektorenleiter sowie die Minister und ihre Stellvertreter eine entscheidende Bedeutung bei der Ausarbeitung und Umsetzung der von der Parteiführung gefaßten Beschlüsse. Insgesamt 19 Sekretäre der Bezirksleitungen wechselten in den Apparat des Zentralkomitees. Dies geschah zumeist in den frühen fünfziger Jahren. Nach 1973 gelang bis 1989 keinem Sekretär einer BL mehr der Sprung in den zentralen Parteiapparat. Während sich die Karrierewege in den ersten Jahren der DDR noch relativ offen zeigten und Aufstiegsmöglichkeiten für regionale Parteifunktionäre boten, wurden die Amtszeiten der Parteifunktionäre aller Ebenen zunehmend länger und Wechsel auf eine höhere Hierarchieebene immer seltener.

17 Bezirkssekretäre übernahmen ein Amt im zentralen Staatsapparat. Diese Art des Funktionswechsels fiel überwiegend in die sechziger Jahre, was hauptsächlich auf die Erhöhung der Anzahl der Ressorts im Ministerrat zurückzuführen ist. Der dadurch verursachte erhöhte Kaderbedarf wurde auch aus den Reihen der Bezirksfunktionäre gedeckt.

Zwischen 1952 und 1989 wurden insgesamt gut neun Prozent aller Bezirkssekretäre direkt aus dieser Funktion bzw. nach einem anschließenden Studium in zentrale, verantwortliche Partei- und Staatsfunktionen berufen. Die Aufstiegsmobilität nahm dabei im Laufe der Jahre kontinuierlich ab. Vor allem den 1. Sekretären gelang ein Wechsel in zentrale Positionen. In der weit überwiegenden Mehrzahl war also die Funktion eines Bezirkssekretärs, trotz der großen Anzahl verantwortungsvoller Funktionen in den zentralen Apparaten, zugleich der Höhepunkt der Parteilaufbahn. Das ist neben der immer länger werdenden Amtsdauer vieler Funktionäre auch auf die geringe Kaderdecke der SED zurückzuführen. Der Weggang von Bezirkssekretären schuf im Hinblick auf die Neubesetzung häufig Probleme für die Bezirke. Schließlich war auch auf der regionalen Ebene ein Bestand qualifizierter Funktionäre vonnöten.

In der SED galt bis zu ihrem Ende uneingeschränkt der »demokratische Zentralismus« als Organisations- und Leitungsprinzip. Er bestimmte die Arbeit der Sekretäre der Bezirksleitungen von Anfang an, war doch bereits im 1950 beschlossenen Parteistatut verankert worden, daß die Beschlüsse der höheren Parteiorgane für jede nachgeordnete Leitung verbindlich sind und straffe Parteidisziplin zu gelten hat. 1968 hatte der »demokratische Zentralismus« als tragendes Prinzip des Staatsaufbaus Verfassungsrang erhalten. In allen Jahren von 1952 bis 1989 mußten sich die Bezirkssekretäre in ihrer Arbeit den Beschlüssen der Parteiführung unterordnen und diese durchführen.

Vor dem Hintergrund des »demokratischen Zentralismus« ist auch die Frage nach dem Spielraum der Bezirkssekretariate zu sehen. Natürlich konnte die SED-Führung nicht für jeden Bezirk und Kreis alle politischen, ökonomischen und gesellschaftlichen Probleme und Erfordernisse erkennen und lösen; sie besaß keine Allmacht. Sie mußte daher auch den regionalen Instanzen die Möglichkeit, verantwortliche Entscheidungen zu treffen, zubilligen. Es gehörte in jedem Fall zum Selbstverständnis der Bezirkssekretäre, die von der Parteiführung gefaßten Beschlüsse umzusetzen. Für sie ging es vor allem darum, die von der Führung gehegten Erwartungen zu erfüllen, weniger darum, eigene Spielräume auszuloten. Sie hatten das System des »demokratischen Zentralismus«, die Notwendigkeit, Beschlüsse einzuhalten und Parteidisziplin zu üben, tief verinnerlicht. Durch die ausgefeilte Kaderpolitik und das Nomenklatursystem sind ohnehin nur absolut parteitreue und politisch zuverlässige Funktionäre zu Sekretären der Bezirksleitungen gewählt worden. Handlungsspielräume sind daher nur im Rahmen der konkreten Auslegung und »schöpferischen« Durchführung der zentralen Beschlüsse, der Generallinie der Partei, zu suchen.

Die Bezirksleitung übte eine »Scharnierfunktion« zwischen der zentralen Parteiführung in Berlin und den lokalen Kreisparteiorganisationen aus. Ihre Grundaufgabe als Bindeglied zu den Kreisen bestand darin, auf ihrem Territorium die Beschlüsse des ZK auszuführen und die Erfüllung der vorgegebenen Pläne zu gewährleisten. Daran wurde sie gemessen. Entsprechend seiner Bedeutung in der

Bezirksleitung kam dem 1. Bezirkssekretär eine Schlüsselrolle zu. Die Nutzung von Ermessensspielräumen hing natürlich in besonderem Maße von seiner Person und den Ressortsekretären ab. Dabei kam ihnen zugute, daß die direkte Anleitung durch den Generalsekretär bzw. die Sekretäre des ZK trotz regelmäßiger Beratungen nicht sonderlich intensiv gewesen ist.

In volkswirtschaftlicher Hinsicht besaßen die Bezirke keinerlei legislative Befugnisse und konnten auch über vorzunehmende Investitionen nur in beschränktem Umfang entscheiden. Daher mußten sie versuchen, bereits in der Planungsphase ihre Interessen zu artikulieren, doch waren die ökonomischen Potenzen der DDR zu gering, um allen Wünschen aus den Bezirken zu genügen. Die Bevölkerung in den Bezirken zeigte sich etwa in Versorgungsfragen häufig unzufrieden, und auch wenn die Bezirksleitungen hier wenig eigenständig agieren konnten, waren sie doch direkt mit den Forderungen der Menschen konfrontiert. Um als Politiker in den Bezirken vor der Bevölkerung bestehen und Verbesserungen erreichen zu können, mußte gegebenenfalls auch nach Möglichkeiten, die nicht durch zentrale Beschlüsse abgedeckt waren, gesucht werden. Die Bezirkssekretäre befanden sich immer im Spannungsfeld zwischen direkten Vorgaben der Parteiführung, die deren Durchführung verlangte, und der Erwartungshaltung der einheimischen Bevölkerung, die auftretende Probleme auch auf die Bezirksleitung projizierte und umgehende und dauerhafte Lösungen einforderte.

Dabei war es für die Bezirkssekretäre, wollten sie etwa Verbesserungen in der Versorgung oder dringende Bauleistungen realisieren, vorteilhaft, sich der Unterstützung eines Mitgliedes der Partei- oder Staatsführung zu versichern. Das wurde vielfach, oft unter dem Mantel der Verschwiegenheit, getan. Die Bezirksleitungen förderten enge, auch persönliche Beziehungen zu Genossen aus der Zentrale. Der Gestaltungsspielraum für die Bezirke konnte so ausgeweitet werden.

Ein bleibendes Problem für die DDR bildete die Bautätigkeit. Die materielle Decke war zu kurz, vieles konnte, auch weil jeder Bezirk erhebliche Baukapazitäten für die Hauptstadt bereitstellen mußte, in den Territorien nicht realisiert werden. Die Bezirke behalfen sich, oft mit Rückendeckung durch einen Verbündeten aus der Parteiführung, mit Schwarzbauten. Auf diesem Wege konnte beispielsweise in den siebziger Jahren in Rostock eine neue Sport- und Kongreßhalle errichtet werden. Unterstützt wurde dieses Vorhaben von Manfred Ewald, dem obersten Sportfunktionär der DDR und zugleich Mitglied des ZK und Abgeordneter der Volkskammer. Er setzte sich in Berlin dafür ein, daß die Halle fertiggestellt wurde. In Dresden griff Hans Modrow zu »Partisanenmethoden«, um auch in Berlin mißbilligend zur Kenntnis genommene wirtschaftliche Übelstände zu beseitigen. Um ein Kreiskrankenhaus, das sich in einem miserablen Zustand befand, wenigstens einigermaßen sanieren zu können, fand dort in Absprache mit dem Gesundheitsminister eine Übung der Zivilverteidigung statt. Das machte Bauarbeiten erforderlich, die dann auch ausgeführt wurden. In Berlin war es Konrad Naumann als 1. Sekretär der Bezirksleitung, der das neue Gebäude der

Bezirksverwaltung des MfS im Verbund mit dem Minister Erich Mielke schwarz errichten ließ. Als in Potsdam Ärger bevorstand, weil aus Anlaß der Weltfestspiele 1973 für viel Geld neue Gaststätten errichtet worden sind, organisierte die Bezirksleitung deren öffentliche Übergabe an die Bevölkerung und lud dazu das Politbüromitglied Friedrich Ebert ein. Nachdem dieser eine Rede gehalten und sich begeistert gezeigt hatte, unterblieb weitere Kritik an der Potsdamer Eigenmächtigkeit.

Mitspracherecht und Gestaltungsspielraum besaßen die Bezirke auch bei der konkreten Ausgestaltung der Infrastruktur. Die Festlegung der Produktionsstandorte und der Verkehrswege sowie die Ausgestaltung neuer Wohngebiete oblagen weitgehend den Bezirken. So konnten in Schwerin entgegen zentraler Vorstellungen und in langwierigen Verhandlungen die innerstädtischen Straßenbahnlinien erhalten und der Bau eines Braunkohlekraftwerks in unmittelbarer Nähe der Bezirksstadt verhindert werden.

Auch auf dem Gebiet der Kulturpolitik gab es konkrete Entscheidungsspielräume für die Bezirksleitungen. Vor allem an der inhaltlichen Ausrichtung der Kulturprogramme war die Handschrift der jeweiligen Leitung abzulesen. Es gab Bezirkssekretäre, die hier wenig reglementierten, während andere häufig dirigistisch eingriffen. Was in einem Bezirk gespielt werden durfte, konnte im nächsten Bezirk auf den Index kommen. Der Hauptstadt Berlin eilte der Ruf voraus, besonders wenig kulturelle Freiräume zu bieten. Hier war es vor allem Konrad Naumann, der restriktiv gegenüber Künstlern auftrat und Auseinandersetzungen mit harter Hand führte. Das brachte ihm das Lob des Generalsekretärs ein. In Dresden und Leipzig hingegen wurden beispielsweise Stücke von Heiner Müller oder Tschingis Aitmatow auf dem Spielplan belassen und aufgeführt, obwohl die Parteiführung deutlich gemacht hatte, daß dies politisch nicht opportun sei und zu unterbleiben habe. Das erforderte auch persönlichen Mut der verantwortlichen Funktionäre, die dabei immer mit ihrer Abberufung rechnen mußten.

Spielraum der Bezirke zeigte sich auch, im Verein mit den regionalen Dienststellen der Staatssicherheit, in der Praxis der Genehmigung von Reisen in das kapitalistische Ausland, vor allem in die BRD. Hier hat es keine einheitliche Regelung gegeben und blieb es den regionalen Parteiinstanzen überlassen, wie verfahren wurde. Das Spannungsfeld reichte von einer großzügigen Handhabung, um den Druck, der von den Reisewilligen ausging, zu mindern, bis zu einer rigideren Praxis, die ein Ausufern der Reisewünsche verhindern sollte. Als 1989 eine verstärkte Ausreisewelle erkennbar wurde, reagierten die Bezirke unterschiedlich. In Magdeburg gab es aus Furcht vor einem Ansteigen der Reisebegehren relativ wenig Bewilligungen, in Dresden und Karl-Marx-Stadt waren die Behörden freizügiger.

Die Handlungsspielräume der Bezirkssekretäre konnten jederzeit wieder begrenzt werden. Dies geschah vor allem dann, wenn eine einheitliche Umsetzung der Generallinie gefährdet schien oder Kritik an der Politik der Partei vermutet wurde. Eine letztlich recht unbedeutende Begebenheit aus dem Jahre 1988 illustriert dies. In Magdeburg wurde im Bezirksorgan »Volksstimme«, unterstützt vom 1. Sekretär der Bezirksleitung, eine Diskussion über Arbeitsdisziplin geführt. Viele der Leserbriefe kamen in die Zeitung, einige der Verfasser forderten Pünktlichkeit und Fleiß auch für Behörden und Funktionäre ein. Nachdem die bundesdeutsche Presse dies aufgegriffen hatte, reagierte Honecker erbost und mit der Forderung, dem »Klassenfeind« seien keine Argumente, die sich gegen die Politik der SED richten könnten, zu liefern. Diese Warnung an die Bezirkssekretäre, sich Eigenmächtigkeiten zu enthalten, führte tatsächlich dazu, daß offene Darstellungen in den Bezirkszeitungen bis zum Herbst 1989 ausblieben.

Der Spielraum der Bezirksleitungen konnte sich auch in einer über das Übliche hinausgehenden Forcierung der Parteilinie, in einer besonders kompromißlosen Politikführung zeigen. So hatte Paul Fröhlich, der 1. Sekretär der BL Leipzig, 1965 mit harten Bandagen einen Kampf gegen die Leipziger Beatszene geführt. Die übergroße Mehrheit der registrierten Amateurbands verlor die Spielerlaubnis, eine sich daraufhin bildende Demonstration wurde gewaltsam aufgelöst, Prozesse wegen »Aufwiegelung« etc. folgten. Fröhlich konnte bei seinem Vorgehen auf die Unterstützung von Ulbricht und Honecker setzen.

Wenn ein solches Vorpreschen jedoch nicht in das aktuelle politische Konzept paßte oder unangenehme Konsequenzen hervorrufen konnte, sorgte die Parteiführung umgehend für eine wieder einheitliche politische Linie in den Bezirken. Anfang der achtziger Jahre ging die Erfurter Bezirksleitung verstärkt dazu über zu betonen, daß niemand in die SED aufgenommen werden könne, der noch einer Religionsgemeinschaft angehörte. Damit befand sie sich in Übereinstimmung mit dem Generalsekretär. Doch Gerhard Müller als 1. Bezirkssekretär forderte zusätzlich von noch konfessionell gebundenen SED-Funktionären ihren Austritt aus der Kirche. Dies entsprach nicht mehr den Vorgaben der Parteiführung. Als die Bezirksleitung Erfurt bei ihrem harten Kurs gegenüber christlich gebundenen Genossen blieb, wurden einflußreiche Kirchenvertreter aktiv. In einem vertraulichen Gespräch mit dem Stellvertreter des Staatssekretärs für Kirchenfragen verlangten sie unter Hinweis auf die von der Verfassung geschützte Gewissens- und Glaubensfreiheit eine Änderung des konfrontativen Kurses, widrigenfalls ein kirchlicher Aufruf zur Enthaltung bei der Kommunalwahl nicht ausgeschlossen werden könne. Diese Drohung wirkte. Das Politbüro veranlaßte umgehend eine Einstellung des gegen die Kirche gerichteten Kurses der Erfurter Bezirksleitung. Der politische Spielraum, den sich Gerhard Müller geschaffen hatte, wurde vom Politbüro kurzerhand beseitigt.

Als Fazit der Untersuchung von Handlungsspielräumen auf der regionalen Ebene kann festgehalten werden, daß es diese in der konkreten Ausgestaltung der Politik durchaus gegeben hat. Jedoch waren die Sekretäre der Bezirksleitungen immer an die zentralen Beschlüsse der Partei gebunden. Sich diesen unterzuordnen, entsprach auch ihrem Selbstverständnis als Kommunisten und der verinnerlichten Parteidisziplin. Da die Bezirkssekretäre permanent unter einer hohen Erwartungshaltung der Bevölkerung standen, mußte es ihnen häufig darum gehen, durch zentrale Vorgaben verursachte Nachteile für den eigenen Bezirk abzumildern und aus eigener Kraft Kapazitäten zu schaffen. Es gehörte immer Courage dazu, eigenen Spielraum zu vertreten. Dabei war es hilfreich, sich möglichst der Unterstützung maßgeblicher Funktionäre zu versichern. Letztlich bot sich kein Gestaltungsraum für wirklich grundlegende Veränderungen in der Politik der SED. Dies zu versuchen, hätte die Ablösung von der Funktion als Sekretär einer Bezirksleitung bedeutet. Die folgenden Fallbeispiele illustrieren dieses Ergebnis.

Alois Pisnik, der 1. Sekretär der SED-Bezirksleitung Magdeburg, hatte in seinen Monatsberichten an den Generalsekretär wiederholt auf Mängel in Versorgungsfragen hingewiesen. Ende 1978 verstärkte sich seine Kritik an wirtschaftlichen Mißständen, vor allem hinsichtlich Reparatur- und Werterhaltungsmaßnahmen, Produktionsrückständen und Untererfüllung von Planauflagen. Vermehrt rückläufige Versorgungstendenzen riefen große Diskussionen und Kritik in der Bevölkerung hervor. Die vielfältigen wirtschaftlichen Probleme seien, so Pisnik weiter, nicht allein dem Bezirk anzulasten, sondern resultierten auch aus dem Abzug von Bauleistungen in die Hauptstadt Berlin. Pisnik machte auf einer Sitzung der BL Magdeburg auch öffentlich auf die Schwierigkeiten aufmerksam. Die Parteiführung ergriff deshalb Maßnahmen zur Disziplinierung ihres Magdeburger 1. Bezirkssekretärs. Eine Aussprache mit Vertretern des ZK fand statt und eine Arbeitsgruppe unter der Leitung von Günter Mittag begab sich in den Bezirk. Pisnik wurden eine zu pessimistische Sicht, die einseitige Fixierung auf Probleme ohne eigene Lösungsvorschläge, eine mangelnde Parteidisziplin und das Fehlen einer klaren Kampfposition vorgeworfen. Der Bezirk Magdeburg habe durch mangelhafte eigene Leistungen die wirtschaftlichen Mißstände selbst zu verantworten.

Alois Pisnik schrieb daraufhin einen Brief an Honecker, in dem er darum bat, aus gesundheitlichen Gründen von seiner Funktion entbunden zu werden. Dies geschah im Februar 1979, nach über 26 Jahren im Amt. Die von ihm vorgebrachten Gründe waren nur vorgeschoben. Auch sein mit 67 Jahren vorgerücktes Alter war nicht ausschlaggebend. Höheren Orts ist auf Unwillen gestoßen, daß Pisnik mannigfaltige ökonomische Probleme benannt, zentrale Entscheidungen in Frage gestellt und sich in den anschließenden Diskussionen nicht sofort einsichtig gezeigt hatte. Im Zuge der sich seit Ende der siebziger Jahre verstärkenden krisenhaften Entwicklung in der DDR war die Parteiführung in bezug auf Kritik in ökonomischen Fragen zunehmend dünnhäutiger geworden. Am Beispiel Pisniks wurde so auch ein Exempel statuiert, um Kritik aus den Bezirken an zentralen Entscheidungen künftig zu unterbinden. Pisnik übernahm anschließend, als Mitglied des Staatsrates berufen, nur noch repräsentative Funktionen.

Mit der Funktionsenthebung endete auch die Kritik, die der langjährige Vorsitzende des Rates des Bezirks Dresden, Manfred Scheler, im Juni 1982 während einer Lektion vor Schülern des Einjahrlehrgangs der Parteihochschule geübt hat.

Scheler war in seiner Vorlesung vor allem auf Fragen der Planung der territorialen Entwicklung im Bezirk Dresden eingegangen und hatte dabei die Zweckmäßigkeit einiger zentraler Entscheidungen in Frage gestellt. So zeugte es laut Scheler von mangelnder Weitsicht in der staatlichen Planung, wenn mit dem Bau einer neuen Bob- und Rodelbahn, die im Bezirk niemand haben wollte, erst begonnen und wenig später vorgeschlagen wurde, den Bau wieder einzustellen. Der Ratsvorsitzende wandte sich weiter gegen die Auffassung, Investitionen nur in produktiven Bereichen einzusetzen, und machte sich für infrastrukturelle Verbesserungen im Bezirk stark, was auch den Forderungen aus der Bevölkerung entgegenkomme. Die Zusammenarbeit mit der Staatlichen Plankommission müsse in dieser Hinsicht verbessert werden. Scheler machte auch auf Probleme im Wohnungsbau des Bezirkes und den Zerfall der Innenstädte aufmerksam und sprach schließlich die Erwartung aus, künftig mit zentralen Organen gemeinsame Probleme rechtzeitig zu diskutieren.

Diese offenen Worte des Ratsvorsitzenden kamen auch der Rektorin der PHS zu Ohren, die sie auszugsweise ihrem Vorgesetzten, dem Sekretär des ZK Kurt Hager, übermittelte. Hager selbst informierte umgehend den Generalsekretär. Nun mußte offiziell reagiert werden. Hans Modrow als 1. Sekretär der BL Dresden hatte sich in Berlin harsche Kritik und die Frage anzuhören, ob solchen Angriffen im Sekretariat überhaupt entgegengetreten werde. Dies zu tun, wurde die Bezirksleitung beauftragt. Es fand dann eine Beratung des Sekretariats der BL Dresden statt, auf der Modrow zunächst über das »unparteimäßige Auftreten« des Ratsvorsitzenden informierte. Die Anwesenden zeigten sich pflichtgemäß empört und beschlossen, nach der Rückkehr Schelers aus dem Jahresurlaub über parteierzieherische Maßnahmen zu entscheiden. Ende Juni 1982 fand dann die außerordentliche Beratung des Sekretariats statt, auf der erneut scharfe Kritik am Ratsvorsitzenden geübt und ihm ein Vertrauensbruch vorgeworfen wurde. Scheler äußerte zwar die erwartete Selbstkritik, doch war an seiner Funktionsentbindung nichts mehr zu ändern. Das Bezirkssekretariat schlug der Parteiführung vor, ihn von seiner Funktion abzuberufen, was dann auch wegen »unparteilichen Verhaltens« geschah. Seit seiner Rede war ein Monat vergangen. Die Ablösung des Dresdner Ratsvorsitzenden, bei dem auch das Sekretariat der BL die ihm zugedachte Rolle spielte, zeigte einmal mehr, daß die SED-Parteiführung auf von den eigenen Funktionären vorgebrachte Kritik, zumal wenn diese eine gewisse Öffentlichkeit erreicht hatte, auch mit einer umgehenden Funktionsenthebung reagieren konnte. Solche Exempel entfalteten ihre Wirkung, prononcierter Widerspruch gegen wirtschaftspolitische Entscheidungen war in den folgenden Jahren kaum noch zu hören.

Das nächste Beispiel betrifft die Medienpolitik. Im April 1984 hatte der Soziologe Prof. Dr. Peter Voigt in der »Ostsee-Zeitung«, dem Organ der Rostocker Bezirksleitung, in einem Artikel auf Probleme der Sozialpolitik in der DDR hingewiesen und dabei die bislang von der Parteiführung herausgehobene Bedeutung des VIII. Parteitages der SED relativiert. Auch müßten die Ausgaben für soziale Belange, wie Voigt betonte, zuvor ökonomisch erwirtschaftet werden. Mit der Leistungsbereitschaft der Werktätigen stünde es diesbezüglich nicht immer zum besten, und es seien künftig große Anstrengungen nötig, um den qualifikationsgerechten Einsatz der Werktätigen, gerade auch der Hoch- und Fachschulabsolventen, sicherzustellen. Dieser Artikel, der neuralgische Punkte der Wirtschafts- und Sozialpolitik der DDR zutreffend benannte, wurde von einigen bundesdeutschen Medien aufgegriffen und zitiert.

Nach ersten Reaktionen aus Berlin befaßte sich das Sekretariat der BL Rostock in Anwesenheit zweier ZK-Vertreter mit diesem Artikel und charakterisierte ihn als parteifeindlich. Dem Westen würde so eine Angriffsfläche geboten. Die Sekretäre der Bezirksleitung, vor allem der zuständige Sekretär für Agitation und Propaganda, der eine »Mißbilligung« erhielt, räumten auch eigene Versäumnisse ein. Es wurde beschlossen, sowohl in der Grundorganisation der »Ostsee-Zeitung« als auch in der Sektion Marxismus-Leninismus der Rostocker Universität eine Arbeitsgruppe der Bezirksleitung einzusetzen. Trotz dieser parteimäßigen Stellungnahme mußten sich alle sechs Rostocker Bezirkssekretäre wenig später vor dem Sekretariat des ZK verantworten. Hier wurden scharfe Vorwürfe derart, die Rostocker Genossen hätten eine parteifeindliche Plattform sowie Angriffe gegen den Generalsekretär und die Generallinie der Partei zugelassen, laut. Nach dem Diskussionsverlauf lag eine Absetzung des 1. Sekretärs und des Verantwortlichen für Agitation und Propaganda der BL Rostock nahe. Erich Honecker ging diesen Schritt jedoch nicht.

Die Auseinandersetzungen in Rostock wurden weitergeführt. Der Chefredakteur der »Ostsee-Zeitung«, zwei Redakteure und der Lesedienst bekamen Parteistrafen, ebenso Professor Voigt, der zusätzlich ein Vorlesungs- und Publikationsverbot erhielt. Erst nach etwa einem Jahr durfte er wieder Vorlesungen halten. Sein als parteischädigend gebrandmarkter Artikel wurde republikweit ausgewertet und war u. a. Gegenstand auf einer ZK-Tagung. Für das Sekretariat der Bezirksleitung zeigten sich keine persönlichen Konsequenzen, es konnte seine Arbeit fortführen. Es war auch das Bekanntwerden des Artikels in westlichen Medien, das ein rigoroseres Durchgreifen in personeller Hinsicht verhinderte. Funktionsenthebungen hätten möglicherweise zu einer Publizität geführt, an der Honecker auch aufgrund seiner Bemühungen um einen Staatsbesuch in der BRD nicht gelegen sein konnte. Das Beispiel der »Ostsee-Zeitung« zeigt, wie zentralistisch die Medienpolitik gehandhabt wurde und wie wenig Spielräume hier vorhanden waren. Die vorgenommene Disziplinierung ist jedenfalls gelungen. Zwei Jahre später wurde die »Ostsee-Zeitung« mit dem Orden »Banner der Arbeit« ausgezeichnet, und auch in anderen Medien der DDR wiederholten sich ähnliche Vorkommnisse bis zum Herbst 1989 nicht mehr.

Einer der mächtigsten 1. Sekretäre der SED-Bezirksleitungen war Konrad Naumann in Berlin. Zugleich Mitglied des Politbüros und 1984 zum Sekretär des

Zentralkomitees und Mitglied des Staatsrates gewählt, befand er sich im innersten Zirkel der Macht. Eine Rede, die er im Oktober 1985 vor dem Lehrkörper der Akademie für Gesellschaftswissenschaften hielt, war Anlaß für seinen Sturz. Naumann hatte die Informationspolitik der SED, die nur ein verzerrtes Bild liefern würde, ebenso angegriffen wie die Bündnispolitik und die anderen Parteien sowie den Ministerrat und seine Unfähigkeit zur Koordination. Auch gegen Schriftsteller, Künstler und Wissenschaftler und gegen die Kulturpolitik der SED polemisierte Naumann.

Der brüskierte Rektor der Akademie sandte daraufhin einen schriftlichen Bericht über die ganze Angelegenheit an den Generalsekretär. Dieser sprach sodann mit Naumann, und als dessen Stellungnahme unbefriedigend ausfiel, wurde die Angelegenheit auf die Tagesordnung der nächsten Politbüro-Sitzung gesetzt. Alle Anwesenden wandten sich gegen Naumann, der sich durch seine selbstherrliche Art und übermäßigen Alkoholkonsum seit längerem unbeliebt gemacht hatte, und verurteilten sein parteischädigendes Verhalten. Ihm wurde aufgetragen, in einem Schreiben an den Generalsekretär um Entbindung von seinen verschiedenen Funktionen aus gesundheitlichen Gründen zu bitten. Naumann, der sofort beurlaubt wurde, fügte sich dem und verfaßte den geforderten Brief.

Nachdem sich auch das Sekretariat der Bezirksleitung, von Honecker über den Vortrag vor der Akademie und die Politbürositzungen informiert, eindeutig gegen seinen 1. Sekretär ausgesprochen hatte, wurde Konrad Naumann im November 1985 auf der 11. Tagung des ZK von seinen Funktionen als Mitglied des Politbüros und Sekretär des Zentralkomitees und von der Bezirksleitung Berlin als 1. Sekretär entbunden. Er fand dann Arbeit in der Staatlichen Archivverwaltung in Potsdam.

Naumann war für seine ausgeprägten Machtambitionen bekannt und sah sich schon als kommenden Generalsekretär. Er sicherte sich sowjetische Protektion in Gestalt des Botschafters Abrassimow. Seine Ambitionen blieben Honecker natürlich nicht verborgen, und so war seine Rede ein willkommener Anlaß für Honecker, diesen widerspenstigen Funktionär abzulösen. Die Äußerungen vor der Akademie hätten für einen Funktionär wie Naumann nicht unbedingt mit der Funktionsenthebung enden müssen, doch waren seine ständigen Eskapaden und Rivalitäten zu bekannt, um permanent geduldet werden zu können. Selbst für hochrangige Funktionäre der SED existierten, wie am Beispiel Naumanns zu sehen ist, Grenzen, die nicht ohne Konsequenzen überschritten werden durften.

Ein weiteres Beispiel für den »demokratischen Zentralismus« lieferte die Parteiführung 1987. Im April dieses Jahres war im »Neuen Deutschland« ein Interview, das Politbüromitglied Kurt Hager der Hamburger Illustrierten »Stern« gewährt hatte, veröffentlicht worden. Auf eine entsprechende Frage nach der Bedeutung der sowjetischen Perestroika für die DDR hatte Hager geantwortet, man müsse seine Wohnung nicht neu tapezieren (also Reformen im Sinne der

Perestroika auch in der DDR einführen), nur weil der Nachbar (die Sowjetunion) dies tue. Das Interview erzeugte vielfachen Unmut in der Bevölkerung. Von besonderer Bedeutung war ein Schreiben der Grundorganisation der SED im Staatsschauspiel Dresden, das Anfang Juni an den 1. Sekretär der Bezirksleitung Modrow mit der Bitte um Weiterleitung nach Berlin übergeben wurde. Dieser Brief informierte Hager mit sehr deutlichen Worten von dem Befremden, das sein Interview ausgelöst hatte. Es dürfe, so hieß es, keine Abgrenzung zur Umgestaltung in der Sowjetunion geben, auch seien Tendenzen der Schönfärberei in den Medien zu beseitigen.

Hager antwortete Mitte Juli 1987 ausführlich und in moderatem Ton, bestritt aber erneut die Notwendigkeit von Reformen in der DDR. Für ihn war die Angelegenheit damit erledigt. Allerdings informierte Hager auch andere Genossen des Politbüros. Daraufhin wurde umgehend eine Sondersitzung des Sekretariats des ZK durchgeführt, an der auch der 2. Sekretär und der Sekretär für Kultur der BL Dresden teilnahmen. Hier entwickelte sich eine starke Kritik sowohl an der Grundorganisation, die sich der Bildung einer parteifeindlichen Plattform schuldig gemacht, als auch an der Bezirksleitung und besonders an Modrow, der leichtfertig gehandelt und den Brief nicht unterbunden hatte. Es wurde beschlossen, eine Arbeitsgruppe des Zentralkomitees nach Dresden zu entsenden, um die Situation im Staatsschauspiel und die Führungstätigkeit von Bezirks- und Stadtleitung zu untersuchen.

Das Sekretariat der Bezirksleitung Dresden übte zwei Tage nach der Sitzung in Berlin in Anwesenheit von Egon Krenz Selbstkritik und identifizierte ihrerseits den Brief an Kurt Hager als Plattform. Die Kritik der Parteiführung wurde als rechtens anerkannt. Eine Arbeitsgruppe unter Modrows Leitung ging, zusätzlich zur Arbeitsgruppe des Sekretariats des ZK, in die Grundorganisation des Staatsschauspiels und erreichte in vielen Gesprächen, daß sich die Genossen und die Parteileitung einhellig von ihrem Schreiben distanzierten. Die Parteigruppe des Staatsschauspiels wurde künftig direkt der Stadtleitung der SED unterstellt. Der Parteisekretär des Staatsschauspiels verlor Ende 1987 seine Funktion.

Die Reaktion der Parteiführung zeigte deutlich ihre zunehmende Verunsicherung. Sie war nicht bereit, Probleme zu diskutieren. Wenn es um die Generallinie und den »demokratischen Zentralismus« ging, tendierte der Spielraum der Bezirksleitungen gegen Null. So mußte sich auch Modrow den beschlossenen Maßnahmen beugen. Das Staatsschauspiel Dresden aber konnte, und das war schon ein Erfolg, seine herausgehobene Stellung in der DDR behalten und weiterhin Stücke unbequemer Autoren aufführen. Seine längerfristige Disziplinierung ist nicht gelungen.

Auch das letzte Fallbeispiel betrifft Hans Modrow und den Bezirk Dresden und lief nach ganz ähnlichem Muster ab. Erneut war ein kritischer Monatsbericht Stein des Anstoßes. Im Januar 1989 hatte Modrow den Generalsekretär über Probleme der Planerfüllung in den Betrieben der zentralgeleiteten Wirtschaft und des Wohnungsbaus informiert und mitgeteilt, daß Dresden in diesem Jahr die für Berlin geforderten Bauleistungen nicht ohne weiteres erbringen könne. Honecker übermittelte die entsprechenden Auszüge wie üblich an den für Wirtschaftsfragen zuständigen ZK-Sekretär Mittag. Dieser formulierte einen gegenteiligen Standpunkt, der Ende Januar 1989 im Politbüro beraten wurde. Nachdem Modrow, der an dieser Sitzung teilnehmen mußte, seine Position verteidigt hatte, faßte das Politbüro den Beschluß, eine Arbeitsgruppe unter Leitung von Mittag zu bilden und nach Dresden zu entsenden. Über 100 Funktionäre aus dem Apparat des ZK begaben sich für etwa zehn Tage in den Bezirk.

Ende Februar 1989 behandelte das Politbüro den Bericht dieser Arbeitsgruppe. Das Fazit überrascht nicht: Die BL Dresden würde über alle Bedingungen verfügen, um die Beschlüsse der Parteiführung durchzuführen, und habe dies bislang nur unzureichend umgesetzt. In Zukunft sei der demokratische Zentralismus unter allen Umständen zu verwirklichen. In der im Politbüro nun folgenden Aussprache bekamen die Dresdner Sekretariatsmitglieder dezidierte Kritik zu hören. Es war von einer zu pessimistischen Einstellung und der Unfähigkeit, die Menschen zu mobilisieren, die Rede. Honecker selbst ereiferte sich darüber, daß in Dresden immer wieder Probleme aufträten; das müsse verändert werden.

Die BL Dresden wurde beauftragt, entsprechende Schlußfolgerungen zu ziehen und die zentralen Beschlüsse auszuführen. Den Bericht der Arbeitsgruppe des ZK erhielten alle Bezirksleitungen zur Auswertung, und auf einer ZK-Tagung im Juni 1989 wurden die Probleme mit dem Bezirk Dresden erneut behandelt. Auch damit sollte eine einheitliche Durchführung der Beschlüsse sichergestellt werden.

Im Hinblick auf die wiederholte und massive Kritik an Hans Modrow hätte eine Funktionsenthebung nahegelegen. Diese ist von ihm und anderen Genossen auch erwartet worden, unterblieb aber aus hauptsächlich außenpolitischem Kalkül. Der Dresdner 1. Bezirkssekretär stand in westlichen Medien zu dieser Zeit im Ruf eines vorsichtigen Reformers und Hoffnungsträgers, und eine Ablösung hätte, wie Honecker voraussah, die Reputation der Parteiführung beschädigen können. Aber auch ohne diese personelle Konsequenz hatte die SED-Führung mit ihrem Eingreifen gezeigt, daß sie auch noch im Jahr 1989 in der Lage war, regionales Aufbegehren zu unterbinden. Allerdings führte die Angst vor jeder nicht durch Beschlüsse abgedeckten Eigeninitiative auch zu einer Überzentralisierung des Partei- und Staatsapparates und trug mit zum Untergang der DDR bei.

Dieser begann sich im Sommer und Herbst 1989 abzuzeichnen. Erich Honecker sah sich am 22. September veranlaßt, in einem Fernschreiben an die 1. Bezirkssekretäre über oppositionelle Bestrebungen zu informieren und deren Unterbindung in den Bezirken einzufordern. Die Sekretäre der Bezirksleitungen kannten die innenpolitischen Probleme natürlich und waren an der Basis direkt mit der zunehmenden Unzufriedenheit in der Bevölkerung konfrontiert. So kamen auch zuerst aus ihren Reihen und nicht aus der Parteiführung selbst Forderungen nach einer Änderung des politischen Kurses. Günther Jahn, 1. Sekretär der SED-Bezirksleitung Potsdam, hatte auf einer Beratung im September 1989 die sofortige Einberufung einer ZK-Tagung angeregt und eine mögliche Neuwahl des Generalsekretärs angesprochen. Am 12. Oktober, während einer Beratung des Sekretariats des ZK mit den 1. Sekretären der Bezirksleitungen, waren es Modrow, Jahn und der 1. Sekretär der BL Neubrandenburg, Johannes Chemnitzer, die eine wirksamere politische Führung und persönliche Konsequenzen des Generalsekretärs anmahnten. Sie fanden aber keine offene Unterstützung im Kollektiv.

Zu diesem Zeitpunkt entfalteten sich in den Bezirken die ersten größeren Demonstrationen. Auf diese Herausforderung reagierten die Bezirkssekretariate unterschiedlich. In Dresden hatten die immer größer werdenden Protestaktionen und Auseinandersetzungen, die Verletzte forderten, zu einem Umdenken und, entgegen der Befehlslage aus Berlin, zu einem Kurs der Deeskalation geführt. Modrow setzte durch, die Demonstrationen nicht mehr gewaltsam aufzulösen, und schuf so einen Präzedenzfall, dem andere Bezirke folgen konnten. Offizielle Gespräche mit Vertretern der Opposition wurden zugelassen und fanden statt, womit Modrow erneut gegen die zentrale Linie verstieß. In Leipzig hatten sich große Montagsdemonstrationen entwickelt. Es kam zum Einsatz staatlicher Gewalt. Am 9. Oktober, angesichts des bevorstehenden Protestzuges, war die Lage in der Stadt äußerst angespannt. Hier entschlossen sich drei Sekretäre der Bezirksleitung, zusammen mit weiteren Persönlichkeiten der Stadt einen Aufruf zu verbreiten, um drohende Gewalt zu verhindern. Dieser gemeinsam formulierte Appell, der im Stadtfunk und in den Kirchen verlesen wurde, hat wesentlich dazu beigetragen, daß an diesem Tag friedlich demonstriert werden konnte. Die Bezirkssekretäre hatten jedoch völlig eigenmächtig gehandelt, was ihnen Vorwürfe, kapituliert zu haben, einbrachte. Kaderpolitische Konsequenzen blieben jedoch aus, die Parteiführung war mit größeren Problemen beschäftigt.

Ein einheitliches Handeln in den Bezirken war zu diesem Zeitpunkt nicht mehr gewährleistet. Die Demonstrationen verstärkten sich zusehends, die Bezirksleitungen mußten reagieren. Dabei wurden verschiedene Strategien des Machterhalts angewandt. In Schwerin versuchte der 1. Bezirkssekretär Heinz Ziegner, den Protest der Opposition auszuhebeln, indem er zeitgleich zu einer vom »Neuen Forum« geplanten Demonstration eine Kundgebung der Bezirksleitung ansetzte. Dazu wurden politisch Zuverlässige aus dem ganzen Bezirk beordert. Die Aktion mißlang jedoch völlig. Die Demonstranten verließen, als Ziegner zu reden begann, den Platz und zogen durch die Schweriner Innenstadt. Zurück blieb eine brüskierte SED-Spitze.

In anderen Bezirken, wie in Magdeburg oder Neubrandenburg, hatten die 1. Bezirkssekretäre ebenfalls einen schweren Stand und mußten sich Pfeifkonzerte anhören. So ist es zu erklären, daß sich einige Bezirksfunktionäre den Gesprächen mit der Opposition zunächst verweigerten. Die einheitliche Front unter den SED-Funktionären löste sich auf. Aus den Reihen der Bezirkssekretäre ergingen nun Rücktrittsforderungen an die Parteiführung. So wurde in einem Schreiben an den neuen Generalsekretär Krenz im Namen von fünf Kultursekretären gefordert, den ZK-Sekretär Kurt Hager abzulösen. Johannes Chemnitzer legte Ende Oktober in einem Fernschreiben an Krenz den Rücktritt einer Reihe von Mitgliedern und Kandidaten des Politbüros nahe.

Die vielen Rücktrittsforderungen aus der Bevölkerung und den Reihen der Genossen zeigten Wirkung. Am 8. November trat das Politbüro geschlossen zurück. Zu diesem Zeitpunkt waren auch in den Bezirken und Kreisen die ersten Spitzenfunktionäre abgelöst worden. Hans Albrecht, 1. Sekretär der BL Suhl, der in diesen Tagen offenbar eine Vermeidungsstrategie verfolgt und es unterlassen hatte, öffentlich aufzutreten, wurde am 2. November von seiner Funktion entbunden. Am gleichen Tag mußte auch der 1. Sekretär der BL Gera, Herbert Ziegenhahn, auf Druck seiner Bezirksleitung zurücktreten.

Um ein Ausufern der sich abzeichnenden Rücktrittswelle zu verhindern, wurde die alarmierte Parteiführung aktiv. Zudem hatte nur sie über die Besetzung und Entbindung von Nomenklaturfunktionen zu entscheiden. Als sich auch das Sekretariat der BL Schwerin gegen seinen 1. Sekretär wandte und die Bezirksleitung einberief, reisten aus Berlin der ZK-Sekretär Dohlus und der Abteilungsleiter Kader im ZK, Fritz Müller, an und teilten mit, daß das Politbüro einem Rücktritt Ziegners wegen der damit verbundenen Signalwirkung für die anderen Bezirke nicht zustimmt. Obwohl beide diesen Standpunkt beharrlich durchzusetzen versuchten, sprachen sich letztlich alle Sekretariatsmitglieder für die Ablösung des 1. Sekretärs aus.

Damit sind bis einschließlich 3. November drei 1. Bezirkssekretäre von ihrer Funktion entbunden worden. Die von der SED-Führung befürchtete Rücktrittswelle trat ein. Bis zum 15. November, also innerhalb von nur zwei Wochen, war keiner der bisherigen 1. Bezirkssekretäre mehr im Amt. Vier von ihnen verließen wegen der Übernahme zentraler Funktionen den Bezirk. Wie falsch die Einschätzung der Lage in den Bezirken durch die Zentrale in diesen Tagen gewesen ist, zeigte sich auch auf der 10. Tagung des ZK vom 8. bis 10. November. Hier wurden drei 1. Sekretäre von Bezirksleitungen zu Mitgliedern und Kandidaten des Politbüros und in einem Fall auch zum Sekretär des ZK gewählt, obwohl diese Funktionäre in ihren Bezirken bereits massiven Vorwürfen ausgesetzt waren. Sie mußten kurz danach als 1. Bezirkssekretäre zurücktreten und aus der Parteiführung wieder ausscheiden. Gerhard Müller fand bei der Wahl zum Kandidaten des Politbüros nicht das Vertrauen des Plenums und sah sich nun auch zu einem Rücktritt als 1. Sekretär der BL Erfurt veranlaßt.

Bis Mitte November 1989 waren alle Bezirkssekretariate umstrukturiert und neu gewählt worden, die meisten bisherigen Sekretäre nicht mehr im Amt. Weder ein zeitweiliger Rückzug aus der Öffentlichkeit noch der Versuch, eine Gegenbewegung zu initiieren oder offensiv eine Erneuerung zu propagieren, konnten die zahllosen Rücktritte verhindern. Doch damit allein war es nicht getan, es blieb eine existentielle Frage für die SED, durch konsequente Kaderveränderungen der Bevölkerung den eigenen Willen zur Erneuerung glaubhaft zu machen. Dazu mußten neue Funktionäre gefunden werden.

Einer der Hauptkritikpunkte an der SED richtete sich gegen die Überalterung ihrer Führung. Die 1. Sekretäre der Bezirksleitungen waren im Oktober 1989 durchschnittlich 63 Jahre alt. Die neugewählten 1. Bezirkssekretäre repräsentierten demgegenüber eine neue Generation. Ihr Durchschnittsalter betrug knapp 47 Jahre, die beiden jüngsten waren erst 34 bzw. 35 Jahre alt. So junge Funktionäre an der Spitze eines Bezirkes hatte es seit Anfang der sechziger Jahre nicht mehr gegeben. Es handelte sich freilich fast ausschließlich um Nomenklaturkader, die an die Spitze der Bezirksparteiorganisationen aufrückten. Die meisten hatten eine typische Parteilaufbahn absolviert und wären sicherlich in späteren Jahren ohnehin in verantwortlichere Funktionen aufgerückt.

Ein ähnliches Bild ergibt sich für die neugewählten 2. Sekretäre der SED-Bezirksleitungen. Ihr durchschnittliches Alter lag bei 45 Jahren und damit zwölf Jahre unter dem ihrer Vorgänger. Auch hier ist schwerlich von einem konsequenten Neuanfang zu sprechen. Von elf 2. Bezirkssekretären kamen acht aus dem Apparat der Bezirksleitung, allein vier waren bereits vor November 1989 Sekretäre einer BL gewesen. Auch die neuen Ressortsekretäre verkörperten generell keine Änderung in der Kaderpolitik. In einigen Bezirkssekretariaten gab es weiterhin Sekretäre, die ihre Funktion schon vor 1989 übernommen hatten.

Die Kaderwechsel in den Bezirken konnten nicht glaubhaft einen Wandel in der SED belegen und sind auch deshalb häufig nicht von langer Dauer gewesen. Offenbar war es nicht nur der Parteiführung, sondern auch den regionalen Leitungen schwer vorstellbar, Genossen neu in Funktionen zu wählen, die keine typische Apparatlaufbahn absolviert hatten und nicht zu den Nomenklaturkadern gehörten. Die neuen Genossen in der zentralen und den regionalen Parteiführungen konnten den Niedergang ihrer Partei nicht aufhalten. Die Bevölkerung in den Bezirken und die eigenen Genossen wandten sich weiterhin mehrheitlich von der SED ab.

Die Parteiführung der SED hat in allen Jahren bis 1989 unerschütterlich an den bis spätestens Anfang der fünfziger Jahre entwickelten Parteistrukturen und Kaderprinzipien festgehalten. Darüber können auch einige, mitunter nur temporäre Modifikationen nicht hinwegtäuschen. Der »demokratische Zentralismus« und das Nomenklatursystem manifestierten den Führungsanspruch der Zentrale auch gegenüber den Regionen. Die Binnenstruktur der SED und die von ihr vertretene politische Kultur, deren Wurzeln bis in die Zeit der KPD zurückreichen, entsprachen immer weniger den sich wandelnden Verhältnissen in der DDR. Die Erstarrung der SED erwies sich im Herbst 1989 als verhängnisvoll, als es nicht gelang, wesentliche strukturelle und kaderpolitische Veränderungen herbeizuführen.

Die sozialistische Kaderpolitik der SED, die sich auf alle Bereiche des politischen und gesellschaftlichen Lebens erstreckte und auf deren Ausgestaltung die

Parteiführung erhebliche materielle und personelle Ressourcen verwendete, konnte gleichfalls die mit ihr verbundenen Erwartungen nicht erfüllen. Kaderfragen waren für die Parteiführung, getreu der Stalinschen Parole, stets Machtfragen. Sie sollten die führende Rolle der Arbeiterklasse und der SED sichern. Ausgefeilte Kaderprogramme und Kaderentwicklungspläne sowie ein differenziertes Nomenklatursystem mit verschiedenen Nomenklaturstufen wurden mit umfangreichen Kriterien für die Auswahl und den Einsatz von Kadern, die bis in den privaten Bereich hineinreichten, verbunden. Der SED-Funktionär hatte sich hiernach neben politischer Zuverlässigkeit, manifestiert durch Treue zur Partei und zum Marxismus-Leninismus, auch durch fachliche Eignung und Vorbildwirkung im persönlichen Leben auszuzeichnen. Die Parteiführung ging davon aus, herangereifte politische und ökonomische Probleme auf personellem Weg, durch den optimalen Einsatz ihrer Kader, lösen zu können.

In den ersten Jahren nach ihrer Gründung verfügte die SED über zu wenig entsprechend ausgebildete Kader. Umfangreiche Anstrengungen führten einerseits in den folgenden Jahrzehnten zwar zu einer stetig zunehmenden politischen und fachlichen Qualifizierung und Weiterbildung der Funktionäre, andererseits aber, bedingt durch die Struktur des »demokratischen Zentralismus« und die »kommunistische Erziehung« der Kader, zu Uniformität im politischen Denken. Impulse im Hinblick auf neue Wege in der Politikgestaltung in der DDR, auf eine Demokratisierung auch des innerparteilichen Lebens blieben von den etablierten Kadern weitgehend aus und hätten in der Regel auch das Ende der politischen Laufbahn und damit einen gesellschaftlichen Abstieg bedeutet. Ein zweites Moment trat hinzu: Die SED-Führung hatte sich ab den 1950er Jahren eine neue Elite aus Funktionären der FDJ-Generation geschaffen, die häufig jahrzehntelang verantwortliche Positionen im politischen System der DDR einnahm. Es wurde versäumt, rechtzeitig eine neue Generation von Funktionären, die nach 1945 geboren und ausschließlich in der DDR sozialisiert worden ist, in politische Verantwortung einzubeziehen. Zwar existierte eine im Rahmen des Kaderprogramms politisch und fachlich ausgebildete Kaderreserve, doch blieben die maßgeblichen Funktionen in der SED besetzt. Die etablierte politische Elite hatte sich gegen Neueinsteiger weitgehend abgeschottet. Das führte zu Enttäuschungen in den Reihen der Nachwuchsfunktionäre, ihr Potential blieb oft ungenutzt. Vor diesem Hintergrund muß die mit großem Aufwand, aber häufig sehr formal betriebene Kaderpolitik der SED-Führung, gemessen auch an den selbstgesetzten Maßstäben und ihrem wissenschaftlichen Anspruch, als gescheitert und als eine der Ursachen für den Zerfall der Partei angesehen werden. Ohnehin waren die in der DDR entstandenen Probleme und Mißstände allein durch kaderpolitische Reaktionen nicht mehr zu lösen.

Die Fixierung auf die Entscheidungsgewalt der Zentrale lähmte lange Zeit auch die Bezirksparteiorganisationen. Dies gilt ebenso für die Sekretäre der Bezirksleitungen, die als Nomenklaturkader und funktionale Elite den Führungsanspruch des Politbüros und Sekretariats des ZK ebenso verinnerlicht hatten wie die Notwendigkeit der Existenz und Durchführung zentraler Anweisungen und Beschlüsse. Erst der außerordentliche Parteitag vom 8./9. und 16./17. Dezember 1989 brachte den Bruch mit der Vergangenheit und mit einem neuen Parteinamen für die SED das Ende.

QUELLEN- UND LITERATURVERZEICHNIS

1. Quellen

A) Ungedruckte Quellen

1. Stiftung Archiv der Parteien und Massenorganisationen der DDR im Bundesarchiv

DY 6:	Nationalrat der Nationalen Front
DY 30:	ZK der SED, Büro Werner Felfe
DY 30:	ZK der SED, Büro Erich Honecker
DY 30:	ZK der SED, Büro Werner Jarowinsky
DY 30:	ZK der SED, Büro Günter Mittag
DY 30:	ZK der SED, Büro Walter Ulbricht
DY 30:	ZK der SED, Politbüro des Zentralkomitees der SED 1953-1989 (Beschlußauszüge, nicht behandelte Vorlagen, Rundschreiben, Informationen)
DY 30:	ZK der SED, Sekretariat des Zentralkomitees der SED 1949-1989 (Beschlußauszüge, nicht behandelte Vorlagen, Rundschreiben, Informationen)
DY 30/IV 2/1:	Tagungen des Zentralkomitees
DY 30/IV 2/1.01:	Konferenzen und Beratungen des ZK der SED
DY 30/IV 2/2:	Politbüro 1949-1952
DY 30/J IV 2/2:	Sitzungen des Politbüros des ZK der SED 1953-1989, Reinschriftenprotokolle
DY 30/J IV 2/2A:	Sitzungen des Politbüros des ZK der SED 1953-1989, Arbeitsprotokolle
DY 30/J IV 2/2J:	Politbüro
DY 30/IV A2/2.021:	ZK der SED, Büro Günter Mittag, 1962-1971
DY 30/IV 2/2.026:	ZK der SED, Büro Alfred Kurella
DY 30/IV 2/2.029:	ZK der SED, Büro Erich Apel und Wirtschaftskommission beim Politbüro 1951-1962
DY 30/IV 2/2.035:	ZK der SED, Büro Hermann Axen
DY 30/IV 2/2.037:	ZK der SED, Büro Joachim Herrmann
DY 30/IV 2/2.039:	ZK der SED, Büro Egon Krenz, 1983-1989
DY 30/IV 2/2.040:	ZK der SED, Büro Günter Schabowski
DY 30/IV 2/2.041:	ZK der SED, Büro Horst Dohlus
DY 30/J IV 2/3:	Sekretariat des Zentralkomitees, Reinschriftenprotokolle
DY 30/J IV 2/3A:	Sekretariat des Zentralkomitees, Arbeitsprotokolle
DY 30/J IV 2/3 J:	Sekretariat des Zentralkomitees, Informationen 1954-1978
DY 30/IV 2/4:	Zentrale Parteikontrollkommission (ZPKK)

Quellen- und Literaturverzeichnis   401

DY 30/IV 2/5:   ZK der SED, Abteilung Parteiorgane
DY 30/IV A2/5:   ZK der SED, Abteilung Parteiorgane
DY 30/IV B2/5:   ZK der SED, Abteilung Parteiorgane
DY 30/IV A2/6.01:   ZK der SED, Büro für Industrie und Bauwesen
DY 30/IV 2/9.02:   ZK der SED, Abteilung Agitation
DY 30/IV A2/9.04:   ZK der SED, Abteilung Wissenschaften
DY 30/IV 2/9.09:   ZK der SED, Parteihochschule »Karl Marx«
DY 30/IV 2/10.03:   Arbeitsbüro des ZK der SED
DY 30/IV 2/11:   ZK der SED, Abteilung Kaderfragen
DY 30/IV A2/11:   ZK der SED, Abteilung Kaderfragen
DY 30/IV 2/11/v: ZK der SED, Abteilung Parteiorgane, Sektor Kader

Nr. 154 (Otto Heckert)
Nr. 161 (Paul Heinze)
Nr. 162 (Paul Hentschel)
Nr. 224 (Bernard Koenen)
Nr. 361 (Peter Pries)
Nr. 503 (Willi Wiebershausen)
Nr. 616 (Robert Holland)
Nr. 657 (Karl Zylla)
Nr. 677 (Fritz Geißler)
Nr. 747 (Hans Kiefert)
Nr. 782 (Josef Hegen)
Nr. 802 (Heinrich Mosler)
Nr. 1232 (Otto Stauch)
Nr. 1299 (Karl Müller)
Nr. 1329 (Bruno Baum)
Nr. 1384 (Georg Ewald)
Nr. 1454 (Wilhelm Steudte)
Nr. 1648 (Curt Wach)
Nr. 2065 (Ludwig Einicke)
Nr. 2189 (Werner Wittig)
Nr. 2508 (Walter Buchheim)
Nr. 2606 (Rudolf Bahmann)
Nr. 2613 (Wilhelm Bick)
Nr. 2697 (Heinz Hutsky)
Nr. 2748 (Alfred Meyer)
Nr. 2816 (Hermann Schuldt)
Nr. 2933 (Gerda Holzmacher)
Nr. 3147 (Kurt Schneidewind)
Nr. 3160 (Josef Stadler)
Nr. 3314 (Heinz Möller)
Nr. 3352 (Martin Helas)
Nr. 3738 (Kurt Rehmer)
Nr. 3951 (Hans Eberling)
Nr. 4020 (Liesel Jende)

Nr. 4259 (Richard Gothe)
Nr. 4489 (Günter Fischer)
Nr. 4521 (Heinz Matthes)
Nr. 4529 (Johann Raskop)
Nr. 4558 (Ernst Wolf)
Nr. 4641 (Eduard Götzl)
Nr. 4745 (Hermann Fischer)
Nr. 4753 (Fritz Sattler)
Nr. 4823 (Werner Bruschke)
Nr. 4923 (Adalbert Hengst)
Nr. 5077 (Kurt Riemer)
Nr. 5142 (Karl Schirdewan)
Nr. 5252 (Hans Albrecht)
Nr. 5255 (Hermann Axen)
Nr. 5261 (Roland Bauer)
Nr. 5271 (Hans-Joachim Böhme)
Nr. 5273 (Alois Bräutigam)
Nr. 5274 (Horst Brasch)
Nr. 5278 (Johannes Chemnitzer)
Nr. 5284 (Horst Dohlus)
Nr. 5285 (Werner Eberlein)
Nr. 5286 (Friedrich Ebert)
Nr. 5289 (Werner Eidner)
Nr. 5293 (Werner Felfe)
Nr. 5299 (Paul Fröhlich)
Nr. 5301 (Gerhard Frost)
Nr. 5305 (Otto Funke)
Nr. 5308 (Karl-Friedrich Gebhardt)
Nr. 5336 (Hans-Joachim Hertwig)
Nr. 5340 (Hans-Joachim Hoffmann)
Nr. 5344 (Erich Honecker)
Nr. 5348 (Günther Jahn)
Nr. 5350 (Hans Jendretzky)
Nr. 5361 (Walter Kirnich)

Nr. 5365 (Rainer Knolle)
Nr. 5372 (Erhard Krack)
Nr. 5375 (Elke Krieg)
Nr. 5377 (Werner Krolikowski)
Nr. 5387 (Bruno Lietz)
Nr. 5389 (Werner Lindner)
Nr. 5391 (Siegfried Lorenz)
Nr. 5392 (Werner Lorenz)
Nr. 5403 (Karl Mewis)
Nr. 5413 (Helmut Morche)
Nr. 5414 (Erich Mückenberger)
Nr. 5416 (Erich Müller)
Nr. 5419 (Helmut Müller)
Nr. 5425 (Alfred Neumann)
Nr. 5430 (Günter Pappenheim)
Nr. 5439 (Erich Postler)
Nr. 5442 (Bernhard Quandt)
Nr. 5459 (Paul Roscher)
Nr. 5464 (Günter Schabowski)
Nr. 5475 (Horst Schumann)
Nr. 5478 (Kurt Seibt)
Nr. 5482 (Kurt Siegmund)
Nr. 5483 (Horst Sindermann)
Nr. 5486 (Willi Skibinski)
Nr. 5489 (Lothar Stammnitz)
Nr. 5503 (Ernst Timm)
Nr. 5504 (Harry Tisch)
Nr. 5511 (Paul Verner)
Nr. 5517 (Hans Warnke)

Nr. 5538 (Christa Zellmer)
Nr. 5540 (Heinz Ziegner)
Nr. 5541 (Arnold Zimmermann)
Nr. 5551 (Herbert Kroker)
Nr. 5558 (Konrad Naumann)
Nr. 5562 (Werner Schmieder)
Nr. 5570 (Gerhard Grüneberg)
Nr. 5571 (Reginald Grimmer)
Nr. 5575 (Edith Brandt)
Nr. 5577 (Kurt Böhme)
Nr. 5594 (Eva Erler)
Nr. 5602 (Hans Lauter)
Nr. 5608 (Bruno Kiesler)
Nr. 5620 (Gotthard Heinrich)
Nr. 5625 (Ernst Gallerach)
Nr. 5631 (Bernhard Grünert)
Nr. 5634 (Kurt Rödiger)
Nr. 5638 (Fritz Reuter)
Nr. 5643 (Karl Namokel)
Nr. 5645 (Werner Neugebauer)
Nr. 5646 (Hans Modrow)
Nr. 5647 (Fritz Müller)
Nr. 5659 (Heinz Schwarz)
Nr. 5660 (Irmgard Vielhauer)
Nr. 5664 (Kurt Thieme)
Nr. 5671 (Max Steffen)
Nr. 5684 (Hans Wittik)
Nr. 5685 (Heinz Wittig)
Nr. 5692 (Norbert Geipel)

DY 30/IV 2/12:	ZK der SED, Abteilung Sicherheitsfragen
DY 30/IV 2/13:	ZK der SED, Abteilung Staats- und Rechtsfragen
DY 30/IV A2/13:	ZK der SED, Abteilung Staats- und Rechtsfragen
DY 30/IV B2/14:	ZK der SED, Arbeitsgruppe Kirchenfragen
DY 30/J IV 2/50:	ZK der SED, Abteilung Parteiorgane
DY 30/vorl. SED:	ZK der SED, Abteilung Sozialistische Wirtschaftsführung
DY 30/vorl. SED:	ZK der SED, Abteilung Staats- und Rechtsfragen 1972-1980
DY 30/vorl. SED:	Büro Werner Jarowinsky
DY 30/vorl. SED:	Büro Kurt Hager
DY 30/vorl. SED:	ZK der SED, Abteilung Agitation
DY 30/vorl. SED:	ZK der SED, Abteilung Parteiorgane
DY 55/V 278/6:	VVN-Biographien
NY 4077:	Nachlaß Otto Schön
NY 4090:	Nachlaß Otto Grotewohl

NY 4182:	Nachlaß Walter Ulbricht
NY 4233:	Nachlaß Gerhard Grüneberg
NY 4532:	Nachlaß Harry Tisch
SgY 30:	Erinnerungen

Nr. 0065 (Josef Sapich)	Nr. 1396 (Bruno Erdmann)
Nr. 0066 (Wilhelm Bick)	Nr. 1415 (Willy Gebhardt)
Nr. 0122 (Otto Buchwitz)	Nr. 1455 (Kurt Seibt)
Nr. 0236 (Richard Frahs)	Nr. 1577 (Josef Sapich)
Nr. 0430 (Hans Jendretzky)	Nr. 1620 (Paul Wengels)
Nr. 0491 (Bernard Koenen)	Nr. 1654 (Friedrich Menzel)
Nr. 0647 (Erich Mückenberger)	Nr. 1656 (Egon Rentzsch)
Nr. 0802 (Fritz Sattler)	Nr. 1689 (Herbert Ziegenhahn)
Nr. 0871 (Horst Schumann)	Nr. 1908 (Franz Peplinski)
Nr. 0890/1 (Robert Siewert)	Nr. 1951 (Rudi Jahn)
Nr. 1091 (Ludwig Einicke)	Nr. 1961 (Kurt Schneidewind)
Nr. 1191 (Bruno Baum)	Nr. 1978 (Werner Felfe)
Nr. 1234 (Max Steffen)	Nr. 2049 (Liesel Jende)
Nr. 1240 (Otto Funke)	Nr. 2071 (Max Dankner)
Nr. 1241 (Walter Buchheim)	Nr. 2139/1+2 (Horst Brasch)
Nr. 1244, 1-3 (Karl Mewis)	Nr. 2215 (Max Broßelt)
Nr. 1254 (Horst Sindermann)	Nr. 2220 (Günter Blum)
Nr. 1285 (Curt Wach)	Nr. 2230 (Franz Mellentin)
Nr. 1319/1+2 (Werner Bruschke)	Nr. 2241 (Karl Deuscher)
Nr. 1322 (Hans Eberling)	Nr. 2248 (Alois Bräutigam)
Nr. 1340 (Johannes Warnke)	Nr. 6001 (Hans Lauter)

2. Bundesarchiv Berlin

DO 4:   Ministerrat der DDR, Amt für Kirchenfragen

3. Die Bundesbeauftragte für die Unterlagen des Staatssicherheitsdienstes der ehemaligen Deutschen Demokratischen Republik

MfS, Zentraler Untersuchungsvorgang (ZUV) 37, Bde. 1, 3, 4, 5
MfS, Allgemeine Sachablage 376/62, Bd. 6
MfS, Hauptabteilung XX, Nr. 82868/92, Bd. 1

4. Landesarchiv Berlin

C Rep. 100-05:	Büro des Magistrats/Magistratsprotokolle
C Rep. 118-01:	Magistrat, Hauptausschuß Opfer des Faschismus (OdF)/Referat Verfolgte des Naziregimes (VdN)
C Rep. 902:	Bezirksleitung Berlin der SED
C Rep. 907-01:	Bezirksparteiorganisation Berlin der SED/Personenakten (Auswahl)
C Rep. 907-03:	Bezirksparteiorganisation Berlin der SED/Erinnerungsberichte

5. Brandenburgisches Landeshauptarchiv Potsdam

Rep. 333:   SED-Landesvorstand Brandenburg
Rep. 530:   SED-Bezirksleitung Potsdam
Rep. 730:   SED-Bezirksleitung Frankfurt (Oder)
Rep. 930:   SED-Bezirksleitung Cottbus

6. Landeshauptarchiv Schwerin

Bestand: Bezirksleitung Neubrandenburg der SED
Bestand: Bezirksleitung Schwerin der SED
Bestand: Nachlaß Bernhard Quandt

7. Landesarchiv Greifswald

Bestand: Bezirksleitung Rostock der SED

8. Privatarchive

Privatarchiv Helmut Müller, Berlin
Privatarchiv Alois Pisnik, Rostock
Privatarchiv Dr. Siegbert Schütt, Rostock

9. Gesprächsprotokolle (im Privatarchiv des Verfassers)

Protokoll des Gesprächs mit Johannes Chemnitzer, Lichtenberg, 1963-1989 1. Sekretär der SED-Bezirksleitung Neubrandenburg, am 7./8.5.2003.
Protokoll des Gesprächs mit Dr. Eberhardt Denner, Berlin, 1963-1986 Sekretär für Wirtschaftspolitik der SED-Bezirksleitung Suhl, am 13.3.2003.
Protokoll des Gesprächs mit Werner Eberlein, Berlin, 1983-1989 1. Sekretär der SED-Bezirksleitung Magdeburg, am 4.9.2002 (unkorrigiert).
Protokoll des Gesprächs mit Volkmar Grau, Wermelskirchen, 1963-1989 Sekretär für Landwirtschaftspolitik der SED-Bezirksleitung Gera, am 4.6.2004.
Protokoll des Gesprächs mit Rudi Gröbel, Berlin, 1963-1975 Sekretär für Wirtschaftspolitik der SED-Bezirksleitung Schwerin, am 23.7.2003.
Protokoll des Gesprächs mit Gerda Martens-Meschter, Rostock, 1952-1961 2. Sekretär der SED-Bezirksleitung Karl-Marx-Stadt, am 7.11.2002.
Protokoll des Gesprächs mit Dr. Hans Modrow, Berlin, 1973-1989 1. Sekretär der SED-Bezirksleitung Dresden, am 6.9.2002.
Protokoll des Gesprächs mit Helmut Müller, Berlin, 1971-1989 2. Sekretär der SED-Bezirksleitung Berlin, am 21.2.2003.
Protokoll des Gesprächs mit Alois Pisnik, Rostock, 1952-1979 1. Sekretär der SED-Bezirksleitung Magdeburg, und seiner Frau Martha geb. Bachmann, am 17. und 24.10.2002.
Protokoll des Gesprächs mit Erich Postler, Berlin, 1981-1989 2. Sekretär der SED-Bezirksleitung Schwerin, am 12.3.2003.
Protokoll des Gesprächs mit Günter Schabowski, Berlin, 1985-1989 1. Sekretär der SED-Bezirksleitung Berlin, am 24.7.2003.

Protokoll des Gesprächs mit Ulrich Schlaak, Belzig, 1976-1989 2. Sekretär der SED-Bezirksleitung Potsdam, am 5.3.2003.
Protokoll des Gesprächs mit Dr. Siegfried Schmolinsky, Frankfurt (Oder), 1974-1989 Sekretär für Landwirtschaftspolitik der SED-Bezirksleitung Frankfurt (Oder), am 20.2.2003.
Protokoll des Gesprächs mit Dr. Siegbert Schütt, Rostock, 1974-1989 Chefredakteur der »Ostsee-Zeitung« und Mitglied des Plenums der Bezirksleitung Rostock, am 27.1.2004.
Protokoll des Gesprächs mit Ernst Timm, Rostock, 1975-1989 1. Sekretär der SED-Bezirksleitung Rostock, am 28.11. und 5.12.2002.
Protokoll des Gesprächs mit Siegfried Unverricht, Hohenfelde, 1967-1989 Sekretär für Agitation und Propaganda der SED-Bezirksleitung Rostock, am 26.6.2003.
Protokoll des Gesprächs mit Prof. Dr. Peter Voigt, Rostock, Soziologe, am 20.1.2004.
Protokoll des Gesprächs mit Dr. Helmuth Winnig, Magdeburg, 1967-1989 Sekretär für Wissenschaft, Volksbildung und Kultur der SED-Bezirksleitung Magdeburg, am 9.7.2003.
Protokoll des Gesprächs mit Dr. Roland Wötzel, Leipzig, 1984-1989 Sekretär für Wissenschaft, Volksbildung und Kultur der SED-Bezirksleitung Leipzig, am 31.7.2003 (unkorrigiert).
Protokoll des Gesprächs mit Barbara Wolff, Rostock, Tochter von Marianne Libera, 1952-1953 Sekretär für Kulturpolitik der SED-Bezirksleitung Schwerin, am 29.4.2004.

10. Schriftliche Mitteilungen (im Privatarchiv des Verfassers)

Schriftliche Mitteilung von Ellen Brombacher, Berlin, 1984-1989 Sekretär für Kulturpolitik der SED-Bezirksleitung Berlin, vom 7.5.2004.
Schriftliche Mitteilung von Dr. Horst Helas, Berlin, Sohn von Martin Helas, 1952-1954 Sekretär für Kultur der SED-Bezirksleitung Berlin, vom 12.3.2004.
Schriftliche Mitteilung von Dr. Kurt Libera, Potsdam, 1952 Sekretär für Landjugend der FDJ-Bezirksleitung Schwerin, vom 10.5.2004.
Schriftliche Mitteilung von Siegfried Lorenz, Berlin, 1976-1989 1. Sekretär der SED-Bezirksleitung Karl-Marx-Stadt, vom 17.4.2003.
Schriftliche Mitteilung von Gerda Martens-Meschter, Rostock, 1952-1961 2. Sekretär der SED-Bezirksleitung Karl-Marx-Stadt, vom 7.5.2006.
Schriftliche Mitteilung von Gerhard Poser, Berlin, 1976-1989 Sekretär für Bauwesen/Investitionen der SED-Bezirksleitung Berlin, vom 12.7.2004.
Schriftliche Mitteilung von Manfred Scheler, Dresden, 1962/63 Sekretär für Landwirtschaft der SED-Bezirksleitung Dresden, 1963-1982 Vorsitzender des Rates des Bezirks Dresden, vom 3.9.2006.
Schriftliche Mitteilung von Dr. Jürgen Tremper, Neubrandenburg, 1989 Sekretär für Kulturpolitik der SED-Bezirksleitung Neubrandenburg, vom 22.4.2004.
Schriftliche Mitteilung von Uwe Trostel, Berlin, 1979-1987 Vorsitzender der Bezirksplankommission Magdeburg, vom 2.6.2006.

Schriftliche Mitteilung von Jürgen Zelm, 1989 2., dann 1. Sekretär der SED-Bezirksleitung Neubrandenburg, vom 16.2.2007.

B) GEDRUCKTE QUELLEN

1. Internes Material der SED und gedruckte Quellen bis 1989

Beschluß der V. Bezirksdelegiertenkonferenz der SED Magdeburg vom 12. Juni 1960, o. O. u. J. (1960).
Beschluß der 13. Bezirksdelegiertenkonferenz der Bezirksparteiorganisation Magdeburg der SED am 10. und 11. Februar 1979, Magdeburg 1979.
Dokumente der Sozialistischen Einheitspartei Deutschlands. Beschlüsse und Erklärungen des Zentralkomitees sowie seines Politbüros und seines Sekretariats, hrsg. vom Zentralkomitee der SED, 21 Bde., Berlin (Ost) 1951-1986.
Einheit. Zeitschrift für Theorie und Praxis des wissenschaftlichen Sozialismus, 7.-44. Jg., Berlin (Ost) 1952-1989.
Entschließung der Bezirksdelegiertenkonferenz der SED Groß-Berlin vom 12. bis 14. März 1954, o. O. u. J. (Berlin [Ost] 1954).
Entschließung der 2. Tagung der Bezirksdelegiertenkonferenz der SED Groß-Berlin. Zur Lage in Berlin und zu den Aufgaben der Berliner Parteiorganisation für eine grundlegende Wende in ihrer Tätigkeit, o. O. u. J. (Berlin [Ost] 1959).
Entschließung der IV. Bezirksdelegiertenkonferenz der SED, o. O. u. J. (Dresden 1958).
Entschließung der IV. Bezirksdelegiertenkonferenz der SED, Bezirk Erfurt, o. O. u. J. (1958).
Die Frau – der Frieden und der Sozialismus. Konferenz des Zentralkomitees der Sozialistischen Einheitspartei Deutschlands mit Mitarbeiterinnen der Frauenausschüsse, Funktionären der Partei, der Gewerkschaften, der staatlichen Organe und der Wirtschaft anläßlich des zehnjährigen Bestehens der Frauenausschüsse in der Deutschen Demokratischen Republik in Berlin am 5. und 6. Januar 1962, Berlin (Ost) 1962.
Honecker, Erich, Die Aufgaben der Parteiorganisationen bei der weiteren Verwirklichung der Beschlüsse des XI. Parteitages der SED. Aus dem Referat des Generalsekretärs des ZK der SED und Vorsitzenden des Staatsrates der DDR, Genossen Erich Honecker, auf der Beratung des Sekretariats des Zentralkomitees der SED mit den 1. Sekretären der Kreisleitungen am 6. Februar 1987 in Berlin, Berlin (Ost) 1987.
Im ganzen Bezirk muß die Partei in die politische Offensive. Auszüge aus dem Referat und den Diskussionen der 5. Bezirksdelegiertenkonferenz der SED, Bezirk Dresden, Dresden o. J. (1960).
Göttlicher, Franz, Die Entwicklung des Parteiaufbaus und der Organisationsstruktur der Sozialistischen Einheitspartei Deutschlands vom VII. bis IX. Parteitag (1967 bis 1976), Berlin (Ost) 1979.
Kleines Politisches Wörterbuch, Berlin (Ost) 1989.
Lautenschlag, Kurt, Die Entwicklung des Parteiaufbaus und der Organisationsstruktur der Sozialistischen Einheitspartei Deutschlands vom VI. bis VII. Parteitag (1963-1967), Diplomarbeit, Berlin (Ost) 1975.

Die neue Universität. Organ der SED-Parteileitung der Wilhelm-Pieck-Universität Rostock, 30. Jg., Rostock 1989.
Neue Welt, 7.-9. Jg., Berlin (Ost) 1952-1954.
Neuer Weg. Organ des Zentralkomitees der SED für Fragen des Parteilebens, 7.-44. Jg., Berlin (Ost) 1952-1989.
Neues Deutschland. Organ des Zentralkomitees der Sozialistischen Einheitspartei Deutschlands, 7.-44. Jg., Berlin (Ost) 1952-1989.
Das 23. Plenum des Zentralkomitees vom 13.-15. April 1955, o. O. u. J. (1955).
Protokoll der Beratung des Sekretariats des Zentralkomitees mit den 1. Sekretären der Bezirksleitungen am 18. Januar 1962, o. O. (Berlin [Ost]) 1962.
Protokoll der Verhandlungen der 3. Parteikonferenz der Sozialistischen Einheitspartei Deutschlands, 24. März bis 30. März 1956 in der Werner-Seelenbinder-Halle zu Berlin, 2 Bde., Berlin (Ost) 1956.
Protokoll der Verhandlungen des III. Parteitages der Sozialistischen Einheitspartei Deutschlands, 20. bis 24. Juli 1950 in der Werner-Seelenbinder-Halle zu Berlin, 2 Bde., Berlin (Ost) 1951.
Protokoll der Verhandlungen des IV. Parteitages der Sozialistischen Einheitspartei Deutschlands, 30. März bis 6. April 1954 in der Werner-Seelenbinder-Halle zu Berlin, 2 Bde., Berlin (Ost) 1954.
Protokoll der Verhandlungen des V. Parteitages der Sozialistischen Einheitspartei Deutschlands, 10. bis 16. Juli 1958 in der Werner-Seelenbinder-Halle zu Berlin, 2 Bde., Berlin (Ost) 1959.
Protokoll der Verhandlungen des VI. Parteitages der Sozialistischen Einheitspartei Deutschlands, 15. bis 21. Januar 1963 in der Werner-Seelenbinder-Halle zu Berlin, 4 Bde., Berlin (Ost) 1963.
Protokoll der Verhandlungen des VII. Parteitages der Sozialistischen Einheitspartei Deutschlands, 17. bis 22. April 1967 in der Werner-Seelenbinder-Halle zu Berlin, 4 Bde., Berlin (Ost) 1967.
Protokoll der Verhandlungen des VIII. Parteitages der Sozialistischen Einheitspartei Deutschlands, 15. bis 19. Juni 1971 in der Werner-Seelenbinder-Halle zu Berlin, 2 Bde., Berlin (Ost) 1971.
Protokoll der Verhandlungen des IX. Parteitages der Sozialistischen Einheitspartei Deutschlands im Palast der Republik in Berlin, 18. bis 22. Mai 1976, 2 Bde., Berlin (Ost) 1976.
Protokoll der Verhandlungen des X. Parteitages der Sozialistischen Einheitspartei Deutschlands im Palast der Republik in Berlin, 11. bis 16. April 1981, 2 Bde., Berlin (Ost) 1981.
Protokoll der Verhandlungen des XI. Parteitages der Sozialistischen Einheitspartei Deutschlands im Palast der Republik in Berlin, 17. bis 21. April 1986, Berlin (Ost) 1986.
Der Spiegel, Jg. 43, Hamburg 1989.
Stalin, Josef, Fragen des Leninismus, Berlin (Ost) 1951.
Statistisches Jahrbuch der Deutschen Demokratischen Republik, 1. Jg. 1955-35. Jg. 1990, Berlin (Ost) 1955-1990.
Uebel, Günter/Woitinas, Erich, Die Entwicklung des Parteiaufbaus und der Organisationsstruktur der Sozialistischen Einheitspartei Deutschlands in den Jahren von 1946 bis 1954, Berlin (Ost) 1966.

Untersuchungsausschuß Freiheitlicher Juristen (Hrsg.), Ehemalige Nationalsozialisten in Pankows Diensten, Berlin (Ost) 1965.
Die Verfassung der Deutschen demokratischen Republik, Berlin (Ost) 1949.
Verfassung der Deutschen Demokratischen Republik vom 6. April 1968, Berlin (Ost) 1968.
Die Volkskammer der Deutschen Demokratischen Republik. 9. Wahlperiode, Berlin (Ost) 1987.
Zur Vorbereitung der 2. Tagung der Bezirksdelegiertenkonferenz der SED Groß-Berlin. Zur Lage in Berlin und zu den Aufgaben der Berliner Parteiorganisation für eine grundlegende Wende in ihrer Tätigkeit, o. O. u. J. (Berlin [Ost] 1959).
Weber, Hermann (Hrsg.), Dokumente zur Geschichte der Deutschen Demokratischen Republik 1945-1985, München 1986.
Wörterbuch zum sozialistischen Staat, Berlin (Ost) 1974.
Woitinas, Erich/Geder, Walter, Die Entwicklung des Parteiaufbaus und der Organisationsstruktur der Sozialistischen Einheitspartei Deutschlands vom IV. bis VI. Parteitag (1954 bis 1963), Berlin (Ost) 1970.

2. Gedruckte Quellen ab 1990

Benz, Wolfgang, Deutschland seit 1945. Entwicklungen in der Bundesrepublik und in der DDR. Chronik – Dokumente – Bilder, München 1990.
Deutscher Bundestag (Hrsg.), Materialien der Enquete-Kommission »Aufarbeitung von Geschichte und Folgen der SED-Diktatur in Deutschland« (12. Wahlperiode des Deutschen Bundestages), 9 Bände in 18 Teilbänden, Baden-Baden und Frankfurt/Main 1995.
Deutscher Bundestag (Hrsg.), Materialien der Enquete-Kommission »Überwindung der Folgen der SED-Diktatur im Prozeß der deutschen Einheit« (13. Wahlperiode des Deutschen Bundestages), 8 Bände in 14 Teilbänden, Baden-Baden und Frankfurt/Main 2000.
Erler, Peter/Laude, Horst/Wilke, Manfred (Hrsg.), »Nach Hitler kommen wir«. Dokumente zur Programmatik der Moskauer KPD-Führung 1944/45 für Nachkriegsdeutschland, Berlin 1994.
Judt, Matthias (Hrsg.), DDR-Geschichte in Dokumenten. Beschlüsse, Berichte, interne Materialien und Alltagszeugnisse, Berlin 1997.
Klemens, Gregor, Geheime Verschlußsache. Aus Akten und Dokumenten der SED, Berlin 1990.
Landtag Mecklenburg-Vorpommern (Hrsg.), Zur Arbeit der Enquete-Kommission »Leben in der DDR, Leben nach 1989- Aufarbeitung und Versöhnung«, 10 Bde., Schwerin 1996-1998.
Marxen, Klaus/Werle, Gerhard (Hrsg.), Strafjustiz und DDR-Unrecht. Dokumentation, 4 Bde., Berlin und New York 2000-2004.
Mitter, Armin/Wolle, Stefan (Hrsg.), »Ich liebe euch doch alle!« Befehle und Lageberichte des MfS, Januar-November 1989, Berlin 1990.
Moczarski, Norbert, Die Protokolle des Sekretariats der SED-Bezirksleitung Suhl. Von der Gründung des Bezirkes Suhl bis zum 17. Juni 1953, Weimar 2002.
Schindler, Peter (Hrsg.), Datenhandbuch zur Geschichte des Deutschen Bundestages 1949-1999, 3 Bde., Berlin 1999.

Staadt, Jochen (Hrsg.), Auf höchster Stufe. Gespräche mit Erich Honecker, Berlin 1995.

Stephan, Gerd-Rüdiger, unter Mitarbeit von Daniel Küchenmeister (Hrsg.), »Vorwärts immer, rückwärts nimmer!« Interne Dokumente zum Zerfall von SED und DDR 1988/89, Berlin 1994.

2. Literatur

a) Selbstzeugnisse der Sekretäre der SED-Bezirksleitungen

Axen, Hermann, Ich war ein Diener der Partei. Autobiographische Gespräche mit Harald Neubert, Berlin 1996.

Baum, Bruno, Widerstand in Auschwitz, Berlin (Ost) 1962.

Baum, Bruno, Die letzten Tage von Mauthausen, Berlin (Ost) 1965.

Baum, Bruno, Die ersten Schritte in Berlin, in: Vereint sind wir alles. Erinnerungen an die Gründung der SED, Berlin (Ost) 1966, S. 279-286.

Bentzien, Hans, Meine Sekretäre und ich, Berlin 1995.

Bentzien, Hans, Das neue Leben muß anders werden..., in: Modrow, Hans (Hrsg.), Unser Zeichen war die Sonne. Gelebtes und Erlebtes, Berlin 1996, S. 91-111.

Bentzien, Hans, Was geschah am 17. Juni? Vorgeschichte – Verlauf – Hintergründe, Berlin 2003.

Brandt, Heinz, Ein Traum, der nicht entführbar ist. Mein Weg zwischen Ost und West, Berlin (West) 1978.

Brandt, Heinz, SED-Funktionär in der Opposition, in: Spittmann, Ilse/Fricke, Karl Wilhelm (Hrsg.), 17. Juni 1953. Arbeiteraufstand in der DDR, Köln 1988, S. 143-155.

Dohlus, Horst, Produktionsprinzip erfordert höheres Niveau der Organisationsarbeit, in: Neuer Weg, H. 21, Berlin (Ost) 1963, S. 961-966.

Dohlus, Horst, Der demokratische Zentralismus – Grundprinzip der Führungstätigkeit der SED bei der Verwirklichung der Beschlüsse des Zentralkomitees, Berlin (Ost) 1965.

Eberlein, Werner, Ansichten, Einsichten, Aussichten, Berlin 1995.

Eberlein, Werner, Geboren am 9. November. Erinnerungen, Berlin 2000.

Einicke, Ludwig, Der Worte sind genug gewechselt, laßt uns nun endlich Taten sehen!, in: Vereint sind wir alles. Erinnerungen an die Gründung der SED, Berlin (Ost) 1966, S. 420-433.

Einicke, Ludwig, Die Wettiner Burg als Landesparteischule, in: Die ersten Jahre. Erinnerungen an den Beginn der revolutionären Umgestaltungen, Berlin (Ost) 1979, S. 57-68.

Falke, Rainer/Modrow, Hans, Auswahl und Entwicklung von Führungskadern. Ermittlung, Auswahl und Entwicklung von Nachwuchskadern für Führungsfunktionen in der sozialistischen Industrie – dargestellt am Beispiel von Großbetrieben der Elektroindustrie der Deutschen Demokratischen Republik, Berlin (Ost) 1967.

Felfe, Werner, Alles mit den Menschen – alles für die Menschen. Ausgewählte Reden und Aufsätze, Berlin (Ost) 1987.

Grüneberg, Gerhard, Agrarpolitik der Arbeiterklasse zum Wohle des Volkes. Ausgewählte Reden und Aufsätze 1957-1981, Berlin (Ost) 1981.

Hertle, Hans-Hermann/Pirker, Theo/Weinert, Rainer, »Der Honecker muß weg!« Protokoll eines Gespräches mit Günter Schabowski am 24. April 1990 in Berlin/West, Berlin 1990.

Jendretzky, Hans, Die Massenarbeit mußte auch im Roten Frontkämpferbund im Mittelpunkt des Kampfes stehen, in: Deutschlands unsterblicher Sohn. Erinnerungen an Ernst Thälmann, Berlin (Ost) 1961, S. 249-254.

Jendretzky, Hans, Die Gewerkschaften trugen zur Überwindung der Spaltung bei, in: Vereint sind wir alles. Erinnerungen an die Gründung der SED, Berlin (Ost) 1971, S. 194-205.

Krolikowski, Werner, Zu einigen Fragen der Führungstätigkeit der Kreisleitungen der SED, Berlin (Ost) 1972.

Krolikowski, Werner, Je stärker der Sozialismus- desto sicherer der Frieden. Ausgewählte Reden und Aufsätze, Berlin (Ost) 1988.

Mewis, Karl, Bei der Bodenreform bewährte sich die Aktionseinheit, in: Vereint sind wir alles. Erinnerungen an die Gründung der SED, Berlin (Ost) 1966, S. 632-644.

Mewis, Karl, Im Auftrag der Partei. Erlebnisse im Kampf gegen die faschistische Diktatur, Berlin (Ost) 1972.

Mewis, Karl, Frischer Wind in Mecklenburg, in: Die ersten Jahre. Erinnerungen an den Beginn der revolutionären Umgestaltungen, Berlin (Ost) 1979, S. 141-159.

Modrow, Hans, Aufbruch und Ende, Hamburg 1991.

Modrow, Hans, Der 8. Mai 1945. Ende und Anfang, Berlin 1995.

Modrow, Hans (Hrsg.), Das Große Haus. Insider berichten aus dem ZK der SED, Berlin 1994.

Modrow, Hans (Hrsg.), Das Große Haus von außen. Erfahrungen im Umgang mit der Machtzentrale in der DDR, Berlin 1996.

Modrow, Hans, Rückkehr in ein neues Leben, in: Modrow, Hans (Hrsg.), Unser Zeichen war die Sonne. Gelebtes und Erlebtes, Berlin 1996, S. 11-71.

Modrow, Hans, Hitlerjugendfeuerwehrmann – Antifaschüler – »Russe« – Politiker, in: Faller, Kurt/Wittich, Bernd (Hrsg.), Abschied vom Antifaschismus, Frankfurt (Oder) 1997, S. 147-164.

Modrow, Hans, Ich wollte ein neues Deutschland, Berlin 1998.

Modrow, Hans, Die Perestroika – wie ich sie sehe. Persönliche Erinnerungen und Analysen eines Jahrzehntes, das die Welt veränderte, Berlin 1998.

Modrow, Hans, Von Schwerin bis Strasbourg. Erinnerungen an ein halbes Jahrhundert Parlamentsarbeit, Berlin 2001.

Mückenberger, Erich, Alle kannten nur ein Ziel: die Einheit der Arbeiterklasse, in: Vereint sind wir alles. Erinnerungen an die Gründung der SED, Berlin (Ost) 1971, S. 304-328.

Mückenberger, Erich, Im festen Bündnis mit der Partei und dem Lande Lenins. Ausgewählte Reden, Berlin (Ost) 1977.

Müller, Helmut, Wendejahre 1949-1989, Berlin 1999.
Naumann, Konrad, Unsere Hauptstadt – unser aller Sache, in: Einheit. Zeitschrift für Theorie und Praxis des wissenschaftlichen Sozialismus, H. 8, Berlin (Ost) 1976, S. 894-900.
Prokop, Siegfried, Poltergeist im Politbüro. Siegfried Prokop im Gespräch mit Alfred Neumann, Frankfurt (Oder) 1996.
Quandt, Bernhard, 20 Jahre erfolgreiche Agrarpolitik im Bezirk Schwerin und die künftigen Aufgaben der Landwirtschaft zur weiteren Verwirklichung der Beschlüsse des VII. Parteitages, Schwerin 1969.
Schabowski, Günter, »So wurde alles in den Friede-Freude-Eierkuchenteig gerührt...«, in: Villain, Jean, Die Revolution verstößt ihre Väter. Aussagen und Gespräche zum Untergang der DDR, Bern 1990, S. 34-68.
Schabowski, Günter, Die Abstoßung der Utopie, in: Geschichte in Wissenschaft und Unterricht, H. 8, Seelze 1992, S. 459-476.
Schabowski, Günter, Der Absturz, Reinbek 1992.
Schabowski, Günter, Selbstblendung. Über den Realitätsverlust der Funktionärselite, in: Michel, Karl Markus (Hrsg.), In Sachen Erich Honecker, Berlin 1993, S. 111-124.
Schabowski, Günter, Abschied von der Utopie. Die DDR – das deutsche Fiasko des Marxismus, Stuttgart 1994.
Schabowski, Günter, Der Fall der Mauer am 9. November 1989, in: Timmermann, Heiner (Hrsg.), Die DDR in Deutschland. Ein Rückblick auf 50 Jahre, Berlin 2001, S. 893-898.
Schirdewan, Karl, Aufstand gegen Ulbricht. Im Kampf um politische Kurskorrektur, gegen stalinistische, dogmatische Politik, Berlin 1994.
Schirdewan, Karl, Kommunist – Ulbrichtgegner – Suche nach dem Neuanfang, in: Faller, Kurt/Wittich, Bernd (Hrsg.), Abschied vom Antifaschismus, Frankfurt (Oder) 1997, S. 213-245.
Schirdewan, Karl, Ein Jahrhundert Leben. Erinnerungen und Visionen, Berlin 1998.
Seibt, Kurt, Illegaler Widerstandskampf in Berlin, in: Voßke, Heinz (Hrsg.), Im Kampf bewährt. Erinnerungen deutscher Genossen an den antifaschistischen Widerstand von 1933 bis 1945, Berlin (Ost) 1969, S. 63-94.
Sindermann, Horst, Probleme der Prognose in der Parteiarbeit der Bezirksleitung der SED, Berlin (Ost) 1968.
Sindermann, Horst, Erfolgreich voran auf dem Kurs des VIII. Parteitages. Ausgewählte Reden und Aufsätze, Berlin (Ost) 1975.
Ziegenhahn, Herbert, Erfahrungen und Aufgaben bei der weiteren Vervollkommnung der Qualität der politischen Führungstätigkeit der Kreisleitungen und Grundorganisationen auf der Grundlage der Beschlüsse des ZK der SED, Berlin (Ost) 1979.

b) Darstellungen zur Geschichte der Bezirksparteiorganisationen der SED

Cottbus

Greschke, Ines/Großer, Veronika/Kornitschuk, Christel, Bezirk Cottbus. Geschichte und Gegenwart seit 1945, Cottbus 1988.

Jäckel, Willi, Die politisch-ideologische Führungstätigkeit der Bezirksparteiorganisation Cottbus der SED in den Jahren 1966/67 unter besonderer Berücksichtigung der Politik der Partei in den Bereichen Kohle- und Energiewirtschaft sowie der sozialistischen Landwirtschaft, Diss., Potsdam 1986.

Nestler, Gabriele, Die politisch-ideologische Führungstätigkeit der Bezirksparteiorganisation Cottbus der SED in den Jahren 1961 bis 1965. Dargestellt an ausgewählten Beispielen der Bereiche Kohle, Energie und Landwirtschaft, Potsdam 1983.

Rehtmeyer, Peter, Zur politisch-ideologischen Führungstätigkeit der Bezirksparteiorganisation Cottbus in den Jahren 1952-1955. Überblick, Zeittafel, ausgewählte Dokumente und Materialien, Cottbus 1981.

Rehtmeyer, Peter u. a., Zur politisch-ideologischen Führungstätigkeit der Bezirksparteiorganisation Cottbus in den Jahren 1956-1961. Überblick, Zeittafel, ausgewählte Dokumente und Materialien, Cottbus 1984.

Uhlig, Joachim, Das Ringen der Bezirksparteiorganisation Cottbus der SED für die Meisterung der neuen Anforderungen in der Energie- und Landwirtschaft zu Beginn der 70er Jahre. 1971-1974, Diss., Potsdam 1987.

Winzer, Helmut, Die politisch-ideologische Tätigkeit der Bezirksparteiorganisation Cottbus der SED zur Vorbereitung des IX. Parteitages und in Auswertung seiner Beschlüsse (1975/76), Cottbus 1987.

Dresden
Förster, Bärbel, Starker Sozialismus – sicherer Frieden. Dokumente zum Friedenskampf auf dem Territorium des Bezirkes Dresden 1945-1981, Dresden 1986.

Kring, Dieter, Zum Kampf der SED-Bezirksparteiorganisation Dresden zur Verwirklichung der marxistisch-leninistischen Bündnispolitik der Arbeiterklasse mit der wissenschaftlich-technischen Intelligenz in den Jahren des ersten Fünfjahrplanes der DDR, Dresden 1972.

Erfurt
Sieber, Harry, Chronik zur Geschichte der Arbeiterbewegung im Bezirk Erfurt 1952-1961, Erfurt 1979.

Sieber, Harry, Chronik zur Geschichte der Arbeiterbewegung im Bezirk Erfurt 1962-1970, Erfurt 1986.

Gera
Zur Geschichte der Bezirksparteiorganisation Gera der SED, Bd. 1: Von den Anfängen der Arbeiterbewegung bis zum August 1961, Gera 1986.

Kowalski, Roland, Die Führungstätigkeit der Bezirksparteiorganisation Gera der SED auf ökonomischem Gebiet in den Jahren 1963-1965, Diss., Jena 1989.

Frankfurt (Oder)
Schmidt, Dietrich, Der Beginn des sozialistischen Aufbaus im Oderbezirk. Aus der Geschichte der Bezirksparteiorganisation Frankfurt (Oder) der SED. Von der Bildung des Bezirkes bis zum IV. Parteitag der SED (1952-1954), Frankfurt (Oder) 1984.

Schmidt, Dietrich, Von der Partei geführt. Die Stärkung der Grundlagen des Sozialismus im Oderbezirk. Aus der Geschichte der Bezirksparteiorganisation Frankfurt

(Oder) der SED. Vom IV. Parteitag der SED bis zum Ende des 1. Fünfjahrplanes (1954-1955), Frankfurt (Oder) 1985.

Wegener, Hans, Von der Partei geführt. Der Oderbezirk auf dem Weg zum sozialistischen Industrie-Agrar-Bezirk. Aus dem Kampf der Bezirksparteiorganisation Frankfurt (Oder) der SED insbesondere zur Entwicklung der Industrie in den Jahren 1961 bis 1965, Frankfurt (Oder) 1982.

Halle

Beyer, Willy, 25 Jahre Sozialistische Einheitspartei Deutschlands. Die führende Rolle der Bezirksparteiorganisation Halle der SED im Spiegel der Literatur, Halle 1971.

Beyer, Willy, 30 Jahre Sozialistische Einheitspartei Deutschlands 1946-1976. Die führende Rolle der Bezirksparteiorganisation Halle der SED im Spiegel der Literatur, Halle 1975.

Czyborra, Reinhardt, Die Rolle des sozialistischen Patriotismus und proletarischen Internationalismus in der Führungstätigkeit der SED-Bezirksorganisation Halle (1971 bis 1976), Diss., Halle-Wittenberg 1985.

Driudzia, Simone, Zur Kulturpolitik der SED-Bezirksorganisation Halle während der sechziger Jahre, Diss., Halle-Wittenberg 1986.

Glaß, Rolf-Jürgen, Die SED-Bezirksorganisation Halle und die Errichtung von Halle-Neustadt, Diss., Halle-Wittenberg 1985.

Kasper, Ulrich, Die SED-Bezirksorganisation Halle im Kampf um den Ausbau der materiell-technischen Basis des Sozialismus (1963 bis 1971), Diss., Halle-Wittenberg 1984.

Klein, Angelika, Die führende Rolle der Arbeiterklasse und ihrer marxistisch-leninistischen Partei in der Übergangsperiode vom Kapitalismus zum Sozialismus am Beispiel der Bezirksparteiorganisation Halle der SED (1955-1961), Diss. B, Halle-Wittenberg 1985.

Ruch, Karl-Heinz, Geschichte der Bezirksorganisation Halle der SED (seit 1961). Materialien, Halle (Saale) 1986.

Ruch, Karl-Heinz, Zur Entwicklung der Bezirksorganisation Halle der SED während der 60er und 70er Jahre. Grundprobleme der Parteigeschichtsschreibung im Bezirk, Halle (Saale) 1986.

Ruhland, Volker, Zur Geschichte der Bezirksparteiorganisation Halle der SED 1986. Arbeitsmaterial für die Tätigkeit der Kommission zur Erforschung der Geschichte der örtlichen Arbeiterbewegung und der Betriebsgeschichtskommissionen, Halle (Saale) 1989.

Schubert, Jutta, Die Geschichte der Bezirksparteiorganisation der SED Halle von der 2. Parteikonferenz bis zum Abschluß des Warschauer Vertrages (Juli 1952 bis Mai 1955), Diss., Halle-Wittenberg 1984.

Sitte, Petra, Die Führungstätigkeit der SED-Bezirksorganisation Halle bei der Weiterentwicklung der sozialistischen Produktionsverhältnisse in der Industrie und der Herausbildung der Kombinate (sechziger und siebziger Jahre), Diss., Halle-Wittenberg 1986.

Wohlfeld, Ursula, Die Führungstätigkeit der SED-Bezirksorganisation Halle in der Festigung der Grundlagen des Sozialismus und dem umfassenden Aufbau des Sozialismus im Bezirk Halle (1961 bis 1965), Diss., Halle-Wittenberg 1988.

Zwintzscher, Wilfried, Die massenpolitische Tätigkeit der SED-Bezirksorganisation Halle für die Entfaltung des sozialistischen Wettbewerbes in der Industrie des Bezirkes Halle (1971 bis 1976), Diss., Halle-Wittenberg 1986.

Leipzig
Dittrich, Gottfried, Organisator des Aufbaus der Grundlagen des Sozialismus. Zur Geschichte der Bezirksparteiorganisation Leipzig der SED. 1949-1955, Leipzig 1986.

Karl-Marx-Stadt
Durch Aktionseinheit zur Einheitspartei. Zur Geschichte der SED im Bezirk Karl-Marx-Stadt, Karl-Marx-Stadt 1976.
Zur Geschichte der Bezirksparteiorganisation Karl-Marx-Stadt der SED (1945-1961), Teile 1-6, Karl-Marx-Stadt 1984.

Magdeburg
Hillger, Wolfgang u. a., Unter Führung der Partei für das Wohl des Volkes. Geschichte der Bezirksparteiorganisation Magdeburg der SED 1952 bis 1981, Magdeburg 1989.
Spröte, Werner, Die Führungstätigkeit der Bezirksorganisation Magdeburg der SED auf dem Gebiet der Industrie- und Agrarpolitik der SED in der ersten Hälfte der sechziger Jahre, Diss., Magdeburg 1987.

Neubrandenburg
Hantke, Ulrich, Die führende Rolle der Bezirksorganisation der Sozialistischen Einheitspartei Deutschlands bei der Entwicklung der LPG und der Klasse der Genossenschaftsbauern im Bezirk Neubrandenburg vom vollständigen genossenschaftlichen Zusammenschluß der Bauern 1960 bis zum VI. Parteitag der Sozialistischen Einheitspartei Deutschlands 1963, Diss., Potsdam 1988.

Potsdam
Beetz, Rüdiger, Die führende Rolle der Bezirksparteiorganisation der SED bei der sozialistischen Umgestaltung der Landwirtschaft im Bezirk Potsdam in der Zeit von der 8. Tagung des ZK (April 1960) bis zum VI. Parteitag der SED (Januar 1963), Diss., Potsdam 1980.
Berger, Doris, Der Kampf der SED-Bezirksparteiorganisation Potsdam für die weitere Errichtung der sozialistischen Gesellschaft im Bezirk (vom Dezember 1965 bis zum Frühjahr 1968), Diss., Potsdam 1986.
Dietze, Peter, Die SED-Bezirksparteiorganisation Potsdam als führende Kraft im Prozeß der weiteren Gestaltung der entwickelten sozialistischen Gesellschaft (Frühjahr 1968 bis Dezember 1970), Diss., Potsdam 1986.
Geschichte der Bezirksparteiorganisation Potsdam der SED, Potsdam 1987.
Gleditzsch, Wolfgang, Die SED-Bezirksparteiorganisation als Organisator des Aufbaus der Grundlagen des Sozialismus im Havelbezirk (1952-1955), Diss., Potsdam 1985.
Götze, Bettina, Die führende Rolle der Bezirksparteiorganisation Potsdam der SED beim weiteren Aufbau der Grundlagen des Sozialismus in der Zeit von der 25. Ta-

gung des ZK der SED (Oktober 1955) bis zum V. Parteitag der SED (Juli 1958), Diss., Potsdam 1984.

Götze, Bettina/Uhlemann, Manfred, Der weitere Aufbau der Grundlagen des Sozialismus unter Führung der SED-Bezirksparteiorganisation im Havelbezirk (1955-1958), Potsdam 1986.

Ludwig, Karin, Der Kampf der Bezirksparteiorganisation Potsdam der SED um den Sieg der sozialistischen Produktionsverhältnisse 1958 bis 1961, Diss., Potsdam 1985.

Ludwig, Karin, Die SED-Bezirksparteiorganisation Potsdam im Kampf um den Abschluß der Übergangsperiode vom Kapitalismus zum Sozialismus in den Jahren 1958 bis 1961, Potsdam 1987.

Magnus, Detlef, Der Kampf der SED-Bezirksparteiorganisation Potsdam für die weitere Gestaltung der entwickelten sozialistischen Gesellschaft (Januar 1976 bis Februar 1979), Diss., Potsdam 1989.

Uhlemann, Manfred, Die führende Rolle der Bezirksparteiorganisation der SED bei der sozialistischen Umgestaltung der Landwirtschaft im Bezirk Potsdam 1952 bis 1961-62, Potsdam 1977.

Rostock

Fitzek, Peter, Die schöpferische Anwendung der marxistisch-leninistischen Revolutionstheorie durch die Bezirksparteiorganisation Rostock der SED bei der sozialistischen Umgestaltung des Bezirkes, Wismar 1984.

Zur Geschichte der Bezirksparteiorganisation Rostock der SED. 1952-1965, Rostock 1986.

Zeittafel zur Geschichte der Bezirksparteiorganisation Rostock der SED 1952-1961, Rostock 1983.

Schwerin

Aus der Geschichte der Bezirksparteiorganisation der SED Schwerin. Berichte, Fakten und Erinnerungen (1952-1980), 2 Bde., Schwerin 1980-1981.

Beiträge zur Erforschung der Geschichte der SED im Bezirk Schwerin. Herausgegeben zu Ehren des IX. Parteitages der SED, Schwerin 1976.

Chronik zum Kampf der Bezirksparteiorganisation Schwerin der SED Schwerin um die sozialistische Umgestaltung der Landwirtschaft 1952-1960, Schwerin 1975.

Hofer, Emil/Rein, Jakob/Stein, Udo, Chronik der Geschichte der Bezirksparteiorganisation Schwerin der SED. 1952-1961, Schwerin 1982.

Ihde, Arnold, Dokumente zur Geschichte der Bezirksparteiorganisation Schwerin der SED zwischen dem VIII. und IX. Parteitag der SED, Schwerin 1989.

Scheffler, Lothar, Die Verwirklichung der Kulturpolitik der Sozialistischen Einheitspartei Deutschlands durch die Bezirksparteiorganisation Schwerin in der ersten Hälfte der sechziger Jahre (1961-1965), Diss., Güstrow 1984.

Suhl

Erfolgreiche Agrar- und Bündnispolitik der SED im Bezirk Suhl, Suhl 1986.

c) Literatur bis 1989

Akademie für Gesellschaftswissenschaften beim ZK der SED 1951-1981, Berlin (Ost) 1981.
Alt, Helmut, Die Stellung des Zentralkomitees der SED im politischen System der DDR, Köln 1987.
Assmann, Walter/Liebe, Günther, Kaderarbeit als Voraussetzung qualifizierter staatlicher Leitung, Berlin (Ost) 1972.
Balla, Bálint, Kaderverwaltung. Versuch zur Idealtypisierung der »Bürokratie« sowjetisch-volksdemokratischen Typs, Stuttgart 1972.
Barm, Werner, Totale Abgrenzung. Zehn Jahre unter Ulbricht, Honecker und Stoph an der innerdeutschen Grenze. Ein authentischer Bericht, Stuttgart 1971.
Baylis, Thomas A., The Technical Intelligentsia and the East German Elite. Legitimacy and Social Change in Mature Communism, Berkeley-Los Angeles-London 1974.
Baylis, Thomas A., Agitprop as a Vocation: The East German Ideological Elite, in: Polity. The Journal of the Northeastern Political Science Associations, H. 18, Amherst 1985, S. 25-46.
Bergmann, Theodor, »Gegen den Strom«. Die Geschichte der Kommunistischen Partei-Opposition, Hamburg 1987.
Bölling, Klaus, Die fernen Nachbarn. Erfahrungen in der DDR, Hamburg 1984.
Bräuer, Anneliese/Conrad, Horst, Kaderpolitik der SED – fester Bestandteil der Leitungstätigkeit, Berlin (Ost) 1981.
Brandt, Hans Jürgen, Die Kandidatenaufstellung zu den Volkskammerwahlen in der DDR. Entscheidungsprozesse und Auswahlkriterien, Baden-Baden 1983.
Brandt, Hans Jürgen/Dinges, Martin, Kaderpolitik und Kaderarbeit in den «bürgerlichen" Parteien und den Massenorganisationen in der DDR, Berlin (West) 1984.
Bruschke, Werner, Episoden meiner politischen Lehrjahre, Halle 1979.
Bruschke, Werner, Für das Recht der Klasse – für die Macht der Arbeiter und Bauern, Halle 1981.
Buch, Günther, Namen und Daten. Biographien wichtiger Personen in der DDR, Bonn-Bad Godesberg 1987.
Childs, David (Hrsg.), Honecker's Germany, London 1985.
DDR-Handbuch, hrsg. vom Bundesministerium für innerdeutsche Beziehungen, 2 Bde., Köln 1985.
Deutsche Demokratische Republik. Handbuch, Leipzig 1979.
Diehl, Ernst u. a. (Hrsg.), 750 Jahre Berlin. Thesen, Berlin 1986.
Dowidat, Christel, Zur Entwicklung der politischen und sozialen Strukturen der Mitglieder von Landtagen, Volksrat und Volkskammern in der SBZ/DDR zwischen 1946 und 1950/54, Diss., Mannheim 1986.
Drechsler, Hanno, Die Sozialistische Arbeiterpartei Deutschlands (SAPD). Ein Beitrag zur Geschichte der Arbeiterbewegung am Ende der Weimarer Republik, Meisenheim 1965.
Förtsch, Eckart, Parteischulung als System der Kaderbildung in der SBZ (1946-1963), Diss., Erlangen-Nürnberg 1964.
Förtsch, Eckart/Mann, Rüdiger, Die SED, Stuttgart u. a. 1969.

Foitzik, Jan, Kadertransfer. Der organisierte Einsatz sudetendeutscher Kommunisten in der SBZ 1945/46, in: Vierteljahrshefte für Zeitgeschichte, H. 2, München 1983, S. 308-334.

Fricke, Karl Wilhelm, Naumanns Sturz – ein Sieg für Krenz. Die kaderpolitischen Beschlüsse des 11. ZK-Plenums, in: Deutschland Archiv, H. 12, Köln 1985, S. 1251-1253.

Fricke, Karl Wilhelm, Kaderpolitik in Ost-Berlin. Kontinuität oder Stagnation?, in: Deutschland Archiv, H. 1, Köln 1989, S. 7-10.

Fricke, Karl Wilhelm/Spittmann, Ilse, 17. Juni 1953. Arbeiteraufstand in der DDR, Köln 1988.

Gast, Gabriele, Die politische Rolle der Frau in der DDR, Düsseldorf 1973.

Gaus, Günter, Wo Deutschland liegt. Eine Ortsbestimmung, Hamburg 1983.

Geschichte der Deutschen Demokratischen Republik, Berlin (Ost) 1981.

Geschichte der Landesparteiorganisation der SED Mecklenburg 1945-1952, Rostock 1986.

Geschichte der Sozialistischen Einheitspartei Deutschlands. Abriß, Berlin (Ost) 1978.

Glaeßner, Gert-Joachim, Herrschaft durch Kader. Leitung der Gesellschaft und Kaderpolitik in der DDR am Beispiel des Staatsapparates, Opladen 1977.

Glaeßner, Gert-Joachim/Rudolph, Irmhild, Macht durch Wissen. Zum Zusammenhang von Bildungspolitik, Bildungssystem und Kaderqualifizierung in der DDR, Opladen 1978.

Glaeßner, Gert-Joachim (Hrsg.), Die DDR in der Ära Honecker. Politik-Kultur-Gesellschaft, Opladen 1988.

Glaeßner, Gert-Joachim (Hrsg.), Die andere deutsche Republik. Gesellschaft und Politik in der DDR, Opladen 1989.

Gniffke, Erich W., Der SED-Funktionär, Berlin 1947.

Götz, Hans Herbert, Honecker – und was dann. 40 Jahre DDR, Herford 1989.

Grützner, Rudi/Zentner, Luise/Pitsch, Traudel, Was lehren uns die Berichte über Kaderentwicklung?, in: Neuer Weg, H. 11, Berlin (Ost) 1954, S. 34-36.

Hajna, Karl-Heinz, Zur Bildung der Bezirke in der DDR ab Mitte 1952, in: Zeitschrift für Geschichtswissenschaft, H. 4, Berlin (Ost) 1989, S. 291-303.

Haungs, Peter (Hrsg.), Bundesrepublik Deutschland – Deutsche Demokratische Republik. Die politischen Systeme im Vergleich, Stuttgart 1989.

Havemann, Robert, Fragen – Antworten – Fragen. Aus der Biographie eines deutschen Marxisten, München 1970.

Heitzer, Heinz (Hrsg.), DDR-Geschichte in der Übergangsperiode (1945 bis 1961), Berlin (Ost) 1987.

Heitzer, Heinz, DDR – Geschichtlicher Überblick, Berlin (Ost) 1989.

Herber, Richard/Jung, Herbert, Kaderarbeit im System sozialistischer Führungstätigkeit, Berlin (Ost) 1968.

Hoffmann, Ursula, Die Veränderungen in der Sozialstruktur des Ministerrates der DDR 1949-1969, Düsseldorf 1971.

Honecker, Erich, Reden und Aufsätze, 12 Bde., Berlin (Ost) 1977-1988.

Honecker, Erich, Aus meinem Leben, Berlin (Ost) 1981.

Hüttenberger, Peter, Die Gauleiter. Studie zum Wandel des Machtgefüges in der NSDAP, Schriftenreihe der Vierteljahrshefte für Zeitgeschichte Nr. 19, Stuttgart 1969.

Jänicke, Martin, Der Dritte Weg. Die antistalinistische Opposition gegen Ulbricht seit 1953, Köln 1964.
Jarausch, Konrad H./Arminger, Gerhard/Thaller, Manfred, Quantitative Methoden in der Geschichtswissenschaft. Eine Einführung in die Forschung, Datenverarbeitung und Statistik, Darmstadt 1985.
Jesse, Eckhard (Hrsg.), Bundesrepublik Deutschland und Deutsche Demokratische Republik. Die beiden deutschen Staaten im Vergleich, Berlin (West) 1985.
Jetzt oder nie – Demokratie! Leipziger Herbst '89, hrsg. vom Neuen Forum Leipzig, Leipzig 1989.
Kappelt, Olaf, Braunbuch DDR. Nazis in der DDR, Berlin 1981.
Kirchner, Fritz, Kämpfer gegen den Faschismus – Vorbilder der Jugend. Leben und Kampf des Genossen Ludwig Einicke, Nordhausen 1983.
Kurze Chronik der Akademie für Gesellschaftswissenschaften beim Zentralkomitee der Sozialistischen Einheitspartei Deutschlands, Berlin (Ost) 1986.
Lapp, Peter-Joachim, Der Staatsrat im politischen System der DDR (1960-1971), Opladen 1972.
Lapp, Peter-Joachim, Der Ministerrat der DDR: Aufgaben, Arbeitsweise und Struktur der anderen deutschen Regierung, Opladen 1982.
Lemke, Christiane, Frauen in leitenden Funktionen. Probleme der Frauenpolitik in der DDR, in: Deutschland Archiv, H. 9, Köln 1981, S. 970-976.
Leonhard, Wolfgang, Die Revolution entläßt ihre Kinder, Köln 1955.
Liebe, Günther, Entwicklung von Nachwuchskadern für die örtlichen Staatsorgane, Berlin (Ost) 1973.
Loeser, Franz, Die unglaubwürdige Gesellschaft. Quo vadis, DDR?, Köln 1984.
Ludz, Peter Christian, Parteielite im Wandel. Funktionsaufbau, Sozialstruktur und Ideologie der SED-Führung, Köln-Opladen 1970.
Ludz, Peter Christian, Die DDR zwischen Ost und West. Politische Analysen 1961 bis 1976, München 1977.
Mann, Eberhard, Fritz Sattler. Lebensbild, Suhl 1987.
Meier, Horst, Liesel Jende. Lebensbild, Suhl 1988.
Meyer, Gerd, Die politische Elite der DDR, in: Wehling, Hans-Georg (Hrsg.), DDR, Stuttgart 1983, S. 92-117.
Meyer, Gerd, »Parteielite im Wandel?« Tendenzen der Kooptationspolitik im politischen Führungskern der DDR, in: Lebensbedingungen in der DDR. 17. Tagung zum Stand der DDR-Forschung in der Bundesrepublik Deutschland, 12. bis 15. Juni 1984 (= Deutschland Archiv 17, Sonderheft), Köln 1984, S. 13-22.
Meyer, Gerd, Zur Soziologie der Machtelite. Qualifikationsstruktur, Karrierewege und »politische Generationen«, in: Deutschland Archiv, H. 5, Köln 1985, S. 506-528.
Meyer, Gerd, Frauen in den Machthierarchien der DDR oder: Der lange Weg zur Parität. Empirische Befunde 1971-1985, in: Deutschland Archiv, H. 3, Köln 1986, S. 294-311.
Neugebauer, Gero, Partei und Staatsapparat in der DDR. Aspekte der Instrumentalisierung des Staatsapparates durch die SED, Opladen 1978.
Niethammer, Lutz, Fragen – Antworten – Fragen. Methodische Erfahrungen und Erwägungen zur Oral History, in: Niethammer, Lutz/Plato, Alexander von (Hrsg.),

»Wir kriegen jetzt andere Zeiten.« Auf der Suche nach der Erfahrung des Volkes in nachfaschistischen Ländern. Lebensgeschichte und Sozialkultur im Ruhrgebiet 1930-1960, Bd. 3, Bonn 1985, S. 392-445.
Oldenburg, Fred, Konflikt und Konfliktregelung in der Parteiführung der SED 1945/46-1972, Köln 1972.
Oldenburg, Fred, Die Sozialistische Einheitspartei Deutschlands. Geschichte – Selbstverständnis – Organisationsaufbau und Sozialstruktur, Köln 1975.
Ostwald, Werner (Hrsg.), Die DDR im Spiegel ihrer Bezirke, Berlin (Ost) 1989.
Plenzdorf, Ulrich, Die Legende von Paul & Paula. Die neuen Leiden des jungen W. Ein Kino- und ein Bühnenstück, Berlin (Ost) 1974.
Prokop, Siegfried, Übergang zum Sozialismus in der DDR: Entwicklungslinien und Probleme der Geschichte der DDR in der Endphase der Übergangsperiode und beim beginnenden Aufbau des Sozialismus (1957-1963), Berlin (Ost) 1986.
Reinowski, Werner, Bernard Koenen. Ein Leben für die Partei, Halle 1962.
Reuter, Karl-Ernst, Ernste Mängel in der Kaderarbeit der leitenden Parteiorgane des Bezirks Dresden, in: Neuer Weg, H. 21/22, Berlin (Ost) 1955, S. 1302-1307.
Richert, Ernst, Macht ohne Mandat. Der Staatsapparat in der Sowjetischen Besatzungszone Deutschlands, Köln und Opladen 1963.
Richert, Ernst, Das zweite Deutschland. Ein Staat, der nicht sein darf, Frankfurt/Main 1966.
Richert, Ernst, Die DDR-Elite oder Unsere Partner von morgen?, Reinbek 1968.
Rost, Rudi, Die Kaderarbeit als Führungsaufgabe, in: Staat und Recht, H. 1, Berlin (Ost) 1967, S. 4-18.
Schröder, Wilhelm Heinz (Hrsg.), Lebenslauf und Gesellschaft. Zum Einsatz von kollektiven Biographien in der historischen Sozialforschung, Stuttgart 1985.
Schüßler, Gerhard u. a., Marxistisch-leninistische Partei und sozialistischer Staat, Berlin (Ost) 1978.
Schüßler, Gerhard u. a., Der demokratische Zentralismus. Theorie und Praxis, Berlin (Ost) 1981.
Schuldt, Hermann, Bernhard Quandts Anteil am Kampf gegen Junkertum und Faschismus, für die Befreiung der Landarbeiter und werktätigen Bauern in Mecklenburg 1929 bis Ende 1945, Diss., Rostock 1967.
Schultz, Joachim, Der Funktionär in der Einheitspartei. Kaderpolitik und Bürokratisierung in der SED, Stuttgart-Düsseldorf 1956.
Schwarzenbach, Rudolf, Die Kaderpolitik der SED in der Staatsverwaltung. Ein Beitrag zur Entwicklung des Verhältnisses von Partei und Staat in der DDR (1945-1975), Köln 1976.
Seydewitz, Max, Es hat sich gelohnt zu leben. Lebenserinnerungen eines alten Arbeiterfunktionärs: Erkenntnisse und Bekenntnisse, Berlin 1976.
Seydewitz, Max, Es hat sich gelohnt zu leben. Lebenserinnerungen eines alten Arbeiterfunktionärs (2): Mein sozialistisches Vaterland, Berlin 1978.
Slepow, L., Die Auslese der Kader, ihre Beförderung und Verteilung, Berlin (Ost) 1952.
Sommer, Theo (Hrsg.), Reise ins andere Deutschland, Reinbek 1986.
Spittmann, Ilse (Hrsg.), Die SED in Geschichte und Gegenwart, Köln 1987.
Stern, Carola, Porträt einer bolschewistischen Partei. Entwicklung, Funktion und Situation der SED, Köln 1957.

Stern, Carola, Ulbricht. Eine politische Biographie, Berlin (West) 1966.
Stoedtner, Gerhard, Männer, Opportunisten und Funktionäre. Ein Beitrag zur Eliteforschung der DDR, Berlin (West) 1974.
Timmermann, Heiner (Hrsg.), Sozialstruktur und sozialer Wandel in der DDR, Saarbrücken 1988.
Tjaden, Karl Heinz, Struktur und Funktion der »KPD-Opposition« (KPO). Eine organisationssoziologische Untersuchung zur »Rechts«-Opposition im deutschen Kommunismus zur Zeit der Weimarer Republik, Meisenheim 1964.
Uebel, Günter/Woitinas, Erich, Zur Entwicklung des Parteiaufbaus und der Organisationsstruktur der SED bis zu ihrem III. Parteitag 1950, in: Beiträge zur Geschichte der Arbeiterbewegung, H. 4, Berlin (Ost) 1970, S. 606-623.
Ulbricht, Walter, Die Entwicklung des deutschen volksdemokratischen Staates 1945-1958, Berlin (Ost) 1961.
Ulbricht, Walter, Geschichte der deutschen Arbeiterbewegung. Bd. 7: Von 1949 bis 1955, Berlin (Ost) 1966.
Ulbricht, Walter, Geschichte der deutschen Arbeiterbewegung. Bd. 8: Von 1956 bis Anfang 1963, Berlin (Ost) 1966.
Ulbricht, Walter, Zum neuen ökonomischen System der Planung und Leitung, Berlin 1966.
Voigt, Dieter, Kaderarbeit in der DDR, in: Deutschland Archiv, H. 2, Opladen 1972, S. 174-185.
Voslensky, Michael, Nomenklatura. Die herrschende Klasse der Sowjetunion in Geschichte und Gegenwart, München 1987.
Voßke, Heinz, Walter Ulbricht. Biographischer Abriß, Berlin (Ost) 1983.
Weber, Hermann, Die Wandlung des deutschen Kommunismus. Die Stalinisierung der KPD in der Weimarer Republik, 2 Bde., Frankfurt/Main 1969.
Weber, Hermann, SED. Chronik einer Partei 1971-1976, Köln 1976.
Weber, Hermann, Kommunistische Bewegung und realsozialistischer Staat. Beiträge zum deutschen und internationalen Kommunismus, Köln 1988.
Weber, Hermann/Oldenburg, Fred, 25 Jahre SED. Chronik einer Partei, Köln 1971.
Weidenfeld, Werner/Zimmermann, Hartmut (Hrsg.), Deutschland-Handbuch. Eine doppelte Bilanz 1949-1989, Bonn 1989.
Weidig, Rudi, Sozialstruktur der DDR, Berlin (Ost) 1988.
Weigandt, Susanne, Frauen in der DDR. Präsenz ohne Macht, in: Timmermann, Heiner (Hrsg.), Sozialstruktur und sozialer Wandel in der DDR, Saarbrücken 1988, S. 117-133.
Welsh, Helga A., Revolutionärer Wandel auf Befehl? Entnazifizierungs- und Personalpolitik in Thüringen und Sachsen (1945-1948), München 1989.
Welsh, William A., Leaders and Elites, New York u. a. 1977.
Wietstruk, Siegfried u. a., Entwicklung des Arbeiter- und Bauern-Staates der DDR. 1949-1961, Berlin (Ost) 1987.
Wietstruk, Siegfried, Von den Ländern zu den Bezirken. Die DDR 1949 bis 1952, in: Staat und Recht, H. 9, Berlin (Ost) 1989, S. 753-760.
Woitinas, Erich, Zur Entwicklung des Parteiaufbaus und der Organisationsstruktur der SED vom III. bis zum VI. Parteitag, in: Beiträge zur Geschichte der Arbeiterbewegung, H. 2, Berlin (Ost) 1988, S. 205-217.

Wolf, Hanna, Zur Auswahl der Genossen für die Lehrgänge der Parteihochschule, in: Neuer Weg, H. 17, Berlin (Ost) 1952, S. 42-43.

Zimmermann, Rüdiger, Der Leninbund. Linke Kommunisten in der Weimarer Republik, Düsseldorf 1978.

D) LITERATUR AB 1990

Agde, Günter, Kahlschlag. Das 11. Plenum des ZK der SED 1965. Studien und Dokumente, Berlin 1991.

Ahbe, Thomas/Hofmann, Michael/Stiehler, Volker (Hrsg.), Wir bleiben hier! Erinnerungen an den Leipziger Herbst '89, Leipzig 1999.

Aischmann, Bernd, »...Menschen wichtiger als Macht...«. Briefe an Hans Modrow, Berlin 1990.

Ammer, Thomas, Die Machthierarchie der SED, in: Deutscher Bundestag (Hrsg.), Materialien der Enquete-Kommission »Aufarbeitung von Geschichte und Folgen der SED-Diktatur in Deutschland« (12. Wahlperiode des Deutschen Bundestages), Bd. II, 2, Baden-Baden und Frankfurt/Main 1995, S. 803-867.

Ammer, Thomas, Strukturen der Macht – Die Funktionäre im SED-Staat, in: Weber, Jürgen (Hrsg.), Der SED-Staat. Neues über eine vergangene Diktatur, München 1994, S. 5-22.

Amos, Heike, Politik und Organisation der SED-Zentrale 1949-1963. Struktur und Arbeitsweise von Politbüro, Sekretariat, Zentralkomitee und ZK-Apparat, Münster 2002.

Amos, Heike, Veränderungen in Organisation und personeller Zusammensetzung der SED-Zentrale im Gefolge von Stalins Tod (März 1953): Die Jahre 1952-1954, in: Zeitschrift des Forschungsverbundes SED-Staat, Berlin 2003, S. 78-100.

Andert, Reinhold/Herzberg, Wolfgang, Der Sturz. Erich Honecker im Kreuzverhör, Berlin 1990.

Arnold, Karl-Heinz, Die ersten hundert Tage des Hans Modrow, Berlin 1990.

Badstübner, Evemarie (Hrsg.), Befremdlich anders. Leben in der DDR, Berlin 2000.

Bärwald, Helmut, Das Ostbüro der SPD 1946-1971. Kampf und Niedergang, Krefeld 1991.

Bahrmann, Hannes/Links, Christoph, Chronik der Wende. Die DDR zwischen 7. Oktober und 18. Dezember 1989, Berlin 1994.

Bauerkämper, Arnd, Die Sozialgeschichte der DDR, München 2005.

Bauerkämper, Arnd/Danyel, Jürgen/Hübner, Peter/Ross, Sabine (Hrsg.), Gesellschaft ohne Eliten? Führungsgruppen in der DDR, Berlin 1997.

Baumgartner, Gabriele/Helbig, Dieter (Hrsg.), Biographisches Handbuch der SBZ/DDR 1945-1990, 2 Bde., München 1996.

Bessel, Richard/Jessen, Ralph (Hrsg.), Die Grenzen der Diktatur. Staat und Gesellschaft in der DDR, Göttingen 1996.

Best, Heinrich/Gebauer, Ronald (Hrsg.), (Dys)funktionale Differenzierung? Rekrutierungsmuster und Karriereverläufe der DDR-Funktionseliten, Jena 2002.

Best, Heinrich/Hornbostel, Stefan (Hrsg.), Funktionseliten der DDR. Theoretische Kontroversen und empirische Befunde, Köln 2003.

Best, Heinrich/Mestrup, Heinz, Die Ersten und Zweiten Sekretäre der SED. Machtstrukturen und Herrschaftspraxis in den thüringischen Bezirken der DDR, Weimar 2003.
Bouvier, Beatrix, Die DDR – ein Sozialstaat? Sozialpolitik in der Ära Honecker, Bonn 2002.
Boyer, Christoph, »Die Kader entscheiden alles...«. Kaderpolitik und Kaderentwicklung in der zentralen Staatsverwaltung der SBZ und der frühen DDR (1945-1952), Dresden 1996.
Brunner, Georg, Staatsapparat und Parteiherrschaft in der SED, in: Materialien der Enquete-Kommission »Aufarbeitung von Geschichte und Folgen der SED-Diktatur in Deutschland« (12. Wahlperiode des Deutschen Bundestages), Bd. II, 2, Baden-Baden und Frankfurt/Main 1995, S. 989-1029.
Bürger, Ulrich, Das sagen wir natürlich so nicht! Donnerstag-Argus bei Herrn Geggel, Berlin 1990.
Buschfort, Wolfgang, Das Ostbüro der SPD. Von der Gründung bis zur Berlin-Krise, München 1991.
Cerný, Jochen (Hrsg.), Wer war wer – DDR. Ein biographisches Lexikon, Berlin 1992.
Chlewnjuk, Oleg W., Das Politbüro. Mechanismen der politischen Macht in der Sowjetunion der dreißiger Jahre, Hamburg 1998.
Chlewnjuk, Oleg W. u. a., Politbjuro ZK WKP (b) i Sowjet Ministrow SSSR. 1945-1953, Moskwa 2002.
Dähn, Horst, »Im Ernst-Thälmann-Werk sind die Streikenden über die Mauern gestiegen« – Die Rolle des Sekretariats der SED-Bezirksleitung Magdeburg am 17. Juni 1953, in: Jahrbuch für Historische Kommunismusforschung 2003, Berlin 2003, S. 190-241.
Diedrich, Torsten, Waffen gegen das Volk. Der Aufstand vom 17. Juni 1953, München 2003.
Diedrich, Torsten/Hertle, Hans-Hermann (Hrsg.), Alarmstufe »Hornisse«. Die geheimen Chef-Berichte der Volkspolizei über den 17. Juni 1953, Berlin 2003.
Dornheim, Andreas, Politischer Umbruch 1989/90 in Erfurt. Fotos – Texte – Quellen, Erfurt 1995.
Dornheim, Andreas/Schnitzler, Stephan (Hrsg.), Thüringen 1989/90. Akteure des Umbruchs berichten, Erfurt 1995.
Eberle, Henrik/Wesenberg, Denise (Hrsg.), Einverstanden, E. H. Parteiinterne Hausmitteilungen, Briefe, Akten und Intrigen aus der Honecker-Zeit, Berlin 1999.
Engler, Wolfgang, Die Ostdeutschen. Kunde von einem verlorenen Land, Berlin 2000.
Eppelmann, Rainer/Möller, Horst/Nooke, Günter/Wilms, Dorothee (Hrsg.), Lexikon des DDR-Sozialismus. Das Staats- und Gesellschaftssystem der Deutschen Demokratischen Republik, Paderborn u. a. 1997.
Eppelmann, Rainer/Faulenbach, Bernd/Mählert, Ulrich (Hrsg.), Bilanz und Perspektiven der DDR-Forschung, Paderborn u. a. 2003.
Falkner, Thomas, Die letzten Tage der SED. Gedanken eines Beteiligten, in: Deutschland Archiv, H. 11, Köln 1990, S. 1750-1762.
Faulenbach, Bernd/Meckel, Markus/Weber, Hermann (Hrsg.), Die Partei hatte immer recht – Aufarbeitung von Geschichte und Folgen der SED-Diktatur, Essen 1994.

Fischer, Alexander/Heydemann, Günther (Hrsg.), Die politische »Wende« 1989/90 in Sachsen. Rückblick und Zwischenbilanz, Weimar u. a. 1995.
Flemming, Thomas, Kein Tag der deutschen Einheit. 17. Juni 1953, Berlin 2003.
Flocken, Jan von/Scholz, Michael F., Ernst Wollweber. Saboteur – Minister – Unperson, Berlin 1994.
Frank, Mario, Walter Ulbricht. Eine deutsche Biographie, Berlin 2001.
Fulbrook, Mary, Anatomy of a Dictatorship: Inside the GDR, 1949-1989, Oxford 1995.
Gallus, Alexander, Biographik und Zeitgeschichte, in: Aus Politik und Zeitgeschichte, H. 1-2/2005, Berlin 2005, Bonn 2005, S. 40-46.
Gaus, Günter, Deutsche Zwischentöne. Gesprächs-Porträts aus der DDR, Hamburg 1990.
Gerlach, Manfred, Mitverantwortlich. Als Liberaler im SED-Staat, Berlin 1991.
Geulen, Dieter, Politische Sozialisation in der DDR. Autobiographische Gruppengespräche mit Angehörigen der Intelligenz, Opladen 1998.
Gieseke, Jens, Mielke-Konzern. Die Geschichte der Stasi 1945-1990, Stuttgart u. a. 2001.
Gorbatschow, Michail S., Erinnerungen, Berlin 1995.
Grunenberg, Antonia, Aufbruch der inneren Mauer. Politik und Kultur in der DDR 1971-1990, Bremen 1990.
Gysi, Gregor/Falkner, Thomas, Sturm aufs Große Haus. Der Untergang der SED, Berlin 1990.
Habel, Frank-Burkhard, Das große Lexikon der DEFA-Spielfilme. Die vollständige Dokumentation aller DEFA-Spielfilme von 1946 bis 1993, Berlin 2000.
Hager, Kurt, Erinnerungen, Leipzig 1996.
Hajna, Karl-Heinz, Länder – Bezirke – Länder. Zur Territorialfrage im Osten Deutschlands 1945-1990, Frankfurt/Main 1995.
Hampele, Anne, »Arbeite mit, plane mit, regiere mit« – Zur politischen Partizipation von Frauen in der DDR, in: Helwig, Gisela/Nickel, Hildegard Maria (Hrsg.), Frauen in Deutschland 1945-1992, Bonn 1993, S. 281-320.
Harbers, Dorothee, Die Bezirkspresse der DDR (unter besonderer Berücksichtigung der SED-Bezirkszeitungen). Lokalzeitungen im Spannungsfeld zwischen Parteiauftrag und Leserinteresse, Marburg 2003.
Helwig, Gisela, Frauen im SED-Staat, in: Deutscher Bundestag (Hrsg.), Materialien der Enquete-Kommission »Aufarbeitung von Geschichte und Folgen der SED-Diktatur in Deutschland« (12. Wahlperiode des Deutschen Bundestages), Band III/2, Baden-Baden und Frankfurt/Main 1995, S. 1223-1274.
Helwig, Gisela (Hrsg.), Rückblicke auf die DDR. Festschrift für Ilse Spittmann-Rühle, Köln 1995.
Henkel, Rüdiger, Im Dienste der Staatspartei. Über Parteien und Organisationen der DDR, Baden-Baden 1994.
Herbst, Andreas/Ranke, Winfried/Winkler, Jürgen, So funktionierte die DDR, 3 Bde., Reinbek 1994.
Herbst, Andreas/Stephan, Gerd-Rüdiger/Winkler, Jürgen (Hrsg.), Die SED. Geschichte, Organisation, Politik. Ein Handbuch, Berlin 1997.
Herbst, Andreas/Krauss, Christine/Küchenmeister, Daniel/Nakath, Detlef/Stephan, Gerd-Rüdiger (Hrsg.), Die Parteien und Organisationen der DDR. Ein Handbuch, Berlin 2002.

Herrmann, Frank-Joachim, Der Sekretär des Generalsekretärs. Honeckers persönlicher Mitarbeiter über seinen Chef. Ein Gespräch mit Brigitte Zimmermann und Reiner Oschmann, Berlin 1996.

Herrnstadt, Rudolf, Das Herrnstadt-Dokument. Das Politbüro der SED und die Geschichte des 17. Juni 1953, herausgegeben, eingeleitet und bearbeitet von Nadja Stulz-Herrnstadt, Reinbek 1990.

Hertle, Hans Hermann/Stephan, Gerd-Rüdiger (Hrsg.), Das Ende der SED. Die letzten Tage des Zentralkomitees, Berlin 1997.

Hertle, Hans Hermann, Der Fall der Mauer. Die unbeabsichtigte Selbstauflösung des SED-Staates, Opladen 1999.

Heydemann, Günther, Die Innenpolitik der DDR, München 2003.

Heydemann, Günther/Mai, Gunther/Müller, Werner (Hrsg.), Revolution und Transformation in der DDR 1989/90, Berlin 1999.

Hodos, George Hermann, Schauprozesse. Stalinistische Säuberungen in Osteuropa 1948-1954, Berlin 2001.

Hoffmann, Dierk, Die DDR unter Ulbricht. Gewaltsame Neuordnung und gescheiterte Modernisierung, Zürich 2003.

Hoffmann, Gertraude/Höpcke, Klaus (Hrsg.), »Das Sicherste ist die Veränderung«. Hans-Joachim Hoffmann: Kulturminister der DDR und häufig verdächtigter Demokrat, Berlin 2003.

Holzer, Jerzy, Der Kommunismus in Europa. Politische Bewegung und Herrschaftssystem, Frankfurt/Main 1998.

Holzweißig, Gunter, Zensur ohne Zensor. Die SED-Informationsdiktatur, Bonn 1997.

Honecker, Erich, Erich Honecker zu dramatischen Ereignissen, Hamburg 1992.

Honecker, Erich, Moabiter Notizen. Letztes schriftliches Zeugnis und Gesprächsprotokolle vom BRD-Besuch 1987 aus dem persönlichen Besitz Erich Honeckers, Berlin 1994.

Hornbostel, Stefan (Hrsg.), Sozialistische Eliten. Horizontale und vertikale Differenzierungsmuster in der DDR, Opladen 1999.

Hübner, Peter (Hrsg.), Eliten im Sozialismus. Beiträge zur Sozialgeschichte der DDR, Köln-Weimar-Wien 1999.

Hüttmann, Jens, Die »Gelehrte DDR« und ihre Akteure. Inhalte, Motivationen, Strategien: Die DDR als Gegenstand von Lehre und Forschung an deutschen Universitäten, Wittenberg 2004.

Huinink, Johannes/Solga, Heike u. a., Kollektiv und Eigensinn. Lebensverläufe in der DDR und danach, Berlin 1995.

Hurwitz, Harold, Die Stalinisierung der SED. Zum Verlust von Freiräumen und sozialdemokratischer Identität in den Vorständen 1946-1949, Opladen 1997.

Ihme-Tuchel, Beate, Die DDR, Darmstadt 2002.

Janson, Carl-Heinz, Totengräber der DDR. Wie Günter Mittag den SED-Staat ruinierte, Düsseldorf-Wien-New York 1991.

Jarausch, Konrad H./Sabrow, Martin (Hrsg.), Weg in den Untergang. Der innere Zerfall der DDR, Göttingen 1999.

Jarausch, Konrad H./Sabrow, Martin (Hrsg.), Verletztes Gedächtnis. Erinnerungskultur und Zeitgeschichte im Konflikt, Frankfurt/Main 2002.

John, Jürgen (Hrsg.), Thüringen 1989/90, Erfurt 2001.
Joseph, Detlef, Nazis in der DDR. Die deutschen Staatsdiener nach 1945 – woher kamen sie?, Berlin 2002.
Kaelble, Hartmut/Kocka, Jürgen/Zwahr, Hartmut (Hrsg.), Sozialgeschichte der DDR, Stuttgart 1994.
Kaiser, Monika, Herrschaftsinstrumente und Funktionsmechanismen der SED in Bezirk, Kreis und Kommune, in: Deutscher Bundestag (Hrsg.), Materialien der Enquete-Kommission »Aufarbeitung von Geschichte und Folgen der SED-Diktatur in Deutschland« (12. Wahlperiode des Deutschen Bundestages), Bd. II, 3, Baden-Baden 1995, S. 1791-1834.
Kaiser, Monika, Machtwechsel von Ulbricht zu Honecker. Funktionsmechanismen der SED-Diktatur in Konfliktsituationen 1962 bis 1972, Berlin 1997.
Karmrodt, Andreas, Der 17. Juni 1953 in Jena. Volk – Polizei – Partei, Erfurt 1997.
Keller, Dietmar/Modrow, Hans/Wolf, Herbert (Hrsg.), ANsichten zur Geschichte der DDR, 3 Bde., Bonn, Berlin 1993-1994.
Keller, Dietmar/Reents, Jürgen (Hrsg.), Neueste Gespräche über Gott und die Welt. Gregor Gysi im Gespräch mit Günter Gaus, Angelica Domröse, Christoph Hein und Roland Claus, Berlin 2001.
Kermarrec, Philippe, Der 17. Juni 1953 im Bezirk Erfurt, Erfurt 2003.
Keßler, Heinz, Zur Sache und zur Person. Erinnerungen, Berlin 1997.
Kirschey, Peter, Wandlitz/Waldsiedlung – die geschlossene Gesellschaft. Versuch einer Reportage. Gespräche. Dokumente, Berlin 1990.
Klein, Thomas, »Für die Einheit und Reinheit der Partei«. Die innerparteilichen Kontrollorgane der SED in der Ära Ulbricht, Köln/Weimar/Wien 2002.
Klein, Thomas/Otto, Wilfriede/Grieder, Peter, Visionen. Repression und Opposition in der SED (1949-1989), 2 Bde., Frankfurt (Oder) 1996.
Kleßmann, Christoph, Die doppelte Staatsgründung. Deutsche Geschichte 1945-1955, Bonn 1991.
Kluttig, Thekla, Parteischulung und Kaderauslese in der Sozialistischen Einheitspartei Deutschlands 1946-1961, Berlin 1997.
Knabe, Hubertus, 17. Juni 1953. Ein deutscher Aufstand, München 2003.
Kocka, Jürgen/Sabrow, Martin (Hrsg.), Die DDR als Geschichte. Fragen – Hypothesen – Perspektiven, Berlin 1994.
Koehne, Ludwig/Sieren, Frank (Hrsg.), Günter Schabowski: Das Politbüro. Ende eines Mythos. Eine Befragung, Reinbek 1991.
König, Klaus (Hrsg.), Verwaltungsstrukturen der DDR, Baden-Baden 1991.
Kössler, Till/Stadtland, Helke (Hrsg.), Vom Funktionieren der Funktionäre. Politische Interessenvertretung und gesellschaftliche Integration in Deutschland nach 1933, Essen 2004.
Koop, Volker, 17. Juni 1953. Legende und Wirklichkeit, Berlin 2003.
Kopstein, Jeffrey, The Politics of Economic Decline in East Germany, 1945-1989, Chapel Hill 1997.
Kotsch, Detlef, Karrierewege in Brandenburg nach dem Zweiten Weltkrieg. Entstehung und Etablierung der neuen Eliten in den Jahren 1945-1960, in: Jahrbuch für brandenburgische Landesgeschichte, H. 47, Berlin 1996, S. 149-191.

Kotsch, Detlef, Das Land Brandenburg zwischen Auflösung und Wiederbegründung. Politik, Wirtschaft und soziale Verhältnisse in den Bezirken Potsdam, Frankfurt (Oder) und Cottbus in der DDR (1952-1990), Berlin 2001.

Kotschemassow, Wjatscheslaw, Meine letzte Mission. Fakten, Erinnerungen, Überlegungen, Berlin 1994.

Kowalczuk, Ilko-Sascha/Mitter, Armin/Wolle, Stefan (Hrsg.), Der Tag X – 17. Juni 1953. Die »Innere Staatsgründung« der DDR als Ergebnis der Krise 1952/54, Berlin 1996.

Krenz, Egon, Wenn Mauern fallen. Die friedliche Revolution: Vorgeschichte, Ablauf, Auswirkungen, Wien 1990.

Krenz, Egon, Herbst '89, Berlin 1999.

Krömke, Claus, Das »Neue ökonomische System der Planung und Leitung der Volkswirtschaft« und die Wandlungen des Günter Mittag, Berlin 1996.

Krüger, Hans-Peter, Demission der Helden. Kritiken von innen 1983-1992, Berlin 1992.

Kuhn, Ekkehard, Der Tag der Entscheidung. Leipzig, 9. Oktober 1989, Frankfurt/Main 1992.

Kuhrt, Eberhard/Buck, Hannsjörg F./Holzweißig, Gunter (Hrsg.), Die SED-Herrschaft und ihr Zusammenbruch, Opladen 1996.

Kuhrt, Eberhard/Buck, Hannsjörg F./Holzweißig, Gunter (Hrsg.), Die wirtschaftliche und ökologische Situation der DDR in den achtziger Jahren, Opladen 1996.

Kuhrt, Eberhard/Buck, Hannsjörg F./Holzweißig, Gunter (Hrsg.), Die Endzeit der DDR-Wirtschaft. Analysen zur Wirtschafts-, Sozial- und Umweltpolitik, Opladen 1999.

Langer, Kai, »Ihr sollt wissen, daß der Norden nicht schläft…«. Zur Geschichte der »Wende« in den drei Nordbezirken der DDR, Bremen 1999.

Lehmann, Hans Georg, Deutschland-Chronik 1945 bis 1995, Bonn 1995.

Leonhard, Wolfgang, Das kurze Leben der DDR. Berichte und Kommentare aus vier Jahrzehnten, Stuttgart 1990.

Löhn, Hans-Peter, Spitzbart, Bauch und Brille – sind nicht des Volkes Wille! Der Volksaufstand am 17. Juni 1953 in Halle an der Saale, Bremen 2003.

Lorenzen, Jan N., Erich Honecker. Eine Biographie, Reinbek 2001.

Lüdtke, Alf/Becker, Peter (Hrsg.), Akten. Eingaben. Schaufenster. Die DDR und ihre Texte. Erkundungen zu Herrschaft und Alltag, Berlin 1997.

Luft, Christa, Zwischen Wende und Ende. Eindrücke, Erlebnisse, Erfahrungen eines Mitglieds der Modrow-Regierung, Berlin 1991.

Madarász, Jeannette Z., Conflict and Compromise in East Germany, 1971-1989. A Precarious Stability, Basingstoke, Hampshire u. a. 2003.

Mählert, Ulrich, Die Freie Deutsche Jugend 1945-1949. Von den »Antifaschistischen Jugendausschüssen« zur SED-Massenorganisation: Die Erfassung der Jugend in der Sowjetischen Besatzungszone, Paderborn u. a. 1995.

Mählert, Ulrich, Kleine Geschichte der DDR, München 1998.

Mählert, Ulrich, »Die Partei hat immer recht!« Parteisäuberungen als Kaderpolitik in der SED (1948-1953), in: Weber, Hermann/Mählert, Ulrich (Hrsg.), Terror. Stalinistische Parteisäuberungen 1936-1953, Paderborn u. a. 1998, S. 351-457.

Mählert, Ulrich (Hrsg.), Der 17. Juni 1953. Ein Aufstand für Einheit, Recht und Freiheit, Bonn 2003.
Mählert, Ulrich/Stephan, Gerd-Rüdiger, Blaue Hemden – Rote Fahnen. Die Geschichte der Freien Deutschen Jugend, Opladen 1996.
Mählert, Ulrich/Wilke, Manfred, Die DDR-Forschung – ein Auslaufmodell? Die Auseinandersetzung mit der SED-Diktatur seit 1989, in: Deutschland Archiv, H. 3, Bielefeld 2004, S. 465-474.
Maier, Charles S., Das Verschwinden der DDR und der Untergang des Kommunismus, Frankfurt/Main 1999.
Malycha, Andreas, Die SED. Geschichte ihrer Stalinisierung 1946-1953, Paderborn u. a. 2000.
Mathiopoulos, Margarita, Rendezvous mit der DDR. Politische Mythen und ihre Aufklärung, Düsseldorf und Wien 1994.
Mawdsley, Evan/White, Stephen, The Soviet elite from Lenin to Gorbachev. The Central Committee and its members, 1917-1991, Oxford u. a. 2000.
Mayer, Wolfgang, Flucht und Ausreise. Botschaftsbesetzungen als Form des Widerstands gegen die politische Verfolgung in der DDR, Berlin 2002.
Melis, Damian van (Hrsg.), Sozialismus auf dem platten Land. Tradition und Transformation in Mecklenburg-Vorpommern von 1945 bis 1952, Schwerin 1999.
Mertens, Lothar, Rote Denkfabrik? Die Akademie für Gesellschaftswissenschaften beim ZK der SED, Münster 2004.
Mestrup, Heinz, Die SED – Ideologischer Anspruch, Herrschaftspraxis und Konflikte im Bezirk Erfurt (1971-1989), Rudolstadt 2000.
Mestrup, Heinz, »Wir werden mit Egon Krenz reden, wenn wir mit Euch nicht zurechtkommen«. Der Sturz Gerhard Müllers, Kandidat des Politbüros und SED-Bezirkschef von Erfurt, im Herbst 1989, in: Beiträge zur Geschichte der Arbeiterbewegung, H. 1, Berlin 2000, S. 78-91.
Mestrup, Heinz, Die Ersten und Zweiten Sekretäre der SED. Ein Beitrag zu Handlungsspielräumen von Funktionären in der DDR, in: Deutschland Archiv, H. 6, Bielefeld 2003, S. 950-964.
Mestrup, Heinz/Remy, Dietmar, »Wir können ja hier offen reden…«. Äußerungen vom Politbüro-Kandidaten und Erfurter Bezirks-Chef Gerhard Müller. Eine Dokumentation, Erfurt 1997.
Meuschel, Sigrid, Legitimation und Parteiherrschaft in der DDR. Zum Paradox von Stabilität und Revolution in der DDR, Frankfurt/Main 1992.
Meyer, Gerd, Die DDR-Machtelite in der Ära Honecker, Tübingen 1991.
Mielke, Henning, Die Auflösung der Länder in der SBZ/DDR. Von der deutschen Selbstverwaltung zum sozialistisch-zentralistischen Einheitsstaat nach sowjetischem Modell 1945-1952, Stuttgart 1995.
Mittag, Günter, Um jeden Preis. Im Spannungsfeld zweier Systeme, Berlin-Weimar 1991.
Moczarski, Norbert, Der 17. Juni 1953 im Bezirk Suhl. Vorgeschichte, Verlauf und Nachwirkungen, Erfurt 1996.
Moczarski, Norbert u. a., Fritz Sattler, 1896-1964. Biografische Skizze eines politischen Lebens zwischen Selbstverwirklichung und Parteidisziplin, Suhl 2006.
Möbis, Harry, Von der Hoffnung gefesselt. Zwischen Stoph und Mittag – mit Modrow, Frankfurt (Oder) 1999.

Mrotzek, Fred, Das zeitgeschichtliche Erinnerungsinterview, in: Müller, Werner/Pätzold, Horst (Hrsg.), Lebensläufe im Schatten der Macht. Zeitzeugeninterviews aus dem Norden der DDR, Schwerin o. J. (1998), S. 17-28.

Müller, Werner, Doppelte Zeitgeschichte. Periodisierungsprobleme der Geschichte von Bundesrepublik und DDR, in: Deutschland Archiv, H. 4, Köln 1996, S. 552-559.

Müller, Werner/Pätzold, Horst (Hrsg.), Lebensläufe im Schatten der Macht. Zeitzeugeninterviews aus dem Norden der DDR, Schwerin o. J. (1998).

Müller-Enbergs, Helmut/Wielgohs, Jan/Hoffmann, Dieter (Hrsg.), Wer war wer in der DDR? Ein biographisches Lexikon, Bonn 2000.

Nakath, Detlef/Stephan, Gerd-Rüdiger, Von Hubertusstock nach Bonn. Eine dokumentierte Geschichte der deutsch-deutschen Beziehungen auf höchster Ebene 1980-1987, Berlin 1995.

Nakath, Detlef/Stephan, Gerd-Rüdiger (Hrsg.), Die Häber-Protokolle. Schlaglichter der SED-Westpolitik 1973-1985, Berlin 1999.

Naumann, Gerhard/Trümpler, Eckhard, Von Ulbricht zu Honecker. 1970 – ein Krisenjahr der DDR, Berlin 1990.

Nepit, Alexandra, Die SED unter dem Druck der Reformen Gorbatschows. Der Versuch der Parteiführung, das SED-Regime durch konservatives Systemmanagement zu stabilisieren, Baden-Baden 2004.

Neubert, Ehrhart, Geschichte der Opposition in der DDR 1949-1989, Berlin 1998.

Neugebauer, Gero, Politische und rechtliche Grundlagen der Tätigkeit von Funktionären der regionalen und lokalen Ebenen, in: Deutscher Bundestag (Hrsg.), Materialien der Enquete-Kommission »Aufarbeitung von Geschichte und Folgen der SED-Diktatur in Deutschland« (12. Wahlperiode des Deutschen Bundestages), Bd. II, 1, Baden-Baden und Frankfurt/Main 1995, S. 536-552.

Niemann, Heinz, Hinterm Zaun. Politische Kultur und Meinungsforschung in der DDR. Die geheimen Berichte an das Politbüro der SED, Berlin 1995.

Niemann, Mario, »Rechtzeitig und kühn neue, junge Kader befördern«. Zur Kaderpolitik der SED in den fünfziger Jahren am Beispiel der brandenburgischen Bezirkssekretariate, in: Jahrbuch für brandenburgische Landesgeschichte, hrsg. im Auftrage der Landesgeschichtlichen Vereinigung für die Mark Brandenburg e. V. (gegr. 1884) von Felix Escher und Eckart Henning, 57. Band, Berlin 2006, S. 182-204.

Niemann, Mario, »Vom Standpunkt des Pessimismus jedoch kann man keine erfolgreiche Parteiarbeit organisieren« – Die Absetzung des 1. Sekretärs des Bezirks Magdeburg Alois Pisnik im Februar 1979, in: Jahrbuch für Historische Kommunismusforschung 2006, Berlin 2006, S. 217-236.

Niethammer, Lutz/Plato, Alexander von/Wierling, Dorothee, Die volkseigene Erfahrung. Eine Archäologie des Lebens in der Industrieprovinz der DDR. 30 biographische Eröffnungen, Berlin 1991.

Oelschlegel, Vera, »Wenn das meine Mutter wüßt'«. Selbstportrait, Frankfurt/Main, Berlin 1991.

Oldenburg, Fred/Stephan, Gerd-Rüdiger, Honecker kam nicht bis Bonn. Neue Quellen zum Konflikt zwischen Ost-Berlin und Moskau 1984, in: Deutschland Archiv, H. 8, Köln 1995, S. 791-805.

Oppelland, Torsten (Hrsg.), Deutsche Politiker 1949-1969. 33 biographische Skizzen aus Ost und West, 2 Bde., Darmstadt 1999.

Ostrowski, Christine, Im Streit. Selbstzeugnisse, Briefe, Dokumente, Querfurt 1993.
Otto, Wilfriede, Erich Mielke. Aufstieg und Fall eines Tschekisten, Berlin 2000.
Otto, Wilfriede, Die SED im Juni 1953. Interne Dokumente, Berlin 2003.
Peterson, Edward Norman, The limits of secret police power. The Magdeburger Stasi 1953-1989, New York u. a. 2004.
Pirker, Theo/Lepsius, M. Rainer/Weinert, Rainer/Hertle, Hans-Hermann, Der Plan als Befehl und Fiktion. Wirtschaftsführung in der DDR. Gespräche und Analysen, Opladen 1995.
Podewin, Norbert, Walter Ulbricht. Eine neue Biographie, Berlin 1995.
Podewin, Norbert, Bernhard Quandt (1903-1999). Ein Urgestein Mecklenburgs, Rostock 2006.
Prieß, Lutz, Die Kreisleitungen der SED im politischen Herrschaftssystem der DDR, in: Deutscher Bundestag (Hrsg.), Materialien der Enquete-Kommission »Aufarbeitung von Geschichte und Folgen der SED-Diktatur in Deutschland« (12. Wahlperiode des Deutschen Bundestages), Bd. II, 4, Baden-Baden 1995, S. 2464-2508.
Prieß, Lutz/Kural, Václav/Wilke, Manfred, Die SED und der »Prager Frühling« 1968. Politik gegen einen »Sozialismus mit menschlichem Antlitz«, Berlin 1996.
Probst, Lothar, »Der Norden wacht auf«. Zur Geschichte des politischen Umbruchs in Rostock 1989-1991, Bremen 1993.
Probst, Lothar, Ostdeutsche Bürgerbewegungen und Perspektiven der Demokratie. Entstehung, Bedeutung und Zukunft, Köln 1993.
Prokop, Siegfried, Unternehmen »Chinese Wall«. Die DDR im Zwielicht der Mauer, Frankfurt/Main 1992.
Prokop, Siegfried, Das SED-Politbüro. Aufstieg und Ende (1949-1989), Berlin 1996.
Pryce-Jones, David, Der Untergang des sowjetischen Reichs, Reinbek 1995.
Przybylski, Peter, Tatort Politbüro. Die Akte Honecker, Berlin 1991.
Przybylski, Peter, Tatort Politbüro. Band 2: Honecker, Mittag und Schalck-Golodkowski, Berlin 1992.
Puhle, Matthias (Hrsg.), Magdeburg. 17. Juni 1953, Magdeburg 1993.
Qing, Ding, Reformgeschichte der SED. Die evolutionäre Umwandlung der Führungsrolle der SED in der DDR (1945-1971), München 1990.
Raschka, Johannes, Zwischen Überwachung und Repression. Politische Verfolgung in der DDR 1971 bis 1989, Opladen 2001.
Reemtsma, Jan Philipp, Über den Begriff »Handlungsspielräume«, in: Mittelweg 36. Zeitschrift des Hamburger Instituts für Sozialforschung, Nr. 6, Hamburg 2002, S. 5-23.
Reinke, Helmut, Weil wir hier zu Hause sind. 50 Jahre OZ – Die zwei Leben einer Zeitung, Rostock 2002.
Rexin, Manfred, Verfolgte Kommunisten unter Hitler und Ulbricht: Kurt Müller, Robert Bialek, Heinz Brandt, Karl Schirdewan, in: Boll, Friedhelm (Hrsg.), Verfolgung und Lebensgeschichte, Berlin 1997, S. 165-188.
Richter, Michael/Sobeslavsky, Erich, Die Gruppe der 20. Gesellschaftlicher Aufbruch und politische Opposition in Dresden 1989/90, Köln u. a. 1999.
Roesler, Joerg, Zwischen Plan und Markt. Die Wirtschaftsreform in der DDR zwischen 1963 und 1970, Berlin 1991.
Roesler, Jörg, Das Neue Ökonomische System – Dekorations- oder Paradigmenwechsel?, Berlin 1994.

Roth, Heidi, Der 17. Juni 1953 im damaligen Bezirk Leipzig, in: Deutschland Archiv, H. 6, Köln 1991, S. 573-584.
Roth, Heidi, Der 17. Juni 1953 in Görlitz. Dokumentation zum Volksaufstand, Bautzen 2003.
Roth, Heidi, Der 17. Juni 1953 in Sachsen, Köln 1999.
Rowell, Jay, Le pouvoir périphérique et le »centralisme démocratique« en RDA, in: Revue d'histoire moderne et contemporaine, Nr. 2, Paris 2002, S. 102-124.
Rupieper, Hermann-Josef (Hrsg.), »… und das wichtigste ist doch die Einheit.« Der 17. Juni 1953 in den Bezirken Halle und Magdeburg, Münster u. a. 2003.
Sabrow, Martin (Hrsg.), Verwaltete Vergangenheit. Geschichtskultur und Herrschaftslegitimation in der DDR, Leipzig 1997.
Sakowski, Helmut, Mutig waren wir nicht. Ein Bericht, Berlin 1990.
Schäfer, Bernd, Staat und katholische Kirche in der DDR, Köln-Weimar-Wien 1999.
Schalck-Golodkowski, Alexander, Deutsch-deutsche Erinnerungen, Reinbek 2000.
Scherzer, Landolf, Der Erste. Mit einem weiterführenden Bericht »Der letzte Erste«, Berlin 1997.
Schmeitzner, Mike, Schulen der Diktatur. Die Kaderausbildung der KPD/SED in Sachsen 1945-1952, Dresden 2001.
Schmidt, Heike, Der 17. Juni 1953 in Rostock, Berlin 2003.
Schmiechen-Ackermann, Detlef, Diktaturen im Vergleich, Darmstadt 2002.
Schneider, Eberhard, Die politische Elite der ehemaligen DDR. Eine empirische Untersuchung, Köln 1991.
Schneider, Eberhard, Die politische Funktionselite der DDR. Eine empirische Studie zur SED-Nomenklatura, Opladen 1994.
Schönherr, Albrecht, … aber die Zeit war nicht verloren. Erinnerungen eines Altbischofs, Berlin 1993.
Schöne, Jens, Frühling auf dem Lande? Die Kollektivierung der DDR-Landwirtschaft, Berlin 2005.
Schroeder, Klaus, Der SED-Staat. Partei, Staat und Gesellschaft 1949-1990, München 1998.
Schürer, Gerhard, Gewagt und verloren. Eine deutsche Biographie, Frankfurt (Oder) 1996.
Schütt, Hans-Dieter/Zimmermann, Brigitte (Hrsg.), ohnMacht. DDR-Funktionäre sagen aus, Berlin 1992.
Schumann, Silke, Parteierziehung in der Geheimpolizei. Zur Rolle der SED im MfS der fünfziger Jahre, Berlin 1997.
Schwabe, Klaus, Der 17. Juni 1953 in Mecklenburg und Vorpommern, Schwerin 1995.
Simon, Günter, Tisch-Zeiten. Aus den Notizen eines Chef-Redakteurs 1981 bis 1989, Berlin 1990.
Spittmann, Ilse, Die DDR unter Honecker, Köln 1990.
Staadt, Jochen, Dem Westen zugewandt. Deutschlandpolitik der SED von 1970 bis 1989, Berlin 1997.
Staritz, Dietrich, Geschichte der DDR 1949-1985, Frankfurt/Main 1996.
Stein, Eberhard, »Sorgt dafür, daß sie die Mehrheit nicht hinter sich kriegen!« MfS und SED im Bezirk Erfurt, Berlin 1999.

Steiner, André, Die DDR-Wirtschaftsreform der sechziger Jahre. Konflikt zwischen Effizienz- und Machtkalkül, Berlin 1999.
Steiner, André, Von Plan zu Plan. Eine Wirtschaftsgeschichte der DDR, München 2004.
Steininger, Rolf, 17. Juni 1953 – der Anfang vom langen Ende der DDR, München 2003.
Stephan, Gerd-Rüdiger, Die letzten Tagungen des Zentralkomitees der SED 1988/89. Abläufe und Hintergründe, in: Deutschland Archiv, H. 3, Köln 1993, S. 296-325.
Stolpe, Manfred, Schwieriger Aufbruch, Berlin 1992.
Stuber, Petra, Spielräume und Grenzen. Studien zum DDR-Theater, Berlin 2000.
Studer, Brigitte/Unfried, Berthold, Der stalinistische Parteikader. Identitätsstiftende Praktiken und Diskurse in der Sowjetunion der Dreißiger Jahre, Köln, Weimar 2002.
Subkowa, Jelena, Kaderpolitik und Säuberungen in der KPdSU (1945-1953), in: Weber, Hermann/Mählert, Ulrich (Hrsg.), Terror. Stalinistische Parteisäuberungen 1936-1953, Paderborn u. a. 1998, S. 187-236.
Suckut, Siegfried/Süß, Walter (Hrsg.), Staatspartei und Staatssicherheit. Zum Verhältnis von SED und MfS, Berlin 1997.
Suckut, Siegfried/Weber, Jürgen (Hrsg.), Stasi-Akten zwischen Politik und Zeitgeschichte. Eine Zwischenbilanz, München 2003.
Süß, Walter, Staatssicherheit am Ende. Warum es den Mächtigen nicht gelang, 1989 eine Revolution zu verhindern, Berlin 1999.
Timmer, Karsten, Vom Aufbruch zum Umbruch. Die Bürgerbewegung in der DDR 1989, Göttingen 2000.
Timmermann, Heiner (Hrsg.), DDR-Forschung. Bilanz und Perspektiven, Berlin 1995.
Timmermann, Heiner (Hrsg.), Diktaturen in Europa im 20. Jahrhundert – der Fall DDR, Berlin 1996.
Timmermann, Heiner (Hrsg.), Die DDR – Erinnerung an einen untergegangenen Staat, Berlin 1999.
Timmermann, Heiner (Hrsg.), Die DDR – Politik und Ideologie als Instrument, Berlin 1999.
Timmermann, Heiner (Hrsg.), Die DDR – Analysen eines aufgegebenen Staates, Berlin 2001.
Timmermann, Heiner (Hrsg.), Die DDR in Deutschland. Ein Rückblick auf 50 Jahre, Berlin 2001.
Timmermann, Heiner (Hrsg.), Die DDR zwischen Mauerbau und Mauerfall, Münster-Hamburg-London 2003.
Urich, Karin, Die Bürgerbewegung in Dresden 1989/90, Köln u. a. 2001.
Uschner, Manfred, Die zweite Etage. Funktionsweise eines Machtapparates, Berlin 1993.
Veser, Reinhard, Der Prager Frühling 1968, Erfurt 1998.
Villain, Jean, Die Revolution verstößt ihre Väter. Aussagen und Gespräche zum Untergang der DDR, Bern 1990.
Vollnhals, Clemens/Weber, Jürgen (Hrsg.), Der Schein der Normalität. Alltag und Herrschaft in der SED-Diktatur, München 2002.

Wagner, Armin, Walter Ulbricht und die geheime Sicherheitspolitik der SED. Der Nationale Verteidigungsrat der DDR und seine Vorgeschichte (1953-1971), Berlin 2002.
Wagner, Matthias, Ab morgen bist du Direktor. Das System der Nomenklaturkader in der DDR, Berlin 1998.
Wagner, Matthias, Aktenvernichtungen in der Zeit der »Wende«, in: Deutschland Archiv, H. 4, Opladen 2000, S. 608-619.
Weber, Hermann, DDR – Grundriß der Geschichte, Hannover 1991.
Weber, Hermann, Die DDR 1945-1990, München 2000.
Weber, Hermann, Damals, als ich Wunderlich hieß. Vom Parteihochschüler zum kritischen Sozialisten, Berlin 2002.
Weber, Hermann, Historische DDR-Forschung vor und nach der deutschen Einheit, in: Deutschland Archiv, H. 6, Opladen 2002, S. 937-943.
Weber, Hermann/Herbst, Andreas, Deutsche Kommunisten. Biographisches Handbuch 1918 bis 1945, Berlin 2004.
Weber, Hermann/Mählert, Ulrich (Hrsg.), Terror. Stalinistische Parteisäuberungen 1936-1953, Paderborn u. a. 1998.
Weber, Hermann/Staritz, Dietrich (Hrsg.), Kommunisten verfolgen Kommunisten. Stalinistischer Terror und ›Säuberungen‹ in den kommunistischen Parteien Europas seit den dreißiger Jahren, Berlin 1993.
Weber, Jürgen (Hrsg.), Der SED-Staat. Neues über eine vergangene Diktatur, München 1994.
Weber, Jürgen/Piazolo, Michael (Hrsg.), Eine Diktatur vor Gericht. Aufarbeitung von SED-Unrecht durch die Justiz, München 1995.
Weiser, Thomas, Arbeiterführer in der Tschechoslowakei. Eine Kollektivbiographie sozialdemokratischer und kommunistischer Parteifunktionäre 1918-1938, München 1998.
Weißbrodt, Daniel, Das Umbruchjahr 1989/90 in der Bezirksstadt Suhl, Suhl 2002.
Welsh, Helga A., Zwischen Macht und Ohnmacht. Zur Rolle der 1. Bezirkssekretäre der SED, in: Hornbostel, Stefan (Hrsg.), Sozialistische Eliten. Horizontale und vertikale Differenzierungsmuster in der DDR, Opladen 1999, S. 105-123.
Welsh, Helga A., Kaderpolitik auf dem Prüfstand. Die Bezirke und ihre Sekretäre 1952-1989, in: Hübner, Peter (Hrsg.), Eliten im Sozialismus. Beiträge zur Sozialgeschichte der DDR, Köln-Weimar-Wien 1999, S. 107-129.
Wenzel, Otto, Kriegsbereit. Der nationale Verteidigungsrat der DDR, Köln 1995.
Wenzel, Otto, Der Sturz des Politbüromitglieds Konrad Naumann im Herbst 1985, in: Zeitschrift des Forschungsverbundes SED-Staat, H. 5, Berlin 1998, S. 84-90.
Werkentin, Falco, Politische Strafjustiz in der Ära Ulbricht, Berlin 1995.
Werkentin, Falco, Recht und Justiz im SED-Staat, Bonn 1998.
Wilhelmy, Frank, Der Zerfall der SED-Herrschaft. Zur Erosion des marxistisch-leninistischen Legitimitätsanspruches in der DDR, Münster 1995.
Wilke, Manfred (Hrsg.), Die Anatomie der Parteizentrale. Die KPD/SED auf dem Weg zur Macht, Berlin 1998.
Wolle, Stefan, Die heile Welt der Diktatur. Alltag und Herrschaft in der DDR 1971-1989, Bonn 1998.
Zimmermann, Brigitte/Schütt, Hans-Dieter, Noch Fragen, Genossen! Berlin 1994.

Zimmermann, Monika (Hrsg.), Was macht eigentlich...? 100 DDR-Prominente heute, Berlin 1994.

Zwahr, Hartmut, Ende einer Selbstzerstörung. Leipzig und die Revolution in der DDR, Göttingen 1993.

ABKÜRZUNGSVERZEICHNIS

ABI	Arbeiter-und-Bauern-Inspektion
AfG	Akademie für Gesellschaftswissenschaften
AL	Abteilungsleiter
BDVP	Bezirksbehörde der Deutschen Volkspolizei
BL	Bezirksleitung
BLHA	Brandenburgisches Landeshauptarchiv Potsdam
BPA	Bezirksparteiarchiv
BPK	Bezirksplankommission
BPKK	Bezirksparteikontrollkommission
BPO	Bezirksparteiorganisation
BRD	Bundesrepublik Deutschland
CDU	Christlich-Demokratische Union Deutschlands
DBD	Demokratische Bauernpartei Deutschlands
DDR	Deutsche Demokratische Republik
DEFA	Deutsche Film-Aktiengesellschaft
DFD	Demokratischer Frauenbund Deutschlands
DKP	Deutsche Kommunistische Partei
DSF	Gesellschaft für Deutsch-Sowjetische Freundschaft
DTSB	Deutscher Turn- und Sportbund
FDGB	Freier Deutscher Gewerkschaftsbund
FDJ	Freie Deutsche Jugend
GO	Grundorganisation
HfÖ	Hochschule für Ökonomie »Bruno Leuschner«, Berlin-Karlshorst
IfG	Institut für Gesellschaftswissenschaften
IG	Industriegewerkschaft
KAPD	Kommunistische Arbeiterpartei Deutschlands
KJVD	Kommunistischer Jugendverband Deutschlands
KL	Kreisleitung
KPČ	Kommunistische Partei der Tschechoslowakei

KPD	Kommunistische Partei Deutschlands	
KPdSU	Kommunistische Partei der Sowjetunion	
KPKK	Kreisparteikontrollkommission	
KPO	Kommunistische Partei (Opposition)	
KPÖ	Kommunistische Partei Österreichs	
KVP	Kasernierte Volkspolizei	
LAB	Landesarchiv Berlin	
LAG	Landesarchiv Greifswald	
LDPD	Liberal-Demokratische Partei Deutschlands	
LEW	Lokomotivbau Elektrotechnische Werke, Hennigsdorf	
LHAS	Landeshauptarchiv Schwerin	
LL	Landesleitung	
LPG	Landwirtschaftliche Produktionsgenossenschaft	
LPKK	Landesparteikontrollkommission	
LVZ	Leipziger Volkszeitung	
MfS	Ministerium für Staatssicherheit	
M/L	Marxismus/Leninismus	
MTS	Maschinen-Traktoren-Station	
ND	Neues Deutschland	
NDPD	National-Demokratische Partei Deutschlands	
NOK	Nationales Olympisches Komitee	
NSDAP	Nationalsozialistische Deutsche Arbeiterpartei	
NVA	Nationale Volksarmee	
OB	Oberbürgermeister	
OZ	Ostsee-Zeitung	
PCK	Petrolchemisches Kombinat	
PDS	Partei des Demokratischen Sozialismus	
PHS	Parteihochschule	
RAW	Reichsbahnausbesserungswerk	
RFT	Rundfunk- und Fernsehtechnik	
RGW	Rat für gegenseitige Wirtschaftshilfe	
SA	Sturmabteilung	
SAG	Sowjetische Aktiengesellschaft	
SAPD	Sozialistische Arbeiterpartei Deutschlands	
SAPMO	Stiftung Archiv der Parteien und Massenorganisationen der DDR	

SBZ	Sowjetische Besatzungszone
SDAG	Sowjetisch-deutsche Aktiengesellschaft
SED	Sozialistische Einheitspartei Deutschlands
SKK	Sowjetische Kontrollkommission in Deutschland
SL	Sektorenleiter
SMAD	Sowjetische Militäradministration in Deutschland
SPD	Sozialdemokratische Partei Deutschlands
SPK	Staatliche Plankommission
SS	Schutzstaffel
Stellv.	Stellvertreter
TU	Technische Universität
UdSSR	Union der Sozialistischen Sowjetrepubliken
USAP	Ungarische Sozialistische Arbeiterpartei
USPD	Unabhängige Sozialdemokratische Partei Deutschlands
UVR	Ungarische Volksrepublik
VEB	Volkseigener Betrieb
VEG	Volkseigenes Gut
VP	Volkspolizei
VVB	Vereinigung Volkseigener Betriebe
WBS	Wohnungsbauserie
WPU	Wilhelm-Pieck-Universität Rostock
ZK	Zentralkomitee
ZPKK	Zentrale Parteikontrollkommission

VERZEICHNIS DER TABELLEN

Sekretäre der »Gründergeneration« nach Geburtszeiträumen	66
1. und 2. Sekretäre der »Gründergeneration« nach Geburtszeiträumen	67
Fluktuation in den Sekretariaten der BL nach Ressorts in den 1950er Jahren	99
Fluktuation in den Sekretariaten der BL nach Ressorts in den 1960er Jahren	108
Fluktuation in den Sekretariaten der BL nach Ressorts in den 1970er Jahren	116
Fluktuation in den Sekretariaten der BL nach Ressorts in den 1980er Jahren	120
Beginn des Studiums an einer Parteihochschule	132
Besuch einer Parteihochschule nach Jahrzehnten der Funktionsübernahme	134
Fachsekretäre der BL mit fachlicher Ausbildung	146
Studienabschluß der Bezirkssekretäre 1958-1965	147
Anzahl und Anteil der weiblichen Sekretäre der SED-Bezirksleitungen 1952-1989	152
Anteil der weiblichen Sekretäre der SED-Bezirksleitungen nach Jahrzehnten	153
Anzahl und Anteil der männlichen (m) und weiblichen (w) Sekretäre der SED-Bezirksleitungen nach Ressorts	153
Nicht im Zentralkomitee vertretene 1. Bezirkssekretäre	171
Zweite und Ressortsekretäre als Kandidaten und Mitglieder des Zentralkomitees	173
Mitglieder und Kandidaten des Politbüros 1949-1989	176
Im Politbüro vertretene 1. Sekretäre der SED-Bezirksleitungen	179
Wechsel von Sekretären der Bezirksleitungen als Sektoren- und Abteilungsleiter (SL bzw. AL) in den Apparat des ZK	185

Wechsel von Sekretären der Bezirksleitungen in den zentralen
Staatsapparat 187

Wechsel von Vorsitzenden der Räte der Bezirke in den Apparat
des Zentralkomitees oder des Ministerrats 190

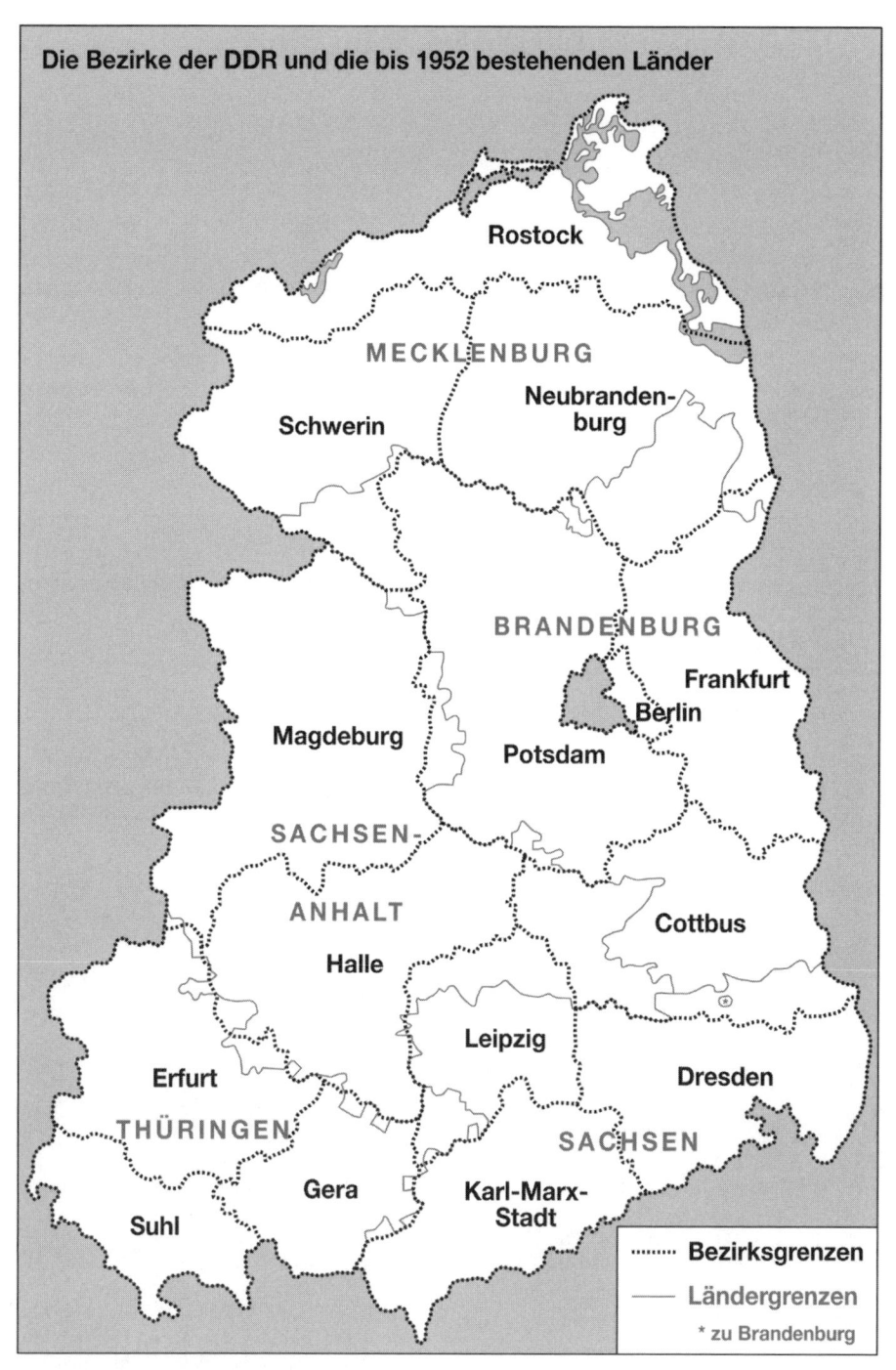

Die Bezirke der DDR 1952-1989

ORTSREGISTER

Altenberg 253, 256
Anklam 76
Auschwitz 70
Bad Salzungen 346, 350
Baden-Württemberg 336
Ballenstedt 156
Bautzen 98
Bayern 36
Berlin (Ost) 9, 17, 25, 28, 29, 35, 39, 40, 43, 44, 46-50, 53, 54, 56, 60-63, 66, 70, 74, 78, 80-83, 85-87, 90, 92-94, 102, 103, 107, 108, 112, 116-118, 123, 126, 127, 134, 135, 140, 143, 147-149, 155-158, 162, 163, 173-175, 178-181, 185-187, 189, 191, 193, 195-200, 203-205, 209, 210, 212, 213, 215, 216, 218-220, 222, 230, 235, 237, 244, 249, 253, 267, 271, 273, 280, 281, 285, 286, 289-296, 302, 303, 316, 322, 323, 328, 332, 341, 342, 345, 348, 350-354, 356-364, 366, 367, 370, 372, 375, 378, 382, 384-387, 389-395
Berlin (West) 36, 37, 46, 107, 112, 158
Berlin-Brandenburg 231
Bernburg 141, 147
Bischofswerda 84, 212-214, 315
Bonn 285
Brandenburg 9, 35, 36, 39, 61, 68, 75, 95, 96, 370
BRD 101, 103, 218, 249, 250, 267, 285, 305, 332, 336, 387, 391
Buchenwald 70
Budapest 56
Bulgarien 60, 258
Chemnitz 9, 35, 62, 67, 71, 78, 154, 156, 370
Coswig 255
Cottbus 9, 20, 28, 32, 35, 36, 40, 46, 52, 62, 63, 67, 68, 78, 102, 103, 105, 106, 132, 152, 155, 158, 166, 171, 172, 179-182, 185, 187, 190, 202, 281, 355, 362, 364, 370, 381, 384
Dessau 96
Dippoldiswalde 253
Dresden 9, 11, 17, 25, 27, 35, 47, 62-64, 66, 71, 78, 83-85, 97, 98, 102, 107, 109, 110, 112, 140, 147, 149, 154, 155, 171, 179, 180-182, 185-187, 189, 190, 205, 211-217, 219, 250, 252, 253, 255, 256, 258-263, 281, 286, 299, 300-303, 305, 307-317, 319-336, 341, 342, 348, 349, 359, 362, 365, 370, 377, 386, 387, 389, 390, 393-395
Ecuador 294
Eisenach 225
Erfurt 9, 12, 19, 28, 30, 32, 35, 36, 44, 62, 67, 72, 73, 78, 102-105, 108, 118, 120, 137, 141, 171, 179-182, 186, 188, 215, 225-230, 248, 348, 357, 360-362, 364, 370, 388, 396
Flossenbürg 70
Frankfurt (Oder) 9, 20, 25, 27, 35, 36, 42, 45, 50, 63, 64, 66-68, 75, 79, 92, 102, 115, 116, 122, 137, 147, 153, 156, 171, 179, 180, 185-188, 190, 202, 359, 360-362, 364-366, 370, 372, 381
Freiberg 140
Gera 9, 12, 25, 27, 32, 35, 39, 44, 62, 64-66, 71, 79, 92, 93, 102, 103, 106, 107, 120, 144, 149, 152, 158, 166, 170, 171, 183, 185, 187, 199, 248, 351, 354, 361, 362, 364, 370, 381, 396
Glauchau 364
Gorbitz 256
Greifswald 29
Gröditz 83
Großschönau 213
Grünheide 337
Guayaquil 294
Guben 143
Hainichen 137
Halle 9, 26, 32, 35, 36, 39, 40, 44, 46, 47, 52, 53, 62, 63, 66, 67, 78, 85, 87-89, 93, 97, 98, 102-104, 108, 112, 116, 117, 120, 126, 139, 145, 158, 171, 172, 179-182, 184-187, 189, 191, 245, 281, 346, 355, 356, 361, 362, 364, 365, 370, 375, 384
Hamburg 54, 299
Heiligenstadt 226, 227, 228, 230
Henningsdorf 39, 113
Hessen 36
Hildburghausen 206
Ilmenau 140
Ilsenburg 39, 250
Japan 332
Jena 93
Jugoslawien 316
Kalbe 208
Karl-Marx-Stadt 9, 12, 27, 35, 40, 42, 44, 45, 47, 53, 62, 67, 70, 71, 75, 76, 78, 79, 99, 108, 119, 131, 149, 156, 157, 174, 179, 181, 185, 187, 188, 190-192, 197, 200, 206, 209, 219, 241, 339, 349, 358, 361, 363, 364, 370, 387
Karlovy Vary 312
Kleinmachnow 127, 130, 131
Leipzig 9, 12, 25, 27, 35, 39, 40, 44, 52, 62, 64, 70, 73, 75, 79, 85, 97, 116, 119, 122, 137, 140, 149, 156, 164, 171, 172, 178, 179, 182, 185, 187, 189, 197, 215-218, 223, 342-344, 346, 347, 349, 355, 361, 364, 370, 384, 387, 388, 395
Leningrad 211, 323

Leninsk 304
Leoben 245
Leuna 39, 46, 88, 140, 143
Liebenwalde 127, 131, 140, 378
Magdeburg 9, 16, 17, 20, 25, 27, 32, 35, 39, 45, 62, 72, 73, 78, 89-91, 111, 116, 120, 122, 136, 152, 155, 172, 174, 178, 179, 181, 182, 188, 190, 197, 199, 208, 211, 215, 216, 219, 220-222, 232, 234-252, 281, 334, 347, 358, 363-365, 370, 375, 381, 387-389, 395
Magdeburg-Anhalt 88
Mansfeld 88
Mauthausen 70
Mecklenburg 9, 35, 61, 96, 191, 370
Mecklenburg-Vorpommern 18, 35, 60
Meiningen 165
Meißen 98, 141, 204, 205, 255
Moskau 66, 69, 75, 102, 119, 123, 126, 130-132, 134, 135, 137, 142, 148, 155, 191, 296, 379
Mühlhausen 225
Neubrandenburg 9, 27, 35, 41, 53, 62, 63, 76, 78, 80, 92, 108, 110, 117, 131, 132, 157, 170-172, 179, 183, 184, 187, 189-191, 197, 206, 207, 232, 248, 252, 339, 347, 355, 356, 361, 364, 366, 370, 376, 395
Neukirch 212
Neustadt (Bezirk Dresden) 254
Niederlausitz 36
Obersteiermark 245
Österreich 245
Oranienburg 363
Oschersleben 154, 173
Osterburg 364
Ostprignitz 95
Parchim 364, 365
Piesteritz 207, 208
Pillnitz 140
Polen 289
Potsdam 9, 20, 27-29, 35, 36, 39, 62-64, 73, 79, 92, 112-114, 117, 119, 132, 135, 141, 142, 144, 156, 183, 185, 187, 190, 198, 205, 231, 294, 338, 348, 359, 362-367, 370, 387, 392, 395
Prag 300, 341
Prenzlau 207
Quito 294
Rathenow 364

Riesa 83
Rostock 9, 17, 25, 35, 36, 52-54, 63, 64, 66, 73, 79, 82, 92, 96, 117, 118, 132, 140, 142, 145, 149, 152, 157, 172, 178, 179, 181, 185, 187-189, 191, 198, 202-204, 215, 222-224, 264, 267, 268, 271, 272, 277-281, 283-285, 348, 358, 363-365, 370, 372, 386, 390, 391
Sachsen 9, 35, 36, 60-62, 70, 75, 96, 154, 334, 370
Sachsen-Anhalt 9, 35, 36, 88, 174, 245, 370
Sachsenhausen 70
Salzwedel 236
Schönebeck 211, 234
Schweden 231
Schwedt 362
Schwerin 9, 27-29, 35, 40, 51, 53, 73, 78, 79, 91, 92, 112, 119, 122, 131, 134, 140, 149, 166, 171, 172, 183, 189, 207, 208, 346, 347, 349, 352-355, 362, 364, 365, 367, 370, 375, 387, 395, 396
Sebnitz 252
Sondershausen 360
Sowjetunion 22-24, 40, 55, 71, 114, 211, 222, 239, 299, 300, 304-306, 308, 314, 320, 323, 370, 393
Staßfurt 219
Stendal 208
Strausberg 205
Suhl 9, 24, 31, 35, 36, 51, 53, 54, 62, 64, 71, 74, 92, 131, 137, 146, 164, 171, 175, 183, 185, 199, 211, 248, 281, 346, 350, 351, 360, 364, 370, 376, 396
Teltow 205
Thüringen 9, 19, 35, 59, 64, 92, 160, 267, 370
Tokio 332
Tschechoslowakei 23, 58, 258, 289
Ungarn 56, 83, 337
Vilm 267
Vorpommern 76
Wandlitz 15, 288, 294, 338
Warnemünde 202, 222
Wernigerode 209, 241, 300
Wismar 76
Wittenberge 91
Wolmirstedt 241
Worbis 226-228, 230
Zerbst 155
Zittau 213, 214

PERSONENREGISTER

Abrassimow, Pjotr Andrejewitsch 206, 296, 297, 392
Abusch, Alexander 180
Ackermann, Anton 77
Ahsmus, Werner 27, 93
Aitmatow, Tschingis 217, 387
Albrecht, Hans 146, 164, 211, 248, 346, 350, 351, 360, 361, 396
Albrecht, Heinz 359-361, 367
Apel, Erich 138, 142
Arnold, Karl-Heinz 332
Audehm, Hans-Jürgen 352-354, 361, 362, 365, 367
Axen, Hermann 25, 32, 81, 86, 125-127, 186, 288, 307, 310, 311, 350
Babies, Johannes 137
Bahmann, Rudolf 27, 66
Barth, Friedrich 88
Barthel, Hans 147, 261, 316
Bartsch, Karl-Heinz 142
Bäuml, Luise 85, 156, 185
Bauer, Roland 117, 135
Baum, Bruno 46, 70, 117
Baumann, Edith 157, 158, 185, 186
Benjamin, Hilde 159
Bentzien, Hans 25, 82, 93, 187, 223
Berger, Martin 117
Berghofer, Wolfgang 342, 348
Bergmann, Herta 99, 100
Berija, Lawrenti Pawlowitsch 84
Bernhardt, Klaus 365
Biel, Hans-Peter 364, 365
Biermann, Hildegard 154, 155
Bischoff, Rosemarie 365
Blank, Reinhold 27, 28, 91-93
Blankenhagen, Marianne 66, 75, 156
Blum, Gerhard 73, 112
Bögelsack, Uwe 219
Böhm, Horst 328, 341
Böhm, Siegfried 207
Böhme, Bernd 316, 366
Böhme, Hans-Joachim 179-181, 281, 346, 355, 356
Böttger, Erich 62
Bohn, Johannes 27
Bräutigam, Alois 30, 31, 118, 120, 248
Brandt, Edith 91, 152
Brandt, Hans 352
Brandt, Heinz 25, 70, 80, 81, 93, 375
Brasch, Horst 174

Brauer, Wolfgang 278
Braun, Volker 322, 349
Braunthal, Bertha 167
Breshnew, Leonid Iljitsch 115, 189, 296
Brock, Fritz 328, 329
Brombacher, Ellen 43, 45, 54, 348
Broßelt, Max 62, 71, 83
Broz, Erhard 71
Bruk, Franz 67, 68, 104, 171
Bruschke, Werner 86-88, 93, 174
Buchführer, Gerhard 117, 118, 149
Buchheim, Walter 67, 79
Buhss, Werner 322
Chemnitzer, Johannes 41, 117, 122, 165, 172, 179, 183, 184, 187, 188, 191, 197, 206, 207, 232, 248, 252, 339, 340, 347, 349, 355-357, 359, 361, 366, 395, 396
Cherk, Johannes 87, 88, 93, 94, 97
Chruschtschow, Nikita Sergejewitsch 40, 41, 112, 188, 370
Claus, Roland 361, 362
Credo, Renate 143
Danelius, Gerhard 46
Dankner, Max 126
Denner, Eberhardt 51, 52, 54, 113, 199, 203, 211
Deuscher, Karl 96
Dietze, Reiner 364
Dohlus, Horst 15, 45, 144, 172, 180, 185, 242, 259, 261, 267, 274, 297, 307, 311, 312, 317, 319, 332, 351, 353, 354, 358, 396
Domröse, Angelica 215
Donda, Arno 254
Dubček, Alexander 289
Duncker, Käte 167
Dunger, Rolf 364
Eberlein, Werner 16, 25, 122, 179, 181, 182, 188, 199, 200, 208-211, 219-222, 232, 234, 248, 250, 333, 334, 347, 358, 359, 361, 363, 365, 367
Eberling, Hans 71, 107
Ebert, Friedrich 74, 174, 178, 205, 387
Ehrensperger, Günter 329
Einicke, Ludwig 67, 73, 188
Engel, Wolfgang 321
Engelhardt, Jürgen 365, 368
Engels, Friedrich 225, 226
Erdmann, Bruno 110, 131
Erler, Eva 47
Ermisch, Luise 158
Ewald, Georg 170, 171, 187, 191
Ewald, Manfred 204, 256, 386

Färber, Adolf 71, 171
Fechner, Herbert 174, 175
Fechner, Max 85
Felfe, Werner 26, 116, 120, 130, 172, 179-181, 184, 190, 307, 311
Fink, Gabriele 302, 303, 307, 315, 316, 321, 349, 365
Fischer, Günter 185
Fischer, Hermann 104, 105, 171
Fischer, Ruth 167
Floß, Lilian 301-305, 309, 310, 319, 321
Fritschler, Hans-Dieter 350
Fröhlich, Paul 73, 79, 85, 178, 179, 182, 223, 224, 388
Frost, Gerhard 243
Funke, Otto 65, 79, 93, 171
Gallerach, Ernst 27
Gebauer, Wolfgang 47
Gebhardt, Karl-Friedrich 187, 191
Geggel, Heinz 274, 281-284
Gerlach, Manfred 332
Gießke, Erhard 49
Glaser, Heinz 85, 87, 97, 106, 171
Gniffke, Erich W. 15, 59, 151
Götzl, Eduard 202
Goldenbaum, Ernst 59
Gorbatschow, Michail Sergejewitsch 299, 304, 324, 336, 363
Grau, Volkmar 158, 166, 186
Gröbel, Rudi 147, 165, 207
Grósz, Károly 337
Grotewohl, Otto 35, 110
Grüneberg, Gerhard 25, 67, 79, 171, 184, 188, 214
Gruhl, Gerhard 316
Gysi, Klaus 229
Haak, Gerda 86-89, 93, 97
Hackenberg, Helmut 122, 164, 345, 348, 355
Hacks, Peter 322
Häber, Herbert 246, 286
Hager, Kurt 17, 28, 44, 45, 110, 180, 193, 200, 215-218, 257, 258, 280, 281, 286, 287, 289, 291, 299, 300-310, 312, 314, 349, 350, 390, 392, 393, 396
Hager, Werner 143
Hahn, Hansjoachim 362
Handwerker, Bertold 185
Hanke, Helmut 27
Hanns, Heinz 269
Haufe, Anton 88
Havel, Václav 349
Havemann, Robert 80
Hecht, Fritz 185, 186, 191
Heckert, Fritz 9
Heckert, Otto 97
Hegen, Josef 90, 93, 190

Heider, Gerhard 27
Hein, Christoph 322
Heinz, Ernst 366
Helas, Martin 81
Heldt, Peter 185, 186
Hellmann, Rudolf 256
Hengst, Adalbert 82, 180
Henschke, Axel 364, 367
Hentschel, Paul 90
Herger, Wolfgang 256
Herold, Ingeborg 365
Herrlich, Hartmut 365
Herrmann, Joachim 193, 274, 298, 334-336, 349
Herrmann, Wolfgang 366
Herrnstadt, Rudolf 77, 80, 81, 83
Hertel, Karl 88
Hertwig, Hans-Joachim 116, 120, 122, 154
Herzig, Heinz 240, 241, 243
Heym, Stefan 216
Hinz, Heide 348, 353
Höfner, Ernst 207
Höpcke, Klaus 349
Hörnig, Johannes 121
Hoffmann, Hans-Joachim 116, 185, 215
Holata, Frank 316
Holland, Robert 24
Holweger, Erhard 73
Holzmacher, Gerda 152
Honecker, Erich 17, 19, 28, 30, 31, 41, 44, 84, 114-122, 148-150, 154, 158, 163, 164, 170, 175, 176, 180-184, 193, 199, 202, 203, 205, 211, 212, 214-217, 220-225, 228-231, 234-240, 242, 243, 245-248, 250, 252, 258, 259, 261-263, 266, 267, 272-274, 280, 281, 283-293, 296-300, 305, 307, 308, 312, 313, 315, 317-319, 325-327, 329, 333, 335-343, 345, 349, 351, 367, 377, 378, 380, 381, 388, 389, 391, 392, 394
Honecker, Margot 159, 209
Horn, Wolfgang 268, 269, 275, 276
Horstmann, Ernst 269, 277
Hoyk, Werner 132
Hugler, Willi 27
Jahn, Günther 135, 174, 231, 234, 248, 338, 340, 348, 359, 363, 395
Janson, Carl-Heinz 169, 209, 234, 240
Jarowinsky, Werner 142, 193, 229, 230, 242, 243, 274
Jaskowiak, Bernd 364
Jende, Liesel 131
Jendretzky, Hans 66, 71, 77, 80, 81, 93, 178, 179, 189, 190, 375
Junker, Wolfgang 49, 207, 235, 329
Kalb, Hermann 228, 229
Kania, Stanisław 289
Kautz, Ernst 28
Keller, Dietmar 187, 197, 199, 200, 203, 216

Kertscher, Norbert 361
Keßler, Heinz 360
Keßler, Manfred 360
Kiebs, Benno 185, 186
Kiefert, Hans 107, 117, 181
Kieling, Ernst 62
Kiesler, Bruno 190
Kirnich, Walter 243
Kleiber, Günther 155, 332
Kleinert, Fritz 97
Köhn, Günther 269
Koenen, Bernard 62, 66, 67, 71
Köppen, Peter 278
Kornagel, Rudolf 91
Koszycki, Gerhard 165
Kotschemassow, Wjatscheslaw Iwanowitsch 323
Krack, Erhard 174, 175, 348
Kraszon, Paul 185
Krenz, Egon 18, 26, 28, 121, 229, 263, 296-298, 300, 307-309, 311-317, 321, 332, 338-340, 345, 346, 348-353, 355, 356, 359, 365, 367, 393, 396
Krieg, Elke 164
Kroker, Herbert 361, 362
Krolikowski, Werner 119, 155, 179-181, 183, 184, 186, 189, 333, 339
Kuckhoff, Greta 159
Kühne, Erwin 64
Kundermann, Änne 60
Kurella, Alfred 158, 177
Ladebeck, Walter 116
Lamberz, Werner 179, 180, 193
Lange, Bernd-Lutz 344
Lange, Heinz 267
Lange, Inge 154, 155, 158, 311
Langner, Bruno 111, 131
Langner, Margarete 113, 114, 156
Lauter, Hans 131, 172
Leder, Horst 64
Lehmann, Helmut 178
Lenin, Wladimir Iljitsch 163, 225, 226, 268, 300
Leppin, Rudolf 155
Leuschner, Bruno 202
Libera, Marianne 27, 91, 131
Lietz, Bruno 187, 191
Löschau, Siegbert 143
Lorenz, Siegfried 45, 50, 179, 181, 182, 200, 201, 203, 206, 232, 233, 248, 339, 358, 359, 363
Lorenz, Werner 187, 188, 192, 193
Lübeck, Else 27, 85
Lüdeke, Hans-Joachim 356
Lungewitz, Ernst 68, 185
Luther, Martin 225
Luxemburg, Rosa 167
Maaß, Wilfried 187
Machacek, Ernst 187
Manneberg, Werner 68

Mannsfeld, Rudolf 27
Marder, Jürgen 364
Marlow, Willi 269
Marx, Karl 225, 226
Masur, Kurt 343, 344
Matern, Hermann 57, 82, 115, 188
Matthes, Heinz 47, 48, 187
Mecklinger, Lutz 205
Meier, Bernd 360, 362, 367
Meier, Felix 187, 191, 192
Mellentin, Franz 185, 191
Merker, Paul 178
Merx 93
Meschter, Gerda 47, 51, 62, 67, 75, 76, 99, 154, 156, 157, 166, 167, 186, 192, 193, 197, 198, 232
Meuche, Brigitta 266, 267, 275, 276
Mewis, Karl 25, 35, 60, 79, 82, 92, 178, 179, 187, 224
Meyer, Kurt 218, 343, 345, 348
Michaelis, Holger 364
Michel, Rainer 301, 316
Mielke, Erich 183, 193, 205, 219, 350, 387
Mirtschin, Heinz 329, 353
Mittag, Günter 26, 28, 30, 31, 142, 180, 183, 184, 191, 193, 199, 203, 209-214, 220, 221, 234-236, 241-243, 246, 247, 250-252, 273, 274, 294, 308, 325-332, 334-336, 349, 362, 367, 389, 394
Modrow, Hans 10, 11, 15, 17, 25, 26, 35, 45, 51, 118, 120, 155, 170, 173, 179, 180, 182, 183, 185, 187, 189, 195, 197, 199-201, 204-206, 211-214, 217, 222, 225, 234, 250, 252, 253, 258-260, 262, 263, 286, 299, 302, 303, 307, 310, 312-319, 322-336, 338, 339, 341, 342, 348, 351, 355, 359, 366, 386, 390, 393-395
Moke, Werner 316, 333
Morche, Helmut 364
Mückenberger, Erich 67, 72, 115, 178-181, 186, 188, 189, 206, 350
Müller, Dorothea 83
Müller, Erich 46
Müller, Fritz 239, 240, 246, 329, 353, 354, 396
Müller, Gerhard 132, 179-182, 225-227, 229, 230, 348, 357, 358, 360, 388, 396
Müller, Hans 27
Müller, Heiner 217, 322, 387
Müller, Helmut 10, 25, 44, 48-51, 116-118, 122, 123, 130, 133, 166, 192, 197, 199, 203, 205, 216, 218, 232, 281, 289-293, 295-298, 351, 352, 359, 361, 363, 364, 366
Müller, Margarete 158
Müller, Rudolf 190
Münchenhagen, Walter 63, 155
Namokel, Karl 172
Naumann, Konrad 17, 44, 48, 49, 116, 117, 120, 179, 181, 191, 205, 216, 218, 249, 286-299, 386, 387, 391, 392

Personenregister

Nebel, Horst 27, 62, 71
Neubert, Siegfried 365
Neugebauer, Werner 185, 192
Neumann, Alfred 103-107, 178-180, 186, 242, 243, 350
Norden, Albert 180, 193
Oecknick, Gerhard 46, 102
Oelschlegel, Vera 287, 298
Oelßner, Fred 77, 87, 107
Opitz, Rolf 218
Ostrowski, Christine 321
Ott, Heinz 269, 270, 365
Overlach, Helene 167
Palm, Horst 48
Panteleit, Kurt 27, 47
Paulsen, Herbert 90
Pechauf, Peter 165
Peck, Ulrich 363
Peplinski, Franz 190
Petermann, Walbert 28
Pevestorf, Adelheid 365
Pforte, Wolfgang 357
Pieck, Wilhelm 69
Pietsch, Horst 352
Pisnik, Alois 17, 20, 73, 78, 91, 116, 136, 178-181, 197, 233-252, 335, 389
Pöschel, Hermann 240
Pohl, Wolfgang 363
Pommert, Hans-Joachim 343, 345
Poser, Gerhard 49, 148, 366
Poser, Lydia 158
Postler, Erich 49-51, 99, 114, 120, 122, 123, 156, 165, 167, 196, 199-201, 208, 346, 354, 362
Prey, Günter 143
Pries, Peter 66, 185
Quandt, Bernhard 73, 79, 119, 134, 171
Rätzer, Rudolf 27, 64, 66, 83-85, 93
Ragwitz, Ursula 157, 217, 302, 381
Rajk, László 56
Ranke, Kurt 246
Rapczynski, Dieter 353
Raskop, Johann 126
Rau, Heinrich 85
Rehmer, Kurt 27
Reinhold, Otto 287-289
Relle, Kurt 275
Rettner, Gunter 177, 336
Reuter, Fritz 97, 107, 110
Riesner, Hans 78, 83, 154, 171, 185, 189
Rödiger, Kurt 143
Roscher, Paul 12, 70, 105, 119, 170, 171
Ruge 100
Rumpf, Willi 207
Rundnagel, Kurt 226, 227
Sakowski, Helmut 169, 295, 340
Sattler, Fritz 74

Schabowski, Günter 25, 119, 121, 165, 166, 178-181, 183, 196-198, 209-211, 218, 219, 232, 248, 283, 288, 289, 293-298, 305, 325, 326, 338, 347, 350, 351, 359, 367, 368
Scheler, Manfred 17, 252-263, 389, 390
Schenk, Fritz 110
Schiemann, Wolfgang 366
Schimmer, Rudi 110
Schinkel, Gerhard 141
Schirdewan, Karl 25, 38, 59, 60, 70, 73, 77, 78, 81, 101, 103-107, 126, 127, 171, 185, 223, 294
Schlaak, Ulrich 50, 51, 141, 142, 198, 201, 205, 206, 231, 338, 363, 364, 366, 368
Schlemm, Helmut 110
Schlohaut, Georg 62
Schlund, Joachim 348
Schmarje, Alfred 137
Schmidt, Elli 77, 83, 84, 158, 159
Schmieder, Werner 207
Schmolinsky, Siegfried 45, 49, 50, 52, 54, 122, 365-367
Schneidewind, Kurt 132, 171, 185
Schneller, Ernst 9
Schön, Otto 59, 101
Schönherr, Albrecht 231
Scholl, Hans 69
Scholl, Sophie 69
Scholz, Alfred 28
Scholz, Horst 281
Schröder, Rudolf 87, 89, 93, 94, 97
Schubert, Hans 47
Schürer, Gerhard 175, 176, 193, 195, 208, 249, 250, 329, 346
Schütt, Siegbert 268-270, 275-277, 284, 285
Schuldt, Hermann 66, 71
Schulz, Gerd 329
Schulz, Walter 365
Schumacher, Kurt 55
Schumann, Horst 44, 122, 174, 218, 345, 355, 361
Schumann, Karl 86
Schwarz, Heinz 117
Schwarz, Kurt 47
Seibt, Kurt 62, 63, 79, 187
Seidel, Egon 147
Seipt, Ingo 137
Selbmann, Fritz 83
Semmelmann, Helmut 184
Seydewitz, Max 62
Sieber, Günter 124, 177, 359
Sindermann, Horst 116, 179, 181, 182, 187, 189, 332
Skibinski, Willi 173, 281, 365
Slánský, Rudolf 58, 76
Sorgenicht, Klaus 121, 169
Stadler, Josef 190

Stalin, Iossif Wissarionowitsch 10, 23, 68, 69, 80, 84, 398
Stammnitz, Lothar 173, 260, 281, 301, 303, 307-311, 315, 366
Stange, Siegfried 364
Stauch, Otto 91
Steffen, Max 110
Steger, Otfried 235
Stein, Ernst 48
Steinhoff, Karl 177, 178
Stief, Albert 106, 187
Stolpe, Manfred 231
Stoph, Willi 113, 177, 180, 193, 263
Stoschek 303
Streipert, Werner 316, 365
Strobel, Walter 72
Suzuki, Zenko 332
Tautenhahn, Gerhard 235
Thiel, Wolfgang 362
Thieme, Kurt 174
Tiedke, Kurt 16, 20, 120, 188, 246
Timm, Ernst 117, 118, 191, 198, 204, 223, 224, 267, 273-277, 280, 281, 284, 348, 358, 359, 363
Tisch, Harry 118, 119, 121, 132, 179, 181, 188, 215, 350
Tremper, Jürgen 27
Trölitzsch, Gerhard 49, 235, 329
Tübke, Werner 346
Turba, Kurt 138
Tzschoppe, Herbert 231
Ukenings, Dieter 351, 364
Ulbricht, Lotte 11
Ulbricht, Walter 28, 46, 60, 69, 77, 80-85, 97, 101, 103, 112-119, 142-145, 148, 149, 157, 176, 181, 182, 189, 192, 193, 199, 223, 224, 283, 299, 340, 375, 377, 388
Unverricht, Siegfried 52, 53, 118, 165, 166, 198, 200, 204, 267-274, 276, 281, 284, 285, 365
Uschkamp, Irma 158
Uschner, Manfred 32, 288, 296
Verner, Paul 116, 117, 178-181, 186, 297
Verner, Waldemar 60
Vielhauer, Irmgard 110, 157
Vietze, Heinz 362-364, 366
Vieweg, Kurt 180
Vogel, Hans-Jochen 336
Voigt, Peter 264-267, 270-272, 275, 277-280, 282, 284, 285, 390, 391

Wach, Curt 62, 63, 190
Wagner, Hans 117, 173
Wagner, Kurt 90, 91, 93
Wagner, Siegfried 185
Walde, Werner 179-181, 355, 356, 359
Wandel, Paul 180
Warnke, Hans 174
Weber, Lothar 131
Weidig, Rudi 280
Weihs, Rolf 157
Weinberger, Bernd 82
Wengels, Paul 107
Wicklein, Adolf 62, 89
Wiebershausen, Willi 76, 80, 171
Wildberger, Karl-Ernst 66
Wilken, Peter 269
Winnig, Helmuth 45, 52, 54, 116, 166, 174, 215, 216, 247, 248, 250, 251
Witt, Günter 132, 187
Witteck, Günther 190, 262, 316
Wittig, Werner 119
Wittkowski, Margarete 159
Wötzel, Roland 44, 122, 202, 215, 217, 218, 343-345, 355, 361
Wolf, Ernst 102
Wolf, Hanna 101, 130, 257, 258
Wolf, Hannelore 164, 364
Wolf, Heinz 83, 84, 93
Wolfram, Gerhard 302, 309, 316, 321, 324
Wolfstein, Rosi 167
Wollweber, Ernst 105, 106
Wyschofsky, Günther 143
Zaisser, Else 159
Zaisser, Wilhelm 77, 80, 81
Zaspel, Max 86
Zellmer, Christa 122, 153, 154, 359, 361, 381
Zelm, Jürgen 364, 366
Zetkin, Clara 167
Ziegenhahn, Herbert 199, 248, 351, 354, 361, 396
Ziegner, Heinz 172, 346, 347, 352-354, 362, 395, 396
Ziller, Gerhard 180
Zimmermann, Arnold 175
Zimmermann, Gerhard 235
Zimmermann, Peter 344, 345
Zschunke, Herbert 75, 137

KLAUS-JÜRGEN MÜLLER

Generaloberst Ludwig Beck
Eine Biographie

2007. 835 Seiten + 24 Seiten Bildteil,
Festeinband mit Schutzumschlag
ISBN 978-3-506-72874-6

Ein großes Buch, das viele neue Erkenntnisse eröffnet: über Beck, über die preußisch-deutsche Militärelite und über den militärischen Widerstand gegen Hitler.

LARS BERGER

Die USA und der islamistische Terrorismus

Herausforderungen im Nahen und Mittleren Osten

2007. 418 Seiten, Festeinband
ISBN 978-3-506-76369-3

DIETRICH BEYRAU |
MICHAEL HOCHGESCHWENDER |
DIETER LANGEWIESCHE (HRSG.)

Formen des Krieges

Von der Antike bis zur Gegenwart

2007. 522 Seiten, 25 s/w-Abb., Festeinband
ISBN 978-3-506-76368-6

Schöningh
Ferdinand Schöningh

Verlag Ferdinand Schöningh GmbH & Co. KG

Postf. 2540 · D-33055 Paderborn · Tel. 05251 / 127-5 · Fax 127-860
e-mail: info@schoeningh.de · Internet: www.schoeningh.de

UTA ANDREA BALBIER
Kalter Krieg auf der Aschenbahn: Der deutsch-deutsche Sport 1950–1972
Eine politische Geschichte

2007. 277 Seiten, Festeinband
ISBN 978-3-506-75616-9

CHRISTIAN DIRKS
Die Verbrechen der anderen
Auschwitz und der Auschwitz-Prozess der DDR.

Das Verfahren gegen den KZ-Arzt Dr. Horst Fischer

2006. 406 Seiten, Bildteil, Festeinband
ISBN 978-3-506-71363-6

DITTMAR DAHLMANN | ANKE HILBRENNER (HRSG.)
Zwischen großen Erwartungen und bösem Erwachen
Juden, Politik und Antisemitismus in Ost- und Südosteuropa 1918–1945

2007. 340 Seiten, Festeinband
ISBN 978-3-506-75746-3

AGNIESZKA PUFELSKA
Die »Judäo-Kommune« Ein Feindbild in Polen
Das polnische Selbstverständnis im Schatten des Antisemitismus 1939–1948

2007. 284 Seiten, 8 s/w-Abb., Festeinband
ISBN 978-3-506-76380-8

Schöningh
Ferdinand Schöningh

Verlag Ferdinand Schöningh GmbH & Co. KG

Postf. 2540 · D-33055 Paderborn · Tel. 05251 / 127-5 · Fax 127-860
e-mail: info@schoeningh.de · Internet: www.schoeningh.de